Das Haus Romanow

(Die Zahlenangaben sind die Regierungsjahre)

4 Brüder

Nikita Iwanowitsch Romanow

Irina, Pelageja, Anna, Marfa, Ioann, Sofia, Tatjana, Jewdokia, Wassili

Lopuchina ⚭ (1) PETER I. ROMANOW, DER GROSSE (1682/89–1725) ⚭ (2) KATHARINA I. ROMANOWA (Marta Skawronskaja) (1725–1727)

Alexej ⚭ Charlotte Christiane von Braunschweig-Wolfenbüttel

Natalja — PETER II. ROMANOW (1727–1730)

Anna ⚭ Karl Friedrich von Holstein-Gottorp

ELISABETH I. ROMANOWA (1741–1761) ⚭ Alexej Rasumowski

PETER III. ROMANOW (1761–1762) ⚭ KATHARINA II., DIE GROSSE (Sophie Friederike Amalie von Anhalt-Zerbst-Bernburg) (1762–1796)

Wilhelmine Luise von Hessen-Darmstadt (Natalja Alexejewna) ⚭ (1) PAUL I. ROMANOW (1796–1801) ⚭ (2) Sophie Dorothea von Württemberg (Maria Fjodorowna)

Konstantin — Alexandra, Jelena, Maria, Katharina, Olga, Anna — NIKOLAUS I. ROMANOW (1825–1855) ⚭ Charlotte von Preußen (Alexandra Fjodorowna) — Michael

von Hessen rowna) ⚭ (1) ALEXANDER II. ROMANOW (1855–1881) ⚭ (2) Katharina Dolgorukaja (Fürstin Jurjewskaja)

Konstantin — Nikolaus — Michael

Dagmar von Dänemark (Maria Fjodorowna)

Alexandra — Nikolaus — Wladimir — Alexej — Maria — Sergej — Paul

MANOW 7) ⚭ Alice (Alix) von Hessen (Alexandra Fjodorowna)

Maria — Anastassia — Alexej

Valentina Grigorian · Zarenschicksale

VALENTINA GRIGORIAN

Zarenschicksale

Glanz und Skandale am Hof der Zarendynastie
Romanow/Holstein-Gottorp

Edition L

1. Auflage 1997
Gesamtgestaltung: Jochen Busch
Lektorat: Renate Florstedt
Gesamtherstellung: Offzin Andersen Nexö Leipzig
Printed in Germany

ISBN 3-89603-988-1

Vorwort

In diesem Buch wird vom Schicksal der russischen Zaren erzählt. 305 Jahre herrschten die Romanows über Rußland. Sie waren Menschen aus Fleisch und Blut, gebildete, musisch begabte Persönlichkeiten; was allerdings während der sowjetischen Jahre in Rußland ignoriert wurde. Sie hatten Fehler und Tugenden, begingen Wohltaten und Sünden; ob es die letzteren mehr als die ersteren gab, mag der Leser selbst beurteilen.

18 Romanows wurden zu Zaren gekrönt. Ihre biographischen Daten stehen in jedem Lexikon. Doch wie verlief ihr Leben? Wer gehörte zu ihren Familien? Wer waren ihre Frauen, wer ihre Mätressen oder die Liebhaber der Zarinnen? Wie lebte man am russischen Hofe? Wie verlief das Schicksal ihrer Kinder? Ging der Thron nach einem Blutbad oder friedlich von dem einen auf den anderen über? Wer hielt sich in ihrer Umgebung auf? Waren ihre Ratgeber Menschen, die nach dem westlichen Europa schauten oder gar von dort nach Rußland gekommen waren? Welchen Einfluß hatten sie auf die Entwicklung des mächtigen Zarenreiches? Wie kamen die Holsteiner Herzöge in die Dynastie Romanow?

Da zeitgenössische Historiker das Privatleben der Zaren meist aussparen und ältere Darstellungen dem Leser schwer zugänglich sind – in der Sowjetunion waren Publikationen über die Romanows nicht erlaubt – habe ich versucht, einen chronologischen Überblick über jene Jahrhunderte zu geben, ohne hierbei den Anspruch zu erheben, der historischen Forschung völlig neue Aspekte hinzuzufügen. Mir ging es um das subjektive Eindringen in die Vergangenheit und deren emotionales Begreifen ...

Ich hoffe, der Text wird für all diejenigen Leser interessant sein, die heute ihre Blicke auf die Geschichte Rußlands richten und in der verworrenen Vergangenheit dieses Landes nach Antworten suchen auf die Fragen der nicht minder verworrenen und traurigen Gegenwart.

V. G.

Michail I., geb. 1596, Zar seit 21. Februar 1613 (gekrönt am 11. Juli 1613), gest. am 13. Juli 1645

FJODOR ROMANOW ⚭ Xenia Schestowa
(später: Mönch Filaret, Patriarch von Moskau und ganz Rußland)
* 1550 † 1633

Xenia Schestowa
(später: Nonne Marfa)
† 1631

Maria Dolgorukaja
† 1625

⚭ 1624

MICHAIL I. ROMANOW
* 1596 † 1645

⚭ 1626

Jewdokia Streschnjewa
* 1608 † 1645

Irina
* 1627 † 1679

Pelageja
* 1628 † 1629

ALEXEJ
* 1629 † 1676

Anna
* 1630 † 1692

Marfa
* 1631 † 1632

Ioann
* 1633 † 1639

Sofia
* 1634 † 1636

Tatjana
* 1636 † 1706

Jewdokia
* 1637 †

Wassili
* 1639 †

Michail war der erste Zar aus dem Hause Romanow. Das gesamtrussische Konzil, Sobor genannt, trug ihm im Januar 1613, in einer Zeit der Wirren, als Rußland schon seit fast zehn Jahren von kriegerischen Auseinandersetzungen gezeichnet war, die Zarenkrone an.

Die Zeit der Rurikiden, die das russische Reich über siebenhundert Jahre lang regiert hatten, näherte sich 1584 mit dem Tod Iwans IV., des Schrecklichen, ihrem Ende. Hinterlassen hatte er aus seiner Ehe mit Maria Nagaja zwei regierungsunfähige Söhne: den unselbständigen Fjodor und das Kind Dimitri, das unter nie geklärten Umständen ums Leben kam. So übernahm Iwans Schwager Boris Godunow zunächst die Regentschaft und wurde später zum Zaren gewählt. Nach Godunows Tod im Jahre 1605 brachen die innenpolitischen Konflikte erneut auf. Polnische Truppen besetzten im Namen eines »falschen Dimitri« Moskau; weitere Thronanwärter versuchten, mit Hilfe livländischer und schwedischer Armeen Rußland zu erobern ...

Als 1613 das gesamtrussische Konzil zusammentrat, waren die Invasoren zwar aus Moskau vertrieben worden, nicht aber aus dem ganzen Land. »Die besten und klügsten« Vertreter der Stände hatte man in die Hauptstadt gerufen, um einen neuen Zaren zu wählen. Allein in ihm sah man eine Lösung der vorhandenen Probleme.

Versammlungsort war der Kreml. Mehrere Kandidaten wurden erörtert, was natürlich nicht ohne Streit und langwierige Diskussionen verlief. Es gab sogar den Vorschlag, den Moskauer Thron einem ausländischen Herrscher – dem Schweden Philipp oder dem Polen Wladislaw – anzutragen. Doch letztlich überwog die Sympathie für Michail Romanow, er war der nächste Verwandte des letzten Zaren.

Diese Entscheidung der Ständevertretung wurde auch vom Volk, das sich an den Kremlmauern eingefunden hatte, unterstützt. Als die Bojaren schließlich auf den Roten Platz traten und die dort Versammelten fragten, wer ihrer Meinung nach zum Zaren ernannt werden solle, ertönte der einstimmige Ruf: »Michail Fjodorowitsch Romanow!« und bestätigte ihre Entscheidung.

Die Romanows waren seit alters her in Moskau bekannt und hatten bereits viele ergebene und fähige Diener für das Herrscherhaus gestellt. Schließlich wurden sie mit der Zarenfamilie auch direkt verwandt: Als Iwan IV., der vorletzte Zar aus dem Geschlecht der Rurikiden, heiraten wollte und unter den Töchtern der Bojarenfamilien Ausschau hielt, fiel seine Wahl auf Anastassia aus dem Hause Romanow.

Es existiert jedoch auch eine andere Version. Sie besagt, daß ein gewisser Glanda-Kambila Diwonowitsch, Bruder eines preußischen Fürsten, der Ende des XIII. Jahrhunders entweder aus Livland oder aus preußischen Ländereien nach Rußland übergesiedelt wäre und den Namen Iwan erhalten hätte, Vorfahr der Romanows sei. Diesen Standpunkt vertreten einige deutsche Autoren, die annehmen, daß die

Romanows vielleicht wegen ihrer deutschstämmigen Herkunft während der gesamten Zeit ihrer Regentschaft eine ausländerfreundliche Politik betrieben haben. In russischen historischen Untersuchungen taucht diese Version auch auf, sie wird jedoch abgelehnt. Es dominiert die These, daß der erste Romanow zum Zaren erwählt wurde, weil er der Familie Anastassias angehörte, die die sanftmütige Gemahlin Iwans des Schrecklichen gewesen war und vom Volke verehrt wurde.

Auch Zar Iwan IV., der übrigens insgesamt sieben Ehefrauen hatte, war seiner ersten Gemahlin Zeit seines Lebens in zärtlicher Liebe zugetan. In den Jahren ihrer Ehe hatte Zarin Anastassia einen positiven Einfluß auf ihn. Für ihn war es entspannend und anregend, sich mit ihr zu unterhalten, ihr seine Ansichten und Gedanken mitzuteilen, ihren Rat zu hören. Anastassia gelang es stets, seinen Zorn zu mildern und sein ungestümes Gemüt zu bändigen.

Ganz Moskau nahm an ihrer Beisetzung teil, viele Tränen wurden vergossen. Mitfühlend und herzlich wie sie war, wurde die erste russische Zarin von ihren Untertanen aufrichtig geliebt. Das Volk hat Anastassia lange Zeit in guter Erinnerung behalten.

Auch 1613 erinnerte es sich an sie, als es ihren Großneffen, Michail Romanow, als neuen Zaren bejubelte.

Die Kunde von Michails Wahl wurde in Schriftstücken verbreitet, die Boten durchs Land trugen und überall verlasen. Zum neugewählten Herrscher, der nichts von all diesen Vorgängen wußte und dessen Aufenthaltsort wegen der militärischen Unruhen im Land auch nur wenigen bekannt war, schickte man eine Gesandtschaft.

Zu dieser Zeit hielt sich Michail mit seiner Mutter im Ipatjew-Kloster unweit von Kostroma auf, fern vom betriebsamen Moskau. An den Zarenthron dachte er nicht einmal in seinen Träumen; er war erst 16 Jahre alt!

Der Familie Romanow war ein schweres Schicksal auferlegt worden. Als Michail fünf Jahre alt war, wurden seine Eltern getrennt und gewaltsam ins Kloster gesteckt. Das geschah auf Befehl von Zar Boris Godunow, der dem gesamten Geschlecht der Romanows gegenüber Mißtrauen hegte, weil es mit dem Zaren verwandt gewesen war. Eine Tante nahm sich der Erziehung des Knaben an.

Im weltlichen Leben trug Michails Mutter den Namen Xenia Schestowa, als Nonne wurde sie Marfa genannt. Sie stammte aus einer unvermögenden Adelsfamilie. Man sagte ihr einen herrschsüchtigen Charakter nach. Ein Porträt, das bis in unsere Zeit erhalten geblieben ist, zeigt sie mit strengem Blick, starken Augenbrauen, einer großen Adlernase und schmalen Lippen.

Erst nach Zar Boris Tod kam das Kind zu seiner Mutter zurück. Mit dem Sohn, auf den sie viele Jahre starken Einfluß hatte, lebte sie dann auf einem Stammgut ihrer Familie in der Nähe von Kostroma. Als bewaffnete polnisch-litauische Truppen das Land überfielen, um im Namen eines »falschen Dimitri« den Zarenthron zu erlangen, brachte sie sich und ihren Sohn im Ipatjew-Kloster, das ganz in der Nähe lag, in Sicherheit.

Nachdem Michails Vater Fjodor die Mönchskutte angelegt hatte, erhielt er den Namen Filaret. Er hatte viele Prüfungen und jegliches nur denkbare Unglück auszuhalten. Mit seiner lebhaften und regen Natur fiel es ihm schwer, sich mit dem Verlust der Freiheit wider Willen abzufinden. Das religiöse Leben besaß für ihn keinerlei Anziehungskraft, er wollte nicht Priester werden; seine Neigungen waren weltlicher Art. Vor seiner Verbannung hatte er in den besten Kreisen Moskaus verkehrt, das Hauptstadtleben in vollen Zügen genossen. Er war weithin bekannt und verfügte über Ansehen bei Hofe. Sein origineller Geist, seine hohe Bildung und sein weltlicher Glanz hoben Fjodor Romanow unter Seinesgleichen heraus. So betonten die Moskauer Schneider jener Zeit, wenn sie einen gelungenen Anzug loben wollten: »Er sitzt fast so wie am Bojaren Fjodor Nikititsch«. Er, ein schöner Mann von hohem Wuchs, galt in Moskau als erste Instanz in Sachen Mode. Viele Frauenherzen beneideten Xenia um ihr Glück, als sie seine Gattin wurde.

Und diesen Mann hatte Boris Godunow in eine Klosterzelle weit entfernt von Moskau geschickt!

Nach dem Tode des Zaren allerdings vollzogen sich auch in Filarets Leben frappierende Veränderungen: Er erhielt den Rang eines Metropoliten. Später geriet er mehrere Jahre in polnische Gefangenschaft – bis 1619. Auch er konnte nicht ahnen, daß sein einziger Sohn einmal an der Spitze des Moskauer Staates stehen sollte.

Als die Moskauer Gesandten im Kloster Ipatjew eingetroffen waren und ihr Anliegen vorgebracht hatten, wurden sie zunächst stark enttäuscht. Mutter und Sohn erteilten ihnen eine eindeutige Absage. Marfa wollte ihren Sohn nicht gehen lassen. Sie fürchtete neue Unbilden in seinem jungen Leben.

Mehrere Male zogen die Boten unverrichteter Dinge ab. Erst nach langen Bitten und Überredungsversuchen waren schließlich beide einverstanden. Nachdem sich Michail Geld geliehen und die Segenswünsche seiner Mutter entgegengenommen hatte, machte er sich schließlich mit seiner Gefolgschaft nach Moskau auf. Seine Mutter folgte ihm nach.

Er begab sich ohne Eile in Richtung Hauptstadt, unterbrach seine Reise immer wieder durch lange Aufenthalte an verschiedenen Orten, um sich mit der Lage in dem Lande, dessen Leitung ihm bevorstand, vertraut machen zu können.

Anfang Mai fand sein feierlicher Einzug in den Kreml statt, wo er im Terem, den ansonsten hermetisch abgeschlossenen Frauengemächern, untergebracht werden mußte. Moskau war durch die großen Unruhen sehr im Mitleidenschaft gezogen worden, der Zarenpalast war beschädigt, und viele Häuser lagen in Trümmern. Marfa ließ sich in einem der Moskauer Klöster nieder.

Einige Wochen später wurde Michail gekrönt. Die überaus prunkvoll arrangierte Krönungszeremonie fand in der Mariä-Himmelfahrts-Kathedrale des Kreml statt. Der Moskauer Metropolit erklärte feierlich, daß Michail nach dem Recht der Verwandtschaft mit dem letzten Zaren aus der Rurikiden-Dynastie – dem Sohn Iwans IV., – vom gesamten Volk gewählt und von der Geistlichkeit gesegnet, zum Zaren gekrönt werde. Nachdem er dies verkündet hatte, setzte er dem Zaren die Krone aufs Haupt, nahm ihn an der rechten Hand und geleitete ihn zum Thron. Es schien fast, als würde der zierliche erste Romanow die Last seiner funkelnden Kleidung und der mit Edelsteinen und Perlen übersäten Krone nicht tragen können. Doch er hielt stand. Auch seine Hand, die das schwere Zarenzepter aus feinstem russischem Golde trug, zitterte nicht.

Am gleichen Tage wurde im sogenannten Facetten-Gemach des Kreml ein Gastmahl gegeben, an dem die höchsten Ränge weltlicher und geistlicher Macht teilnahmen. Während des Mahls ließ der Zar die Anwesenden reich beschenken. Auf dem Platz vorm Kreml fand die Speisung der Armen statt. Die Krönungsfeierlichkeiten dauerten drei Tage, und das Volk erinnerte sich noch lange Zeit an sie.

Die Herrschaft der Romanows hatte begonnen…

In der Geschichte Rußlands steht geschrieben, daß Michail mit gewissen Einschränkungen seiner Machtbefugnis auf den Thron gewählt worden ist: Die wichtigsten Angelegenheiten wurden damals nicht von ihm, sondern durch die Standesvertretungen – wenn auch im Namen des Herrschers – entschieden. Dabei erörterte die Bojarenduma große Probleme nur auf Anregung des Zaren; der jeweilige Beschluß aber begann mit den Worten: »Der Zar hat hingewiesen, und die Bojaren haben ein Urteil gefällt«. Auf diese Weise hatte es auch der junge Herrscher selbst, der vorsichtig und unentschlossen war, leichter, in sein Amt hineinzuwachsen.

Anfangs traf er keine einzige Entscheidung allein. Später, im sechsten Jahr seiner Regentschaft, wurde sein Vater, der aus polnischer Gefangenschaft nach Moskau zurückgekehrte Filaret, zu seiner Leitfigur. Er war in Moskau nach wie vor sehr populär und beliebt, und sein Ehrgeiz sowie seine Lebenserfahrung ermöglichten es ihm, die Macht praktisch in seine Hände zu nehmen und sowohl die Kirche – er wurde 1618 in den Stand des Patriarchen von Moskau und des gesamten Reichs der Moskowiter erhoben – als auch den Staat zu leiten.

Zar Michails Vater war ein Mensch mit starkem Willen und von ausnehmender Strenge, doch gerecht. Der Sohn empfand für ihn Zärtlichkeit und große Achtung, er sah in ihm seinen Lehrmeister und engsten Vertrauten. Dieser Respekt ermöglichte es beiden, gemeinsam zu regieren.

Filarets Beteiligung an den Staatsangelegenheiten war sowohl durch einen entsprechenden Titel als auch durch die Art und Weise der Amtsführung festgelegt: Über einen Vorfall wurde stets beiden Herrschern Bericht erstattet, und wenn einmal ein Beschluß nicht auf Zustimmung des Patriarchen, also Michails Vaters, stieß, so wurde er entweder aufgehoben oder korrigiert. In den Staatsdokumenten dieser Zeit schrieb man gewöhnlich: »Michail Fjodorowitsch, unser Herrscher, Zar und Großfürst von ganz Rußland, und Filaret Nikititsch, der große Herrscher und heilige Patriarch Moskaus und des gesamten Reichs der Moskowiter, haben befohlen ...« Ausländische Gesandte überreichten beiden ihre Beglaubigungsschreiben. So entstand im Lande eine Doppelherrschaft. Allerdings drängte die starke und beeindruckende Persönlichkeit Filarets seinen Sohn, den Zaren, der von schwachem Charakter und angegriffener Gesundheit war, häufig in den Hintergrund.

Filarets Einfluß auf seinen Sohn war so groß, daß Michails Mutter, auf deren Rat sich der junge Zar in den ersten Jahren seiner Herrschaft sehr gestützt hatte, aufgab und sich völlig aus den Staatsgeschäften zurückzog. Den Rest ihres Lebens brachte sie in der Abgeschiedenheit eines Klosters zu und unterhielt zum Zarenhof lediglich persönliche Kontakte.

Als Michael im zwanzigsten Lebensjahr stand, wollte ihn seine Mutter verheiraten. Als Braut wählte man die Tochter eines wenig namhaften Adligen; Iwan Chlopow hieß er. Das Mädchen war hochgewachsen und hatte ein angenehmes Äußeres und eine wohlgeformte Figur. Als zukünftige Gemahlin des Herrschers wurde sie im Palast untergebracht und die bevorstehende Vermählung im ganzen Staat bekanntgegeben. Nach damals herrschendem Brauch nahm die zukünftige Zarin den Vornamen Anastassia an, der die Bevölkerung an die erste Gemahlin Iwans des Schrecklichen erinnern sollte, deren Andenken allen lieb und teuer war.

Bei Hofe allerdings wurden Intrigen gegen die Familie Chlopow gesponnen, denn viele Bojaren hätten selbst gern ihre Töchter mit dem Zaren verheiratet und so an Macht und Einfluß gewonnen. Die unglückliche Braut wurde also verleumdet – man erklärte, sie sei krank und deshalb nicht geeignet, das Geschlecht der Romanows fortzusetzen. Die Zarenmutter glaubte dem Geschwätz und ließ die junge Frau zusammen mit ihrer Familie nach Sibirien verbannen. Das Los dieser Familie wurde erst nach Filarets Rückkehr etwas leichter.

Anfangs hatte der Vater vor, unter den ausländischen Prinzessinnen Ausschau nach einer Braut für Michail zu halten, und zu diesem Zwecke Kontakte zum dänischen und deutschen Hof geknüpft. Doch da eine Prinzessin nach der Eheschließung mit dem russischen Zaren unbedingt zu dessen Glauben übertreten mußte, waren seine Gespräche damals nicht von Erfolg gekrönt. Dem ersten Herrscher aus der Familie Romanow wurde die Heirat mit einer Tochter aus den angesehenen

HerrscherhäusernEuropas noch verwehrt. Erst seinem Enkel, Peter dem Großen, sollte vom Schicksal bestimmt sein, sich mit einer Ausländerin zu verbinden. Doch die würde nun wieder nicht fürstlicher Abstammung sein.

Michail hegte noch immer zärtliche Gefühle für die nach Sibirien verbannte Braut und teilte dies auch seinem Vater mit. Daher ordnete Filaret an, alle Ärzte zu befragen, die Maria Chlopowa angeblich behandelt hatten. Hierbei wurde letztendlich festgestellt, daß die junge Frau völlig gesund war. Verwandte mütterlicherseits, die ihre eigene Tochter zur Zarin hatten machen wollen, waren schuld an dem Lügengespinst. Eine einfache Magenverstimmung der Braut hatten sie sich zu Nutze gemacht, um sie zu verleumden. Die Chlopows durften aus der Verbannung zurückkehren …

Doch nun ließ die Mutter des jungen Herrschers ihren starken Charakter erkennen. Als verkündet wurde, daß ihr Sohn nun trotz allem die noch ledige Chlopowa heiraten würde, erklärte sie, daß sie dieser Heirat keinesfalls zustimmen und Rußland verlassen werde. Sie fürchtete, daß man Rache an ihren Verwandten nehmen würde, die gegen Michails Braut intrigiert hatten. Der ihr sehr ergebene Sohn wollte nichts gegen den Willen seiner Mutter tun, so daß die Ehe auch jetzt nicht zustande kam.

Erst im elften Jahre seiner Regentschaft heiratete der Zar die russische Bojarentochter Maria Dolgorukaja. Seine Mutter hatte sie ausgesucht. Das Ehebett teilte die junge Zarin jedoch nicht lange mit ihm. Bald nach der Hochzeit wurde sie bettlägerig und verstarb nach mehrmonatiger Krankheit. Der Zar, nun Witwer, trauerte nicht lange und heiratete nach einem Jahr erneut. Diesmal suchte er die Braut selbst aus und hatte dabei eine glückliche Hand.

Wollte ein Zar heiraten, wurden der russischen Tradition zufolge alle unverheirateten Töchter der angesehenen Familien mit ihrem Gefolge nach Moskau eingeladen. Zunächst mußten die Mädchen der Mutter des Herrschers ihre Aufwartung machen. Nur wer ihren hohen Ansprüchen genügte durfte gemeinsam mit einer Dienerin in den Palastgemächern übernachten, die übrigen mußten sofort nach Hause zurückkehren. Jedem auserwählten Mädchen wurde ein Zimmer zugewiesen; an dessen beiden Seiten je ein Bett stand – das eine für die Anwärterin, das andere für ihre Bedienstete.

Um Mitternacht, als die jungen Frauen schliefen, ging Zar Michail zusammen mit seiner Mutter von Zimmer zu Zimmer, um sich die Schlafenden anzusehen und seine Braut auszusuchen. Am Ende des Rundgangs fragte die Mutter ihren Sohn, auf wen seine Wahl gefallen sei. Wie war sie doch verwundert, als er auf die Dienerin einer der Bojarentöchter deutete. Sie bat ihren Sohn inständig, daran zu denken, daß er damit alle Fürsten und Bojaren beleidigen würde. Doch diesmal blieb der Zar unbeugsam, und die strenge Mutter war gezwungen nachzugeben.

Bei dem vom Herrscher auserwählten Mädchen handelte es sich um Jewdokia Streschnjewa, Tochter eines unbedeutenden Adligen aus Moshajsk, einer kleinen Stadt unweit von Moskau. Sie wurde die neue Zarin.

Bei Hofe hatte sie zunächst keinen leichten Stand, befand sie sich doch ganz offensichtlich in völliger Abhängigkeit von ihrer Schwiegermutter, deren strenge Hand sich in allem bemerkbar machte. Marfa wollte die junge Gemahlin ihres Sohnes keinesfalls unbeaufsichtigt lassen, begleitete sie auf ihren Reisen zu Klöstern und bei jedem Ausgang, wählte selbst die Erzieher für ihre Enkel aus. Die junge Zarin befand sich unter der unermüdlichen Kontrolle von Michails Mutter. Auch später, selbst nach dem Tode ihrer Schwiegermutter im Jahre 1631, blieb Zar Michails Gemahlin völlig im Hintergrund. Sie hatte keinerlei Einfluß auf die Staatsangelegenheiten, widmete sich ausschließlich ihren Kindern und ihren religiösen Pflichten.

Unter dem ersten Romanow begann sich der Moskauer Staat, in dem nach Godunows Tod so viele Jahre Anarchie und Willkür geherrscht hatten, zu erholen. Im Lande kehrte wieder Ordnung ein, das Leben der Bevölkerung besserte sich merklich.

Die besondere Aufmerksamkeit von Zar und Patriarch galt der Beamtenschaft, die sowohl in Moskau als auch in der Provinz im Dienste der Herrscher stand und als Bindeglied zwischen ihnen und dem Volk wirken sollte, diese Aufgabe aber nicht immer in deren Sinne erfüllte. Erstmals wurde eine Kanzlei eingerichtet, die die Bevölkerung empfing und deren Beschwerden überprüfte. So etwas hatte es im alten Reich der Moskowiter noch nie gegeben …

Die beiden Herrscher schauten nach Westen und begannen, das russische Alltagsleben nach ausländischer Art und Weise zu modernisieren. Sie erkannten die Notwendigkeit, die Wissenschaften und verschiedene Handwerkskünste dem dortigen Fortschritt anzupassen. Damit war die westliche Orientierung Rußlands erstmals eindeutig festgelegt.

Diese Tendenz blieb dann später in der gesamten, dreihundert Jahre währenden Herrschaftszeit des Hauses Romanow erhalten; der Grundstein hierfür wurde aber bereits unter der Regierung von Zar Michail gelegt.

Aus dem Ausland wurden nun Handwerksmeister und Gesellen, die verschiedene Gewerke beherrschten, nach Rußland eingeladen. Hauptsächlich handelte es sich dabei um Deutsche. Sie gründeten kleine Betriebe, gaben ihr Können an Russen weiter und beabsichtigten meist nicht, das gastfreundliche Zarenreich wieder zu verlassen, wo sie ein ungezwungenes Leben führten. Außerdem wurden ihnen große Privilegien gewährt.

Auch für das einfache russische Volk war dies vorteilhaft, denn die neuen Werkstätten und Manufakturen der Ausländer gaben ihnen Lohn und Brot. Hans Falck – ein erfahrener Gießereimeister aus Nürnberg – baute in Moskau eine Kanonen-

und Glockengießerei auf und brachte das gesamte technische Wissen mit. Es entstanden auch Pulver- und Schwefelfabriken sowie Glashütten; eine von ihnen wurde sogar aus den persönlichen Mitteln des Herrschers unterhalten. Unweit von Tula wurden neue Eisenschmieden errichtet, die sich mit der Zeit zu Waffenfabriken spezialisierten. Als Lehrmeister holten sich die Russen ausländische Fachkräfte. Es kamen auch Wissenschaftler und Lehrer. Als Mediziner und Pharmazeuten waren ohnehin ausschließlich Ausländer tätig. Auch der Zustrom von Kaufleuten aus dem Westen wuchs, vor allem nach einem Besuch holsteinischer Gesandter, den diese Moskau im zwanzigsten Regentschaftsjahr von Zar Michail abgestattet hatten.

In der Außenpolitik griff der Herrscher ebenfalls auf die Hilfe von Ausländern zurück. Da sich die ersten Botschafter des noch jungen Zarenreiches oftmals ungeschickt auf dem glatten diplomatischen Parkett bewegt hatten, übertrug er Peter Marselis, einem sehr erfolgreichen Kaufmann holländischer Abstammung aus Hamburg, die wichtigen Angelegenheiten am dänischen Hofe. In Moskau vertrat Marselis die Interessen Holsteins, in dessen Diensten er stand.

In Moskau entstand allmählich eine relativ große ausländische Kolonie, die erfolgreich gedieh und selbstverständlich Aufmerksamkeit auf sich zog. Einige Adlige ahmten die Ausländer in ihrem Äußeren nach, begannen sich wie sie zu rasieren, die Haare schneiden zu lassen und Kleider nach »deutschem Schnitt« zu tragen, wagten aber noch nicht, sich damit bei Hofe zu zeigen. Doch auch die alten Bräuche wurden noch immer mit aller Strenge bewahrt. Für den Genuß von Tabak beispielsweise, der sich als neue Mode im Westen ausbreitete, schnitt man einem in Rußland damals noch die Nase ab…

Erste wesentliche ausländische Nachrichten über Rußland stammen vom Anfang des 16. Jahrhunderts. Sigismund Herberstein berichtete damals über seine Reisen durch das Land der Moskowiter.

Und Anfang des 17. Jahrhunderts fertigte der deutsche Gelehrte Gerhard Hessel eine erste Karte Rußlands an. Die Beziehungen zwischen dem Moskauer Kreml und dem europäischen Ausland erlebten im Jahre 1633 einen Höhepunkt, als sich eine aus vierunddreißig Personen – Diplomaten, Musikern, Handwerkern, Pastoren, Ärzten, Malern und Dichtern – bestehende Expedition aus dem Herzogtum Holstein nach Moskau aufmachte. An ihr nahm auch der Philosoph und Mathematiker Adam Olearius teil, der später diese beschwerliche Reise in allen Einzelheiten beschrieb. Finanziert wurde die Expedition vom holsteinischen Herzog Friedrich III., der sich durch humanistische Ideale und eine große Belesenheit auszeichnete und ein Verbündeter des Schwedenkönigs war.

Die Verhandlungen zwischen Zar Michail und den Gesandten aus dem fernen Lande kreisten dabei um eine Reisegenehmigung durch russisches Gebiet bis nach

Persien, wo die Reisenden Seidenstoffe einkaufen wollten, sowie um die Ausfuhr russischen Getreides nach Schweden. Europa stöhnte unter dem 30jährigen Krieg.

Man brachte dem Zaren reiche Gaben dar, unter anderem einen großen Spiegel im Silberrahmen – zu jener Zeit galt bereits ein kleiner Spiegel als Luxus – , eine Tischuhr aus seltenem Ebenholz, ferner großartige Holsteiner Pferde, die den Zaren und seine Vertrauten in unbeschreibliches Entzücken versetzten.

Zar Michail ließ der deutschen Delegation überaus herzliche Gastfreundschaft angedeihen, was weit über die Grenzen des russischen Staates hinaus bekannt wurde. Die Delegation aus Holstein war genau neun Monate nach Moskau unterwegs gewesen. Nach einer dreitägigen Erholungspause gewährte der Zar den Gästen eine Audienz. Die Holsteiner waren vom Luxus der Empfangsgemächer des russischen Herrschers sowie vom feierlichen Zeremoniell überwältigt. Adam Olearius beschreibt in seinem Buch diesen Empfang beim Zaren sehr genau und bilderreich: »Seine Majestät der Zar saß in einem mit Edelsteinen und Perlen bestickten Gewand auf dem Throne. An der Krone, die er über einer dunklen Zobelkappe aufhatte, funkelten große Brillanten, er hielt ein goldenes Zepter, das er von einer Hand in die andere gleiten ließ, weil es wohl sehr schwer war. Vor dem Zarenthron standen, je zwei an jeder Seite, vier junge hochgewachsene Fürsten in weißen Kaftanen aus Atlas, Kappen aus Luchsfell und weißen Stiefeln. Ihre Brust war kreuzweise mit goldenen Ketten behängt, an der Schulter hatte jeder ein kleines silbernes Beil. An der Wand, zu beiden Seiten des Zaren, saßen die vornehmsten Fürsten, Bojaren und Staatsräte mit hohen schwarzen Fuchsmützen, in überaus teuren Gewändern – insgesamt etwa fünfzig Personen...« Der Zarenthron, von einem Nürnberger Goldschmied geschaffen, ruhte auf goldenen Adlern. Als Dolmetscher fungierte der Deutsche Hans Helms, der am Hofe diente und bei den Russen großes Ansehen genoß.

Zar Michail traf mehrmals mit Olearius zusammen und war von dessen vielseitigen Kenntnissen und Fähigkeiten begeistert. Er bot ihm sogar an, als Hofastronom in Moskau zu bleiben und ein Observatorium zu bauen. Olearius aber schlug dieses Angebot aus, kehrte nach Holstein zurück und schrieb ein Buch über Rußland, über Moskau, über die Menschen in Rußland. Ihm ist es zu verdanken, daß Rußland, in der grenzenlosen Ferne des Ostens liegend, dem Westen etwas näher rückte. Allerdings teilte er auch vieles über Moskau mit, das wenig schmeichelhaft war: Kneipen voller Betrunkener, Raufereien auf den Straßen, häufige Brände, die man nicht einmal löschte – man zerstörte die Nachbarhäuser einfach mit Beilen, damit sich das Feuer nicht noch weiter ausbreiten konnte.

Häuser gebe es eigentlich auch nicht. Das wären einfach mit Gärten umgebene Hütten; doch fände man weder Blumen noch Gemüse dort. Allein der Zar habe einige Fuß Land, auf denen man die aus Gottorp mitgebrachten Rosen sowie Salat und Spargel, den die Holländer gerade eben eingeführt hätten, anpflanzen konnte.

Auch der russische Hof erfuhr manch Interessantes über die Menschen, die in dem Lande zwischen den beiden Meeren – der Nordsee und der Ostsee – lebten. Doch niemand hätte damals ahnen können, daß Zar Michails Urenkelin dereinst mit einem holsteinischen Prinzen verheiratet, und daß das Kind aus dieser Ehe ein russischer Zar werden würde!

Obwohl Michail jung und unerfahren auf den Thron gekommen war, gewann er allmählich an Stärke und erwarb sich Zuneigung im Volke. In den letzten zwölf Jahren seiner Regentschaft, nach Filarets Tod im Jahre 1633, war der erste Zar aus dem Hause Romanow ein autokratischer Herrscher.

Jewdokia Streschnjewa hatte ihm zehn Kinder geboren, doch nur vier von ihnen – die älteste Tochter Irina, der Sohn und Erbe Alexej sowie zwei weitere Töchter, Anna und Tatjana – erreichten die Volljährigkeit. Die Töchter wuchsen im Terem auf, sie bekamen Ammen und ein Kindermädchen. Bojarentöchter aus angesehenen Familien unterhielten sie mit ihren Spielen und vielerlei Scherzen. Die Mädchen erhielten Unterricht im Lesen, Schreiben und Handarbeiten. Bisweilen begaben sie sich gemeinsam mit ihren Eltern auf Wallfahrten zu Kirchen und Klöstern. Den Sommer über verbrachte die Zarenfamilie in den Dörfern bei Moskau, wo Michail seiner Lieblingsbeschäftigung – der Falken- oder Bärenjagd – nachging.

Als Irina, die älteste Tochter, dreizehn Jahre alt geworden war, begannen die Eltern, unter den ausländischen Prinzen nach einem Bräutigam für sie zu suchen. Ihre Wahl fiel auf Waldemar, den zwanzigjährigen Sohn des dänischen Königs Christian IV. »Er hat rotes Haar, ist von nicht gerade kleinem Wuchs, von feiner Gestalt, die Augen grau, das Gesicht gut und schön, er ist gesund und klug, beherrscht die lateinische, französische und italienische Sprache, spricht auch deutsch und ist gewandt in Kriegsdingen.« So charakterisierten die russischen Gesandten den jungen Mann. Sie waren an den dänischen Hof geschickt worden, um Verhandlungen über einen Ehevertrag zu führen.

Im Sommer 1641 reiste dann der Prinz selbst nach Moskau. Man gestattete ihm nicht, seine Braut zu sehen, da nach herrschender Sitte niemand – außer Bediensteten und nahen Verwandten – die Zarentöchter erblicken durfte. Der Bräutigam könne seine Gemahlin zum ersten Male beim Überschreiten der Schwelle zum ehelichen Schlafzimmer anschauen – so wurde ihm diese Ablehnung erklärt.

Mit reichen Geschenken versehen kehrte Waldemar samt seiner Gesandtschaft nach Dänemark zurück. In Begleitung eines Gefolges von dreihundert Personen kam er zweieinhalb Jahre später erneut nach Moskau, um Zarewna Irina zu ehelichen. Der Prinz wurde freudig aufgenommen. Der Zar empfing ihn im Facetten-Gemach und erhob sich sogar von seinem Platz, um dem Bräutigam seiner Tochter die Hand zu reichen und sich nach seiner Gesundheit zu erkundigen. Lediglich der Ehevertrag mußte noch besiegelt werden. In der Stellung eines Bräutigams zog Waldemar im Kreml ein.

Man stellte dem zukünftigen Gemahl der Zarentochter jedoch eine Bedingung: Er sollte sich nach dem Zeremoniell des orthodoxen Glaubens taufen lassen, obwohl sich der Zar während der Vorverhandlungen über die Eheschließung einverstanden erklärt hatte, daß Waldemar auch nach der Heirat Protestant bleiben dürfe. Nun wollte man dem Prinzen für seinen Übertritt zum orthodoxen Glauben und für seine Ehe mit Irina die russischen Städte Susdal und Jaroslawl auf ewige Zeiten abtreten sowie die Braut mit einer üppigen Mitgift ausstatten.

Prinz Waldemar lehnte einen Übertritt zum orthodoxen Glauben ab. Aller Überredungsversuche ungeachtet blieb der Königssohn unbeugsam und forderte, ihm und seinem Gefolge die Rückkehr in die Heimat zu gestatten. Zar Michail verweigerte sein Einverständnis in der Hoffnung, der Prinz werde seinen Entschluß ändern. Doch dies war nicht der Fall, und so wurde Waldemar faktisch zum Gefangenen Moskaus, obwohl man ihn auch weiterhin wie den Bräutigam der Zarentochter behandelte. Nur eines durfte er nicht – die russische Hauptstadt verlassen. So ging es beinahe eineinhalb Jahre, eineinhalb Jahre der ehrenvollen Gefangenschaft für den dänischen Königssohn.

Waldemar, der sich über seine Lage als Gefangener und Bräutigam grämte, unternahm sogar den Versuch, heimlich aus Moskau zu fliehen, doch beim Twerer Tor (heute ist das der Platz vor dem Bahnhof, der Moskau mit Berlin und anderen Städten des Westens verbindet) wurde er aufgegriffen und in den Kreml zurückgebracht. In Erkenntnis seiner Auswegslosigkeit beschloß der Prinz daraufhin, sich damit einverstanden zu erklären, daß seine Kinder dem orthodoxen Glauben angehören sollten und versprach, die orthodoxen Fastenszeiten insoweit einzuhalten, »inwieweit es ihm seine Gesundheit erlauben werde«. Der Zar jedoch ging auch darauf nicht ein. So erlangte Waldemar die Freiheit schließlich erst wieder, als der Vater seiner Braut gestorben war.

Und Irina, die Zarentochter? Sie hatte nicht einmal Gelegenheit, ihren Bräutigam zu Gesicht zu bekommen. Sie blieb, wie auch ihre Schwestern Anna und Tatjana, jungfräulich. Die Töchter des ersten Romanow wurden nicht verheiratet.

Irina brachte ihr ganzes Leben im Terem zu und starb im Alter von zweiundfünfzig Jahren, ihre jüngeren Schwestern beendeten ihren Lebensweg im Kloster. Anna, die als Nonne den Namen Anfisa trug, legte die Kutte an und verstarb bald nach Vollendung des sechzigsten Lebensjahres. Tatjana war ein längerer Lebensweg beschieden, in dessen Verlauf sie enge familiäre Beziehungen zu allen Romanows unterhielt.

Zar Michail war während seiner letzten Lebensmonate häufig krank. Gehen und Reisen ermüdeten ihn, sein Organismus war von der bewegungsarmen Lebensweise geschwächt. Und anscheinend hatte auch die mißglückte Verheiratung seiner ältesten Tochter ihre Wirkung auf ihn. Der Verzicht des dänischen Königssohns versetzte ihm einen schweren Schlag.

Am 12. Juli 1645, seinem Namenstag, erhob sich der Zar trotz seiner Erschöpfung aus dem Bett und begab sich in die Kirche. Doch dort erlitt er einen Erstikkungsanfall. Der Herrscher wurde zurück in die Zarengemächer gebracht. Gegen Abend verschlechterte sich sein Zustand. Er stöhnte und klagte über heftige Schmerzen im Herzen. Er befahl, die Zarin und seinen Sohn, den sechzehnjährigen Alexej, rufen zu lassen.

Ihm gab er seinen Segen, legte vor dem Patriarchen seine Beichte ab und entschlief in der dritten Stunde der Nacht in aller Stille.

Die ausländischen Ärzte, die den Moskauer Zar behandelten, erklärten, daß seine Krankheit vom »vielen Sitzen« herrühre, von kalten Getränken und von der Melancholie... Heutzutage würde man sagen, daß ein Herzinfarkt Ursache für seinen Tod war.

Zarin Jewdokia überlebte ihren Gemahl nur um wenige Monate. Der sechzehnjährige Alexej, Michails einziger Sohn, bestieg ebenso jung wie einst sein Vater den Zarenthron.

Michail, zaghafter Begründer einer Dynastie, der seine Macht vierzehn Jahre lang mit seinem Vater, einem Mönch wider Willen, geteilt hatte, war auf demokratische Art und Weise an die Macht gelangt. Mit ihm nimmt der lange Weg der Familie Romanow seinen Anfang.

Während seiner Regentschaft gelang es dem Moskauer Staat, die schweren Wunden, die er in der »Zeit der Wirren« erlitten hatte, zu kurieren, und dies derart, daß die Regierungszeit des Nachfolgers – seines Sohnes Alexej Michailowitsch – sowohl hinsichtlich der inneren als auch der äußeren Angelegenheiten für Rußland besonders erfolgreich werden sollte.

Alexej I.
geb 1629, Zar seit 13. Juli 1645, gest. am 29. Januar 1676

Maria Miloslawskajа ⚭ 1648 Alexej I. Romanow ⚭ 1671 Natalja Naryschkina

Maria Miloslawskaja	⚭	Alexej I. Romanow	⚭	Natalja Naryschkina
* 1626 † 1669	1648	* 1629 † 1676	1671	* 1651 † 1694

Children of Maria Miloslawskaja	Children of Natalja Naryschkina
Dmitri * 1648 † 1649	Peter * 1672 † 1725
Jewdokia * 1650 † 1712	Natalja * 1673 † 1716
Marfa * 1652 † 1707	Feodora * 1674 † 1678
Alexej * 1654 † 1670	
Anna * 1655 † 1659	
Sofia * 1657 † 1704	
Katharina * 1658 † 1718	
Maria * 1660 † 1723	
Fjodor * 1661 † 1682	
Feodosia * 1662 † 1713	
Simeon * 1665 † 1669	
Ioann * 1666 † 1696	
Jewdokia * 1669 †	

Zar Michail war in der Nacht zum 13. Juli 1645 gestorben. Bereits am Morgen wurde Alexej, sein einziger Sohn, zum Zaren ernannt und innerhalb kurzer Zeit gekrönt.

Die Krönungszeremonie war auf einen Sonntag angesetzt worden. Schon vom frühen Morgen an wurde die große Glocke im Glockenturm »Iwan der Große« geläutet – zur Verkündung des Ereignisses. Nachdem die Zareninsignien feierlich in die Mariä-Himmelfahrts-Kathedrale gebracht worden waren, verließ Zar Alexej mit den in überaus reiche Gewänder gekleideten Bojaren seinen Palast und begab sich zur Kirche. Der Zug wurde vom Metropoliten angeführt, der das Kreuz trug und den Weg des Zaren mit Weihwasser besprengte.

Als Patriarch Josef alle Gebete gesprochen hatte, nahm er die auf einem goldenen Teller liegende Monomach-Kronkappe vom Lesepult, segnete sie und setzte sie dem jungen Zaren aufs Haupt. Über die Herkunft dieser Zarenkrone gibt es keine authentischen Quellen. Man vermutet, daß sie in Byzanz hergestellt worden ist und fünfhundert Jahre zuvor als Krone für den Imperator Konstantin IX. Monomachos gedient hatte. Dieser soll sie dann seinem Enkel, dem Kiewer Fürsten Wladimir Monomach, der ein Sohn seiner Tochter war, vermacht haben. Letzterer hat dann die Kappe an die Moskauer Fürsten weitervererbt. Sie war aus Gold gefertigt und mit Edelsteinen verziert, mit feinstem Zobelfell gesäumt und endete in einem Kreuz, mit großen schimmernden Perlen als Eckpunkten.

Als Alexej Zepter und Zarenapfel vom Patriarchen in Empfang genommen hatte, verneigte er sich vor den Priestern. Dann begann das Ritual der Salbung. Alexej begab sich dafür zur Zarenpforte, neigte sich über die Ikonen der Schutzheiligen und verharrte mit entblößtem Oberkörper auf einem reinen Teppich. Der Patriarch trat aus dem Altarraum heraus, segnete das Salböl und strich es dem Zaren auf Stirn, Ohren, Bart und Kinn, auf Hals, Finger, Schultern und Arme. Die gesalbten Stellen wischte er mit einem Schwamm ab, welchen er anschließend am Altar verbrannte. Der Herrscher selbst aber wusch die gesalbten Stellen anschließend acht Tage lang nicht.

Als das Ritual zu Ende war, trat der Zar einige Schritte von der Zarenpforte zurück – auf den ersten Teppich war ein zweiter, ein goldener Teppich gelegt worden, und der Patriarch spendete ihm das Sakrament der Kommunion.

Am selben Tage gab der Zar im Facetten-Gemach des Kreml ein kleines Gastmahl. Da die Krönung des zweiten Romanows sehr bald nach Zar Michails Ableben stattfand, hatten nicht alle namhaften Adligen so schnell nach Moskau kommen können, obwohl sie gern bei den Feierlichkeiten dabeigewesen wären.

Alexej, 1629 geboren, war in seinem vierzehnten Lebensjahr der Öffentlichkeit feierlich als Thronfolger vorgestellt worden. Seine ersten Kinderjahre hatte der Junge im Terem des Moskauer Palasts zugebracht – umgeben von einem zahlreichen Stab aus »Müttern« und Kindermädchen. Seit seinem fünften Lebensjahr hatte der Zarewitsch Erzieher, die ihm das Lesen und Schreiben beibrachten und ihn in Musik und im Kriegswesen unterrichteten. Einige Zeit später übernahm der Bojar Morosow die Erziehung des Zarewitschs. Er war ein außergewöhnlich interessanter und gebildeter Mensch, der als einer der ersten russischen Adligen eine Vorliebe für alles Westliche an den Tag legte. Er begann, den Sohn des Zaren nach einer Fibel, die im Auftrag von dessen Großvater Filaret extra für ihn zusammengestellt worden war, das Lesen zu lehren und verwendete als Anschauungsmaterial für seinen Unterricht auch gedruckte Bilderbögen, die in Deutschland extra für diesen Zweck angefertigt worden waren. Im Kinderzimmer des Zarewitsch fanden sich viele neue Spielsachen, insbesondere Arbeiten aus Deutschland: ein großes Schaukelpferd, dessen Schwanz aus echtem Roßhaar war, verschiedene Karten, Abbildungen und sogar Ritterzeug für Kinder, das der deutsche Meister Peter Schalt für ihn angefertigt hatte. Das wichtigste aber war natürlich die kleine Bibliothek, die hauptsächlich aus Büchern bestand, die er von seinen Verwandten geschenkt bekommen hatte. Alexej zeigte relativ früh eine Vorliebe für das Lesen. Der Junge war ein erstaunlich wißbegieriges Kind.

Der Bojar Morosow führte auch etwas ganz neues im Moskauer Zarenpalast ein – er kleidete den Knaben auf deutsche Art und weckte in ihm den Gefallen an ausländischen Erfindungen.

Die weltliche Seite seiner Erziehung konnte jedoch die tiefe Religiosität des jungen Alexej nicht ins Wanken bringen. Bereits mit zehn Jahren kannte er den Ablauf des kirchlichen Gottesdienstes bis in alle Einzelheiten, konnte im Gebetbuch lesen und mit dem Kirchendiener im Kirchenchor singen. Auch als er Zar geworden war, hielt er das gesamte Ritual der orthodoxen Kirche ein: So stand er schon frühmorgens um vier Uhr auf, um zu beten und im Evangelium zu lesen, hielt die Fastenzeit streng ein und vollzog alle kirchlichen Zeremonien perfekt. Alexej wohnte dem Gottesdienst in der Kirche morgens wie abends bei. Im damaligen Moskau war wohl niemand besser als er mit den kleinsten Einzelheiten der Gottesdienstordnung vertraut. Wenn er sich in der Kirche befand, beteiligte er sich stets selbst an den Lesungen und Gesängen. In seiner Kirche entzündete er sogar noch vor dem Gottesdienst eigenhändig die Kerzen.

Seine tiefe Religiosität hinderte Zar Alexej jedoch nicht daran, sich den weltlichen Vergnügungen zu widmen. Seine Lieblingszerstreuung war die Falkenjagd, die gewöhnlich wie ein richtiges Fest ausgerichtet wurde. Die Falkner trugen bei ihrer Ausfahrt helle bunte Kaftane, teure Hermeline und Fuchskappen sowie Stiefel aus Saffianleder. Jedem hing ein Horn aus echtem Silber an der Seite. Auch die Vögel, die Falken, waren luxuriös geschmückt. »Die Jagd bereitete dem Herrscher

Vergnügen und ein Gefühl der Schönheit«, – so schrieben seine Zeitgenossen über ihn.

Die Dörfer um Moskau waren von großen Wäldern, weiten Wiesen und Gewässern umgeben, in denen es viele Wildgänse und Wildenten gab, also ausreichend Möglichkeiten, sich an der Falkenjagd zu erfreuen. Ein Moskauer Stadtteil trägt deshalb auch zur Erinnerung an jene Zeiten bis zum heutigen Tage die Bezeichnung »Sokolniki« (Falkner-Park).

Zar Alexej war sehr naturverbunden, und er nutzte jede Gelegenheit, um die Mauern des stickigen Kreml hinter sich zu lassen. Im Dorfe Ismailowo, das in der Nähe von Moskau gelegen ist, befaßte er sich selbst mit dem Gartenbau, pflanzte Beerensträucher an und ließ Maulbeerbaumplantagen für Seidenraupen anlegen. Er ließ Vieh aus den Niederlanden einführen und träumte davon, mit seiner Musterfarm beispielgebend fürs ganze Land zu wirken.

Abends spielte der Zar gern Schach oder lauschte Erzählungen über alte Zeiten, dabei kraulte er seinen Lieblingskater Wassja.

Wie sein früh verstorbener Vater kam Alexej Romanow im Alter von sechzehn Jahren auf den Thron. Anfangs stand der junge Zar unter dem starken Einfluß seines Erziehers Morosow, der ihm sozusagen den Vater ersetzte. Dieser Hofbeamte war sehr machtliebend und versuchte, seine Bindung zum Herrscher immer enger zu gestalten. Dabei war ihm jedes Mittel recht.

Als Alexej achtzehn Jahre alt geworden war, versammelte man etwa zweihundert der schönsten Mädchen aus Bojaren- und Adelsfamilien in Moskau. Die sechs attraktivsten von ihnen wurden dem Zaren selbst vorgestellt, damit dessen endgültige Wahl die zukünftige Zarin bestimmen solle. Mehr als alle anderen hatte es dem jungen Herrscher die Tochter eines Gutsherrn aus Rjasan, Jefimija mit Namen, angetan. Doch schon bei der ersten Zusammenkunft mit dem Zaren fiel sie in Ohnmacht – vielleicht aufgrund der großen Aufregung, vielleicht auch deshalb, weil – wie es später hieß – ihr die Frauen aus dem Terem, die die zukünftige Braut für diese Begegnung vorbereitet hatten, die Haare absichtlich so fest im Nacken zusammengezogen hatten, daß es der Armen schwindlig wurde und sie das Bewußtsein verlor. Aller Wahrscheinlichkeit nach war dies mit Absicht geschehen – infolge einer Bestechung seitens der Höflinge, die diese Ehe nicht wünschten und beschlossen hatten, sie um keinen Preis zustande kommen zu lassen. Morosow hingegen erklärte dem Zaren, daß Jefimijas Eltern diese »Fallsucht«, an der das Mädchen angeblich litt, vorsätzlich verheimlicht hätten. Der Zar glaubte seinem Erzieher, machte seine Wahl rückgängig und ordnete an, das arme Mädchen gemeinsam mit ihrem Vater nach Sibirien zu verbannen.

Des Herrschers neue Wahl fiel, nicht ohne Beteiligung seines Erziehers, auf Maria Miloslawskaja, eine üppige, angenehm anzuschauende junge Frau aus einer Bojarenfamilie. Zehn Tage nach der Eheschließung des Zaren ließ sich Morosow mit der Schwester der neuen Zarin trauen, wodurch er seine Stellung bei Hofe beträchtlich festigte. Von diesem Zeitpunkt an konnte er zu seinen persönlichen Zwekken noch stärker auf den jungen Zaren Einfluß nehmen…

Und dies war nicht besonders schwierig. Alexej war kein Mensch von starkem Willen, er geriet leicht unter den Einfluß einer energischen Persönlichkeit, und er war nachgiebig. Er traf alle Entscheidungen erst nach einer vorherigen Erörterung mit den Bojaren, ließ sich zeitweise von ihnen am Gängelband führen, zeigte völlige Willenlosigkeit und erteilte ihnen nicht nur viele Befugnisse, sondern gab ihnen sogar die Möglichkeit, das Staatsruder ganz in ihre Hände zu nehmen. Erst als einige Jahre ins Land gezogen waren, beteiligte sich der Zar allmählich an der Leitung seines Staates, bereitete sich sorgfältig auf die Sitzungen der Bojarenduma vor, schrieb sich Fragen, die er zur Diskussion stellen wollte, im Voraus auf und stellte konkrete Daten zusammen. Er las Bittschriften und andere Dokumente selbst, schrieb einige Erlasse persönlich und begann als erster russischer Zar, sie eigenhändig zu unterzeichnen.

Alexej Romanow befaßte sich von nun an praktisch mit allem, was mit der inneren Leitung des Staates zu tun hatte. Er wurde zwar kein Reformer – dies sollte seinem Sohn Peter vorbehalten bleiben – doch führte er einige Neuerungen ein. Während seiner Regentschaft wurden erstmals eigene Kupfermünzen geprägt, während bis dahin nur ausländische Gold- und Silbermünzen im Umlauf gewesen waren. Seine wichtigste Neuerung jedoch war das erste Gesetzbuch des Moskauer Staates, das unter der Bezeichnung »Sobornoe uloshenie« veröffentlicht wurde und dessen wichtigste Bestimmungen während der gesamten Regentschaftszeit der Romanows erhalten blieben.

Seinem Charakter nach war Zar Alexej ein weicher und gütiger Mensch. Jeglicher Schmerz, jegliches Unglück traf in seinem Herzen auf Resonanz und Mitgefühl. Rücksichtsvoll war er und achtete die menschliche Würde seiner Untergebenen. Er scherzte oft mit ihnen, fragte seine Diener nach ihren häuslichen Angelegenheiten und besuchte sie, lud sie sogar zu sich ein und ließ sie bewirten.

Er bestrafte zwar niemanden gern, war jedoch jähzornig. Sein Zorn verrauchte aber schnell, so daß er es gewöhnlich bald bereute, wenn er jemanden gekränkt hatte. Dann entschuldigte er sich und kam dem Betroffenen versöhnlich entgegen, bemühte sich, ihn gütig zu stimmen, damit er nicht böse sei.

So hatte der Zar, der an Kurzatmigkeit litt, eines Tages seinen aus Deutschland stammenden Arzt, gerufen, damit ihn dieser, wie man damals sagte, zur Ader lasse. Da er sich anschließend weitaus besser fühlte, schlug er auch den vornehmen Herren bei Hofe, die über Schwäche geklagt hatten, vor, sich einem Aderlaß zu unterziehen. Alle stimmten widerspruchslos zu; nur ein Bojar, ein Verwandter Alexejs mütterlicherseits, lehnte unter Hinweis auf sein hohes Alter einen solchen Eingriff ab. Man berichtete dem Zaren sogleich von seiner Ablehnung. Der fuhr hoch und schrie den alten Mann zornig an: »Ist dein Blut etwa mehr wert als das meine?« und versetzte ihm in seiner Wut Stockschläge und Ohrfeigen. Bald darauf aber tat ihm alles leid, er ließ dem Gekränkten Geschenke schicken und bat ihn, seine Ungnade zu vergessen.

Als beispielhafter Familienvater und zärtlicher Gemahl schätzte der Zar seine Ehefrau und war auch seinen Schwestern – der älteren Schwester Irina und den jüngeren Anna und Tatjana, – in Fürsorge und Liebe zugetan. In seinen Briefen, die er von seinen Feldzügen an seine Frau und seine Schwestern schrieb – und er schrieb stets sehr viel und in geschliffenem Stil – kam diese tiefe Verbundenheit und Liebe stets zum Ausdruck.

»Ich freue mich auf die Begegnung mit Euch wie sich ein Blinder freut, wenn er das Licht sieht«, teilte er ihnen beispielsweise in der Vorfreude auf eine Begegnung mit seiner Familie mit, als er sich im Polenfeldzug befand.

Alexej schrieb – was zu jener Zeit eine relativ seltene Erscheinung war – sehr gern. Nur wenige griffen damals zur Feder, um ihre Memoiren, wie das heute in Mode ist, oder gar Briefe zu verfassen. Der Zar aber widmete sich dem Schreiben entweder selbst oder diktierte seine Gedanken dem Kirchendiener. Seine Leidenschaft für den Umgang mit der Feder war so stark entwickelt, daß er bisweilen sogar Arbeiten seiner Sekretäre akkurat abschrieb. Auf Geschäftspapieren brachte er stets eine Menge Vermerke und Korrekturen an.

Von seinen Zeitgenossen wurde dieser Zar, der ein herzlicher und schöner Mensch war, aufrichtig geliebt. Mit seinem hohen Wuchs und seinem kräftigen Körperbau machte er auf die Menschen in seiner Umgebung einen erhabenen und gleichzeitig sehr angenehmen Eindruck. Sein volles, rotwangiges, von einem rötlichen Bart umrahmtes Gesicht war freundlich, seine sanftmütigen blauen Augen strahlten Güte aus. Gespräche mit diesem für seine Zeit allseitig gebildeten Menschen waren interessant; er liebte Scherze, konnte liebenswürdig und fröhlich sein.

Man bezeichnete Alexej Romanow als »den sanftmütigen Zaren«, dessen starke persönliche Ausstrahlung die Herzen aller erobern konnte. Auch Ausländer waren von ihm begeistert. Berichte von Botschaftern sind überliefert: »Er ist ein Herrscher,« schrieben sie, »wie ihn gern alle christlichen Völker hätten, wie er aber nur wenigen beschieden ist.«

»Der Zar ist mit außergewöhnlichen Talenten gesegnet, hat wunderbare Qualitäten, und seltene Tugenden zieren ihn.«

»... er hat die Herzen all seiner Untergebenen erobert.«

»Bei seiner grenzenlosen Macht über das Volk, welches an absolute Sklaverei gewöhnt ist, vergreift er sich an niemandes Besitz, an niemandes Leben, an niemandes Ehre.«

Das damalige Rußland stand vor der Frage, ob es den alten Zeiten treu bleiben oder von anderen lernen solle. Zar Alexej löste diese Frage auf seine Art. Er brach weder mit der Vergangenheit noch wandte er sich von jeglichen Neuerungen, die aus dem Westen kamen, ab.

»Edles und Gutes nachzuahmen ist keine Schande. Und lernen kann man sogar von seinen Feinden« – dieser Ansicht war der russische Zar. So fuhr er in einer schwarzen Kutsche, deren Fenstern aus Kristallglas waren und die ein Verdeck hatte, das sich öffnen ließ. Die hatte er sich aus Deutschland kommen lassen. Bisweilen nahm er seine Gattin mit auf die Jagd, was für jene Zeit ungewöhnlich war; er veranstaltete hie und da einen kleinen Schmaus und lud zu diesen Festen deutsche Musiker ein, die »die Trompeten bliesen« und Orgel spielten.

Die Kinder des Zaren erlernten die lateinische, deutsche und polnische Sprache sowie andere Wissenschaften. Deutsche Grammatiken, Arithmetik- und Geographiebücher wurden ins Russische übersetzt. Auch engagierte man für Jugendliche aus reichen Familien immer häufiger ausländische Hauslehrer. Ins Ausland aber – zum Erlernen der Wissenschaften und zur Aneignung der dortigen Sitten – wurden sie damals noch nicht entsandt. Man fürchtete, daß die Söhne dann nicht mehr heimkehren würden. Iwan der Schreckliche hatte einst einen solchen Versuch gewagt. Von 16 jungen Burschen, die er in die Welt geschickt hatte, damit sie klüger würden, war nur einer nach Moskau zurückgekehrt. Von einem ehemaligen Sekretär des Zarenhofes, der in Schweden Asyl fand, ist ein Bericht über die Gepflogenheiten in Moskau überliefert. »Über Rußland und die Herrschaft von Alexej Michailowitsch« heißt sein Buch, in dem er besonders kritisch mit den Bojaren umgeht. »Die sitzen, ihre Bärte nach vorn, und oftmals wissen sie nicht, was auf die Fragen des Zaren zu antworten sei oder welcher Rat ihm zu geben wäre. Viele von ihnen können weder schreiben noch lesen und wurden zum Mitglied der Duma nur wegen ihrer hohen Herkunft gewählt.« Die meisten Russen waren damals Analphabeten, und ihre Kenntnisse reichten kaum über das eigene Dorf hinaus.

Alexej war bestrebt, dieses Rußland umzugestalten. Gerade deshalb waren ihm die ungehobelten und einseitigen Menschen, die den Thron umgaben, lästig, so daß er begabte Menschen mit europäischer Bildung bevorzugte. Zu ihnen war sein Vertrauen größer.

Einer der Menschen, die Zar Alexej nahe standen, war Afanassi Ordin-Naschtschokin, ein bemerkenswerter Moskauer Staatsmann des XVII. Jahrhunderts, der die Umgestaltungsbestrebungen dieser Zeit energisch vertrat. Er war der Sohn eines bescheidenen Gutsbesitzers, erhielt aber eine gute Ausbildung: Er hatte Mathematik studiert, beherrschte die lateinische und deutsche Sprache gut und war ein sehr belesener Mann. Hinsichtlich seiner Bildung stand er wohl keinem der ausländischen Minister in irgendeiner Weise nach, und er war der erste Russe, der seine Zeitgenossen dazu brachte, ein gewisses Selbstwertgefühl zu empfinden. Ordin-Naschtschokin, der im westlichen Randgebiet Rußlands im Gouvernement Pskow zur Welt gekommen war und die ersten Jahre seines bewußten Lebens dort verbracht hatte, konnte die Lebensweise der benachbarten Deutschen und Schweden beobachten, mit denen seine Familie enge Kontakte unterhielt und sogar befreundet war.

Sein Wirkungskreis waren die Beziehungen des Moskauer Staates zum europäischen Westen. Man sagte von ihm, er »kenne sich in den Angelegenheiten der Deutschen und in deutschen Bräuchen aus«. Die Gegner seiner Reformen bezeichneten ihn als Ausländer, seine Anhänger – und ihrer gab es weitaus weniger – waren der Ansicht, daß er besser sei als die Ausländer selbst. Dieser Vertraute des Zaren war ein glühend ergebener und überzeugter Mensch, ein Virtuose der Diplomatie, die zu seiner Hauptaufgabe geworden war. Er leitete die Kanzlei für auswärtige Angelegenheiten und war, wie alle zugaben, ein Diplomat »von Gottes Gnaden«.

Vor allem ihm ist es zu danken, daß in Rußland viele Neuerungen Einzug hielten: Es wurde eine Post nach ausländischem Vorbild eröffnet, das Heer reformiert und unterschiedliche Truppenarten – Soldaten, Reiter, Dragoner – eingeführt, die mit Hilfe ausländischer Offiziere den dort üblichen Heeresaufbau erlernten. Fachleute aus anderen Ländern setzten die bereits unter Zar Michail begonnene Suche nach Erz fort, Werke und Fabriken für Glas, Tuch und Seide entstanden. In Moskau wurden erstmals schöne Gärten und Parks angelegt, für die man seltene Pflanzen und bis dato unbekannte Bäume und Blumen aus dem Ausland bestellte, ja und auch die Gärtner holte man sich von dort.

In seiner Heimatstadt Pskow führte Ordin-Naschtschokin den freien Verkauf von Schankwein nach dem Muster der deutschen Weinschenken ein. Später sollten diese Schenken auch in Moskau entstehen.

Naschtschokin, der am Ruder des russischen Staates stand, umgab sich mit Ingenieuren, Handwerkern und Kaufleuten, die nach Rußland kamen, und nutzte ihr Wissen und ihre Erfahrungen zum Wohle seines Landes. Man könnte ihn im Grunde genommen als ersten russischen Kanzler bezeichnen.

Zar Alexej vertraute seinem Minister und schätzte ihn sehr. Und sogar als Naschtschokins Sohn während einer Dienstreise für alle unerwartet ins Ausland flüchtete und Staatsgelder mitnahm, was für jene Zeit ein außergewöhnliches Ereignis war, und sein Vater dies, verlegen und voller Scham, selbst mitteilte und den Zar um seinen Rücktritt ersuchte, schrieb ihm Alexej einen herzlichen Brief: »Ihr bittet mich, Euch zurücktreten zu lassen; wie kommt Ihr darauf, darum zu bitten? Ich denke, dies kommt von der grenzenlosen Traurigkeit. Und was denn ist verwunderlich an dem, was Euer Sohn angestellt hat? Er ist jung, er wollte die göttliche Welt und ihre Angelegenheiten betrachten; so wie ein Vogel mal hierhin, mal dorthin fliegt und, wenn er genügend herumgeflattert ist, in sein Nest zurückkommt, so wird auch Euer Sohn sich an sein Nest erinnern und bald zu Euch zurückkehren.«

Seinen Lebensabend brachte dieser Staatsmann im Kloster zu, nachdem er kurz vor dem Tode des Zaren freiwillig Mönch geworden war. Dort gründete er ein Krankenhaus und pflegte die Kranken selbst.

Alexejs persönliches Leben war sehr bescheiden. In seinen privaten Rechnungsbüchern schrieb er all seine Ausgaben auf und hielt genau fest, wieviel er für Kinderspielzeug oder Geschenke, für eine Hochzeit oder ein Begräbnis ausgegeben, welche Summen er für Arzneien oder neue Kleidung aufgewandt hatte. Von seinen Höflingen verlangte er ebenfalls eine genaue Erfassung aller Kosten.

Doch wohl kein anderer Herrscher hätte den russischen Zar in Hinsicht auf die Pracht seiner Hofetikette übertreffen können. Sein Thron war mit 870 Diamanten, 144 Rubinen und 129 Perlen geschmückt. Die Zarin saß während der Audienzen auf dem berühmten Elfenbeinthron, der einst aus Byzanz nach Moskau gekommen war. Er war ein Geschenk für Sofia Paleiologina, die griechische Braut des russischen Großfürsten Iwan III., gewesen.

Zu Audienzen erschien der Zar in einem mit Edelsteinen übersäten Gewand, mit jener Kopfbedeckung, die dereinst das Haupt seines Vaters, Zar Michails, geschmückt hatte; an den Füßen trug er rote Stiefel aus dünnem, weichem Leder mit hohem Absatz. Neben Alexejs Thron stand stets ein goldenes, mit Wasser gefülltes Becken. Darin wusch der Zar seine Hand ab, wenn er sie einem Gast zum Kuß gereicht hatte, fürchtete er doch, mit irgendeiner Krankheit angesteckt zu werden. Besonders prächtig waren die Empfänge im Kreml gestaltet, die für ausländische Gesandte und Gäste veranstaltet wurden. Solch glanzvolle und feierliche Empfänge hatte man in Moskau noch niemals erlebt.

Auch die Bräuche der russischen Tischgesellschaft erstaunten die Ausländer. Während des Gastmahls am Tisch des Zaren bot man den Gästen etwa fünfzig Gerichte an, von denen die meisten gewöhnlich Zwiebeln und Knoblauch enthielten. Gewöhnlich aß man mit den Händen und bediente sich aus einer großen Schüssel, die für je zwei Personen aufgestellt wurde. Weder Teller noch Gabeln oder Messer waren üblich; Löffel wurden nur zur Suppe gereicht. Man aß und trank, bis man sich nicht mehr auf den Beinen halten konnte. Alexej, der selbst nur ein oder zwei Schluck Wein auf das Wohl seiner Gäste trank, hatte es gern, wenn sich die am Tisch versammelten Bojaren gänzlich betranken. Dies bezeichnete man im Russischen: bewirten, aber glänzend bewirten.

Man kann sich vorstellen, wieviel Lebensmittel aller Art und wieviel würziger Met – bis zu einhundert Eimern für jedes dieser Mahle – für solch eine Tafel beim Zaren benötigt wurden. Doch alles war bestens organisiert: Lebensmittel und Getränke kamen von den Landgütern des Hofes. Für die Milchversorgung gab es im Nachbardorf einen Stall mit zweihundert Kühen, Obst erhielt der Zarenhof von speziellen Plantagen, Weintrauben und Wein bezog man von einem Weinberg, den ein zugezogener Franzose am Unterlauf der Wolga angelegt hatte.

Der Zar selbst fastete aufgrund seiner Verbundenheit zur Religion etwa acht Monate im Jahr, daher begnügte er sich, wenn er während der Fastenzeit an einer solch luxuriösen Tafel saß, lediglich mit einem Stück Roggenbrot und einem Becher Wein oder Bier. Dies hinderte ihn jedoch nicht daran, seine Gäste, wie man so sagt, aus ganzem Herzen zu bewirten.

Mit üppiger Feierlichkeit und strengem Zeremoniell bewegte sich auch der Zar auf den Plätzen und Straßen Moskaus. Dadurch wurde gleichsam die Macht der Zarenherrschaft, seine Unerreichbarkeit unterstrichen. Sogar die engsten Verwandten des Herrschers wurden als seine Untertanen betrachtet. Und im Gesetzbuch gab es ein besonderes Kapitel »Über die staatliche Ehre und wie Eurer Majestät Gesundheit zu bewahren ist«. Dieser Verordnung zufolge drohte einem Hofbeamten oder einem Kanzlisten, also einem Staatsbeamten, der gegen den Zaren auftrat, die Todesstrafe.

Alexej war zweimal verheiratet. Maria, seine erste Frau, war drei Jahre älter als er, der alten russischen Tradition zufolge erzogen und zeichnete sich durch strenge Religiosität aus. Viele Stunden des Tages verbrachte sie im Gebet, sorgte sich fast nicht um ihre Bildung und zeigte keinerlei Interesse für Staatsangelegenheiten.

Aus der Ehe mit ihr hatte Alexej eine zahlreiche Nachkommenschaft – acht Töchter und fünf Söhne. Nicht alle jedoch überlebten ihre Eltern. Dmitri, der älteste Sohn, starb nach nur einem Jahr. Erst der zweite Sohn, den man zu Ehren seines Vaters Alexej genannt hatte, wurde offiziell zum Erben des Moskauer Throns ernannt. Er war ein äußerst begabtes Kind und schien älter zu sein, als er tatsächlich war.

Für die meistens aus Deutschland mitgebrachten Spielsachen interessierte er sich nicht, wenig Vorliebe zeigte er auch für Sport und Spiele im Freien. Der Junge bevorzugte die Lektüre von Klassikern und philosophischen Büchern. In seiner Bibliothek fanden sich Grammatiken, Wörterbücher, Mathematik- und Geographiebücher, Karten und Globen. Der Zar ließ sogar ausländische Zeitungen nach Moskau kommen und ins Russische übersetzen, um seinem Sohn eine Freude zu bereiten. Der Junge zeichnete sich durch eine Ernsthaftigkeit und Verständigkeit aus, die einem Kind gemeinhin fern ist. Selbst Ausländer, die am Hofe des Moskauer Herrschers weilten, waren von den seltenen Fähigkeiten des Thronfolgers begeistert.

Doch ein Unglück nach dem anderen erschütterte die Familie von Alexej Romanow: Seine Ehefrau starb bei der Geburt ihres dreizehnten Kindes, das neugeborene Mädchen überlebte seine Mutter nur um zwei Tage. Der zärtlich liebende Gatte war schwer getroffen von diesem Verlust, auf den einige Monate später noch zwei weitere folgten: Ganz plötzlich verstarb sein vierjähriger Sohn Simeon, und gegen Jahresende erkrankte der Thronfolger an Lungenentzündung. Nichts konnte den sechzehnjährigen Jungen mehr retten...

Nach dem Tode von Frau und Kindern wich der Zar etwas von seinem religiösen Fanatismus ab, vielleicht, weil er enttäuscht war von Gottes Gerechtigkeit. Eine zeitlang wollte er niemanden empfangen und zog sich zurück. Dann begann er, sich wieder für einen durchaus weltlichen Zeitvertreib zu interessieren. Dabei freundete er sich mit Artamon Matwejew, dem obersten Leiter der Moskauer Strelitzen, an. Die Strelitzen waren Söldner, die dem Zaren dienten und in erster Linie aus Deutschen und Schotten bestanden. Dieser Strelitzengeneral, Sohn eines einfachen Diakons, war bei seinen Soldaten so beliebt, daß sie – so erzählte man – als es ihm an Steinen für den Bau seines Hauses mangelte, ohne Zögern die Steine von den Gräbern ihrer Eltern entfernten und ihm brachten. Matwejew war ein gebildeter Mann, Anhänger der europäischen Lebensweise und ein großer Kunstliebhaber. Er heiratete wohl als erster der damaligen Adligen eine Ausländerin, eine Schottin aus der Moskauer Deutschenvorstadt; seine Frau, eine geborene Hamilton, nahm unter dem Namen Jewdokia den orthodoxen Glauben an.

Bei seinen Versuchen, seinen familiären Schmerz zu verdrängen, begann der Zar, sich öfter im Hause Matwejews aufzuhalten. Es war im westlichen Stil eingerichtet, an den Wänden hingen Gemälde und Spiegel, die Möbel waren mit großem Geschmack ausgewählt. Eines der Zimmer diente als Bibliothek, da die ganze Familie sehr gern Bücher las. Und, was das wichtigste war, in diesem Hause herrschten ganz und gar nicht die Bräuche und die Ordnung, an die Alexej gewohnt und die von der Moskauer Vergangenheit geprägt waren. Dies betraf insbesondere die Ehefrau des Hausherrn und seine Nichte Natalja Naryschkina, eine siebzehnjährige brünette Schönheit, die Matwejew als Pflegekind zu sich genommen hatte. Sie zogen sich bei Gesellschaften nicht in die für die Frauen bestimmten Räume zurück, wie dies in den Bojarenfamilien ansonsten gewöhnlich der Fall war.

Matwejew hatte oft Gäste, und unter ihnen waren auch Ausländer, die am Moskauer Hofe dienten. Mit denen unterhielt er sich gern und erkundigte sich über das Leben und Treiben in fremden Ländern, über die dortigen Bräuche und vieles mehr.

Nicht selten fanden bei ihm auch Empfänge statt, die nicht nur auf eine Tischgesellschaft begrenzt waren, wie dies damals im russischen Reiche üblich war, wo die

Menschen gewöhnlich zusammenkamen, um ordentlich zu trinken und zu essen. Diese Empfänge hingegen waren stets von interessanten Diskussionen begleitet, an denen sich auch Matwejews Gattin und Natalja beteiligten. Bei einem dieser Empfänge lernte der verwitwete Zar zufällig dieses Mädchen kennen. Ihre ungewöhnliche Schönheit, ihr strenges und kluges Gesicht erstaunten den verwitweten Zaren, er ließ sie nicht mehr aus den Augen. Ungeachtet des großen Altersunterschieds – Alexej zählte zu dieser Zeit bereits zweiundvierzig Jahre – verliebte er sich in sie und nannte sie bereits beim zweiten Treffen »mein kleines Täubchen«. Bald schon schlug er ihr vor, seine Frau zu werden.

Die Hochzeit jedoch fand erst eineinhalb Jahre später statt; dabei war die Schwangerschaft der Braut kaum noch zu verbergen. Matwejew hatte, um die Form zu wahren, vorgeschlagen, als Ablenkungsmanöver einige Töchter von Adelsfamilien zu versammeln, unter denen sich auch sein Zögling befinden sollte. Wenn die Wahl des Zaren nach altem Brauch stattfände, würde sich kaum jemand wundern, daß der Zar ein unbekanntes und unbegütertes Mädchen erwählt hatte.

Sechs Monate nach der Hochzeit brachte die junge Zarin einen Sohn zur Welt. Irina, Zar Michails älteste Tochter, und Zarewitsch Fjodor waren Taufpaten des Knaben. Er erhielt den Namen Peter. Die Freude seines Vaters war grenzenlos. Peters Geburtstag, der 9. Juni 1672, wurde zum Nationalfeiertag erklärt. Von allen Glockentürmen Moskaus erklang Geläut, das gleichsam mit dem Salut der Kanonensalven wetteiferte. Der glückliche Vater befahl, einen außerordentlich schönen Kuchen von einhundert Kilogramm zu backen. Ein Gastmahl folgte dem anderen...

Der Neugeborene wurde von der zärtlichster Sorge seines Vaters und von einer für diese Zeit erlesenen Pracht umgeben. Er lag in einer mit Goldstickerei geschmückten Wiege auf türkischem Samt. Seine Decken und Kissen waren mit Schwanendaunen gefüllt. Als der Knabe zu laufen begann, nähte man ihm Winter- und Sommeranzüge aus den teuersten Stoffen. Sie waren mit deutscher Spitze besetzt. Hosen trug er nur im westlichen Stil.

Sehr oft ging der Zar zu seinem Sohn, um mit ihm zu spielen, und stets brachte er eine Menge Spielsachen mit, wobei der Großteil dieses Spielzeugs ausländischer Herkunft war. Als Peter etwas herangewachsen war, fuhr er in einer kleinen vergoldeten Kutsche, die mit vier Ponys bespannt war, durch Moskau. Zwerge machten dem Jungen dabei ihre Aufwartung. Peters erster Lehrer wurde Paul Menesius, ein Mann schottischer Herkunft, der in russische Kriegsgefangenschaft geraten war und sich dort verliebte. Er heiratete die Witwe von Marselis, des Gründers der russischen Hüttenwerke, und blieb im Lande. Dem dreijährigen Zarewitsch brachte er erste Kenntnisse der Kriegskunst bei und half ihm, sein »Kinderregiment« aufzubauen.

Natalja war eine gebildete Frau, sie liebte die Lektüre von Büchern, spielte Laute und nahm von Zeit zu Zeit sogar an Theateraufführungen teil, die Pastor Johann Gottfried Gregori, der Geistliche der deutschen lutherischen Gemeinde in Moskau, im Hause ihres Erziehers inszenierte. Die Stücke wurden in deutscher Sprache, die sie übrigens gut beherrschte, aufgeführt.

Natalja, von ihrem Charakter her lebensfroh und fröhlich, brachte frischen Wind in das Leben des russischen Zaren. Nachdem die neue Zarin in den Kreml übergesiedelt war, lud er auf ihre Bitte hin deutsche Schauspieler ein, die an seinem Hofe spielen sollten. Aufführungen wurden musikalisch untermalt, und dies hielt die Kirche für Frevel; Grund dieser besonderen Empörung waren die Geigen und Flöten, die man als teuflische Erfindung bezeichnete. Und noch dazu die Tatsache, daß die Zarin – wenn auch von einem separaten Platz aus, der mit einem Gitter versehen war, – der Aufführung beiwohnte, war geradezu revolutionär und rief unter den Bojaren ein Murren hervor, welches jedoch bald verstummte, da die große Fastenzeit einige Zeit später sämtlichen weltlichen Vergnügungen Einhalt gebot.

Als dem Zaren dann sein Sohn Peter geboren worden war, ordnete er an, anläßlich dieses so freudigen Ereignisses einen speziellen Saal für Aufführungen zu bauen, aus Vorsicht allerdings nicht in der Stadt selbst, sondern im Dorfe Preobrashenskoje außerhalb von Moskau. Doch schon im folgenden Jahr wurde ein solcher Theatersaal auch direkt im Kreml eingerichtet. Von da an fanden je nach Saison in diesen beiden Sälen abwechselnd Theatervorstellungen statt, die Dekorationen brachte man von einem Saal in den anderen. Die gesamte Zarenfamilie begann, diese Stücke – Tragödien und Komödien – zu besuchen. Gespielt wurden sie von Deutschen und Leuten aus Matwejews Gesinde, die die Schauspielkunst in der von Peter Ingles unter Mitwirkung von Pastor Gregori gegründeten Theaterschule erlernt hatten. Auch die Kinder von Kleinbürgern wurden dazu eingeladen.

Alexej konnte stundenlang auf die Bühne blicken, so sehr liebte er mittlerweile das Theater. Die Stücke, die gegeben wurden, hatten hauptsächlich biblische Themen zum Gegenstand und wurden von Instrumentalmusik begleitet, wozu der Zar – sehr zum Gefallen seiner Gemahlin – sogar Musiker aus Städten des deutschen Herzogtums Kurland eingeladen hatte. Im Facetten-Gemach des Kreml errichtete man eine große Orgel. Fortan bereitete das deutsche Orgelspiel der Zarin und ihren Kindern stetes Vergnügen.

Vorstellungen fanden auch im außerhalb der Stadt neu errichteten Palast des Zaren statt. Er war am Hochufer der Moskwa gelegen und bot einen schönen Blick auf die russische Hauptstadt. Während Kolomenskoje – so hieß das Dorf, in dem sich die Sommerresidenz befand – zu jener Zeit etwa sieben Kilometer von Moskau entfernt war, liegt es heutzutage innerhalb der Stadtgrenze und ist ein Ort, der viele Touristen und ausländische Gäste anzieht.

Der Holzpalast, leuchtend in seiner Herrlichkeit und seinem exotischen Prunk, war einem märchenhaften Prachtbau ähnlich. Er war so schön, daß ihn Besucher als das achte Weltwunder bezeichneten. Nicht Ikonen, wie es damals üblich war, sondern Porträts großer historischer Persönlichkeiten wie beispielsweise Alexanders von Mazedonien, des römischen Cäsars oder Dareios des Persers schmückten die Gemächer im Inneren des Palastes. Er war von herrschaftlichen Obstgärten umgeben, von denen ein Teil bis in die Gegenwart erhalten geblieben ist, und wurde zum liebsten Aufenthaltsort des Zaren in der Sommerzeit. Nicht selten verbrachte die Zarenfamilie mit ihren Hofbeamten und der Dienerschaft dort mehrere Monate. Auch Vertreter anderer Staaten, ausländische Gäste und Fremde, die sich in Moskau niedergelassen hatten, wurden vom Zaren dorthin eingeladen und jederzeit mit großer Freude und Herzlichkeit empfangen.

Unter Zar Alexej lud man bereits weitaus häufiger Ausländer ein, hauptsächlich Meister der Waffenzunft, Handwerker, Juweliere, Maler, Ärzte, Wissenschaftler, Apotheker und natürlich Musiker. Ihnen gegenüber war der Herrscher stets wohlwollend. Die einen kamen mit ihren Frauen und Kindern ins Land, die anderen heirateten im Moskauer Staat und legten den Grundstein für eine ganze Reihe von Familien. Die steigende Zahl an »Zugereisten« in Moskau rief aber Murren unter der Bevölkerung hervor, und auch Priester der orthodoxen Kirche, die schlichtweg alle Ausländer als Ketzer betrachteten, richteten ihre Beschwerden an den Zar. Daher beschloß er, alle Deutschen und übrigen Fremden in eine bestimmte Vorstadt am Stadtrand übersiedeln zu lassen, um das Reich der Moskowiter gleichsam von dem der Nichtrussen abzuschirmen. So entstand die sogenannte »Deutsche Sloboda« (deutsche Vorstadt), eine Art Stadt in der Stadt, die ihrerseits zum Anziehungspunkt für viele fortschrittlich gesinnte Menschen in Moskau wurde.

Was hat diese »Sloboda« nicht alles gesehen, wie viele interessante Leute hielten sich dort auf! Hier konnte man erfahren, wie die Menschen in anderen Ländern lebten und von den Ereignissen jenseits der Grenzen Rußlands hören, hatten doch von denen, die sich in der Sloboda niedergelassen hatten, nicht wenige die Welt bereist, bevor sie nach Moskau gekommen waren. Sie konnten natürlich viel Interessantes erzählen und sogar zeigen. Dies war überhaupt ein Inselchen westlichen Lebens, das ansonsten für jeden Russen unerreichbar war, wurde es doch den Moskowitern zu jener Zeit nicht gestattet, ohne Anordnung des Zaren ins Ausland zu reisen. Nicht einmal Briefe in andere Länder durften sie schreiben, in denen sie über die Zustände im Moskauer Staat berichteten, darauf konnte strenge Bestrafung folgen.

Doch viele russische Orthodoxe hielten auch diese Beschränkungen noch für viel zu milde. Als man in Moskau die Post eröffnete, wurde ihre Empörung laut: »... die Ausländer haben eine Bresche in unser Land geschlagen. Alles, was bei uns geschieht, können sie gleich erfahren.« Und einige schlugen sogar vor, diese Bresche sofort wieder zu schließen und jeden, der ins Ausland fuhr, strengstens zu überwachen, damit um Gottes Willen keinerlei Information aus Moskau in den Westen durchsickern könne.

Merkwürdig gestaltete sich auch das Verhältnis von Alexej Romanow zum Reformer der russischen Kirche, dem Metropoliten von Nowgorod, der später Patriarch Nikon wurde. Dieser Kirchenmann war im Jahre 1605 geboren worden und hatte bei der Taufe den Namen Nikita erhalten. Erzogen wurde er von seiner Stiefmutter, die einen schlechten Charakter hatte und ihrem Stiefsohn gegenüber eine besondere Abneigung hegte. Sein erster Lehrer war wohl ein Mönch aus dem benachbarten Kloster, so lernte er Lesen und Schreiben. Als Nikita zwanzig geworden war, zwangen ihn die Eltern zu heiraten und halfen ihm, ein Pfarramt zu erhalten. Bald schon sprach man im Umkreis respektvoll von seinem Wissen, so daß er nach Moskau versetzt wurde.

Einige Jahre später beschloß der Priester, seine für die weiße Geistlichkeit vorbestimmte Karriere aufzugeben, da diese ihn nach dem Kanon der orthodoxen Kirche nicht zu den höchsten Kirchenämtern hätte bringen können. Der junge Pfarrer war enorm ehrgeizig und wollte Macht in seinen Händen haben. Er, der bereits Vater dreier Kinder war, trennte sich von seiner Frau, legte den schwarzen Mönchsrock an und erhielt den Namen Nikon. Zunächst entsandte man ihn als Abt in ein weit entlegenes Kloster. Als er sich einmal in Angelegenheiten seiner Gemeinde in Moskau aufhielt, zog er Zar Alexejs Aufmerksamkeit auf sich. Auf dessen Geheiß wurde Nikon, der damals 38 Jahre alt war, zum Archimandriten – also zum Abt – des Klosters ernannt, in dem sich die Grabstätten der Familie Romanow befanden.

Jeden Freitag hielt er in der Kapelle des Herrschers die Frühmesse ab, nach Abschluß des Gottesdienstes pflegte der Zar mit ihm verschiedene Gespräche zu führen. Nikons Einfluß auf den Herrscher wuchs immer mehr, er versäumte es auch nicht, sich dies zunutze zu machen, um sich Autorität zu verschaffen. Zunächst wurde er Metropolit, dann weihte ihn der Herrscher zum Patriarchen, wodurch er ihn zu seinem Beichtvater machte.

Ein sehr hoher Wuchs samt einem gewaltigen Schädel, schwarze Augen, eine niedrige finstere Stirn, dicke Brauen über durchdringenden Augen, eine rauhe Stimme – zeichneten diesen Menschen aus, der die Freundschaft und Protektion des Zaren gefunden hatte. Viele Jahre lang mischte er sich in alle möglichen weltlichen Angelegenheiten ein, vertrat den Zaren in dessen Abwesenheit, gab in seinem Namen Zirkulare heraus und erstellte Anordnungen. Und die Ehrerbietungen verdrehten dem ruhmsüchtigen Kirchendiener den Kopf. Er wollte mehr – er begann, direkten Einfluß auf Staatsangelegenheiten zu nehmen und Anspruch auf den Titel »Hoher Herrscher« zu erheben, den seinerzeit Patriarch Filaret, der Großvater von Alexej, getragen hatte. Nikon war der Ansicht, das Kirchenoberhaupt sei die Sonne, der Zar hingegen lediglich der Mond, der das Sonnenlicht reflektiere.

Siebenundvierzig Kilometer von Moskau entfernt ließ sich der Patriarch ein Kloster nach dem Modell der Jerusalemer Grabeskirche bauen. Er nannte die großartige Anlage am Ufer des Flusses Istra »Neues Jerusalem«. Diese Kühnheit erstaunte sogar Zar Alexej. Im selben Jahr ergab sich die erste Unstimmigkeit zwischen dem Herrscher und Patriarch Nikon, und eben sie war der Beginn des »großen Zwistes«, der sieben Jahre dauern sollte. Der Zar wurde ihm gegenüber zunehmend ungehalten.

Nikon drohte, das Patriarchengewand abzulegen, versuchte, die Mitglieder seiner Gemeinde einzuschüchtern, damit das Volk zu seinen Gunsten stimme. Als Zeichen des Beleidigtseins verließ er sogar Moskau und begab sich in sein Kloster.

Und da geschah das Unvorhergesehene. Zar Alexej zeigte Willensstärke und ließ nicht nach dem Gekränkten schicken. Die Kirchenfürsten hingegen, die mit dem machtliebenden Nikon unzufrieden waren, beriefen in Moskau ein Konzil ein, zu dem sie die alle Patriarchen einluden. Dieses Ökumenische Konzil war ein richtiggehendes Gericht über Nikon, bei dem der Zar selbst als Hauptankläger auftrat. Dies kostete ihn nicht wenig Überwindung, doch es gelang ihm, sein Herz auszuschütten und seinen Zorn und seine Abneigung, die sich in all den Jahren der Streitigkeiten und Angriffe auf seine majestätische Würde angesammelt hatten, zum Ausdruck zu bringen.

Das Konzil verurteilte den Angeklagten zum Entzug seines Ranges und zu lebenslanger Haft im Kloster. Das Urteil wurde insgeheim vollstreckt. Da sich Nikon dem Gerichtsurteil widersetzte, nahm ihm der Alexandrisker Patriarch persönlich die mit teuren Perlen besetzte Mönchskappe und die mit Edelsteinen übersäte Panagija ab.

»Nehmt«, rief der Verurteilte, »teilt meine Habseligkeiten unter Euch auf… Ihr bestehlt mich wie Diebe!«

Man zog Nikon eine einfache Kutte an, die man sich von einem Mönch hatte geben lassen, ließ ihm aber auf Forderung des Zaren seinen Bischofsmantel und -stab. Der ehemalige Patriarch wurde in das weit entlegene Kloster Ferapontowo verbannt. Es erging jedoch der Befehl, ihn gut zu ernähren und von Kränkungen zu verschonen. Jeglicher Schriftwechsel aber wurde ihm verboten.

Doch auch hier bewies Zar Alexej seinen Großmut und erließ Befehl, dem Verbannten anläßlich der zahlreichen Feiertage der orthodoxen Kirche vielerlei Aufmerksamkeiten zu senden: Wein, Honig, Lachs, Sterlet, Kaviar, Zitronen und andere Leckereien. Aber auch diese edlen Gaben des Herrschers hinderten seinen ehemaligen Beichtvater und Freund nicht daran, sein bitteres Schicksal endlos zu beweinen und bei Alexej die Erlaubnis zu erbetteln, ihn ins Kloster Neu Jerusalem zu verlegen. Er ging sogar so weit, seine Fehler einzugestehen und den Herrscher um Verzeihung zu bitten. Doch der »Heilige« mußte auch weiterhin in Ferapontowo bleiben.

Erst nach Alexejs Tode gestattete man Nikon die Rückkehr nach Moskau. Im Jahre 1681 beschloß Fjodor, den ehemaligen Patriarchen aus dem weit entlegenen Kloster in sein geliebtes Neu Jerusalem bringen zu lassen. Doch der Begnadigungsbefehl hatte zu lange auf sich warten lassen. Der alte und schwerkranke Kirchendiener verstarb auf dem Wege nach Moskau.

Die Neuerungen des in Ungnade gefallenen Nikon jedoch, die von Zar Alexej unterstützt und vom Ökumenischen Konzil bestätigt worden waren, entwickelten sich weiter. Die von ihm eingeleitete Korrektur der Kirchenbücher setzte sich fort. Die russisch-orthodoxe Kirche spaltete sich fortan in die herrschende (nikonianische) Kirche und die Kirche der Altgläubigen, die sich weithin mit zwei Fingern bekreuzigten, während Nikon drei Finger gefordert hatte.

Viele Menschenleben wurden durch diese Reform der Kirche zugrunde gerichtet. In Rußland entstanden erstmals verschiedene religiöse Sekten, einige von ihnen existieren bis zum heutigen Tage. Auch die Kirche der Altgläubigen, die von vielen herrschenden Vertretern des Hauses Romanow verfolgt wurde, ist erhalten geblieben. Kirchliche Trauung und Taufe erfolgen dort immer noch nach alten liturgischen Büchern.

Im Zusammenhang mit der Spaltung der russischen Kirche trat die Bojarin Morosowa ins Rampenlicht der Geschichte. Sie war Morosows Schwägerin, genauer gesagt die Frau seines leiblichen Bruders, und nachdem sie bereits im Alter von dreißig Jahren Witwe geworden war, wurde sie nach der Spaltung der orthodoxen Kirche zur aktiven Anhängerin des alten Glaubens. Ihre Eltern, die über ein großes Vermögen verfügten, standen dem Hofe nahe. Die Bojarin hingegen wurde zu einer überzeugten Sektenanhängerin und zur glühenden Befürworterin des asketischen Lebens: Sie trug ein einfaches Gewand, verbrachte einen Teil der Nacht im Gebet, ernährte sich von bescheidener Speise, tagsüber spann sie, wob und nähte Hemden, die sie an die Armen in den Moskauer Straßen verteilte. In Begleitung einer Dienerin besuchte sie heimlich Gefängnisse und Krankenhäuser für Arme und leistete ihnen Hilfe in Form von Geld und Geschenken. Als ihr einziger Sohn herangewachsen war, trat sie heimlich unter dem Namen Feodora ins Kloster ein. Dem Beispiel dieser Bojarin folgte auch ihre jüngere Schwester, Fürstin Urussowa. Die

Frauen bildeten um sich herum eine Gruppe, in der der Glauben frei nach alten Bräuchen praktiziert wurde, sie verwendeten alte Bücher, die bei der Kirchenreform verboten worden waren, und beschäftigten sich mit der Verbreitung des sogenannten Schisma. Schließlich erfuhr auch der Herrscher davon, und es erging Befehl, die beiden Schwestern zu verhaften. Als man die Bojarin Morosowa am Zarenpalast vorbeiführte, dachte sie, Alexej würde von seinen Gemächern aus auf sie herabblikken; deshalb erhob sie unter Mühen ihre Hand, die mit einer Kette gefesselt war, und bekreuzigte sich mit zwei Fingern, nicht mit drei, wie es sich von nun an gehörte. So ist sie übrigens auch auf einem Bild des bekannten russischen Malers Surikow dargestellt, das in der Tretjakow-Galerie in Moskau zu sehen ist.

Die angesehenen Frauen wurden in einem, zu ihrem Gefängnis verwandelten Kloster untergebracht. Bisweilen erhielten sie Besuch von Geistlichen, die im Grunde ihres Herzen Mitleid mit ihnen hatten. Man sagt, daß sogar der Zar eines Tages in dieses Kloster gefahren sei und, nachdem er lange unter dem Zellenfenster einer der Inhaftierten gestanden sei, zu einem der ihn begleitenden Höflinge gesagt habe, ohne dabei sein Bedauern zu verbergen: »Ich weiß nicht, ob sie wirklich für die Wahrheit leiden.« Dies ist vielleicht eine Legende, doch sie würde dem Charakter des zweiten Romanow entsprechen.

Und wie gestaltete sich das weitere Schicksal der Schwestern?

Das gesamte Vermögen der Bojarin Morosowa wurde konfisziert. Ihr Sohn starb vor Kummer. Der neue Patriarch Pitirim erbat beim Zaren die Erlaubnis, die »Verirrte« zu sprechen, um sie auf den rechten Weg zu führen. »Ihr wißt nicht, was das für eine Frau ist«, sagte Alexej zu ihm. »Im übrigen, versucht es!«

Doch der Versuch mißlang. Die Inhaftierte weigerte sich, den Patriarchen aufzusuchen, und als man sie mit Gewalt in sein Zimmer trug und ihr das Kirchenoberhaupt das Kopftuch abnehmen wollte, um sie zu segnen, schrie sie voller Zorn: »Berührt mich nicht, zwingt eine arme Sünderin nicht zum Untergang!« Daraufhin versuchte sie so heftig, sich loszureißen, daß er – dem Zaren zustimmend und seinem Zorn nachgebend – befahl, die »Rasende« davonzujagen. Die Wachleute ergriffen die Besessene an der Kette, die an ihrem Halse hing, dann zogen und schleiften sie die Arme in den Hof.

Die Schwestern wurden gefoltert, doch kein einziges Stöhnen war aus ihrem Munde zu vernehmen, sie ließen nicht die geringste Schwäche erkennen. Zar Alexej war verwirrt, der Patriarch sprach sich für die Anwendung des Gesetzes, das heißt, für eine Verbrennung, aus. Die Bojaren gerieten in Unruhe, es tauchten Fürsprecher für das Schicksal der gefangengehaltenen Frauen auf. Auch Irina, die Lieblingsschwester des Zaren, machte Alexej wegen seiner Grausamkeit Vorwürfe und erinnerte ihn an die Verdienste von Boris Morosow, in dem er seinen zweiten Vater sah. Und so beschloß der Zar, wie es später hieß, nochmals den Versuch zu machen, die

Bojarin zu ermahnen. Er entsandte einen Strelitzenkapitän zu ihr, der den Befehl hatte, ihr das Angebot zu unterbreiten, die Hand mit drei gebeugten Fingern zu erheben, wie dies die neue Kirchensatzung verlangte, und zu versprechen, daß der Herrscher in diesem Falle seine eigene Kutsche mit prächtigen Rössern und eine Gesandtschaft aus Bojaren nach ihr schicken wolle, damit sie nach Hause zurückkehren könne.

»Ich hatte auch prächtige Kutschen«, entgegnete die Morosowa hierauf, »und es tut mir nicht leid um sie. Befehlt, mich zu verbrennen – das ist die einzige Ehre, die ich noch nicht erfahren durfte und die ich werde schätzen können.«

Doch sie wurde nicht verbrannt, sondern zusammen mit ihrer Schwester in ein anderes, noch entlegeneres Kloster gebracht und dort in ein unterirdisches Gefängnis gesteckt. Da sie hartnäckig auf ihren Ansichten beharrten, wurden sie allmählich ausgehungert. Die Fürstin Urussowa starb als erste, einen Monat später folgte die Bojarin Morosowa ihrer Schwester. Ein Zeitgenosse beschrieb später die letzten Stunden der »Heiligen«. Sie bat ihre Bewacher, ihr einziges Hemd, das sie trug und das ihren ausgetrockneten Körper bedeckte, heimlich zu waschen, damit sie sauber vor das Antlitz Gottes treten könne …

Nichts und niemand vermochte es, den Willen dieser erstaunlichen russischen Frau zu brechen.

Trotz seiner stattlichen Erscheinung konnte sich der zweite Romanow auf dem russischen Thron keiner guten Gesundheit rühmen. In den letzten zwei Jahren schwanden seine Kräfte rasch, und am 29. Januar 1676 verstarb er nach kurzer Krankheit im siebenundvierzigsten Lebensjahr. Er hinterließ seine junge Frau und drei Kinder – nach Peter hatte Natalja noch zwei Mädchen das Leben geschenkt. Von der Miloslawskaja hinterblieben nach seinem Tode sechs Töchter und zwei Söhne. Sein ältester Sohn Fjodor war erst vierzehn Jahre alt. Er war legitimer Thronerbe, und er wurde auch zum Zaren gekrönt.

Man ist der Ansicht, daß Alexej Romanow noch einen außerehelichen Sohn gehabt habe, angeblich von der Ehefrau eines gewissen Mussin-Puschkin, der an seinem Hof diente. Nur selten wird etwas über diese Liebe erwähnt. Doch des Zaren außerehelicher Sohn, Iwan mit Namen, wurde später von der Familie Romanow anerkannt. Peter I. nannte ihn seinen Halbbruder und verlieh ihm den Grafentitel.

So endete die Regentschaft der ersten beiden Romanows – von Vater und Sohn. Das Fenster zum Westen hatte sich einen kleinen Spalt geöffnet. Durch dieses Fenster nun wehte eine frische Brise nach Rußland, die sich unter Peter dem Großen in einen richtigen Sturm verwandeln sollte. Doch bis es so weit war, vergingen noch beinahe zwanzig Jahre der Zwietracht in der Zarenfamilie und des Blutvergießens in Moskau. Dies waren keine leichten Zeiten für das Haus Romanow …

Fjodor III. (auch Fedor III.)
geb. 1661, Zar seit 29. Januar 1676, gest. am 27. April 1682

Agafja Gruschezkaja	⚭	FJODOR III. ROMANOW	⚭	Marfa Apraxina
* 1660 † 1681	1680	* 1661 † 1682	1682	* 1664 † 1715

Ilja
* 1681 †

Rußlands neuer Zar Fjodor war Schüler Simeon Polozkis, eines westrussischen Mönchs, der durch sein großes Wissen berühmt geworden war. Der Thronfolger, ein für seine Zeit überdurchschnittlich gebildeter junger Mann, schrieb Gedichte, liebte Vokalmusik, komponierte selbst Gesänge und begeisterte sich für die Wissenschaften, insbesondere für Mathematik. Er war gutaussehend und klug, jedoch von angegriffener Gesundheit.

Mit vierzehn Jahren bereits Zar geworden, herrschte Fjodor nur sechs Jahre lang. Unter seiner Regentschaft vollzogen sich im Leben Rußlands keine bahnbrechenden Veränderungen, der dritte Romanow war jedoch bemüht, fast überall das unter seinem Großvater und Vater Eingeleitete fortzusetzen. Als ihr Nachfolger sorgte er auch weiterhin für eine Reorganisation der Streitkräfte seines Staates und kümmerte sich um das Bildungswesen in Rußland. Während seiner Herrschaft wurde sogar der Plan für eine Hochschule in Moskau ausgearbeitet. Autor dieses Projekts war Simeon Polozki, der Lehrer des jungen Zaren. Man plante, im staatlichen und gesellschaftlichen Leben noch zahlreiche andere Neuerungen einzuführen, doch während der Regentschaft dieses Romanows befaßte man sich mehr mit der Ausarbeitung von Projekten als mit direkten Umgestaltungen des Staates, obwohl zu jener Zeit bereits vielerorts die Notwendigkeit von Reformen anerkannt worden war.

Dennoch veranlaßte Zar Fjodor auch einige praktische Schritte: Man führte eine allgemeine Volkszählung durch und gab ein Dekret heraus, das die Verstümmelung als Strafe abschaffte und sie durch Peitschen- oder Knutenschläge und Verbannung nach Sibirien ersetzte. Eine Reihe von Maßnahmen richtete sich gegen die üppige Pracht der Bojaren, Adligen und anderen Reichen, die danach strebten, einander in ihrem äußeren Glanz zu übertreffen, vor allem in ihrer Kleidung und durch die luxuriöse Verzierung des Ledergeschirrs ihrer Pferde. Die Satteldecken, die den Rücken der Rösser bedeckten, waren aus teuerstem Stoff, die Sättel mit Saffianleder und Samt bezogen. Das Pferdegeschirr bestand aus Lederriemen, die mit Täfelchen aus reinem Gold und Silber geschmückt waren. An das Zaumzeug hängte man Silberketten. Manche besaßen sogar Kutschen, deren Räder mit Silber beschlagen waren. Nicht weniger prächtig sahen die Winterschlitten aus: Sie waren mit Atlas bezogen, gewöhnlich mit Bärenfellen ausgelegt, die Sitzlehnen wurden von persischen oder türkischen Teppichen verziert. Bisweilen waren bis zu zehn Pferde gleichzeitig angespannt, die dann im Gänsemarsch einherschritten und den Reichtum ihres Besitzers stolz präsentierten.

Der dritte Romanow auf dem Zarenthron verbot eine derart luxuriöse Ausschmückung von Kutschen und Schlitten. Niemandem außer den Bojaren und Geistlichen war es fortan erlaubt, mit mehr als einem Pferd zu fahren. Der Herrscher verbot ferner das Tragen teurer Gewänder, reicher Mützen und Pelze, in dem er je nach Standeszugehörigkeit eine bescheidenere Gestaltung der Kleidung festlegte.

Während Fjodors Regentschaft entstanden im Reich der Moskowiter die ersten Gestüte. Der Zar förderte die Aufzucht schöner Rassepferde, die – wie er oft sagte – den Holsteiner Pferden nicht nachstehen sollten. Auch der Kreml, das Allerheiligste Moskaus, erfuhr unter diesem Zaren eine beachtliche Verschönerung. Die Fußböden der steinernen Zarenpaläste erhielten kunstvolle Mosaike; ihre Wände wurden mit Gobelins und Gemälden geschmückt. Auf seinen Befehl wurden Rosen, die bis zu jener Zeit nur im Garten seines Vaters in Ismailowo zu bewundern waren, herbeigeschafft und auf dem Kremlgelände angepflanzt. An den Ufern der Moskwa ließ er Gärten anlegen, und der Herrscher selbst kümmerte sich intensiv und mit Freude um den Gartenbau und die Blumenzucht.

Von großem Nutzen war für Rußland auch, daß Fjodor die Ämtervergabe nach Geburtsrecht abschaffen ließ. Diese hatte unter den Würdenträgern, die dem Zaren unterstellt waren, viele Streitigkeiten hervorgerufen. In den sogenannten Rangbüchern wurden damals über Generationen hinweg Angaben zum Hofdienst des Stammesadels festgehalten. Folglich wollte jeder Bojar und auch jeder angesehene Untergebene um keinen Preis niedriger eingestuft werden als seine Vorfahren. Etwas derartiges wurde als Verletzung der Ehre betrachtet. Ab und zu kam es deshalb zu lächerlichen Begebenheiten. So wollte beispielsweise kein Bojar auf einem Zarenempfang am Tisch hinter einer Person Platz nehmen, die in der Rangordnung niedriger stand als er selbst. Wenn der Zar befahl, die von ihm bestimmte Tischordnung einzuhalten, kam es vor, daß sich der Bojar lieber krank stellte und nach Hause fuhr, damit er diese Demütigung nicht vor allen ertragen mußte. Gelegentlich soll es auch vorgekommen sein, daß sich ein Bojar unter dem Tisch verkroch, um nicht »entehrt« zu werden. Bei einem derartigen Ungehorsam ordnete der Herrscher manchmal sogar Strafen für hochgestellte Bojaren an.

In der Armee, in den Provinzbehörden und sogar direkt am Zarenhof in Moskau hatte die Ämtervergabe nach Geburtsrecht einen nicht geringen Schaden angerichtet, da bei der Stellenbesetzung vor allem die Verdienste der Vorfahren berücksichtigt werden mußten, weniger die des Bojaren oder Adligen selbst. Dieser Brauch stellte bei der zweckmäßigen Auswahl fähiger Leute ein unüberwindbares Hindernis sowie einen nicht versiegen wollenden Quell für Streit und Zwist dar. Daher berief der dritte Romanow eine Versammlung der Bojaren und kirchlichen Würdenträger ein, erläuterte ihnen sämtliche Übel, die von dieser Art der Ämtervergabe herrührten, und befahl, sie nicht mehr anzuwenden. Die Rangbücher wurden verbrannt, der Eintrag angesehener Adliger in das Adelsbuch erfolgte fortan lediglich, um sich später der Verdienste dieses Mannes zu erinnern und sein Andenken zu wahren. Diese Bücher wurden während der gesamten Regentschaftszeit des Hauses Romanow geführt.

Von nun an wurde der Adelstitel nur noch für besondere Verdienste gegenüber dem Zaren und dem Staat verliehen.

Das russische Volk ist Neuerungen gegenüber zurückhaltend, doch in diesem Falle gab es keine Schwierigkeiten. Gesagt – getan.

In der Zarenfamilie selbst jedoch war es zu Fjodors Zeiten unruhig. Zwischen Natalja Naryschkina, der Stiefmutter des Zaren, und seinen Schwestern und Tanten, die durch die gesamte Verwandtschaft von Zar Alexejs erster Gemahlin Unterstützung erhielten, fand ein offener Kampf statt. Die letztgenannten gewannen die Oberhand, was zur Folge hatte, daß Matwejew, getreuer Diener des ehemaligen Zaren, Onkel und Pflegevater von Natalja, zu Fall kam. Als Anhänger der westlichen Wissenschaften wurde er der Magie beschuldigt und in den Norden verbannt.

Die Verbannung ihres Pflegevaters betrübte Zarin Natalja tief; sie verstand, daß Matwejew ihretwegen leiden mußte, und daß der Schlag in erster Linie gegen sie gerichtet war. Natalja zog sich in ihre Kremlgemächer zurück und widmete sich völlig der Erziehung ihrer kleinen Kinder. Dieses freudlose Leben dauerte die ganze Regierungszeit von Fjodor an. Verleumdet worden war auch Pastor Gregori, der die Theaterkunst in Moskau ins Leben rief; er wurde aus der Hauptstadt verbannt.

Nur selten suchte Zar Fjodor ihre abgeschiedenen Räumlichkeiten auf. Er war voller Wohlwollen für seinen lebhaften und aufgeweckten Bruder, beobachtete gern das Spiel des Knaben und sprach auch interessiert mit ihm. Auf seinen Befehl hin schrieb man für den Zarewitsch eine Fibel und ein Gebetbuch in großer Schrift und mit Abbildungen; diese Bücher waren in roten Samt gebunden. Fjodor war der Ansicht, daß es für den Knaben, der sich bereits in seinem sechsten Lebensjahr befand, höchste Zeit sei zu lernen, und begann, seine Ausbildung persönlich zu überwachen. Er selbst wählte für den Zarewitsch einen würdigen Lehrer aus und wohnte sogar den ersten Unterrichtsstunden bei.

Obwohl sich Fjodor seiner Stiefmutter gegenüber respektvoll und freundlich verhielt, konnte er weder sie selbst, noch ihre Verwandten vor den Angriffen der Höflinge schützen, die von der Familie seiner verstorbenen Mutter aufgehetzt worden waren.

Fjodor verließ seine Gemächer selten. Wie alle Söhne, die Alexej Romanow mit seiner ersten Gattin gezeugt hatte, war auch er als schwächliches und anfälliges Kind zur Welt gekommen. So sagte er bisweilen: »Meine Tage sind gezählt, es bleibt mir nicht viel Zeit, das Staatsruder in Händen zu halten. Ich muß daran denken, wem es übergeben werden soll. Am würdigsten von allen ist mein jüngerer Bruder Peter. Er ist von Gott dazu erwählt zu herrschen, und es steht mir nicht an, ihm im Wege zu stehen.« Der junge Zar war sehr blaß und so schwach, daß er sich beim Gehen auf einen Stock stützen mußte. Stets klagte er über schmerzende Beine. Nur mit Mühe überstand er die Empfänge für ausländische Gesandte im Kreml, ohne fremde Hilfe war er nicht einmal in der Lage, die Zarenkrone vom Haupte zu nehmen. Neben der allgemeinen Schwäche seines Organismus plagten ihn häufig Zahnschmerzen, die so heftig waren, daß er nur unter großen Anstrengungen sprechen konnte.

Seine Schwester Sofia, die sich im Gegensatz zu ihrem Bruder durch einen kräftigen Körperbau und eine blühende Gesundheit auszeichnete, kümmerte sich um ihn. Sie war drei Jahre älter als Fjodor, war mehr als ihre Schwestern bemüht, sich ihm nützlich zu machen, hielt sich oft in seinen Gemächern auf, sorgte für ihn, und verabreichte ihm seine Medikamente, wenn er krank war. Und krank war Alexejs Sohn relativ oft, bisweilen war er sogar für längere Zeit ans Bett gefesselt.

Bei einem derartigen Gesundheitszustand hatte der Zar die oberste Macht nur nominell in Händen. Auch mangelte es dem jungen Herrscher an Charakterstärke; er war leicht zu beeinflussen. Deshalb lag die gesamte Staatsführung praktisch in den Händen seiner Vertrauten, die sich mehr oder weniger in zwei Lager – in das der Anhänger seiner Mutter Maria Miloslawskaja und in das der Anhänger seiner Stiefmutter Natalja Naryschkina – gespalten hatten. Die Verwandten der ersteren gewannen schließlich die Oberhand. Zarin Natalja mußte mit ihren Kindern den Palast im Kreml verlassen und sich etwa drei Kilometer von Moskau entfernt im Dorfe Preobrashenskoje, im Sommerhaus ihres verstorbenen Gemahls, niederlassen.

Nun hatte sie wirklich um ihr eigenes Leben und das Schicksal ihrer Kinder zu fürchten.

Zur gleichen Zeit wurde Zarewna Sofia für die Familie Miloslawski und ihre Parteigänger zur wichtigsten Stütze, zumal sie unter Fjodors Schwestern diejenige war, die über die meisten Fähigkeiten und die größte Energie verfügte. Aufgrund seiner Schwäche hielt der Zar die meisten Beratungen mit den Bojaren in seinen Gemächern ab, so daß Sofia – freiwillig oder unfreiwillig – zugegen war und die Erörterung von staatlichen Angelegenheiten mitverfolgen konnte. So vergrößerte sie ihr Wissen und erwarb gewisse interne Kenntnisse über politische Belange. Sie wurde damit zu einer Person, die, von ihren zahlreichen Verwandten unterstützt, auf die höchste Stufe der Macht gelangen sollte.

Im Rußland der damaligen Zeit galt es als unerhört, daß sich eine russische Frau an Staatsangelegenheiten oder überhaupt an Gesprächen unter Männern beteiligte. Mädchen und Frauen aus Bojarenfamilien hatten stets in ihrer Kemenate zu bleiben. Dort brachten sie genau genommen ihr gesamtes Leben zu. Lediglich in die Kirche durften sie gehen, doch auch dies nur unter Aufsicht. Es war ihnen untersagt, sich in Gesellschaft zu begeben oder sich frei in derStadt zu bewegen. Auch war es ihnen nicht erlaubt, sich nach ihrer Wahl zu vermählen – jeder Vater konnte seine Tochter mit einem Mann verheiraten, den diese niemals mit eigenen Augen zu Gesicht bekommen hatte.

So erging es auch den Frauen aus der Zarenfamilie. Sie lebten im Terem, den besonderen Frauengemächern, verbrachten ihre Zeit vorwiegend im Gebet oder über einer Handarbeit und durften nur wenige Personen sehen. Vom großen Hofstaat, zu dem Tausende von Hofbeamten und Dienern gehörten, konnte sich kaum einer rühmen, die Zarin oder eine der Zarentöchter je zu Gesicht bekommen zu haben. Sogar der Hofarzt – und seine Hilfe nahm man nur im äußersten Falle in Anspruch – mußte, wenn er den Puls der kranken Zarin fühlte, dies in einem dunklen Zimmer tun. Die Hand der Kranken wurde zudem noch mit dünnen Stoff umwickelt. Der Aberglaube am Moskauer Hof war stark. Aus Furcht vor Schande, Verführung oder dem bösen Blick wurden die Frauen der Zarenfamilie hermetisch abgeschottet. Die Zarin und ihre Töchter verließen den Palast nur in geschlossenen Kutschen. Verließen sie diese und mußten einige Schritte zu Fuß gehen, wurden sie mit Schirmen und Baldachinen vollständig verdeckt. Sogar beim Kirchenbesuch wurden alle nur möglichen Maßnahmen ergriffen, um fremde Blicke, insbesondere die Blicke anderer Männer, von ihnen fernzuhalten. Zur Wallfahrt fuhren die Zarin und die Zarentöchter überwiegend nachts ins Kloster. Um zu vermeiden, daß andere Wallfahrer anwesend waren, wurde für sie ein Sondergottesdienst abgehalten. In der Hofkirche hingegen gab es für die weiblichen Mitglieder der Zarenfamilie einen besonderen Bereich, der mit einem dicken Vorhang verhängt war, so daß sie vor den neugierigen Blicken der übrigen Betenden geschützt waren. Nur am ersten Tage des Osterfestes durfte die Zarin enge Verwandte und die angesehensten unter den Bojaren in ihren Gemächern empfangen, doch schon am nächsten Tage wurde die Tür zur Kemenate der Zarenfamilie erneut verschlossen.

Es war nicht üblich, die Zarentöchter mit russischen Untertanen ihres Vaters zu verheiraten – ihre hohe Stellung gestattete dies nicht. Einer Ehe mit einem ausländischen Prinzen aber stand stets die Religion im Wege. Daher blieben die Zarentöchter meist ledig und brachten das Ende ihrer Tage häufig als Nonnen hinter Klostermauern zu. Es war ihnen nicht beschieden, Liebe, Eheleben oder Mutterschaft zu erfahren.

Unter Fjodors Regentschaft fanden in bezug auf das Verhältnis zu Frauen allmählich auch ausländische Bräuche Eingang in den Terem, die vorher schon Schritt für Schritt im Leben der angesehenen Bojarenfamilien Moskaus eingeführt worden waren. Ein erstes Beispiel hierfür hatte ihm noch sein Vater, Zar Alexej, gegeben, der, dem Zeitgeist folgend, zugelassen hatte, daß Hauslehrer zu seinen Töchtern kamen, da er ihnen eine gewisse Bildung angedeihen lassen wollte. Als erster außenstehender Mann hatte Simeon Polozki die Schwelle des Terem überschritten. Er war Hofdichter und Hofdramaturg und übte darüber hinaus einen überaus günstigen Einfluß auf die Zarenkinder aus.

Seine zweite Gemahlin hatte Alexej Romanow erst gar nicht im Terem eingesperrt. Die junge Zarin durfte sich sogar in einer offenen, mit zwölf Schimmeln bespannten Kutsche auf den Straßen Moskaus sehen lassen, ohne die auf sie gerichteten Blicke der Männer zu scheuen. Das Beispiel, das die Zarin gegeben hatte, galt als vehemente Unterstützung für all diejenigen, die den von westlichen Ausländern eingeführten Ideen anhingen und allmählich begriffen, wie unsinnig das aus alter Zeit übernommene Teremleben war.

Auch für Alexej Romanows Tochter Sofia war der Terem viel zu eng. Sie unterschied sich durch ihren Geist und ihre Neigungen, durch ihr Interesse an allem, was sie umgab, in jeglicher Hinsicht sehr stark von den übrigen Frauen der Zarenfamilie und war nicht allzusehr geneigt, ihr ganzes Leben mit Gebeten und Fasten zu verbringen. Von ihrem Naturell her erinnerte Sofia an ihren Vater – sie verfügte über dieselbe Lebhaftigkeit, Leidenschaftlichkeit, Begeisterungsfähigkeit und Empfänglichkeit für Eindrücke. Bereits in ihrer Kindheit erfreute sie sich bei Zar Alexej einiger Privilegien. Als Kind spielte sie mit deutschen Puppen, die man für sie in Nürnberg bestellt hatte, und mit neun Jahren, nachdem sie Lesen und Schreiben gelernt hatte, kam sie bereits mit dem Lehrer ihrer Brüder zusammen. Während ihr so früh verstorbener älterer Bruder Alexej die Philosophie und das Lateinische besonders bevorzugt hatte und der jetzt regierende Fjodor sich, seinen Lehrer nachahmend, für Gedichte begeisterte, interessierte sie sich in erster Linie für die Geschichte von Byzanz und Rom. In der Bibliothek der Zarenfamilie gab es vielfältige historische Bücher in griechischer, lateinischer und polnischer Sprache, viele von ihnen waren ins Russische übersetzt. Aus ihnen konnte sie lernen.

Unter den Kindern der Zarenfamilie spielte Sofia die Rolle der Anführerin. Ihr herausragendster Zug war ihr Ehrgeiz. So schreiben zumindest die Historiker über diese außergewöhnliche Persönlichkeit. Und nun, als Erwachsene, war alles Sinnen und Trachten der Zarewna auf das politische Leben gerichtet. Ihr regierender Bruder Fjodor war, wie bereits erwähnt, von schwacher Gesundheit, auf ein langes Leben war bei ihm nicht zu hoffen. Ihr jüngerer Bruder Ioann tat sich weder durch körperliche noch durch geistige Fähigkeiten hervor, und ihr Halbbruder Peter hatte in ihren Augen noch weniger Anspruch auf den Thron als sie selbst, eine Tochter der Miloslawskaja.

So beschloß Sofia, sich den Weg zum Thron um jeden Preis zu ebnen… Vorerst aber kümmerte sie sich zärtlich um ihren Bruder, den Zaren, erörterte mit diesem häufig Staatsangelegenheiten, stellte Kontakte zu den angesehenen Bojaren her, die beim Zaren vorsprachen, und schloß mit ihnen Bekanntschaft.

In Zar Fjodors Gemächern traf die junge Frau auch zum ersten Male Fürst Golizyn, Minister des Herrschers, der später ihr Geliebter und Mitkämpfer werden sollte. Der ungewöhnlich tiefgehende Verstand und das einnehmende Wesen der Schwester des Zaren übten auf diesen Staatsdiener eine starke Anziehungskraft aus. Die Begegnungen mit ihr bedeuteten ihm sehr viel, obwohl Alexej Romanows Tochter keine strahlende Schönheit war. Allerdings gibt es in bezug auf Sofias Aussehen in der Literatur unterschiedliche Meinungen.

Einige Forscher stellen sie als beleibt und nur wenig hübsch, mit groben Gesichtszügen, eher einem kräftigen Manne ähnlich, dar; andere hingegen sind der Ansicht, sie sei ihrem Bruder Peter ähnlich – derselbe hohe Wuchs, ein kräftiger Körperbau und ein durchdringender Blick aus klugen Augen – und äußerlich sogar sehr attraktiv gewesen. Wie heißt es doch: »Über Geschmack läßt sich nicht streiten.«

Die herzliche Freundschaft zwischen Sofia und Golizyn beruhte, wie alle Autoren schreiben, auf Gegenseitigkeit. Nicht umsonst sprachen die alten Weisen: »Liebe, das heißt nicht einander ansehen. Liebe, das heißt in eine Richtung sehen.« Und in dieser Hinsicht strebten sowohl die Zarewna als auch der Fürst nach identischen Höhen.

Sofia war eigentlich die erste Frau im großen russischen Reich, die man als emanzipiert bezeichnen könnte. Für ihren regierenden Bruder wurde sie einfach unersetzlich. Jedoch war all ihr Sinnen und Trachten nur darauf gerichtet, durch Beeinflussung des kranken Herrschers ihre Bedeutung am Hofe zu stärken. Niemand setzte auf eine lange Regentschaft des dritten Romanows. Bei seiner Schwester indes reifte der Gedanke heran, um jeden Preis auf den Thron zu kommen.

Warum auch nicht?! In der russischen Geschichte hatte schon einmal die Macht in den Händen einer Frau gelegen. Das war zwar lange her, vor über siebenhundert Jahren, als Fürstin Olga aus dem Hause der Ruriker die Regentschaft innehatte und den Staat nach dem Tode ihres Gatten, Fürst Igors, weise führte.

Im fünften Jahre seiner Regentschaft heiratete Zar Fjodor Agafja Gruschezkaja, die Tochter eines Adligen. Sie war weder von herausragender Schönheit noch von besonderem Liebreiz, obendrein kaum gebildet. Doch die Favoriten des Herrschers hatten sie ganz offensichtlich aus politischen Gründen für ihn erwählt – aller Wahrscheinlichkeit nach schien ihnen die polnische Abstammung der jungen Frau vorteilhaft. Ein Jahr später konnte sich der Zar über die Geburt seines Sohnes Ilja freuen, doch am dritten Tage nach der Niederkunft starb die Zarin, und zwei Wochen später der neugeborene Zarewitsch.

Im darauffolgenden Jahr heiratete Fjodor erneut, diesmal die siebzehnjährige Marfa Apraxina, Tochter eines Bojaren aus einem alteingesessenen Adelsgeschlecht.

Die Hochzeit wurde in aller Stille, ohne die üblichen festlichen Rituale begangen. Es schien, als habe der junge Gemahl seine Geistesfrische wiedererlangt, es bestand Hoffnung auf eine Besserung seines Gesundheitszustandes. Er war bemüht, sich neben seiner blühenden und ausgelassenen jungen Gemahlin zusammenzunehmen, um all seine Leiden zu verbergen. Doch auch dieser Ehe sollte keine lange Dauer beschieden sein, bereits zweieinhalb Monate nach der Hochzeit wurde die junge Zarin Witwe. Zarin Marfa, die kinderlos blieb und sich nicht wieder verheiratete, lebte noch dreiunddreißig Jahre, ohne jemals das Glück des Familienlebens kennengelernt zu haben. Sie starb in ihrem zweiundfünfzigsten Lebensjahr.

Nach nur sechsjähriger Regentschaft war Fjodor nun ganz unerwartet aus dem Leben geschieden. Es wurde gemunkelt, er habe eine Brombeertorte gegessen, die man nach einem besonderen Rezept extra für ihn zubereitet habe, und sei an einer Verdauungsstörung gestorben. Es kam aber auch das Gerücht auf, er sei vergiftet worden...

Fjodor hinterließ keine Nachkommen. Von den Kindern seines Vaters, Alexej Romanow, hatten ihn zwei Söhne und sieben Töchter überlebt. Wer von ihnen sollte jetzt den Zarenthron besteigen?

Ioann V. (auch Iwan V.), geb. 1666, Zar seit 23./26. Mai 1682, gest. am 29. Januar 1696, regierte de facto nicht

Ioann V. Romanow ⚭ 1684 Praskowja Saltykowa
* 1666 † 1696 — * 1664 † 1723

Maria
* 1689 † 1692

Feodossia
* 1690 † 1691

Karl Leopold Herzog von Mecklenburg-Schwerin
* 1678 † 1747
⚭ 1717
Katharina
* 1692 † 1733

Elisabeth Katharina Christina
(Anna Leopoldowna)
* 1718 † 1746

Anna
* 1693 † 1740
⚭ 1710
Friedrich Wilhelm Herzog von Kurland
* 1687 † 1711

Praskowja
* 1694 † 1730
⚭
Fürst Iwan Iljitsch Dmitrijew-Mamonow
* 1681 † 1730

Fjodors früher Tod verursachte erhebliche Schwierigkeiten bei der nun anstehenden Wahl eines Thronfolgers. Anspruch auf den russischen Thron hatten sein Bruder Ioann und sein Halbbruder Peter: Der erstere, Ioann, war schwach und kränklich. Obwohl bereits volljährig war er doch ganz offensichtlich nicht in der Lage, den Staat zu regieren, da er ständiger Pflege und Aufsicht bedurfte. Der jüngere hingegen, Peter mit Namen, war ein lebhafter und aufgeweckter Knabe, der körperlich gut entwickelt war und aufgrund des durchdringenden Blicks seiner klugen Augen mit seinen zehn Jahren schon wie ein fünfzehnjähriger Jüngling wirkte.

Im Palast versammelten sich Vertreter der hohen Geistlichkeit und die angesehensten Bojaren, und da sich für jeden der beiden Brüder sowohl Anhänger als auch Gegner fanden, kam es unter den Versammelten zu erbitterten Wortgefechten. Man beschloß schließlich, sich ans Volk zu wenden. So trat Patriarch Joakim auf die Freitreppe und fragte die Bevölkerung, die sich auf dem Kremlplatz versammelt hatte, um Abschied vom verstorbenen Zaren zu nehmen: »Welchem der beiden Zarensöhne sollen wir das Zepter und die Macht in die Hände legen?« »Peter Alexejewitsch soll Zar werden!« antwortete die Menge wie aus einem Munde.

Daraufhin erteilten auch die Bojaren ihre Zustimmung, obgleich sie gegen ein im Reich der Moskowiter übliches Prinzip verstießen, demzufolge sich die Thronfolge nach dem Alter der Söhne zu richten hatte. Sogleich suchten sie Peter auf, den der Patriarch als Zar segnete. Noch am selben Tage schwor ihm ganz Moskau, dann auch ganz Rußland die Treue. Als Regentin stellte man dem minderjährigen Zaren seine Mutter Natalja Naryschkina zur Seite. Die Zarin indes ließ sogleich den erfahrenen, weisen und ihr treu ergebenen Bojaren Matwejew, der sich noch im Gefängnis befand, rufen. In seinem Hause war sie dereinst aufgewachsen, und dort hatte sie auch den Herrscher Alexej Michailowitsch kennengelernt.

Die Entscheidung der Bojaren aber sollte bald einen Sturm heraufbeschwören und blutige Kämpfe um die Macht, hatte man doch den Ehrgeiz und das Machtstreben Sofias, Alexejs Tochter aus der Ehe mit Maria Miloslawskaja, völlig außer acht gelassen. Hinter ihren unbescholtenen Gesichtszügen verbarg die Schwester des verstorbenen Zaren Fjodor unbeugsame Entschlossenheit und tiefen Haß auf die Familie Naryschkin.

So schwer es Zarewna Sofia auch fiel, zunächst mußte sie mit ihren Schwestern Peter aufsuchen und ihm, dem Sohn ihrer Stiefmutter, die sie mehr als alles andere auf der Welt verabscheute, zu seiner Wahl zum Zaren gratulieren. Seine Krönung allerdings wollte sie verhindern.

Bereits am nächsten Tage wurde Fjodor der dritte Zar aus dem Hause Romanow, beigesetzt. Und wie groß war die Verwunderung aller Anwesenden, als sie Zarewna Sofia nicht bei der Zarenfamilie, sondern allen Bräuchen zum Trotz weinend unter den Teilnehmern der Prozession erblickten. »Habt Mitleid mit uns Waisen, ihr guten Leute. Unsere Feinde haben meinen Bruder, den Zaren, vergiftet. Ioann, unser Bruder, ist nicht zum Zaren gewählt worden! Wenn wir uns nur irgend etwas haben zuschulden kommen lassen, so laßt uns lebendigen Leibes in ein fremdes Land, zu einem christlichen König ziehen...«, so war ihr Wehklagen zu hören.

Der junge Peter, den der lange Gottesdienst und das laute Schluchzen seiner Schwester ermüdet hatten, war indes aufgebrochen, ohne das Ende der Beisetzungsfeierlichkeiten abzuwarten. Nach ihrer Rückkehr in den Palast ließ Sofia sofort bei Natalja Naryschkina nachfragen, warum der Zar so früh gegangen sei. Peters Mutter antwortete: »Das Kind hatte doch lange schon nichts mehr gegessen...«

Sofia war nun fest entschlossen, Peter die Macht streitig zu machen. Zur Umsetzung ihres Vorhabens wandte sie sich an das Strelitzenheer, des Zaren ergebene persönliche Leibgarde. Die Strelitzen, die frei und schon seit vielen Generationen Soldaten waren, genossen im russischen Staate besondere Privilegien. So erhielten sie beispielsweise sogar in Friedenszeiten ihren Sold, der noch dazu weitaus höher als bei den anderen Soldaten war, sie durften sich frei mit Handel und Gewerbe beschäftigen und waren sogar von Abgaben befreit. Gekleidet waren sie in eine gar prachtvolle Uniform, und nicht einmal Zar Fjodor, der stets gegen allzu üppigen Luxus aufgetreten war, hatte sich zu einer Änderung dieser Uniform entschließen können. Ihre Kaftane waren mit goldenen Gürteln geschmückt, an den Füßen trugen sie Stiefel aus Saffianleder und auf dem Kopfe Samtkappen mit Zobelbesatz. Das Strelitzenheer wurde auf Kosten der Staatskasse unterhalten. Seine Angehörigen selbst lebten außerhalb von Moskau, in der sogenannten »Sloboda der Strelitzen«. In dieser Vorstadt hatten sich vor über hundert Jahren Söldner, viele von ihnen deutscher oder schottischer Abstammung, niedergelassen, die beim Großfürsten im Dienst standen. Sie hatten sogar eine eigene Verwaltung und einen Befehlshaber, der stets aus dem Kreis der vornehmsten Bojaren ernannt wurde.

Zarewna Sofia nun gelang es, die Strelitzen aufzustacheln, und so trugen sich schon zwei Wochen nach Peters Proklamation zum Zaren in Moskau schreckliche Ereignisse zu. Die Familie Naryschkin wurde bezichtigt, Zar Fjodor vergiftet zu haben, um selbst in den Besitz des Throns zu gelangen. Zusätzlich wurde das Gerücht in Umlauf gesetzt, sie hätten Zarewitsch Ioann erwürgt.

Und so nahm alles seinen Lauf... Die Strelitzen, die diesen Gerüchten Glauben schenkten, wüteten in zügelloser Gewalt, obwohl Natalja Naryschkina Zarewitsch Ioann und ihren Sohn Peter auf die Rote Freitreppe des Kreml gebracht hatte, um sie dem Volke lebendigen Leibes zu zeigen. Die Strelitzen jedoch stießen die Zarin und ihre Kinder zur Seite und hörten auf niemand anderen als auf Zarewna Sofia und ihre Anhänger. Sie begannen ein gar blutiges Werk, bei dem nahezu alle Familienangehörigen und Verwandten von Peters Mutter vorsätzlich und vor den Augen des Knaben auf grausamste Weise umgebracht wurden. Auch der Bojar Matwejew wurde bestialisch getötet, indem man ihn in kleine Teile zerstückelte. Diese Szene verfolgte Peter den Rest seines Lebens, und die eigenartigen Zuckungen, die häufig sein Gesicht entstellten, erinnerten an den Schrecken, den er erlebt hatte. Freilich sollte auch die Stunde kommen, da er sich für diese Taten rächen konnte, allerdings erst einige Zeit später.

Der blutige Aufstand dauerte drei Tage.

Schließlich schlugen die Strelitzenführer vor, man solle die Zarenmacht aufteilen und beiden Brüdern – dem geistig etwas zurückgebliebenen Ioann und dem für sein Alter ungewöhnlich vernünftigen Peter – den Zarentitel verleihen, womit sich die verstörten Bojaren auch einverstanden erklärten.

Ioann erhielt den vorrangigen Titel, Peter wurde nur zweiter in der Rangfolge der Zaren. Da beide Brüder noch in den Kinderschuhen steckten, ernannte man auf Drängen der Strelitzen Zarewna Sofia zur Regentin.

Dies war für sie Anlaß, ein Festmahl für die Aufrührer zu veranstalten, bei dem sie diese gleichsam aus Dankbarkeit für ihre Ernennung persönlich bewirtete. Nun hatte die Tochter des zweiten Romanows ihr Ziel erreicht, die Macht lag in ihren Händen. Die Frage war nur, für wie lange.

Im Juni 1682 fand die Krönungszeremonie für Zar Alexejs Söhne statt. Für Rußland war dies ein bisher noch nie dagewesenes Ereignis, gab es doch nun zwei Zaren gleichzeitig. Die Krönung verlief in feierlichem Rahmen. Wie Ioann, so war auch Peter in einen Mantel aus silbernem Brokat gehüllt, die Geschwister saßen auf einem silbernen Thron, jeder hielt einen mit Edelsteinen übersäten goldenen Stab in der Hand. Der ältere Bruder saß unbeweglich, mit halb geschlossenen Augen, seine Gedanken weit entfernt. Peter indes saß mit hoch erhobenem Haupte und sah alle Anwesenden mit weit geöffneten Augen an, deren Glanz mit dem der Edelsteine auf seiner Krone zu wetteifern schien. Für die Krönungsfeierlichkeit war nach dem Muster des Originals eilig eine zweite Monomach-Kronkappe angefertigt worden, die so gelungen war, daß sie von der ersten nicht zu unterscheiden war. Den Doppelthron, auf dem die beiden Zaren saßen, hatte man in Holland herstellen lassen.

Laut Protokoll sollten fortan beide Zaren Gesandte empfangen, sämtliche Dokumente unterschreiben und an feierlichen Zeremonien teilnehmen. In allen Staatsangelegenheiten jedoch mußte die Regentin entscheiden, und in allen Erlassen wurde ihr Name von nun an neben den Namen der Zaren aufgeführt.

Sofia war auf dem Gipfel ihres Ruhmes angelangt. Zu ihrer »rechten Hand« machte die Regentin ihren Auserwählten, Fürst Wassili Golizyn, der sich bereits als ein außergewöhnlich fähiger und gebildeter Staatsmann erwiesen hatte; ihm war unter Zar Fjodor die Außenpolitik anvertraut worden. Er hatte – im Vergleich zu anderen – nicht nur eine fundierte westeuropäische Bildung (oder, wie man in jener Zeit sagte, »ausländische Weisheit«) erhalten, er war auch von Natur aus von schneller Auffassungsgabe, umsichtig und rasch entscheidend. Sein geräumiges Moskauer Haus hatte er im europäischen Stil einrichten lassen; so hingen in den großen Sälen mit ihren verglasten Fenstern teure venezianische Spiegel, als Wandschmuck dienten Bilder, Porträts russischer und ausländischer Herrscher, geographische und astronomische Karten deutscher Herkunft in vergoldeten Rahmen und Gobelins.

Der Fürst besaß eine große Bibliothek mit Manuskripten und Druckwerken in russischer, polnischer und deutscher Sprache. Selbst Ausländer betrachteten sein Haus als eines der prachtvollsten in Europa und hielten sich gern bei ihm auf; Golizyn selbst indes bezeichneten sie als den würdigsten und gebildetsten unter den Adligen am Moskauer Hofe. Nach einem Empfang bei diesem Staatsmann schrieb ein ausländischer Gast: »... ich wähnte, am Hofe eines italienischen Herrschers zu weilen. Man unterhielt sich in lateinischer Sprache und redete über alles, was sich zu dieser Zeit in Europa an Wichtigem ereignete.«

Diesen außergewöhnlichen Mann nun hatte sich die energische Zarewna auserwählt, um ihre ehrgeizigen Pläne in die Tat umzusetzen.

Wassili Golizyn war neununddreißig Jahre alt, als er Sofia durch Zar Fjodors Krankheit näherkam. Von dem Zeitpunkt an, da sie ans Ruder der Macht gelangt war, trat sie in aller Öffentlichkeit gemeinsam mit ihrem ersten Minister auf. In einer Kutsche, deren Fenster nach westlicher Manier aus Kristallglas waren, unternahm sie mit ihm Ausfahrten, auch veranstalteten sie zusammen Festmahle, bei denen musiziert wurde, wie es damals inBerlin oder Dresden üblich war.

Die Zarewna setzte sich sogar über die strengen Regeln der Hofetikette hinweg, indem sie auch aus ihrer intimen Beziehung zum Fürsten, der nicht nur ihr Verbündeter, sondern ihr Liebhaber geworden war, kein Geheimnis machte. Sie nannte ihn nicht anders als »meine Freude, Licht meiner Augen«. Golizyn seinerseits war von aufrichtiger Liebe für seine hochrangige Freundin erfüllt, obwohl er verheiratet war und bereits erwachsene Kinder hatte.

Einige Zeitgenossen sind allerdings der Ansicht, daß der Fürst, der als Ehrenmann galt, die beträchtlich älter als ihre fünfundzwanzig Jahre wirkende Sofia nur deshalb geliebt habe, weil sie ihm die höchste Position im Staate zukommen ließ. Trotz der weitreichenden Pläne, die die Regentin auch in bezug auf ihr weiteres gemeinsames Leben hatte, habe er nicht beabsichtigt, sich von seiner Frau zu trennen. Angeblich habe Sofia Golizyn dazu bewogen, seine Frau zum Eintritt ins Kloster zu überreden, und da diese ihrem geliebten Gatten und seiner engen Beziehung zur Zarentochter nicht im Wege stehen wollte, habe sie sich in ihrer Güte angeblich damit einverstanden erklärt.

Auch die Kirche erhob sich nicht gegen die neue Machthaberin, obwohl die gegen alle Sitten verstieß. Da die Regentin den Aufstand der Altgläubigen bekämpft hatte, mit dem die sogenannte »Strenggläubigkeit« wieder eingeführt werden sollte, waren die Heiligen Väter vollauf zufriedengestellt. Auf Sofias Anordnung hin wurden die Hauptanführer der »Altgläubigen« verhaftet und hingerichtet. Die Schismatiker sahen sich grausamen Verfolgungen ausgesetzt, die Zahl der Glaubensmärtyrer nahm von Tag zu Tag zu, ganz Unnachgiebige wurden sogar verbrannt.

All ihre Entscheidungen besprach die Regentin mit ihrem ersten Minister, wie sie ihren Freund nannte. Dieser hatte sich bereits vorher für Rußland eingesetzt, und jetzt, da er über Macht verfügte, wollte er möglichst viel Nutzbringendes aus dem Westen in seinem Lande einführen. Dies gelang ihm auch in gewisser Hinsicht: So wurde unter anderem Moskau mit seiner mehr als eine halbe Million Menschen zählenden Bevölkerung zu seiner Zeit sehr viel schöner. Man errichtete ansehnliche, aus Stein gebaute Häuser, in der Stadt entstanden Grünanlagen, Boulevards, an den Straßen pflanzte man Bäume an, und nach dem Plan eines polnischen Mönchs wurde in Moskau die erste steinerne Brücke über den Fluß errichtet, der der Stadt ihren Namen gegeben hatte.

In Rußland wurden Webereien gegründet, aus dem Ausland ließ man sogar Meister kommen, die in der Bearbeitung von Samt, Tuch und Atlas kundig waren. Zudem war Golizyn auch Initiator einer Umgestaltung innerhalb der russischen Armee, bei der nach und nach die deutsche Heeresstruktur eingeführt wurde. Den Adligen war es fortan gestattet, zum Erlernen der Kriegskunst ins Ausland zu reisen. Mit einem Wort, Fürst Golizyn ist es zu danken, daß Moskau, ja ganz Rußland ein paar Schritte nach vorn, in die Zivilisation, wagte.

Direkt an der Spitze der Macht jedoch stand dieser Staatsmann nur sieben Jahre lang, so daß er viele seiner Pläne nicht in die Tat umsetzen konnte. Da er sein Schicksal an Zarewna Sofia geknüpft hatte, sollte er auch gemeinsam mit ihr zu Fall kommen.

Sofia konnte die Macht, die sie sich mit List und Intrigen erkämpft hatte, nur bis 1689 behaupten. Ursprünglich war sie zur Regentin ernannt worden, weil die minderjährigen Zaren nicht allein regieren durften. Doch nachdem sie das Ruder in die Hand genommen hatte, gab sie ihre Erlasse ohne jegliche Beteiligung ihrer Brüder, der eigentlichen Machthaber, heraus. Bei jeder nur möglichen Gelegenheit verletzte sie die Würde der ihr verhaßten Zarin Natalja und untersagte ihr nicht nur jegliche Einmischung in Regierungsangelegenheiten, sondern auch die Inanspruchnahme der Stellung, die ihr als Mutter eines Zaren eigentlich zukam. Derart gedemütigt, verließ Natalja den Hof und verbrachte die meiste Zeit des Jahres zusammen mit ihren Kindern in Preobrashenskoje. Dort wuchs der Knabe Peter fern von den Hofintrigen des Kreml auf und blieb von allen langweiligen Verpflichtungen der Etikette und Macht verschont. Außerdem war er bemüht, sich dem Ort fernzuhalten, der für ihn mit so schrecklichen Erinnerungen verbunden war. Nur zu besonders festlichen Anlässen mußte er sich in den Kreml begeben. Er haßte die Tage, wo er neben seinem Bruder saß und auswärtige Gesandte zu empfangen hatte.

Sofia indes lag der Gedanke daran, daß der heranwachsende Peter dereinst einmal den Wunsch entwickeln könne, als Zar wirklich herrschen zu wollen, völlig fern. Vom willensschwachen und kränklichen Ioann schien ihr jedenfalls nicht die geringste Gefahr auszugehen.

Doch inzwischen hatten beide Zaren die Volljährigkeit erreicht – war es doch nach russischer Auffassung üblich, nach der Eheschließung als volljährig zu gelten. Ioann war bereits seit vier Jahren verheiratet. Die Entscheidung über seine Vermählung hatte die Regentin selbst getroffen. Heimlich hoffte sie, daß er bald einen Erben, einen Thronfolger, haben würde, in dessen Namen sie dann weiter Regentin bleiben könnte.

Die Braut für ihren kränklichen Bruder hatte Sofia selbst ausgewählt. Sie gehörte zu den Saltykows, einer altrussischen, vermögenden Familie. Auch von deren weitverzweigter, zahlreicher Verwandtschaft erhoffte Sofia Unterstützung. Doch die Ehe blieb vorerst kinderlos.

Auch die Naryschkina, Peters Mutter, hatte ihren 16jährigen Sohn in eine Ehe gedrängt, weil sie Sofias Wünsche erriet.

In den Augen des Volkes hatten also die beiden Zarenbrüder daher den berechtigten Anspruch darauf erworben, sich der Obhut ihrer älterenSchwester zu entledigen.

Sofia erkannte mehr und mehr, wie instabil ihre führende Stellung im Staate war, und begriff, daß die Bedrohung hauptsächlich von ihrem jüngerem Bruder ausging, der kräftig, energisch und reich an allerlei Ideen war.

Der Gedanke, Peter vom Throne zu entfernen, ja den jungen Zaren gar zu ermorden, wich nicht mehr aus ihrem ehrgeizigen und machthungrigen Kopf. Auch hatte sie die Hoffnung darauf, selbst Zarin zu werden, noch nicht aufgegeben. Die Schwester der beiden Zaren war nicht mehr bereit, sich lediglich mit der Rolle der Regentin zufriedenzugeben, und sah sich in ihren Träumen bereits als russische Zarin. Sie eignete sich den Titel »Alleinherrscherin von Groß- und Gesamtrußland« an, der in sämtlichen Urkunden und Erlassen sowie in allen offiziellen Dokumenten bereits verwendet wurde. Bei offiziellen Zeremonien nahm Sofia den Platz neben ihren Brüdern, genauer gesagt den Platz neben Ioann ein, da Peter kaum zu diesen Anlässen erschien. Auf Münzen und Medaillen war sie mit der Zarenkrone und im

Zarenmantel, das Zepter in der Hand, abgebildet, während auf den Brustbildern der beiden Zaren, die die Vorderseite der Geldstücke schmückten, kein Zepter zu sehen war. Auch ließ sich Sofia auf sämtlichen Porträts vor dem Hintergrund des russischen Adlers darstellen. Zu jener Zeit aber stellte dies das ausdrückliche Vorrecht des Zaren, in keinem Falle aber das der Regentin dar.

Eine Ehe mit Golizyn und eine Thronbesteigung mit ihm gemeinsam – das war es, wovon Zarewna Sofia träumte. Um ihr Ziel zu erreichen, entschloß sie sich, erneut auf die Hilfe der Strelitzen zurückzugreifen und sich ihre Gunst mit Geld zu erkaufen. Doch Peter, der sich mit seiner Familie in Preobrashenskoje aufhielt, erfuhr von dem geplanten Komplott, das man ihm spät in der Nacht, als er in seinem kleinen Häuschen friedlich schlief, mitteilte. Unvermittelt aus dem Schlaf gerissen, sprang er sofort aus dem Bett, stürzte – barfuß und nur mit einem Unterhemd bekleidet – in den Pferdestall, schwang sich aufs Pferd und sprengte in den nahegelegenen Wald. Einigen Stallburschen, gefolgt von wenigen Soldaten, gelang es, ihn einzuholen und ihm Kleidung zu bringen. Sodann eilte der Zar zum Kloster Troize-Sergejewa-Lawra, dem Sitz des russischen Patriarchen, das der Zarenfamilie in Gefahrenzeiten traditionell als Zufluchtsstätte diente. Über sechzig Kilometer soll er innerhalb von fünf Stunden im scharfen Galopp zurückgelegt haben. Einige Zeit später trafen auch seine nächsten Verwandten und Vertrauten dort ein.

Als die Regentin erkannte, daß ihr Komplott gescheitert war und sich die Zahl von Peters Anhängern mehrte, beschloß sie, die Vermittlung ihrer Tante, der Zarewna Tatjana, sowie ihrer Schwestern Marfa und Maria zu Hilfe zu nehmen. Sie hoffte, mit deren Unterstützung den jüngeren Zaren versöhnlich zu stimmen. So begaben sich die Damen zum Kloster, zu des Herrschers Zufluchtsstätte, warfen sich ihm zu Füßen und versuchten, für Sofia, die sie entsandt hatte, und für ihr Tun um Vergebung zu bitten. Doch Peter entschuldigte deren Verhalten nicht. So kehrte Zarewna Tatjana schließlich allein nach Moskau zurück, während die beiden Schwestern bei ihrem Halbbruder blieben.

Mit Hilfe des Patriarchen und ausländischer Offiziere aus dem Söldnerheer, das unter der Leitung von General Gordon in Rußland diente, setzte Peter Sofias Absetzung durch. Er schrieb seinem älteren Bruder einen Brief, in dem er ihn zu überzeugen suchte, daß nun die Zeit gekommen sei, da sie selbst den Staat regieren müßten. Auch versprach er ihm, ihn wie einen Vater zu ehren.

Nachdem Peter Zar Ioanns Einwilligung erhalten hatte, befahl er Zarewna Sofia, sich freiwillig ins Kloster zurückzuziehen; sie aber beschloß, die Ausführung dieses Befehls zu verweigern und begann mit der Vorbereitung ihrer Flucht nach Polen.

Daraufhin ordnete Peter an, daß seine Halbschwester unverzüglich in das Neu-Jungfrauenkloster gebracht werden solle, in dem ihr und ihrer Dienerin einige Zimmer zugewiesen wurden. Man gestattete der Zarewna, enge Verwandte als Besucher zu empfangen, ihre Kost erhielt sie sogar aus dem Palast. Im Namen ihrer beiden Brüder erging ein Erlaß, demgemäß der Name der ehemaligen Regentin in keinem Dokument und in keinem Schriftstück mehr erwähnt werden durfte.

So also endete die siebenjährige Herrschaft von Sofia, Tochter des zweiten Zaren aus der Familie Romanow. Fünfzehn Jahre, die letzten davon unter strengster Bewachung, brachte Peters Halbschwester in ihrem Gefängnis zu. Fürst Golizyn aber, ihr Mitkämpfer und Liebhaber, wurde in den hohen Norden verbannt, wo er bis ans Ende seiner Tage mit seiner Familie in Armut und Bedürftigkeit in einem entlegenen Dörfchen wohnte. Sein gesamtes Vermögen war konfisziert worden, außerdem hatte man ihm und seinem Sohn den Bojarentitel aberkannt. Im Jahre 1714 verstarb Sofias Liebhaber, sein Sohn indes wurde nach dem Tode des Vaters begnadigt.

Nachdem Sofia entmachtet worden war, begann in Rußland die selbständige Herrschaft zweier Zaren – zweier Brüder, die von verschiedenen Müttern, aber von ein und demselben Vater abstammten. Ioann, sechs Jahre älter als sein Stiefbruder, hatte eine angegriffene Gesundheit, war fast blind, litt unter einem Sprachfehler und war selbstverständlich nicht in der Lage, den Staat zu regieren. Und obwohl Peter durchaus bereit war, allein als russischer Zar zu herrschen, schien Rußland selbst hierfür noch nicht reif zu sein. Die russischen Orthodoxen waren eher dem älteren Bruder zugeneigt, da dieser nach den guten alten Traditionen erzogen worden war und bei weitem keinen Anspruch auf eine eigenständige Regentschaft erhob. All dies kam ihnen gelegen.

Wie aber stand es mit Peter selbst?

Nachdem er sich gegen die Aufständischen zur Wehr gesetzt und seine Schwester ins Kloster hatte sperren lassen, nahm er die Lenkung des Staates zunächst nicht in seine eigenen Hände, sondern überließ sie seiner Mutter und einigen Vertrauten. Diese Regierung seiner »Minister«, wie Peter sie bezeichnete, dauerte fast zehn Jahre. Nominell stand Zarin Natalja bis zu ihrem Tode 1694 an der Spitze der Minister, de facto aber regelte ihr Bruder Lew Naryschkin sämtliche Angelegenheiten. Dieser aber war nur durchschnittlich begabt und überdies zügellos im Umgang mit alkoholischen Getränken. Insgesamt erwies sich die Tätigkeit dieser »Minister« für Rußland als nur wenig bedeutsam.

Zar Peter widmete sich ausschließlich seinen eigenen Vergnügungen. Für Fragen des staatlichen Lebens zeigte er vorerst kein besonderes Interesse. Als er zweiundzwanzig Jahre alt war, erkrankte seine Mutter ganz unerwartet und starb wenige Tage später. Sie zählte erst zweiundvierzig Jahre, doch die ständige Sorge um das Leben ihres Sohnes, das langwierige Ringen mit der Familie der Miloslawskaja sowie die grausame Ermordung ihrer Verwandten und Vertrauten vor ihren Augen hatten ihrer Gesundheit schweren Schaden zugefügt.

Sie wurde mit allen üblichen Zeremonien und Ehren im Frauenkloster Wossnessenskij beigesetzt. Der junge Zar vergoß bittere Tränen um seine zärtlich geliebte Mutter und zog sich fortan noch mehr vom Hofe zurück.

Auch sein Bruder Ioann befaßte sich nicht mit Regierungsangelegenheiten, obwohl er nach wie vor den Titel eines Zaren trug und sein Name in allen Urkunden an erster Stelle genannt wurde. Er genoß das Leben auf seine Art und Weise, fand Vergnügen am Liebesspiel mit Zarin Praskowja, seiner pausbäckigen und vollbusigen schönen Frau, die zwei Jahre älter war als er. Zar und Zarin lebten im Kreml, in besonderen Wohngemächern, die Sofia hatte errichten lassen. Sie verfügten über eine eigene Hofhaltung und eigene Dienerschaft. Zu festlichen Anlässen zeigte sich Zar Ioann dem Volke im vollen Zarenornat, er nahm an feierlichen Empfängen für Gesandte und an kirchlichen Feierlichkeiten teil, vollzog sämtliche kirchliche Rituale korrekt und führte alles in allem ein friedliches und zurückgezogenes Leben.

Seine Gemahlin war nach den Grundlagen des althergebrachten Lebens erzogen worden. Sie konnte kaum lesen, so daß ihr Leben aus Vorurteilen, Aberglauben und Frömmelei bestand. Die junge Zarin umgab sich mit Betschwestern, Armen, Narren in Christo und verwaisten Mädchen. Fast unentwegt hielt sie sich in ihren Gemächern auf, in denen sie zahlreiche verschiedene Vögel hielt, vor allem Papageien, die ihre Leidenschaft waren. In die Politik mischte sich Praskowja nicht ein und trat niemals aus dem Schatten ihres Mannes.

In den ersten fünf Jahren ihrer Ehe blieb das Paar kinderlos, dann aber »kamen«, wie man so schön sagt, Kinder, und kaum ein Jahr verging, in dem Praskowja ihren Gatten nicht mit der Geburt einer Tochter erfreuen sollte. Auf die Erstgeborene, Maria, folgten noch vier weitere Mädchen. Zar Ioann war über die Fruchtbarkeit seiner Gemahlin erfreut, obwohl böse Zungen behaupteten, daß er kaum selbst als Vater all dieser Kinder in Frage käme... Doch bald sollten die Eltern auch den bitteren Geschmack des Verlustes kennenlernen, als die beiden ältesten Töchter plötzlich starben.

Unerwartet verstarb auch der Familienvater, der erst dreißig Jahre alt war: Während der Weihnachtsprozession hatte er nasse Füße bekommen, woraufhin ihn einige Tage später der Tod ereilte. Dies war im Januar 1696. Beigesetzt wurde Zar Ioann in der Erzengelkathedrale des Kreml.

Seine Witwe blieb mit drei kleinen Kindern zurück. Als Wohnort wurde ihr Ismailowo zugewiesen, Zar Alexejs Sommerresidenz, die sein ältester Sohn Fjodor später zum Wintersitz ausgebaut hatte. Das Dorf Ismailowo war für seine ausgezeichnete Bewirtschaftung, seine Zier- und Gemüsegärten bekannt und galt als Musterbeispiel für ein russisches Landgut, zu dem man häufig auch ausländische

Gäste führte. Von da an verwandelte sich Praskowja in eine Gutsherrin im wahrsten Sinne des Wortes, ihr ganzes Leben lang aber galt ihre Hauptsorge ihren Töchtern, deren Schicksal sich höchst ungewöhnlich entwickelte.

So also endete die Doppelherrschaft zweier Zaren in Rußland. Niemals mehr sollte es dazu kommen, daß zwei Zaren gleichzeitig auf dem Thron waren. Vorerst allerdings wollte sich Peter selbst nach dem Tod seines älteren Bruders, Zar Ioanns, noch nicht der Staatsführung zuwenden, wenngleich er nun der einzige Herrscher in Rußland war. Er, der künftige Reformator, hatte seine eigenen Ziele, an denen er unermüdlich arbeitete.

Peter I., der Große
geb. 1672, Zar seit 27. April 1682, mündig seit
12. September 1689, Alleinherrscher seit 29. Januar 1696,
Kaiser seit 22. Oktober 1721, gest. 28. Januar 1725

Jewdokia Lopuchina
* 1669 † 1731

⚭ 1689

Peter I. Romanow
* 1672 † 1725

⚭ 1712

Katharina
(Marta Skawronskaja)
* 1683 † 1727

Charlotte Christiane
von Braunschweig-
Wolfenbüttel
* 1694 † 1715

⚭ 1711

Alexej
* 1690 † 1718

Natalja
* 1714 † 1728

Peter
* 1715 † 1730

Alexander
* 1691 † 1692

Paul
* 1693 †

Katharina
* 1706 † 1708

Anna
* 1708 † 1728

⚭ 1725

Karl Friedrich
von Holstein-Gottorp
* 1700 † 1739

Karl Peter Ulrich
von Holstein-Gottorp
Peter III.
* 1728 † 1762

Elisabeth
* 1709 † 1761

Natalja
* 1713 † 1715

Margarita
* 1714 † 1715

Peter
* 1715 † 1719

Paul
* 1717 †

Natalja
* 1718 † 1725

Peter
* 1719 † 1723

Im Todesjahr von Zar Ioann vollendete Peter, der jüngere Zar, sein dreiundzwanzigstes Lebensjahr. Der nunmehrige Alleinherrscher hegte aber nicht den Wunsch, in den Kreml überzusiedeln, erinnerte ihn dieser doch stets an die schreckliche Tragödie, die sich vor dreizehn Jahren dort abgespielt hatte. So etwas vergißt man nicht... Er überließ die Regierungsgeschäfte seinen Ministern.

Peter bevorzugte das Dorf Preobrashenskoje, an dem sein Herz hing. Hier fühlte er sich viel freier, konnte sich seinen Lieblingsbeschäftigungen widmen und seine Fähigkeiten in Militärangelegenheiten vervollkommnen.

Bereits von frühester Kindheit an hatte dieser Zar besonderes Interesse an Kriegsspielzeug gezeigt. Sein Kinderzimmer war voller Bögen, Trommeln, Säbel, kleiner Kanonen und Soldatenfiguren, wobei ein Großteil dieser Spielsachen aus Deutschland stammte. Man erzählte, daß er an seinem dritten Geburtstag neben vielen anderen Gaben von einem Kaufmann auch einen Kindersäbel geschenkt bekommen habe, den dieser aus Hamburg mitgebracht hatte. Das Kind habe sich so darüber gefreut, daß es von dem Kaufmann auf den Arm genommen werden wollte und ihn – was es sonst niemals tat – sogar küßte. Alle übrigen Spielsachen ließ der Zarewitsch liegen und wollte sich von nun an weder tagsüber noch nachts von seinem Säbel trennen. Als er fünf Jahre alt war, bekam er einen kleinen Hofstaat aus den Kindern von Adligen.

Doch wie alle übrigen Zarensöhne im Moskauer Reich mußte auch er sich verhältnismäßig früh dem Lernen widmen, für das er jedoch nur geringen Eifer an den Tag legte.

Nikita Sotow, ein gebildeter und tugendhafter, jedoch wenig anspruchsvoller Hofangestellter, wurde sein erster Lehrer. Zwar sollte er dem Knaben lediglich das Lesen und Schreiben beibringen, vermittelte ihm darüber hinaus aber auch die Liebe zur Geschichte. Von ihm erfuhr Peter, wie der russische Staat entstanden war, hörte über die Großfürsten und Zaren und auch über die Regierungszeit seines Vaters Alexej.

Bald aber war keine Zeit mehr für den Unterricht. Zar Fjodor, Peters älterer Bruder, starb, der Kampf um die Macht entbrannte, und der jüngste Zarensohn mußte alle Kümmernisse einer Familienfehde durchleben.

Peter, der im Alter von zehn Jahren zum Zaren ernannt worden war, während der Herrschaft seiner Schwester Sofia aber mehr oder weniger in den Hintergrund gedrängt wurde, fand sein Vergnügen auch später vor allem in militärischen Spielereien. Schon mit seinen Sandkastenfreunden bildete er sein erstes Kinderheer, das sogenannte »Spielregiment«, in ihm war er der Trommler. Seine Kameraden erhielten richtigen Sold, als ob sie wirklich in seinen Diensten stünden. Sie trugen dunkelgrüne Uniformen und waren überhaupt vollständig als Soldaten gekleidet. Die

Zusammensetzung des Kinderheeres indes war unabhängig vom Adelsrang, stand doch zum Beispiel in der Aufstellung direkt neben dem Fürstensohn der Sohn des Hofstallburschen Alexander Menschikow, der sonntags Blinis, eine Art Pfannkuchen, und Fleischpasteten auf dem Markt verkaufte und an Wochentagen seinen Militärdienst ableistete. Der Herrscher mochte ihn wegen seines Verstands und seiner Gewandtheit. Peter kümmerte sich überhaupt nicht darum, welchem Stand ein Mensch angehörte und von welcher Herkunft er war, er schätzte bei jedermann ausschließlich dessen persönliche Eigenschaften.

Aus den Mitgliedern des »Spielregiments« wurden später übrigens die Offiziere zweier Heere, nämlich des Preobrashenskers und des Semjonowskers Heeres, die die Zarengarde bildeten und in der Geschichte Rußlands eine nicht unbedeutende Rolle spielten.

Die Spiele des Kinderheers fanden in den Wäldern um Preobrashenskoje statt, wo Zarin Natalja mit ihren Kindern lebte. Ganz in der Nähe befand sich auch die deutsche Sloboda – die Deutschenvorstadt –, in der die ausländischen Offiziere wohnten, die schon zu Zeiten Zar Alexejs als Kommandeure der russischen Armee nach Rußland berufen worden waren. Von ihnen erfuhr Peter, der die Vorstadt sehr häufig aufsuchte, allerlei Kriegslist. Übrigens standen ihre komfortablen Ziegelhäuser, die Blumengärten, die geraden Alleen, die Springbrunnen auf den Plätzen sowie die überall herrschende erstaunliche Sauberkeit in scharfem Kontrast zu Moskau und versetzten den jungen russischen Zaren in nachhaltiges Erstaunen. Hier lebten Menschen aus ganz Europa, vorwiegend jedoch Deutsche, die zwei Drittel der Bevölkerung ausmachten: Insgesamt waren hier etwa 18 000 Bewohner zu Hause; unter ihnen Generäle und Offiziere, Ärzte und Apotheker, Künstler und Juweliere, Uhrmacher und natürlich Kaufleute. Größtenteils hatten sie sehr viel von der Welt gesehen, und deshalb war der Kontakt mit ihnen für den wißbegierigen jungen Zaren von überaus großem Interesse. Es bereitete ihm wahrhaftes Vergnügen, sich bei einem Krug Bier oder am Schachbrett mit ihnen zu unterhalten. Beim Besuch dieser Ausländersiedlung konnte er nicht nur Erzählungen über ferne Länder lauschen, sondern auch verschiedene Handwerkskünste kennenlernen. Für alles zeigte er großes Interesse.

Hier lernte Peter auch Franz Timmermann kennen, der aus Holland kam und in Handelsangelegenheiten in Moskau weilte. Diesen Mann stellte der junge Zar als seinen Lehrer ein, ließ ihm ein Zimmer neben dem seinen zuweisen und nahm jeden Tag einige Stunden Unterricht bei ihm. Unter Timmermanns Leitung begann Peter, Arithmetik, Geometrie und Kriegswissenschaften zu studieren und legte dabei ganz außergewöhnliche Fähigkeiten an den Tag. Er verstand bereits, welche Bedeutung die Wissenschaften haben, und seine Achtung vor Ausländern als gebildeten Menschen, von denen man etwas lernen konnte, verstärkte sich noch mehr.

Am selben Ort führte das Schicksal den Zaren auch mit Doktor Lorenz Blumentrost zusammen, der aus Thüringen stammte und in der deutschen Sloboda eine Arztpraxis eröffnet hatte. Seine Söhne, die in Deutschland Medizin studierten, kamen später ebenfalls nach Moskau, um bei der Bekämpfung der im russischen Staate häufig aufflammenden Epidemien zu helfen. Einen von Blumentrosts Söhnen machte Peter später zu seinem Leibarzt. Durch seinen Kontakt zu dieser Familie entwickelte der fünfte Romanow auch großes Interesse für Medizin, und dieses Interesse sollte sein ganzes Leben lang bestehen bleiben.

General Patrick Gordon, ein ehrwürdiger Draufgänger, der bereits vor dreißig Jahren aus Schottland nach Moskau gekommen war und sich dort fest niedergelassen hatte, erweckte ebenfalls Peters Aufmerksamkeit. Anfangs bekleidete dieser Schotte kaum bedeutende Posten und erfüllte einige weniger wichtige diplomatische Aufträge, später aber machte er Karriere beim Militär. Er war klug und tatkräftig, sein Temperament heftig, seine äußere Erscheinung imposant. Auch sprach Gordon gut russisch, war einem Schlückchen gegenüber niemals abgeneigt und unter den Moskowitern bekannt und beliebt. In einem für die russische Geschichte entscheidenden Augenblick sollte ausgerechnet er dereinst Peter zu Hilfe kommen, was eine wichtige Rolle bei dessen Sieg über die Rebellen spielte.

Bald verkehrte Peter ganz ungezwungen in der Deutschenvorstadt, aß dort von Zeit zu Zeit zu Mittag oder zu Abend und nahm an Tanzfesten oder Maskenbällen teil. Der junge Zar war übrigens so tanzbegeistert, daß er einfach nicht stillsitzen konnte, wenn die Musik des »Großvatertanzes« erklang, den er besonders gern mochte. Überhaupt hatte es ihm die fröhliche und ungezwungene Atmosphäre in dieser wundersamen kleinen Stadt angetan. Da er oft unter den Deutschen weilte, hatte Peter schnell einige Redewendungen gelernt; so sprach er seine besten Freunde beispielsweise stets in deutsch mit »Mein Herz« oder »Mein bester Freund« an, und seine Briefe, sogar die an seine Mutter, unterschrieb er mit dem Namen »PETRUS«.

In der Sloboda entstand auch die Freundschaft zwischen dem russischen Zaren und einem gewissen Franz Lefort. Dieser war 1675, als 22jähriger Jüngling, aus der Schweiz nach Rußland gekommen, um in Moskau den Militärdienst anzutreten. Der Altersunterschied zwischen ihnen war keinerlei Hindernis für ihre Freundschaft, und der Schweizer nahm sogar an den Manövern von Peters »Spielregiment« teil. Letzterer beförderte Kapitän Lefort zum General und vertraute ihm wie einem nahestehenden Menschen. Sein neuer Freund besaß ein großes, im französischen Stil möbliertes Haus am Ufer des Flüßchens Jausa, das schon seit einigen Jahren beliebtester Versammlungsort für die Bewohner der Deutschenvorstadt war. Selbst in Abwesenheit des Hausherrn konnte man dort vorbeikommen, etwas trinken und rauchen. Als Organisator von allerlei Vergnügungen war Lefort unübertrefflich. Selbst stets fröhlich und lebenslustig, verfügte er über ein besonderes Talent, die Menschen einander näher zu bringen, und veranstaltete allerlei Unterhaltsames, so zum Beispiel kleine Festmahle, Tanzabende oder Bankette, auf denen der Wein in Strömen floß. Auch die Damen – Schottinnen mit feinem Profil, sentimentale Deutsche und »appetitliche« Holländerinnen – warfen gern einen Blick in sein Haus. Dort konnten sie sich ungezwungen geben, sich amüsieren, lachen, Lieder aus ihrer Heimat singen und mit ihren Kavalieren tanzen. Das hatte nun so gar nichts mit dem Lebensstil der Moskauer Frauen gemein, die wie Einsiedlerinnen lebten oder leben mußten, und übte selbstverständlich große Anziehungskraft auf den jungen Herrscher aus.

Peters Mutter hingegen war über das ungezügelte Benehmen ihres Sohnes sehr beunruhigt und fürchtete um sein Ansehen, immer bemüht, ihm den Anspruch auf den Zarenthron zu bewahren. Daher stiftete sie eine Ehe zwischen ihm und Jewdokia Lopuchina, einem Mädchen aus einem alten Bojarengeschlecht, das zwar anmutig, aber etwas borniert und konservativ eingestellt war. Jewdokia, die eine traditionelle Erziehung genossen hatte, war gottesfürchtig und abergläubisch, außerdem hatte sie einen Hang für das Althergebrachte und zum Müßiggang. Sie war drei Jahre älter als Peter, der seinerseits auch nach der Eheschließung nicht von seinen freizügigen Gewohnheiten lassen wollte und seine gesamte Umgebung weiterhin durch seine Extravaganzen in Erstaunen versetzte. Der Zar führte nach wie vor ein Leben, das eher dem eines heimatlosen Studenten als dem eines Jungvermählten glich, verließ häufig sein Heim, beteiligte sich immerfort an den fröhlichen Gelagen seiner Freunde in der deutschen Sloboda, und wenn er sich dabei bisweilen betrunken hatte, dann übernachtete er auch dort.

Bei seinen Aufenthalten in der Deutschenvorstadt lernte Peter ein schönes und gewandtes junges Mädchen namens Anna Mons kennen, die ihn so in ihren Bann zog, daß er sich nur noch äußerst selten zu Hause aufhielt.

Anna stammte aus Minden, einem kleinen deutschen Städtchen an der Weser, und hatte sich mit ihren Eltern in Moskau niedergelassen. Zu Hause war ihr Vater Weinhändler gewesen, und auch hier, in der Sloboda, hatte er ein kleines Weinlokal, eine sogenannte Schenke, eröffnet. Seine Frau und die Kinder halfen ihm bei der Bewirtung der Gäste, die stets sehr zahlreich erschienen. Man ging in die Schenke, um sich mit Freunden zu treffen, ein paar fröhliche Stunden zu verbringen und ein Gläschen guten Weins zu trinken.

Anfangs, so wurde gemunkelt, war die gesellige und temperamentvolle Tochter des Wirts Leforts Geliebte, doch dann tauschte sie ihren Liebhaber gegen dessen Herrn aus, und da es ihr an Eitelkeit nicht gerade mangelte, ging sie sogar dazu über, ihre Beziehung offen zur Schau zu stellen. Sie begleitete den Zaren auf Schritt und Tritt und nutzte seine Großherzigkeit weidlich aus. Trafen sie sich, so bat sie ihn stets um etwas, und wenn er nicht da war, ließ sie ihm manchmal über seinen Sekretär Zettelchen zukommen, auf denen ihre vielen Bitten standen. Peter erwies sich seiner Freundin gegenüber sehr aufmerksam; so ließ er für die Familie Mons ein massives, geräumiges Steinhaus in der Sloboda bauen, schenkte ihr ein kleines Gut außerhalb der Stadt und machte Anna selbst noch weitere Geschenke. Dank seiner deutschen Freundin erfuhr der junge Zar, was Liebe ist.

Und wie stand es mit ihr? Liebte sie den jungen Zaren?

Wohl nicht, hatte sie doch schon vor der Bekanntschaft mit Peter Erfahrungen in Herzensangelegenheiten gesammelt. Auch nahm sie, als sie bereits seine enge Freundin war, ein Verhältnis mit Königseck, einem Abgesandten aus Sachsen, auf. Zutage kam diese Affäre ganz zufällig, und zwar in Zusammenhang mit einem überaus traurigen Ereignis, einem Unglück gar: Dieser Mann ertrank während des Nordischen Krieges vor Peters Augen, und unter den Papieren, die man bei ihm fand, wurde auch ein flammender Brief entdeckt, den Anna Mons einst an ihn geschrieben hatte und der ganz zärtliche Wendungen enthielt. So erfuhr Peter vom Betrug seiner Geliebten. Nur schwer läßt sich des Zaren Wut beschreiben. So zerbrach die Beziehung, die fast neun Jahre gedauert hatte. Danach aber sollte nochmals eine Deutsche das Herz des russischen Zaren erobern…

Anna Mons indes ging nach zwei Jahren eine neue Bindung ein, diesmal mit dem preußischen Gesandten Georg von Keyserlingk, der sie später auch ehelichte. Peter hatte in diese Ehe eingewilligt. Doch binnen weniger Jahre wurde seine ehemalige Freundin Witwe. Von den früheren Gaben des russischen Herrschers durfte sie nur sein mit Brillanten übersätes Porträt behalten. Der Zar aber wollte niemals mehr auch nur ihren Namen hören; die Demütigung, die sie ihm zugefügt hatte, konnte er nicht vergessen.

Über all den Gelagen und Vergnügungen vergaß der Zar dennoch seine Belange nicht. Sein sehnlichster Wunsch war der Aufbau einer russischen Flotte, und dieses Werk nahm er mit dem Bau eines Bootes in Angriff, des ersten russischen Kriegsschiffs, das man in Pereslawl, 100 Kilometer von der Hauptstadt des russischen Reiches entfernt, zu Wasser ließ. Später dann fand im Asowschen Meer die Jungfernfahrt von 30 kleinen, Galeeren ähnlichen Schiffen statt. Diese waren binnen kürzester Zeit unter Beteiligung deutscher Ingenieure im Süden Rußlands gebaut worden und kamen im Krieg gegen die Türken zum Einsatz. Dort, im Süden, wurde der Hafen Taganrog samt einer Stadt gegründet, die später für einen der Romanows zur letzten Herberge werden sollte.

Zum Admiral der russischen Flotte ernannte Peter seinen ergebenen Freund Franz Lefort. In Archangelsk gab er bei einem Holländer den Bau eines großen, modernen Schiffes für Rußland in Auftrag. Auch weilte der Zar sechs Wochen selbst in dieser

Stadt im Hohen Norden und bewunderte die ausländischen Schiffe, die – mit völlig unterschiedlichen Waren an Bord – hier anlegten. Oft luden ihn ausländische Kaufleute und Schiffskapitäne zum Mittagessen oder zu einer Abendgesellschaft ein; er genoß den Umgang mit ihnen und stellte ihnen allerlei Fragen über das Leben und Treiben in der weiten Welt.

Immer mehr kam Zar Peter zu dem Schluß, daß es für Rußland weitaus günstiger wäre, über eigene Schiffsbaumeister zu verfügen, als alle Schiffe bei Ausländern in Auftrag zu geben. Er beschloß, fünfzig von ihm selbst ausgewählte junge Männer aus Bojaren- und Adelsfamilien nach Holland, Italien und England zu entsenden, wo sie den Schiffsbau erlernen sollten.

Diese Entscheidung des Herrschers beschwor unter den Bojaren, die schon lange über seine Zuneigung zu Ausländern murrten, einen Sturm der Entrüstung herauf. Die vornehmen Orthodoxen waren der Ansicht, nur die Russen würden den echten Glauben an Christus bewahren, und jeglicher Umgang mit Fremden würde die Reinheit des orthodoxen Glaubens »besudeln«. Und nun gab sich der Zar gar selbst mit den deutschen Ketzern ab – wobei sie übrigens alle Ausländer als Ketzer bezeichneten. Dies war nun wirklich kein gottgefälliges Verhalten...

Peter aber ließ im Gegenzug auf diesen Protest die Bojaren zusammenrufen und erklärte ihnen, er sehe sich nicht in der Lage, den russischen Staat zum Wohle des Volkes zu regieren, da er keine richtige Erziehung genossen habe; deshalb habe er sich entschlossen, sich selbst in die aufgeklärten europäischen Länder zu begeben, um dort zu lernen. Schweigend hörten sich die Bojaren seine Worte an und wagten nicht, Widerspruch gegen das zu erheben, was ihrer Meinung nach nur eine »Torheit« des jungen Zaren sein konnte.

Und so geschah sein Wille! Zum ersten Male setzte ein russischer Zar seinen Fuß über die Grenzen seines eigenen Staates.

Aus zweihundertfünfzig Personen stellte Peter seine »prachtvolle Gesandtschaft« zusammen, nahm seine Freunde und junge Adlige mit, damit sie dort etwas Nützliches lernten, und machte sich 1697 ins Ausland auf. Dies tat er jedoch nicht als russischer Zar, sondern als Hauptmann Peter Michailow, wollte er doch vermeiden, viel Zeit auf feierliche Empfänge und Festlichkeiten zu verschwenden. Er erklärte sein Inkognito damit, daß er nicht ausgezogen sei, um sich zu vergnügen, sondern um zu studieren. Doch natürlich ging es nicht ganz ohne offizielle Empfänge vonstatten...

Bei seiner Durchreise durch die Länder Deutschlands riefen die dortigen Städte, Dörfer und Straßen, von denen er durch seine Freunde in der Sloboda schon so viel gehört hatte, Peters Begeisterung hervor. Auch durch Berlin reiste der Zar, doch da die Stadt seine Aufmerksamkeit nicht besonders auf sich zog, machte er hier nicht Halt. Sophie Charlotte, Kurfürstin von Brandenburg, die bald darauf Königin in Preußen wurde, stattete zu dieser Zeit gerade ihrer Mutter, der Kurfürstin von Hannover, einen Besuch ab. Mutter und Tochter galten als gebildete Frauen, und Sophie Charlotte stand sogar in dem Rufe, die schönste und scharfsinnigste Dame in ihrem Lande zu sein. Sie war damals neunundzwanzig Jahre alt, verkehrte mit den angesehensten Wissenschaftlern Deutschlands und Frankreichs, mit Vertretern der Künste, mit Menschen, die voller progressiver Ideen und auf der ständigen Suche nach neuem waren. Selbstverständlich konnte da die Ankunft des Herrschers aus dem fernen Reich der Moskowiter diese bemerkenswerte Frau nicht gleichgültig lassen.

Man beschloß, dem russischen Zaren einen würdigen Empfang zu bereiten, der in Koppenbrügge, der Residenz des Herzogs von Braunschweig, stattfinden sollte. Alle Mitglieder der großen Familie waren geladen, und Peter war verblüfft ob der herzlichen Gastfreundschaft der Deutschen. Anfangs fühlte er sich etwas unsicher und hatte sogar mancherlei Schwierigkeiten zu bewältigen: So wußte er beispielsweise nicht, wohin er seine Serviette legen sollte, geschweige denn, wozu sie eigentlich da war. Auch mußte er mit Messer und Gabel essen, woran er sich nur mit Mühe gewöhnen konnte, kam man doch zu Hause, in Rußland, gemeinhin mit dem Löffel aus. Er mußte sich angewöhnen, aus kleinen Gläsern oder Kelchen zu trinken und den Damen die Hand zu küssen. Überhaupt war der Umgang mit europäischen Damen nicht nur eine recht schwierige Angelegenheit, sondern eine ganze Wissenschaft. Als Peter und seine Freunde zum ersten Male mit ihnen tanzten, hielten sie die Fischbeinstäbe des Korsetts der Damen für deren Rippen und erzählten daraufhin überall, die deutschen Frauen hätten einen ganz schrecklich harten Rücken, man spüre nur Knochen.

Der russische Zar verblüffte alle durch seine Hünengestalt, seine Fröhlichkeit und Direktheit. Die Gastgeberin versetzte er mit seinem zuvorkommenden Verhalten und seiner Redseligkeit in Entzücken, machte sie gar nach russischem Brauch betrunken, und gegen Ende hob er die zehnjährige Prinzessin Sophia Dorothea, die spätere Mutter Friedrichs des Großen, an den Ohren in die Höhe, küßte sie und ruinierte hierbei ihre Frisur. Mutter wie Tochter empfanden die vier Stunden, die man über dem Abendessen verbracht hatte, als überaus kurzweilig. Später beschrieben die deutschen Prinzessinnen ihren außergewöhnlichen Gast folgendermaßen: »Er hat wunderbare Gesichtszüge und eine edle Haltung. Sein Verstand ist überaus rege... Doch bei all den Vorzügen, mit denen ihn die Natur gesegnet hat, würde man sich bei ihm doch etwas weniger Grobheit wünschen.«

Durch Sophie Charlotte lernte Peter den Philosophen Leibniz und den Architekten Schlüter kennen. Die Freundschaft mit ihnen sollte über lange Jahre hinweg fortbestehen.

Von Deutschland aus, wo er seine »Gesandtschaft« zurückließ, begab sich der Zar nach Holland. In Zaandam quartierte sich Peter im Hause des ihm bekannten Handwerkers Gerrit Kist ein. Von diesem kleinen Städtchen und seinen Werften hatten ihm die Zimmerleute erzählt, die zum Arbeiten und Geldverdienen nach Rußland gekommen waren. Der russische Herrscher meldete sich unter dem Namen Peter Michailow als Schiffszimmermann an, als der er auch im Schweiße seines Angesichts arbeitete.

In einer roten Fries-Jacke, weißen Pluderhosen aus Leinen, sein Werkzeug in den Händen – so fand sich der Zar und Zimmermann jeden Morgen bei Sonnenaufgang zur Arbeit ein. Zu Mittag aß er in einer benachbarten kleinen Schenke, wo er stets ein Glas Wein oder Bier trank und seine kurze holländische Pfeife schmauchte. In seiner Freizeit besichtigte er Sägewerke, Papierfabriken, Meiereien, Ölmühlen und sonstige Fabriken, interessierte sich für alle Einzelheiten der Produktion und machte sich bisweilen, wenn er sich bei Handwerkern erkundigte, auch gleich selbst ans Werk. Eines Tages verdiente er sich dabei sogar einen ganzen Taler Trinkgeld, als er in einer Papiermühle ein überaus gelungenes Blatt Papier herstellte, nachdem er die Papiermasse mit einer Form aus dem Bottich geschöpft hatte. Im alten Reich der Moskowiter hatte bisher kein einziger Zar auf diese Art und Weise Geld bekommen. Doch es sprach sich in Zaandam rasch herum, wer unter dem Namen Michailow auf der Werft arbeitete; überall versammelten sich daraufhin Neugierige, die einen Blick auf Peter erhaschen wollten. Deshalb zog der Zar nach einem viermonatigen Aufenthalt in diesem Städtchen über Amsterdam, wo er mit Ehrungen überschüttet wurde, weiter in Richtung England.

König Wilhelm III. von England empfing ihn sehr freundlich, schenkte ihm eine prächtige Fregatte, die Peter von da an bei seinen Reisen benutzte und das sorgfältig ausgeführte Modell eines Kriegsschiffs mit Kanonen. Zu seiner Zerstreuung veranstaltete er eine Seeschlacht, war doch das Land auf den Inseln bereits damals für seine Flotte berühmt. Auch in das englische Parlament wurde der russische Herrscher eingeladen.

Nachdem er an einer Parlamentssitzung teilgenommen hatte, sagte Zar Peter: »Es ist angenehm zu vernehmen, wenn die Untergebenen ihrem Herrscher offen die Wahrheit sagen. Das ist es, was wir von den Engländern lernen müssen!…«

In England schloß Peter auch einen Vertrag über die freie Einfuhr von Tabak nach Rußland ab. Als man ihn aber darauf aufmerksam machte, daß die Russen das Rauchen doch für eine große Sünde hielten, antwortete der Zar: »Wenn ich nach Hause zurückkehre, werde ich sie schon so hinbiegen, wie ich es will.«

Mit seiner üblichen Wißbegierde besuchte der Zar das Münzamt, das Observatorium sowie die Königliche Gesellschaft der Wissenschaften und hoffte, dort nützliche Kenntnisse für seine Umgestaltungen in Rußland zu erlangen. Natürlich vergaß er über all dem auch das Vergnügen nicht und zollte darin seinen fünfundzwanzig Jahren Tribut. Eine Londoner Schauspielerin wurde seine Geliebte und löste die Serviererin aus einer Zaandamer Kneipe ab. Der russische Herrscher nutzte auch die Gelegenheit, die örtlichen Sitten und Gebräuche kennenzulernen, was allerdings nicht ganz ohne Kuriositäten vonstatten ging.

Der Schriftsteller John Evelyn lud eines Tages angesehene Gäste zu sich ein. Im Hause dieses Gentleman verwandelten Peter und seine russischen Freunde wertvolle Stühle in Brennholz für den Kamin. Sie wollten sich diensteifrig zeigen und hielten die Stühle aufgrund ihres antiquarischen Aussehens unglücklicherweise für unnützen alten Tand. Und nachdem sie eine gehörige Menge Gin getrunken hatten, mit dem sie ihr freundlicher Gastgeber großzügig bewirtet hatte, verwandelten sie die Porträts in seiner Galerie in Zielscheiben, auf die sie aus ihren Pistolen schossen. Mit einem Wort, sie amüsierten sich sozusagen auf russische Art.

Kaum war Peter in der Lage, einige englische Wörter auszusprechen, da verlieh ihm die Universität Oxford bereits eiligst den Doktortitel. Was ist nicht alles möglich... Doch das wichtigste war, daß der junge russische Zar versuchte, alles in sich aufzunehmen und alles zu lernen, was er für sein Vaterland als nützlich erachtete. Er verkündete immer und vor allen: »Ich bin Schüler und suche einen Lehrer!« Bald schon konnte er sogar Schuhe reparieren und kranke Zähne ziehen.

Letzteres wurde zu seiner innigen Leidenschaft. Bereits in Moskau, später dann auch in Petersburg, trug er stets einen Satz Instrumente bei sich, und wenn er auf der Straße jemanden mit einer dicken Backe erblickte, setzte er sofort sein Können ein. Viele Höflinge bedauerten es anschließend bitter, daß sie in seiner Anwesenheit über Zahnschmerzen geklagt hatten. Der Zar ließ keine Möglichkeit aus, seine Kunst an Ort und Stelle zu demonstrieren. Wollte man den Herrscher günstig stimmen, so galt es schon bald als beste Methode, ihn um seine Hilfe zu bitten und sich von ihm einen Zahn ziehen zu lassen.

Fast fünfzehn Monate brachte Peter in Westeuropa zu, vieles lernte er selbst, viel erfuhren auch seine Gefährten. Darüber hinaus wählte der Zar auch einige Hundert Handwerker aus und nahm sie mit nach Rußland.

Über Dresden reiste die »Gesandtschaft« nach Wien weiter, wo die Reise ein jähes Ende fand, da aus Moskau besorgniserregende Nachrichten eintrafen.

Die Strelitzen hatten die Abwesenheit des Zaren ausgenutzt und erneut zu den Waffen gegriffen. Sie zettelten einen Aufstand an und riefen dazu auf, den Zaren nicht mehr nach Moskau zurückkehren zu lassen, da er den Deutschen Vertrauen geschenkt und sich bei ihnen eingelebt hatte. Sofia, Peters in Ungnade gefallene Schwester, machte sich die Unzufriedenheit der Strelitzen zunutze. Sie ließ ihnen über ihre Schwester Marfa »Urkündchen« zukommen, in denen sie sie zum Gang nach Moskau aufrief, waren die Strelitzentruppen doch nach dem ersten Aufstand in andere Quartiere außerhalb der Stadt verlegt worden. In der offensichtlichen Absicht, Sofia, die im Neu-Jungfrauen-Kloster eingesperrt war, erneut an die Macht zu bringen, setzten ihre Anhänger das Gerücht in Umlauf, daß der Herrscher im Ausland verstorben sei.

Nachdem er hiervon erfahren hatte, kehrte Peter eiligst nach Moskau zurück. Mit Hilfe der ihm treuen Söldnertruppen konnte er den Aufstand rasch niederschlagen und Gericht über die Aufständischen halten. Es wurde eine grausame, blutige Abrechnung daraus. Peter befahl, die Aufrührer vor den Fenstern seiner Halbschwester aufzuhängen oder ihnen den Kopf abzuschlagen. Das Blut floß in Strömen, die Hinrichtungen zogen sich mehrere Wochen lang hin. Sofia aber, der man nun auch den Titel entzog, der ihr bis dato geblieben war, mußte weiterhin gezwungenermaßen im Kloster bleiben, seit dieser Zeit jedoch als »richtige« Nonne. Sie erhielt den Namen Susanna und wurde in eine enge Klosterzelle gesperrt. Nicht einmal ihre Schwestern durften sie besuchen. Und so brachte sie noch fünf Jahre in Gefangenschaft zu und verstarb im Jahre 1704 im Alter von siebenundvierzig Jahren.

In Ungnade fiel auch Zarewna Marfa, die zugab, Kontakt zu den Strelitzen unterhalten und Sofia deren Botschaften überbracht zu haben. Die sechsundvierzigjährige Halbschwester des Zaren wurde in ein rund 100 Kilometer von Moskau entferntes Kloster verbannt, wo sie Nonne werden mußte und den Namen Margarita erhielt. Sie sollte Sofia, ihre jüngere Schwester, nur um drei Jahre überleben.

Auch Zarin Jewdokia, Peters Frau, wurde Nonne. Nachdem man Peter mitgeteilt hatte, daß sie ebenfalls an der Verschwörung beteiligt gewesen war, löste der fünfte Romanow den Bund der gesetzlichen Ehe mit ihr. Er nahm ihr den kleinen Sohn Alexej weg und schickte Jewdokia ins Frauenkloster von Susdal. Zar Peters ehemalige Gattin wurde von ihrer ganzen Familie begleitet. Im Kloster lebte die Zarin unter nicht allzu strengen Bedingungen. Obwohl sie als Nonne den Namen Jelena erhielt, mußte sie kein schwarzes Gewand tragen und erhielt eine bequeme Zelle, die beste in diesem Kloster. Beim Kirchgang erhielt sie ein ihrem hohen Rang entsprechendes ehrenvolles Geleit und, der alten russischen Tradition zufolge, wurde sie mit einem Schirm vor fremden, bösen Blicken geschützt.

So also hatte sich Peter gerächt. Die Strelitzen waren ein für allemal ausgeschaltet, anstelle der von ihnen gebildeten Heere schuf der Zar eine völlig neue Armee nach westeuropäischem Vorbild. Er führte eine Militärsatzung ein, seine Soldaten wurden in deutsche Waffenröcke gekleidet, und an der Spitze der russischen Armee standen neunhundert ausländische Offiziere, vor allem Deutsche. Etwas später wurden sogar spezielle Militärschulen für die Flotte, die Pioniertruppen und für die Artillerie gegründet.

Der russische Herrscher war ins Ausland gereist, um den Schiffsbau und die

Seefahrt kennenzulernen, zurück aber kehrte er mit dem Gedanken, den alten barbarischen russischen Staat umzugestalten und Grundzüge eines neuen Lebens einzuführen.

Vieles, was der Zar im Westen gesehen hatte, wollte er auch zu Hause, in seiner Heimat, verwirklichen. Als erstes nahm er sich eine Äußerlichkeit vor, die Bärte. In Europa war ihm aufgefallen, daß sich die Männer glatt rasierten, während das in Rußland als eine Todsünde galt. Nach seiner Rückkehr erklärte Peter lange Bärte zum Element der Rückständigkeit. Wenn jemand die Kühnheit besaß, mit Bart zu einem Empfang am Zarenhof zu erscheinen, so schnitt Peter diesen eigenhändig ab. In Moskau wurden sogar spezielle »Entbartungsbrigaden« gegründet, die gnadenlos vorgingen. Viele, die diesem Schicksal nicht entrinnen konnten und ihren langen Bart eingebüßt hatten, verbargen seine traurigen Überreste wie eine Reliquie in einem kleinen Beutel, den sie bis ans Ende ihrer Tage um den Hals trugen und von dem sie sich auch im Jenseits nicht trennen wollten. Diejenigen aber, die ihren Bart unbedingt behalten wollten, zahlten ergeben eine jährliche Gebühr hierfür. Lediglich die Geistlichkeit und die Bauern waren von dieser Art Steuer befreit.

Doch nicht nur die Bärte wurden abgeschnitten, auch die Kaftane büßten an Länge ein. Peter führte eine neue Kleiderordnung ein, nach der die Kaftane von nun an kurz sein und ein modernes Aussehen haben mußten. In den Straßen klebte man sogar Plakate mit Mustern der vorgeschriebenen Kleidung. Und noch eine Neuerung gab es – die Kalenderreform, begann doch bis dato in Rußland die Zeitrechnung nach wie vor mit dem Zeitpunkt der »Schöpfung der Welt«. Peter I. führte eine neue Zeitrechnung ein, die wie in den europäischen Ländern auch mit Christi Geburt begann. Das Jahr 7208 wurde ins Jahr 1700 umbenannt, ein neues Jahr begann fortan nicht mehr, wie früher, am 1. September, sondern am 1. Januar.

Schließlich ordnete er auch an, daß Zeitungen herausgegeben werden sollten, damit die russischen Bürger erfahren konnten, was in der Welt geschah.

All seine neuen Gesetze erließ Peter in der Absicht, das Alltagsleben in Rußland an jene Lebensweise anzupassen, die er im Westen kennengelernt hatte. Zwar war er selbst von ihrer Zweckmäßigkeit überzeugt, doch er rannte dadurch sozusagen mit dem Kopf durch die Wand und berücksichtigte nicht einmal den seelischen Schmerz, den seine Landsleute durchlitten. Die für Verstöße gegen seine Vorschriften vorgesehenen Bestrafungen rechtfertigte er folgendermaßen: »Bei anderen europäischen Völkern kann man seine Ziele auf menschenfreundliche Art und Weise erreichen, mit den Russen aber ist es anders. Wenn ich keine Strenge gezeigt hätte, dann hätte ich den russischen Staat schon längst nicht mehr in der Gewalt und hätte ihn niemals zu dem machen können, was er heute ist. Ich habe es ja nicht mit Menschen zu tun, sondern mit Tieren, die ich in Menschen verwandeln möchte.«

Gar viele Anordnungen gab der gereifte Herrscher heraus, um das russische Volk vom Makel der Barbarei reinzuwaschen! So existierte in Rußland beispielsweise seit alters her ein Brauch, demzufolge Neugeborene, die mit Mißbildungen zur Welt gekommen waren, getötet werden konnten. Unter dem Vorwand, es handle sich um ein solch »minderwertiges« Kind, wurden aber auch ungewollte Kinder getötet. Peter nun verkündete die Todesstrafe für Kindesmörder. Für Findelkinder aber wurden in Kirchennähe extra Einrichtungen geschaffen, wo man zu jeder beliebigen Zeit ein unerwünschtes Kind ins Fenster legen konnte, das zu diesem Zweck stets offenstand. Auch erging Befehl, in allen Gouvernements und Städten Einrichtungen zu eröffnen, in denen illegitim geborene Kinder aufgenommen wurden. Krankenhäuser für Alte und Kranke entstanden. Moskau verdankt Peter sein erstes Militärhospital und einen Botanischen Garten. In letzterem pflanzte der Zar übrigens höchstpersönlich einige seltene Pflanzen.

Was das Leben der russischen Frauen hinter den Mauern des Terem angeht, so war davon schon einmal die Rede. Peter nun befahl, dem Einsiedlertum junger Mädchen und verheirateter Frauen ein Ende zu bereiten, sie also fortan nicht mehr einzusperren. Zu diesem Zweck initiierte er besondere Zusammenkünfte, die als Assemblées bezeichnet wurden und von vier Uhr nachmittags bis zehn Uhr abends der Reihe nach in den Häusern vornehmer Leute stattfinden sollten. Die Gastgeber hatten dabei nicht viel zu tun, sie waren lediglich verpflichtet, für die Beleuchtung der Räume zu sorgen und ihre Gäste mit Tee und anderen Getränken zu bewirten. In aller Regel war für Schachspieler ein separater Raum vorzusehen, dort durfte auch geraucht werden. Glücksspiele – zum Beispiel Karten- und Würfelspiele – wurden verboten. Für diese Versammlungen gab es übrigens keine persönlichen Einladungen; es wurde vielmehr gewöhnlich eine Liste aller Geladenen erstellt, die man am Vorabend der Zusammenkunft an den Polizeimeister oder Kommandanten der Stadt übergab. Erscheinen konnte man jederzeit, allerdings im Rahmen der festgelegten Zeit. Frauen mußten zu diesen Veranstaltungen in Männerbegleitung erscheinen.

Unter allen Vergnügungen fand der Zar das Tanzen am wichtigsten. Da Peters Untertanen dies aber noch nicht beherrschten, machte er sich selbst daran, sie in diese Kunst einzuweisen. Er führte jeweils einen Tanzschritt vor, und die hinter ihm stehende Reihe von Kavalieren mußte jede seiner Bewegungen genau nachmachen. Die Herren durften jede Dame zum Tanze auffordern, so daß sich auch die Möglichkeit bot, Bekanntschaften anzuknüpfen. Von nun an wurden vor allem Ehen begrüßt, die mit dem Einverständnis der betroffenen jungen Leute und nicht nur aufgrund der Willkür ihrer Eltern geschlossen wurden. Auf diese Weise konnte die russische Frau nach dem Beispiel westlicher Länder ins gesellschaftliche Leben eingebunden werden. Auch die Aristokratie in Rußland gewöhnte sich an europäische

Umgangsformen und an den Kontakt mit Ausländern, die man in der Regel ebenfalls zu diesen Treffen einlud.

Zar Peters Regentschaft brachte noch viele andere Neuerungen mit sich. So mußte jeder Adelsmann nun unbedingt des Lesens, Schreibens und der Arithmetik kundig sein. Erstmals wurden auch Schulen und Akademien eröffnet, in denen man verschiedene Berufe erlernen konnte. War ein Adliger volljährig geworden, so mußte er sich dem Herrscher zur Musterung stellen, und dieser bestimmte dann, wer zur Armee, wer zum Staatsdienst und wer zum Studium ins Ausland entsandt werden sollte. Man begann auch, die Werke europäischer Schriftsteller ins Russische zu übersetzen und sie statt mit altkirchenslawischen mit weltlichen Schriftzeichen zu drucken, weshalb die Popen diese Bücher in den Dreck warfen, darauf herumtrampelten und das Gedruckte als Häresie bezeichneten. Peter schaffte den Titel des Patriarchen ab und schuf stattdessen die »Heilige Synode«, eine Versammlung der Erzpriester, die als leitende Vertreter der Kirche damit nun seiner weltlichen Macht unterstanden. Auch die Bojarenduma wurde abgeschafft.

Unter Peter ging man dazu über, im Ausland Kunstwerke zu erwerben, die als Grundstock der Sammlung in der Eremitage dienten. In Moskau wurde das erste öffentliche Theater eröffnet, zu dessen Leiter der Deutsche Johann Kunst berufen wurde. Dieser wiederum brachte Schauspieler und Musiker aus seiner Heimat mit. Anfangs wurden die Stücke in deutscher Sprache, später dann in der russischen Übersetzung aufgeführt.

Auch des Zaren jüngere Schwester Natalja war vom Theater begeistert. Sie ließ die gesamte Einrichtung des Theatersaals im Kreml kopieren und in ihr Haus in Preobrashenskoje bringen; dort richtete sie sich ein Haustheater ein. Zarewna Natalja schrieb sogar zwei Stücke selbst. Später gründete sie ein allgemein zugängliches, kostenloses Theater in Petersburg. Überhaupt widmete diese außergewöhnlich intelligente Frau ihr gesamtes Leben ihrer für jene Zeit so seltenen Begeisterung für das Theater sowie ihrem heißgeliebten Bruder Peter und unterstützte all seine Vorhaben und Reformen.

Peter aber hatte einen Traum – für Rußland eine neue Hauptstadt aus Stein und Ziegel und mit Zugang zum offenen Meer zu bauen oder, wie er sich ausdrückte, »das Fenster nach Europa zu öffnen«. Solch eine Stadt wurde auch tatsächlich gebaut, und zwar im sumpfigen Delta der Newa. Welche Mühen kostete dies, wie oft wurde darüber geschrieben und berichtet! Und nur dem Willen und der Beharrlichkeit Peters ist es zu danken, daß die Schönheit Sankt Petersburgs mit seinen Häusern im Stile des westeuropäischen Barocks, mit seinen Palästen, Parks und prächtigen Fontänen, mit seinen geraden gepflasterten Straßen entstanden ist. Unweit von St. Petersburg errichtete man auch eine Sommerresidenz des Zaren, den wunderschönen Peterhof; der Entwurf für die phantastischen Fontänen dort stammt von Peter selbst. Für den Bau der Paläste wurden Architekten aus Italien, Frankreich und Deutschland nach Rußland gebeten, auch Andreas Schlüter aus Berlin, ein alter Bekannter des russischen Zaren, reiste an.

Zar Peter hatte schlicht und ergreifend das Talent, fähige Ausländer – hervorragende Meister ihres Faches, die noch dazu für ihre Unbestechlichkeit und Gewissenhaftigkeit bekannt waren – ausfindig zu machen. Er vertraute ihnen ganz und gar, entlohnte sie großzügig für ihre Arbeit und schuf ihnen in Rußland gute Lebensbedingungen. Viele, die dereinst nach Moskau gekommen waren, verließen Rußland nicht mehr und heirateten sogar russische Mädchen; einige von ihnen nahmen auch den orthodoxen Glauben an.

So entdeckte der Zar beispielsweise eine Persönlichkeit, die für die russische Geschichte noch sehr interessant werden sollte – Heinrich Johann Ostermann, der im Jahre 1703 seinen Dienst beim russischen Herrscher angetreten hatte und bis zum Gipfel der Macht vordringen sollte.

Dieser Mann, Sohn eines lutheranischen Pastors aus Westfalen, dann Student an der Universität Jena, war sehr wißbegierig und scharfsinnig. Nach einem zufälligen Duell war er gezwungen, Deutschland zu verlassen, und kam nach Rußland, das zu jener Zeit als Zufluchtsstätte für fähige und begabte Menschen galt.Hier nun fand Ostermann seine zweite Heimat, der er Zeit seines Lebens treu diente. Anfangs war er Offizier der Seeflotte, später Vertrauter des Zaren bei diplomatischen Verhandlungen. Wie kein anderer vermochte er es, komplizierteste Verträge in russischer, deutscher, französischer und lateinischer Sprache abzufassen und als gewandter Gesprächsführer zu agieren. Ostermann brachte es unter Peters Regentschaft bis zum Vizepräsidenten des Kollegiums für Außenpolitik. Sogar als er einen so hohen Posten bekleidete, führte dieser Deutsche aus Westfalen weiterhin einen bescheidenen Lebensstil und liebte den übermäßigen Luxus nicht allzu sehr. Er genoß das grenzenlose Vertrauen des Zaren, der seine seltenen Fähigkeiten aufs höchste schätzte. Letzterer suchte ihm auch persönlich eine Gattin – Marfa Streschnjewa, die sich nach einigen Jahren glücklichen Familienlebens ganz und gar in eine deutsche Frau verwandelte und ihren Haushalt überaus sorgsam führte. In den letzten Stunden seines Lebens äußerte Peter später den Wunsch, daß eben jener Ostermann an seinem Sterbebett weilen solle.

Im Jahre 1721 zog eine weitere Persönlichkeit deutscher Abstammung, die später die Geschichte des Hauses Romanow von unten nach oben in vielen Stufen durchdringen sollte, Peters Aufmerksamkeit auf sich. Es handelte sich hierbei um Burkhardt von Münnich, den der Zar zum Generalleutnant ernannt hatte. Anfangs war er mit dem Bau des Ladoga-Kanals, später mit der Errichtung des Hafens und der Festung in Kronstadt betraut. Zu jener Zeit war von Münnich achtunddreißig

Jahre alt. Er stammte aus Oldenburg und hatte bereits ein stürmisches Militärleben hinter sich; er hatte an Kämpfen teilgenommen, war verwundet worden und in Gefangenschaft geraten. Sein Vater war Offizier in der dänischen Armee, er selbst trat mit 16 Jahren seinen Militärdienst bei der französischen Armee an. Später dann gewann von Münnich jedoch Gefallen am Bauwesen und wurde ein glänzender Ingenieur. Er beschloß, selbst in den Dienst russischer Zaren zu treten, von deren Verdiensten er viel gehört hatte. Er trug seine Bitte dem russischen Gesandten in Warschau vor, der ihn weiter vermittelte. Auf Wunsch von Peters Nachfolgern wurde er Feldmarschall und Ministerpräsident von Rußland. Auch spielte er später eine wichtige Rolle, als ein Romanow von einem anderen Mitglied der Familie abgelöst wurde. Aber alles der Reihe nach...

Ungeachtet des Postens, den jemand bekleidete, war Peter gegenüber seinen Untergebenen zwar überaus anspruchsvoll, aber gerecht. Es ärgerte ihn ganz schrecklich, daß es viele russische Bedienstete an Gewissenhaftigkeit mangeln ließen. Er wollte sogar einen Erlaß herausgeben, demgemäß jeder Beamte gehängt werden sollte, der nur eine winzige Kleinigkeit gestohlen hatte. Daraufhin erklärte ihm ein angesehenes Senatsmitglied, als es davon erfahren hatte: »Wollen Eure Majestät etwa ganz alleine, ohne Diener und ohne Untergebene regieren?«

Es gab Fälle, in denen der Zar die Menschen in seiner Umgebung mit einem Knüppel eigenhändig verprügelte. Auch sein Favorit, Fürst Menschikow, der schon zu Peters »Spielregiment« gehört hatte, mittlerweile aber Geschäftsmann geworden war und des Herrschers vollstes Vertrauen genoß, mußte den Knüppel kennenlernen. Peter achtete nicht nur Talente und Verdienste, sondern verlangte absolute Ehrlichkeit und Zuverlässigkeit. Besonderes Vertrauen hatte er zu Ausländern.

Die Namen einiger Fremder, ohne die die Geschichte Rußlands einfach nicht denkbar wäre, wurden bereits genannt. Diesen wäre noch der Schwede Jakob Bruce, der Leiter der Artillerie und persönlicher Astrologe des Zaren war, hinzuzufügen, und wohl auch Ibrahim, der später den Taufnamen Abraham Petrowitsch Hannibal erhielt. Die Geschichte von letzterem ist übrigens wirklich einmalig.

Ibrahim wurde an der afrikanischen Küste als Sohn eines abessinischen Fürsten geboren. Mit sechs Jahren brachte man den Knaben als Kriegsbeute nach Konstantinopel, wo er drei Jahre später an einen russischen Gesandten verkauft wurde. Dieser wiederum brachte ihn als Geschenk für den Zaren nach Rußland, wo Peter dann Ibrahims Taufpate wurde. Der kleine Mohr begann seinen Dienst in der Stellung eines Pagen des Herrschers und erwarb sich durch seinen Verstand und seinen Charakter dessen Zuneigung. Der Junge erhielt einen Lehrer, der auf seine außergewöhnlichen Fähigkeiten und auf seinen Fleiß aufmerksam wurde. Zur Vervollkommnung seiner Ausbildung wurde Ibrahim nach Vollendung seines zwanzigsten Lebensjahres vom Zaren nach Paris geschickt. Nachdem er in der französischen Armee gedient und sich militärischen Ruhm erworben hatte, studierte der junge Mann an einer Ingenieurschule und kehrte nach erfolgreichem Abschluß im Range eines Kapitäns nach Rußland zurück. Dort stand er wiederum in Diensten des russischen Herrschers, heiratete bald und wurde schließlich Vater einer Tochter. Hannibal war zwar sehr jähzornig, doch auch geradlinig und ehrlich. Dem Zaren diente er in Treue und Aufrichtigkeit. Nach dem Tode seines Taufpaten wurde er nach Sibirien verbannt, da er in Streit mit der Familie Menschikow geraten war.

Erst während der Regentschaft von Peters Tochter kehrte der Mohr wieder zurück und diente sich bis in den Rang eines Oberkommandierenden hoch. Hannibal starb schließlich im Alter von 84 Jahren und hinterließ eine Nachkommenschaft, die in die russische Geschichte eingehen sollte.

Die russischen Orthodoxen hörten nicht auf, ihren Zaren für dessen Hang zu Ausländern und zu deren Bräuchen zu verurteilen. Bereits im Jahre 1699 gab es in Moskau, ja sogar direkt in der deutschen Sloboda viel Gerede über die Ehren, mit denen Peter seinen Freund und Mitstreiter Lefort hatte beisetzen lassen. Der Herrscher war neben seinem Sarg einhergeschritten und hatte aufrichtig geweint, als der lutheranische Pastor die Grabrede hielt.

Interessant ist eine Aussage, die Peter selbst aus diesem Anlaß gemacht hat. »Ich weiß sehr wohl, daß die offensichtliche Bevorzugung, die ich Ausländern angedeihen lasse, meinen Untergebenen nicht gefällt. Doch ich habe zweierlei Arten von Untertanen – vernünftige und gesittete, die verstehen, daß ich die Fremden nur aufnehme und ihnen um den Bart gehe, damit sie gern bei uns bleiben und wir von ihnen lernen und uns in den Wissenschaften und in der Kunst ein Beispiel an ihnen nehmen können; daß ich dies folglich für den Wohlstand meines Staates und zum Nutzen meiner Untergebenen tue. Dann habe ich noch unbedachte und böse Untergebene, die meine Absichten nicht erkennen wollen und, da sie sie auch nicht für nützlich halten, nur allzu gern in ihrer früheren Unwissenheit ausharren, aus Dummheit alles Gute verachten, das man ihnen nahezubringen sucht, und allem Neuen nur allzu gern im Wege stehen würden, wenn sie es nur könnten. Sie vergessen, in welchem Zustand hier bei uns alles war, bis ich mir fremde Länder ansah und Ausländer in meinen Staat brachte. Und wie wenig hätte ich ohne deren Hilfe in all meinen Betrieben zu tun vermocht, da ich doch so starke Feinde habe.«

Man beschuldigte Zar Peter auch, daß er die guten alten russischen Traditionen durch neue, westliche ersetze, und dies angeblich nicht deshalb, weil sie besser wären als die alten, sondern nur, weil sie eben nicht russischen Ursprungs waren.

Dieses Murren kam sogar in Peters Familie auf. Seine Halbschwestern und auch sein eigener Sohn Alexej klagten, ihr Vater sei von bösen Menschen umgeben und gar grausam zu seinen eigenen Familienangehörigen. Sie waren Anhänger des Althergebrachten, haßten die »ausländischen Ketzer« und tadelten Peters Reformen. »Wohl kaum ein Herrscher hat so viel Unglück und Angriffe seitens der ihm nahestehenden Menschen erfahren, wie ich«, gestand Zar Peter einmal ein. »Meine Schwester Sofia hat mich gejagt, sie war hinterlistig und böse. Meine Gattin Jewdokia kann mich nicht leiden, sie ist dumm. Und mein Sohn haßt mich, er ist starrköpfig.«

Die wohl innigsten Beziehungen hatte Peter zur Familie von Zar Ioann, seinem verstorbenen Halbbruder. Sein ganzes Leben lang hielt er dessen Witwe in hohen Ehren, war bemüht, beinahe alle ihre Bitten zu erfüllen, und blieb die wichtigste Stütze für Zarin Praskowja, die trotz ihrer Erziehung im althergebrachten Geiste die Notwendigkeit von Umgestaltungen erkannte und die Unterfangen ihres Schwagers unterstützte.

Gleich nach dem Tode ihres Gatten hatte sich Zarin Praskowja im Palast Ismailowo niedergelassen, wo sie den meisten Teil ihrer Zeit mit Müßiggang und Belustigungen verbrachte. Hierüber vergaß sie jedoch auch ihre Zier- und Gemüsegärten nicht, die ihr ganzer Stolz waren. Oft empfing sie in ihrem Palast Gäste, unter ihnen Zar Peter. Die Zarin, die nun Gutsherrin war, kam gerade Besuchern aus anderen Ländern überaus freudig entgegen, zeigte ihnen bereitwillig ihre Ländereien, bewirtete sie reichhaltig und legte zu diesen Gelegenheiten sogar ein deutsches Gewand an. Ihre drei Töchter wuchsen heran. Als Deutschlehrer und männliche »Gouvernante« stellte man ihnen auf Empfehlung ihres fürsorglichen Onkels, des Zaren, den nach Rußland übergesiedelten Deutschen Johann Ostermann zur Seite. Er war der ältere Bruder von Heinrich Ostermann, der in der Folgezeit berühmt werden sollte. Praskowja beauftragte ihn mit der Erziehung ihrer Töchter, da man die Deutschen zu jener Zeit wie gesagt für die besten Hauslehrer hielt und sie sich besonderer Hochachtung erfreuten. Stefan Ramburg, ein Landsmann Ostermanns, unterrichtete sie in Musik und Tanz. Praskowja wollte sehr gern, daß der frische Wind aus dem Westen auch Einfluß auf ihre Töchter, die ihren Vater so früh verloren hatten, ausübte.

Dank dieser mütterlichen Sorge erhielten die Mädchen eine verhältnismäßig gute Ausbildung und eine Erziehung im westlichen Sinne. Das Schicksal der Zarewnas aber legte Praskowja wohlüberlegt in Peters Hände, und dieser beschloß, seine Nichten entsprechend seiner politischen Plänen zu verheiraten. Weder Mutter noch Onkel nahmen also Rücksicht darauf, welche Wünsche die Zarentöchter selbst hegten.

Den ersten Bräutigam fand man für Ioanns Tochter Anna. Es handelte sich hierbei um den jungen Friedrich Wilhelm, Herzog von Kurland, einen Neffen des preußischen Königs. Diese Heirat vereinbarte Peter mit dem preußischen König bereits im Oktober 1709 bei einem Treffen in Marienwerder. Der Herzog selbst ließ nicht lange auf sich warten und hielt über seine Bevollmächtigten um die Hand der russischen Zarewna an. Er wurde nach Rußland eingeladen, und Anna schrieb auf Bitte ihrer Mutter einen liebenswürdigen Brief in deutscher Sprache an ihn. Friedrich Wilhelm konnte sich rasch mit den Mitgliedern der Zarenfamilie einigen, und auch der Herrscher selbst empfing ihn außergewöhnlich freudig. Die Hochzeit schließlich wurde 1710 sehr luxuriös gefeiert, ein Festmahl folgte dem anderen. Die Jungvermählten waren von der Mutter, den Schwestern, den Tanten und von angesehenen russischen Damen umringt, die allesamt modische deutsche Gewänder trugen.

Doch Annas Eheleben dauerte nur knapp zwei Monate. Nach den Hochzeitsfeierlichkeiten begab sie sich mit ihrem Mann nach Kurland, doch unterwegs verstarb der junge Herzog plötzlich – angeblich infolge des übermäßigen Genusses alkoholischer Getränke, mit denen man ihn in Rußland so fürsorglich und großzügig bewirtet hatte.

Der Tod seines Schwiegerneffen änderte jedoch Peters Pläne nicht. Die verwitwete Anna mußte sich in Mitau niederlassen und in Kurland unter den Deutschen leben. Fortan trug sie den Titel einer Herzogin.

Auch für Praskowjas Älteste, ihre fröhliche, sorglose, schwarzäugige Lieblingstochter Katharina, die bereits im fünfundzwanzigsten Lebensjahr stand, wollte Peter selbst einen Mann zu finden. An Anwärtern mangelte es nicht mehr, wer hätte nicht gern in die Zarenfamilie des aufstrebendenRußlands eingeheiratet!

Im Januar 1716 wurde Rat Habichtstahl, Botschafter des Herzogs von Mecklenburg-Schwerin, beim Zaren vorstellig und hielt im Namen seines Herzogs um die Hand von Peters Nichte an. Das Angebot wurde angenommen, ein Ehevertrag geschlossen. Karl Leopold, der Herzog von Mecklenburg, war damit Mitglied der Zarenfamilie Romanow. Man schreibt von ihm, er sei recht unsympathisch, grob, wenig gebildet, eigenwillig und unberechenbar, also kaum der Verwandtschaft mit diesem mächtigen Hause würdig gewesen. Darüber hinaus war er nur in der Hoffnung, Rußlands Unterstützung für seine Eroberungspläne zu finden, die Ehe mit der Zarewna eingegangen, obwohl die Scheidung von seiner ersten Frau, der Deutschen Sophie Hedwig, einer gebürtigen Prinzessin von Nassau-Friesland, noch nicht vollzogen war. Grund für die Verzögerung des Prozesses sei angeblich der Geiz des Herzogs gewesen, lautete doch sein Lieblingsspruch: »Für alte Schulden muß man nicht bezahlen, und neuen Schulden muß man Zeit geben, alt werden zu können.« Die ehemalige Gattin des Herzogs aber forderte eine verhältnismäßig hohe Rente, von der er nicht einmal hören wollte.

Zu den Hochzeitsfeierlichkeiten reiste Peter mit seiner Nichte, der Braut, und einem kleinen Gefolge nach Danzig, wo viele Herrscher Europas zusammenkamen. Auch der Bräutigam, Herzog Karl Leopold, fand sich aus Schwerin dort ein. Seiner Braut gegenüber verhielt er sich herablassend, mit den russischen Hofbeamten jedoch verkehrte er voll arroganter Schärfe. Dies konnte den Russen natürlich nicht gefallen. Doch nachdem der Zar bereits sein Wort gegeben hatte, war er gezwungen, dieser Ehe zuzustimmen.

So wurde also Hochzeit gehalten, und das junge Paar begab sich daraufhin in Begleitung von Zar Peter und seinem Gefolge nach Schwerin, in die Hauptstadt des Herzogtums Mecklenburg. Dort wurde der russische Herrscher mit großen Ehren empfangen, im Palast erhielt er die besten Zimmer. Doch als Karl Leopolds Obermarschall am nächsten Morgen beim Zaren vorstellig wurde, um ihm seine Aufwartung zu machen, fand er in der bereitgestellten Suite keine Menschenseele, und als er sich ins Schlafzimmer begab, entdeckte er, daß des Zaren Bett unberührt geblieben war. Es stellte sich heraus, daß Peter seine luxuriösen Räumlichkeiten verlassen und sich zum Schlafen in eine kleine Kammer unter dem Dach zurückgezogen hatte, die eigentlich für seinen Diener bestimmt gewesen war. Zum Mittagessen ließ der russische Zar im kleinsten Zimmer des Palastes aufdecken und erklärte, er liebe große Räume nicht.

Nach einem mehrtägigen Aufenthalt bei den Frischvermählten verließ er in Begleitung seines Gefolges Deutschland wieder. So hatte Zar Michails Enkel genau das vollzogen, was seinem Großvater nicht gelungen war, als er versuchte, seine Tochter mit einem holsteinischen Prinzen zu verheiraten. Peter I. war es somit, der den Grundstein für sogenannte »gemischte« Ehen der Angehörigen der Zarenfamilie Romanow legte.

Wie aber erging es Katharina? War sie glücklich, nachdem sie Rußland verlassen hatte? Wohl eher nicht...

Ihr Leben mit dem Herzog von Mecklenburg war nicht gerade als süß zu bezeichnen, obwohl sie zu keiner Zeit irgend jemandem gegenüber ein Wort der Klage verlauten ließ. Ihre angeborene natürliche Zurückhaltung war ihr wohl eine große Hilfe.

Zwei Jahre nach der Hochzeit brachte die Herzogin ihre Tochter Elisabeth Katharina Christina zur Welt, die später als Anna Leopoldowna Regentin von Rußland werden sollte und einen harten Schlag von Peters Tochter Elisabeth ertragen mußte. Diese trennte sie für immer von ihrem Erstgeborenen, ihrem Sohn Ioann. Geschehen sollte dies zweiundzwanzig Jahre später. Doch bis dahin ereignete sich in der Geschichte Rußlands noch viel Unvorhergesehenes.

Das Leben von Peters jüngster Nichte, der wenig hübschen, immerfort kranken und geistig etwas zurückgebliebenen Zarewna Praskowja verlief völlig anders. Sie wurde mit Fürst Iwan Iljitsch Dmitri-Mamonow verheiratet und überlebte ihre Mutter nur um sieben Jahre.

Zar Peter war es beschieden, ganz Rußland durch seine Reformen ins Wanken zu bringen und das Land mit beträchtlichen Schritten an Westeuropa anzunähern. In der russischen Geschichte war die Regentschaft dieses Romanows wohl die für den Staat progressivste und nützlichste Zeitspanne, hatte sich doch der Zar nicht umsonst bereits seit seiner Jugendjahre mit Ausländern »abgegeben«, wie man sich damals ausdrückte. Und all seine Kenntnisse sind nicht ungenützt geblieben, er sorgte selbst hartnäckig dafür, daß sie Allgemeingut wurden.

Geschrieben wurde über diesen russischen Zaren mehr als über alle anderen. In der westlichen Literatur wird er als Peter der Große bezeichnet, in Rußland aber nennt man ihn schlicht Peter I. und unterstreicht stets seine Grausamkeit sowie seinen sogenannten Despotismus, verschweigt dafür aber bisweilen seine menschlichen Qualitäten und Tugenden.

Auch über den Charakter Zar Peters urteilen die Historiker ganz unterschiedlich: Teils wird er als ehrlicher, aufrichtiger und gütiger Mensch bezeichnet, der zu sich selbst und gegenüber den Menschen in seiner Umgebung streng und anspruchsvoll gewesen sei, teils werden lediglich seine Grobheit, Grausamkeit und Rachsucht unterstrichen, was aber mit Absicht das wirkliche Wesen dieses wahrhaft bemerkenswerten Staatsmannes verzerrt. Am korrektesten ist es wohl, einen Menschen anhand seiner Taten zu beurteilen. Und er hat viel Nützliches für Rußland vollbracht.

Dereinst bemerkte Peter im Gespräch mit einem ausländischen Gesandten offen und ehrlich: »Man sagt,... ich gehe mit meinen Untergebenen wie mit Sklaven um. Ich aber gebiete meinen Untergebenen, und sie haben meinen Erlassen Folge zu leisten... Wer mir und meinem Vaterland Böses und Übles will, dem kann ich es einfach nicht recht machen. Das Gesetz muß solche Menschen im Zaume halten. Wer aber nichts Böses tut und dem Guten ergeben ist, der ist frei. Wenn ich etwas Gutes tun möchte, dann bedeutet das nicht, daß ich wie ein Sklavenhalter auftrete; sollten die Sturköpfe mich aber daran hindern, dann werde ich sie zu bessern versuchen, ihr hartes Herz möchte ich weich werden sehen. Wenn ich meine Untertanen in ein anderes Gewand stecke, in den Truppen und in der Bürgerschaft Ordnung schaffe und ihnen den Umgang mit anderen Menschen beibringe, dann bin ich nicht hartherzig. Es ist auch keine Tyrannei, wenn die Justiz einen Übeltäter anklagt und ihm die Todesstrafe androht...

Ich weiß wohl, daß man mich als grausamen Herrscher und Tyrannen bezeichnet, das tun aber glücklicherweise nur diejenigen, denen unser Land fremd ist, die nichts davon wissen, in welchen Umständen ich mich anfangs viele Jahre lang befand, und wie viele meiner Untergebenen mich auf schrecklichste Weise bei meinen besten Absichten, die ich für mein Vaterland hatte, gehindert haben und mich dadurch dazu genötigt haben, ihnen gegenüber Strenge walten zu lassen.«

Peter Romanow war ein wahrhafter Patriot und ein echter Diener seines Vaterlandes. Er opferte seinem Staate alles und schonte auch seine Gesundheit nicht. Dereinst sagte der Zar, die Schwielen an seinen Händen zeigend: »Alles ist nur deshalb, weil ich meinen Untertanen ein Beispiel vor Augen führen will und wenigstens im Alter dann würdige Helfer in ihnen sehen möchte.« Hoch von Wuchs – er maß beinahe zwei Meter –, hatte dieser russische Zar einen kräftigen Körperbau und verfügte über ungewöhnliche Körperkräfte. So konnte er – wie August der Starke von Sachsen und Polen – ein Hufeisen mit Leichtigkeit biegen und einen Silberteller in ein Rohr verwandeln. Dereinst hatte er in Amsterdam bei starkem Wind eine Windmühle von Hand angehalten, um sie besser betrachten zu können. Seine äußere Erscheinung – große, kluge Augen, kurzgeschnittene dunkelbraune Haare, schwarze Augenbrauen und ein sonnengebräuntes Gesicht – war schön und majestätisch.

Sein Alltagsleben gestaltete Peter sehr einfach, ohne jeglichen Luxus. Zeremonien liebte er nicht, gab nur widerstrebend festliche Empfänge und Audienzen für ausländische Gesandte, fühlte sich in den reich verzierten Zarengewändern eingeengt und betrachtete all diese Formalitäten als überflüssig. In dieser Hinsicht war er seinem Vater, Zar Alexej, ganz und gar nicht ähnlich. »Der Herrscher soll sich von seinen Untertanen nicht durch Putzsucht und Üppigkeit, schon gar nicht durch Luxus unterscheiden, sondern dadurch, daß er die ganze Last des Staates unermüdlich trägt und zu ihrem Nutzen und zu ihrer Erleichterung die Obhut für sie übernimmt«, war die Meinung dieses Zaren. Auch bei seinen Untergebenen wollte er keine überflüssigen Zeremonielle dulden, verbot ihnen beispielsweise, vor ihm auf die Knie zu fallen und im Winter ihre Kappe abzunehmen. Stattdessen befahl er ihnen, sich einfach nur vor ihm zu verneigen. Er mochte es auch nicht, wenn jemand, der ihm begegnete, plötzlich stehenblieb. »Ihr habt Eure Angelegenheiten und ich meine; geht also weiter Eures Weges«, sagte der Zar gewöhnlich in solchen Fällen. Überhaupt pflegte er mit den Menschen einen einfachen, in den meisten Fällen freundlichen Umgangston.

Der Herrscher stand gewöhnlich sehr früh auf, verließ bald darauf seine Gemächer, um einen Blick auf mancherlei Arbeiten zu werfen und begab sich anschließend in verschiedene Ämter und Behörden, wo er sich mit allen möglichen Belangen beschäftigte und Bittsteller empfing. Nach einem bescheidenen Mittagessen fanden sich dann die bedeutendsten Hofbeamten bei ihm ein, um mit ihm die wichtigsten Fragen zu entscheiden. Bisweilen setzte Peter die Gespräche mit ihnen sogar auf fünf Uhr morgens an, wenn eine Angelegenheit nicht mehr länger aufgeschoben werden durfte. Viel Zeit verwandte er auf die Ausarbeitung neuer Erlasse, das Studium der Pläne für neu zu errichtende Objekte, die Lektüre von Büchern und offiziellen Dokumenten. Lediglich das Briefeschreiben lag ihm nicht allzu sehr, und wenn er nicht umhinkam, dann schrieb er meist sehr kurze Botschaften, die konkret formuliert waren und kein überflüssiges Wort enthielten.

In seiner Freizeit spielte Peter gern Schach – ein Spiel, das er meisterhaft beherrschte und mit Vergnügen betrieb –, trank Bier (ein Getränk, an dem er bereits in Jugendjahren Gefallen gefunden hatte, als er sich regelmäßig in der Deutschenvorstadt aufhielt), und rauchte seine Pfeife. Die Abende verbrachte er meist in Gesellschaft. Der Zar war übrigens ein freundlicher Gastgeber und bewirtete seine Gäste stets vorzüglich. Wein und Wodka flossen in Strömen: Die Gardisten brachten manchmal große mit Wodka gefüllte Zuber herein, aus denen dann alle, die anwesenden Damen eingeschlossen, trinken mußten. Mit solchen derben Späßen amüsierte sich Peter bisweilen nach Herzenslust.

Sein liebster Zeitvertreib jedoch bestand darin, etwas mit seinen eigenen Händen zu schaffen. Er beschäftigte sich mit Kupfergravuren oder Elfenbeinschnitzereien, bastelte Schiffsmodelle oder betätigte sich als Schlosser. Dieser Mann war von wahrhaft unerschöpflicher Energie. Selbst die von ihm veranstalteten Vergnügungen, Bankette, Illuminationen und Maskenbälle bereiteten ihm Erholung. Wenn es aber gelegentlich galt, ein Fest für das einfache Volk zu organisieren, so zeigte sich der Zar ebenfalls nicht geizig. Zu festlichen Anlässen waren die Straßen durch großartige Illuminationen geschmückt, man veranstaltete Feuerwerke und organisierte festliche Umzüge. Die Leitung für all dies übernahm er häufig selbst. Eigentlich vermochte nur Krankheit seinem Arbeitstempo Einhalt zu gebieten.

Einmal, im Winter, als Zar Peter bereits um die fünfzig war, hatte er in Moskau eine Nacht durchfeiert. Als er heimkehrte, erfuhr er, daß am Stadtrand ein Feuer ausgebrochen sei. Peter machte sich sogleich an den Ort des Geschehens auf und betätigte sich über zwei Stunden lang als Feuerwehrmann. Darüber vergaß er, daß er die ganze Nacht nicht geschlafen hatte. Dies war ganz offensichtlich nicht das übliche Benehmen eines Zaren...

Was aber die Jagd, ein wahrhaft majestätisches Vergnügen, anbetrifft, so wollte Peter sie im Gegensatz zu seinen Vorfahren ganz und gar nicht akzeptieren. »Jagt nur hinter wilden Tieren her, soviel ihr wollt, mir liegt dieses Vergnügen nicht«, sagte er den Menschen in seiner Umgebung. Er war sehr tierlieb und hatte es nicht gern, wenn das Wild geschossen wurde. Insbesondere mochte er Hunde und Pferde.

Ebenso liebte er Bootspartien, die er meist auf der Newa in Petersburg unternahm. Seine Hofbeamten mußten diesen Spaß mit ihm teilen, und auch Musikanten wurden eingeladen. Zu jener Zeit war es unter angesehenen Persönlichkeiten sozusagen Brauch geworden, sich Musiker im Hause zu halten. Manchmal fuhr man bis zu den Newainseln und hielt dort ein Picknick ab.

Peter wird als überaus sparsamer Herrscher beschrieben. Für seine persönlichen Belange gab er wenig Geld aus, bei seiner Ernährung war er anspruchslos, obwohl er einen gesunden Appetit hatte. Die Speisen, die man am Tische des Zaren reichte, waren einfach, es gab öfters Kohlsuppe, auf russische Art zubereitet, Brei, Sülze oder einen einfachen Braten, eingelegte Gurken und Rettich, Pökelfleisch und Schwarzbrot. Gern trank er zum Mittagessen einen Aniswodka und Kwas. Serviert wurde in schlichten Schüsseln, ja im ganzen Palast konnte man kein teures Geschirr finden. Nicht umsonst verglich sich Peter manchmal mit dem Preußenkönig Friedrich Wilhelm I., der weder Verschwendung noch Luxus liebte.

Bei seinen Besuchen in anderen Ländern bat der Zar darum, keinerlei Zeremonien für ihn zu veranstalten, da er so etwas nicht gewohnt war. Als anläßlich seiner Ankunft in Paris ein großer Empfang im Louvre stattfand, bei dem der Tisch für achthundert Personen gedeckt war, ging Peter auf die Tafel zu, brach sich ein Stück Biskuit ab, nahm einen Schluck aus seinem mit Wein gefüllten Glas und entfernte sich mit folgenden Worten wieder vom Tisch: »Ich bin Soldat, und wenn ich irgendwo Brot und Wasser finde, so bin ich's zufrieden.« Diese Bescheidenheit verblüffte alle Anwesenden.

Peter ließ nicht nur für Speise, sondern auch für Kleidung keinen großen Aufwand zu. Er verlangte sogar, daß bei Hofe niemand allzu teure Gewänder tragen sollte; und wenn er einen jungen Modeaffen sah, der aus dem Ausland zurückgekehrt war, so neckte er ihn zum Scherz, bestrafte ihn aber auch manchmal. Menschen, die jede Mode besonders auffallend mitmachten, zogen sich seine unverhüllte Verachtung zu. Er selbst trug einen einfachen Anzug, den er bisweilen das ganze Jahr über nicht wechselte, ging oft in gestopften Wollsocken und groben geflickten Schuhen. Lediglich bei der Wäsche bevorzugte er feine Sachen aus Holland. Im Sommer fuhr er mit einem niedrigen, roten zweirädrigen Wagen, im Winter mit einem Schlitten, vor den nur ein Pferd gespannt war. Nur zu festlichen Anlässen benutzte er eine elegante Kutsche, die ihm einer der Hofbeamten, meist Fürst Menschikow, zur Verfügung stellte. Die Wohnverhältnisse des Herrschers waren ebenfalls schlicht. Er lebte in kleinen Zimmern, die eine niedrige Decke haben mußten, da er keine weitläufigen Räume ertragen konnte. Er forderte jedoch, daß alles sauber und akkurat sein sollte und erschrak wie ein Kind beim Anblick einer Kakerlake, wobei die Häuser in Rußland übrigens schon immer für die Existenz dieser Kreaturen »berühmt« waren. Das Holzhäuschen in Preobrashenskoje, das mit der Erde verwurzelt zu sein schien und so niedrig war, daß Peter mit der Hand die Decke erreichte, entsprach seinem Geschmack voll und ganz. Deshalb war wohl auch sein Palast in Petersburg eigentlich nur eine Hütte mit zwei Zimmern und Anbauten im hinteren Bereich.

Die Bescheidenheit und der einfache Geschmack des russischen Zaren standen aber im groben Gegensatz zum Hofe seiner zweiten Gemahlin Katharina, die sich von viel Gesinde verwöhnen ließ. Ihre Gemächer standen den reichen europäischen

Palästen hinsichtlich ihrer Pracht kaum nach. Aller Wahrscheinlichkeit nach wünschte Peter, daß der glanzvolle Anblick von Katharinas Palast die vornehmen russischen Hofbeamten die niedrige Abstammung seiner Gattin vergessen lassen würde.

Wer aber war diese Frau?

Zar Peter hatte sie im Jahre 1702 kennengelernt, als sie noch Marta, mit vollem Namen Marta Skawronskaja hieß und gerade achtzehn Jahre zählte. Sie war die Tochter eines armen litauischen Bauern und wohnte früher in einem kleinen Dörfchen. Nach dem Tode ihres Vaters verließ Marta ihr Haus und siedelte in die deutsche Stadt Marienburg um, die sich in der Nähe ihres Heimatdorfes befand. Dort nahm sie eine Stellung als Hausmädchen in der großen Familie von Ernst Glück, dem Pastor der evangelischen Kirche, an. Obwohl das junge Mädchen selbst katholisch war, wurde sie in der freundlichen Familie Glück sehr gut aufgenommen, der Pastor behandelte sie nicht wie eine Magd, sondern vielmehr so, als sei sie eine seiner Töchter. Dies verdiente Marta auch, war sie doch bemüht, jede ihr übertragene Arbeit gut und rasch zu erledigen, war fleißig und sauber, verfügte über wahrhaft geschickte Hände und ein kluges Köpfchen. Bald schon sprach sie ausgezeichnet deutsch, ging in die evangelische Kirche und lernte etwas Lesen und Schreiben.

Da Marta sehr attraktiv war, zog sie die Blicke der Männer wie ein Magnet auf sich. Im Alter von siebzehn Jahren wurde sie mit einem schwedischen Dragoner namens Rabe verlobt. Nach der Hochzeit mußte der junge Ehemann sie aber sogleich verlassen, da Krieg ausbrach. Russische Heere marschierten in Marienburg ein. Pastor Glück fand sich schließlich mit seiner ganzen Familie inmitten anderer deutscher Gefangener in der Nähe von Moskau wieder. Marta aber, eine wahre Schönheit, hatte es dem Kommandeur der russischen Truppen so angetan, daß er sie bei sich behielt. Es gelang dem fünfzigjährigen General allerdings nicht, ihre Vorzüge zu genießen, da er das Mädchen an seine Durchlaucht Fürst Menschikow abtreten mußte. Dieser nahm sie angeblich in seine Dienste, damit sie ihm seine Hemden wasche, und war mit seiner schönen Magd überaus zufrieden. Sie gefiel dem Fürsten nicht nur durch ihren Fleiß, sondern auch durch ihr leidenschaftliches Temperament. Doch auch bei Menschikow blieb dieses lebhafte Mädchen nur kurze Zeit, denn als Zar Peter zu seinen Truppen kam und seinem besten Freund einen Besuch abstattete, erblickte er Marta, und diese zog ihn buchstäblich in ihren Bann...

Nachdem er sie vom Fürsten als Geschenk erhalten und sie bereits nach der allerersten Nacht mit Gaben überhäuft hatte, wollte sich der Herrscher nicht mehr von ihr trennen und brachte die junge Frau, in die er sich verliebt hatte, in seinem Troß unter – zunächst unter dem Vorwand, sie sei die Ehefrau seines Kochs. Doch schon bald zeigte sich der Zar, der von ihrer Liebe, ihrer unerschöpflichen Fröhlichkeit, ihrer Trinkfestigkeit und ihren Fähigkeiten als Gesellschafterin hingerissen war, auch in der Öffentlichkeit mit ihr.

Nochmals ließ sich Marta taufen, diesmal nahm sie den orthodoxen Glauben an. Sie erhielt einen neuen Vornamen, den man von Peters Halbschwester Katharina Alexejewna entlehnte, die ins Kloster gegangen war, und wurde von nun an Katharina genannt. Dank ihrer ausgezeichneten Begabung erlernte sie die russische Sprache relativ schnell, behielt aber einen starken Akzent.

Ein Jahr später brachte Peter seine Freundin nach Moskau, wo sie zehn Jahre an der Seite des russischen Zaren lebte, ohne seine offizielle Gemahlin zu sein, und ihm drei Töchter gebar. Ihr erstes Kind starb bald nach der Geburt, die beiden anderen aber, Anna und Elisabeth, sollten später eine außergewöhnlich wichtige Rolle in der Geschichte der Romanow-Dynastie spielen, obwohl sie außerehelich geboren waren, was viele russische Hofbeamte nie so richtig vergessen wollten. Erst im Jahre 1712 fand die Vermählung von Zar Peter mit Katharina statt.

Dies also ist die Herkunftsgeschichte der zweiten Gattin von Peter I., die nach seinem Ableben den russischen Thron bestieg und erste Kaiserin von Rußland wurde. Die Karriere, die sie machte, war schlichtweg einzigartig!

Man erzählte sich sogar, in einem deutschen Hotel hätte man ein Bild gesehen, auf dem Peter vor einem mit allerlei Speisen und Getränken überladenen Tische sitze und Menschikow sich nähere, eine schöne Frau an der Hand, als wolle er sie dem Zaren zum Dessert reichen. Das Bild trage die Überschrift: »Der treue Untertan überläßt seinem geliebten Zaren auch das Wertvollste, was er hat.«

Seine erste Frau, Jewdokia Lopuchina, hatte Peter geheiratet, als er gerade einmal sechzehn Jahre alt war. Genauer gesagt, nicht er heiratete sie, sondern er wurde verheiratet – selbst hätte er sie sich wohl kaum zur Frau erwählt. Zarin Natalja hatte dies für ihn getan, natürlich ohne sich darüber mit dem Bräutigam abzustimmen, der immerhin ihr Sohn war. Die im alten Geiste erzogene, nicht übermäßig kluge, kleinliche und abergläubische junge Zarin konnte keinerlei Anziehungskraft auf ihren energischen Gatten ausüben, der voller neuer Ideen war. Sie teilte seine Ansichten nicht, das gemäßigte Tempo des altüberlieferten Moskauer Lebens lag ihr mehr. So wollte sie auch nach ihrer Vermählung mit dem Zaren ihre gewohnte Lebensweise nicht ändern. Die gegenseitige Abneigung zwischen den beiden jungen Menschen wuchs immer mehr.

Jewdokia war unzufrieden über die langen und häufigen Trennungen von ihrem Gatten, empfing ihn mit Klagen über ihre Einsamkeit, mit Tränen und Vorwürfen. Peters Erzählungen lauschte sie teilnahmslos, seine Pläne interessierten sie nicht. Nicht selten sagte sie zu ihm: »Wozu all diese Neuheiten? Wenn Ihr doch nur auf die althergebrachte Art und Weise leben würdet, so wie es die großen Zaren schon seit jeher getan haben, wenn Ihr Eure erhabenen Hände doch nicht zur Arbeit gebrauchen und Euch Euren Kopf nicht über den nutzlosen ausländischen Wissenschaften zerbrechen würdet!«

Obwohl die Jungvermählten ganz unterschiedliche Ansichten hatten, stand dies der Geburt dreier Söhne nicht im Wege. Die beiden jüngeren Knaben starben bereits in zarter Kindheit, der älteste hingegen, Alexej, überlebte seine Brüder, wahrscheinlich nur zu seinem eigenen Kummer. Es schien, als sei er unter einem ungünstigen Stern geboren.

Mit acht Jahren verlor Zarewitsch Alexej, der Thronerbe, praktisch seine Mutter, die von seinem Vater ins Kloster verbannt worden war. Gleichzeitig büßte der Knabe auch die elterliche Zärtlichkeit ein, da er seinen Vater nur selten sah und wenn, dann meist streng und zornig. Die Mutter ersetzten ihm schließlich seine Lehrmeister. Der orthodoxe Russe Nikifor Wjasemskii wurde sein erster Lehrer; er brachte dem Sohn des Zaren das Lesen und Schreiben bei und vermittelte ihm die Liebe zur Kirche und zu den orthodoxen Riten. Er war nur wenig gebildet und verfügte über keinerlei pädagogische Fähigkeiten, fürchtete zudem auch seinen Zögling. Der kleine Alexej, der dies rasch herausgefunden hatte, zog seinen Lehrmeister an den Haaren oder versetzte ihm gar Stockhiebe, wenn ihm etwas nicht gefiel. Diesen Lehrer ersetzte dann Menschikow, doch auch er konnte kein würdiger Erzieher sein, da er trotz seiner sonstigen Fähigkeiten nicht des Lesens und Schreibens kundig war. Auch ausländische Hauslehrer bekam der Knabe, unter anderem Neugebauer und Huyssen, und ihnen gelang es schließlich, dem Zarewitsch in vielen Bereichen fundierte Kenntnisse zu vermitteln.

Peters Sohn, der seinen Namen zu Ehren seines Großvaters, Zar Alexejs, erhalten hatte, war diesem jedoch überhaupt nicht ähnlich, weder in seinem Äußeren noch in seinem Charakter; und auch von seinem Vater hatte er rein gar nichts mitbekommen, nicht einmal in bezug auf seine äußere Erscheinung oder in geistiger Hinsicht. Er war hager und hochgewachsen, sein Gesicht war blaß und lang, die Stirn gewölbt, sein Haar war dünn und fiel bis auf die Schultern, so daß er insgesamt eher einem schlanken sentimentalen Mädchen ähnlich sah. Die Natur hatte ihn mit guten Fähigkeiten ausgestattet, mit zunehmendem Alter brachte er den Wissenschaften immer größeres Interesse entgegen, zeigte Wißbegierde, beherrschte die deutsche, französische und holländische Sprache fließend und las viel. Doch da er von seiner Mutter und seinem ersten Lehrer im Geiste der Liebe für die alten Zeiten erzogen worden war, konnte er die Reformen seines Vaters nicht unterstützen, haßte den Militärdienst und war mehr dem Leben eines Mönchs denn dem eines Feldherrn oder Staatsmannes zugeneigt. Vor allem die Kirche und ihre Bräuche zogen ihn an, und seine Lieblingsbeschäftigung bestand in der Lektüre theologischer Bücher. Auch seine Mutter vergaß Alexej nicht, besuchte sie von Zeit zu Zeit kurz oder schrieb ihr

Briefe. Sie wiederum beklagte sich bei ihrem Sohn über ihr Schicksal, wiegelte ihn gegen seinen Vater und all dessen Vorhaben auf, flehte ihn an, für seine Mutter Fürbitte zu halten; ja es gelang ihr sogar, den leicht beeinflußbaren jungen Mann in Aufruhr und Empörung zu versetzen.

Peters Wunsch war es, den Zarewitsch zur weiteren Ausbildung ins Ausland zu schicken, und die ausländischen Höfe hätten ihn auch gern aufgenommen, um sich in ihm einen Verbündeten für die Zukunft zu schaffen. Zunächst begab er sich nach Dresden, anschließend nach Karlsbad, wo er Prinzessin Charlotte Christiane von Brauschweig-Wolfenbüttel kennenlernte. Sie war eine Tochter des Herzogs Ludwig von Braunschweig-Wolfenbüttel und leibliche Schwester der Gattin Kaiser Karls VI. Obwohl diese Begegnung, wie es schien, ganz zufällig stattgefunden hatte, war alles im voraus durchdacht. Der russische Zar hatte die Braut für seinen Sohn selbst ausgewählt, doch war man bemüht, alle glauben zu machen, der Thronfolger Alexej habe seine zukünftige Frau, die keine Schönheit, dafür aber sehr gütig und vielseitig gebildet war, allein ausgesucht. Allerdings wußten sogar Charlottes deutsche Verwandte nur zu gut, daß der Sohn des Zaren gewaltsam verheiratet werden sollte.

Die Hochzeit fand in Torgau statt, nahe des Pretzscher Palastes der Kurfürstin von Sachsen. Dort hatte Charlotte Christiane ihre Erziehung erhalten. Peter wohnte der Eheschließung persönlich bei, durch die die erste deutsche Prinzessin »Eingang« in das Haus der Romanows fand. Als Gemahlin des russischen Kronprinzen überschritt sie die Grenze Rußlands. Anfangs versprach ihre Ehe einen glücklichen Verlauf zu nehmen, schien es doch, als habe Alexej eine Gemahlin nach seinem Geschmack gefunden. Doch entgegen seiner Erwartungen weigerte sich Charlotte, ihren lutheranischen Glauben aufzugeben, da sie die russische Kirche mit ihrer Eloquenz nicht überzeugen konnte. Die Prinzessin blieb bis ins Mark ihrer Knochen Deutsche und hielt sich stets inmitten ihres kleinen deutschen Hofstaats auf, den sie nach Rußland mitgebracht hatte. Über die Russen aber, in deren Mitte sie von nun an leben mußte, hatte sie eine überaus unvorteilhafte Meinung. Sie verabscheute den russische Gottesdienst und beklagte die überall anzutreffende Unreinlichkeit. Das Familienleben des Zarensohnes geriet bald aus den Fugen, die Ehegatten wurden einander fremd. Charlotte aber, ein schwaches und graziöses Geschöpf, hatte nicht wenig zu leiden.

Alexej äußerte sich in Gesprächen mit seinen Freunden folgendermaßen über die Tochter des deutschen Herzogs: »Da hat man mir so einen Teufel von Weib als Ehefrau an den Hals gebunden. Sobald ich zu ihr gehe, wird sie immer gleich böse und will nicht mit mir sprechen.« Charlotte brachte zwei Kinder – zunächst eine Tochter namens Natalja, ein Jahr später dann einen Sohn namens Peter – zur Welt. Letzterer kostete sie das Leben – die junge Frau starb zehn Tage nach der Geburt ihres Kindes, gerade einmal knapp zweiundzwanzig Jahre alt. Das unglückliche

Schicksal der Prinzessin diente als Grundlage für die Legende, sie sei angeblich nicht verstorben, sondern mit einem französischen Offizier nach Nordamerika geflohen, wo sie ihn auch geheiratet habe. Allerdings glaubten nur wenige an diese Geschichte.

Obwohl Zar Peter im Zusammenhang mit dem Ableben seiner Schwiegertochter sein tiefes Mitgefühl zum Ausdruck brachte, zeigte er sich über die Geburt seines Enkels, der sozusagen die männliche Linie im Hause Romanow fortsetzte, nicht allzusehr erfreut. Auch seine Gattin Katharina stand kurz vor der Niederkunft, und als Nachfolger wollte er natürlich den Sohn, den ihm die geliebte Frau schenken sollte, auf dem Zarenthron sehen, nicht aber einen Enkel der ungeliebten Jewdokia. Und dann geschah es wirklich: Katharina brachte einen Sohn zur Welt, der ebenfalls den Namen Peter erhielt.

Auch Zarewitsch Alexej zeigte keine besondere Trauer über den Tod seiner Gemahlin. Er fand bald Trost in den Armen von Jefrosinja, einem einfachen Mädchen, das Leibeigene seines Lehrers Wjasemski war, und hing so an ihr, daß er sie sogar heiraten wollte. »Und wenn mein Vater nicht einverstanden ist«, so sagte er zu ihr, »dann gehe ich ins Kloster.«

Der Zar wäre mit dieser Heirat selbstverständlich nicht einverstanden gewesen, wenn er davon erfahren hätte. Alexej entschloß sich deshalb zur Flucht. Peters Abwesenheit ausnutzend, setzte er sich gemeinsam mit seiner Geliebten, die sich als Mann verkleidet hatte, ins Ausland ab. Während er unter dem Namen eines Oberstleutnants Kochanowski Rußland verließ, unternahm der russische Zar seine zweite Europareise, die sich über mehrere Monate erstreckte.

Man kann sich unschwer seinen väterlichen Zorn vorstellen, als er von der Flucht seines Sohnes aus Rußland erfuhr. Alexej aber, damals noch Erbe des russischen Thrones, bat den deutschen Kaiser um politisches Asyl und verzichtete auf seinen Thronanspruch. Doch man versagte dem Zarewitsch das Asyl, und keinerlei Unterstützung wurde ihm auch seitens des englischen Königs zuteil, der aufgrund seiner Verwandtschaft mit dem Hause Braunschweig über Alexejs verstorbene Frau mit ihm verwandt war.

Zar Peter gelang es schließlich, Alexej und seine Helfershelfer nach Rußland zurückzuholen. Die darauffolgende Begegnung zwischen Vater und Sohn fand im Facetten-Gemach des Moskauer Kreml statt, wo sie in Anwesenheit der Bojaren miteinander sprachen. In der gesamten Geschichte des Hauses Romanow hatte es vorher keinen Fall gegeben, in dem der regierende Vater seinen Sohn zum Thronverzicht gezwungen hätte; doch im Februar 1718 unterschrieb Alexej ein solches Dokument zugunsten seines jüngeren Halbbruders Peter, Katharinas Sohn. Als die vornehmen Hofbeamten den Kreml daraufhin verließen, schien es, als ob sie von einer Trauerfeier kämen.

Alexejs Mitstreiter wurden verhaftet und des Verrats angeklagt, gefangengenommen wurde auch seine Freundin Jefrosinja, obwohl sie ein Kind erwartete. Noch vor Erreichen der russischen Grenze gebar sie dem Zarensohn einen Jungen, zwei Monate später wurde sie nach Petersburg gebracht und in die Festung gesperrt. Über das Schicksal des Kindes ist nichts bekannt. Nachdem Jefrosinja – wohl in der Hoffnung, daß aufrichtige Angaben zu ihrer Befreiung beitragen würden – ausgesagt und alle Einzelheiten über die Taten ihres Liebhabers erzählt hatte, verdichteten sich die Wolken über Alexejs Haupt erneut.

Peter schrieb der Synode und dem Senat eine Botschaft, in der er bat, ein Gerichtsverfahren gegen seinen Sohn zu eröffnen. Alexej wurde als Staatsverbrecher festgenommen. Während des Ermittlungsverfahrens wurde festgestellt, daß der Zarewitsch seinem Vater den Tod wünschte und sogar Briefe an seine Verwandten mütterlicherseits sowie an die Erzpriester gerichtet hatte, in denen er sie zum Aufstand aufrief.

Vor Gericht sagte der Zar: »Ich bitte Euch, das Urteil nach Eurem Gewissen und getreu den Gesetzen zu fällen, und gleichzeitig darum, daß das Urteil gemäßigt und milde sein möge, soweit dies möglich ist.« Dann küßte er den Angeklagten und verließ den Gerichtssaal. Das Oberste Gericht, das aus 144 Mitgliedern der höchsten Ränge bestand, verurteilte Alexej Romanow, Peters I. Sohn, zum Tode.

Einige Tage später wurde verkündet, daß der Zarewitsch gestorben sei. Laut der bestehenden Version ist er von Peters Vertrauten in der Peter-und-Pauls-Festung erwürgt worden. Dies war im Juni 1718, genau zweihundert Jahre vor der Hinrichtung des letzten Thronerben aus dem Hause Romanow, der ebenfalls den Namen Alexej trug und der Sohn von Nikolaus II. war. Doch bis dahin sollte sich in der russischen Zarenfamilie noch viel Unvorhergesehenes ereignen. Allerdings wiederholte es sich nicht noch einmal, daß ein Vater seinen eigenen Sohn hinrichten ließ und ihn opferte, um eine Umgestaltung des russischen Staates vornehmen und diesen in ein zivilisiertes Land verwandeln zu können. Peter wollte nur eines: Sein Erbe sollte sein großes und für Rußland nützliches Werk weiterführen!

Zar Peter zählte zu dieser Zeit bereits sechsundvierzig Jahre. Von den neun Kindern, die ihm Katharina geschenkt hatte, waren nur vier am Leben, und unter ihnen nur ein Junge, Peter genannt.

Ein Jahr später aber verstarb der kleine Peter ganz unerwartet – er war nicht einmal vier Jahre alt geworden. Der Kummer des Zaren war grenzenlos. Auch dem letztgeborenen Sohn – wieder Peter genannt – war kein langes Leben beschieden. So galt fortan Peters Sorge den drei Töchtern und den zwei Enkeln, die Alexej hinterlassen hatte. Auch verschlechterte sich die Gesundheit des Zaren allmählich. Er bekam Schmerzen, die nur sein Hofarzt Doktor Blumentrost lindern konnte. In Behandlung wollte sich Peter dennoch nicht begeben und weigerte sich sogar, sich etwas Ruhe zu gönnen. Da er mit einer ungewöhnlich robusten Gesundheit gesegnet war, stellte er an sie auch übermäßige Anforderungen und gestand sich keinerlei Schonung zu. Auf seine Ärzte, den Deutschen Blumentrost und den Engländer Paulson, die ihn zu einer gemäßigten Lebensweise ermahnten, wollte er nicht hören und bezeichnete sie als Ignoranten.

Im Jahre 1721 nahm Peter auf Ersuchen aller Stände seines Staates den Titel eines Kaisers von ganz Rußland, Vaters des Vaterlandes und die Bezeichnung »der Große« an, so daß fortan für seinen Zarentitel folgende Form galt: »Wir, Peter, von Gottes Gnaden erster Kaiser und absoluter Herrscher von ganz Rußland…«

Im gleichen Jahr erging ein Erlaß des Kaisers über die Thronfolge, demgemäß sich der herrschende Zar seinen Nachfolger nach eigenem Willen bestimmen konnte und das Geburtsrecht nicht mehr berücksichtigt werden mußte.

Gerade dies führte später zu ganz frappierenden Wechselfällen in der Geschichte des regierenden Hauses Romanow. Die letzte der sogenannten Reformen von Peter dem Großen vermischte das Blut der Dynastie derart, daß ihr letzter Vertreter bereits schon nicht mehr richtig als *russischer* Zar bezeichnet werden konnte.

Einem russischen Historiker schreibt man folgende anschauliche Darstellung der Romanow-Dynastie zu. Er nahm Rotwein und begann, diesen je nach dem Verwandtschaftsgrad zu einer ausländischen Familie, den jeder nachfolgende Zar aufwies, mit Wasser zu verdünnen. Tropfen für Tropfen verdünnte er, und am Ende des Stammbaums der Romanows blieb fast nur noch reines Wasser übrig.

Peter hatte keine Zeit mehr, sich einen Thronerben zu wählen. Zwar wird von einigen behauptet, daß er in Gesprächen seine Gattin Katharina als Thronerbin benannt habe, doch es gab keine schriftliche Bestätigung dieser Willensäußerung. Vielleicht hatte ihn die Affäre der Zarin mit Wilhelm Mons, dem jüngeren Bruder von Zar Peters ehemaliger Geliebten, davon abgehalten?

Ereignet hatte sich dieser angebliche Treuebruch im November 1724. Peter ertappte die Zarin in einer ziemlich intimen Situation mit Wilhelm Mons. Im Zorn schlug er seine Frau, den »Helden« aber ließ der Zar in Ketten legen und in den Kerker werfen. Auf seinen Befehl wurde ein Sondergericht einberufen, vor dem der Kammerherr Mons als Dieb und Urkundenfälscher angeklagt wurde. Selbstverständlich prangerte man ihn nicht als Störenfried im ehelichen Duett des Zaren an.

Der Prozeß war nichts anderes als eine billige Inszenierung, bei der alle Rollen im voraus sorgfältig verteilt waren. Katharinas Name wurde in keinerlei Zusammenhang erwähnt. Der Urteilsspruch des Gerichts war grausam, lautete er doch auf die Todesstrafe. Mons wurde geköpft, Katharina aber mußte auf Befehl ihres Mannes danebenstehen und zusehen, wie der Kopf ihres Verehrers in das Sägemehl rollte.

Es ist nie bewiesen worden, daß Katharina Peter tatsächlich betrogen hat. Mons hatte versucht, ihre Liebe zu erringen und warb, während er bei Hofe diente, wie ein richtiger Casanova um sie...

Doch dies war nicht alles. Die Rache, die der Kaiser an seiner Gattin nahm, war noch schrecklicher.

Als sich Katharina abends zur Ruhe begeben wollte, sah sie neben ihrem Bett den vom Licht einer Kerze erhellten Kopf des jungen Mons, der konserviert von einer Alkohollösung in einem Glasgefäß lag.

Kein Flehen und inständiges Bitten konnten Peters Starrsinn brechen, »der Kopf soll zur Erinnerung an ihren Betrug am Bette meiner ungetreuen Gemahlin stehen«. Für Katharina dauerte diese Qual mehrere Wochen, dann brachte man das Gefäß mit dem in Alkohol eingelegten Kopf in der sogenannten Kunstkammer der gerade erst gegründeten Akademie der Wissenschaften unter.

Dieses traurige Ereignis trug sich wenige Monate vor dem Tode Peters des Großen zu. Zu Ende ging es mit ihm ebenso schnell, wie er stets gelebt und agiert hatte.

Eine heftige Erkältung, die er sich im Spätherbst zugezogen hatte, beschleunigte sein Ableben. Bei seiner Rückkehr vom Ladogasee nach Petersburg hatte der Zar in der Newamündung ein Schiff erblickt, das auf Grund gelaufen war. Er ließ halten und machte sich selbst auf, um die Besatzung zu retten. Der Herrscher brachte einige Stunden im Wasser zu, und mit seiner persönlichen Hilfe wurden alle zwanzig Mann gerettet. Am nächsten Tage aber bekam Peter hohes Fieber. Krank zu sein jedoch akzeptierte er nicht. Er blieb nur zwei, drei Tage im Bett, überwand dann seine Schwäche und stand wieder auf, um sich unaufschiebbaren Angelegenheiten zu widmen. Ganze drei Monate lang wehrte sich sein kräftiger Organismus und gestattete es ihm, sich auf den Beinen zu halten. Einige Tage vor seinem Tod aber mußte er wieder das Bett hüten, das er nicht mehr verlassen sollte...

Peter I. verstarb am Morgen des 28. Januar 1725 im Alter von zweiundfünfzig Jahren. Seine Frau selbst schloß ihm die Augen. Der Körper des verstorbenen Kaisers wurde einbalsamiert und war noch einige Wochen lang im Palast aufgebahrt, damit das Volk von ihm Abschied nehmen konnte. Viele Menschen zogen an dem auf einem Paradebett liegenden Kaiser vorbei. Jeden Morgen und jeden Abend verbrachte Katharina einige Zeit bei ihrem verstorbenen Gemahl.

Sie soll soviele Tränen vergossen haben, daß einige erstaunt fragten, wie es möglich sei, daß sich ein so großer Wasservorrat in ihrem Kopf befinden könne.

Dann wurde der Leichnam in die Peter-und-Pauls-Kirche überführt, wo seine sterblichen Überreste der Erde übergeben werden sollte. Das Begräbnis am 19. März fand erstmals nach westlicher Art statt. Militärs, eine Kapelle, die Trauermusik spielte, Popen und Höflinge gingen dem Sarg voraus. Auch Peters Lieblingspferd, das ihm bei seinen Feldzügen treu gedient hatte, wurde im Trauerzug von zwei Obersten mitgeführt.

Nun also war jener Zar, der als Reformator die leuchtendste Persönlichkeit aus dem Hause Romanow darstellte, nicht mehr am Leben. Er war der fünfte Vertreter dieser Dynastie gewesen, die bereits seit mehr als hundert Jahren in Rußland regierte. Nun sollte zum ersten Male eine Frau den russischen Thron besteigen, und zwar die Gemahlin des verstorbenen Kaisers. Ihr Name war Katharina, oder genauer gesagt Marta Skawronskaja, und in ihren Adern floß kein einziger Tropfen russischen Bluts.

Katharina I.
geb. 1684, 1724 von Peter zur Kaiserin gekrönt;
Alleinherrscherin seit 28. Januar 1725, gest. 6. Mai 1727

KATHARINA I. ROMANOWA (Marta Skawronskaja) * 1684 † 1727 ⚭ 1712 PETER ROMANOW * 1672 † 1725

Katharina
* 1706 † 1708

Karl Friedrich von Holstein-Gottorp * 1700 † 1739 ⚭ 1725 Anna * 1708 † 1728

Karl Peter Ulrich
von Holstein-Gottorp
PETER III.
* 1728 † 1761

ELISABETH
* 1709 † 1761

Natalja
* 1713 † 1715

Margarita
* 1714 † 1715

Peter
* 1715 † 1719

Paul
* 1717 †

Natalja
* 1718 † 1725

Peter
* 1719 † 1723

Die Frage der Thronfolge war völlig offen. Wer sollte den Platz des großen Reformers einnehmen? Im Lande bildeten sich einige Gruppierungen, und jede von ihnen unterstützte einen bestimmten Thronkandidaten. Neben der Gemahlin des verstorbenen Zaren hatten auch die Töchter seines älteren Halbbruders Ioann und sein Enkel, der zehnjährige Sohn von Zarewitsch Alexej, Anspruch auf den Thron.

Peters I. Witwe jedoch erhielt die größte Unterstützung. Für sie traten alle Ausländer, die unter dem verstorbenen Herrscher hohe Posten im Staate innegehabt hatten, einige Vertreter der Hocharistokratie, Peters Mitstreiter also, der mächtige Fürst Menschikow und die Garde ein. Die letztere verehrte die freundliche und stets fröhliche Zarin, die ihre Untergebenen immer wieder ihre Zuneigung spüren ließ, ihren Gemahl stets bei seinen Feldzügen begleitet hatte, wo sie all die damit verbundenen Schwierigkeiten und Unbequemlichkeiten mit ihm teilte und sehr tapfer war. Durch ihre Furchtlosigkeit verblüffte sie sogar abgebrühte Soldaten. So zuckte sie während einer Gardeparade nicht einmal zusammen, als eine Kugel – keiner weiß, ob es nur eine verirrte Kugel war oder eine gezielt abgegebene – einen neben ihr stehenden Hofbeamten tötete.

»Die Kugel war nicht für diesen Armen hier bestimmt«, sagte sie beherrscht, rief daraufhin den Kommandierenden der Parade zu sich und nahm ihm seinen Degen ab.

Zu jener Zeit stellte die Garde die Elite des Adels dar. Während der Debatten über die Wahl des Thronerben begaben sich die Gardisten zum Zarenpalast und forderten, daß »Mütterchen« Katharina den russischen Thron besteigen solle. Es war dies das erste politische Auftreten der Garde; in den nachfolgenden vier Jahrzehnten jedoch entwickelte sie sich zur entscheidenden Kraft im Lande, und kaum ein Wechsel auf dem russischen Throne sollte fortan ohne Beteiligung der Gardetruppen vonstatten gehen. Auch damals entschied ihr Einsatz praktisch das Schicksal der russischen Staatsmacht.

Der Herzog von Holstein, der Bräutigam ihrer Tochter Anna, war ebenfalls auf Katharinas Seite, und über diesen wiederum legten viele westliche Länder ihre Sympathie zu Gunsten von Peters Witwe in die Waagschale.

Katharinas Anhänger verkündeten, sie habe in Übereinstimmung mit Peters eigenem Wunsch unangefochtenen Anspruch auf den Thron. Schon als er sie zur Kaiserin gekrönt habe, wobei er in seinem Manifest verkündete, dieser Titel stehe ihr unabhängig von einer Ehe zu, da sie seine ständige Beraterin in allen staatlichen Belangen war, sei seine Absicht, sie zu seiner Nachfolgerin zu machen, deutlich erkennbar gewesen. Er sprach auch ein paarmal in seiner Umgebung darüber. Daher war man der Meinung, sie solle den Thron besteigen, da dies dem Willen des verstorbenen Herrschers entspräche. Natürlich ließen sich auch einige besorgte

Stimmen vernehmen, hatte doch noch niemals vorher eine Frau an der Spitze des russischen Reiches gestanden. Ihre niedrige Herkunft rief man sich ebenfalls wieder ins Gedächtnis.

Doch allen Bedenken zum Trotz bestieg Katharina I. den Zarenthron...

Damit war ein neues Verfahren entstanden, nach dem in der Romanow-Dynastie die höchste Macht übertragen wurde – diesem Verfahren blieb man dann mit geringen Abweichungen allerdings bis zur Thronbesteigung von Paul, Peters Urenkel, am Ende des 18. Jahrhunderts treu.

Die Zarin war eine Schönheit mit üppigen – oder, wie man auch sagt, »appetitlichen« – Formen und lebhaften, vielleicht etwas traurigen Augen, denen es nicht erspart geblieben war, viele ihr nahestehende Menschen zu beweinen. Die Zarin hatte vor kurzem ihr vierzigstes Lebensjahr vollendet und neun Kinder zur Welt gebracht; jedoch erreichten davon nur ihre zwei Töchter – Anna und Elisabeth – die Volljährigkeit.

Fünf Wochen nach Peters Tod starb die jüngste Tochter Natalja, die nicht einmal sieben Jahre alt werden durfte. Sie war Zögling der Deutschen Anna Cramer, deren Schicksal in Jugendjahren dem der Zarin sehr ähnlich war. Als Mädchen war sie in Narwa aufgegriffen und dann als pikantes, reizvolles Geschenk von Hand zu Hand weitergereicht worden.

Im Alter von zweiundzwanzig Jahren kam Anna Cramer, die mehrere Sprachen beherrschte und über Verstand verfügte, an Katharinas Hof. Sobald deren Tochter Natalja geboren war, übernahm sie die Betreuung des Kindes. Sie schloß das kleine Mädchen in ihr Herz und hing sehr stark an ihr. Die junge Frau hatte keine eigenen Kinder, auch eine Heirat strebte sie nicht an. Unmittelbar nach der Beisetzung des Mädchens bat Anna Cramer unter Schluchzen, man möge sie zurück nach Narwa gehen lassen. Die Zarin erfüllte ihr diesen Wunsch und stattete sie mit einer hohen Rente aus. So lebte diese Frau, die ein so ungewöhnlichen Schicksal erfahren hatte, noch viele Jahre, versunken in ihren Erinnerungen.

Katharina selbst, deren Herz nacheinander den Verlust zweier ihr lieber Menschen – ihres Gatten und der jüngsten Tochter – hatte ertragen müssen, begann mit den Vorbereitungen für die Hochzeit ihrer älteren Tochter.

Die Heirat fand vier Monate nach dem Tode des Kaisers statt. Anna wurde die Gemahlin von Karl Friedrich, der aus dem Hause Gottorp stammte, und damit Herzogin von Holstein. In ihrem Ehevertrag verzichteten Peters Tochter und der Herzog auf jegliche Rechte und auf die Krone des russischen Reiches.

So hatte also ein weiterer Deutscher Eingang in die Familie Romanow gefunden. Er war es auch, der den Grundstein für den Holsteinischen Zweig in dieser Dynastie legte, was allerdings erst fünfunddreißig Jahre später geschah, als der Sohn aus dieser Verbindung den russischen Thron bestieg und Urvater für sieben weitere Zarengenerationen wurde.

Die Ehe mit dem Herzog von Holstein hatte Peter noch zu seinen Lebzeiten geplant. Der Zar liebte seine Töchter sehr und umgab sie als zukünftige Bräute ausländischer Prinzen mit Glanz und Luxus. Die Wahl fiel schließlich auf Schleswig-Holstein, ein Land, an dem bereits sein Großvater Michail Gefallen gefunden hatte, als er seinerzeit eine Delegation aus diesem fernen deutschen Gebiet mit so herzlicher Gastfreundschaft empfing. In Holstein herrschten damals die Herzöge von Gottorp, die für ihre hohe Bildung und ihre Liebe zur Kunst bekannt waren. Sie ließen sich ein großartiges Schloß bauen, in dem sie eine wertvolle Kunstsammlung sowie eine reiche Bibliothek anlegten. Ihnen gelang es, weitgefächerte Kontakte mit dem nahen und fernen Ausland, ja sogar bis nach Moskau, zu knüpfen.

Schleswig galt als die Hauptstadt von Schleswig-Holstein, das seinen Namen in der Mitte des 15. Jahrhunderts erhalten hatte, als der dänische König Christian I. von der Ständeversammlung zum Schleswigschen Herzog und Grafen von Holstein gewählt wurde. Er hatte gelobt, daß Schleswig und Holstein einig zusammenbleiben werden.

Zu Peters I. Regierungszeit war das kleine Herzogtum der Herrscher von Gottorp immer noch Dänemark unterstellt; dieses wiederum war ein erbitterter Feind Schwedens. Der russische Zar wollte diesen Staat als Verbündeten in seinem Krieg gegen die Schweden nutzen. Auch hoffte er, dank dieser Kontakte Zugang zum Hafen von Kiel zu erhalten, was für die Entwicklung der Seefahrt in Petersburg überaus bedeutsam wäre. Die Ehe seiner Tochter mit dem Herzog von Holstein-Gottorp galt schon als beschlossene Sache, seitdem das Mädchen sieben und der zukünftige Gemahl fünfzehn Jahre alt waren. Der deutsche Diplomat Bassewitz, der später Minister des Herzogs werden sollte, führte die Verhandlungen über den Ehevertrag.

So war es also der Wunsch von Zar Peter I. gewesen, einen holsteinischen Zweig in das Haus Romanow einzubinden. Und auch der Herzog aus dem fernen Holstein war über die Zukunftsaussichten äußerst erfreut.

Karl Friedrich war ein Sohn von Friedrich IV., Herzog von Holstein-Gottorp, und Hedwig Sophie, der ältesten Schwester des Schwedenkönigs Karl XII. Durch die Niederlage seines königlichen Onkels gegen die russischen Truppen bei Poltawa im Jahre 1709 hatte Karl Friedrich sein Erbe eingebüßt, das er später einmal von diesem hätte bekommen sollen, und auch seine eigenen Besitztümer in Holstein fielen den Dänen als Beute in die Hände. Daher war Rußland für den holsteinischen Herzog sozusagen ein Fluchtpunkt, wo er letztendlich sein Glück fand. Einige Jahre brachte der zukünftige Schwiegersohn Peters I. schon als Vertriebener in Petersburg zu, wo ihn die Zarenfamilie unter ihre Fittiche nahm. Er hoffte, Schleswig mit Hilfe des russischen Zaren von den Dänen zurückerobern und sich den Anspruch auf den schwedischen Thron erneut erwerben zu können. Rußland wollte sich zwar in die inneren Angelegenheiten Schwedens nicht einmischen, dafür aber wurde der Herzog offiziell zum Bräutigam von Zarewna Anna, der Lieblingstochter des russischen Herrschers, ernannt. Dadurch hatte Karl Friedrich fortan relativ häufig Kontakt zur Zarenfamilie und vermochte es auch, das Vertrauen der Kaiserin zu gewinnen, die ihm besondere Sympathie entgegenbrachte.

Nachdem Peters Tod allen verkündet worden war, begab sich Katharina in den Saal, in dem sich die angesehenen Hofbeamten versammelt hatten und erklärte unter bitteren Tränen: »Ich, die ich Waise und Witwe bin, vertraue mich Euch an, in Eure Hände lege ich auch das Schicksal meiner Kinder, insbesondere des Herzogs von Holstein, den ich als meinen leiblichen Sohn betrachte. Ich hoffe, daß auch Ihr ihn weiterhin so lieben werdet, wie ihn der verstorbene Kaiser geliebt hat.«

Es wird angenommen, daß Katharina ihre Tochter so rasch als möglich verheiraten wollte, und dies nicht ohne Eigennutz. Sie wollte regieren, ohne in Peters Tochter eine Konkurrentin zu haben.

Anna war von ihrem Charakter und ihrer inneren Einstellung her ihrem Vater sehr ähnlich. Sie war ein kluges, wißbegieriges und ernsthaftes Mädchen, beherrschte mehrere Fremdsprachen, konnte viele russische Bräuche nicht ertragen und fühlte sich zu allem Westlichen hingezogen. Ihr Verlobter hingegen, war kein besonders attraktiver Mann, etwas kränklich und stach auch nicht durch besonderen Intellekt hervor. Anna selbst war von dieser Ehe ganz und gar nicht begeistert, doch sie konnte nicht umhin, dem Willen ihrer Eltern zu gehorchen. Allerdings wurde die Hochzeit wegen des Todes ihres Vaters um einige Monate verschoben.

Dann aber fand die Trauung statt; doch wie ein sächsischer Abgesandter seinem Hof einige Tage später mitteilte »... übernachtete der Herzog nach der Hochzeit drei Nächte nicht zu Hause. Man sagt, er habe in Moskau eine Freundin, die ihm ihre Zärtlichkeit schenke.«

Der Herzog von Holstein-Gottorp, entwickelte sich nun zum engsten und vertrautesten Berater seiner Schwiegermutter. De facto wurde jedoch Fürst Menschikow, ein selbstherrlicher und eigennütziger Mensch, eben jener Menschikow, dem Marta Skawronskaja ihren ungewöhnlichen Aufstieg von der Bediensteten zur Kaiserin zu verdanken hatte, Regent von Rußland. Er war es, dem die sechste Herrscherin aus dem Hause Romanow zu Dank verpflichtet war, weil sie auf den russischen Thron gekommen war. Katharina selbst interessierte sich nicht für die Angelegenheiten des Staates, wenngleich sie bei ihrer Thronbesteigung sozusagen unter Eid erklärt hatte, mit Gottes Hilfe die von Peter eingeleiteten Reformen fortsetzen zu wollen. Obwohl sie von Natur aus klug war, konnte sie kaum russisch lesen und schreiben, sprach überdies mit deutschem Akzent. Doch zumindest das Unterzeichnen der Staatspapiere lernte sie, nachdem sie Herrscherin geworden war.

Sowohl in der Innen- als auch in der Außenpolitik vertraute Katharina alle wichtigen Belange dem Obersten Geheimen Rat an, der durch einen von ihr unterzeichneten Erlaß gegründet worden war. Die Gründung dieses Rates wurde in den europäischen Staaten als erster Schritt auf dem Wege zur Beschränkung des Absolutismus, hin zu einer konstitutionellen Monarchie, betrachtet. Er bestand aus sechs Vertretern der höchsten Hofbeamten. Den Vorsitz hatte natürlich seine Durchlaucht Fürst Menschikow inne, der jedoch weder über Peter Romanows Autorität und umfassende Denkweise noch über dessen Möglichkeiten verfügte.

Auch Katharinas Lieblingsschwiegersohn, der Herzog von Holstein, erhielt einen Sitz in diesem Rat. Seine aristokratische Herkunft und die direkte verwandtschaftliche Beziehung zum Herrscherhaus machten es ihm unmöglich, sich mit der hohen Stellung Menschikows abzufinden, der als Sohn eines Stallburschen auf die Welt gekommen war. Er erklärte sich zum Gegner dieses zu jener Zeit noch allmächtigen Mannes.

Begonnen aber hatte der Zwist mit einem kleinen Zwischenfall: Als Menschikow dem Herzog seinen achtjährigen Sohn vorstellte, erhob sich der Knabe, und alle Anwesenden folgten seinem Beispiel; seine Durchlaucht, der Fürst, hingegen geruhte nicht, dem Schwiegersohn der Kaiserin eine ähnliche Ehrerbietung zu erweisen und blieb sitzen, als wolle er demonstrieren, daß er es als unter seiner Würde erachtete, sich ebenfalls zu erheben. Dieser Vorfall löste einen Skandal aus. Später vergrößerte sich dann die Feindseligkeit zwischen diesen beiden Staatsmännern noch mehr.

So saßen also im Obersten Rat angesehene Hofbeamte, die einander nicht ausstehen konnten und Anspruch darauf erhoben, daß die Herrscherin ihnen gegenüber eine besondere Haltung einnahm – der eine, da er Mitglied der Familie Romanow war, der andere, da er der beste Freund ihres Mannes und derjenige war, dem sie es zu verdanken hatte, daß sie so bemerkenswerte Höhen erreicht hatte. Katharina selbst beteiligte sich praktisch nicht an der Arbeit des Rates, und im letzten Jahr ihrer Regentschaft nahm sie nicht einmal mehr an seinen Sitzungen teil. Für das Regieren war sie eben ganz einfach nicht geschaffen.

Dennoch machte Rußland in ihrer Regierungszeit einen – wenn auch sehr kleinen – Vorwärtsschritt in seiner Entwicklung.

So nahm die russische Akademie der Wissenschaften ihre Tätigkeit auf, die noch zu Peters Zeiten gegründet worden war, und zwar unter Mitwirkung von zwei deutschen Wissenschaftlern. Es waren dies Gottfried Wilhelm Leibniz, der erste Präsident der Berliner Wissenschaftlichen Gesellschaft, und Christian Wolff, Philosophieprofessor aus Halle, den der Zar persönlich kennengelernt und mit dem er anschließend eine überaus lebhafte Korrespondenz zu Fragen der Entwicklung des russischen Bildungswesens geführt hatte.

Der gesamte Lehrkörper der Akademie bestand aus Ausländern, vor allem aus Deutschen. Geleitet wurde sie vom ehemaligen Arzt des Zaren, dem Deutschen Blumentrost. Mit ihr wurde auch das erste Gymnasium in Petersburg gegründet. Seine Türen standen begabten Kindern aus allen Bevölkerungsschichten offen.

Im Rahmen der Akademie der Wissenschaften wurde in Rußland die erste Bibliothek eingerichtet, deren Leiter Peters Hofbibliothekar Daniel Schumacher wurde. Dieser hatte schon viele Jahre lang interessante Neuerscheinungen, die in Deutschland, in Frankreich und in den Niederlanden herauskamen, sowie russische Chroniken gesammelt.

Katharina unterstützte außerdem viele Forschungsprojekte, die bereits ihr Gatte geplant hatte. So wurde unter anderem eine wissenschaftliche Expedition unter dem Dänen Bering auf See geschickt, deren Aufgabe es war, vor Ort herauszufinden, ob Asien und Nordamerika durch eine Landbrücke verbunden sind oder ob Wasser zwischen ihnen liegt und sie voneinander trennt. Dann organisierte man für den deutschen Wissenschaftler Daniel Messerschmidt eine Reise nach Sibirien, wo er die Landschaft, die Fauna, die Bodenschätze und die Bevölkerung dieses Landesteils untersuchen sollte. All dies war noch von Peter persönlich geplant worden, doch sein früher Tod hatte es ihm nicht gestattet, das Geplante in die Tat umzusetzen. Man beschloß ferner, die Arbeit an der Zusammenstellung eines russischen Gesetzbuchs fortzusetzen und allerlei Abgaben zu senken. Und noch etwas: Ohne entsprechenden Erlaß der Synode durfte niemand mehr zwangsweise ins Kloster gesteckt werden.

Zarin Katharina bemühte sich redlich. Doch der Löwenanteil von Peters hochfliegenden Plänen ist niemals verwirklicht worden.

Zar Peters Gemahlin war wohl eher für die Familie, den Haushalt und für die Liebe geschaffen als für eine politische Tätigkeit. Als ihre Kinder klein waren, war es ihre wichtigste Sorge, ihnen eine umfassende Bildung zu vermitteln, die ihr selbst in ihrer Kindheit ja versagt geblieben war. Sie überwachte die Erziehung der Zarentöchter persönlich, und wenn sie gemeinsam mit dem Zaren Petersburg verließ, so beauftragte sie die Schwester ihres Mannes mit der Beaufsichtigung ihrer Kinder. Anna und Elisabeth erhielten einen Deutschlehrer und zwei Gouvernanten, eine Französin und eine Italienerin. Die Zarin verwandte auch viel Aufmerksamkeit darauf, bei ihren Mädchen Grazie und Eleganz zu entwickeln, wozu sie sogar extra Lehrer einstellte. Katharina kümmerte sich auch um die Kleidung ihrer Töchter, aus dem Ausland bestellte man für sie Gewänder aus teuren Stoffen, die mit Silber- und

Goldstickereien oder mit aufwendiger Spitze verziert waren, dazu modische Bänder und sonstige Accessoires.

Ja, und auch die Zarin selbst verlor nicht einmal im Alter ihre weiblichen Reize und bewahrte sich sogar eine gewisse Koketterie. Sie achtete immer auf ihr Äußeres, färbte ihre blonden Haare schwarz, um den frischen Teint ihres naturgebräunten Gesichts zu unterstreichen, legte bisweilen Rouge und weiße Schminke auf und färbte sich die Brauen. Ihre Kleider zeichneten sich stets durch eine besondere Erlesenheit und Eleganz aus, und den Hofdamen war es verboten, ihre Toiletten nachzuahmen. Nahm sie an Gesellschaften und Bällen teil, so tanzte sie gern, was sie übrigens hervorragend beherrschte, und konnte selbst die schwierigsten Schritte geschickt ausführen. Nicht einmal ihre Schwangerschaften hatten sie früher daran gehindert, sich temperamentvoll dem Tanze zu widmen, und dies galt insbesondere, wenn ihr Partner der Zar war.

Katharinas Fraulichkeit war mit männlicher Energie verbunden, auch konnte sie zu den Menschen in ihrer Umgebung liebenswürdig sein und selbst den wildesten Ausbrüchen des Zaren Einhalt gebieten, dessen Charakter sie sehr genau studiert hatte. Nach seinen schrecklichen Zornanfällen verfiel Peter oft in depressive Stimmungen – und dann wagte es außer Katharina niemand, in seine Zurückgezogenheit vorzudringen, ihn zu beruhigen und ihm zu helfen, den Zustand nervöser Erregung zu überwinden. Sie näherte sich ihm stets ohne jedwede Furcht, sprach mit zärtlicher Stimme zu ihm und erzielte dadurch eine erstaunlich wohltuende Wirkung auf ihn.

Peter I. selbst hing sehr an seiner »Katharinuschka«, wie er sie nannte, schenkte ihr Zärtlichkeit auf seine Art und Weise. Da er sich bereits nach der ersten gemeinsamen Nacht niemals mehr von der geliebten Frau trennen wollte,begleitete sie also ihren »hochgestellten« Liebhaber, später ihren Ehemann, auf Feldzügen, übernachtete in kalten Zelten, schlief auf harten Lagerstätten, ließ sich, wenn es sein mußte, einen ganzen Tag auf dem Pferd durchschütteln und versteckte sich auch nicht, wenn eine Kugel geflogen kam. Um eine Grenadiersmütze tragen zu können, opferte sie sogar ihre Haarpracht. Stets war Katharina bereit, die Tischgesellschaften des Herrschers zu teilen und belebte durch die ihr angeborene Fröhlichkeit alle Festmahle. Mit einem Wort, das Mädchen aus Livland begann ihre Karriere als Offiziersfrau auf der Wanderschaft.

Vier Jahre, nachdem sie den Zaren kennengelernt hatte, wurde sie Mutter, doch auch die Geburt ihrer Tochter und viele spätere Schwangerschaften hinderten sie nicht daran, sich in der Nähe ihres Liebsten aufzuhalten. Wie kein anderer vermochte es Katharina, ihm gefällig zu sein, ihn – wenn nötig – zu erfreuen und ihm ihre innige Anteilnahme an seinen Belangen zu zeigen. Durch ihre beständige Ergebenheit, Kühnheit und ihre Besonnenheit in kritischen Minuten überwand sie schließlich die letzten Zweifel des Zaren, so daß dieser seine Favoritin, eine ehemalige Bedienstete, zu seiner legitimen Ehefrau machte. Das war auch eine Art Revolution – man stelle sich nur vor: Aus der einfachen Marta Skawronskaja wurde Katharina Romanowa. Dies geschah, nachdem sie bereits zehn Jahre zusammengelebt hatten. Bereits einige Monate vor der offiziellen Eheschließung rief Peter Zarin Praskowja, die Witwe seines Halbbruders Ioann, seine Schwester Natalja und seine beiden Halbschwestern zu sich und verkündete, Katharina sei seine Gemahlin, und sie hätten sich ihr gegenüber mit der entsprechenden Ehrerbietung zu verhalten.

Am 3. März 1712 meldete der englische Botschafter seiner Regierung: »Gestern hat der Zar des russischen Volkes Hochzeit mit seiner Gemahlin Katharina Alexejewna gefeiert... Die Trauung fand um sechs Uhr morgens im engsten Kreise in einer kleinen Kapelle statt, die Fürst Menschikow gehört... Katharinas eigene Töchter, fünf und drei Jahre alt, waren die Brautjungfern...« An diesem Tage wurde im Palast ein großer Empfang gegeben, es fand ein Parademahl und ein Feuerwerk statt. Einige Hofbeamte, ja auch ein paar einfache Untergebene des Herrschers murrten und hielten diese kirchlich geschlossene Ehe, Peters zweite, für ungültig, da keine geistliche Macht dessen erste Verbindung mit Jewdokia, die obendrein noch unter den Lebenden weilte, aufgelöst hatte. Sein Sohn aus dieser Ehe aber, Alexej, der sich zu jener Zeit in Deutschland aufhielt, schrieb seiner Stiefmutter einen Glückwunschbrief, nachdem er von der Vermählung erfahren hatte: »Madame, ich habe vernommen, daß unser Vater, der Herrscher, beliebt hat, Euer Gnaden zu seiner Gemahlin zu machen, und hierzu gratuliere ich Euer Gnaden und bitte Euch, daß Euer Gnaden auch mir gegenüber in der früheren Form gewogen sein möge, worauf ich sehr hoffe. Alexej.«

Auch nachdem sie die legitime Ehefrau des russischen Zaren geworden war, prahlte Katharina weder mit ihrer hohen Stellung noch vergaß sie ihre Vergangenheit. Während eines von Peters Deutschlandaufenthalten ließ die ihn begleitende Zarin deutlich ihre große Verehrung gegenüber der preußischen Königin erkennen, als wollte sie dadurch zeigen, daß sie trotz ihrer erhabenen Position als Zarin den Unterschied zwischen der gebildeten preußischen Herrscherin und ihr, die sie in einer ganz einfachen Familie geboren worden war, nicht vergessen hatte. Ihre Verbundenheit zu Peter ließ niemals nach, sie war stets bemüht, an der Seite ihres rastlosen Gatten zu weilen. In den wenigen Augenblicken, da sie voneinander getrennt waren, sandte ihm Katharina kurze Briefe und kleine Geschenke, vor allem Getränke, Obst und warme Sachen. Hier ist eine dieser kleinen Botschaften, die 1715 in deutscher Sprache verfaßt wurde: »Ich sende Euer Gnaden ungarischen Wein und einige Flaschen Bier, dazu Weintrauben und Melonen aus unserem Garten. Gott möge es Euch und all denen, die Euch treu dienen, vergönnen, dies zu Eurem Wohle zu Euch zu nehmen!«

Bisweilen waren diese Briefchen auch von übergroßer Sinnlichkeit, ja sogar von Erotik durchdrungen, und dies manchmal in etwas grober Form. Doch die Korrespondenz der beiden zeugte durchgehend von ihrer gegenseitigen Liebe und rührenden Zärtlichkeit. Der Zar verhielt sich ihr gegenüber stets sanft und zuvorkommend und vertraute ihr; sie mischte sich ihrerseits niemals in seine Belange ein, obwohl sie – allerdings nur in allgemeinen Zügen – in alles eingeweiht war, was ihn beunruhigte. Er erteilte ihr seinerseits bisweilen kleine Aufträge, ließ sie beispielsweise Wein und Käse für von ihm beabsichtigte Geschenke kaufen oder Künstler und Handwerker für eine Tätigkeit im Ausland anwerben. Katharinas ganze Sorge war ausschließlich darauf gerichtet, des Zaren Liebe zu ihr zu bewahren, ihn von überflüssigen Dingen fernzuhalten und seinen Zorn zu mildern, wenn er nahe daran war, ihm freien Lauf zu lassen, weil ihn einer seiner Untergebenen in Wallung gebracht hatte.

Es mag zwar schwer fallen, dies zu glauben, doch Katharina war tatsächlich die einzige Frau, der der große Herrscher von ganzem Herzen ergeben war. Anfangs freilich hatte er noch die eine oder andere intime Beziehung gehabt, doch nie war er mit der Seele dabei. Mit der Zeit dann hörten diese Abenteuer ganz auf, und niemand auf der Welt stand dem Zaren so nahe, wie seine »Katharinuschka«. Im Jahre 1724 hat er sogar einen Orden der »Heiligen Katharina« gestiftet. Das ovale Medaillon trug auf einer Seite die Inschrift »Für Liebe und Vaterland« und zeigte auf der anderen Seite einen Adler, der eine Schlange vernichtet.

Ebenfalls 1724, an ihrem Hochzeitstage, der in Moskau festlich begangen wurde, richtete Peter selbst ein Feuerwerk aus, das vor den Fenstern der Zarin gezündet wurde. Ihre Initialen gingen in ein Herz über, und über dem erschien die Zarenkrone. Zwei Monate später wurde Katharina eine echte Krone aufs Haupt gesetzt, die speziell in Auftrag gegeben worden war und alle vorherigen Kronen durch ihre Pracht übertraf. Sie war mit Brillanten und Perlen geschmückt, und ihre Spitze zierte ein Rubin, der über und über funkelte. Peter selbst setzte seiner Gemahlin diese Krone bei ihrer Krönung in der Mariä-Himmelfahrts-Kathedrale des Kreml aufs Haupt. Katharina war so gerührt, daß sie – vor dem Altare kniend – weinte und die Beine des Zaren zu umfassen suchte. Er aber hob sie auf und legte den Reichsapfel in ihre Hände. Das Zepter aber, das Symbol der Zarenmacht, behielt er für sich. An der Kirchenpforte wurde Katharina von einer vergoldeten Kutsche erwartet, die man aus Paris hatte bringen lassen und die mit der Kaiserkrone geschmückt war.

Viele haben sich gefragt, warum Peter seine Gattin auch zur Zarin krönen ließ. Wollte er damit ihre Stellung bei Hofe festigen oder ihren Anspruch auf den russischen Thron anmelden? Die Heirat allein hätte ihr nicht so weitreichende Rechte gebracht.

Hatte Peter nach dem frühen Tod der beiden Söhne Katharinas alle Hoffnung auf einen Thronfolger aufgegeben?

Sah er in Katharina und seinen Töchtern vielleicht die einzigen Menschen, die sein Reformwerk fortsetzen könnten?

Keine dieser Fragen ist von der Geschichtswissenschaft bisher beantwortet worden. So bleiben auch hier nur Vermutungen.

Als Katharina nach Peters Tod an die Macht kam, verfügte sie immer noch über erstaunliche Anziehungskraft. Ihre Zeitgenossen bezeichnen sie als Schönheit mit hellem und klarem Gesicht, die besondere Grazie in all ihren Bewegungen zeigte und stets guter Laune war. Die Zarin war jedermann gegenüber äußerst gewogen. Hatte ihr jemand einmal einen Dienst erwiesen, so war sie bemüht, ihm dies mit Gutem zu vergelten. Auch ließ sie viele ihrer Verwandten ausfindig machen und für sie in Petersburg Häuser bauen. Unglücklichen bemühte sich die Herrscherin stets zu helfen und brachte ihnen tiefes Mitgefühl entgegen. Soldaten, Matrosen und Arbeiter wurden bei ihr vorstellig, manche baten sie um Hilfe, manche baten die Zarin auch, Taufpatin für ihr Kind zu sein, und niemals wies sie derartige Ansinnen zurück.

Katharina gab sich gern dem Vergnügen hin und ritt oft, wobei sie trotz einer gewissen Schwerfälligkeit doch einen überaus eleganten und graziösen Eindruck machte. Mit Vergnügen besuchte sie Bälle und Theateraufführungen, arrangierte zahlreiche spätabendliche Unterhaltungsveranstaltungen, bei denen sie Liebhaber von hochgeistigen Getränken um sich herum versammelte.

Überhaupt, Speise und Trank war Katharina überaus zugetan, und bisweilen begann sie schon früh am Tage mit diesem Vergnügen. Gewöhnlich erschien morgens als erster Menschikow bei ihr, um ihr Bericht zu erstatten. Dieses Gespräch begann stets mit der Frage: »Was wollen wir heute trinken?« In den meisten Fällen fiel die Wahl auf Danziger Wodka, der manchmal auch mit ausländischen Likören vermischt wurde, oder aber auf ungarischen Wein. Letzteren bevorzugte sie insbesondere abends, tauchte Kringel hinein und verzehrte diese genußvoll und in großen Mengen.

Man hat ausgerechnet, daß in den zwei Regentschaftsjahren an Katharinas Hof Wodka und Wein für einen Gesamtbetrag von rund einer Million Rubel getrunken worden sind, und dies zu einer Zeit, da Rußlands Gesamtausgaben zehn Millionen Rubel nicht überstiegen. Nicht übel!

Für die Vergnügungen der Kaiserin war Fräulein Johanna zuständig, das älteste Zimmermädchen der Zarin, das deutscher Abstammung war. Im näheren Umfeld Katharinas fanden sich übrigens noch mehr Deutsche. Eine besondere Stellung bei Hofe nahm Baron Löwenwolde ein, der aus Lüneburg stammte. Er nutzte seine enge

Bekanntschaft mit der Herzogin von Kurland, Zar Ioanns Tochter, und kam so in näheren Kontakt zum Hof. Löwenwolde bemühte sich mit aller Kraft, in Rußland Karriere zu machen. Er hatte ein angenehmes Aussehen, vorzügliche Manieren, gab große Geldbeträge für das Kartenspiel und andere Vergnügungen aus – Geld, das er in erster Linie von Frauen bekam. Der Baron verstand es, großartige Feste und intime kleine Gastmähler zu veranstalten. Die Herrscherin nahm Löwenwolde in ihren Kreis auf, und es hieß, er sei sogar ihr Liebhaber geworden. Doch was wurde über sie nicht so alles erzählt! Und wie sah es unter dieser Zarin bei Hofe aus? Die Nacht wurde zum Tage; überall herrschte völlige Untätigkeit, die Staatskasse aber war leer...

Im Lande hungerten wegen der Mißernten in den vergangenen zwei Jahren immer mehr Menschen, die Preise für Getreide stiegen, die Bevölkerungssterblichkeit nahm zu.

Katharina hielt sich nur zwei Jahre und drei Monate an der Macht und starb schon im Alter von 43 Jahren. Um ihr frühzeitiges Ableben rankten sich vielerlei Gerüchte; so behaupteten einige, sie habe ein Geschwür in der Lunge gehabt, andere aber meinten, die Kaiserin sei infolge des übermäßigen Genusses von alkoholischen Getränken und Näschereien gestorben.

In den letzten Wochen ihres Lebens schwollen ihre Beine stark an, und auch sie selbst nahm an Leibesfülle zu. Katharinas Ärzte nahmen an, sie habe die Wassersucht. Die Zarin selbst aber kümmerte sich nur wenig um ihre Gesundheit und blieb weiterhin ihrer unvernünftigen Lebensweise treu, was wohl ihren Tod letztendlich beschleunigte. Sie starb im Frühjahr 1727, und es waren ihrer viele, die das Ableben dieser herzlichen Frau, die aus dem einfachen Volke stammte und die höchste Stufe der Macht erklommen hatte, aufrichtig beweinten. Nun, da die erste russische Kaiserin nicht mehr am Leben war, herrschte in Petersburg richtiggehende Trauer.

Schon ein Jahr vor ihrem Tod hatte Katharina einen Erlaß über die Thronfolge herausgegeben, um jegliche Zufälligkeiten für die Zukunft zu vermeiden. Diesem Erlaß zufolge sollte der Thronerbe fortan vom Obersten Geheimen Rat bestimmt werden. Als Erbe der Zarin wurde Peters Enkel, der Sohn von Zarewitsch Alexej benannt. Man suchte sogar nach einem Weg, den zukünftigen Kaiser enger mit Katharinas Familie zusammenzubringen. So bestand einer der Pläne darin, ihn mit der jüngeren Tochter der Zarin zu verheiraten, ohne Rücksicht auf den Altersunterschied und die eigenen Wünsche der Zarewna Elisabeth selbst zu nehmen. Katharina war auch schon bereit, dem zuzustimmen und hoffte, ihre Tochter dazu überreden zu können, doch plötzlich änderte sie ihre Absicht: Angeblich gab sie auf Vorschlag des österreichischen Hofes ihr Einverständnis zur Verlobung des Thronerben mit einer der Töchter Menschikows. Gerade dies war der große Wunsch des ehemaligen Favoriten ihres Mannes, der praktisch Regierungschef war. Österreich, welches ihn auf seine Seite ziehen wollte, unterstützte ihn dahingehend mit aller Kraft. Der Plan wurde jedoch zunächst streng geheimgehalten.

Nur wenige Tage vor ihrem Tode verfaßte Katharina I. ihr Testament, doch sie unterzeichnete es bereits nicht mehr eigenhändig. Ihre Tochter Elisabeth unterschrieb für die kranke und entkräftete Mutter.

Peter II.
geb. 1715, Kaiser seit 7. Mai 1727, gest. 18. Januar 1730

Alexej Romanow ⚭ Charlotte Christiane Prinzessin
* 1690 † 1718 1711 von Braunschweig-Wolfenbüttel
* 1694 † 1715

Natalja
* 1714 † 1728

PETER II. ROMANOW
* 1715 † 1730

Sofort nach Katharinas Ableben wurde in Anwesenheit der Kaiserfamilie, des Obersten Rates und der übrigen hochrangigen Amtspersonen ihr letzter Wille verlesen. Hierin benannte sie nach dem Recht des Erstgeborenen den Enkel Peters des Großen zu ihrem Nachfolger. Er war der Sohn des unglücklichen Zarewitschs Alexej und der deutschen Prinzessin Charlotte, die aus einer alteingesessenen Familie stammte und auch mit dem Hause Holstein verwandt war. Der Knabe, der ebenfalls Peter hieß, war zu jener Zeit gerade zwölf Jahre alt. Solange er noch minderjährig war, konnte der Oberste Rat »mit der ganzen Macht eines absoluten Herrschers« regieren.

Mit dieser Entscheidung waren alle zufrieden: Die Anhänger des Althergebrachten waren zufrieden, daß Alexejs Sohn auf den Thron gekommen war und prophezeiten, daß Rußland zu dem zurückkehren werde, was Peter I. zu ihrem Bedauern abgeschafft hatte. Doch auch die Anhänger von Peters Reformen ließen den Kopf nicht hängen, da Fürst Menschikow, des großen Zaren liebster Mitstreiter und Wortführer im Rat, bis zur Volljährigkeit des neuen Kaisers die Regierung des Staates übernahm. Zwar hatte Katharina nicht nur den Fürsten, sondern auch ihre beiden Töchter testamentarisch zum Vormund des Thronerben bestimmt, doch Menschikow war nicht gewillt, seine Macht nur mit irgend jemandem zu teilen, auch nicht mit den Töchtern der Zarin und seines ehemaligen Herrn und Gönners. Übrigens gab es nicht wenige, die die Meinung vertraten, daß nach dem Tode der Kaiserin der Thron doch am besten auf eine ihrer Töchter übergehen solle.

Um sich aber von Anfang an Einfluß beim zukünftigen Herrscher zu sichern, richtete es Menschikow so ein, daß Katharina I. in ihrem Testament festlegte, seine Tochter Maria solle Peter Romanows Enkel heiraten und dadurch Mitglied der herrschenden Familie werden.

Da die sterbliche Hülle der verstorbenen Kaiserin drei Wochen lang im Zarenpalast aufgebahrt wurde, damit das Volk von ihr Abschied nehmen konnte, brachte Menschikow seinen zukünftigen Schwiegersohn in seinem eigenen Hause unter. Dem hatte niemand etwas entgegenzusetzen, war doch verkündet worden, seine Tochter sei die Braut des Thronfolgers. Nachdem er aber den jungen Herrscher bei sich untergebracht hatte, war der Fürst bestrebt, jeglichen fremden Einfluß von ihm fernzuhalten.

Die Verlobung von Peter dem Zweiten, wie man den neuen russischen Zaren nannte, fand einen Monat nach Katharinas Tod statt. Die Zeremonie war sehr prachtvoll und feierlich arrangiert. Die Braut, die drei Jahre älter als ihr zukünftiger Gemahl war, erhielt von diesem Zeitpunkt an den Titel einer Kaiserlichen Hoheit, eine eigene Hofhaltung und Unterhalt.

Es wurde beschlossen, daß die Staatsführung bis zu dem Zeitpunkt, da der Knabe sein sechzehntes Lebensjahr vollendet habe, in den Händen seines zukünftigen

Schwiegervaters liegen solle. Eigentlich hätte dies Aufgabe des Obersten Rates sein müssen. In bezug auf Anna und Elisabeth, die Töchter Peters I., wurde festgelegt, daß sie bei Volljährigkeit ihres Neffen jeweils 1 800 000 Rubel erhalten und die Brillanten ihrer Mutter untereinander aufteilen sollten.

Und wie sahen die Zarewnas ihrerseits all das?

Elisabeth, die jüngere von ihnen, hatte andere Sorgen. Ausgerechnet in dem Augenblick, der für die Geschichte Rußlands so große Bedeutung hatte, war sie nur voller Trauer: Zwei Tage nach dem Tode ihrer Mutter war auch ihr Bräutigam, Karl August von Holstein, ein Vetter ihres Schwagers, plötzlich an Pocken gestorben. Menschikow wußte, daß ihr der Sinn nicht nach politischen Angelegenheiten stand.

Anna aber war mit dem ihm verhaßten Herzog von Holstein verheiratet. Der Fürst fürchtete vor allem, daß die Macht auf Anna übergehen könnte, und durch sie auch auf den Herzog, den Schwiegersohn der verstorbenen Kaiserin, den er von Anfang an nicht hatte leiden können. Schon zu Katharinas Lebzeiten hatte Menschikow dem Herzog als Mitglied der Zarenfamilie seine bevorzugte Stellung abtreten sollen, was also würde geschehen, wenn dessen Frau, Peters I. Tochter, an die Macht käme. So begann er, dem jungen Paar allerlei Schwierigkeiten zu bereiten. Unter dem Vorwand, er fürchte eine Ausbreitung der Pocken, nahm er den Herzog und seine Gattin in Quarantäne, da sie zum Zeitpunkt der Erkrankung von Karl August in engem Kontakt mit ihm gestanden hatten.

Bassewitz, der holsteinische Minister und treue Freund von Annas Gatten, entwickelte eifrige Bemühungen mit dem Ziel, daß jede Prinzessin eine Million Rubel erhalten solle, noch bevor der Kaiser volljährig wurde. Er könne nicht zulassen, so schrieb er später, daß seine Kaiserliche Hoheit, der Prinz von Holstein, und beide Prinzessinnen verarmten. Fürst Menschikow versprach, für die Töchter von Peter I. eine Rente festzusetzen, dem Herzog hingegen ließ er übermitteln, er solle Rußland doch bitteschön verlassen und in seine Ländereien zurückkehren.

Zwei Monate nach Zarin Katharinas Tod mußten sich der Herzog und seine Frau mit dem Schiff nach Kiel begeben. Anna und Elisabeth wurden somit gezwungen, sich zu trennen. Ihr Abschied war ein überaus trauriges Ereignis, als ob beide junge Frauen bereits vorausgeahnt hätten, daß sie sich nicht mehr wiedersehen sollten. Bald schon erhielt Elisabeth einen Brief aus Kiel. »Meine liebe kleine Schwester! Ich teile Eurer Hoheit mit, daß ich gottlob in guter Gesundheit gemeinsam mit dem Herzog hier angekommen bin, und daß es sich hier sehr gut lebt, weil die Menschen sehr freundlich zu mir sind. Es vergeht indes kein einziger Tag, an dem ich nicht nach Euch weine, meine liebe Schwester! Ich weiß nicht, wie Ihr dort lebt, und bitte Euch, liebes Schwesterlein, mir ruhig öfter zu schreiben, wie es um die Gesundheit von Eurer Hoheit bestellt ist. Anbei übersende ich Eurer Hoheit ein kleines Präsent: einen Fächer, wie ihn alle Damen hier tragen, ein Döschen für Schönheitspflästerchen, eine Zahnbürste, einen Nußknacker, ein Bauerngewand, wie man es hier trägt... Ich bitte Eure Hoheit, allen Petersburgern meine ehrerbietigsten Grüße zu übermitteln, unsere Holsteiner indes haben mir aufgetragen, Eurer Hoheit dieselben zu übersenden.«

Im Februar 1728 gebar Anna einen Sohn, Peters des Großen zweiten Enkel. Er wurde in der lutheranischen Kirche auf den Namen Karl Peter Ulrich getauft und sollte später der Gemahl von Katharina II. werden. Eben von ihm stammt der holsteinische Zweig im Hause Romanow ab.

Auf dem russischen Thron saß nun der siebte Zar der Romanow-Dynastie. Erst vor kurzem war er zwölf Jahre alt geworden, doch er machte einen älteren Eindruck. Er war ein hochgewachsener schlanker Jüngling mit blauen Augen und dichten dunklen Wimpern. In seinem Hermelinmantel, den Marschallstab in der Hand, sah der junge Herrscher wie ein Prinz aus einem Kindermärchen aus. Seine gepuderte Perücke, die nach der Mode jener Zeit zu Löckchen gedreht war, unterstrich die Schönheit seines Gesichts noch mehr. Rein äußerlich gesehen schien es nicht, als ob er seinem mächtigen Großvater ähnlich werden wollte, und auch von seinem Vater, Zarewitsch Alexej, hatte er nichts geerbt. Er erinnerte vielmehr an seine Mutter, Charlotte von Braunschweig-Wolfenbüttel, eine angenehme, zarte Frau mit feinen Gesichtszügen, großen Augen und einer eleganten Figur. Auch von seinem Charakter her war er ihr ähnlich, da er sich gütig und freundlich verhielt. Er wünschte, daß ihn jeglicher Besucher mit einem Gesichtsausdruck verließ, der keine Spur von Traurigkeit erkennen lasse. Ausländer und Russen waren von seiner Großherzigkeit und Weichheit sehr angetan.

Seine Mutter war bald nach seiner Geburt gestorben, danach hatten sich zwei einfache Frauen um ihn gekümmert, die sich weder durch erlesene Manieren noch durch besondere Bildung auszeichneten. Die eine war Witwe eines Schneiders, die andere Schankwirtin. Sie ersetzten ihm die Mutter. Ein Deutscher wurde beauftragt, dem Jungen Lesen und Schreiben beizubringen, obwohl er von Beruf eigentlich nur Tanzlehrer war.

Nach dem tragischen Tod seines Vaters bestellte man den Ausländer Seykin, einen anspruchsvollen und strengen Mann, zum Hauslehrer des Jungen. Dessen Großvater, der Zar, interessierte sich nicht für die Fortschritte seines Enkels und pflegte kaum Kontakt zu ihm, obwohl er ihm wohlgesonnen war.

Sobald der Knabe Herrscher von Rußland geworden war, ernannte Menschikow den bewährten Minister Ostermann zu seinem Lehrer – eben jenen Ostermann, den dereinst Peter I. so geschätzt hatte. Er war ein hochgebildeter Mann, beherrschte neben deutsch auch französisch und italienisch und sprach obendrein fließend russisch. Er erwies sich als guter Pädagoge, variierte kunstfertig Unterrichtsstunden und freundschaftliche Gespräche zwischen Lehrer und Schüler, wobei er letzteren sogar den Vorzug einräumte.

Zunächst gefiel dem jungen Herrscher dieser Unterricht, auch sein Lehrer gefiel ihm. Schon morgens lief er, kaum daß er aufgewacht war und nur mit einem Nachthemd bekleidet, zu Ostermann. Gemeinsam mit seiner Schwester Natalja begann Peter, deutsch zu lernen und sich mit den Wissenschaften zu befassen. Der zukünftige Schwiegervater des Kaisers, freute sich sehr über den Eifer des jungen Zaren. Dies hinderte ihn jedoch nicht daran, mit allen denkbaren Mitteln die Verwirklichung seiner ehrgeizigen Ziele anzustreben, war doch in seinen Händen die gesamte Fülle der Macht konzentriert. Der junge Zar indes unterschrieb alles, was ihm sein »Väterchen« – so nannte er Fürst Menschikow – vorlegte.

Doch bald hatte Peter die Obhut des Fürsten satt, den er eigentlich auch nicht übermäßig gern mochte, und für dessen Tochter, seine Braut, hegte er ebenfalls keinerlei Gefühl der Verbundenheit. Fürstin Maria war durch ihr längliches Gesicht mit dem schmalen Kinn und den scharfen Gesichtszügen sowie durch ihre hochgewachsene und hagere Figur ihrem Vater äußerlich sehr ähnlich, doch sie hatte einen ganz anderen Charakter als er. Sie lächelte selten, war stets konzentriert und mürrisch, und ihre schönen großen Augen bargen eine gewisse Traurigkeit in sich.

Der junge Zar war das Verlöbnis mit ihr nur eingegangen, um dem letzten Willen von Kaiserin Katharina nachzukommen. Marias kalte Schönheit konnte ihn in keiner Weise anrühren, und überhaupt gefiel sie ihm ganz und gar nicht. Es hieß sogar, er sei eines Tages vor seiner Schwester Natalja auf die Knie gefallen und habe ihr seine Uhr dafür geboten, wenn sie ihn von dieser Marmorstatue, wie er seine Braut nannte, erlöse.

Und die Braut? War sie von dem brennenden Wunsche beseelt, Zarin zu werden?

Nein, sie ahnte, daß nichts Gutes dabei herauskommen könne. Ihr Vater hatte sie zur Braut des Zaren bestimmt, ohne mit ihr überhaupt gesprochen zu haben. Da sie sich nicht zur Wehr setzen konnte, gab sie sich ganz ihren Gedanken hin und weinte in aller Stille und Einsamkeit. »Was denn, habe ich etwa keine Augen, sehe ich denn nicht, daß es dem Herrscher sogar zuwider ist, mich nur anzusehen«, sagte sie in seltenen Minuten der Offenheit zu ihrer Mutter. »Jetzt ist er noch klein, er kennt seine Macht nicht; aber wenn er älter wird, dann habe ich nur eine stickige Klosterzelle zu erwarten.« Was hätte ihr die arme Mutter daraufhin entgegnen können? Fürstin Darja hatte dieselben Vorahnungen, zumal sie sah, daß ihr Gatte hoch hinauswollte und eigentlich nur von Schmeicheleien und ständigen Liebedienereien der Höflinge umgeben war, die ihren Haß vor ihm verbargen.

Da Menschikow seine Tochter so gut wie mit dem Zaren verheiratet hatte, er höchstpersönlich die Belange des Staates regelte, und sein Haus zudem das prachtvollste in ganz Petersburg war, schlug ihm der sogenannte »schwarze« Neid entgegen. Was übrigens sein erwähntes Haus anbetrifft, so hatte der Fürst bei seiner Ausgestaltung nicht mit Geld gegeizt, das er mit allerlei gesetzlichen und »ungesetzlichen« Mitteln erworben hatte. Als seine Tochter gar mit dem Kaiser verlobt und für ihren Unterhalt aus der Staatskasse ein beträchtlicher Geldbetrag freigegeben wurde, gebot ihm »Gott« selbst, sein Haus in einen richtigen Palast zu verwandeln. Die Sorgen der Fürstin waren also nicht unberechtigt, ihr Mann hatte tatsächlich viele Feinde. Und auch den jungen Herrscher brachte er durch seine Vorgehensweise allmählich gegen sich auf.

Eines Tages überbrachten Petersburger Kaufleute dem Kaiser 9 000 Zehnrubelstücke, der Beschenkte dankte ihnen und befahl, die Gabe an seine Schwester Natalja weiterzugeben. Zufällig begegnete Menschikow dem Boten und sagte, nachdem er erfahren hatte, worum es ging: »Der Herrscher ist viel zu jung und weiß nicht, wie man mit Geld umgeht. Gebt es nur mir, ich werde mit ihm sprechen.«

Dieses Vorgehen seines »Väterchens« löste beim jungen Zaren einen Sturm der Entrüstung aus. »Ich werde dir schon zeigen, wer von uns beiden hier der Kaiser ist!« schrie er in einem Wutanfall.

Und dieses Versprechen hielt er auch…

Unterstützt von den Gegnern des Fürsten ließ Peter ihn festnehmen, entzog ihm sämtliche Ränge und Orden und verbannte ihn mit seiner ganzen Familie einschließlich der Tochter Maria, die ja seine Braut war, nach Sibirien. Menschikows gesamtes beträchtliches Vermögen wurde konfisziert, Maria mußte ihren Verlobungsring zurückgeben. Für den Unterhalt der in Ungnade gefallenen Familie wurde lediglich ein sehr geringer Geldbetrag zur Verfügung gestellt. So fiel also der allmächtige Regent des Staates, der sich selbst schon über jegliche weltliche Größe erhaben wähnte, der Mensch, der sogar mit Peter dem Großen persönlich gut zurechtkam und den schrecklichen Zorn des Zaren stets in die Gunst eines liebenden Freundes hatte verwandeln können, von der allerhöchsten Stufe der Macht ins Bodenlose. Es hatte sich gezeigt, daß er dem zwölfjährigen Zaren nicht gewachsen war.

Die Gemahlin des Fürsten, eine gütige und verehrungswürdige Frau, ertrug den Kummer und die Erniedrigungen nicht und verstarb bereits auf dem Weg in die Verbannung. Menschikow selbst konnte mit seinen beiden Töchtern und seinem Sohn den schrecklichen Weg zurücklegen, der voller bitterer Demütigungen und unerträglicher Beleidigungen war. Tausend Kilometer von Moskau entfernt errichtete er fast ausschließlich mit eigenen Händen ein kleines Häuschen, in dem er sich mitsamt den Kindern niederließ. Seine Kräfte schwanden mit jedem Tag. An langen kalten Winterabenden lasen ihm die Töchter aus der Bibel vor, er wiederum erzählte ihnen aus seinem vergangenen Leben.

An einem dieser Abende soll einmal ein völlig unerwarteter Besucher an die Tür geklopft haben – der junge Fürst Dolgoruki. Er hatte sich schon vor langer Zeit in Menschikows älteste Tochter verliebt, doch wagte er es nicht, sich ihr zu nähern, war sie doch die Braut des Zaren. Nun aber, da sich jedermann von dieser Familie abgewandt hatte, hatte er beschlossen, sich zu ihr zu begeben und um ihre Hand anzuhalten…

Der Vater erklärte sich mit dieser Ehe einverstanden, und so wurden die beiden jungen Leute vom Ortsgeistlichen heimlich getraut. Damit hielt das Glück Einzug in das kleine Häuschen. Maria veränderte sich von einem Tag zum anderen ganz nachhaltig – ihr Gesicht war von einer leichten Röte überzogen, ihre Augen leuchteten vor Freude, und sie wurde sogar erstaunlich hübsch.

Doch dieses Glück sollte nicht von langer Dauer sein. Einige Monate später starb Fürst Menschikow, während Maria, bereits Fürstin Dolgorukaja, ein Kind erwartete. Der Tod ihres Vaters nahm sie so mit, daß sie viel zu früh niederkam, Zwillinge zur Welt brachte und am nächsten Tage verstarb. Auch die Neugeborenen starben, und die Unglückliche wurde schließlich gemeinsam mit ihnen in einem Grab beigesetzt. Nur ganze achtzehn Jahre war sie alt geworden. Dies alles geschah am Vorabend des neuen Jahres 1730 – eines Jahres, das auch für ihren ehemaligen Bräutigam zum Schicksalsjahr werden sollte.

Bald nach der soeben geschilderten Tragödie traf aus Petersburg die Nachricht ein, daß Menschikows Kinder die Erlaubnis bekämen, aus der Verbannung zurückzukehren und sich in einem Dorf niederzulassen. Doch die wiedererlangte Freiheit konnten nur noch zwei der Kinder – ein Sohn und seine jüngere Tochter – nutzen. Auch der vom Schmerz zutiefst erschütterte Fürst Dolgoruki verließ das kleine Häuschen in Sibirien. Das letzte Jahr im Leben der ehemaligen Zarenbraut indes blieb für alle ein Geheimnis, und erst hundert Jahre später wurde es von den Historikern beschrieben.

Nach Menschikows Absetzung hatte der Oberste Rat die Leitung sämtlicher Angelegenheiten übernommen. Dieser Rat bestand aus acht Mitgliedern – aus vier Vertretern der Familie Dolgoruki, die der größte Feind des verbannten Regenten war, aus drei angesehenen Hofbeamten anderer Herkunft und Ostermann. Anfangs hörte der Zar auf seinen Erzieher, kümmerte sich um die Belange des Staates und setzte seine Ausbildung fort. Dann aber entdeckte er seine Leidenschaft für die Jagd und widmete diesem Vergnügen, in Gesellschaft der Fürsten Dolgoruki, die seine engsten Freunde geworden waren, einen großen Teil seiner Zeit.

Im Januar 1728 verließ Peter II. Petersburg und siedelte mit seinem Hof nach Moskau um, wo seine Krönung stattfinden sollte. Sein Einzug in die alte Hauptstadt des russischen Reiches war sehr feierlich, die ganze Bevölkerung säumte die Straßen, und alle Glocken der Stadt klangen unermüdlich in freudigem Geläut. Auf dem gesamten Weg zum Palast in der deutschen Sloboda, wo der Kaiser zu verweilen beschlossen hatte, verstummten die begeisterten Stimmen nicht, die ihn begrüßen wollten. All dies machte auf den jungen Herrscher einen gar märchenhaften Eindruck, so daß Moskau sein Herz sozusagen im Sturm eroberte.

Zu Beginn des Frühjahrs wurde er zum Zaren gekrönt. Die aus diesem Anlaß veranstalteten Feierlichkeiten dauerten einige Wochen, ein Ball folgte auf den anderen. Die Moskauer Bevölkerung hatte noch niemals etwas Derartiges gesehen, und auch für die Petersburger Hofbeamten war dies ungewohnt, hatte es doch während der Regentschaft von Peter I. keinen solchen Luxus gegeben. Bei den Gesellschaften, die zu seiner Zeit stattfanden, war alles weitaus einfacher gewesen, die freudige Unterhaltung hatte im Vordergrund gestanden. Und jetzt wollte jeder den anderen mit der Pracht seiner Kleidung ausstechen, und auf den Tischen fand man noch nie gesehene reichhaltige Speisen und Erfrischungsgetränke, die man importiert hatte. Ausländische Diplomaten vermerkten, daß es in keinem europäischen Staat einen solchen Luxus gegeben habe, wie er sich am russischen Hofe zeigte.

Dann waren die Palastfeierlichkeiten vorüber, der Zar aber hegte nicht die Absicht, Moskau wieder zu verlassen. Er hatte ganz offensichtlich Gefallen an der ehemaligen russischen Hauptstadt gefunden. Die Vertreter des alten Adels waren mit aller Kraft bemüht, den Herrscher dort aufzuhalten und ihn nicht nach Petersburg zurückkehren zu lassen. Sie wollten ihn dazu bringen, die von seinem Großvater errichtete Stadt zu vergessen. In Moskau gab sich Peter einzig den Vergnügungen hin, und niemand konnte den jungen Kaiser mehr dazu bewegen, seine Ausbildung zu beenden. Ostermanns Ermahnungen, daß es erforderlich sei, zuerst etwas zu lernen, und daß er es nicht allzu eilig haben solle damit, sich den angenehmen Seiten des Lebens zu widmen, blieben leider ungehört. Der Erzieher beobachtete mit Bedauern, daß die Fürsten im Umfeld seines Zöglings diesen merklich verdarben und sich nur noch mit Gelagen, der Jagd und sonstigen »Freuden« des Lebens beschäftigten; er sah, wie dadurch die Belange des russischen Staates, die Belange Peters des Großen, vernachlässigt wurden. Und auch in seinem Wesen veränderte sich der Herrscher zum schlechteren, er wurde aufbrausend, stur und heftig. Nicht einmal die Ratschläge seiner Schwester Natalja, die ein sehr liebenswürdiges und gütiges Mädchen war, zeigten die geringste Wirkung. Sämtliche Zeitgenossen, russische wie ausländische, priesen übrigens die bezaubernde Anmut dieser Zarewna.

Sie war nicht eigentlich als schön zu bezeichnen. Die Züge ihres von den Pocken etwas verunstalteten Gesichts waren ungleichmäßig, sie hatte eine leichte Stupsnase und große dunkle Augen, die traurig wirkten und eine gewisse Nachdenklichkeit widerspiegelten, wie sie für Kinder normalerweise untypisch ist. Doch das Lächeln dieses Mädchens wirkte auf jeden, der sie ansah, anziehend, da es gütig und freundlich war und gleichsam eine besondere Freude ausstrahlte.

Obwohl Natalja lediglich ein Jahr älter war als ihr Bruder, ließ sie einen vielseitigen Verstand und ein edles Herz erkennen. Niemand konnte auf den jungen Kaiser besser lenkenden Einfluß nehmen als sie. Sie redete auf ihn ein, daß es erforderlich sei, sich Wissen anzueignen, zum Wohle des Staates zu arbeiten, die Versammlungen des Obersten Rates gewissenhaft zu besuchen und schlechte Gesellschaft zu meiden. Doch nachdem Peter anfangs auf die Ratschläge seiner Schwester gehört hatte, zog er schon bald die Gesellschaft seiner Tante, Zarewna Elisabeth, vor. Sie war ein schönes und lebensfrohes Mädchen von achtzehn Jahren, hatte rote Haare und rege Augen, eine schlanke Taille und eine üppige Brust, und sie sprach weder über Tugenden noch über Arbeit zu ihm. In der Gesellschaft dieser Schönheit, die Trost über den Verlust ihres Bräutigams suchte, vergaß der junge Zar das Lernen sowie das Drängen seines Erziehers und seiner geliebten Schwester ganz und gar.

Alles hatte mit dem Reitunterricht begonnen, den Elisabeth – sie war als furchtlose Reiterin und unermüdliche Jägerin bekannt – ihrem Neffen gab.

Ende März 1728 gab die Nachricht, daß die Herzogin von Holstein in Kiel einen Sohn zur Welt gebracht habe, Anlaß zu grandiosen Festlichkeiten. Doch Ende Mai fanden die Feiern durch Annas Tod ein jähes Ende. Gar schwer fiel es zu glauben, was sich zugetragen hatte, war sie doch nach der Geburt rasch wieder auf die Beine gekommen, so daß nach Moskau mitgeteilt wurde, die Herzogin sei bei guter Gesundheit. Doch dann geschah etwas Unvorhergesehenes... Am Tag, da das Neugeborene getauft werden sollte, fand in Kiel ein Feuerwerk statt. Die junge Mutter durfte ihre Gemächer noch nicht verlassen, so daß sie beschloß, sich das großartige Schauspiel vom Fenster aus anzusehen. Die Nacht war rauh und kalt, vom Meer kam ein durchdringender Wind; sie aber öffnete das Fenster und stand, allen Überredungsversuchen zum Trotz, lange Zeit dort, amüsierte sich über die Hofdamen, die in der empfindlichen Kälte fröstelten, und pries ihre russische Gesundheit. Gegen Morgen aber fühlte sich Anna schlecht, sie bekam Fieber, auch das Atemholen fiel ihr immer schwerer. Zehn Tage lang kämpfte man um ihr Leben, doch die Medizin erwies sich als machtlos. Sie starb, gerade einmal zwanzig Jahre alt. Vor ihrem Ableben brachte Anna den Wunsch zum Ausdruck, in Rußland neben ihrem Vater, Peter I., das heißt, in der Kirche der Peter-und-Pauls-Festung begraben zu werden, was schließlich auch geschah.

Der Leichnam der Herzogin von Holstein wurde nach Petersburg überführt, damit sie in heimatlicher Erde beigesetzt werden konnte. Ihr regierender Neffe indes blieb dem Begräbnis fern und begab sich stattdessen auf einen Ball, der anläßlich seines Namenstages an diesem Tag nach guter alter Gewohnheit abgehalten wurde. Zarewna Elisabeth aber litt sehr schwer am Tode ihrer Lieblingsschwester. Sie war wie ausgewechselt, schloß sich in ihr Zimmer ein und weigerte sich, jemanden zu empfangen.

Sie betete viel, ihre Lebendigkeit und Sorglosigkeit waren verschwunden, sie wurde mager und blaß und weinte viel.

Auf ein Unglück im Hause Romanow folgte bald das nächste. Im November desselben Jahres verschlimmerte sich die Krankheit von Natalja, der Schwester des Zaren. Ihre Gesundheit war eigentlich stets angegriffen gewesen, und vor drei Jahren hatte sie Husten und Schmerzen in der Brust bekommen. Die Ärzte versprachen nichts Gutes. Und dann stand sie an der Schwelle des Todes. In den letzten zwei Tagen ihres Lebens wich der Kaiser nicht mehr vom Bett seiner Schwester und sagte sogar eine geplante Jagd ab, was seinen üblichen Gepflogenheiten ganz und gar nicht entsprach. Die Tränen, die er für die Entschlafene vergoß, waren aufrichtig.

Man gestattete dem Volk, von ihr Abschied zu nehmen. Fast alle weinten und bedauerten ihren viel zu frühen Tod. In ein rein weißes Gewand gekleidet und zur Hälfte mit wertvollem Brokatstoff bedeckt, wurde das Mädchen aufgebahrt. Der danebenstehende Zar konnte die Tränen kaum zurückhalten. Unter den Höflingen kam das Gerücht auf, Ursache von Nataljas Ableben könne möglicherweise nicht ihre Lungenkrankheit, sondern die heimtückische Tat irgendeines geheimen Feindes gewesen sein, der am Tode der Großfürstin interessiert gewesen wäre. Dieses Gerücht erhielt jedoch keine weitere Verbreitung. Nach der Beisetzung seiner Schwester zog Peter II. in den Kremlpalast um, da er nicht in dem Hause verweilen wollte, in dem ihn alles an den schweren Verlust erinnerte. Doch der junge Herrscher hatte trotz allem keine Eile, nach Petersburg zurückzukehren, worum ihn seine Schwester vor ihrem Tode so sehr gebeten hatte. Mit den ersten Frühlingstagen fuhr er wieder zur Jagd, die diesmal beinahe vier Wochen dauerte.

Ostermann und die ausländischen Diplomaten verloren die letzte Hoffnung, den Kaiser für die Interessen des Staates gewinnen zu können. Er, der von Natur aus fähig und klug war und über einen robusten Organismus verfügte, wollte nur leben und das Leben genießen. Ausfahrten mit Musik und Gesang, Galopprennen, Maskenbälle bei Hofe und, was das wichtigste war, die Jagd – alle nur erdenklichen Vergnügungen und Zerstreuungen übten einen größeren Reiz auf ihn aus als die Beschäftigung mit Staatsdingen oder das Studium. An Leuten, die seine Gunst erhaschen wollten, und an Schmeichlern indes mangelte es nicht. Die Macht lag faktisch in Händen des Obersten Rates, tatsächlich herrschte im Lande aber völlige Machtlosigkeit: Der Zar vergnügte sich, die »Oberen« wollten für nichts Verantwortung übernehmen. Für die höchsten Hofbeamten war es das wichtigste, sich zu amüsieren und die Gunst des Zaren zu bewahren. Alle lebten nur in den Tag hinein und waren bemüht, sich persönlich möglichst viele Vorteile zu verschaffen.

Der junge Kaiser befand sich stets unter dem Einfluß irgendeiner Hofpartei, in der letzten Zeit besonders unter dem Einfluß der alten Bojarenaristokratie, an deren Spitze Fürst Dolgoruki stand, der Oberhaupt einer großen Familie war. Peter erklärte sich sogar zum Gegner der Umgestaltungen seines Großvaters, und absolut nichts konnte in ihm Interesse für die Staatsangelegenheiten wecken.

Auch die russische Flotte, die Peter der Große ins Leben gerufen und sozusagen großgezogen hatte, geriet in Vergessenheit. Der junge Zar ließ verlauten: »Wenn es die Not erforderlich macht, Schiffe einzusetzen, so werde ich mich ans Meer begeben; in See zu stechen wie mein Großvater indes beabsichtige ich nicht.«

Bei den Landstreitkräften herrschte schreckliche Unordnung, es fehlte schlichtweg an Disziplin. Im April 1729 brach eines Tages ein Feuer in der deutschen Sloboda von Moskau aus. Die Soldaten der Garde wurden herbeigerufen, um den Brand zu löschen. Sie stürzten sich auf die Häuser des gefährdeten Stadtviertels, zerschlugen Fenster und Türen mit Beilen, zogen Truhen und Schränke heraus, kletterten in die Keller und stahlen alles, was sie mitnehmen konnten. Den Hausbesitzern, die versuchten, sich diesem Vandalismus entgegenzustellen, drohten sie, den Schädel zu spalten. Die Offiziere griffen nicht ein, und die Menge feuerte die Soldaten sogar noch an: »Laßt sie die Deutschen nur ausplündern!« Nur das Eintreffen des Zaren am Unglücksort machte diesem Treiben ein Ende, doch diejenigen, die an diesen Beutezügen schuld trugen, wurden nicht einmal bestraft...

Ausländische Diplomaten schrieben über das Rußland jener Zeit folgendes: »Alles ist gar schlimm. Der Zar befaßt sich nicht mit den Staatsangelegenheiten und denkt auch gar nicht daran, sich ihnen zu widmen. Niemand zahlt etwas, jeder stiehlt, soviel er nur kann. Die riesige Staatsmaschinerie ist lediglich ein Spielball des persönlichen Vorteils, ohne jeglichen Gedanken an die Zukunft«.

»Der von seinem berühmten Großvater gegründete Staat ist ohne Unterstützung und Arbeit geblieben. Man kann ihn mit einem Schiff vergleichen, das vom Sturm ergriffen worden ist, dessen Lotse und Besatzung aber betrunken oder eingeschlafen sind. Keiner ist da, der nur irgend etwas auf sich nehmen würde, alle schweigen«.

»Das russische Volk läßt sich von keiner Regel der Ehre, der Freundschaft oder der Dankbarkeit leiten. Einerseits herrscht dort völlige Ignoranz, andererseits ein Geist der kleingeistigen Bereicherungssucht.«

Alles geriet also in Verfall, und nur die ausländischen Angelegenheiten waren wohl noch in zuverlässigen Händen. Für sie war Ostermann zuständig, ein Mann von seltenem Verstand und kristallklarer Ehrlichkeit. Er genoß nach wie vor das uneingeschränkte Vertrauen des jungen Kaisers, doch Einfluß auf ihn hatte er keinen mehr.

Obwohl Peter II., wie manche behaupten, in gewisser Hinsicht schon an seinen berühmten Großvater erinnerte – beide waren in jungen Jahren absolute Herrscher geworden, beide hatten schon früh in ihrer Umgebung Unterwürfigkeit und Liebedienerei kennengelernt, und der eine wie der andere duldete keinerlei Einwände, waren sie doch völlig unterschiedliche Menschen. Der junge Peter I. war wißbegierig und hatte den Wunsch, das zu lernen, was er sich vorgenommen hatte, Neues zu suchen und zu schaffen. Sein Enkel aber meinte, daß all dies den vornehmen Leuten eigentlich nichts bringe und daß es überhaupt nicht zwingend erforderlich sei, gebildet zu sein, da der Zar sowieso über allen und jedem stehe, wer und was es auch sei. Diese Meinung wurde ihm vor allem seitens seiner neuen Freunde, der Fürsten Dolgoruki, suggeriert. Sie suchten auch eine neue Braut für ihn.

Dabei handelte es sich um Fürstin Katharina, Tochter eines der Dolgoruki-Brüder. Sie hatte eine wunderbare Gesichtsfarbe, dichtes schwarzes Haar und große, ungewöhnlich ausdrucksvolle schwarze Augen, war eine wahre Schönheit und verstand es, den Männern zu gefallen. Dem Mädchen gelang es, die Aufmerksamkeit des jungen Zaren auf sich zu ziehen, der weiterhin in der alten russischen Hauptstadt verweilte und sich nicht anschickte, nach Petersburg zurückzukehren.

Die Verlobung fand genau ein Jahr nach dem Tode von Peters II. Schwester Natalja statt. Hochgestellte Hofbeamte und ihre Familien sowie viele Moskauer Bürger wurden zu den Feierlichkeiten geladen, die Mitglieder der Zarenfamilie waren auch dabei, unter ihnen Zarewna Elisabeth, die Tante des Bräutigams, die Herzogin von Mecklenburg mit ihrer Tochter Elisabeth und die Großmutter Peters II., die ehemalige Nonne Jelena, die plötzlich gleichsam von den Toten auferstanden war. Letztere wurde übrigens mit dem Titel »Ihre Majestät, Herrscherin Jewdokia Fjodorowna« angesprochen. Sie war aus ihrem Gefängnis angereist und ließ sich auf Befehl des Kaisers in einem der Gebäude des Neu-Jungfrauen-Klosters nieder.

Dieses Kloster war unter Großfürst Wassili, dem Vater von Iwan dem Schrecklichen, im Gedenken an einen seiner Siege über die Tataren errichtet worden. Besondere Berühmtheit erlangte es jedoch erst, als es zum Gefängnis für Zarewna Sofia wurde, die dort auch starb. Hier, im Neu-Jungfrauen-Kloster, ließ sich Peters I. erste Gemahlin nieder, nicht mehr als Gefangene, sondern als Zarin. Sie erhielt Unterhalt zu ihrer vollsten Zufriedenheit und verfügte über einen angemessenen Hofstaat. Fortan wurden ihr auch alle nur möglichen Ehrerbietungen zuteil.

Diese Frau hatte – verbannt von ihrem Ehemann – viel Leid erlebt. Obwohl sie anfangs keine richtige Nonne war und nur »unter der strengen Aufsicht einer Äbtissin« im Kloster lebte, hatten bereits die ersten Jahre hinter den Mauern des Frauenklosters in Susdal, fern von Moskau und fern von ihrem Sohn, ihrer Schönheit sehr geschadet. Das frühe Aufstehen, das lange Stehen in der Kirche, die wenig nahrhafte und einseitige Ernährung sowie das streng geregelte Leben hatten dazu geführt, daß ihre einstmals roten Wangen verblaßten, der dunkelblonde Zopf dünner wurde, sich graue Haare und Fältchen zeigten. Doch dort hatte sie einen Freund gefunden – Major Glebow, der sich nach Susdal begeben hatte, um Rekruten auszuheben. Er begann, die ehemalige Zarin zu besuchen und sich mit ihr zu unterhalten. Ihm konnte sie nicht nur ihr Herz ausschütten, sondern sich auch über ihre Verfolger beklagen und ihm ihre tief im Inneren verborgenen Hoffnungen anvertrauen. Schließlich fand Jewdokia in diesem Manne ihr Glück als Frau; sie faßte Zuneigung zu ihm und gewann ihn letztlich lieb. Diese Liebe sollte jedoch nicht von langer Dauer sein und tragisch enden.

Während der Ermittlungen in der Sache des Zarewitsch Alexej wurde entdeckt, daß auch seine Mutter an der Verschwörung beteiligt gewesen war, zumal sie Anhänger hatte, mit deren Zutun sie die Fesseln des klösterlichen Lebens in Unfreiheit abschütteln und sich bei ihrem Gatten für all ihre Tränen rächen wollte. Nach ihrer Entlarvung hatte sie in einem Brief an Peter alles gestanden und um Vergebung gebeten.

Der Zar ließ alle an dieser Verschwörung Beteiligten grausam hinrichten. Auch dem Liebhaber von Jewdokia, oder vielmehr der Nonne Jelena, war ein grausamer Tod beschieden, er wurde gepfählt. Jelena indes wurde in Begleitung von zwölf Soldaten in das weit entlegene Ladoga-Kloster verbannt, wo sie unter strengster Aufsicht stand, in Armut und in schrecklicher Schande leben mußte. Diese Qual dauerte bis zum Tode ihres ehemaligen Gemahls an. Nachdem Katharina an die Macht gelangt war, ließ sie die altersschwache Nonne nach Schlüsselburg verlegen, wo sie unter weitaus besseren Bedingungen untergebracht wurde. Da sie als Staatsverbrecherin galt, wurde ihr Aufenthalt streng geheim gehalten.

Nun aber tauchte die ehemalige Zarin erneut in Moskau auf und führte auf Geheiß des Kaisers Peter II. ein Leben, das ihrer hohen Würde angemessen war. Dem Verlöbnis ihres Enkels stand sie positiv gegenüber und hoffte, sich in unmittelbarer Nähe der Zarenfamilie halten zu können. Bei der Verlobungsfeier trat sie in ihrer Nonnenkluft, mit eingefallenen Lippen, die ein Gebet murmelten, vor den Gästen auf. Die Hofbeamten nichtrussischer Abstammung blickten angstvoll auf die gebeugte und finstere Gestalt dieser Nonne. Man nahm an, daß es allen Ausländern im alten Reich der Moskowiter schlecht ergehen werde, sobald die Großmutter des Kaisers gewisse Macht erringen würde. Es war bekannt, daß sie nichts Ausländisches ertragen konnte. Es gab sogar einige Stimmen, die Ostermann selbst warnten.

Alle Gäste, unter anderem auch das diplomatische Korps, versammelten sich im großen Saal des Palastes in Erwartung des feierlichen Augenblicks. So ist den Zeitgenossen dieses Ereignis in Erinnerung geblieben:

Der Zar trat in einem hellen Wams mit Silberstickerei aus seinen inneren Gemächern. Dies war nicht mehr der Knabe, der vor drei Jahren den russischen Thron bestiegen hatte. Er war ziemlich in die Höhe geschossen und männlicher geworden, machte sogar einen ruhigen und gelassenen Eindruck. Nachdem er seine Gäste begrüßt hatte, begab er sich zu seiner Braut, die den Saal von der anderen Seite betreten hatte. Das Mädchen trug ein enganliegendes Kleid aus Silberstoff. Ihre Haare waren in vier Zöpfe aufgeteilt, die von Diamanten geschmückt waren, und auf dem Kopfe trug sie eine kleine Krone. Der Kaiser geleitete die Fürstin zum Lesepult, auf dem ein Evangelium lag. Hier wartete auch die Geistlichkeit. Sein Gesicht drückte eher Trauer als Freude aus. Mit leiser Stimme erklärte er, er nehme sich die Fürstin zur Gemahlin, tauschte mit ihr die Ringe und legte ihr ein Armband mit seinem Porträt um das rechte Handgelenk. Dann küßten Bräutigam und Braut das Evangelium und nahmen, ohne einander ein einziges Mal angesehen zu haben, auf vergoldeten Sesseln Platz, die unter einem Baldachin am Lesepult standen. Beide waren blaß, und irgendwie wurde dem Betrachter bei ihrem Anblick schwer ums Herz, da es allen schien, als sei das Fest der Verlobung keine feierliche, sondern eher eine traurige Zeremonie, die nichts Gutes verheißen konnte. Es war ganz deutlich zu spüren, daß alle Angehörigen der Familie Romanow, Peters Großmutter ausgenommen, mit diesem Verlöbnis unzufrieden waren, insbesondere als sie erfuhren, daß der Zar versprochen hatte, der Braut die Brillanten seiner verstorbenen Schwester zu schenken.

Bei dem Ball, der sogleich nach Beendigung der Verlobungszeremonie stattfand, machte der Kaiser zur Verwunderung aller Anwesenden gar ein finsteres, unzufriedenes Gesicht und schenkte seiner Verlobten beinahe keine Aufmerksamkeit. Es war im Gespräch, der Zar heirate nur, um seinen Freunden aus der Familie Dolgoruki, den Verwandten seiner Braut, einen Gefallen zu tun, in seinen Gedanken aber liebe er nur Zarewna Elisabeth…

Man erzählte sich dann, daß der Zar am nächsten Morgen zu ihr, seiner schönen Tante, gefahren sei.

»Wie findest du meine Wahl?«, soll er sie gefragt haben.

»Was könnte ich sagen? Ich habe dir bereits gratuliert. Du hast deine Wahl selbst getroffen, hast selbst entschieden, du hast selbst genug Verstand.«

»Es ist mir schrecklich zumute, Lisa, und so schwer ums Herz. Ich liebe meine Braut nicht. Ich habe niemals jemand anderen als dich geliebt…«

Die Hochzeit sollte in zwei Monaten stattfinden. Die Familie der Braut triumphierte und verbarg ihre Hochstimmung nicht. Doch es sollte sich zeigen, daß ihre Freude verfrüht war, da wiederum etwas Unvorhergesehenes geschah. Peter, der zur Jagd gefahren war, erkältete sich heftig und mußte etwa drei Wochen das Bett hüten. Nachdem er sich etwas von seiner Krankheit erholt hatte, beschloß der Zar, an einer Parade teilzunehmen. Bei seiner Rückkehr in den Palast fühlte er einen heftigen Kälteschauer, und am anderen Tag stellten die Ärzte bei ihm Pocken fest. In jener Zeit war das eine Krankheit, die es nur sehr selten zu heilen gelang, so daß wenig Hoffnung auf Genesung bestand.

Die Kunde von der Erkrankung des Zaren überraschte alle. Man erinnerte sich an ein böses Vorzeichen, das man am Tage der Verlobung wahrgenommen hatte: Als die goldene Kutsche der Braut, die oben mit der Kaiserkrone geschmückt war, durch das Palasttor fuhr, blieb die Krone an einem Querbalken hängen, fiel auf das Pflaster und zerbrach in mehrere Teile. In der Menge hörte man Rufe: »Ein böses Omen, es wird keine Hochzeit geben!« Und nun schien es, als würde diese Prophezeiung Wirklichkeit werden...

Die Fürsten Dolgoruki, die an dieser Ehe überaus interessiert waren, hegten den Gedanken, den sterbenden Zaren eiligst mit Fürstin Katharina zu verheiraten, Peters Testament zu verfassen, in dem er ihr die oberste Macht übertragen sollte, und es dem im Sterben liegenden Zaren zur Unterzeichnung vorzulegen. Doch das gelang ihnen nicht, das diplomatische Geschick des klugen und weitsichtigen Ostermann wußte dies zu verhindern. Er hielt sich ununterbrochen am Bette des Kranken auf und ließ es nicht zu, daß dieser dreiste Plan verwirklicht wurde. Der siebte Zar aus dem Hause Romanow starb am Vorabend des Tages, für den seine Eheschließung anberaumt war. Er war gerade einmal fünfzehn Jahre alt. Es wurde zwar gemunkelt, der Kaiser sei vergiftet worden, doch die eitrigen Wunden auf seinem Gesicht konnten diese Version in keinerlei Hinsicht bestätigen.

Damit ist das verhängnisvolle Schicksal Peters II. erzählt.

Der gewaltsame Tod von Zarewitsch Alexej selbst steht auf der ersten Seite dieses tragischen Abschnitts in der Geschichte des Hauses Romanow, der fortgesetzt wurde vom Tod seiner jungen Gemahlin, dem Waisendasein seiner Kinder und ihrem frühen Tod. Es scheint fast so, als habe jemand diesen Zweig des Familienbaumes abgebrochen, damit er keinerlei Spuren hinterlasse.

Der erste Kaiser Rußlands hatte nur drei Enkel, und alle erlebten ein unglückliches Schicksal: Die beiden älteren, Bruder und Schwester, die Kinder seines ungeliebten Sohnes Alexej, waren beide im Alter von fünfzehn Jahren verstorben. Auch sein jüngster Enkel, der Sohn seiner Lieblingstochter Anna, der erst nach Peters Tod geboren worden war, sollte im Alter von vierunddreißig Jahren tragisch ums Leben kommen.

Peter II. – der erste russische Zar, der mütterlicherseits deutscher Abstammung war – hatte nur drei Jahre lang regiert. Er ließ einen Thron zurück, den von nun an mehrere Jahrzehnte lang Frauen einnehmen sollten. Doch jede dieser regierenden Frauen kam durch einen Staatsstreich an die Macht. Dafür fand Rußland wieder auf den Weg zurück, den Peter der Große geebnet hatte. Das Fenster zum Westen blieb geöffnet.

Anna I.
geb. 1693, Kaiserin seit 25. Februar 1730, gest. 17. Oktober 1740

Ioann V. Romanow ⚭ 1684 Praskowja Saltykowa
* 1666 † 1696 — * 1664 † 1723

Maria
* 1689 † 1692

Feodossia
* 1690 † 1691

Karl Leopold Herzog von Mecklenburg-Schwerin ⚭ 1717 Katharina
* 1678 † 1747 — * 1692 † 1733

Elisabeth Katharina Christina
(Anna Leopoldowna)
* 1718 † 1746

Anna I. Romanowa ⚭ 1710 Friedrich Wilhelm Herzog von Kurland
* 1693 † 1740 — * 1687 † 1711

Praskowja ⚭ Fürst Iwan Iljitsch Dmitrijew-Mamonow
* 1694 † 1730 — * 1681 † 1730

Da Peter II. so unerwartet für jedermann und in so jungen Jahren gestorben war, hatte er nicht bestimmt, wer sein Nachfolger werden sollte, so daß um den plötzlich verwaisten russischen Thron ein heftiges Gerangel entstand. Besetzungsvarianten und Besetzungsvorschläge indes gab es viele.

Wer aber konnte nach dem Tode des siebten Zaren aus dem Hause Romanow wirklich Anspruch auf den russischen Thron erheben?

Vor allem Elisabeth, die einzige verbliebene leibliche Tochter von Peter I. Doch zu jener Zeit hegte sie selbst noch keinerlei Interesse für die Politik, da sie mit ihren amourösen Angelegenheiten beschäftigt war. Kaum jemand bei Hofe hielt sie für eine ernsthafte Anwärterin, obwohl einige trotzdem für ihre Ansprüche auf den Thron eintraten.

Als Kandidat kam auch der Herzog von Holstein in Frage, der Gemahl der in Kiel verstorbenen älteren Schwester von Elisabeth, doch er verfügte weder innerhalb des Landes noch jenseits seiner Grenzen über ausreichende Unterstützung. Der dänische Gesandte Westfalen übermittelte dem Obersten Rat sogar eine eilige Depesche, in der davon die Rede war, daß »... das Königreich Dänemark mit Rußland keine freundschaftlichen Beziehungen mehr wird unterhalten können, wenn das Erbe des russischen Reiches an den holsteinischen Prinzen übergeben wird.«

Es fanden sich auch Leute, welche die alte Zarin noch nicht vergessen hatten und zu den Toren des Neu-Jungfrauen-Klosters eilten, um sie daran zu erinnern, daß sie als legitime Gemahlin von Kaiser Peter I. den Thron besteigen könnte. Doch ganz offensichtlich wurde ihr Eifer von dem vernünftigen Gedanken daran gebremst, daß diese Frau ihre Krönung womöglich gar nicht mehr erleben werde, und daß eher mit ihrem baldigen Tode zu rechnen sei. Jewdokia käme also nur für kurze Zeit als Zarin in Frage, und dann? Dann stünde man wieder vor derselben Situation...

Da mit dem Ableben des einzigen Enkels von Peter I. keine männlichen Vertreter seines Geschlechts mehr existierten, wandte sich die Versammlung des Obersten Rates, die einen Tag nach dem Tode des jungen Kaisers eröffnet wurde, der älteren Linie der Familie Romanow zu, das heißt, den Erben von Zar Ioann V., Zar Alexejs Sohn aus erster Ehe.

Unter den möglichen Thronanwärtern wurden seine beiden Töchter Katharina und Anna genannt, die Nichten von Peter dem Großen.

Katharina, die ältere von beiden, die aus politischen Erwägungen ihres Onkels Herzogin von Mecklenburg geworden war, hatte ein schweres Schicksal zu tragen. Ihre Ehe galt als unglücklich. Der Herzog war streitsüchtig und ohne Güte, stand in ewigem Kampf mit seinen Untergebenen und der ganzen Welt, nahm keinerlei Rücksicht auf seine Gemahlin und ging grob, zeitweise sogar brutal mit ihr um.

Da sie den despotischen Charakter ihres Mannes nicht mehr länger hatte ertragen wollen, war Katharina mit ihrer kleinen Tochter Elisabeth Katharina Christina nach Rußland zurückgekehrt und lebte schon seit acht Jahren in Petersburg. Sie näherte sich ihrem vierzigsten Lebensjahr und war dabei dick geworden, da sie gern und gut aß und trank. Doch ungeachtet ihrer Leibesfülle liebte es Katharina, auf Bällen unermüdlich zu tanzen und verwunderte dabei alle Anwesenden durch ihre Beweglichkeit und Lebensfreude. Aufgrund ihres fröhlichen Gemüts und ihrer Unbändigkeit wurde sie von den Deutschen »die wilde Herzogin« genannt, am russischen Hofe indes bildete man sich über sie eine eindeutige Meinung: »... sie ist von übermäßig lebhaftem Charakter, kennt keinerlei Bescheidenheit und sagt ganz offen alles, was ihr in den Sinn kommt, obwohl sie nicht eigentlich dumm zu nennen ist.« Daher beschlossen die im Obersten Rat versammelten Hofbeamten und die höchste Geistlichkeit einstimmig, daß sich Katharina nicht zur Zarin eigne.

Anna, Peters I. zweite Nichte, die seit etwa 20 Jahren Witwe war und niemals das Glück eines Familienlebens hatte erfahren dürfen, lebte in Kurland, wo sie auf Wunsch ihres Onkels, des Herrschers, auch nach dem Tode ihres Gatten geblieben war. Nur nominell war sie Gebieterin über diese baltische Provinz, die tatsächliche Macht lag in Händen des russischen Zaren. Manchmal unternahm die Herzogin von Kurland eine Besuchsreise nach Rußland, hielt sich für eine gewisse Zeit in ihrem geliebten Ismailowo auf, mußte aber immer wieder in ihr Herzogtum zurückkehren, wo sie in einem mittelalterlichen Schloß lebte, in dem sie sich sehr allein fühlte, waren dort doch kaum Anzeichen für ein geselliges Leben vorhanden. Es fanden sich nicht wenige Anwärter auf das Herzogtum, die in der Rolle von Verehrern auftraten, unter anderem auch der galante Moritz von Sachsen, ein außerehelicher Sohn des sächsischen Kurfürsten und polnischen Königs August des Starken. Anna war schon geneigt gewesen, Moritz zu ehelichen. Daß sie ihn allen anderen vorzog, wurde übrigens auch am Petersburger Hofe schon ganz offen besprochen.

Ioanns jüngste Tochter Praskowja wurde überhaupt nicht in Erwägung gezogen, da sie krank und geistig etwas zurückgeblieben war. Es schien so, als habe sie alle Schwächen ihres Vaters geerbt.

Nach langem Tauziehen einigte man sich schließlich auf die Kandidatur der Herzogin von Kurland. »Sie ist frei und mit allen Fähigkeiten gesegnet, die für den Thron erforderlich sind«, so begründeten die Ratsmitglieder ihre Wahl.

Obwohl Peters Nichte in Mitau lebte, genoß sie in Moskau und Petersburg, wo sie sich oftmals zu Besuchen aufhielt, eine gewisse Beliebtheit. Sie hatte dort viele Freunde, und unter ihnen war auch der kluge Ostermann. Er war zwar Ratsmitglied, beteiligte sich aber diesmal nicht an der Abstimmung. »Als Ausländer halte ich mich bei der Beratung über die Wahl zurück und werde meine Stimme dann demjenigen geben, den alle wählen wollen«, erklärte er. In diesem Verhalten lag eine gewisse

Hinterlistigkeit dieses so erfahrenen Diplomaten, der während Annas Regierung dann auf dem Gipfel der Macht stehen sollte.

So wurde also abgestimmt, doch gleichzeitig knüpfte man Annas Thronbesteigung an die Übernahme von Verpflichtungen, die in einem Brief dargelegt waren. Dieser Brief wurde mit einem Kurier eiligst nach Mitau gesandt. Der Hochadel beabsichtigte, ihre Machtbefugnisse einzuschränken.

Was aber stellte der Oberste Rat der Herzogin von Kurland zur Bedingung? Welche Auflagen hatte sie nach ihrer Thronbesteigung zu erfüllen?

In dem Schreiben stand unter anderem, daß sie, nachdem sie Zarin geworden sei, den orthodoxen Glauben zu verbreiten habe, sich nicht verheiraten und keinen Erben bestimmen dürfe. Sie sollte sich auch mit keinem anderen Land oder Volk auf einen Krieg einlassen. Schließlich durfte sie ihre Untertanen durch keinerlei Abgaben belasten und war verpflichtet, sorgsam mit den Einnahmen ihres Staates umzugehen. Der Oberste Rat mit seinen acht Mitgliedern mußte beibehalten werden.

All dies bedeutete tatsächlich eine erhebliche Beschränkung ihrer Macht. Doch nachdem Anna dieses Schreiben erhalten hatte, erklärte sie sich trotzdem mit allen Bedingungen des Rates einverstanden und brach eiligst nach Moskau auf. Sie leistete sogar einer Vorschrift der sogenannten »Oberen« Folge, die besagte, daß sie nicht einmal diejenige Person nach Rußland mitnehmen durfte, zu der sie schon mehrere Jahre lang in ihrem Herzogtum ganz enge Beziehungen unterhielt. Gemeint war hiermit ein Deutscher namens Biron.

Unter Berücksichtigung der Situation und in unverkennbar feindseliger Haltung gegenüber dem Obersten Rat, der ihr so viele Bedingungen auferlegt hatte, ließ die Thronfolgerin ihren Sekretär Biron – als solchen bezeichnete sie ihn zumindest – in Kurland zurück, seine ganze Familie aber nahm sie mit.

Nun schwor man ihr als Herrscherin Rußlands die Treue, wodurch also zum zweiten Male eine Frau auf den russischen Thron gelangte. Diesmal war es Zar Ioanns Tochter Anna, eine Nichte von Peter dem Großen, übrigens die erste Frau aus der Romanow-Familie, die mit einem ausländischen Prinzen verheiratet worden war. Sie selbst – eine gebürtige Russin – hatte noch keinen Tropfen deutschen Blutes in sich, war aber sozusagen ganz und gar »eingedeutscht«, da sie die Hälfte ihres Lebens in der Umgebung Deutscher verbracht hatte.

Die neue Kaiserin gab den Gedanken nicht auf, den Obersten Rat aus dem Weg zu räumen und sich zur absoluten Herrscherin zu machen, zumal sie für dieses Unterfangen Helfer fand. Unter ihnen war Ostermann, der zwar schwächlich und krank aussah, weitaus älter schien, als er tatsächlich war, und beständig über seine Leiden klagte, aber dennoch besser als alle anderen zu bestimmen vermochte, wo das Ziel lag und mit welchen Mitteln es zu erreichen war. Nachdem der Zarenthron durch

Wahl an Anna gefallen war, verließ er sein Haus nicht mehr, hielt Kompressen und Medikamente stets in seiner unmittelbaren Reichweite griffbereit und setzte ganz besorgniserregende Gerüchte über seinen Gesundheitszustand in Umlauf. Dies tat er immer, wenn er etwas ausheckte oder eine Krise voraussah, in die er nicht hineingezogen werden wollte. Diesmal agierte er über seine Frau, ohne dabei seinem Ansehen als Mitglied des Obersten Rates in irgendeiner Form zu schaden. In Petersburg indes bildete sich in jener Zeit eine Partei, die dafür eintrat, daß die Herzogin von Kurland ohne jegliche Bedingungen bzw. Konditionen, wie man sie damals auch bezeichnete, regieren sollte. Die Vertreter dieser Partei erklärten, daß Anna Anspruch auf das Erbe habe. Und Zeit vergeudete man auch nicht...

Zu Annas Helfern zählten auch ihre Schwestern, sowohl die Herzogin von Mecklenburg, eine tapfere und entschlossene Frau, als auch die kränkliche Praskowja, die jüngste der Geschwister. Andere Frauen, die freien Zutritt zu den Gemächern der Herrscherin hatten, beteiligten sich ebenfalls an der Verschwörung. Birons kleiner Sohn indes, der jeden Tag zur Zarin getragen wurde, fungierte als eine Art »Briefkasten«, versteckte man doch in der Kleidung des Kindes allerlei Briefe. Alles lief bestens, es traten keinerlei Hindernisse auf. An der Spitze der Palastwache stand ein Deutscher, mit dem Anna eine präzise Vereinbarung hatte, was diese Angelegenheit betraf.

Unterstützung kam schließlich auch von Seiten der Gardeoffiziere, die in der Person der neuen Zarin die legitime Thronerbin sahen. »Wir werden nicht zulassen, daß Ihrer Majestät Gesetze vorgeschrieben werden! Sie soll genauso ein absoluter Herrscher sein wie ihre Vorgänger!« riefen sie vor den Fenstern des Palastes. So vergingen nur wenige Wochen, und schon regierte die achte Vertreterin des Hauses Romanow, ohne sich in ihrem Status in irgendeiner Hinsicht von den Zaren vor ihr zu unterscheiden.

Nachdem Zar Peters Nichte bereits mit achtzehn Jahren Witwe geworden war, hatte sie gezwungenermaßen fern von Petersburg, fern von ihren Verwandten und Freunden, in einer für sie vollkommen neuen Umgebung leben müssen. Der Hof von Mitau folgte den Gewohnheiten eines gewöhnlichen, nicht allzu großen deutschen Hofes, so daß ihr dortiges Leben eintönig und freudlos verlief.

Die hochgewachsene, brünette Herzogin hatte schöne Augen und eine füllige, imposante Figur. Stets wandelte sie mit einem Schatten der Niedergeschlagenheit auf dem Gesicht, den sie durch ein liebenswürdiges Lächeln zu verdecken suchte, durch die Hallen des Mitauer Palastes. Anna liebte es, sich schön zu kleiden und verfügte über eine tadellose Haltung. Ihre Hauptbeschäftigung war das Reiten, was die russische Zarewna wirklich außerordentlich gut beherrschte, ferner auch die Jagd und das Schießen. Von den allerersten Tagen ihres Aufenthalts in Mitau an hatte sie Gefallen an Schußwaffen gefunden, war oft in den Wäldern Kurlands zur Jagd, und diese Leidenschaften verließen sie bis ans Ende ihrer Tage nicht mehr. In ihrem Zimmer standen stets geladene Gewehre bereit, hatte sie doch die Gewohnheit, aus dem Fenster auf vorbeifliegende Vögel zu schießen. Dabei erwies sie sich übrigens als eine sichere Schützin.

Zu keiner Zeit litt die junge Witwe unter einem Mangel an männlicher Aufmerksamkeit. Als Anna im fünfundzwanzigsten Lebensjahr stand, trug sich ein Ereignis zu, das nicht nur auf das Schicksal der zukünftigen Kaiserin, sondern sogar auf das Schicksal Rußlands einen wichtigen Einfluß haben sollte. Ein neuer Beamter aus der Kanzlei legte ihr einige Dokumente zur Unterschrift vor. Da die verwitwete Herzogin dabei in besonderer Weise auf ihn aufmerksam geworden war, erhielt er den Befehl, von nun an jeden Tag zu erscheinen, und nach gewisser Zeit machte Anna ihn zu ihrem Privatsekretär. Dieser junge Mann hieß Ernst Johann Bühren. Später änderte er seinen Nachnamen in »Biron« ab, und mit diesem sprach man ihn fortan auch in Rußland an.

Annas Privatsekretär stammte ursprünglich aus Westfalen. Sein Großvater hatte bei einem deutschen Herzog als Stallbursche gedient, und sein Vater, ein polnischer Offizier im Ruhestand, hatte in Kurland eine Farm erhalten und befaßte sich mit der Forstwirtschaft. Birons Mutter, eine geborene von Raab, träumte davon, daß ihr begabter Sohn eine angemessene Ausbildung erhalten solle und unterstützte seinen Wunsch, ein Studium aufzunehmen.

So studierte Ernst Johann Biron, ein energischer junger Mann, zunächst einige Semester in Königsberg. Natürlich zog auch das rastlose Studentenleben nicht spurlos an ihm vorbei, ja es hinderte ihn sogar daran, die Universität zu beenden. Er begann mit der aktiven Suche nach einem Anwendungsgebiet für seine außergewöhnlichen Fähigkeiten und begab sich im Jahre 1714 sogar nach Petersburg, um am Hofe von Prinzessin Charlotte Christiane, der Gemahlin von Zarewitsch Alexej, unterzukommen. Dieser Plan sollte sich allerdings nicht erfüllen, so daß der verhinderte Wissenschaftler schließlich nach Mitau reiste, wo er dann auch das Interesse der Herzogin auf sich zog. Nachdem sie Biron einmal in ihrer Nähe hatte, trennte sie sich bis zum Ende ihres Lebens nicht mehr von ihm.

Fünf Jahre, nachdem sie Bekanntschaft geschlossen hatten, verheiratete Anna ihn mit Benninge von Trotta-Treyden, ihrer ergebenen Hofdame. Diese war nicht gerade eine Schönheit und kränkelte ständig, ihr Gesicht war von den Pocken etwas entstellt, und auch durch besonderen Verstand konnte sie sich nicht hervortun. Biron selbst indes war ein relativ ansehnlicher Mann mittlerer Größe, gut gebaut, belesen, jedoch über die Maßen machtliebend und hochmütig. Ganz offensichtlich war dies keine Liebesheirat, sondern vielmehr eine »Vernunftehe«, die von der Herzogin gestiftet worden war, wollte sie sich doch dadurch von dem Verdacht freimachen, sie unterhalte eine intime Beziehung zu ihrem Sekretär. Alle drei lebten fortan nebeneinander im Herzogspalast in Mitau. Anna schenkte der Gemahlin ihres Günstlings, insbesondere seinen Kindern, große Aufmerksamkeit. In diesem Zusammenhang war sogar eine Version in Umlauf, gemäß der Frau Biron die Kinder lediglich als die ihren ausgegeben und sich während der Schwangerschaften ihrer Herrin Kissen um den Bauch gebunden habe, um vorzugeben, daß sie ein Kind erwarte. Angeblich habe die Herzogin diese Kinder selbst zur Welt gebracht. Das mag wirklich nur eine Spekulation sein, doch die Tatsache, daß Anna den Gemahl ihrer Hofdame und seine Sprößlinge so innig liebte, wird von allen Zeitgenossen bestätigt.

Der erste Schritt, den die alleinherrschende Zarin unternahm, bestand natürlich darin, ihren Privatsekretär in die russische Hauptstadt kommen zu lassen. Erneut lebten Anna und die Familie Biron zusammen, diesmal allerdings schon im Herrscherpalast am Ufer der Newa. Von diesem Zeitpunkt an war der Favorit der neuen Kaiserin sozusagen ihre rechte Hand und praktisch der Regent von Rußland.

Den Obersten Rat aber ließ Anna auflösen, und zur Leitung des Staates wurde das sogenannte Ministerkabinett gegründet, ein neues Organ, das faktisch zum geheimen Sekretariat der Herrscherin wurde. Seine Leitung übernahm Ostermann, dem es gelungen war, erfolgreich zwischen der deutschen und der russischen Partei zu manövrieren. Das Ministerkabinett verfügte über sämtliche Befugnisse des ehemaligen Obersten Rates und konnte Gesetze verabschieden. Seine Mitglieder scheuten sich nicht, sogar der Herrscherin selbst zu widersprechen. Erlasse des Kabinetts, die in Abwesenheit der Zarin verabschiedet wurden, hatten dieselbe Rechtskraft, als ob sie von der Kaiserin höchstpersönlich unterzeichnet worden wären.

Und tatsächlich kam es recht häufig vor, daß die Herrscherin nicht an den Sitzungen des Kabinetts teilnahm. Ostermann leitete de facto die Außen- und Innenpolitik Rußlands. »Ich mag es, wenn ein Untergebener nachdenkt, wenn man es ihm befiehlt, und nicht dann, wenn es ihm in den Sinn kommt«, so lautete das Credo seiner Regierung. Lediglich Biron konnte sich in Ostermanns Angelegenheiten einmischen, und zwar in diejenigen, die die oberste Leitung Rußlands anbetrafen, wenngleich er zu Annas Lebzeiten offiziell keinerlei Berechtigung dazu hatte. Doch obwohl er lediglich die Stellung ihres Kammerherrn innehatte, hatte die russische Herrscherin ihrem Geliebten die Befugnis erteilt, in ihrem Namen zu handeln. Bisweilen beklagte er sich gar: »Die ganze Last der Regierung liegt auf mir, da Ostermann meistens mit seiner Gicht zu Bette liegt, und alles muß doch seinen Gang gehen.«

Biron hatte jetzt seinen eigenen Hof und seine eigene Garde. Gelegentlich wurde er sogar mit dem Titel »Eure Hoheit« angesprochen, was zwar mehr oder weniger ein Fehler war, den er jedoch niemals korrigierte. Darüber hinaus galt es als besondere Gunst, direkten Zugang zu ihm zu haben. Im Jahre 1737 wurde Biron unter

Mitwirkung der Zarin zum Herzog von Kurland gewählt, und von diesem Zeitpunkt an pflegte er in einem Sessel zu sitzen, dessen Rückenlehne mit der goldenen Herzogskrone geschmückt war. Seine Leidenschaft für Prunk war kaum noch zu bändigen. Mit großer Sorgfalt widmete er sich seiner Toilette, betrachtete sich häufig im Spiegel, als wolle er sich bewundern, und setzte sich in Pose, so als sei es sein Ziel, alle durch sein Äußeres und seine imposante Erscheinung in den Bann zu schlagen. Auch seine Gemahlin fand Gefallen am Luxus und zeigte sich in Gesellschaft nur noch mit teuren Brillanten oder über und über mit Diamanten geschmückt, die Kenner auf zwei Millionen Rubel taxierten. Und wie prächtig waren Birons Equipagen und seine Dienerschaft, von welcher Schönheit waren seine Rösser! »Er ist ein großer Herr – es gibt in Rußland keinen, der höher gestellt wäre«, so sprach man über ihn.

Die Pferde wurden übrigens Birons größte Leidenschaft. Es hieß gar, er spreche mit diesen Tieren so, als seien sie richtige Menschen; mit Menschen aber spreche er, als seien sie Pferde. Dies komme daher, weil sein Charakter grob und heftig sei.

Viele jedoch hielten Biron für einen Mann mit großem Verstand und großartigen Talenten. In Petersburg verfügte er über eine beeindruckende Bibliothek, in der er sich gern aufhielt und viel Zeit verbrachte. Die Lektüre war überhaupt seine Lieblingsbeschäftigung. Doch obwohl Biron schon 1730 nach Rußland gekommen war, hatte er sich nicht einmal die Mühe gemacht, die russische Sprache zu erlernen, und so sprach er entweder deutsch oder gebrochen russisch, wobei er das Russische immerhin besser verstand, als er zeigte. Von den landesüblichen Bräuchen indes distanzierte sich der Favorit der Zarin, und gegenüber den einheimischen Hofbeamten verhielt er sich ausnahmslos von oben herab, verachtete viele von ihnen, wahrte nicht einmal den äußeren Anstand und stellte dazu noch überaus hohe Anforderungen an sie.

Den russischen Bediensteten jedoch fiel es ausnehmend schwer, sich an den harschen Ton zu gewöhnen, hatte doch seit Peters I. Tod niemand mehr etwas von ihnen gefordert.

Über Biron erzählte man sich die folgende Episode: Eines Tages fuhr er über eine Brücke, die grob und in aller Eile »zusammengeschustert« worden war, so daß er bei der Fahrt schrecklich durchgeschüttelt wurde. In seinem immensen Zorn verkündete er, er werde befehlen, all jene unter die Räder seiner Kutsche legen zu lassen, die für den Zustand der Straßen und Brücken zuständig waren, diese Aufgabe aber nicht mit dem gebührenden Verantwortungsbewußtsein wahrnahmen.

Biron war Deutscher, hatte stets viele Ausländer um sich versammelt, und da die eben geschilderte Strenge ausgerechnet von ihm ausging, wurde sie als Werk des Feindes aufgefaßt. Es heißt, daß es die Bevölkerung während Annas Regierungszeit nicht einmal mehr wagte, sich auf der Straße zu unterhalten, fürchtete sie doch, daß »ein Lauscher angestürmt kommt, das Gespräch auf seine Weise auffaßt, etwas hinzufügt oder wegläßt – und schließlich alles bei der Polizei vorträgt... Dann erwartet einen schließlich der lange und weite Weg nach Sibirien«. Biron selbst sagte nicht selten: »Bestrafe ich Verbrecher, so schimpft man mich einen Tyrannen und Despoten; fordere ich die Einhaltung des Gesetzes, so sagt man, das sei Gewalt; beachte ich einen Vertrag genau oder unterhalte ich politische Kontakte zu unseren Nachbarn, so hält man dies für Verrat.«

Während seiner Regentschaft wurden viele tausend Menschen zur Todesstrafe verurteilt oder nach Sibirien verbannt, unter anderem auch die Fürsten Dolgoruki, mit denen Annas Vorgänger auf dem Zarenthron so eng befreundet gewesen war. Kein Mitglied dieser Familie blieb von Birons Vergeltungszug verschont, sein Strafgericht war grausam. Vier Vertreter dieses adligen Geschlechts wurden als Staatsverbrecher hingerichtet, und Alexej Dolgoruki kam mit seiner Familie nach Sibirien. Nicht einmal Fürstin Katharina gegenüber ließ man Milde walten. Sie, die dereinst mit Peter II. verlobt gewesen war und sich bereits als Zarin gesehen hatte, wurde ins Kloster gesperrt, und zwar in eines der armseligsten Sibiriens, und befand sich während der gesamten Regierungszeit Annas unter verschärften Bedingungen in der Verbannung.

Eine Überlieferung besagt, daß eines Tages ein Offizier bei ihr im Kloster aufgetaucht sei, um den Verlobungsring zurückzufordern, den sie noch immer trug. »Schneidet mir den Finger ab! Freiwillig werde ich den Ring nicht zurückgeben. Er gehört mir von Rechts wegen«, antwortete sie. So stolz war die verhinderte Zarin. Kaiserin Elisabeth, die zehn Jahre später an die Macht kam, hob das strenge Urteil ihrer Cousine auf, ließ Peters II. ehemalige Braut an den Hof zurückkehren, umgab sie sogar mit dem früheren Glanz und der einstigen Pracht. Die Fürstin kam gealtert aus der Verbannung zurück, ihre Schönheit war geschwunden, doch der Stolz in ihrem Herzen war geblieben. Sie heiratete schließlich einen gewissen Grafen Bruce und starb bald darauf an einer heftigen Erkältung. Dies war in ihrem vierunddreißigsten Lebensjahr. Kurz vor ihrem Tode befahl sie, all ihre Kleider zu verbrennen, damit niemand anderer die Gewänder derer tragen konnte, die dereinst hatte Kaiserin werden sollen.

An der Spitze des russischen Staates standen also gleich zwei Deutsche – Ostermann und Biron. Doch eine große politische Rolle im Lande spielte noch eine weitere Person deutscher Abstammung, die sich ebenfalls Zarin Annas großer Zuneigung erfreute. Es handelte sich um Burkhardt Christoph Münnich, auf den Peter I. zehn Jahre zuvor aufmerksam geworden war und der jetzt für Biron zu einem mächtigen, nach Erfolgen strebendem Nebenbuhler wurde.

Seine Karriere in Rußland hatte er in jungen Jahren als Ingenieur begonnen, als Feldmarschall und großer politischer Funktionär beendete er sie schließlich.

Münnich stammte aus einer Bauernfamilie, zeichnete sich durch eine robuste Gesundheit aus und war eine Art Ergänzung zu Ostermann, der fortwährend über seinen Gesundheitszustand klagte. Die ausländischen Diplomaten berichteten über ihn: »Münnich ist ein Hofangehöriger aus dem Militär, ein kluger und für Rußland wahrhaft nützlicher Mann.« Und weiter: »Münnich ist ein Held, Ingenieur, ein ehrgeiziger Mann, ein Schürzenjäger. Was er ganz leidenschaftlich liebt, das sind glasierte Schinken und Frauen, vor allem aber der Ruhm.«

Münnich verheiratete sich in Rußland mit der Witwe von Hofmarschall Saltykow, einer Deutschen, deren Geburtsname Malzan war und die über vielfältige Kontakte verfügte. Seinen eigenen Fähigkeiten und den guten Beziehungen seiner Frau hatte es Münnich zu verdanken, daß er Vorsitzender des Militärkollegiums wurde. Während er diesen Posten bekleidete, gründete er in Petersburg das Kadettenkorps – die erste militärische Bildungseinrichtung im russischen Reich. Dort wurden etwa zweihundert Kinder aus Adelsfamilien ausgebildet. Neben den Grundlagen der Militärwissenschaften lernten sie hier Recht, Tanzen, Musik und Fremdsprachen, insbesondere deutsch. In die Kommandoposten der Armee und Flotte berief man allerdings, wie auch früher, Fachleute aus anderen Ländern. Münnich vereinheitlichte den in der Armee gezahlten Lohn, das hieß, die Ausländer, die unter Peter I. doppelten Sold erhalten hatten, bekamen ihr Entgelt nur noch in derselben Höhe wie die Russen.

Eine wichtige Umgestaltung, die während Anna Romanowas Herrschaft durchgeführt wurde, bestand darin, daß in den Städten eine Polizei eingerichtet wurde. Dies geschah nach einem Bericht eines deutschen Adligen, der sich bei einem Besuch in Astrachan an der Wolga über die stickige Luft und all den Unrat, der auf den Straßen herumlag, wunderte. Nach seiner Rückkehr legte der Deutsche einen Entwurf vor, wie Maßnahmen getroffen werden könnten, um die Gesundheit und Sicherheit der Stadtbevölkerung zu schützen. Die Kaiserin nahm diesen Vorschlag an und richtete in 23 russischen Städten Polizeiverwaltungen ein. Vorher hatte es solche Institutionen lediglich in Moskau und Petersburg gegeben.

Während Annas Regierung wurde neben all dem der Versuch unternommen, das Problem der Volksbildung in den Griff zu bekommen. Zu diesem Zweck wurden Grundschulen eingerichtet, allerdings ließ die dortige Unterrichtsmethode noch zu wünschen übrig. Als Lehrer fungierte irgendein Kirchendiener, der die Kinder oft in einen Raum sperrte, ihnen Aufgaben gab und dann seinen eigenen Angelegenheiten nachging. Um die Kinder aber daran zu hindern einzuschlafen, zwang seine Frau sie dazu, die Lektionen laut zu lernen und das Gelernte dann, aus vollem Halse schreiend, aufzusagen, wobei sie sich wenig darum kümmerte, was sie schrien.

Trotz allem erreichte das Bildungswesen in Rußland unter Kaiserin Anna ein höheres Niveau. In jenen Tagen machte der erste russische Wissenschaftler, Michail

Lomonossow, auf sich aufmerksam. Auch begann man mit der Herausgabe wissenschaftlicher Zeitschriften.

Ja, und in der Akademie der Wissenschaften hatten die deutschen Dozenten noch immer eine führende Rolle inne. Blumentrost war Präsident der Akademie, später wurde er von Keyserling und Korff abgelöst. Goldbach unterrichtete Recht, Weiterbrecht Physiologie, Krafft Physik, Groß Logik. Bayer begann, die Geschichte von Zar Alexej zu verfassen, ohne ein einziges Wort russisch zu beherrschen. Aus Westfalen kam, gerade einmal zwanzigjährig, ein gewisser Miller nach Petersburg. Zunächst unterrichtete er Geschichte und Geographie, später schrieb er mehrere Bücher und begründete in Rußland den Journalismus, indem er eine Zeitschrift mit dem Titel »Sankt Petersburger Nachrichten« herausgab.

Und auch am Zarenhof waren wohl mehr Deutsche als Russen vertreten. Da Anna den russischen Hofbeamten nicht besonders vertraute, umgab sie sich mit Ausländern und setzte sie auf die wichtigsten Posten in ihrem Staate. Diese Fremden waren weder Genies noch Musterbeispiele an Tugend, doch bei all dem Durcheinander, in das Peters unvollendetes Werk das Land gestürzt hatte, verstanden sie es wenigstens, die Interessen Rußlands in dieser schwierigen Zeit zu wahren.

So waren also Ausländer die Stütze der achten Herrscherin aus dem Hause Romanow. Auf ihre Treue konnte Anna setzen. Der alte russische Adel aber fühlte sich zurückgesetzt. »Die Deutschen haben unser russisches Land zertrampelt und wollen auch den Glauben an Christi unter ihre Herrschaft bringen,« so murrten die widerspenstigen Höflinge. Der deutsche Einfluß machte sich auch bei der Ernennung des Nachfolgers der Zarin bemerkbar. Anna umging Peters I. Tochter Elisabeth, die sie nicht besonders leiden konnte, und bestimmte ihren künftigen Großneffen, den noch ungeborenen Enkel ihrer älteren Schwester Katharina und des Herzogs von Mecklenburg zum russischen Thronfolger.

Bemerkenswert ist die Äußerung eines schwedischen Historikers, der etwa hundert Jahre nach der Herrschaft von Kaiserin Anna folgendes geschrieben hat: »… kein einziger Staat konnte sich zu jener Zeit rühmen, über derart kluge und geschickte Minister zu verfügen, wie das in Rußland der Fall war, wo es solche Leute wie Ostermann, Münnich und andere gab…«. Doch viele, die sich mit der Geschichte des russischen Landes beschäftigen, sind der Ansicht, es sei eine historisch offensichtliche Tatsache, daß die nationalen Elemente Rußlands nicht in der Lage waren, die Mittel, die ihnen die Natur und die Geschichte zur Verfügung stellten, ohne ausländische Hilfe und aus eigener Kraft zu nutzen. Genau dies trifft eigentlich auch auf die Gegenwart zu.

Wenn man in die Tiefen der Vergangenheit blickt und sich mit den Wappen des Hochadels beschäftigt, so wird eines ganz offenkundig: Die meisten Adelsfamilien im russischen Reich leiten ihre Herkunft von Ausländern ab, die zu unterschiedlichen Zeiten nach Rußland gekommen waren, um bei den dortigen Fürsten ihren Dienst anzutreten. Unter ihnen waren Griechen, Litauer, Schweden, Preußen, Österreicher, Polen und selbstverständlich Deutsche. Beim Durchblättern des sogenannten »Samtenen Buches« Rußlands, in dem die Liste der Adelsfamilien geführt wird, kann man viele interessante Entdeckungen machen. So findet man dort zum Beispiel folgende, nicht uninteressante Angaben: Die bekannten Familien Morosow, Saltykow, Scheremetjew und andere mehr haben deutsche Vorfahren. Von den 43 Feldmarschällen, die nach dem Jahre 1700 auf diesen Posten ernannt wurden, waren acht Deutsche und weitere 25 »russifizierte« Zuwanderer. Die Ahnen des bekannten Feldherrn Suworow beispielsweise stammten aus Schweden, Feldmarschall Kutusow – der große Held im Krieg gegen Napoleon im Jahre 1812 – hat seine Wurzeln in einer deutschen Familie.

Unter Kaiserin Anna standen drei Gardetruppen abwechselnd unter dem Kommando von Ausländern, und zwar von Feldmarschall Münnich, dem Prinzen von Braunschweig und von Gustav Biron. Diese drei stammten allesamt aus Deutschland, während der vierte ausländische Gardekommandeur, General Keith, Engländer war. Und wieviele der Diplomaten, Mediziner und Ingenieure erst waren nichtrussischer Abstammung! Die Deutschen selbst bekannten, daß die Mittel und die weiten Horizonte, die sich ihrem unternehmungslustigen Geist im unermeßlich großen Rußland eröffneten, ihre natürlichen Neigungen beträchtlich erweitert hätten.

Es ist einfach erstaunlich, wie eng Deutschland und Rußland miteinander verflochten waren...

Nach ihrer Krönung lebte die Kaiserin etwa zwei Jahre lang in Moskau, wo großartige Feste veranstaltet wurden, die sich durch einen vorher noch niemals dagewesenen Luxus auszeichneten. Danach zog die Herrscherin nach Petersburg um und ließ sich im Hause von Graf Apraxin nieder. Der ehemalige Admiral hatte dieses Haus seinerzeit Peter II. geschenkt, Anna erweiterte es in beträchtlichem Umfang und verwandelte es in einen Palast, der als der neue Winterpalast bezeichnet wurde. Der alte Winterpalast hingegen, in dem Peter I. und Katharina I. gestorben waren und in dem heute die Eremitage untergebracht ist, wurde ihrem großen Hofstaat zur Verfügung gestellt. Alles war nach europäischem Vorbild eingerichtet.

Anna, Witwe eines deutschen Herzogs, hatte bereits während ihres Aufenthalts in Mitau das Bestreben, die Lebensweise der modernen deutschen Höfe zu übernehmen, welche ihrerseits vom französischen Versailles begeistert waren. Schon in jener Zeit zeichnete sie sich durch ihre Liebe für alles Zeremonielle aus. Weder Peter I. noch Katharina I. hatten einen Hof im eigentlichen Sinne des Wortes gehabt, das heißt, einen Hof mit seiner komplizierten Organisation und seinem dekorativen

Prunk, eine Hofhaltung also, wie sie in den Ländern Westeuropas üblich war. Peter hatte praktisch alles beseitigt, was die Erhabenheit und den Pomp seiner Vorgänger ausmachte, lebte selbst in einem kleinen Häuschen, reiste lediglich in einem Einspänner und trug monatelang einunddasselbe Gewand. Mit Ausnahme der Posten einiger Kammerherren mußte also alles von neuem geschaffen werden, darüber hinaus im Geist der Moderne, und Anna nahm sich all dies auch vor.

Nicht wenig Platz an ihrem Hofe nahmen Tiere ein, insbesondere Vögel, und so standen nahezu in allen Räumen des Palastes Vogelkäfige. Die Liebe zu diesen Tieren hatte sich Anna wohl aus den Zeiten ihrer Kindheit in Ismailowo bewahrt. Ihre Mutter Praskowja hatte die Vögel wie sie geliebt. Besondere Aufmerksamkeit verwandte die Zarin auf die Papageien, die sie in unterschiedlichen Farben und Rassen besaß und die von einem Deutschen dressiert wurden.

Das Leben bei Hofe war buchstäblich als brodelnd zu bezeichnen. Die Kaiserin gab Bälle, veranstaltete Maskeraden und andere Vergnügungen, eröffnete ein Theater, an dem Künstler aus anderen Ländern engagiert wurden, unter anderem auch Mitglieder der italienischen Oper, die bei der gehobenen Gesellschaft der russischen Hauptstadt große Erfolge feierten. Gleichzeitig entwickelte sich auch in der Kleidung ein nie dagewesener Luxus. Eigentlich tauchte erst zu Annas Zeiten in Rußland erstmals der Begriff »Mode« auf. Es war untersagt, sich zweimal in derselben Garderobe bei Hofe sehen zu lassen, und noch etwas: Niemand wagte es gar, in einem schwarzen Kleid im Palast zu erscheinen.

Die Zarin selbst bevorzugte helle Farben. Wochentags trug sie gewöhnlich ein langes, weit geschnittenes grünes oder blaues Kleid und band sich ein rotes Tuch um den Kopf, als ob sie ihre geliebten Papageien äußerlich nachahmen wolle.

Besondere Raffinesse ließ sie bei den Tischgesellschaften erkennen. So wurden Szenen der Trunkenheit bei Hofe selten, und in vielen Häusern führte man den Brauch ein, seinen Tisch nach westlichem Vorbild sozusagen »offen« zu halten. Die Häuser selbst wurden nach und nach geräumiger, man richtete sie mit ausländischen Möbeln ein, schmückte die Wände mit Spiegeln und Tapeten. Zu einer unabdingbaren Form des Zeitvertreibs entwickelte sich das Kartenspiel.

Nach der Beschreibung von Zeitgenossen war der Tag der Herrscherin folgendermaßen aufgeteilt: Sie stand spätestens um acht Uhr morgens auf, machte ihre Morgentoilette und trank Kaffee, bevor sich um neun Uhr die Minister und Sekretäre bei ihr einfanden. Sie unterschrieb Dokumente, oftmals ohne sie überhaupt gelesen zu haben, und begab sich anschließend in die Manege, wo Birons wunderschöne Pferde standen. Anna fand Gefallen daran, sie anzusehen und etwa eine halbe Stunde lang zu reiten. Dann widmete sie sich eine Weile dem Schießen. Vormittags gab sie ab und zu Audienzen, kehrte aber anschließend jedesmal in den Palast zurück und aß mit der Familie Biron zu Mittag. Nach dem Mahl legte sich die

Zarin gemeinsam mit ihrem Favoriten zur Ruhe, während sich Frau Biron bescheiden mit den Kindern zurückzog.

Manchmal wurde eine Jagd veranstaltet, was die Kaiserin übrigens stets als ihren liebsten Zeitvertreib ansah. In den Zeitungen wurde oftmals von ihren Jagdtrophäen berichtet – einmal erlegte sie ein Wildschwein, ein andermal sogar einen riesengroßen Bären…

Die Abende verbrachte Anna ebenfalls mit verschiedenen Beschäftigungen, meist mit dem Billardspiel. Dabei gewann sie fast immer, ohne daß ihr der jeweilige Spielpartner dabei Vorteile einräumen oder Zugeständnisse machen mußte. Auch spielte sie gern Karten oder amüsierte sich mit ihren Narren. Die Herrscherin umgab sich mit regelrechten Hofnarren, die Leibeigene, einfache Bürger der Stadt oder sogar Vertreter des örtlichen Hochadels sein konnten, scherzte gern mit ihnen, erwartete von ihnen Unterhaltung und Spaß.

Weit über die Grenzen Rußlands hinaus verbreitete sich die Geschichte vom sogenannten Haus aus Eis, die sich während Annas Regierung zutrug. Man hatte beschlossen, Fürst Golizyn, der als berufsmäßiger Hofnarr der Zarin fungierte, mit einer armen Kalmückin namens Busheninowa zu verheiraten. Die Zarin war ihr besonders wohlgesonnen. Die unschöne Kalmückin hatte den Wunsch zu heiraten geäußert, den ihr die Kaiserin mit diesem Spektakel erfüllte. Bei Hofe sowie in den Adelsfamilien waren Kalmücken bzw. Kalmückinnen zu jener Zeit in nicht minderem Maße in Mode wie auch Hofnarren und Spaßmacher. Gern schenkte man sich gegenseitig Kinder asiatischer Herkunft genau so, wie man einen teuren Hund oder ein Pferd verschenkte. Diese Kalmücken wurden dann orthodox getauft, entsprechend geschult und sozusagen zu anständigen Leuten gemacht.

Nun machte man sich also auf Befehl der Herrscherin an die sorgfältige Vorbereitung dieser Narrenhochzeit zwischen dem Fürsten und der Kalmückin. Man beschloß, für Bräutigam und Braut ein Haus aus Eis zu errichten, in dem sie ihre Hochzeitsnacht verbringen sollten. Dieses Haus aus Eisbrocken entstand schließlich unweit des Winterpalastes. Auch seine Inneneinrichtung – die Kamine, Spiegel, Uhren, Tische, Stühle und das große Bett – waren aus Eis, darüber hinaus gar die Matratze, die Decke und die Kissen. Dieses eigentümliche Haus war ungewöhnlich hübsch, insbesondere nachts, wenn es im Licht der Feuerwerke und der übrigen Beleuchtung glitzerte und sich mit tausend Farben überzog. So ein Wunderwerk war in keinem anderen Land als in Rußland jemals geschaffen worden. Seinen Anteil leistete allerdings auch der rauhe und harte Winter des Jahres 1740. Eine ausführliche Beschreibung des wundersamen Hauses gab der Physikprofessor Wolfgang Krafft, Mitglied der Petersburger Akademie und Augenzeuge dieses Ereignisses.

Nach dem Hochzeitsritual, das, wie es sich gehörte, in der Kirche stattfand, führte die Prozession der von Ziegen und Schweinen gezogenen Schlitten vor dem Zarenpalast vorbei über die Petersburger Hauptstraßen und machte in Birons Manege Halt, wo ein luxuriöses Mittagessen aus einer Vielzahl verschiedenen Speisen vorbereitet war. Mit Anbruch der Dunkelheit bewegte sich der Zug zum Haus aus Eis. Die Jungvermählten wurden unter Salutschüssen, die aus sechs vor dem Hause stehenden Eiskanonen abgegeben wurden, ins Schlafzimmer geleitet, wo sie dann eingesperrt wurden. Der Hochzeitszug wurde aufgelöst, vor die Tür wurden Wächter beordert, die die jungen Leute daran hindern sollten, das Haus vor Tagesanbruch zu verlassen. Die frisch Verheirateten blieben alleine zurück, und wo sie sich auch hinsetzten, was sie auch berührten, alles war aus Eis, von allen Seiten kam Kälte.

Anfangs versuchten Fürst Golizyn und seine Gemahlin, die Kälte zu bekämpfen, indem sie im Zimmer hin und her liefen, sprangen, tanzten, an die Türe klopften und die Wächter anflehten, sie zu befreien. In ihrer Verzweiflung versuchten sie gar, die Wand zu zerstören, doch die Gruft aus Eis erwies sich als viel zu hart für ihre Kräfte.

Schließlich ließen sie sich entkräftet auf dem Bette nieder, die Augen fielen ihnen zu, und der Tod kroch in ihre unterkühlten Körper. Sobald es zu dämmern anfing, öffneten die Wächter die Türe und fanden die Jungvermählten in einem todesähnlichen Dämmerzustand vor. Nur dank der Hilfe eines Arztes gelang es, die beiden schließlich ins Leben zurückzuholen. Fürst Golizyn und seine Gemahlin überlebten also diese Prüfung. Nach Kaiserin Annas Tode erhielten sie die Genehmigung, ins Ausland zu reisen, wo die Kalmückin bald darauf starb und ihrem adligen Gemahl zwei Söhne hinterließ.

So waren die Sitten, die am Hofe dieser Zarin herrschten! Unter dem westlichen Schliff kamen immer noch die Wesenszüge einer mangelnden Bildung, der Grobheit und Wildheit zum Vorschein. In jener Zeit war in Petersburg folgender Witz in Umlauf: »Ein Franzose, ein Deutscher und ein Russe trinken zusammen Wein, und in jedes ihrer Gläser fällt eine Fliege. Als er es bemerkt, gießt der Franzose den Wein mit Widerwillen weg, der Deutsche holt die Fliege mit den Fingern heraus, wobei er eine angewiderte Grimasse macht, trinkt aber den Inhalt des Glases noch. Der Russe hingegen trinkt den Wein, ohne mit der Wimper zu zucken, zusammen mit der Fliege aus, damit ihm nur ja nichts verloren geht.«

Trotz all dem Luxus herrschte im Lande Armut. Das Volk befand sich auf einem äußerst niedrigen Niveau, was seine intellektuelle Entwicklung anbetraf, und war von seinen Sitten her grob und ungehobelt. Die Bauern waren ohne eigene Initiative, nur ergeben und gehorsam. Die Religion lief auf die Durchführung der Zeremonien im Gottesdienst hinaus und bildete lediglich einen rituellen Hintergrund. Die russischen Männer hielten, wenn sie den Saal eines Hofbeamten betraten, bisweilen Bilder im Goldrahmen für Ikonen und machten vor ihnen fromm das Kreuzeszeichen.

Damit diejenigen, die ein Stückchen Land besaßen, ihre Steuern bezahlen konnten, mußten sie ihren Grund und Boden bestellen. Zu diesem Zweck wurden den Gutsherrn Bauern zugeordnet, die ihr ganzes Leben lang Fronarbeit für sie zu leisten hatten. So entwickelte sich in Rußland die Leibeigenschaft. Der Landmann war an die Scholle gebunden, um seinen Herrn und darüber hinaus auch die russische Armee zu ernähren, für deren Unterhalt der arme russische Staat nicht aufkommen konnte. Von nun an ging man dazu über, das Vermögen eines Bürgers daran zu messen, wieviele Seelen an Leibeigenen er hatte – er galt um so reicher, je mehr Leibeigene ihm gehörten. Sogar Bestechungsgelder wurden damals in der Währung »Seelen« gezahlt.

In ihren letzten Lebensjahren zeigte Zarin Anna eine besondere Vorliebe für Horoskope. Sie hatte übrigens schon lange etwas für die Wahrsagerei übrig, seitdem ihr ein gewisser Buchner noch in Kurland den Thron prophezeit hatte. Der bereits erwähnte Professor Krafft, der auch als persönlicher Astrologe der Kaiserin fungierte, sagte ihr anhand der Konstellation der Sterne ihren baldigen Tod voraus. Sie, eine schwermütige, wohlbeleibte Frau mit angeschwollenen Beinen, schon etwas gebückt und keine so imposante Erscheinung mehr, lief langsam durch ihre luxuriösen Palastgemächer und verließ sie nur noch selten. Aufgrund ihrer ständigen Schwäche und der Vorahnung ihrer Todesstunde widmete sie sich den Belangen des Staates überhaupt nicht mehr. Ihr geliebter Biron indes bereitete sich schon darauf vor, den Platz des Regenten einzunehmen.

Eines Tages im Herbst 1740, nachdem die Kaiserin aus Petershof, wo sie gewöhnlich den Sommer verbrachte, in die Hauptstadt zurückgekehrt war, speiste sie wie üblich mit ihrem treuen Freund zu Mittag. Plötzlich wurde ihr übel, sie verlor das Bewußtsein. Man trug sie in ihr Zimmer und legte sie auf ihr Bett. Die Ärzte waren sehr beunruhigt, da so etwas bisher noch nicht vorgekommen war, obwohl die Zarin schon eine gewisse Zeit lang an einer Erkrankung der Harnleiter gelitten hatte. Sobald die Herrscherin wieder zu sich gekommen war, richtete sie ihre ersten Worte an Biron, der sich über sie neigte: »Es tut mir leid um dich«, sagte sie zu ihm, »ohne mich wird dir kein Glück beschieden sein.«

Noch während der Krankheit der Zarin kam die Frage auf, wer denn den Staat bis zur Volljährigkeit des zukünftigen Kaisers – des noch kleinen Jungen, den sie sich zum Nachfolger bestimmt hatte – regieren solle: Ihre Nichte Anna hatte vor zwei Monaten einen Sohn geboren. Die einflußreichsten Männer bei Hofe – Ostermann, Münnich und andere – verwiesen auf Biron. Die Kaiserin pflichtete der Meinung ihrer Untergebenen nicht gleich bei, fürchtete sie doch, durch diese Ernennung das Nationalgefühl der Russen zu beleidigen, die ohnehin eine negative Einstellung zu Biron und den Deutschen überhaupt hatten. Doch einen Tag vor ihrem Tode unterschrieb sie schließlich einen Erlaß, mit dem sie seine Ernennung zum Regenten verfügte, wobei sie ihrem Freund zuflüsterte: »Damit habe ich deinen Untergang besiegelt.«

Und dann hatte ihr Stündchen geschlagen. Die zehnjährige Herrschaft Anna Romanowas war zu Ende. Im Spätherbst des Jahres 1740 starb die Kaiserin unter qualvollen Leiden an einer Nierenkrankheit. Siebenundvierzig Jahre war sie alt geworden – genau wie seinerzeit auch ihr Urgroßvater, der erste Vertreter dieser Dynastie auf dem russischen Thron.

Über die Regierungszeit dieser Zarin gibt es geteilte Meinungen. Manche sind der Ansicht, daß ihre Herrschaft eines der traurigsten Kapitel in der russischen Geschichte sei, andere hingegen vertreten genau den entgegengesetzten Standpunkt und meinen, daß sie trotz ihrer nicht allzu großen geistigen Fähigkeiten und ihrer mangelnden Bildung über »einen klaren Blick und über gute Urteilsfähigkeit« verfügt habe.

Anna war jegliche Ehrsucht fremd. Schmeicheleien liebte sie ganz und gar nicht. Sie kümmerte sich sehr um Ordnung und war bemüht, nichts übereilt zu tun und alles vorher mit klugen Leuten zu beraten. Ihr zur Seite standen sachkundige und erfahrene Verwalter, die freilich ausländischer Abstammung waren, darunter auch kluge und talentierte Mitstreiter ihres Onkels, Peters des Großen. Diese hatten schon lange begriffen, daß sich Rußland ohne strenge Ordnung und Aufklärung niemals an die westliche Zivilisation würde annähern können.

Ioann VI. (auch Iwan VI.)
geb. 1740, Kaiser seit 17. Oktober 1740, abgesetzt
am 25. November 1741, gest. 16. Juli 1764

Anna Leopoldowna
(Elisabeth Katharina Christina)
Prinzessin von
Mecklenburg-Schwerin
*1718 † 1746

⚭ 1739

Anton Ulrich
Prinz von Braunschweig-
Wolfenbüttel
* 1714 † 1776

Ioann VI. Romanow
* 1740 † 1764

Katharina
* 1741 † 1807

Jelisaweta
* 1743 † 1782

Peter
* 1745 † 1798

Alexej
* 1746 † 1787

Annas Tod verursachte keinerlei Debatten über die Thronfolge. Diese Frage war schon weitaus früher geklärt worden, und zwar im Jahre 1731, als nach dem Willen der Zarin der damals noch ungeborene Sohn ihrer einzigen Nichte, der Tochter ihrer ältesten Schwester also, zum Erben des russischen Throns bestimmt wurde.

Zu jener Zeit war die Nichte Elisabeth Katharina Christina gerade einmal dreizehn Jahre alt geworden und selbstverständlich noch nicht verheiratet. Zwei Jahre nach Veröffentlichung dieses Manifestes über die Thronfolge nahm die deutsche Prinzessin den orthodoxen Glauben und – zu Ehren ihrer kaiserlichen Tante – den Vornamen Anna an. Unter dem Namen Anna Leopoldowna ging sie später in die Geschichte ein. Im Alter von zwanzig Jahren wurde sie mit Prinz Anton Ulrich von Braunschweig-Wolfenbüttel, der vier Jahre älter war, verheiratet.

Die engen Beziehungen zum Hause Braunschweig, das in jener Zeit aus vier Zweigen – dem Beverner, Blankenburger, Wolfenbütteler und Lüneburger Zweig – bestand, hatten mit der Ehe des russischen Zarewitschs Alexej und der Prinzessin Charlotte Christiane von Braunschweig-Wolfenbüttel ihren Anfang genommen. Anton Ulrichs Mutter, Antoinette Amalia mit Namen, war Charlottes leibliche Schwester. Auf diese Art und Weise war Annas Gatte gleichzeitig Vetter von Peter II. Die Familie von Braunschweig benötigte ständig materielle Unterstützung und erhielt Zuwendungen aus dem russischen Herrscherhaus.

Um für die Nichte der russischen Kaiserin einen Bräutigam zu finden, erhielt Karl Löwenwolde, Stallmeister ihrer Majestät, den Auftrag, alle deutschen Höfe zu bereisen und Verhandlungen über eine mögliche Eheschließung zu führen. Er war es auch, der schließlich den Prinzen von Braunschweig-Wolfenbüttel, den Neffen von Kaiserin Elisabeth Christina, der Gattin des Kaisers Karls VI., als Heiratskandidaten vorschlug.

Er war ein junger Mann, der noch am Anfang seines Lebensweges stand. Seine Verwandten, der Kaiser und die Kaiserin, überredeten ihn, Löwenwoldes Angebot anzunehmen, und so gab er sein Wort, nach Rußland zu kommen und in die Dienste dieses Landes zu treten.

An Anton Ulrich war nichts, was ihm Anziehungskraft hätte verleihen können; er war weder ein kluger Kopf noch von besonderer Schönheit, dafür aber hatte er ein gutes Herz. Er kam nach Petersburg, wurde der russischen Zarin vorgestellt und gefiel ihr zunächst überhaupt nicht. »Ihm fehlt Verstand, und Tatkraft hat er ebenfalls keine«, so lautete ihr erster Eindruck. »Doch das ist genau das, was gebraucht wird«, flößten der Herrscherin die sogenannten »Deutschen« ein, die sich im Umfeld ihres Throns befanden. So ließ denn Anna, ihren Beratern zustimmend, verkünden, daß der Prinz von Braunschweig der Bräutigam ihrer Nichte sei. Die Braut, ein fünfzehnjähriges Mädchen, brach in Tränen aus, da sie in den schönen Grafen

Karl Moritz Lynnar verliebt war, den sächsischen Gesandten. So wollte sie keinen einzigen Gedanken an einen anderen Mann zu verschwenden. Doch eine Möglichkeit, ihrer Tante, der Zarin, den Gehorsam verweigern, gab es nicht, und so war sie gezwungen, in diese Ehe einzuwilligen. Graf Lynnar wurde unter einem passenden Vorwand nach Deutschland gesandt. Die Gouvernante der Prinzessin, die aus Preußen stammende Frau Aderkas, wurde in ihre Heimat zurückgeschickt, da man sie beschuldigte, sie habe als Vermittlerin zwischen dem jungen Mädchen und dem Grafen fungiert.

Fünf Jahre lang blieb der Prinz am Petersburger Hof und wartete darauf, daß seine Braut die Volljährigkeit erreichte. In dieser Zeit erwarb er sich weder Ruhm beim Adel noch Aufmerksamkeit seitens seiner zukünftigen Gemahlin.

»Nun, was ist er für ein Mann? Man braucht ihn nur etwas anzuschnauzen, und schon wird er ängstlich und beginnt zu stammeln, als ob er schon im voraus seine Schuld für irgend etwas zugeben wolle. Ja, und äußerlich ist er mir einfach zuwider...«, so äußerte sich die Nichte der Herrscherin ihrer Freundin Juliane Mengden gegenüber, die der einzige Mensch war, dem sie all ihre Geheimnisse anvertrauen konnte.

Im Juli 1739 wurde Anna dann mit dem Manne verheiratet, dem sie keinerlei Sympathie entgegenbrachte. Trotz der ihr angeborenen Güte benahm sie sich ihm gegenüber ganz und gar nicht liebenswürdig. Die ganze Nacht nach der Hochzeit verbrachte die Jungvermählte allein im Letni Sad, dem Sommergarten, da sie das Lager nicht mit ihrem ungeliebten Ehegatten teilen wollte. Man kann sich den Zorn der Kaiserin vorstellen, der man natürlich sofort berichtete, was sich zugetragen hatte. Es hieß, sie habe Anna, schon Prinzessin von Braunschweig, zu sich rufen lassen, ihr ein paar Ohrfeigen gegeben und ihr eingeschärft, eine Ehefrau solle sich ja nicht unterstehen, die Erfüllung ihrer ehelichen Pflichten zu verweigern. So brach sie schließlich den Starrsinn ihrer Nichte.

Genau ein Jahr später wurde dem jungen Ehepaar ein Sohn geboren, der zu Ehren seines Urgroßvaters den Namen Ioann erhielt. Zwei Monate nach seiner Geburt gab die Zarin ein Manifest heraus: »... zum legitimen Erben nach meinem Ableben bestimme ich meinen Enkel, Prinz Ioann.« So sollte also nach dem Tode der Herrscherin Anna jemand Zar werden, der als Deutscher betrachtet wurde – war er doch väterlicherseits Braunschweiger und mütterlicherseits Mecklenburger und mit der Familie Romanow nur durch seine Großmutter, die ältere Schwester der russischen Zarin, verwandt.

Gleich nachdem die Kaiserin gestorben war, fanden sich die Eltern des jungen Zaren, der Prinz und die Prinzessin von Braunschweig, im Palast ein, wo sich bereits sämtliche hochgestellte Hofbeamte versammelt hatten. Biron wandte sich an die

Anwesenden und unterbreitete den Vorschlag, man solle den letzten Willen der verblichenen Zarin anhören. Nachdem dies geschehen war, herrschte im Saale Totenstille, war doch das, was man da eben vernommen hatte, für die Mehrzahl der Hofangehörigen etwas völlig Unerwartetes. Laut Testament der entschlafenen Herrscherin wurde Prinz Ioann zum Erben des russischen Throns bestimmt, als Regent des Staates wurde bis zur Volljährigkeit des neuen Zaren – Ioanns VI. – Biron ernannt, der Herzog von Kurland. So erhielt dieser also die ganze Macht, um sämtliche Belange des Staates – die Innen- wie die Außenpolitik – in seine Hände zu nehmen. Nachdem die Anwesenden dies vernommen hatten, wandten sie ihren Kopf fast unwillkürlich den Eltern des Knaben zu, der Zar wurde. Ohne ein einziges Wort zu sagen und ohne ihr Erstaunen erkennen zu lassen, verließen der Prinz und die Prinzessin sofort den Palast, hatten sie doch gehofft, daß einer von ihnen zum Regenten ernannt werden würde. Die Angehörigen des Zarenhofs aber schworen Ioann sofort ihre Treue und wandten sich der Reihe nach an den strahlenden Biron, um ihn zu seinem hohen Rang zu beglückwünschen.

Der Senat verlieh dem Regenten den Titel »Eure Hoheit« und genehmigte ihm ein Entgelt in Höhe von einer halben Million Rubel pro Jahr. Das war eine nicht gerade kleine Summe! Der Regent selbst bewilligte, bereits in der Funktion eines Oberhaupts der Staatsregierung, den Eltern des neuen Zaren seinerseits ein Entgelt von 200 000 Rubeln im Jahr, und für Zarewna Elisabeth, Peters des Großen Tochter, die ständig in Geldnöten war, 50 000 Rubel. Diese Gefälligkeit sollte sie ihm nicht vergessen.

Am nächsten Tag wurde der kleine Ioann unter großen Feierlichkeiten in den Winterpalast gebracht. Der Festzug wurde von den Gardisten sowie vom Regenten angeführt. Biron schritt stolz vor dem Sessel einher, auf dem das Kind, im Arm einer Amme liegend, getragen wurde.

Seine Mutter, die Prinzessin, folgte mit Julia Mengden, dem Hoffräulein, dem sie am meisten zugetan war, in einer Paradekutsche. Im Palast dann gratulierte man dem Regenten erneut und küßte ihm die Hand oder die Schöße seines Mantels. Er strahlte vor Stolz übers ganze Gesicht und konnte nur mit Mühe seine Freudentränen verbergen. Der neue Zar indes, der vor einer Woche gerade einmal zwei Monate alt geworden war, brach in Tränen aus und demonstrierte dadurch seine offensichtliche Unzufriedenheit mit allem, was um ihn herum vorging, als ob er das schreckliche Schicksal, das ihm bevorstehen sollte, buchstäblich erahne.

Da er sich von seiner besten Seite präsentieren wollte, begann der ehemalige Favorit der verstorbenen Kaiserin seine Regentschaft mit Gnadenakten: Er hob einige Todesurteile auf, gab ein Manifest über die strenge Einhaltung der Gesetze und über die Gerechtigkeit der Rechtsprechung heraus, senkte die Steuern und führte Beschränkungen in bezug auf den Luxus des Alltagslebens bei Hofe ein. Er befahl sogar, daß die Wachtposten im Winter Pelze erhalten sollten, damit sie bei Frost nicht »übermäßig an Kälte leiden müßten«. Durch diese Maßnahmen hoffte der Regent seine Autorität im Volke zu vergrößern. Mit den Eltern des jungen Zaren aber wählte er einen harten Umgangston, obwohl er laut Testament der verstorbenen Kaiserin verpflichtet gewesen wäre, sich Prinzessin Anna und ihrem Gemahl gegenüber respektvoll zu verhalten. Er behandelte sie spürbar von oben herab und nutzte seine Macht dazu, Prinz Anton Ulrich sogar aller seiner Würden zu entheben und ihn unter Hausarrest zu stellen, da er angeblich an der Vorbereitung einer Verschwörung gegen ihn teilgenommen habe.

Es war ein Gerücht im Umlauf, demgemäß er angeblich die Absicht hegte, den Prinzen von Braunschweig zusammen mit seiner Gemahlin nach Deutschland zu schicken, das Kind aber von Anfang an völlig seinem eigenen Willen zu unterwerfen. So wurden der sechsundzwanzigjährige Anton Ulrich, der sich übervorteilt fühlte, und Biron, der nach dem Willen seiner Freundin, der Zarin, an die Macht gekommen war, erbitterte Feinde.

Andererseits ließ der Regent gegenüber der schönen Zarewna Elisabeth, die zu jener Zeit einen lockeren Lebenswandel führte und einen Liebhaber nach dem anderen hatte, besonderen Respekt und sogar beinahe Dienstfertigkeit erkennen. Ferner nahm er eiligst die Verhandlungen mit Karl Friedrich, dem Prinzen von Holstein, über die Verheiratung dessen Sohnes, des Enkels Peters des Großen, mit seiner Tochter Hedwig wieder auf. Dieses Mädchen war keine Schönheit und hatte sogar einen kleinen Buckel, doch sie verfügte von Natur aus über große Fähigkeiten und Verstand. Diese Ehe war schon beinahe beschlossene Sache, und Biron war über die Maßen stolz darauf, daß er – wenn auch indirekt – mit der Familie Romanow verwandt werden sollte.

Doch dann kam es zu einer Katastrophe…

Die Eltern des kleinen Zaren, die in der Person des Regenten eine Bedrohung für ihre eigene Stellung sahen und in Hofintrigen unerfahren waren, wandten sich mit der Bitte um Unterstützung an Feldmarschall Münnich und Graf Ostermann, von denen sie schon mehrmals zur Vorsicht gemahnt worden waren. Beide Hofbeamte schlugen sich auf die Seite der Zareneltern, da sie im neuen Regenten auch einen klaren Konkurrenten für sich selbst sahen. Diese Staatsmänner hatten ziemlich gut verstanden, daß sie sich selbst nicht in Sicherheit wähnen konnten, denn sobald sie Biron nicht mehr gebraucht hätte, würden sie einfach von der politischen Bühne vertrieben werden. Nachdem sie Anna Leopoldownas Zustimmung zur Verhaftung Birons erhalten hatten, drang Münnich schließlich im Dunkel der Nacht zusammen mit dem Grafen Löwenwolde, dem Geheimrat Baron von Mengden, den Generälen von Mannstein und von Bismarck sowie mit einigen Offizieren in Birons Palast ein. Seinem Adjutanten befahl Münnich, mit Grenadieren in das Schlafzimmer des Regenten vorzudringen. Den diensthabenden Offizieren wurde erklärt, daß sie auf Befehl der Mutter des Zaren agierten. Die Wächter, die vor der Tür der Privatgemächer der Familie Biron standen, leisteten keinerlei Widerstand und gewährten Münnichs Leuten Zugang ins Schlafgemach.

In der Mitte des geräumigen Zimmers stand eine große Bettstatt. Die Ehegatten, die sich friedlich auf ihrem luxuriösen Lager ausgestreckt hatten, schliefen so fest, daß sie die Schritte der Eintretenden nicht hörten. General von Mannstein trat ans Bett, zog den Vorhang zurück und rief mit lauter Kommandostimme: »Wacht auf!«

Die Augen öffnend, fragte Biron zornig: »Was ist? Was sucht Ihr hier?«

Kurz darauf wurde der halb entkleidete Regent, der sich verzweifelt vor den Gewehrkolben der Gardeoffiziere zu schützen suchte, an den Haaren aus dem üppigen Palastbett gezogen und, nachdem man ihm einen Soldatenmantel übergezogen hatte, aus dem Hause geschleppt.

Dies war wirklich wie ein Blitz aus heiterem Himmel gekommen! Später hieß es, zwei Deutsche hätten sich den russischen Staat wie einen Bierkrug gegenseitig aus den Händen gerissen.

Biron wurde mit seiner Familie in die Festung Schlüsselburg gebracht, und auch seine nächsten Verwandten und Vertrauten wurden verhaftet. Der gesamte Besitz des Regenten wurde konfisziert. Welch bisher niegesehenen Reichtum hatte er in den Jahren, da er dem russischen Thron diente, angesammelt – ein mit Edelsteinen geschmückter Toilettentisch aus massivem Gold war darunter, auch prächtiges Geschirr, Vasen, und und und... Zur allgemeinen Verwunderung wurde auch ein dicker Packen unbezahlter Rechnungen über einen Betrag von insgesamt mehr als 300 000 Rubel gefunden. Der reiche Mann hatte gern genommen, aber selten gezahlt, und niemand fand den Mut, von ihm das Geld für gekaufte Waren einzufordern.

So war also der Regent des nominellen Herrschers Ioann VI., des neunten Zaren aus der Romanow-Dynastie, verhaftet worden. Bis zur Volljährigkeit des Knaben wurde seine Mutter, die Prinzessin von Braunschweig, zur Regentin des Staates ernannt. Biron wurde vor ein Gericht gestellt und nach langwierigen Ermittlungen zur Todesstrafe verurteilt, die dann in Verbannung nach Sibirien umgewandelt wurde. Zu seiner Bewachung entsandte man einen Gardeoffizier dorthin, um seine Seele sollte sich ein lutheranischer Pastor kümmern. Auch durfte Biron von seinem Leibarzt begleitet werden. Münnich, ein leidenschaftlicher Ingenieur und Architekt, erwies seinem Landsmann einen besonderen Freundschaftsdienst, indem er für ihn ein extra Haus konstruierte, das für die rauhen Bedingungen in Sibirien bestimmt war. Zu jener Zeit konnte er noch nicht erahnen, daß er etwas später selbst gezwungen sein würde, in diesem Hause zu wohnen. Dies war wohl eine Art teuflische Vorbestimmung...

In der Verbannung verbrachte der degradierte Herzog lediglich zwei Jahre. Elisabeth, die anschließend an die Macht kam, erinnerte sich daran, daß er sich ihr gegenüber stets wohlwollend verhalten hatte, und erlaubte dem ehemaligen Regenten, sich in Jaroslawl, 240 Kilometer von Moskau entfernt, niederzulassen. Dort bezog er eine herrliche Villa mit einem prächtigen Garten am Wolgaufer. Aus Petersburg sandte man ihm seine Bibliothek, die der ehemalige erste Mann in Rußland besonders schätzte, ferner ein paar seiner Möbel, Geschirr und sogar Pferde und Gewehre, damit er der Jagd frönen konnte. So lebte Biron fortan also in vollem Komfort, obwohl er sich offiziell nach wie vor in der Verbannung befand.

Zwanzig Jahre später durfte der ehemalige Regent nach Petersburg zurückkehren, erhielt den Herzogsthron von Kurland zurück und starb schließlich im Alter von zweiundachtzig Jahren in Mitau. Kurz vor seinem Tode hatte er zugunsten seines Sohnes Peter auf den Herzogsthron verzichtet. Birons Tochter, die letztendlich doch nicht Mitglied der Familie Romanow geworden war, da die von ihrem Vater ersonnene Ehe niemals zustande kam, nahm den orthodoxen Glauben an, wurde Hoffräulein der russischen Herrscherin, heiratete dann einen russischen Baron und lebte bis ins hohe Alter.

Auf dem russischen Thron saß also nach wie vor der Knabe Ioann, doch als Regentin stand ihm seine Mutter zur Seite, eine deutsche Prinzessin, die in Rußland unter dem Namen Anna Leopoldowna bekannt war. In Wirklichkeit jedoch hielten der ehrgeizige und tatkräftige Feldmarschall Münnich, der die Palastrevolte vollzogen hatte, und der ebenso kluge wie weitsichtige Minister Ostermann die Zügel der Regierung in der Hand. Ihr gegenseitiges Verhältnis war ganz klar von feindseliger Gesinnung geprägt. Ersterer war für den großen Dienst, den er der Zarenfamilie erwiesen hatte, großzügig mit Geld belohnt worden und zum ersten Manne im Staat aufgestiegen. Doch Münnichs Macht sollte nicht von langer Dauer sein. Ostermann war es, der sozusagen »nachhalf«, indem er seinen Landsmann denunzierte. Dieser wollte den Gemahl der Regentin zum Rücktritt überreden, um selbst den Rang eines Generalissimus erhalten zu können, der eigentlich für den Vater des kleinen Zaren vorgesehen war.

Das Verhältnis zwischen Prinzessin Anna und ihrem Retter hatte sich drastisch verändert, was ihn dazu veranlaßte, seinen Rücktritt einzureichen. Der Feldmarschall beabsichtigte, Rußland für immer zu verlassen und in die Dienste des preußischen Königs Friedrich II. zu treten, dem er wohlgesonnen war. Letzterer war gern bereit, den berühmten Feldherrn bei sich aufzunehmen, der Rußland durch seine ruhmreichen Heldentaten so großen Vorteil gebracht hatte.

Münnich verschob seine Abreise von einem Monat auf den anderen... Wahrscheinlich wollte er Rußland auch gar nicht verlassen, zumal er sich dort eingelebt hatte, und beabsichtigte lediglich, die Herrscherin zu erschrecken. Wohl hoffte er darauf, sie selbst werde ihn zu bleiben bitten und sich mit ihm aussöhnen. Doch die Ereignisse, die sich in Petersburg zutrugen, verursachten eine jähe Wendung in seinem Schicksal.

Die willensschwache und unentschlossene Regentin war nicht in der Lage, Einfluß auf ihre Minister auszuüben. Nachdem sie sich selbst zur Herrscherin erklärt hatte, zeigte Anna praktisch keinerlei aktive Beteiligung an den Belangen des Staates. Sie war von unbekümmertem Charakter und ganz und gar mit sich selbst beschäftigt. Nach der Beschreibung von Zeitgenossen war sie eine etwas füllige, doch gut gebaute Blondine mit einem anmutigen, vertrauensseligen Gesicht und tiefen, immerzu nachdenklichen Augen. Sie zeigte eine Neigung für Müßiggang und Bequemlichkeit und war in ihren Interessen ziemlich eingeschränkt. Zwar war sie bei weitem nicht dumm, doch hegte sie eine Abneigung gegen jegliche ernsthafte Beschäftigung und wirkte stets ermüdet und gelangweilt. Dieses gutherzige Wesen war nicht dazu geboren, einen Staat zu regieren, sondern eher für den heimischen Herd, für Wohlleben und die Liebe vorbestimmt. Sogar nachdem sie Regentin des Staates geworden war, änderte die junge Zarenmutter ihre Lebensweise nicht und ließ die Staatsangelegenheiten oftmals für lange Zeit ohne jegliche Aufmerksamkeit ruhen.

Den größten Teil ihrer Zeit verbrachte Anna in ihren Gemächern beim Kartenspiel oder der Lektüre von Romanen. Sie liebte es nicht, sich von ihrer Kleidung eingeengt zu fühlen und verbrachte oft mehrere Stunden nur halb bekleidet auf dem Sofa, ohne etwas anderes zu tun als zu träumen. Oder sie wandelte langsam durch den Palast und hielt nur inne, um ein Gebet zu lesen. Anna, eine lutheranische Prinzessin, die zum orthodoxen Glauben übergetreten war, galt übrigens als sehr fromm. Ikonen mit brennenden Lämpchen hingen in all ihren Zimmern.

Die neue Regentin zeigte sich auch nicht gern in der Öffentlichkeit. So verkürzte sie die Hofempfänge beträchtlich und entließ den größten Teil der Bediensteten, die ihre Tante in solcher Hülle und Fülle umgeben hatten. Leere und Einsamkeit hielten Einzug im Palast. Das Mittagessen nahm sie gewöhnlich nur in Gesellschaft ihrer Favoritin Julia Mengden ein, mit der sie auch die meiste Zeit verbrachte. Doch sobald Graf Lynnar, der ehemalige sächsische Gesandte, nach Petersburg zurückgekehrt war, änderte die Zarenmutter ihre Gewohnheiten etwas. Das Familienleben der jungen Frau war ganz offensichtlich nicht glücklich, das Feuer der ersten Leidenschaft aber schwelte noch immer in ihrer Brust, und dieser Schwerenöter war nicht abgeneigt, sich dies zunutze zu machen.

Lynnar stammte aus einer italienischen Familie, die seit dem XVI. Jahrhundert in Deutschland ansässig war. In jenen Tagen zählte er bereits vierzig Jahre und war Witwer. Er war von schöner Gestalt und gut gebaut, mit einem Wort, ein Mann, der den Frauen gefiel. Nach seiner Ankunft in Petersburg ließ der Graf keine Gelegenheit aus, um der Großfürstin zu zeigen, daß er ganz schrecklich in sie verliebt sei. Er mietete ein Haus in der Nähe des Zarengartens, und Anna, die in der Regel nur selten ihre Räumlichkeiten verließ, unternahm von da an plötzlich häufige Spaziergänge. Anton Ulrich war hierüber ganz offensichtlich verärgert und durchlitt sogar die Qualen der Eifersucht, doch er konnte sich nicht dazu entschließen, laut darüber zu sprechen. So fand er Trost in der Macht, die die Regentin ihrem Gemahl in kleinen Anteilen zukommen ließ.

Vielleicht war es wegen Lynnar, vielleicht auch aus anderen Gründen, daß die Eheleute wochenlang nicht miteinander sprachen. Die Minister wußten dies für ihre eigenen Interessen auszunutzen. Die Stellung der Familie Braunschweig auf dem russischen Thron wurde unsicher. Im Staate reifte eine Verschwörung heran... Die Regentschaft der Mutter des Zaren, die anfangs von den höchsten Gesellschaftsschichten sowie vom Volke wohlwollend aufgenommen worden war, rief bald schon Mißbilligung hervor, da im Lande erneut ausschließlich Deutsche das Sagen hatten, nämlich Ostermann, Löwenwolde, Lynnar, der die besondere Zuneigung der Regentin genoß, sogar das ihr sehr nahe stehende Hoffräulein, die Deutsche Julia Mengden, legte gewisses Interesse für Angelegenheiten der Staatspolitik an den Tag. Daher erhielt diese Verschwörung auch die Bezeichnung »die Verschwörung gegen die Deutschen«. Maßgeblich beteiligt waren Gardisten, obwohl sich unter ihnen viele Ausländer befanden, sogar unter den einfachen Soldaten. Dennoch stellte die Garde die Elite des damaligen Adels dar, und angefangen mit dem Tode Peters I. fand bis zur Herrschaftsübernahme durch Katharina II. fast jeder Wechsel auf dem russischen Thron unter Beteiligung der Garderegimenter statt.

Die untereinander zerstrittenen Deutschen, die an der Spitze Rußlands standen, genossen bereits keinerlei Sympathie und kein Ansehen mehr. Und auch der neue Zar selbst war lediglich ein Urenkel von Zar Ioann V....

Aber da war doch eine Tochter von Peter dem Großen am Leben, die seit dem Tode ihres Vaters gleichsam im Schatten des politischen Lebens gestanden hatte. Und da man damals die Herrscher wechselte »wie die Hemden«, gaben die entschlossen gestimmten Gardisten Elisabeth den Vorzug. Sie war zu allen freundlich, und auch das Volk war ihr in Liebe zugetan. Und so gruppierten sich nach und nach um sie all diejenigen, die mit der angeblichen »deutschen Übermacht« unzufrieden waren.

Elisabeth war vor dem Weihnachtsfest des Jahres 1709 als uneheliche Tochter des russischen Zaren geboren worden. Obwohl er sich über ihre Geburt sehr freute, erkannte er sein Kind erst nach der Hochzeit mit Katharina an. Peters jüngere Tochter heiratete niemals. Mit ihrem geliebten Bräutigam, Karl August von Holstein, einem Neffen ihres Schwagers, war sie schon vor der geplanten Eheschließung oft zusammen gewesen. Doch der arme Karl August starb kurz vor der Hochzeit. Um ihre ewige Trauer zu unterstreichen, trug die Zarewna gewöhnlich ein Kleid aus weißem Taft über dunklem Futterstoff. Später dann gab Elisabeth allen möglichen Bräutigamen einen Korb, sogar den Mitgliedern der regierenden europäischen Häuser, indem sie erklärte, sie wünsche nicht, den Bund der Ehe zu schließen. An Verehrern indes hatte sie keinen Mangel, in ihren amourösen Netzen verfing sich sogar ihr Neffe, der Herrscher Peter II. Und so wechselte die zweiunddreißigjährige Schönheit ihre Kavaliere in rascher Aufeinanderfolge. Sie konnte mit jedem Beliebigen flirten, der ihr nur gefiel, ohne dabei auf seinen Rang oder seine Abstammung zu achten.

Der Adel verachtete sie sowohl wegen ihrer außerehelichen Geburt als auch wegen ihres freizügigen Lebenswandels. Die Freundinnen der Zarewna durften einfache Mädchen vom Lande sein, mit denen sie Schlitten fuhr, die sie mit Süßigkeiten verwöhnte und an deren Liedern und Tänzen sie sich beteiligte. Ihr Haus in Petersburg stand den Gardesoldaten offen, sie machte ihnen kleine Geschenke und war Taufpatin für ihre Kinder. »Du hast das Blut von Peter dem Großen!« sagten sie zu ihr, »Du bist ein Funke von Peter!«

Demzufolge vermutete man, daß die leicht füllig werdende und von der höheren Welt halb vergessene Elisabeth zu keinerlei Verschwörungen fähig sei und jeglichen Gedanken an die Macht fallengelassen habe. Biron und später auch Münnich waren ihr gewogen. Elisabeths Verhältnis zur Regentin Anna war ebenfalls liebenswürdig und sogar freundschaftlich. Doch in ihrem Umfeld scharten sich sogenannte Freunde, die beschlossen hatten, Rußland – was es auch kosten möge – von der »Macht der Deutschen« zu befreien, wie sie erklärten. Und so seltsam es auch scheinen mag, sie selbst waren ebenfalls wieder Ausländer: Der Marquis de la Chétardie war französischer Gesandter, und L'Estocq fungierte als Zarewna Elisabeths Leibarzt. Letzterer war Sohn eines französischen Arztes, der Ende des XVII. Jahrhunderts nach Deutschland übergesiedelt war. In Rußland lebte er schon seit mehr als fünfundzwanzig Jahren und hatte sogar eins von Elisabeths Hoffräuleins geheiratet. In die Verschwörung, von der bereits ganz offen gesprochen wurde, war auch ein Deutscher namens Schwarz verstrickt, Kapitän eines Infanterieregiments. Am aktivsten jedoch setzte sich ein gewisser Grünstein für die Durchführung des Komplotts ein. Er war ehemals Makler und Juwelier in Dresden gewesen und diente zu jener Zeit als Gardesoldat. Zum günstigen Ausgang dieser Verschwörung trugen nicht zuletzt auch die Sorglosigkeit und die Apathie der Regentin bei.

So legten denn die Soldaten vor Elisabeth ihren Eid ab. Münnich, Ostermann und Löwenwolde wurden verhaftet, wobei es Löwenwolde angeblich noch gelungen sein soll, die Regentin vor der ihr drohenden Gefahr zu warnen. Doch die Mutter des kleinen Zaren, die sich durch besondere Vertrauensseligkeit anderen Menschen gegenüber auszeichnete, hielt ihn für einen Tollkopf und wollte keinerlei Berichten über die Zarewna Glauben schenken. Als die Verschwörer zusammen mit Elisabeth in den Palast eindrangen, lag sie mit ihrem Gemahl in tiefem Schlaf. Einer der Grenadiere weckte die Unglücklichen grob, die kleine Schwester des jungen Zaren, die im Eifer des Gefechts zu Boden gestürzt war, begann zu weinen. Elisabeth hatte verboten, den kleinen Ioann zu stören, doch er erwachte vom Lärm. So nahm sie ihn in den Arm und sagte voll Mitgefühl zu ihm: »Du armer kleiner Junge. Schuld sind allein deine Eltern.« Indessen ertönten überall schon Hurra-Rufe, und unter diesen Rufen lächelte das Kind derjenigen zu, die es gerade eben der Zarenkrone beraubt hatte.

Die Familie der Braunschweiger wurde inhaftiert. Eingesperrt wurden auch ihre Mitstreiter und sogar diejenigen, die als Anhänger Preußens galten, hauptsächlich Hofbeamte und Staatsbedienstete deutscher Abstammung.

Am Morgen des 25. November 1741 wurde ein Manifest über die Thronbesteigung von Zarin Elisabeth veröffentlicht. Davon, daß Ioanns VI. Ansprüche angeblich illegitim seien, wurde kein einziges Wort erwähnt. Mehr noch, Peters des Großen Tochter demonstrierte vor den Gardisten eine große Zärtlichkeit gegenüber dem Knaben, der bereits nur noch ehemaliger Zar war.

Anfangs wollte man den gestürzten Knaben und seine Eltern zu Verwandten ins Ausland ausweisen und hatte sie sogar schon nach Riga geschickt. Doch der Versuch, eine Gegenrevolte zu Ioanns VI. Gunsten durchzuführen, sowie zahlreiche Hofintrigen zwangen die neue Kaiserin dazu, ihren Entschluß zu ändern.

Sogar der Preußenkönig Friedrich II. riet dem russischen Gesandten in Berlin dazu, die Familie der Braunschweiger an einem weit entlegenen Ort in den russischen Weiten siedeln zu lassen, damit man sie ganz und gar vergesse. Nach langer Inhaftierung wurde die Familie schließlich nach Archangelsk geschickt, von wo aus sie dann weiter auf die Solowezki-Insel gebracht werden sollte. Es erging Befehl, Ioann in einem separaten Wagen unter dem Namen Grigori zu befördern. So wurde er von seinen Eltern getrennt, und zwar für immer. Auf die Insel gelangten die Gefangenen allerdings nicht, da dies ein heftiger Sturm verhinderte. Unter strengster Geheimhaltung wurde die Familie schließlich in Cholmogory untergebracht, einem Dorf am Ufer der nördlichen Dwina. Sie erhielten ein gediegenes erzbischöfliches Haus, das man eilig mit einem hohen Zaun umgeben hatte. Auf einem Gelände von etwa 400 Quadratmetern befanden sich noch zwei weitere Häuser und eine Kirche mit einem Turm, dazu ein Teich und ein kleiner Garten. Sämtliche Kontakte zur Außenwelt wurden der Familie verboten. Die Speisen, die sie erhielten, waren einfach und bescheiden, die Soldaten, die sie bewachten, gingen mit ihnen um wie mit Gefangenen.

Der ehemalige kleine Zar, der zu jener Zeit bereits vier Jahre alt war, wurde getrennt von seinen Eltern in einem kleinen Häuschen untergebracht. In völliger Einsamkeit wuchs der Knabe hier heran. Als Aufseher teilte man ihm einen Major Miller zu, der entsprechende Vorschriften erhalten hatte.

Die Prinzessin von Braunschweig, eine Großnichte von Peter dem Großen, brachte in Cholmogory noch drei Kinder zur Welt und war ganz und gar von der Sorge um sie erfüllt. Bald nach der Geburt ihres letzten Kindes verstarb die arme Frau im Alter von noch nicht einmal dreißig Jahren am Kindbettfieber. Sie hatte ihre bittere Situation nicht ertragen können. Ioann sagte man nichts vom Tode seiner Mutter; er wurde weiterhin in vollständiger Isolation von seiner Familie gehalten. Nur wenige Personen, die man ihm zugewiesen hatte, durften sich mit dem Jungen unterhalten, ohne ihm aber dabei das Geheimnis seiner Herkunft zu verraten.

Trotz der strengen Verbote aber brachte irgend jemand Ioann das Lesen und Schreiben bei und erzählte ihm, wer er war und wie er vom Thron gestürzt worden sei. Dies führte zu einer heftigen Verschlechterung im Schicksal des neunten Romanows, als der bereits das Jünglingsalter erreicht hatte. Er wurde gänzlich von seiner Familie getrennt und unter völliger Geheimhaltung in die Festung Schlüsselburg gebracht, die auf einem kleinen Inselchen inmitten der Newa liegt, an der Stelle, wo sie dem Ladogasee entspringt. Zu jener Zeit war die Festung noch eine militärische Verteidigungsanlage. Erst einige Jahrzehnte später sollte sie dann zu einem unheilvollen Gefängnis werden. Ioanns Vater ließ man mit seinen anderen Kindern in Cholmogory, wobei man zum Anschein die Bewachung verstärkte, damit der Eindruck entstehe, der gestürzte Zar würde sich noch immer dort aufhalten.

Ioann wurde in einer kleinen Kasematte untergebracht, die sich in einer der Festungsmauern befand. Das einzige Fenster wurde mit grauer Farbe bestrichen, damit um Gottes Willen niemand den geheimnisvollen Gefangenen zu Gesicht bekäme. Die Wache erhielt strengen Befehl, niemandem etwas über den Inhaftierten zu erzählen – weder wie er aussehe, noch ob er alt oder jung, groß oder klein, Russe oder Ausländer sei.

In dieser engen Zelle ohne Tageslicht sollte der unglückliche Sproß der Zarenfamilie, dem es nicht vergönnt war, die Freuden des Lebens kennenzulernen, sein restliches kurzes Leben verbringen.

Ganze Tage lang spielte der Gefangene mit den Juwelen seiner Mutter, die er in einer Schatulle aufbewahrte. Auf einen Spaziergang wurde er zum ersten Mal geführt, als er bereits zwanzig Jahre alt war. Erstmals seit langem sah Ioann Bäume,

Blumen und grünes Gras. Der junge Mann gewann Gefallen daran, an der Festungsmauer zu stehen und in die Ferne, auf das sich vor ihm erstreckende Meer zu blikken. Mit vierundzwanzig Jahren aber wurde der Arme hier, in der Festung, getötet; angeblich weil ein Versuch unternommen worden war, ihn aus der Gefangenschaft zu befreien.

Er war schon der zweite Vertreter der Romanow-Dynastie, der umgebracht wurde, um ihn vom Thron zu entfernen. Alexej, Peters I. Sohn, war dies im Alter von achtundzwanzig Jahren widerfahren, dem Urenkel von Zar Ioann, dem verhinderten Zaren, wurde dieses Schicksal vier Jahre früher zuteil.

In den ganzen zwanzig Jahren, in denen Elisabeth regierte, befand sich der von ihr gestürzte Zar in strenger Haft. Nach dem Tode der Herrscherin gab ihr Nachfolger Peter III. die Anordnung, seinen Verwandten noch stärker zu überwachen. Man erzählte sogar, er habe ihn – einen einfachen Offizier vortäuschend – selbst in der Festung aufgesucht, um persönlich einen Blick auf ihn werfen zu können. Wie in russischen historischen Quellen bestätigt wird, sprach der Prinz zusammenhanglos und gab auf Fragen verworrene Antworten. Einmal behauptete er, er sei Zar Ioann, dann aber erklärte er, dieser Herrscher sei schon nicht mehr am Leben, und sein Geist sei auf ihn übergegangen. Nach der ersten Frage an ihn, wer er denn sei, antwortete der Häftling: »Ich bin der Kaiser.« Auf die Frage, woher er das wisse, antwortete der Gefangene, er wisse dies von seinen Eltern und von den Soldaten.

Als Peter III. starb, saß Ioann immer noch in seinem Gefängnis. Katharina II., die an der Macht war und keinerlei Blutsverwandtschaft mehr mit der Familie Romanow aufweisen konnte, stand vor dem schwierigen Dilemma, was sie denn mit dem Gefangenen in der Festung tun solle, der dereinst einmal zum Herrscher von Rußland ausgerufen worden war und noch dazu Urenkel des russischen Zaren Ioann V. war. Ihre ursprüngliche Idee bestand darin, sich mit dem jungen Mann zu verheiraten, um damit zu legitimieren, daß sie auf dem russischen Thron saß. Sie begab sich sogar unter einem Vorwand in die Festung, um sich den armen Gefangenen aus der Ferne zu betrachten. Doch nachdem sie ihn gesehen hatte, ließ sie diesen Gedanken sofort fallen und faßte einen neuen Entschluß: der Inhaftierte dürfe niemandem unter irgendeinem Vorwand übergeben werden und solle bei jeglichem Befreiungsversuch getötet werden.

Wie einige Historiker annehmen, war Katharina darauf bedacht, sich dieses derart gefährlichen Widersachers so bald als möglich zu entledigen, und erklärte sich über ihre vertrautesten Berater damit einverstanden, die Dienste eines Flügeladjudanten in Anspruch zu nehmen, der in Petersburg diente. Der Name dieses Offiziers lautete Wassili Mirowitsch, und um ihn rankt sich bis zum heutigen Tag vielerlei Rätselhaftes.

Er war Sohn eines Obersts, den man wegen seiner politischen Überzeugungen nach Sibirien verbannt hatte. Der Besitz der Familie war konfisziert worden, der Oberst vegetierte mit Frau und Kindern in bitterer Armut dahin. Als Wassili erwachsen war, wurde er zum Dienst nach Petersburg geholt, wobei ihm die Protektion eines Generals zur Hilfe kam, der seinen dereinst reichen Vater gut gekannt hatte. Seine Leidenschaft für Wein und Frauen jedoch stand der Karriere des jungen Mannes im Wege. Mirowitsch wurde in das Regiment versetzt, das in der Festung Schlüsselburg den Wachdienst erledigte. Dort erfuhr er auch vom unglückseligen Schicksal Ioanns, des verhinderten Zaren des russischen Staates. Entweder empfand er Mitleid für den Gefangenen und beschloß, ihn zu befreien, oder – so nehmen einige Forscher an – Kaiserin Katharina selbst wählte Leutnant Mirowitsch für die Ausführung ihres Vorhabens aus. Ihr Plan bestand darin, es eigens so zu arrangieren, daß Ioann – angeblich beim Versuch, ihn zu befreien – von seinen Bewachern getötet werde. Die Rolle des »Befreiers« sollte jener Leutnant spielen, dem man für diesen Dienst eine große Belohnung und die Rückgabe der väterlichen Besitztümer versprach. Das Vorhaben war mit aller Sorgfalt durchdacht, und sogar die Zeit, zu der es in die Tat umgesetzt werden sollte, wurde festgelegt. Alles war vorbereitet. Um Mitternacht des festgesetzten Tages gab Mirowitsch seinen Soldaten den Befehl, den inhaftierten Zaren zu befreien. Es begann eine Schießerei mit dem Wachdienst. Ioann erwachte, nachdem er die Schüsse gehört hatte, und erhob sich, vor Angst zitternd, von seiner Schlafstelle. Seine Bewacher gingen streng nach ihren Instruktionen vor... Der in die Zelle eilende Mirowitsch erblickte nur noch den auf den Boden hingestreckten Körper des Gefangenen, der lediglich Unterwäsche trug. Noch ganz jung, doch schon mit grauen Stellen in seinen langen wirren Haaren und mit einem dünnen rötlichen Bart, der sein blasses Gesicht mit den dunklen Schatten unter den Augen umrahmte, lag er mit weit von sich gestreckten Armen in einer Blutlache. In seinen geöffneten, erstarrten Augen lag die erstaunte Frage: Warum nur?

Der Tote wurde auf seine Bettstatt gelegt und aus der Kaserne getragen. Noch in derselben Nacht wurde er an der Festungsmauer beigesetzt, dann bedeckte man das Grab etwas mit Moos und Zweigen, damit es niemandem auffiel. Der amtliche Bericht sprach von einem tödlichen Unfall, der dem namenlosen Gefangenen zugestoßen war. Anderes Blut als das des verhaßten Rivalen der Zarin wurde in jener Nacht jedoch nicht vergossen.

Leutnant Mirowitsch und seine Soldaten wurden festgenommen. Die Ermittlungen dauerten einige Wochen, dann fand eine Gerichtsverhandlung statt, die unter strengster Geheimhaltung abgehalten wurde. Alle Schriftführer mußten mit einer extra Unterschrift dafür bürgen, daß sie alles mit strengster Vertraulichkeit behandeln würden. Nicht einmal ein Stenogramm wurde über die Gerichtsverhandlung angefertigt. Man verurteilte Leutnant Mirowitsch schließlich zum Tode, die Soldaten aber, die an dieser Aktion teilgenommen hatten, verbannte man für immer und ewig nach Sibirien. Die Mörder des Zaren aber, seine Bewacher, wurden großzügig belohnt – für die Aufmerksamkeit, die sie an den Tag gelegt hatten.

An einem trüben Septembermorgen stand Mirowitsch auf dem Richtpodest, das man auf einem Platz aufgestellt hatte. Dieser füllte sich trotz des schlechten Wetters rasch mit Menschen. Mirowitsch stand ruhig da und blickte sich interessiert nach allen Seiten um. Neben ihm stand der Henker, doch der zum Tode Verurteilte lächelte... Es schien, als ob seine schwarzen Augen fröhlich aus seinem blassen Gesicht blickten. Viele dachten, als sie dies sahen, natürlich, daß es sich hierbei nicht um eine richtige Hinrichtung handle, hatte ja schon Kaiserin Elisabeth bei ihrer Thronbesteigung vor über zwanzig Jahren diese Art der Exekution abgeschafft. Anscheinend hoffte auch der Verurteilte selbst darauf. Als aber der Kopf des Leutnants vom Richtpodest rollte, ging trotz allem ein Raunen durch die Menge, da dies so unerwartet kam. Sein Körper wurde zusammen mit dem Schafott verbrannt, seine Asche in alle Winde verstreut.

Das Lächeln des Hingerichteten vor seinem Tode veranlaßte viele Historiker dazu, nach den Gründen für diese Haltung zu suchen, die Mirowitsch im Angesicht seiner Todesstunde an den Tag legte. Vielleicht war der Verurteilte davon überzeugt, daß jede Minute die Kunde über seine Begnadigung eintreffen müsse, wie ihm auch hoch und heilig versprochen worden war, und daß die Hinrichtung natürlich nicht stattfinden würde. Mit einem Wort, es ist eine gar finstere Geschichte. Anders kann man die Ereignisse im Zusammenhang mit der Ermordung des neunten Romanows auch nicht bezeichnen...

Nach Annas Tode standen ihrem Mann, dem Prinz von Braunschweig, und ihren Kindern – es waren zwei Töchter und zwei Söhne – lange Jahre des Lebens in der Verbannung bevor. Nach Katharinas II. Thronbesteigung wurde es dem Prinzen erlaubt, in seine Heimat zurückzukehren, er war ja kein Vertreter des Hauses Romanow und stellte keine Gefahr für die Nachfahren von Peter I. dar. Doch Anton Ulrich zog es vor, gemeinsam mit seinen Kindern in der Gefangenschaft auszuharren. Zum Ende seines Lebens war er schwach und blind, 1774 starb er schließlich, nachdem er beinahe dreiunddreißig Jahre in der Verbannung zugebracht hatte. Das ist eine lange Zeit! Und niemand konnte ihm letztendlich sagen, wofür er diese Strafe eigentlich erduldete – nämlich dafür, daß er ein Kind gezeugt hatte, das als Sprößling der Familie Romanow zum Thronfolger für Rußland ernannt worden war.

Fünf Jahre nach Anton Ulrichs Tod beschloß Katharina II., die Braunschweiger Prinzen und Prinzessinnen ins Ausland zu entlassen. Dies teilte sie der Schwester

Anton Ulrichs mit, der verwitweten Königin Juliane Maria von Dänemark und Norwegen, die sich damit einverstanden erklärte, ihre Nichten und Neffen in der kleinen norwegischen Stadt Gorsens unterzubringen. Des nachts wurden sie mit einer Handelsfregatte nach Norwegen gebracht, wo sie schließlich Unterkunft fanden, wobei ihre Unterhaltskosten in voller Höhe von der russischen Regierung getragen wurden. Dennoch lebten sie ärmlich, beherrschten außer dem Russischen keine andere Sprache und waren nicht einmal in der Lage, sich mit ihren Bediensteten zu verständigen. In den ersten sieben Jahren verstarben Prinzessin Elisabeth und Prinz Alexej; nach zehn Jahren starb Prinz Peter, die kranke und taube Prinzessin Katharina hingegen lebte bis zum Jahr 1807. Und erstaunlicher Weise wandte sie sich in ihren letzten Lebensjahren mehrmals mit Briefen an Zar Alexander I. und bat ihn, sie nach Rußland zurückkehren zu lassen. Trotz der bitteren Erinnerungen übte ihre Heimat aus irgendeinem Grunde eine gewisse Anziehungskraft auf sie aus. Ihre Bitten blieben jedoch ohne Antwort. Ihrem Beichtvater aber schrieb sie fünf Jahre vor ihrem Tode, daß sie in Cholmogory tausendmal besser gelebt habe als in Gorsens, daß sie die norwegischen Hofangehörigen nicht mochten, und daß sie häufig weine und sich dabei verfluche dafür, daß sie nicht schon lange gestorben sei.

So unheilvoll verlief das Leben der Eltern des Zaren ohne Krone und Thron, des unglücklichen Ioann VI., und seiner Geschwister, der Prinzen und Prinzessinnen von Braunschweig. Keine andere Schuld hatte dieser Romanow auf sich geladen, als daß er der rechtmäßige Thronfolger seiner Großtante, Kaiserin Anna, gewesen war.

Nicht weniger tragisch gestaltete sich auch das weitere Schicksal von Münnich und Ostermann, dieser einstmals allmächtigen Deutschen, die den russischen Staat lange Jahre regiert hatten. Die Helfershelfer von Elisabeth, die nun auf dem Thron saß, zwangen sie, ein Geständnis über angebliche antistaatliche Aktivitäten zu unterschreiben und verurteilten sie zum Tode. Dann mußten sie die Exekution aller zum Tode Verurteilten mit ansehen. Doch in der allerletzten Minute, als Ostermanns Kopf bereits auf dem Richtblock lag, rief der Richter aus: »Gott und die Herrscherin schenken dir das Leben«. Ostermann und die anderen Todeskandidaten wurden ins Gefängnis zurückgebracht, die Todesurteile in lebenslange Verbannung nach Sibirien umgewandelt.

Münnich wurde in dieselbe Siedlung verbannt, in die man etwas früher auch Biron geschickt hatte. Dieser hatte wiederum kurz vorher die Erlaubnis erhalten, nach Jaroslawl überzusiedeln. Wie Historiker schreiben, trafen sie sich auf dem Wege, der sie allerdings in verschiedene Richtungen führte. Es gibt allerdings keine einheitliche Meinung darüber, ob sie bei der Begegnung voreinander den Hut gezogen haben oder nicht. Was für eine Schicksalswendung... In dem Haus, das Münnich dereinst für Biron geplant hatte, ließ sich sein Schöpfer selbst nieder. Das Gebäude war übrigens sehr stabil, und selbst die sibirischen Fröste konnten ihm nichts anhaben. Hier verbrachte Münnich ganze zwanzig Winter und vergeudete diese Zeit nicht: In seinem Hause eröffnete er eine Schule, in der jeder lernen konnte, der den Wunsch hatte – sowohl ehemalige Politiker als auch verurteilte Diebe und Gauner, ja auch das einfache Volk. Münnich gab sein Wissen hier großzügig an alle weiter, die es wollten... Und im Frühling des Jahres 1762 schließlich traf aus Petersburg ein Eilbote ein, der seine Begnadigung brachte. Man gestattete Münnich, nach Hause zurückzukehren. Zu jener Zeit zählte er bereits neunundsiebzig Lenze, doch die Tatkraft in ihm war noch so stark wie eh und je.

Trauriger gestaltete sich Ostermanns Schicksal, das Geschick dieser einzigartigen Persönlichkeit, die es vermocht hatte, sich das Vertrauen und die Gunst zweier Herrscher, Peters I. und Peters II., zweier Herrscherinnen – Katharinas und Annas, eines Regenten, nämlich Birons, und einer Regentin – Anna Leopoldownas, sowie ihrer russischen und ausländischen Favoriten gleichsam als Erbe zu bewahren. Ja, und auch die Geographie seines Lebens findet sich selten wieder! Er hatte seinen Weg aus einer kleinen Siedlung im Westen Deutschlands bis ins weite Sibirien zurückgelegt, genauer gesagt von Bochum über Jena und Petersburg nach Berjosowo.

Ostermann wurde tatsächlich in dieselbe Siedlung Berjosowo verbannt, in der kaum mehr als zehn Jahre vorher Alexander Menschikow sein Leben beendet hatte. (Dieser war beim Enkel Peters des Großen, seines besten Freundes und Förderers, in Ungnade gefallen und nicht ohne Ostermanns eigenes Zutun nach Sibirien verbannt worden.) Nun ließ er sich mitsamt seinen Krankheiten – besonders quälte ihn die Gicht – in Menschikows Haus nieder, enttäuscht und mit all den Erinnerungen an vergangenen Glanz sowie an die Erniedrigungen, die ihm die Tochter desjenigen antat, der seinen, Ostermanns, Verstand und sein Wissen so sehr geschätzt hatte. Wieviel Nutzen hatte er Rußland gebracht, das für ihn zur Heimat geworden war und ihm am Herzen lag! Warum dieses bittere Los!? Mit diesen Gedanken und Gefühlen verbrachte Ostermann nur sechs Jahre in Sibirien, wo er dann auch starb. Nach seinem Tod ließ seine treue russische Frau Maria Iwanowna, eir.e geborene Strechnjewa, die ihm in die sibirische Verbannung gefolgt war und die ganze Zeit dort sein Schicksal geteilt hatte, an seinem Grab eine kleine Kapelle mit einer Ikone errichten. Die Erinnerung an ihn ist noch lange Jahre erhalten geblieben, sogar die nachfolgenden Zaren aus dem Hause Romanow gedachten seiner nicht anders als eines Menschen, der die größte Antriebskraft für die Zivilisation und die Entwicklung des Bildungswesens in Rußland darstellte...

Ungewöhnlich gestaltete sich das Schicksal eines weiteren Deutschen, nämlich des Generals von Mannstein. Er fungierte einst bei Birons Sturz als rechte Hand des

Feldmarschalls Münnich. Einen Urlaub nutzend, verließ der General nach Elisabeths PutschRußland noch rechtzeitig. Nachdem er von ihren »Säuberungen« erfahren hatte, beschloß Mannstein, nicht mehr nach Rußland zurückzukehren. Über den russischen Gesandten in Preußen versuchte er, seinen Rücktritt durchzusetzen, doch das Militärkollegium verweigerte dies und forderte ihn auf, umgehend zu seinem Regiment zurückzukehren. Mannstein kam dieser Forderung nicht nach, sondern trat in den Dienst des preußischen Königs Friedrich II. und wurde dessen Experte für Rußlandfragen. In Petersburg beurteilte man diesen Schritt als Desertion, und ein Militärgericht verurteilte den General in Abwesenheit zur Todesstrafe.

Über diplomatische Kanäle forderte man die Auslieferung des russischen Offiziers, um das Urteil vollstrecken zu können, doch Friedrich II. ging nicht darauf ein, da er diesen Deutschen, der klug war und die Lage in Rußland gut kannte, nach Gebühr schätzte. In Preußen diente General von Mannstein lange Jahre.

Auf diese Weise hatte also Peters des Großen Tochter schon in den ersten Tagen ihrer Regierung die Deutschen von der Macht entfernt. Was bedeutete eigentlich die strenge Unterscheidung in »Deutsche« und »Russen« zur damaligen Zeit? Vor allem wurden beide nach ihrer Konfession beurteilt. Ein Russe zu sein, hieß zum orthodoxen Glauben zu gehören, ein Deutscher war meist Lutheraner, damit nach russischer Meinung ein »Antichrist«, ein Ungläubiger also. Und wenn zu viele »Antichristen« um den russischen Thron versammelt waren, wurde das vom Volk mit Mißtrauen und voller Sorge beobachtet.

Elisabeths Vater hatte sich über alle Vorurteile hinweggesetzt. Es ist egal, sagte er einmal, ob der Mensch orthodox getauft sei oder nicht. Hauptsache, er ist klug genug, und fähig, seine Arbeit gut zu machen.

Peters Tochter, ob sie nun seine Meinung teilte oder nicht, beschloß jedoch, die Mißstimmung in der Bevölkerung zu ihrem Vorteil zu nutzen. Alle Deutschen, die bis dahin Macht und Einfluß bei Hofe hatten, ließ sie gefangennehmen und verbannen. Das wurde von vielen Zeitgenossen als wohltuend empfunden und machte sie beim einfachen Volke populär. Denn die fremden Günstlinge und Berater waren verhaßt und die von ihnen angestrebte »Verwestlichung« russischer Verhältnisse ging Adel wie Bauernstand zu gewaltsam und hektisch vor sich. Elisabeth konnte diesen Anfangsbonus an Sympathie gut gebrauchen, denn ihre staatsmännischen Fähigkeiten waren nicht hoch entwickelt. Niemals zuvor war sie in die Regierungsgeschäfte einbezogen gewesen. Ihr wurden zudem Trägheit und Verschwendungssucht nachgesagt.

Doch sie galt auch als die Lieblingstochter Peter I., dessen große Autorität noch immer nachwirkte. So versprach sie also rasch, sein Reformwerk behutsam fortzusetzen, den deutschen Einfluß auf den Zarenhof aber nicht wieder so stark anwachsen zu lassen.

Sie legte auch Eile an den Tag, die Erinnerung an ihren Vorgänger auf dem Zarenthron für immer und ewig auszulöschen, und befahl, Münzen und Medaillen mit seinem Abbild zu vernichten sowie sämtliche Schriftstücke zu verbrennen, in denen sein Name erwähnt wurde. Die kurze nominelle Herrschaft des neunten Romanows war zu Ende. Sie hatte kaum mehr als ein Jahr gedauert und Rußland außer einigen Palastintrigen praktisch nichts gebracht.

Elisabeth bestieg den Thron schon am Morgen nach der Revolte, und alle leisteten ihr den Treueeid. Im ersten Manifest, das die neue Kaiserin erließ, hieß es, daß Prinz Ioann und seine Familie mit allen ihnen gebührenden Ehrenbezeugungen verabschiedet seien und sich auf dem Weg nach Deutschland befänden. Elisabeth begann ihre Herrschaft mit einer Lüge.

Elisabeth I. (auch Jelisaweta)
geb. 1709, Kaiserin seit 25. November 1741,
gest. 25. Dezember 1761

PETER I. Romanow ⚭ 1712 KATHARINA I. ROMANOWA (Marta Skawronskaja)
* 1672 † 1725 — * 1683 † 1727

ELISABETH I. ROMANOWA — morganatische Ehe — Alexej Rasumowski
* 1709 † 1761 — * 1709 † 1771

(?) Augusta
(Tarakanowa)
* 1744 † 1810

Nachdem sie sich ihrer Widersacher entledigt und die Familie ihres Vorgängers aus dem Weg geräumt hatte, konnte Elisabeth frei aufatmen. Dennoch hatte sie es eilig damit, sich mit kirchlichem Segen die Krone aufs Haupt setzen zu lassen. Im ersten Frühling schon reiste sie mit ihrem zahlreichen Gefolge nach Moskau. Die Fahrt unternahm sie in einer Equipage, die man als ein richtiges Haus auf Rädern bezeichnen konnte. Ihre Ausstattung erinnerte an ein kleines Zimmer, in der Mitte stand ein Tisch mit einigen Stühlen um ihn herum, an der Wand befand sich eine Liege zum Ausruhen während der Reise sowie eine kleine Frisierkommode mit einem Spiegel. Dazu war das Gefährt auch mit einer speziellen Heizvorrichtung ausgestattet, breite Fensterchen mit Vorhängen ermöglichten es, einen Blick auf den Weg zu werfen, entlang dessen aus Anlaß der Reise junge Kiefern angepflanzt worden waren. An den Orten, wo ein kurzer Halt vorgesehen war, hatte man malerische Lauben aufgestellt. In den Dörfern und kleinen Ortschaften, durch die die Zarin fahren sollte, standen die Menschen wie eine Hecke am Wegesrand und begrüßten die Equipage der neuen russischen Herrscherin mit einer tiefen Verneigung. Bei Anbruch der Dunkelheit wurden Fässer mit Teer entzündet, die in einem bestimmten Abstand voneinander aufgestellt waren und wie große helle Laternen leuchteten.

Die Krönung fand in der Mariä-Himmelfahrts-Kathedrale statt. Für die Zeremonie war ein Franzose verantwortlich, der sie sehr feierlich und prächtig arrangiert hatte. Alle Glocken läuteten ohne Unterlaß, die Straßen, durch die die Wagenkolonne kommen sollte, waren mit Girlanden und Lichtern geschmückt, Kanonensalut ertönte. Die Tochter von Peter dem Großen betrat, in ein prächtiges Gewand gehüllt, die Kathedrale und nahm unter einem Brokatbaldachin auf dem Thron Platz. Neben ihr lagen auf einem extra Tisch sämtliche Insignien der kaiserlichen Macht und die Zarenkrone – dieselbe Krone, die dereinst auch die ihr verhaßte Anna auf ihrem Haupte getragen hatte, da wegen der Eile, mit der die Krönung stattfand, keine neue Krone mehr angefertigt werden konnte. Augenzeugen berichteten später, daß Elisabeth nicht abgewartet habe, bis ihr der Erzpriester nach der Lesung des Gebets die Krone aufs Haupt setzte, sie habe dies eiligst selbst vorgenommen, und zwar vor den Augen aller Adligen und der höchsten Geistlichkeit, als wolle sie dadurch unterstreichen, daß sie in Machtdingen nur sich selbst verpflichtet war.

In den nächsten Tagen war die Kaiserin mit der Verteilung von Auszeichnungen und Titeln an die Hofangehörigen aus ihrem Gefolge sowie mit Besuchen bei einigen staatlichen Institutionen und in den Häusern von angesehenen Moskowitern beschäftigt. Als sie mit ihrer Arbeit fertig war, stürzte sie sich ins Vergnügen und erinnerte sich dabei an vergangene Zeiten,als sie sich während eines längeren Aufenthaltes in Moskau, an der Seite ihres gekrönten Neffen Peters II., gut amüsiert hatte. Hier, wo sie in ihrer Jugend wilde Jahre zugebracht hatte, fühlte sie sich frei und heiter. In rascher Aufeinanderfolge fanden Tanzabende und Maskenbälle statt, zu denen man gewöhnlich viele Leute einlud. Im neu errichteten Theater, das fünftausend Zuschauer faßte, wurden Stücke aufgeführt, bei denen italienische Sänger, französische Tänzer und junge Höflinge mit Zwischendarbietungen und kurzen allegorischen Balletten auftraten, die bei den Zuschauern großen Erfolg hatten. Dann waren da noch die feierlichen Tischgesellschaften zu Mittag und Abend, die Picknicks außerhalb der Stadt, und natürlich die Jagden in den Wäldern um Moskau. Die Zeit verflog in Windeseile, die Feiern fanden erst im Herbst ein Ende, und der Hof kehrte mit der gekrönten Herrscherin nach Petersburg zurück.

Trotz ihrer Fähigkeit zum Sparen, die sich Elisabeth als Zarentochter angeeignet hatte, da sie damals nur über bescheidene Mittel verfügte, besaß sie nun einen zahlreichen Stab an Hofangestellten, darunter Kammerherren, Sekretäre, Beamte für wichtige und weniger wichtige Angelegenheiten, Musiker, Sänger der leichten Muse und eine Vielzahl von Lakaien. Zu ihrem Hofstaat gehörten auch junge Mädchen aus den angesehensten Familien, die mit dem deutschen Wort »Fräuleins« bezeichnet wurden. Elisabeth hatte insgesamt neun Hoffräuleins. Während sie in persönlichen Diensten der Kaiserin standen, lebten sie alle zusammen in einem Gebäude, das an den Palast angrenzte, nahmen an allen Veranstaltungen bei Hofe teil und führten von Zeit zu Zeit einige Anweisungen ihrer Herrscherin aus. Ihrerseits verhielt sie sich ihnen gegenüber mütterlich und kümmerte sich häufig sogar selbst um ihre künftige Verheiratung. Einen ganzen Stab machten unter der neuen Zarin auch die sogenannten Kämmerinnen aus – das waren Frauen, die des nachts um ihr Bett herum saßen und ihr die Fersen bürsteten, wobei sie sich mit halblauter Stimme unterhielten. Bei Tagesanbruch zogen sie sich zurück. Viele Frauen waren bestrebt, diesen Posten einzunehmen, da bei diesen nächtlichen Gesprächen auch die Möglichkeit bestand, der Herrscherin ein Wörtchen ins Ohr zu flüstern und dadurch dem einen oder anderen »Bittsteller« einen großzügigen Dienst zu erweisen. Unter den Kämmerinnen war zum Beispiel die Gattin von Schuwalow, Elisabeths zukünftigem Favoriten. Ihr Einfluß war so stark, daß sie von einigen Zeitgenossen als »richtiggehender Außenminister« bezeichnet wurde.

Bei ihrer Thronbesteigung stand die zehnte Vertreterin des Hauses Romanow im zweiunddreißigsten Lebensjahr. Sie war groß und schlank, hatte eine wunderbare Gesichtsfarbe, prächtige rotblonde Haare und strahlende blaue Augen, war gleichsam einer griechischen Göttin ähnlich, auf die sich ein von Zeus persönlich bescherter Goldregen ergossen hatte. Ihre ganze Erscheinung strahlte Liebe und Wollust aus.

Elisabeth war am 19. Dezember 1709 geboren worden, als ihr Vater, der russische Zar, noch nicht mit ihrer Mutter verheiratet war. Das verhinderte sogar Elisabeths Hochzeit mit Ludwig XV., die sich ihre Mutter Katharina erträumt hatte. Sie ließ ihre kleine Tochter Sprachen und Menuett tanzen lernen, da sie annahm, daß man in Versailles von einer russischen Prinzessin nicht mehr erwarten würde Deshalb war die übrige Erziehung der Zarentochter mehr oder weniger dem Lauf der Dinge überlassen worden.

Ihre Zeit verbrachte Elisabeth mit Reiten, der Jagd, für die sie ihre Leidenschaft verhältnismäßig früh entdeckt hatte, Rudern sowie mit Schönheitspflege.

Demzufolge erwarb Peters I. Tochter kein großes Wissen, sprach dafür aber gut französisch, nicht schlecht deutsch, konnte auch etwas italienisch und einige lateinische Redewendungen. Dies reichte im damaligen Rußland aus, um im Rufe einer gebildeten Frau zu stehen. Bücher jedoch konnten sie nicht begeistern, das Schreiben langweilte sie, nur das Zeichnen liebte sie, insbesondere das Malen mit Farben. In ihrem Zimmer konnte man stets eine Staffelei mit einem unvollendeten Bild sehen. Was aber das Tanzen anbetraf, so war sie wohl unübertrefflich. Bei Abendveranstaltungen und Bällen tanzte Elisabeth ohne Unterlaß und zog durch ihre Grazie, ihre leichten Bewegungen und ihren meisterhaften Tanz die allgemeine Aufmerksamkeit auf sich. Zurecht nannte man sie die »Zarin des Balles«.

Die neue Kaiserin setzte die Tradition ihres Vaters fort, die darin bestand, Zusammenkünfte – sogenannte Assambléen – zu veranstalten; diese hatten allerdings nur noch wenig Ähnlichkeit mit den früheren. Nun waren das französische Vorbild und französische Verhaltensweisen Gesetz – wie man einzutreten hatte, einander begrüßte, aussehen sollte. Nicht nur für die Augen sollte jeder angenehm sein, sondern – durch Parfüms und Toilettenartikel, die die russischen Modeanhängerinnen erstmals verwendeten – auch für die Nase. Natürlich mußte man auch tanzen können. In den Wintermonaten wurden in den Häusern der Adelsfamilien der Reihe nach Maskenbälle veranstaltet. Man versammelte sich um sechs Uhr abends, bis zehn Uhr wurde getanzt und Karten gespielt, dann speiste man, wobei die Zarin mit einigen Hofangehörigen am Tische saß, die übrigen Gäste jedoch standen. Anschließend wurde wieder bis spät in die Nacht hinein getanzt. Dabei waren diese Bälle frei von jeglichem Zeremoniell. Wer wollte, konnte gehen, da die Gastgeber niemanden, nicht einmal die Herrscherin, hinausbegleiteten. Wenn die Zarin ein Gesellschaftszimmer betrat, dann war es den Sitzenden sogar verboten aufzustehen. Meist erschien die Kaiserin ganz unerwartet während des Balles, was den Ablauf überhaupt nicht stören mußte.

Nicht selten wurden auch direkt im Palast Bälle veranstaltet. Dann nahmen in einem riesigen Saal, der mit großartigen Spiegeln geschmückt und von einer Vielzahl von Lüstern erleuchtet war, an einer Seite die Frauen in prächtigen Gewändern und glitzerndem Schmuck Aufstellung, auf der anderen Seite reihten sich die Männer in erlesenen Anzügen, die mit Ordensbändern geschmückt waren, auf. Nach einem tiefen Knicks bzw. einer tiefen Verbeugung begannen sie zu den Klängen einer wunderbaren Musik, die von französischen Berühmtheiten dargeboten wurde, mit einem langsamen Tanz. Dies war ein wirklich beeindruckender Anblick. Als Ballettmeister fungierte bei Hofe der Franzose Jean-Baptiste Landé, der behauptete, daß man das Menuett nirgendwo so tanze wie in Petersburg.

An Elisabeths Hof hielt die französische Sprache Einzug, und auch der Einfluß der französischen Mode breitete sich aus. Die Hauptbeschäftigung der Damen bestand schließlich darin, einander in ihrer Garderobe zu übertreffen. Viele Stunden verbrachten die weltlichen Schönheiten in Gesellschaft ihrer Zimmermädchen, Friseure und Schneider vor ihren Ankleidespiegeln. Die Kleider verblüfften durch ihre Pracht. Bisweilen zogen sich die Damen zwei bis dreimal pro Tag um. Unter dem Adel der Hauptstadt breitete sich die allgemeine »Jagd« nach der neuesten Mode aus. Das beste und teuerste mußte es sein und unbedingt aus Paris – das war die Tendenz am Hofe jener Romanow. Elisabeth selbst galt beinahe als Gesetzgeberin in Sachen Mode, ihr Gefühl für Schönheit war erstaunlich gut entwickelt. Sie kleidete sich immer ausgewählt elegant, liebte hübsche Kopfbedeckungen und Schmuck und achtete sorgfältig auf ihr Äußeres. Kein einziger aus Westeuropa kommende Händler war berechtigt, seine Waren zu verkaufen, bevor die Kaiserin sich nicht selbst die Dinge, die sie brauchte, ausgesucht hatte. Des öfteren erwartete ein Be auftragter Ihrer Majestät die Ankunft der französischen oder englischen Schiffe im Petersburger Hafen, um dann sofort alle Modeneuheiten zu erstehen, bevor jemand anders sie auch nur zu Gesicht bekommen konnte. Einmal wurde ihr berichtet, Mademoiselle Tardier, eine Französin, die Modeartikel verkaufte, hätte ihr nicht alle Neuheiten, die sie aus Paris mitgebracht habe, gezeigt, sondern etwas für ihre anderen Kundinnen zurückbehalten. Ohne ihren Zorn zu verbergen, befahl die Herrscherin, die Händlerin ins Gefängnis zu stecken.

Unter den persönlichen Bediensteten der Zarin befand sich ein ganzes Regiment an Schneidern, Goldschmieden, Schuhmachern und Kürschnern. Während ihrer Regierungszeit häufte sie eine enorme Menge an Kleidern, eine Vielzahl von Schuhen und allerlei Kostbarkeiten an. Vom Tage ihrer Thronbesteigung an trug sie kein Kleid zweimal, wahrscheinlich weil sie nach dem Tode ihrer Eltern lange Zeit gezwungen gewesen war, bescheiden zu leben.

Die Leidenschaft für Kleider und die Sorge um ihre Schönheit bewahrte sich Peters Tochter bis ans Ende ihrer Tage. Nach ihrem Tode fand man in ihren Garderoben 15000 Gewänder und Truhen, die mit Seidenstrümpfen, mehreren Tausend Paar Schuhen und über hundert Ballen englischen und französischen Stoffs gefüllt waren. Die Zarin bevorzugte weiße und helle Gewebe, die von Gold- oder Silberfäden durchzogen waren. In Elisabeths Garderobe gab es auch Männeranzüge. Da sie von ihrem Charakter her lebensfroh und fröhlich war, liebte sie es, ihre Umgebung zu überraschen, und da sie wußte, daß ihr Anzüge sehr gut standen, erschien sie zu den bei Hofe veranstalteten Maskenbällen mal im Anzug eines französischen Musketiers, ein andermal als Kosaken-Hetman, dann wieder als holländischer Matrose. Da sie annahm, daß Männerkleidung die Schönheit ihrer Konkurrentinnen nicht würde unterstreichen können, organisierte die Kaiserin sogar Maskenbälle, bei denen die Damen in Fräcken mit französischem Schnitt, die Männer aber in Röcken zu erscheinen hatten. Konkurrenz konnte die zehnte Romanow-Herrscherin nicht ertragen, und sie achtete streng darauf, daß niemand es wagte, ein Kleid oder eine Frisur nach der neuen Mode zu tragen, bevor sie selbst nicht schon wieder davon abgekommen war.

Einmal kam es der Fürstin Lopuchina, die für ihre erstaunliche Schönheit bekannt war und gerade dadurch die Eifersucht der Zarin erregte, in den Sinn, auf diesen Charakterzug der russischen Gebieterin keine Rücksicht zu nehmen. So erschien sie mit einer Rose im Haar zum Ball, bei dem die Herrscherin ebenfalls eine Rose in der Frisur trug. Ohne anfangs eine Spur von Unwillen zu zeigen, zwang die eitle Elisabeth die leichtsinnig handelnde Schönheit inmitten des Balls, vor ihr auf die Knie zu gehen, ließ sich eine Schere geben, schnitt ihr die anstößige Rose zusammen mit einigen Haarsträhnen ab und verpaßte der Armen eine Ohrfeige.

Ihre Zeitgenossen berichten auch über eine andere Ausdrucksform, in der sich der Starrsinn der Herrscherin zeigte: Eines Tages gab sie einen Erlaß heraus, nach dem sich alle Damen der höheren Kreise die Köpfe abrasieren lassen mußten, und die Frauen mußten sich dem unter Tränen unterwerfen. Es stellte sich heraus, daß dies kein Tribut an die Mode war, der Grund hierfür bestand ganz einfach darin, daß bei der Herrscherin eine Haarfärbung mißlungen war und ihre Haare plötzlich ausfielen. Und so beschloß sie dann, daß die Damen des Hofes ihr trauriges Schicksal zu teilen hätten.

Bälle, Tischgesellschaften, Kostümfeste, Theateraufführungen und Feuerwerke wechselten einander ab. Bei der Ausrichtung von Vergnügungen und prächtigen Festessen geizte die Herrscherin weder mit Geld noch mit Zeit. Rasch entwickelte sich bei Hofe ein erlesener Geschmack, verbunden mit einem bis zu jenen Zeiten nicht gekannten Luxus. Die neue Zarin wünschte einen erlesenen Tisch. Chefkoch an ihrem Hof wurde ein Deutscher namens Fuchs, der die französische Küche bis in alle Einzelheiten studiert hatte. Die Kaiserin wußte die großartigen kulinarischen Fähigkeiten dieses Mannes zu würdigen, ließ ihm eine bis dahin noch nie dagewesene Vergütung zukommen und erhob ihn dadurch in den Rang eines vornehmen Hofbeamten, während die Chefköche gewöhnlich nur zur Kategorie des leibeigenen Gesindes zählten. Elisabeth aß gern. Gut und schmackhaft mußte es sein, wobei sie

Fleisch und Gemüsegerichte bevorzugte und keinen Fisch zu sich nahm. Zur Maslenniza – dem Fest, mit dem man in Rußland den Frühling begrüßt – verspeiste sie jeweils zwei Dutzend Blinis, wodurch sie ihren gewitzten Koch in Verwirrung brachte. Dafür ernährte sie sich in der anschließenden Fastenzeit ausschließlich von einfachem Brot, Konfitüre und Kwas. Die Zarin war nicht abgeneigt, ein Gläschen ungarischen Wein oder ein leichtes Bier zu trinken, doch eine besondere Leidenschaft für Alkohol hegte Peters und Katharinas Tochter nicht. Die prächtigsten Festmähler wurden im neu aufgebauten Zarskoje Selo veranstaltet, das zur Sommerresidenz der Romanows geworden war. Im Palast wurde ein spezieller Aufzug installiert, der die Gäste, auf bequemen Diwanen sitzend, in den ersten Stock brachte, wo sich eine mit Speisen beladene Tafel befand. Erlesene Gerichte, Weine und Früchte wurden ohne Bedienstete gereicht. Solche Tafeln wurden dann auch als »Zaubertische« bezeichnet.

Bei allen Festen und Feiern gab es Musik, der Elisabeth mit Vergnügen lauschte. Oftmals wurden auch in den geräumigen Häusern von Adligen Vokal- oder Instrumentalkonzerte veranstaltet, wie es zu jener Zeit in italienischen oder deutschen Familien üblich war. Diesen Konzerten wohnte von Zeit zu Zeit auch die Herrscherin persönlich bei. Teilnehmen daran durften auch die Bürger der Stadt und Kaufleute, nur für betrunkene Besucher oder lasterhafte Frauen war der Zutritt verwehrt. Nicht selten kam die Zarin auch zu Spielabenden, die in den Häusern der vornehmen Hofbeamten stattfanden, um mit einem angenehmen Partner Karten zu spielen. Ihre Lebhaftigkeit und Fröhlichkeit, ihr bezauberndes Lächeln auf dem zarten rotwangigen Gesicht zogen die Blicke vieler Männer an. Doch sie ließ ihre Gunst Alexej Rasumowski zuteil werden, den sie im Chor ihrer damals regierenden Cousine entdeckt hatte.

Nachdem offensichtlich geworden war, daß die Ehe zwischen Zarewna Elisabeth und dem französischen König nicht zustande kommen würde – in Petersburg waren hartnäckige Gerüchte über eine bevorstehende Hochzeit zwischen Ludwig XV. und einer englischen Prinzessin im Umlauf, wurde jener schon erwähnte Karl August, ein Vetter des Herzogs von Holstein, zum Bräutigam für die Tochter des russischen Zaren erwählt. Doch dann geschah das Unvorhergesehene: Bevor er den Gang zum Altar antreten konnte, verstarb Karl August an den Pocken. Sein Tod stürzte Elisabeth in tiefe Trauer, fortan wollte sie nichts mehr von einem etwaigen Bräutigam hören. Auch die Leidenschaft ihres Neffen, des Kaisers Peter II., konnte ihr Herz nicht erwärmen. Zwar war die Zarentochter sehr freundlich zu ihm, doch auch zurückhaltend. Der Gedanke an eine Ehe mit diesem Knaben reizte sie stets zum Lachen, obwohl sie auch verstand, daß eine solche Ehe den Frieden im russischen Staate wesentlich gefestigt hätte, da sie schließlich beide Romanows waren. Darauf wurde sie häufig vom weisen Ostermann hingewiesen – von eben jenem, mit dem Elisabeth nach ihrer Thronbesteigung dann so streng verfahren sollte.

Der erste unter den Männern, denen die Zarentochter einen gewissen Platz in ihrem Leben einräumte, war der junge Fürst Buturlin. Der eifersüchtige Peter II. aber schickte, ihn in die Ukraine, um die Möglichkeit für Zusammenkünfte zwischen seiner schönen Tante und seinem Rivalen zu unterbinden. Dann war eine mögliche Ehe der Zarewna mit ihrem Cousin Semjon Naryschkin im Gespräch, der durch eine besondere Eleganz und fürstliche Würde hervorstach. Doch auch hier mischte sich ihr Neffe, der Kaiser, ein und befahl dem jungen Mann, sich zur Erledigung irgendwelcher Aufträge nach Paris zu begeben. Nach der Abreise des verhinderten Gemahls kamen sich Elisabeth und ein einfacher Gardesoldat namens Schubin näher. Er hatte unter den Gardisten zugunsten von Peters Tochter agitiert, wurde dann von Kaiserin Anna der Verschwörung bezichtigt und in den Fernen Osten verbannt. In der Stadt verbreiteten sich Gerüchte, daß die Zarentochter keinen Hehl aus ihrer Trauer darüber mache und den Gedanken hege, ins Kloster zu gehen. Diese Munkeleien fanden jedoch keine Bestätigung, darüber hinaus sah man sie schon bald in der Gesellschaft des erwähnten Rasumowski. Was aber war das für ein Mensch, der die junge Frau so rasch zu trösten vermocht hatte?

Rasumowski stammte aus einer Bauernfamilie, die in einem kleinen ukrainischen Dorf lebte. Eines Tages machte ein Händler, der ungarischen Wein an Kaiserin Annas Hof lieferte, in diesem Dorfe Halt und geriet, als er im örtlichen Gotteshaus weilte, über den mächtigen Baß des Kirchensängers in Begeisterung. Weil er den jungen Bauern dann in die Hauptstadt brachte, erhielt der Weinhändler sogar einen Platz am Zarenhofe, der Sänger selbst wurde der Kapelle Ihrer Majestät zugeteilt.

Nachdem die Zarewna den Sänger gehört hatte, bat sie darum, ihn an ihren Hof mitnehmen zu dürfen. Während Annas Regierungszeit lebte die Tochter des ersten russischen Kaisers am Rande von Petersburg, wo sie über eine kleine Hofhaltung verfügte. Ihr Wunsch wurde erfüllt, doch sie hatte nicht lange Gelegenheit, sich am Gesang des jungen Höflings zu erfreuen, da Alexej seine wunderbare Stimme bald verlor. Extra für ihn richtete Elisabeth in ihrem Stab die Stellung des Hof-Banduraspielers ein, bald darauf übertrug sie ihm die Verwaltung ihres Hofes. Der ehemalige ukrainische Bauer erhielt so den ersten Rang unter ihren Helfern.

Er war ein hochgewachsener, schlanker junger Mann mit braunen Haaren, sehr attraktiven Gesichtszügen, gütigen Augen und einem dichten hübschen Bart. Nachdem Elisabeth Kaiserin geworden war, überschüttete sie ihren Favoriten mit allen möglichen Ehrerbietungen und Reichtümern, machte ihn zum Grafen und schloß mit ihm, wie behauptet wird, sogar insgeheim die Ehe. Es gibt hierüber keine zuverlässigen Angaben, doch Rasumowskis Stellung veränderte sich vom Ende des Jahres 1742 an merklich. Er ließ sich im Palast nieder, und zwar in Räumlichkeiten, die an die Gemächer der Herrscherin grenzten, und war bereits ein allgemein anerkannter Teilnehmer an sämtlichen Vergnügungen und Ausfahrten Ihrer Majestät, befand sich sozusagen in der Rolle des Prinzgemahls. Einmal sagte die Kaiserin sogar einen geplanten Ausflug ab, da der Graf nicht ganz gesund war. Wenn sie bei heftigem Frost aus dem Theater kamen, kümmerte sich die Zarin sorgsam darum, daß sich ihr Gefährte auch richtig in seinen Pelzmantel hüllte und setzte ihm selbst die Pelzkappe zurecht. Zur Speisenfolge bei offiziellen Tischgesellschaften gehörten jetzt gewöhnlich auch ukrainische Gerichte, Rasumowski saß bei solchen Anlässen neben der Kaiserin am Tisch. Es wurde natürlich vermutet, daß die Herrscherin irgendwann einmal ihre Ehe öffentlich verkünden und die Zarenkrone mit ihrem Gemahl teilen werde. Doch dies geschah weder zu Beginn, noch am Ende von Elisabeths Herrschaft, obwohl sie diesem Manne ihr ganzes Leben lang innig verbunden blieb und mit ihm wie Mann und Frau zusammenlebte. Freilich zeigten sich in der Gewogenheit der Kaiserin zum Ende ihrer Regierungszeit gewisse Schwankungen, doch der Graf bestand mit der ihm eigenen Friedfertigkeit niemals auf seinen Rechten, egal, ob sie durch eine kirchliche Eheschließung gefestigt waren oder nicht. Die Freiheit seiner Herrscherin schränkte er niemals ein – aber hätte er dies auch wirklich gekonnt?

Ein Dokument, das diese Ehe bestätigte, konnte niemals aufgefunden werden. Erst nach Kaiserin Elisabeths Tod wandte man sich an den greisen Grafen und bat ihn, eine entsprechende Urkunde vorzuweisen. Er hörte sich die Bitte an, holte aus einer Schatulle irgendein Papier und warf es mit Tränen in den Augen ins Feuer, wobei er erklärte, ein solches Dokument habe niemals existiert.

Graf Rasumowski unterschied sich durch sein ungewöhnliches Verhalten überhaupt von anderen Höflingen. Außergewöhnlich ehrlich und bescheiden, strebte er niemals irgendwelche hochrangigen Posten im Staate an. Von Hofintrigen hielt er sich fern, nahm aber gern Geschenke und großzügige Gaben, darunter auch Orden und Geld, von Elisabeth an. Er selbst war bemüht, Gutes zu tun und seinen Mitmenschen zu helfen, wobei er seine zahlreichen Verwandten nicht vergaß, derer er sich trotz ihrer einfachen Herkunft niemals schämte. Eine seiner Schwestern machte er zum Hoffräulein, seinem jüngeren Bruder Kyrill ermöglichte er eine Ausbildung im Ausland. Dieser studierte an den Universitäten in Göttingen und in Berlin, wurde später zum Präsidenten der Akademie der Wissenschaften ernannt und vollbrachte viel Nützliches für Rußland.

Überliefert ist folgende Begebenheit: Eines Tages reiste er gemeinsam mit der Herrscherin, um sich einen neuen Palast anzusehen. Unter den Hofbediensteten erblickte er einen früheren Bekannten und küßte diesen in Gegenwart der Zarin herzlich. Als Elisabeth ihr Erstaunen über dieses Verhalten zum Ausdruck brachte, antwortete ihr Rasumowski einfach und ruhig: »Du, Lisa, kannst aus mir machen, was du nur möchtest, doch für sie werde ich immer derjenige bleiben, der ich früher war.« Aus seiner hohen Stellung zog er keinerlei Vorteile, und für seine Bescheidenheit genoß er sogar bei seinen zahlreichen Neidern allgemeine Zuneigung und Achtung.

Um die Beziehung zwischen der Kaiserin und ihrem Favoriten rankten sich viele Legenden. Noch mehr erfundene Geschichten gibt es aber in bezug auf die Kinder Elisabeths, die angeblich existierten, die aber wohl einer Amme übergeben und später in ein Kloster gesteckt worden waren. Bei ihrer hochgewachsenen, fülligen Gestalt war es durchaus möglich, daß eine Schwangerschaft unbemerkt blieb.

Die Kinder aus ihrer Ehe mit Rasumowski hätten angeblich den Nachnamen Tarakanow erhalten; um sie herum entstanden ganze Legenden. Der erste Nachkomme, der unter diesem Namen bekannt wurde, war Augusta, die etwa im Jahre 1744 zur Welt kam. Es wird vermutet, daß sie schon bald nach ihrer Geburt nach Frankreich gebracht wurde, wo sie eine gute Erziehung und Ausbildung erhielt. Als Katharina II. an die Macht gekommen war, gelang es ihr, die zu jener Zeit bereits vierzigjährige Frau mit List nach Moskau zu locken und dann in einem Kloster unterzubringen. Elisabeths »Tochter«, die mittelgroß war, eine wunderbare Figur hatte und eine erstaunliche Schönheit war, wurde gewaltsam zur Nonne gemacht und erhielt den Namen Dossifea. Im Kloster lebte sie noch zwanzig Jahre in völliger Einsamkeit, widmete sich der Lektüre, Handarbeiten und der Philanthropie. Sogar der Gottesdienst fand für sie alleine statt. Die letzten Jahre ihres Lebens verbrachte Dossifea schließlich in tiefem Schweigen und galt als eine Art »Heilige«. Die Geschichten über sie fanden weite Verbreitung. Bei ihrer Beerdigung schließlich, die unter großer Anteilnahme des Volkes stattfand, waren auch Verwandte der Familie Rasumowski und viele vornehme Hofbeamte zugegen. Zur letzten Ruhe wurde die Nonne Dossifea im Nowospasskij-Kloster, in die Gruft des Bojaren Romanow, gebettet. Es kursierte eine Legende, nach der im Kloster angeblich ein Porträt von ihr erhalten geblieben sei, das die Inschrift trüge: »Prinzessin Augusta Tarakanowa, im geistlichen Leben Dossifea«.

Eine erstaunliche Erzählung rankt sich auch um eine andere Person mit diesem Nachnamen – und zwar um eine junge Fürstin Tarakanowa, eine Frau von seltener Schönheit und hochentwickeltem Intellekt. Einige Jahre nach Elisabeths Tode machte sie plötzlich ihren Anspruch auf den russischen Thron geltend. Auch sie wurde von Katharina II. nach Rußland verschleppt, wo sie den Tod erleiden mußte.

Elisabeths Thron war von Russen und Franzosen umgeben; die Deutschen hatten während ihrer Regentschaft keine wichtigen Posten inne und traten sozusagen in den Hintergrund. Es machte sich rasch bemerkbar, daß sie dem Staatsapparat fehlten; sie zu ersetzen indes war schwierig. Ausländer, die nach Rußland eingeladen wurden, strömten bei weitem nicht mehr eilig in jenes Land, in dem es vorkommen konnte, daß man zunächst in den Himmel gehoben, dann aber wie ein Räuber behandelt wurde. Sie hielten sich zurück, zumal Münnichs und Ostermanns Schicksal auch außerhalb der Grenzen Rußlands bekannt geworden war. Ein gelehrter Franzose, der die Einladung erhalten hatte, sich in Petersburg niederzulassen, antwortete ganz direkt: »Vielen Dank. Ich ziehe es aus Prinzip vor, stets so zu stehen, daß ich Sibirien den Rücken zuwende.«

Wer aber gehörte zu den Ratgebern der Herrscherin? Welche konkreten Vorhaben wurden während ihrer Regierungszeit in die Tat umgesetzt?

Nachdem sie ihr Ministerkabinett entlassen hatte, stellte Elisabeth den Senat so wieder her, wie er zu Zeiten ihres Vaters gewesen war. Zu Beginn ihrer Herrschaft nahm sie sogar an seinen Sitzungen teil. Die wichtigsten Staatsangelegenheiten jedoch wurden nicht ohne Beteiligung einer Person entschieden, der es Peters des Großen Tochter insbesondere zu verdanken hatte, daß sie an die Macht gekommen war. Der Name dieses Mannes, der Arzt und Chirurg war, lautete L'Estocq. Er hatte freien Zugang zur Herrscherin und wußte dieses Privileg auch zu nutzen. Doch nur sechs Jahre konnte er sich in der direkten Umgebung des Zarenthrones und der Kaiserin, die er dorthin gebracht hatte, halten. L'Estocq wurde beschuldigt, eigennützige Beziehungen zu ausländischen Staaten zu unterhalten. Elisabeth, die überaus wechselhaft war, was ihre Sympathie oder Antipathie bestimmten Menschen gegenüber anbetraf, ließ ihn schließlich festnehmen. Gemeinsam mit seiner Frau Anna Mengden – einer Schwester von Kaiserin Annas Favoritin – wurde er in eine Festung gesteckt. Trotz aller Folterungen stritt L'Estocq alle gegen ihn vorgebrachten Beschuldigungen ab und ging in Hungerstreik. Er wurde in die Verbannung geschickt, wo er unter sehr strengen und kärglichen Bedingungen gefangen gehalten wurde. Erst drei Jahre später erhielt seine Frau die Genehmigung, ihm zu folgen. Nach Petersburg zurückkehren durfte er erst, als bereits der Neffe seiner »Patientin« den Thron innehatte. Der ehemalige Leibarzt der russischen Zarin mußte sogar noch um Geld bitten, um die Reise antreten und sich die erforderliche Kleidung kaufen zu können, da die Verbannung all seine materiellen Reserven aufgezehrt hatte.

Im dritten Jahr von Elisabeths Herrschaft ging der Stern eines neuen Staatsmannes in der russischen Hemisphäre auf. Alexej Bestushew-Rjumin wurde auf den Posten des Kanzlers berufen. Über fünfzehn Jahre lang lag nicht nur das Geschick der Innen-, sondern auch der Außenpolitik in seinen Händen. Die Familie Bestushew hatte ihre Ursprünge in England, sie stammte von einem gewissen Gabriel Best ab, der vor einigen Jahrhunderten nach Moskau gekommen war. Die neue Regierungsära war ganz deutlich von europäischer Zivilisation geprägt, da Bestushew in

Deutschland erzogen worden war und viele Jahre im Ausland zugebracht hatte. Dieser Staatsmann war mit der Tochter eines ehemaligen russischen Residenten in Niedersachsen namens Elisabeth Böttiger verheiratet. Oft erhielt dieser Diplomat dort Besuch von Zar Peter und dessen Frau, wenn sie sich auf einer ihrer Reisen durch Deutschland befanden. Frau Bestushewa liebte die Russen nicht und war insgeheim eine Förderin Preußens. Offizieller Sekretär des Kanzlers war ein – Deutscher namens Brewern, der früher in Ostermanns persönlichen Diensten gestanden hatte, ferner zählten zum Stab seiner Privatkanzlei noch ein Italiener und zwei weitere Deutsche.

Bestushew war ein sehr verschlossener und ehrgeiziger Mann mit tadellosen Manieren und würdigem Aussehen. Er verfügte über erstaunliche Geschicklichkeit in allen möglichen Intrigen, es gelang ihm jedoch, sich das vollste Vertrauen der Herrscherin zu erwerben, indem er seine Ziele stets als die Peters I. ausgab: »Das ist nicht meine Politik, sondern die Politik Ihres großen Herrn Vaters«, so wiederholte er gern, wenn die Zarin bei der Erörterung einer Frage ihm in irgendeinem Punkt nicht zustimmen wollte, was allerdings nicht oft vorkam. Gewöhnlich übersandte Elisabeth ihrem ersten Minister sämtliche Anordnungen über dritte Personen, und er ließ ihr seinerseits stapelweise alle möglichen Papiere – Protokolle, Noten, Vertragstexte und sonstige Dokumente zukommen, wodurch er sie buchstäblich in Verwirrung brachte. Daher unterschrieb sie höchst selten etwas selbst und sagte meist: »Macht es so, wie Ihr wollt.« Jegliche Beschäftigung mit ernsthaften Angelegenheiten rief bei ihr Ermüdung hervor, und dies konnte sich Elisabeth nicht erlauben. »Sie dazu zu veranlassen, irgendeinen Erlaß oder ein Papier zu unterzeichnen ist genau so schwierig, wie eine Oper zu komponieren...«, schrieb der preußische Gesandte an seinen König. Nicht weniger leicht war es, bei der Herrscherin eine Audienz zu erhalten. »Sie zieht von einem Landhaus zum anderen, man kommt ihr nicht hinterher«, beklagte sich der österreichische Gesandte. Und wenn es schon einmal jemandem gelang, diese »unerreichbare Persönlichkeit« zu fassen zu bekommen und ihre Aufmerksamkeit auf sich zu ziehen, so wechselte sie häufig ganz plötzlich das Thema und stellte eine Frage, an der ihr selbst gelegen war. Als beispielsweise Elisabeths Meinung darüber eingeholt werden mußte, ob der Herzog von Holstein den schwedischen Thron erben solle, erinnerte sie sich, statt auf die ihr gestellte Frage einzugehen, sofort an den Schmuck ihrer Schwester Anna, den diese als Mitgift erhalten hatte und der nach ihrem Tode verloren gegangen war, worauf sie sogleich forderte, man solle nach ihm suchen, als ob dies der Zweck des Treffens gewesen sei.

Bestushews Karriere fand ebenfalls ein ruhmloses Ende, er fiel in Ungnade und wurde in die Verbannung geschickt. Seinen Platz nahm Graf Pjotr Schuwalow ein, der an der Palastrevolte des Jahres 1741 beteiligt gewesen war. Ohne einen Ministerrang innezuhaben, hatte er bereits einige Jahre lang mehrere Ämter geleitet. Dieser Staatsmann war einer der ersten Hofbeamten in Rußland, die ganz offen nach ihren eigenen Gesetzen der Moral lebten. Für seine Gäste hielt er stets einen ordentlich gedeckten Tisch bereit und bewirtete sie mit Sekt und Tee, was zu jener Zeit noch als Luxus galt. Er besaß Orangerien, in denen Ananas und andere exotische Früchte wuchsen, vor seine Equipagen spannte er englische Pferde. Große Beliebtheit erwarb sich Schuwalow durch sein Vorhaben, die binnenländischen Zölle und Gebühren abzuschaffen. Er war es auch, der Banken einrichtete, bei denen man sich für einen geringen Prozentsatz – lediglich sechs Prozent Jahreszins – Geld leihen oder aber sein Geld anlegen und hierfür Zinsen erhalten konnte. Diese ersten russischen Banken brachten dem Handel großen Nutzen, unter anderem auch dem Außenhandel, der sich noch immer ausschließlich in den Händen von Ausländern befand. Durch seine zügellose Leidenschaft für Luxus und für Frauen zerstörte dieser Aristokrat seine Karriere letztlich selbst.

Der Cousin des Grafen, der zweiundzwanzigjährige Iwan Schuwalow, avancierte in den letzten Lebensjahren der Herrscherin zu ihrem engen Freund. Offiziell bekleidete der junge Mann keinen bedeutenden Posten und wurde einfach als »Kammerherr« bezeichnet. Durch seinen hohen Bildungsstand und seine Intelligenz, das attraktive Äußere und seine Integrität unterschied er sich jedoch positiv von anderen, und unter den Politikern galt er als der bei weitem angenehmste Mensch. Seine Vorhaben waren auf eine Entwicklung des Bildungswesens in Rußland gerichtet, da es zu jener Zeit wohl das einzige Land war, wo man die Kenntnis der Muttersprache und überhaupt jeglicher Dinge, die nationale Züge trugen, vernachlässigte. Die Leute, die als gebildet galten, kümmerten sich lediglich darum, daß ihre Kinder die französische Sprache und die französische Etikette erlernten. Daher beschafften sie ihnen ausländische Lehrer, unter anderem für Musik und Tanz; Unterricht in Russisch oder in anderen wissenschaftlichen Fächern erhielten ihre Sprößlinge kaum. Die Wissenschaft war zu jener Zeit in Moskau lediglich durch die Slawisch-Griechisch-Lateinische Akademie und in Petersburg durch die Akademie der Wissenschaften vertreten. Gerade Iwan Schuwalow wurde zum Initiator für die Gründung der ersten russischen Universität in Moskau, die eine der wichtigsten Neuerungen darstellte, die die Tochter Peters des Großen einführte. Am 25. Januar 1755 unterschrieb Elisabeth den entsprechenden Erlaß. Schuwalow war es, der ihr das Dokument zur Unterschrift vorlegte. Zum Rektor der Universität wurde Michail Lomonossow, der erste russische Gelehrte, ernannt, dessen Gönner der Graf selbst war.

Lomonossow, der als junger Mann aus dem Norden Rußlands nach Moskau gekommen war, hatte dort studiert und war nach Abschluß seines Studiums nach Deutschland geschickt worden, wo er zunächst eine fünfjährige Ausbildung an der

Akademie für Bergbau in Freiberg absolvierte und dann in Marburg Philosophie und deutsche Literatur studierte. Dort gab er die erste russische Grammatik heraus und übersetzte sie für seine Freunde selbst ins Deutsche. In diesem Land heiratete er eine Deutsche, die Tochter eines Schneiders aus Marburg, die später mit ihm nach Rußland übersiedelte.

Als Dozenten arbeiteten an der Moskauer Universität Deutsche oder auch Russen, die ihre Ausbildung in Deutschland erhalten hatten. Mit der Universität wurden ferner zwei Gymnasien eröffnet – eines für Adlige, eines für Personen nichtadliger Herkunft, außerdem wurde erstmals die Zeitung »Moskauer Nachrichten« herausgegeben. Zum Kurator der neuen Bildungseinrichtung wurde Iwan Schuwalow ernannt.

Doch Elisabeths junger Favorit war nicht nur Mäzen, sondern auch richtiggehender Minister für Volksbildung. Unter seiner Mitwirkung wurde in Petersburg die Akademie der Künste wiederaufgebaut. Er trug persönlich sehr viel zu ihrer Wiederbelebung bei, überließ ihr seine prächtige Bibliothek sowie eine Sammlung von Kunstwerken und wertvollen Skulpturen. Von nun an konnten angehende russische Künstler an dieser Hochschule studieren, und weder Alter noch soziale Stellung oder Herkunft der Kandidaten spielten bei der Aufnahme in die Akademie eine Rolle. Innerhalb kurzer Zeit verwandelte sich diese Institution in eine Wiege nationaler Talente. Elisabeth selbst war bestrebt, sich mit Künstlern und Bildhauern aus Europa zu umgeben, da sie diese als Zierde ihres Hofes betrachtete. Es schien, daß sie sich ganz und gar nicht um die Förderung der heimischen Talente kümmerte, und sogar ihre eigenen Porträts bestellte sie bei französischen und italienischen Malern. Ihrem Beispiel folgten auch die Petersburger Schönen. Die nationale russische darstellende Kunst aber begann, sich langsam durch die dichte Schicht ausländischer Kunst durchzukämpfen, deren Erzeugnisse in den meisten Fällen weit vom Range eines echten Meisterwerks entfernt waren.

Eine große Rolle spielte Schuwalow auch bei der Gründung des russischen Nationaltheaters in Petersburg. Auf dieser Bühne spielte ein Ensemble, das ein Kaufmannssohn namens Fjodor Wolkow in Jaroslawl ins Leben gerufen hatte. Die Stücke wurden in Prosa oder in Versen aufgeführt, und auch die Kaiserin kam zu den Vorstellungen. Für das Theater hegte Elisabeth eine große Liebe, egal, ob es sich um eine italienische Oper oder um eine französische Komödie handelte. Das deutsche Theater aber, das seine Inszenierungen schon viele Jahre lang in Moskau zur Aufführung brachte, wurde von ihr nicht anerkannt und schließlich im Jahre 1754 geschlossen. Für die Volkskunst hegte die Tochter von Zar Peter sogar besondere Gefühle. Die russische Folklore lag ihr am Herzen, die Tänze und der Chorgesang von Mädchen aus dem Dorfe hatten ihr seit frühester Jugend sehr gut gefallen.

Unter Elisabeth, die die Energie ihres Vaters geerbt hatte, entstanden viele neue Paläste. Die Errichtung von Palastbauten aus Holz, die manchmal nur für einen einzigen Besuch der Kaiserin vorgesehen waren, nahm bisweilen nur wenige Wochen in Anspruch. An Palästen aus Stein jedoch wurde mehrere Jahre lang gearbeitet, wobei man für ihren Bau geschickte Architekten und Baumeister aus Italien und anderen Ländern nach Rußland holte. So hat vor allem der Italiener Rastrelli viele wunderbare Architekturdenkmäler geschaffen. Zu seinen Werken zählt auch der Große Palast in Zarskoje Selo, ein wegen seiner Schönheit und Pracht ungewöhnliches Bauwerk, dessen Entstehungsgeschichte mit dem Namen von Elisabeths Mutter verknüpft ist.

Vor etwa dreißig Jahren waren hier in Zarskoje Selo für sie, Peters I. Gemahlin, die sogenannten »Steingemächer« errichtet worden, ein bescheidener Palast, welcher der Zarenfamilie zur Erholung während der Jagd diente. Vor dem Gebäude wurde ein Garten mit Blumenbeeten, künstlichen Teichen und Obstbäumen angelegt. Im Laufe der Zeit wurde das Haus mehrfach umgebaut, bevor es schließlich vom Architekten Rastrelli vollendet werden sollte – als Paraderesidenz von Zarin Elisabeth. Das Palastgebäude erstreckte sich auf über dreihundert Meter und erstaunte durch seinen Luxus. Der Stuck und die Schnitzereien waren vergoldet, und auch die Inneneinrichtung bestach durch ihre Pracht. Unter den erstaunlich schönen Räumen dieses Palastes haben vor allem das Chinesische Zimmer und das Bernsteinzimmer Weltberühmtheit erlangt. Bilder, Gold, Bernstein, seltenes Porzellan – all diese Schätze sollten die Macht des Hauses Romanow unterstreichen. Die russische Hofhaltung stand den Höfen Frankreichs, die zu jener Zeit als die prunkvollsten in ganz Europa galten, in nichts nach.

Elisabeth, die zunächst keine eigene ständige Residenz hatte, mußte immerfort von einem Palast in den anderen umziehen. Äußerlich hatten alle Gebäude zwar ein durchaus respektables Aussehen, doch die in ihnen enthaltenen Wohnräume waren eng und dürftig eingerichtet. Die Möblierung war so ärmlich, daß man Spiegel, Tische und Stühle beim Umzug von einem Palast in den anderen, sogar von Petersburg nach Moskau, mitnehmen mußte. Überall herrschte Unordnung, in den Räumen war es stickig, unaufgeräumt, manchmal tauchten auch Mäuse auf, vor denen sich Elisabeth schrecklich fürchtete. Ein weiterer betrüblicher Punkt waren die häufigen Brände, insbesondere in Moskau, das überwiegend aus Holzbauten bestand.

Eines Tages im Herbst, als Elisabeth nach Moskau unterwegs war, beschloß sie, sich im Kreml niederzulassen. Doch die Palastgemächer ihrer Vorfahren erwiesen sich zum Wohnen untauglich, und auch die Zugangswege des alten Zarenpalastes dienten schon lange als Lagerplatz für Abfall und Unrat. Die Herrscherin begab sich daraufhin in den ehemaligen Palast ihrer Mutter und wollte den ganzen Winter über dort bleiben. Doch Anfang November brannten das Palastgebäude und sämtliche Wirtschafts- und Nebengebäude binnen weniger Stunden ab, so daß nur Asche und ein paar verkohlte Trümmer übrigblieben. Die Bewohner wurden wie durch ein Wunder gerettet. Doch in nur sechs Wochen war der Palast erneut aufgebaut, und noch vor Neujahr konnte die Herrscherin in das neue Gebäude einziehen, in dem es nicht weniger als sechzig Räume und Gesellschaftszimmer gab.

Elisabeths Traum aber war es, ein herrschaftliches Winterquartier in der Stadt ihres Vaters zu haben. Und dieses Ziel verwirklichte sie auch – ihr großartiger Palast wurde zur Zierde der Stadt an der Newa. Er war als Residenz für die russischen Zaren geplant worden und erhielt die Bezeichnung »Winterpalast«. Sein Bau nahm mehr als acht Jahre in Anspruch und verschlang unermeßliche Geldbeträge. Doch die zehnte Romanow-Herrscherin sollte keinen einzigen Tag in dieser Residenz leben, dies gestattete ihr die Zeit nicht, die ihr das Schicksal noch zugedacht hatte. Rastrelli setzte zwar alles daran, damit wenigstens die für sie vorgesehenen Wohnräume fertiggestellt werden konnten, doch alle Mühe war vergebens, und erst ein Jahr nach Elisabeths Tod konnten sich die ersten Bewohner in den Mauern ihres geistigen Werkes niederlassen.

Mit dem Namen von Peters Tochter ist auch die Gründung der russischen Porzellanindustrie verknüpft – im Jahre 1744 wurde in der Nähe von Petersburg eine Porzellanmanufaktur errichtet. Schüler Böttgers – des Schöpfers des »weißen Goldes«, die aus Meißen kamen, hatten die Technologie mitgebracht. Zunächst versorgte dieser kleine Betrieb lediglich den Zarenhof, seine Erzeugnisse waren sehr teuer und wurden fast nicht verkauft. Später aber erweiterte die Fabrik ihre Produktion und errang in der Folgezeit große Bekanntheit.

Die Leidenschaft der Zarin für Kleidung förderte die Entstehung und Entwicklung von Web- und Nähfabriken in Rußland, die mit ausländischen Betrieben aber kaum konkurrieren konnten. Gleichsam zur Unterstützung des bescheidenen Sortiments der einheimischen Industrie gab Elisabeth eine Reihe von Erlassen heraus, die sich gegen den Luxus wandten: Personen ohne Rang wurde verboten, Seide und Samt zu tragen, auch wurde untersagt, Gold und Silber an den Tressen der Livree zu haben, wobei nur für Militärangehörige und Ausländer eine Ausnahme gemacht wurde. Zudem war es fortan verboten, in einem Vierspänner zu fahren, dieses Recht war lediglich ausländischen Diplomaten und Landbesitzern vorbehalten, die sich auf weit entfernt liegende Besitztümer begaben.

In Petersburg gründete Elisabeth eine »strenge Kommission«, die außereheliche Beziehungen verfolgen sollte. Eines Tages befahl sie sogar durch einen namentlichen Erlaß, den Besitz einer Witwe wegen »ausschweifenden Lebenswandels« zu beschlagnahmen. Und das, was nun geschildert werden soll, setzte sogar Europäer, die schon viel erlebt und gesehen hatten, in Erstaunen. Eine Deutsche, die aus Dresden stammte und in diesem Zusammenhang als die »Dresdnerin« bezeichnet wurde, hatte ein reiches Haus in Petersburg gemietet und dies zum Ort für fröhliche Abendveranstaltungen und amouröse Zusammenkünfte gemacht. Dort konnten sich ledige – und vielleicht auch nicht mehr ledige – Männer, selbstverständlich für entsprechendes Entgelt, mit leichtfertigen Frauen und jungen Mädchen treffen. Letztere – unter anderem auch Zimmermädchen – waren von ihren Dienstherren gewissermaßen verführt worden und fanden in dieser Herberge eine Zufluchtsstätte, wo sie die Gäste für entsprechende Bezahlung nach allen Regeln der Kunst verwöhnten. Das Gerücht über diese Vergnügungseinrichtung drang bis zur Kaiserin selbst vor, und so sah ihre Vergeltung aus: Die »Dresdnerin« wurde aus Rußland ausgewiesen. Die Besucher des Etablissements wurden, wenn es sich um noch unverheiratete hochgestellte Amtspersonen handelte, gezwungen, ihre freiwilligen Opfer zu ehelichen, um ihren Namen wiederherzustellen. Ehemänner aber erhielten eine strenge Strafe.

Dies waren die wichtigsten praktischen Schritte, die Peters Tochter während ihrer Herrschaft unternommen hat. Die Hälfte ihrer Regierungszeit mußte die friedliebende und sorglose Elisabeth mit Kämpfen zubringen. Während sie an der Macht war, errang die russische Armee nicht wenige militärische Siege und marschierte sogar in Berlin ein.

Peters Tochter hatte keinen Erben geboren, doch nachdem sie auf den Thron gekommen war und den kleinen Ioann von Braunschweig mit seinen Eltern in den Norden verbannt hatte, ließ sie sogleich ihren Neffen, Prinz Karl Peter Ulrich, den Sohn ihrer geliebten Schwester Anna, aus Holstein holen. Ihn machte sie auch zu ihrem Nachfolger. Elisabeth stand dem Hause Holstein-Gottorp nicht nur deshalb nahe, weil ihre Schwester Anna mit einem Prinzen aus dieser Familie verheiratet war; auch ihr Bräutigam Karl August, dessen Andenken sie ihr Leben lang mit Sehnsucht bewahrte – hatte ja aus Holstein gestammt. Daher hegte sie für dieses Land zwischen den zwei Meeren besondere Gefühle.

Um ihren Neffen holen zu lassen, sandte sie Baron Korff nach Holstein, der den Jungen auch im Februar 1742 zusammen mit seinen Lehrern Brümmer und Bergholz nach Petersburg brachte. Die Zarin beauftragte sogleich Simeon Todorski damit, ihn auf den Übertritt zum orthodoxen Glauben vorzubereiten.

Ja, dies entsprach auch dem letzten Willen Katharinas I., demgemäß nach dem Enkel, den ihr Gemahl von seinem Sohne Alexej hatte, für den Fall, daß dieser keine Kinder haben werde, ihre legitimen Nachfolger zunächst Anna und deren Nachkommen, dann ihre jüngere Tochter Elisabeth und deren Nachkommen sein sollten. Peter II. starb in jugendlichem Alter und hinterließ keine Kinder. Die Tochter

Anna, die ein Jahr nach dem Tode ihrer Mutter ebenfalls gestorben war, hinterließ einen Sohn, dessen Vater der Herzog von Holstein war. Nachdem er aber in Kiel im protestantischen Glauben erzogen worden war, traf auf ihn der letzte Punkt des Testaments zu, nach dem Nachkommen, die nicht orthodox waren, vom Thron ferngehalten werden sollten. Daher ließ Elisabeth ihn eiligst nach Petersburg holen, da sie in erster Linie darum bemüht war, daß ihr Neffe bald zum erforderlichen Glauben übertrete. Als die Zarin seinen Geburtstag – der Knabe vollendete sein vierzehntes Lebensjahr – feierlich mit ihm begangen hatte, brachte sie ihn nach Moskau, wo Karl Peter Ulrich einige Monate später auch die orthodoxe Taufe empfing. Er erhielt den Titel einer Kaiserlichen Hoheit und eines Großfürsten, ja sogar einen neuen Vornamen – von jetzt an wurde er Peter Fjodorowitsch genannt. Nun stand also ein Holsteiner am Fuße des russischen Throns!

Die neue Herrscherin benötigte einen Erben, da nur dies den Thron für die Nachkommen ihres Vaters gegenüber der inhaftierten Familie Braunschweig festigen konnte. Durch ihre Handlungsweise aber hatte sie ihre Absicht bekräftigt, sich nicht zu verheiraten. Dies entsprach voll und ganz dem Geist des neuen Regimes und der Stimmung der Gardisten, denen sie es zu verdanken hatte, daß sie den russischen Thron einnahm. Sie wollten sie frei von jeglichen Verpflichtungen auf dem Throne sehen, zumindest formell betrachtet, und sahen sie als Verkörperung des Andenkens an Peter den Großen. Ihre Aufgabe, die Thronfolge zu bestimmen, erledigte Elisabeth dadurch, daß sie in den europäischen Fürstenhäusern mit einer angestrengten Suche nach einer passenden Gemahlin für den künftigen russischen Zaren begann. Der preußische König brachte Sophie Friederike Amalia, eine deutsche Prinzessin aus dem kleinen Fürstentum Anhalt-Zerbst, als Kandidatin ins Spiel und erwähnte hierbei, daß sie mütterlicherseits eine leibliche Nichte des verblichenen geliebten Bräutigams von Elisabeth war. Diese verwandtschaftlichen Beziehungen waren einer der Beweggründe, durch die die Herrscherin schließlich für diese Ehe gewonnen werden konnte. Unter den Bewerberinnen waren auch eine Tochter des polnischen Königs, eine französische Prinzessin und die deutsche Prinzessin von Hessen-Darmstadt.

Elisabeth erwählte die Prinzessin von Anhalt-Zerbst und übersandte ihrer Mutter Johanna Elisabeth, einer geborenen Prinzessin von Holstein-Gottorp, einen sehr liebenswürdigen Brief, in dem sie beide zu einem Besuch am russischen Zarenhof einlud. Da sie über die materiellen Schwierigkeiten der Familie informiert war, ließ die Zarin Mutter und Tochter zehntausend Rubel für ihre Reisekosten zukommen und teilte ihnen bei dieser Gelegenheit mit, daß ihr Aufenthalt in Petersburg zu Lasten der russischen Staatskasse ginge.

Im Winter 1744 trafen die beiden Prinzessinnen unter falschem Namen in Rußland ein. Kaiserin Elisabeth fand sogleich Gefallen an dem Mädchen: Sie war schön, hatte dunkle Haare, leuchtende blaue Augen und einen forschenden Blick. Was aber das Wichtigste war – sie war ein sehr kluges Geschöpf und gut erzogen. Das Mädchen sprach fließend französisch und konnte schon nach ein paar Tagen Aufenthalt in Rußland einige russische Sätze sprechen. Mit Hilfe des Lehrers Simeon Todorski machte sie sich eifrig an das Erlernen der russischen Sprache sowie der Geschichte der orthodoxen Kirche. Im Sommer wurde Sophie orthodox getauft, wobei sie den Namen von Zarin Elisabeths Mutter erhielt. Von diesem Zeitpunkt an hieß sie Katharina Alexejewna, und sobald sie ihr sechzehntes Lebensjahr vollendet hatte, wurde sie mit dem russischen Thronfolger verheiratet.

Ihrem Neffen und seiner Gemahlin brachte Elisabeth große Aufmerksamkeit und Fürsorge entgegen. Doch der Tagesablauf der zukünftigen Herrscher war in ein strenges Regime gepreßt. Weder Peter noch Katharina durften das Haus oder gar die Stadt verlassen, ohne bei der Zarin um die Erlaubnis hierfür zu ersuchen. Elisabeth machte den jungen Hoheiten häufig Geschenke und gab ihnen Geld, doch sie wurde böse, wenn sie Schulden machten. »Man kann einen Brunnen auch ausschöpfen«, erklärte sie einmal ganz direkt und wies sie darauf hin, daß sie, als sie Großfürstin war, weitaus weniger Geld erhalten und dies überaus sparsam ausgegeben habe. Vor allem habe sie keine Schulden gemacht, da sie wußte, daß niemand für sie bezahlen würde. Doch für ihren Neffen übernahm die gütige Tante sogar die Schulden, die er beim Kartenspiel gemacht hatte, da sie seine Ehre und Würde bewahren wollte. Ferner war sie allen Ernstes der Ansicht, daß jeden unverbesserlichen Schuldner im zukünftigen Leben grausame Vergeltung erwarten werde.

Sobald ihrem Erben ein Stammhalter geboren worden war, brachte Elisabeth das Kind in ihrem Zimmer unter und stellte ihn ganz unter ihre Fürsorge. Auch nachts eilte sie bei jedem Schrei zu ihm. Katharina schenkte sie aus diesem Anlaß hunderttausend Rubel, erlaubte ihr aber nicht, ihren Sohn früher als vierzig Tage nach der Geburt zu sehen. Man gestattete der jungen Mutter überhaupt nur sehr selten, sich ihrem Kinde zu nähern. Genauso verfuhr die Herrscherin auch, als Katharina eine Tochter gebar, der sie gegen den Willen der Mutter den Namen Anna gab, nach ihrer vor so langer Zeit verstorbenen Schwester. Das Mädchen starb jedoch mit zwei Jahren.

Kindern gegenüber verhielt sich die Herrscherin stets liebevoll. Sie gab sogar manchmal Bälle für die Kinder ihrer Hofangehörigen und versammelte zu diesen Gelegenheiten mindestens sechzig Jungen und Mädchen. Extra für sie wurde auch ein allgemeines Abendessen organisiert, die Zarin aß dann mit den Eltern der Kinder gemeinsam zu Abend.

Während Annas Regierungszeit hatte Zarewna Elisabeth, wie gesagt, einen kleinen Hof am Rande von Petersburg gehabt und ihre Wirtschaft selbst geführt. Sie bemühte sich, keine Schulden zu machen, obwohl sie ständig in Geldnot war, da die Mittel, die sie von der Herrscherin erhielt, äußerst eingeschränkt waren. Trotzdem half Peters Tochter, soweit es in ihren Möglichkeiten stand, auch ihren armen Verwandten mütterlicherseits, ihren beiden Tanten und den drei Kindern ihres Onkels Karl Skawronski, die früh verwaist waren. Ihre Cousinen ließ sie auf eigene Kosten erziehen und sorgte später auch selbst für ihre Verheiratung.

Ihr gütiges Verhalten allen Menschen gegenüber hatte Elisabeth von ihrer Mutter Katharina geerbt, genau wie sie ließ die Zarin niemanden, wer sich auch an sie gewandt haben mochte, wieder gehen, bevor er nicht Hilfe erhalten hatte. »Es gibt niemanden, der gütiger und freundlicher ist als unser Mütterchen, die Herrscherin«, so sprach man im Volke von ihr.

Elisabeth hatte einen ungewöhnlichen Tagesablauf. In der Regel schlief sie tagsüber und blieb nachts wach, und sogar wenn sie im Bette lag, bemühte sie sich, den Schlaf zu vertreiben. Diese etwas ungewöhnliche Lebensweise der Zarin hing wahrscheinlich mit ihrer Angst vor einem nächtlichen Umsturz zusammen, wie ihn Biron und der kleine Zar Ioann erlebt hatten. Damit kann man auch erklären, warum Elisabeth selten zweimal hintereinander an einunddemselben Ort schlief. Ihr Bett wurde ständig umgestellt oder von einem Zimmer ins nächste getragen. Als treuer Wächter an ihrem Alkoven diente Wassili Tschulkow, ein ehemaliger Heizer an ihrem Hofe als Zarewna, den sie nach ihrer Thronbesteigung zum Kammerherrn gemacht hatte und der bei ihr besonders intime Pflichten erfüllte. Er war seiner Herrin unerschütterlich treu ergeben und absolut unbestechlich. Jeden Abend erschien er mit einer Matratze und zwei Kissen und verbrachte die Nacht auf dem Fußboden vor Elisabeths Bett, unabhängig davon, ob sie sich schon zur Ruhe begeben hatte oder nicht. Der treue Diener bewachte ihre Lagerstatt.

Peters Tochter führte überhaupt eine Art Nomadenleben. Letzteres war ein richtiggehendes Unglück – denn sämtliche Dienste des Palastes, bis zur Post und der Hofkanzlei, mußten so manches Mal ihrer Herrscherin folgen, ja auch der Senat, das Schatzamt und sogar das Auslandskollegium – alles zusammen bis zu 8 000 Personen und 12 000 Pferde... Ein solcher Umzug bot stets einen beeindruckenden Anblick, der Glanz der Prozession mußte auch das Auge eines sonst an Luxus gewöhnten Menschen in Erstaunen versetzen. Die Zarin liebte die schnelle Fahrt und konnte über siebenhundert Kilometer in nur vierundzwanzig Stunden zurücklegen. Dabei machte sie es sich in ihrer Kutsche, die von zwölf Pferden gezogen wurde, recht gemütlich. Die Rösser für derlei Umzüge wurden einem speziellen Training unterzogen. Ihre Neigung für Reisen hatte Elisabeth ganz offensichtlich von ihrem großartigen Vater geerbt. Lediglich die Ziele ihrer Reisen unterschieden sich voneinander. Sie fuhr zur Jagd, zu Vergnügungen, zu Besuchen oder auf Wallfahrten, er aber reiste in für sein Vaterland nützlichen Angelegenheiten.

In Zarskoje Selo sah man die Herrscherin nur selten. Sie bevorzugte die Sommerhäuser Rasumowskis bei Petersburg oder in der Nähe von Moskau. Frische Luft mochte Elisabeth stets gern. Es kam vor, daß die Zarin auch im Winter in einem ihrer Lieblingshäuschen wohnte, wo sie abends gern den Melodien italienischer Sänger oder dem Chorgesang von Frauen aus dem Dorfe lauschte. Im Sommer ritt sie gern aus, fuhr auf den Teichen Boot, versammelte ihre Hoffräulein und Mädchen auf der Wiese des Parks und tanzte mit ihnen Reigen. Wenn sie müde war, ließ sie einen Teppich im Schatten ausbreiten und legte sich schlafen. Ein Hoffräulein mußte ihr die Mücken fernhalten, alle übrigen hatten ruhig dazusitzen. Und Gnade Gott, wenn jemand das Schweigen brach – dann traf der Schuh der Herrscherin, der mit starker Hand geworfen wurde, die Übeltäterin schmerzhaft an der Wange. Für Menschen, die ihren Charakter kannten, kam so etwas kaum unerwartet. Doch erstaunlicher Weise legte die gütige Zarin bisweilen Hinterlist und sogar Grausamkeit an den Tag. Ihre Launen fürchtete man.

Regiert hat Elisabeth Romanowa zwanzig Jahre. Mit ihrer Klugheit und Güte, ihrer Unberechenbarkeit und Launenhaftigkeit, war sie sozusagen die Verkörperung zweier Kulturen. Einerseits versinnbildlichte sie die europäischen Strömungen, den frischen Wind aus dem Westen, doch andererseits auch die alte russische Zeit. In ihr fand sich eine Verbindung aus Frömmigkeit und Leidenschaft für Vergnügungen. Sie hielt alle Rituale der orthodoxen Kirche in Ehren, beachtete die Fastenzeit an ihrem Hof gewissenhaft und fuhr nicht selten direkt von einem Ball – solche Veranstaltungen gingen oft bis zum Morgen – in die Kirche und betete dort zwei oder drei Stunden hintereinander. Viele Stunden ihres Lebens verbrachte Elisabeth hinter Klostermauern. In der Umgebung von Moskau übte die Troize-Sergejewskaja-Lawra, die ihrem Vater dereinst in jungen Jahren als Zufluchtsstätte gedient hatte, besondere Anziehungskraft auf sie aus. Eine ihrer ersten Anordnungen nach der Thronbesteigung bestand darin, in allen Kirchen die Ikonenwände und Heiligenbilder erneuern zu lassen. Doch bei all dem liebte diese Zarin den Luxus wie kein anderer Herrscher aus der Romanow-Familie. Sie hielt sich streng an die Versailler Etikette, und die Woche bei Hofe war genau eingeteilt: zwei Tage für die französische Komödie, zwei für Maskenbälle, wobei jeweils ein Kostümfest für die Hofangehörigen bestimmt war, bei dem sich etwa 160 Personen versammelten, und ein zweites öffentlich war, besucht von Beamten, Offizieren und anderen Bürgern, bis zu 800 Personen insgesamt. Die Kaiserin selbst aber war extrem unordentlich, hatte keine festgelegte Stunde, zu der sie schlief oder ihre Mahlzeiten einnahm.

In ihren letzten Lebensjahren zeigte sich Elisabeth immer seltener in der Öffentlichkeit; sie war häufig krank und lebte zurückgezogen. Sie wurde besonders kapriziös und mißtrauisch. Um nicht das Schicksal ihres kleinen Vorgängers auf dem

Thron erleiden zu müssen, hielt sich die Herrscherin die Nacht über bis beinahe fünf Uhr morgens wach. Da sie während dieser Zeit häufig verschiedene Köstlichkeiten naschte, nahm sie stark zu. Ihre Beine wurden so dick wie Klötze, so daß von der früheren »Göttin« nur wenig übrigblieb. Viele Stunden nacheinander verbrachte die gealterte Elisabeth vor dem Spiegel. Jedoch konnten weder die französischen Kleider noch die Kunst ihrer Friseure und die Erfindungen der besten Parfümeure der Zarin ihre vergangene Schönheit zurückgeben. Sie verließ ihre Gemächer selten, empfing niemanden und betete viel. Ihre Frömmigkeit wurde immer stärker. Zugang zu ihr hatten nur ihr neuer Favorit Schuwalow, ja und manchmal auch der Goldschmied Posier, da Peters Tochter bis ans Ende ihrer Tage eine große Leidenschaft für Schmuck hegte.

Elisabeth fürchtete sich gar schrecklich vor dem Tod und war sehr abergläubisch. Die Polizei mußte sogar dafür sorgen, daß die Zarin nicht zufällig Leute erblickte, die von einer Beerdigung kamen und Trauerkleidung trugen. In ihrem Bemühen, ihre Müdigkeit und Schwäche abzuschütteln, gewöhnte sie sich sogar daran, in großen Mengen hochprozentige Getränke zu sich zu nehmen, was sie früher niemals getan hatte. Der treue Gefährte in ihrem Schlafgemach, der die Lagerstatt seiner Herrscherin bewachte, mußte jetzt auch Zeuge ihrer schlaflosen Nächte sein.

Elisabeth litt an Neurosen. Beinahe jeden Monat hatte sie nervöse Anfälle, nach denen sie zwei bis vier Tage benötigte, um wieder zu sich zu kommen. Man war bemüht, die Krankheit der Zarin zu vertuschen. Doch eines Tages, als sie in der Pfarrkirche von Zarskoje Selo der Liturgie zum Geburtstag der Gottesmutter beiwohnte, wurde ihr plötzlich übel. Ganz alleine, ohne Gefolgschaft, ging sie leise in den Hof hinaus, machte noch ein paar Schritte und fiel bewußtlos direkt aufs Gras. Eine Menschenschar, die anläßlich des Fests der Schutzheiligen aus verschiedenen Dörfern zur Messe gekommen war, versammelte sich um sie. Niemand konnte sich entschließen, nahe zu ihr zu treten, und in den ersten Minuten dachte man gar, sie sei verstorben, und eine Frau aus dem Volke bedeckte ihr Gesicht mit einem Tuch. Die inzwischen benachrichtigten Hofdamen eilten sofort herbei und bemühten sich, die Herrscherin wieder zu Bewußtsein zu bringen. Man rief nach einem Arzt. Eine Liege und ein Schirm wurden gebracht, doch die Zarin lag lange Zeit bewegungslos da. Erst zwei Stunden später kam sie zu sich und wurde auf der Liege in den Palast gebracht. Alle Hofangehörigen waren äußerst beunruhigt, denn bislang hatte man die Krankheit der Herrscherin sorgfältig geheimgehalten, nun aber hatten alle mit eigenen Augen sehen können, daß sie nicht gesund war.

Häufige Anfälle, nicht verheilende Wunden an den Beinen und Blutungen, die immer schwieriger zu bekämpfen waren, kündigten das unausweichliche und nahe Ende an, das schließlich kam, als das Jahr 1761 zur Neige ging. Sie starb, nachdem sie genau so viele Jahre gelebt hatte wie ihr großartiger Vater. Ihrem Tode sah Elisabeth gelassen und bei vollem Bewußtsein entgegen. Sie selbst befahl dem Priester, das Todesgebet zu lesen, indem sie ihm mitteilte, es sei an der Zeit, und sprach ihm dann mit immer schwächer werdenden Lippen die Worte nach.

Ihren Tod beweinten alle. Nur ihr Neffe, der Erbe des russischen Thrones, weinte nicht.

Peter III.
geb. 1728, Kaiser seit 25. Dezember 1761, demissioniert am 28./29. Juni 1762, gest. 7. Juli 1762

Anna Romanowa
Herzogin von Holstein-Gottorp
* 1708 † 1728

⚭ 1725

Karl Friedrich
Herzog von Holstein-Gottorp
* 1700 † 1739

PETER III. ROMANOW
(Karl Peter Ulrich)
Herzog von Holstein-Gottorp
* 1728 † 1762

⚭ 1745

KATHARINA
Prinzessin von
Anhalt-Zerbst-Bernburg
* 1729 † 1796

PAUL
* 1754 † 1801

Anna
* 1757 † 1759

Peter, der Neffe, vergoß tatsächlich keine Träne über seine so plötzlich verstorbene Tante, die ihn zu ihrem Erben bestimmt hatte. Gleich einen Tag nach Elisabeths Tod wurde er zum russischen Herrscher proklamiert. In der Geschichte des Hauses Romanow gibt es wohl keine Persönlichkeit, deren Wesen heftiger umstritten ist als seines, und so herrschen auch heute noch ganz unterschiedliche Meinungen über ihn. Die Mehrzahl derjenigen, die über diesen Zaren geschrieben haben, neigen einer Charakterisierung zu, die er von seiner Frau Katharina erhielt. Sie liebte ihren Gemahl nicht und hatte sich das Ziel gesetzt, an die Macht zu kommen. In ihren Memoiren schreibt sie von ihm als grobem, zu nichts taugendem, einfach dummem Menschen, der seine Freunde nicht in den höheren Kreisen, sondern unter den Lakaien und Zimmermädchen fand, die ihm schlechte Gewohnheiten beibrachten und ihn lehrten, sich zu betrinken.

Da sie hinterlistig war, bemühte sie sich bewußt, den Herzog in jeglicher Hinsicht zu diskreditieren und ihn als unbeholfenen Ehemann und Schwachkopf darzustellen. Eines kann man mit Überzeugung sagen – als machthungriger Mensch tat sich Elisabeths Neffe nicht hervor.

Die geistige Entwicklung des Thronfolgers war offensichtlich früher als sein körperliches Wachstum zum Stillstand gekommen. Ernsthaften Dingen gegenüber verhielt er sich häufig wie ein Kind, kindlichen Einfällen aber brachte er den Ernst eines Erwachsenen entgegen. Sogar nach seiner Heirat mochte er sich nicht von seinen Puppen trennen, er liebte weiterhin das Soldatenspiel und tollte mit seinen Hunden herum. In Peters Handlungsweise trafen manchmal leichtsinnige Sorglosigkeit und Feigheit aufeinander – Charakterzüge, die letztendlich auch seinen Untergang bewirken sollten.

Der elfte Zar aus dem Hause Romanow war in Kiel zur Welt gekommen und hatte seine Kindheit in Schloß Gottorp bei Schleswig verbracht. Seine Mutter hatte er nicht kennengelernt, da sie schon drei Monate nach seiner Geburt gestorben war.

Vom Körperbau her war er schwach, auch verfügte er selbst über keinerlei besondere Fähigkeiten. Doch in seinen Adern floß das Blut der Romanows, das jedoch über die Hälfte mit deutschem Blut vermischt war.

Mit elf Jahren verlor Peter auch seinen Vater, und die Jahre nach dem Tode von Herzog Karl Friedrich lebte der Knabe völlig unter der Aufsicht strenger Lehrer, die nach einem ganz und gar deutschen Prinzip verfuhren: »Liebe mit dem Herzen, aber erziehe mit der Hand«. Sein ganzes Leben lang mangelte es ihm an mütterlicher Zuwendung; die Erziehung, die er erhielt, war nicht die allerbeste. Sie war Hofmarschall Brümmer anvertraut, der aufgrund seiner Charaktereigenschaften mehr Soldat als Pädagoge war. Er stellte für den verwaisten Jungen, der damals noch Erbe des Fürstentums Holstein-Gottorp war, eine richtiggehende Kasernenordnung auf.

Die zahlreichen Verbote, strengen Bestrafungen und Erniedrigungen ließen den Knaben furchtsam, reizbar, starrsinnig und heftig in seinem Urteil werden, zudem schadeten sie auch der Gesundheit des körperlich ohnehin schwach entwickelten Kindes. Obwohl man dem Erben selbstverständlich viel beibrachte, erlernte er keine speziellen Wissenschaften, erwarb auch kein Interesse für das Lesen. Lediglich deutsche Bücher las er – lutheranische Gebetbücher und Literatur über Gerichtsprozesse. Die lateinische Sprache haßte er derart, daß er später ein Verbot erließ, demgemäß in seiner Petersburger Bibliothek keine lateinischen Bücher sein durften. Das Geigenspiel aber liebte er, wobei er selbstvergessen und, wie man sagt, dermaßen professionell spielte, daß er mit einem Orchester hätte auftreten können. Seine Geige nahm er auch mit, als er nach Rußland gerufen wurde, in ein weit entferntes und ihm völlig fremdes Land, für das der Knabe keine positiven Gefühle hegte. Er war im Geiste der Reformation erzogen worden; deshalb gelang es eigentlich nie, ihn der orthodoxen Lebensweise entsprechend umzuformen.

Rußland gefiel ihm nicht. Als leidenschaftlicher Verehrer von allem, was deutsch war, fühlte sich Peter unwohl in diesem Lande. Nur in Petersburg, auf dem Newski Prospekt, konnte er den Atem seiner deutschen Heimat spüren: Dort standen deutsche Verkaufsbuden in doppelter Reihe, es gab Hansekontore und lutheranische Kirchen, und gesprochen wurde dort in derselben Sprache, die man in Holstein gebrauchte. Doch dies Inselchen im riesigen Ozean der russischen Weiten konnte nicht verhindern, daß sich seiner Angst bemächtigte und er mehrfach davon sprach, daß er in diesem fremden Lande bald werde sterben müssen.

Die Heimat seines Großvaters irgendwie besser kennenzulernen, die russische Sprache zu erlernen, die Ursprünge des orthodoxen Glaubens in sich aufzunehmen und dem russischen Volk nahezukommen – Peter versuchte dies nicht einmal. Er hegte sogar Widerwillen dagegen, das orthodoxe Ritual, das seine Tante, die Kaiserin, so streng einhielt, zumindest äußerlich über sich ergehen zu lassen. Die Rolle der vergoldeten Puppe, die bei jeder Zeremonie und bei jedem Galaabend zur Schau gestellt wurde, war ihm verhaßt. Auch viele russische Bräuche lehnte er ab. Besonders unangenehm war ihm die russische Banja, eine Art Sauna. So wuchs er denn als ausländischer »Wilder« auf, der den Versuchen, ihm russischen Geist einzuimpfen, nicht nachgeben wollte. Seine Übersiedlung in das Land, das bereit war, ihm die Zarenkrone zu überlassen, betrachtete er lediglich als Verbannung. Als der alte König von Schweden starb und Kronprinz Adolf Friedrich ihm auf den Thron folgen sollte, bemerkte Peter, während er die Beileidswünsche entgegennahm, mit Betrübnis, daß die schwedischen Beamten dereinst gewünscht hätten, er solle Erbe dieses Throns werden. Er verbarg auch sein Bedauern darüber nicht, daß es ihm nicht gelungen sei, König in einem zivilisierten Lande zu werden, und er stattdessen in Rußland sein Dasein fristen mußte, wo er sich wie in Gefangenschaft fühlte.

Seine Liebe gehörte ausschließlich der Heimat Holstein. Sehr oft erinnerte er sich mit aufrichtiger Trauer an das Land, in dem er geboren und aufgewachsen war, und wenn ihm jemand Austern oder Garnelen aus Holstein mitbrachte, dann kam das für ihn einem großen Festtag gleich.

Obwohl er als Erbe des russischen Throns in die Heimat seiner Mutter übergesiedelt war, behielt Peter sein kleines Herzogtum, und nachdem er volljährig geworden war, durfte er es regieren. Von diesem Zeitpunkt an lebte er hauptsächlich für die Interessen und Sorgen Holsteins. Die Angelegenheiten seiner Heimat waren ihm wichtiger als die Rußlands. Einmal berichtete man ihm von Schulden des Herzogtums Holstein, die nicht zurückgezahlt werden konnten, und sogleich erbat sich Peter bei Kaiserin Elisabeth den erforderlichen Geldbetrag und kam für diese Verpflichtungen auf.

Mit den Jahren entwickelte der Enkel von Peter I. jedoch eine ernsthaftere Einstellung zu seiner Ernennung und dachte über seine bevorstehende Mission nach, die er sich bei weitem nicht aus freien Stücken erwählt hatte. Seine Gedanken teilte er dem preußischen König Friedrich II. mit, den er sich in seinem Herzen zu seinem Idol erwählt hatte. Mit ihm unterhielt der Thronfolger engen schriftlichen Kontakt, legte in seinen Briefen seine Ideen für die Umgestaltung des Landes dar, dessen Führung ihm bevorstand. Mit Friedrichs Hilfe entwickelte Peter einen Plan, in Rußland einen modernen, gesetzestreuen Staat zu errichten, der frei von Willkür und Korruption in den höchsten Etagen der Macht sein, ein progressives Bildungssystem sowie ein zentrales Kommando für Armee und Flotte haben sollte. »Der Monarch ist der erste Diener seines Staates«, so lautete das Prinzip des preußischen Herrschers. Im Gegensatz dazu stand die Devise der französischen Könige: »Der Staat bin ich.«

Nach seiner Ankunft in Rußland sollten beinahe zwanzig Jahre vergehen, bis der Herzog von Holstein die Zarenkrone erbte und sich mit ganzer Kraft an die Verwirklichung seines Planes machen konnte. Bis dahin schuf er sich in Schloß Oranienbaum, dem ehemaligen Palast Menschikows, den ihm Zarin Elisabeth als Hochzeitsgeschenk überlassen hatte, seine eigene Welt. Er ließ eine Soldatenkompanie aus Holstein kommen. Für sie richtete er in der Nähe von Petersburg, wo der sogenannte »kleine Hof« den Sommer zubrachte, ein richtiges befestigtes Lager ein und widmete sich ihrer Exerzierausbildung. Seit seiner Kindheit begeisterten ihn Militärangelegenheiten, und einmal hatte er auch zugegeben, daß die Wachparade anzusehen ihn mehr begeistere, als irgendeiner Ballett- oder Theatervorführung beizuwohnen. Jedoch war das Militärische nicht Gegenstand seiner Studien, es diente ihm ausschließlich als Zeitvertreib. Im Gegensatz zu seinem Großvater, der die bereits erwähnten »Spielregimenter« gegründet hatte, um das Kämpfen zu erlernen, interessierte sich der Enkel nur für die äußerliche Seite des Militärdienstes – für die schönen Uniformen, die Haltung der Soldaten oder den Wachwechsel. Nachdem er seine Holsteinische Armee gegründet hatte, trug Peter beinahe jeden Tag eine holsteinische Uniform, die er früher nur heimlich und nur in seinen eigenen Gemächern angelegt hatte, da dies seiner Tante, der Zarin, nicht gefiel. Die Farben blau, rot und weiß der holsteinischen Uniform stellten einen starken Kontrast zur traditionell grünen Uniform der russischen Soldaten dar. Auf diese Farben gründen sich auch die heutigen Nationalfarben Rußlands.

In seiner enganliegenden Militäruniform sah der Thronerbe sogar etwas lächerlich aus. Er trug hohe Stiefel, die so fest geschnürt waren, daß er die Knie nicht beugen konnte; daher war sein Gang steif und ungelenk, und sitzen konnte er nur mit ausgestreckten Beinen. Und dann noch der große breitrandige Hut, unter dem sein kleiner Kopf mit dem spitzen Kinn hervorlugte. Seine Brust zierte der Schwarzadler-Orden, den ihm der preußische König verliehen hatte.

Zur Kaiserin Elisabeth, die viele Franzosen nach Rußland geholt hatte und eine tiefe Antipathie gegen die deutschen im allgemeinen und gegen den König von Preußen im besonderen hegte, hatte der Neffe kein allzu gutes Verhältnis. Es gelang seiner Tante nicht, den Jungen so in ihren Griff zu bekommen, wie sie sich das gewünscht hatte. Ohne ihre Eifersucht zu verbergen, ließ sie jeden, dem der Thronfolger freundschaftlich gesonnen war, entfernen und durch neue Leute ersetzen. Dies waren in den meisten Fällen dann Spione und Denunzianten, die in Diensten der Herrscherin standen. Wirkliche Freunde fand Peter unter den Russen deshalb niemals.

Auch die Ehe mit einer deutschen Prinzessin brachte keine Harmonie. Bis zur Vermählung betrachtete er sie lediglich als seine Cousine, die für ihn ein Stückchen seines geliebten Deutschlands darstellte. Nach der offiziellen Hochzeitsfeier speiste er mit seinen Höflingen noch üppig bis zu später Stunde, und als er dann seine Schlafgemächer betrat, war er etwas erstaunt, daß sein Bett bereits belegt war, lag doch seine Cousine darin. »Was will sie von mir?« dachte er, schob sie etwas zur Seite und begab sich zur Ruhe. Sogleich fiel der frischgebackene Ehemann in einen tiefen Schlaf...

So in etwa wird Peter Romanows erste Nacht als Ehemann beschrieben. Dieser Nacht folgten andere, die ähnlich verliefen, und der ganze Hof musterte zwar aufmerksam, aber vergeblich die Taille der jungen Frau, die unverändert schlank blieb. Nichts deutete darauf hin, daß sie Mutter würde. Auch die Belehrungen, die Katharina von den Vertrauten der Herrscherin erhielt – unterwürfiger zu sein, einen diensteifrigen, angenehmen, verliebten, erforderlichenfalls gar leidenschaftlichen Eindruck zu machen, schließlich nach Kräften alle Mittel einzusetzen, um sich die Zärtlichkeit des Gatten zu erwerben und ihre Pflicht erfüllen zu können – halfen nicht im geringsten.

Erst im neunten Jahr ihrer Ehe brachte die deutsche Prinzessin einen Sohn zur Welt. Der Vater des Kindes, das man Paul nannte, war zu jenem Zeitpunkt sechsundzwanzig Jahre alt. Allerdings munkelte man, daß nicht Peter, sondern ein anderer – Graf Saltykow, Vater des Knaben sei. Doch welche Persönlichkeit des politischen Lebens kommt schon ohne Gerüchte aus?! Auf jeden Fall hegte der Thronfolger selbst keinerlei Zweifel daran, daß es sich um sein Kind handele. Seine Tante war außer sich vor Freude und nahm die Sorge um das Kind ganz und gar in ihre Hände.

Die Ehegatten hatten ihren Zweck erfüllt, doch dadurch verbesserte sich ihr Verhältnis zueinander nicht. Die gegenseitige Entfremdung entzweite sie immer mehr. Dafür schloß Peter Freundschaft mit der Tochter Birons, die den Titel einer Prinzessin von Kurland trug und Hoffräulein der Zarin war. Klein von Wuchs, mit einem Buckel auf dem Rücken, hatte das Mädchen wundervolle Augen, tief wie ein Brunnen, und war ein helles Köpfchen. Er unterhielt sich nur in deutscher Sprache mit ihr und brachte ihr große Sympathie entgegen.

Und auch die fröhliche, dickliche Elisabeth Woronzowa, Nichte des Kanzlers, hatte er für sich gewonnen und verbrachte gern seine Zeit mit ihr. Was fand er an ihr? Diese Frage stellten sich die zahlreichen Beobachter dieser Beziehung. Sie war klein, hatte eine Stupsnase, ihr Gesicht war mit Pockennarben übersät, und mit einem Bein hinkte sie sogar etwas. Er hingegen war hochgewachsen und hager und hatte ebenfalls ein vernarbtes Gesicht, das von der überstandenen Krankheit zeugte. Doch gerade die Wärme, die ihm sein ganzes Leben lang gefehlt hatte, spürte Peter, wenn er sich in der Nähe dieses Mädchens befand. Sie konnte stundenlang seinem Geigenspiel lauschen, seinen Hund liebkosen und sich völlig seinem Willen und seiner Stimmung unterwerfen.

Den russischen Thron bestieg der holsteinische Herzog unter dem Namen Peter III. Nachdem er absoluter Herrscher des russischen Reiches geworden war, änderte er sich plötzlich, wurde ernsthaft. Seine Regierung währte nur sechs Monate und fünf Tage. Das ist natürlich nicht genug, um sich entfalten zu können, doch einige nützliche Schritte konnte er tun.

Zuerst machte er sich beliebt. Ohne jegliche Begleitung ritt er auf seinem Pferde zum einfachen Volk, verteilte unter den Armen Geld, das er den Palasttruhen entnommen hatte, und unterhielt sich ganz unkompliziert mit den Leuten. Was die Hof- und Staatsbediensteten anbetraf, so zeigte der neue Kaiser keinerlei Willkür: Er entließ niemanden und verfolgte auch seine früheren Feinde nicht. Für alle politischen Gefangenen verfügte er eine Amnestie. Tausend dereinst nach Sibirien Verbannte erhielten die Möglichkeit, aus der Verbannung zurückzukehren; unter ihnen war übrigens Graf Münnich, dessen Verdienste um Rußland Peter III. sehr schätzte.

Übrigens berichten die Historiker von einer interessanten Episode: Peter hatte beschlossen, Münnich und Biron, denen er die Rückkehr in die Hauptstadt erlaubt hatte, miteinander auszusöhnen. Die beiden Greise erhielten eine Einladung an den Hof, und der Zar äußerte, während er dabei auf sie zuging, seinen Wunsch, sie mögen doch alles, was sich in der Vergangenheit zugetragen hatte, vergessen und einander verzeihen. Münnich und Biron antworteten mit einer Verneigung. Daraufhin ließ Peter drei Gläser reichen – eines nahm er selbst, die beiden anderen wurden den beiden ehemaligen Staatsmännern angeboten. Da trat ein Bediensteter zum Zaren und teilte ihm mit gesenkter Stimme irgendetwas mit. All dies war wohl im voraus abgesprochen. Peter stellte sein Weinglas ab und verließ den Raum. Münnich und Biron standen lange auf ihren Plätzen, hielten ihre Gläser in der Hand, vermieden es, einander anzusehen und richteten ihren Blick auf die Tür, durch die der Zar verschwunden war. Dann musterten sie einander von Kopf bis Fuß, stellten – ohne ein Wort zu sagen – ihre Gläser ab, wandten einander den Rücken zu und gingen auseinander... Der Versöhnungsversuch war mißlungen.

Die erste staatliche Amtshandlung des neuen Herrschers bestand im Verzicht auf der weiteren Teilnahme am Siebenjährigen Krieg und im Waffenstillstand mit Preußen. Die russischen Truppen erhielten Befehl, alle besetzten preußischen Gebiete freizugeben. Im Gegenzug zu diesem Schritt ernannte Friedrich II. den russischen Zaren zum General seiner Armee. Peter nahm diesen Rang an, wodurch er beim Adel und bei der Armee Entrüstung hervorrief.

Gleich nach seiner Thronbesteigung ließ Kaiser Peter III. seinen Verwandten, den Prinzen Georg von Holstein, der General der preußischen Armee war, aus dem Ausland abberufen. In Rußland wurde ihm dann der Titel eines Generalfeldmarschalls verliehen und ein überaus beeindruckendes Gehalt bewilligt. Mit ihm trafen auch seine beiden Söhne ein. Einer von ihnen, Wilhelm August, trat in die Dienste der Flotte, der andere, Peter Friedrich, wurde Mitglied der Landstreitkräfte.

Da er noch mehr Holsteiner um sich versammelt sehen wollte, forderte Peter den Herzog von Holstein-Beck auf, in den aktiven russischen Staatsdienst zu treten und ernannte ihn zum Generalfeldmarschall. Doch der 66jährige Karl Ludwig wies die Einladung des russischen Zaren ab, wobei er sich auf sein Alter und seine zunehmende Taubheit berief. Sein jüngerer Bruder jedoch, Peter August Friedrich, der bereits früher mit Großfürst Peter freundschaftliche Kontakte unterhalten hatte, kam nach Petersburg und blieb bis ans Ende seiner Tage in russischen Diensten. Zunächst wurde er zum Generalgouverneur der Hauptstadt ernannt, dann nach Reval versetzt, wo er in vorgerücktem Alter starb.

Die Garde-Elite wurde aufgelöst, und der Herrscher ordnete an, statt ihrer holsteinische Truppen in die Hauptstadt zu bringen. Es erging Befehl, die Soldaten und Offiziere der Garde nach dem Vorbild der preußischen Uniform neu einzukleiden.

All dies rief natürlich unter den russischen Soldaten Unzufriedenheit und Murren hervor. Einige erklärten direkt: »Diese verdammten Deutschen sind dem preußischen König ganz und gar ergeben. Jetzt hat man massenhaft Verräter nach Rußland eingeschleust.« Sogar der kluge Münnich unterstützte die deutschen Sympathien des Zaren nicht, welche die Russen demütigten und schließlich zum Anlaß dafür wurden, daß sich das Verhältnis des Volkes zu ihm abkühlte. Er als reinblütiger Deutscher und verständiger Mann, der die russische Seele ausnehmend gut kannte, begriff, daß dem Herrscher seine Zuneigung zu den Deutschen nicht zum Guten gereichen würde.

Mit Besorgnis betrachtete die russische Bevölkerung einige Neuerungen, die der Zar eingeführt hatte. Peter III. hatte eine ganze Reihe von Reformen ausgearbeitet, die er verwirklichen wollte. Er beabsichtigte, das fortzusetzen, was sein Großvater Peter I. dereinst begonnen hatte, und wollte gleichzeitig ein würdiger Schüler seines Vorbilds Friedrichs II. sein, der von den Nachfahren Friedrich der Große genannt wurde. So übersandte der Herrscher dem Senat eine neue Gesetzessammlung, die auf der Grundlage der preußischen Gesetze zusammengestellt worden war, und erließ Befehl, sie auf dem gesamten russischen Gebiet anzuwenden.

Der neue Zar, mütterlicherseits ein Romanow, löste die »Geheimkanzlei« auf, die vielen würdigen Vertretern des russischen Staates so viel Unglück gebracht hatte, gab eine Reihe von Erlassen zur Entwicklung des Handels mit anderen Ländern heraus, hob die Salzsteuer auf, was die Situation der armen Leute bedeutend erleichterte, führte dafür eine Vermögenssteuer für Reiche ein und beabsichtigte, neue Steuern auf das Vermögen der Kirche und der Klöster festzusetzen. Ferner befreite er den russischen Adel von der Wehrpflicht, indem er einen Erlaß über die Adelsprivilegien herausgab. Über diese Entscheidung, die seine letzte war, wurde folgendes erzählt: Peters III. Sekretär Wolkow stand als Vertrauter seinem Herrscher am nächsten. Er galt als Virtuose, wenn es darum ging, Erlasse zu verfassen. Einmal wollte der Zar an einem nächtlichen Schmaus mit seinen holsteinischen Freunden teilnehmen und sich etwas zerstreuen. Um aber seine Freundin Elisabeth Woronzowa nicht zu erzürnen, entschloß er sich, ihr das zu verheimlichen, ließ deshalb nach Wolkow rufen und erklärte in ihrer Anwesenheit, er beabsichtige, die ganze Nacht mit seinem Sekretär zuzubringen und sich den Staatsangelegenheiten zu widmen. Anschließend schloß er seinen Untergebenen zusammen mit einem riesigen, bösartigen Hund in einem leeren Zimmer ein, befahl ihm, bis zum Morgen irgendeinen wichtigen Erlaß zu verfassen, und begab sich selbst zu dem Treffen mit seinen Freunden. Der Sekretär zerbrach sich lange den Kopf, was er denn schreiben solle, doch dann fiel ihm ein, daß der Herrscher vor zwei Tagen über eine Befreiung des Adels von der Wehrpflicht gesprochen hatte. Und so schrieb er, ohne lange nachzudenken, ein Manifest über die Privilegien des Adelsstandes. Als Peter gegen Morgen zurückkehrte, genehmigte er das Manifest und unterschrieb es. So wurde der russische Adel angeblich dank einer zufälligen Phantasie des Sekretärs von seiner Pflicht entbunden, dem Staate zu dienen – einer Pflicht, die ihm einst per Erlaß Peters I. auferlegt worden war.

Der elfte Herrscher aus dem Hause Romanow plante ferner, noch vor seiner Krönung Holstein vom dänischen Einfluß zu befreien, Schleswig für die holsteinischen Herzöge zurückzugewinnen und dieses flächenmäßig kleine, aufgrund seiner geographischen Lage jedoch bedeutsame Herzogtum zu einem starken Verbündeten Rußlands zu machen. Davon hatte bereits sein Großvater Peter I. geträumt.

Bei Hofe wurden schon Befürchtungen ausgesprochen, russische Soldaten müßten ihr Blut für die Interessen Holsteins vergießen.

All diese neuen Gesetze und Pläne brachten das friedliche Leben der höchsten russischen Gesellschaftsschichten in Aufruhr; im Verlauf der siebenunddreißig Jahren nach Peters I. Tod hatte man sich daran gewöhnt, daß die Herrscherinnen wenig Sinn für Politik hatten und das Regieren ihren Ministern überließen. Nun aber war plötzlich ein neuer Kaiser mit eigenen Ideen aufgetaucht. Noch dazu handelte es sich um eine Person, die man früher nicht einmal ernst genommen hatte.

So begannen sich Peters Widersacher um seine Gemahlin Katharina zu sammeln und schmiedeten Pläne, um sie auf den russischen Thron zu bringen. Das traf sich mit den Absichten, die Katharina selbst hegte. Um den Zorn gegen ihren Gatten noch zu schüren, verbreitete sie ihrerseits das Gerücht, der Zar wolle sie ins Kloster stecken, um seine Freundin heiraten zu können.

So kam es denn erneut zur Palastrevolte, über die sehr viel geschrieben und ersonnen worden ist...

Peter hielt sich in Oranienbaum auf, etwa vierzig Kilometer von Petersburg entfernt. In der Hauptstadt entwickelten inzwischen die Verschwörer verschiedene Aktivitäten. Er hörte zwar von einem in Vorbereitung befindlichen Umsturz, war jedoch nicht beunruhigt, sondern fuhr nach Petershof, um dort – wie verabredet – mit Katharina seinen Namenstag zu feiern. Als er seine Gemahlin nicht vorfand – die Verschwörer hatten sie eiligst nach Petersburg gebracht, um sie dort zur Kaiserin auszurufen – erfaßte Peter plötzlich die Situation und wollte seinen Holsteinern zunächst befehlen, ihn zu verteidigen. Auf Anraten von Generalfeldmarschall Münnich begab er sich aber nach Kronstadt, wo eine zahlenmäßig starke Garnison stationiert war, auf die der Zar große Hoffnungen setzte.

Doch er kam zu spät. Die Festung war schon auf Katharinas Seite, und sobald sich die kaiserliche Jacht näherte, rief man ihm vom Ufer aus zu, man werde das Feuer eröffnen, wenn der Herrscher nicht den Rückzug antrete. So kehrte Peters Jacht um.

Dann geschah etwas Unvorhergesehenes. Nach seiner Ankunft in Oranienbaum löste Peter III., der legitime russische Herrscher, ganz unerwartet sein Holsteinerheer auf und teilte seiner Gemahlin schriftlich mit, er werde ihr keinerlei Widerstand leisten: »Ich erkläre ohne Zwang und feierlich vor dem russischen Reich und der ganzen Welt, daß ich der Regierung auf Lebzeiten entsage...« Unterschrieben war diese Erklärung mit: Peter, Herzog von Holstein. Münnich kochte vor Zorn: »Könnt Ihr nicht einmal wie ein Herrscher vor Euren Truppen sterben?« fragte er erbost.

Inzwischen hatte die Garde Katharina Treue geschworen. In der Kasaner Kathedrale fand ein kurzer Gottesdienst statt, dann wurde sie zur Kaiserin des russischen Staates ausgerufen. Dies geschah am 28. Juni 1762. Kanzler Woronzow versuchte, die Rechte Peters III., zu dem er ein gutes Verhältnis hatte, zu behaupten und weigerte sich, dessen Gattin den Treueeid abzulegen. Dafür wurde er unter Hausarrest gestellt.

Peter hatte seine Abdankung mit dem Wunsch unterschrieben, in sein geliebtes Holstein zurückkehren oder sich in die Einsamkeit zurückziehen und Philosoph werden zu dürfen. Dies schrieb er auch in seinem Brief an seine Frau, die schon Kaiserin war.

Historiker kommentieren seine Abdankung in der Regel damit, daß er wie ein Feigling oder Idiot gehandelt habe. Und der Preußenkönig Friedrich II. schrieb über ihn: »Er hat sich vom Thron verjagen lassen wie ein kleiner Junge, den man ins Bett schickt.« An seinen Außenminister Graf Finck von Finckenstein schrieb er: »... der Kaiser von Rußland ist entthront worden, und zwar von seiner Gemahlin. Damit mußte man rechnen. Katharina besitzt viel Verstand und unermeßlichen Ehrgeiz... Der unglückliche Zar wollte es Peter dem Großen gleichtun, aber er hatte nicht dessen Genie...«

Nach seinem Thronverzicht war Peter in das Schloß Ropscha gebracht worden, ein Landgut, das er von seiner Tante geschenkt bekommen hatte. Er bat darum, nicht von seinem Adjutanten Gudowitsch und von seiner Freundin Elisabeth getrennt zu werden. Die hatte in letzter Zeit stets an seiner Seite geweilt. Tatsächlich wollte er sich von Katharina scheiden lassen, die sich einen Liebhaber nach dem anderen nahm, und dieses nicht allzu attraktive Mädchen heiraten, das so ganz nach seinem Herzen war.

Das wurde ihm jedoch verweigert. Man schlug Peter auch die Bitte ab, seinen Hund und seine Geige mitnehmen zu dürfen. In Ropscha wurde der ehemalige Herrscher in Arrest genommen und mußte sich nur in einem Zimmer aufhalten. Hinaus in den Garten zu gehen war ihm strengstens verboten.

Die weiteren Ereignisse nahmen einen tragischen Verlauf. Der vierunddreißigjährige Herzog von Holstein, legitimer Erbe von Kaiserin Elisabeth und Enkel des ersten russischen Kaisers, Gemahl einer Frau von rein deutscher Abstammung, die ihm den Thron entreißen wollte, Vater des zukünftigen russischen Zaren Paul, verhinderter Reformer und Freund von Friedrich dem Großen, wurde umgebracht. Am achten Tage von Katharinas II. Herrschaft wurde er meuchlings und gemein ermordet...

Als Katharinas engste Verbündete herausgefunden hatten, daß sie nichts gegen einen gewaltsamen Tod ihres Gemahls einzuwenden hatte, beschlossen sie zu handeln.

Einer von Katharinas Freunden, Alexej Orlow, begab sich zusammen mit Kameraden nach Ropscha. Er teilte dem gestürzten Herrscher mit, er dürfe in allernächster Zeit nach Holstein heimkehren. Aus diesem Anlaß wolle man ein Gläschen guten Burgunders trinken. Peter lehnte ab, als ob er das Unheil vorausahne. Das Glas, das für den Gemahl der neuen Herrscherin vorgesehen war, enthielt Gift. Da er den Wein nicht freiwillig trinken wollte, versuchte Alexej Orlow – ein Mann von hünenhafter Gestalt – ihm das Getränk gewaltsam einzuflößen. Peter leistete verzweifelten Widerstand. Da warfen sich Orlows Freunde auf den Unglücklichen und erdrosselten ihn.

An Katharina schrieb man: »... Habt keine Angst, die Sache ist schon erledigt. Er hat bei Tisch einen Streit mit dem Fürsten angezettelt, wir konnten sie nicht trennen, da war er schon tot.« Die Nachricht, die mit den Worten »... ich weiß selbst nicht, wie dieses Unglück geschehen konnte« endete, hatte Alexej Orlow verfaßt.

Am 7. Juli 1762 ließ man über die Kirchen mitteilen, der ehemalige Kaiser sei an einer »überaus heftigen Kolik« gestorben, dann schlug man vor, »ohne nachtragend zu sein« für die Errettung der Seele des Verblichenen zu beten.

Peters Leichnam wurde nach Petersburg verbracht und aufgebahrt, damit das Volk von ihm Abschied nehmen konnte. Der ehemalige russische Herrscher trug den Anzug eines holsteinischen Offiziers. Seine Beerdigung fand in bescheidenem Rahmen und ohne die einem Zaren gebührenden Ehren im Alexander-Newski-Kloster statt, wo er neben der ehemaligen Regentin Anna Leopoldowna, die in der Verbannung gestorben und zur Beerdigung in die Hauptstadt gebracht worden war, zur letzten Ruhe gebettet wurde. Die Mitteilung über die Ermordung ihres Mannes aber verbarg Katharina in einem Geheimkästchen. Alexej Orlow erhielt zur Belohnung den Rang eines Generals, achthundert Leibeigene und den Titel eines Grafen.

Insgesamt gab es fünf Orlow-Brüder – und alle waren mächtig und unerschrokken. Sie waren einst ganz ohne Geld aus der tiefen Provinz in die Hauptstadt gekommen und dort zu Gardesoldaten avanciert. Grigori Orlow war ein tapferer, kühner und schöner Mann, der im Palast Wachtdienst tat und dem es dabei gelungen war, Katharinas Aufmerksamkeit zu erregen. Sein gigantischer Wuchs und sein attraktives Äußeres betörten die Großfürstin, die ihn schließlich in ihren engeren Kreis holte. Solch einen Mann brauchte sie nicht nur für die Liebe, sondern auch für die Verwirklichung ihrer eigennützigen Ziele. Die Macht – das war es, wovon sie Tag und Nacht träumte! Grigori Orlow indes träumte davon, den Platz von Katharinas legitimen Gemahl einzunehmen, sobald sie verwitwet sei.

Die übrigen Orlow-Brüder zählten ebenfalls zu ihren Anhängern. Sie hatten die unter der eisernen Disziplin Peters III. murrenden Garderegimenter für Katharina gewonnen. Die Disziplin und der russische Mensch – das sind häufig nicht miteinander zu vereinbarende Begriffe...

In der Garde erinnerten sich alle noch mit Tränen in den Augen an die Zarin Elisabeth, die nicht nur als Taufpatin für ihre Kinder fungiert, sondern sie bewirtet und in ihr Hoftheater eingeladen hatte, ihnen sogar erlaubte, den kleinen Paul auf den Arm zu nehmen. Und jetzt nur noch strenger Drill und Strafe. Die Gardisten erklärten sich begeistert damit einverstanden, der neuen Zarin auf den Thron zu verhelfen, auch wenn sie eine reinblütige Deutsche war, die kein Tröpfchen russischen Blutes in sich trug.

Die Vergeltung für diese Tat sollte etwa dreißig Jahre später kommen; vollzogen wurde sie von Zar Paul.

Als seine Mutter gestorben war, fand Paul in ihrer Schatulle die Mitteilung, in der Alexej Orlow Katharina schrieb, wie ihr Mann, der Kaiser, ermordet wurde. Der Thronfolger versammelte alle Beteiligten an der Verschwörung des Jahres 1762 in Petersburg und ließ die Gebeine seines Vaters aus dem Grab bergen, um sie in die Grabeskirche der russischen Herrscher zu bringen, nämlich in die Kirche der Peter-und-Pauls-Festung. Hier sollte Peter III. mit allen Ehren neben dem Sarg von Katharina II. endgültig beigesetzt werden. All dies fand im Winter statt, der Frost klirrte, es war etwa dreißig Grad unter Null. Der Trauerzug sollte beinahe durch die ganze Stadt ziehen, anschließend noch über eine Newa-Brücke. Der Wind pfiff, die Strümpfe der Höflinge froren fast an ihren Beinen fest, ihre Nasen liefen blau an. Alexej Orlow trug die Krone des von ihm ermordeten Herrschers in seiner bloßen Hand. Mit dieser Krone, die Peter niemals zeremoniell aufs Haupt gesetzt worden war, wollte Paul seinen Vater postum ehren. Bei der Zeremonie, mit der die Gebeine des ehemaligen Herrschers »gekrönt« wurden, war Paul mit seiner Gemahlin und seinen Kindern zugegen. Er befahl allen, die sterblichen Überreste des Verstorbenen zu küssen, wobei vielen ganz einfach übel wurde, nicht aber dem Hünen Orlow. Nachdem man Peter III. sämtliche, einem Zaren zustehenden Ehren erwiesen hatte, befahl Paul allen, die an seinem Sturz schuldig waren, Rußland zu verlassen.

Der frühe und unerwartete Tod von Peter III. hat eine Vielzahl von Legenden über eine angebliche wundersame Rettung aufkommen lassen. Mit seinem Namen schmückten sich etwa vierzig falsche Zaren, beinahe alle während der Regierungszeit von Katharina II. Einem von ihnen, Jemeljan Pugatschow, gelang es sogar, gegen die Herrscherin – seine »Gemahlin« – einen richtiggehenden Kampf um den Thron zu entfachen, auf den er angeblich rechtmäßigen Anspruch habe. Sein Ende aber fand er auf dem Richtblock.

Katharina II., die Große
geb. 1729, Kaiserin seit 28. Juni 1762, gest. 6. November 1796

Katharina II. Romanowa	⚭	Peter III. Romanow
(Sophie Friederike Amalie)	1745	(Karl Peter Ulrich)
Prinzessin von		Herzog von
Anhalt-Zerbst-Bernburg		Holstein-Gottorp
* 1729 † 1796		* 1728 † 1762

Paul
* 1754 † 1801

Anna
* 1757 † 1759

Katharina II. schob die Krönung, die ihre Position auf dem Zarenthron juristisch untermauern sollte, nicht auf die lange Bank, zumal sie es nicht erwarten konnte, die Krone auf ihrem Haupte zu spüren. Bereits im September fand die Inthronisation der Zarin statt. Bis dahin war eine neue Krone angefertigt worden, die der Goldschmied Jeremias Posier schuf. Dieser Meister, der nach Elisabeths Tode am Hof geblieben war, wählte dafür die besten Edelsteine und Perlen aus, welche die Schatztruhe des Hofes zu bieten hatte, und schuf etwas ganz Erstaunliches: Von ihrer Form her war sie traditionell und bestand aus zwei silbernen Halbkugeln. Doch sie funkelte vom Glanz ihrer Perlen und Edelsteine und war wohl die prächtigste Krone in ganz Europa.

Im kaiserlichen Ornat, dessen Schleppe von sechs Kammerherren getragen wurde, betrat Katharina Romanowa unter Glockenklang langsam und majestätisch die Mariä-Himmelfahrts-Kathedrale. Dann begann die feierliche Zeremonie der Krönung. Man brachte der Kaiserin ein goldenes Kissen, auf dem die Krone mit ihren funkelnden Brillanten lag. Sobald Kanonensalven ertönten, setzte sich Katharina den Herrscherkranz selbst aufs Haupt. Anschließend wurde im Kreml ein feierliches Mittagsmahl veranstaltet, zu dem man viele Gäste, darunter ausländische Gesandte und Minister, geladen hatte. An den nachfolgenden Tagen fanden in Moskau Volksfeste, Bälle, Kostümfeste, Theatervorstellungen und Feuerwerke statt. Katharina zeigte sich nicht knauserig, die berauschenden Feierlichkeiten dauerten zwei Monate lang.

Von diesem Tag an war Katharina II. absolute Herrscherin von ganz Rußland. Die halb verarmte Prinzessin aus einem kleinen deutschen Fürstentum, die nicht den geringsten Anspruch auf den russischen Thron hatte und von ihrer Abstammung her für das russische Zarenhaus eine völlig Außenstehende war, hatte beschlossen, allein über Rußland zu regieren.

In der Dynastie der Romanows war dies zwar die letzte Zufälligkeit in der Thronfolge, doch hatte Katharina II. ihr hohes Amt vierunddreißig Jahre inne. Dabei halfen ihr ein nüchterner Verstand, Kaltblütigkeit, ihr berechnender Charme und vor allem ihre Gabe, sich in den Menschen auszukennen und fähige Staatsmänner sowie treue Freunde um sich zu scharen. Ihr gelang es, enge Kontakte zu fortschrittlich eingestellten Persönlichkeiten in ganz Europa zu knüpfen. Schon während der ersten zehn Jahre ihrer Herrschaft stand sie in dem Rufe, eine gebildete Kaiserin, eine »Philosophin auf dem Throne« zu sein.

Im Alter von dreiunddreißig Jahren war Katharina auf den Thron gekommen. Ihren treu ergebenen Untertanen zeigte sie sich als Schönheit mit angenehmer, edler Haltung, stolz erhobenem Kopf und majestätischem Aussehen. Zeitgenossen beschrieben sie folgendermaßen: »Ihre Stirn ist breit und offen, die Nase hat einen kleinen Buckel, der Mund weist schöne Züge und wunderbare Zähne auf. Ihre Gesichtszüge sind gerade und angenehm.« Alle unterstrichen dabei Katharinas ausgeprägten Wunsch, den Leuten zu gefallen.

Wie bereits erwähnt, war Katharinas Vater, der Herzog von Anhalt-Zerbst-Bernburg, Angehöriger einer wenig bedeutsamen Dynastie. Sein Fürstentum war so klein, daß man in nur etwas mehr als einem Tag von einem Ende seines Landes zum anderen gelangen konnte. Christian August – so der Name des Herzogs – stand in Diensten des preußischen Königs, als seine Tochter geboren wurde. Zuerst war er Regimentskommandeur, später Gouverneur der Stadt Stettin in Pommern. Seine militärische Karriere beendete Christian August schließlich als preußischer Feldmarschall. Gefördert wurde sein Aufstieg natürlich durch die engen Beziehungen, die er über seine Tochter zum russischen Herrscherhaus hatte.

Die Gattin des Herzogs, Johanna Elisabeth, war etwa zwanzig Jahre jünger als ihr Gemahl. Sie stammte aus der Familie Holstein-Gottorp. Die junge Frau, schön und außergewöhnlich ehrgeizig, belastete sich nicht mit der Erziehung ihrer Tochter, sondern führte ein relativ oberflächliches Leben und konnte durch ihre Schönheit nicht nur ein Männerherz in ihren Bann ziehen. Herzogin Johanna war häufig auf Reisen. Das gefiel ihr weit besser, als sich im Stettiner Haus ihres Gemahls aufzuhalten. Sie begab sich vor allem auf Besuchsreisen zu ihren Verwandten, die über ganz Deutschland verstreut waren und sogar außerhalb seiner Grenzen wohnten. Eine ihrer Tanten hatte den deutschen Kaiser Karl VI. geheiratet, ihr Onkel hatte Ansprüche auf den schwedischen Thron, eine Cousine hatte die Ehe mit einem Prinzen von Wales geschlossen. Im Verlauf ihres Lebens hat diese eitle Frau beinahe ganz Europa bereist; dabei erfüllte sie einige diplomatische Aufträge des preußischen Königs, der, wie Zeitgenossen meinen, ihr gegenüber ganz und gar nicht gleichgültig war. Kurze Zeit bevor ihre Tochter den russischen Thron bestieg, starb die Herzogin in Paris.

Sophie Friederike Amalie, die nach lutheranischem Brauch zu Ehren ihrer Tanten drei Vornamen erhalten hatte, wurde in Stettin geboren. Ihre Eltern nannten sie kurz Fike. Sie war das erste Kind der Familie, bald darauf folgte noch ein Bruder, ein schwacher und kränklicher Knabe, der im Alter von dreizehn Jahren starb, als seine Schwester schon den Namen Katharina trug.

Prinz Christian war seinen Kindern in zärtlicher Liebe zugetan und ein vorbildlicher Familienvater. Die kleine Fike wuchs zu einem lebendigen, ausgelassenen und furchtlosen Mädchen heran. Puppen waren ihr zuwider, viel lieber spielte sie im Freien mit den einfachen Kindern aus der Stadt, bevorzugte die Freundschaft von Jungen. Auch war sie ein wißbegieriges Kind, für ihre übermäßige Neugier wurde sie mehrfach bestraft.

Das Mädchen hatte großes Glück, daß eine bezaubernde Französin namens

Evelyne Babette Cardell ihre Erzieherin wurde. Die kluge und hochgebildete Frau gestaltete das Unterrichtsprogramm so, daß die Individualität des Kindes nicht unterdrückt wurde. Fike fragte Mademoiselle Cardell von Zeit zu Zeit: »Sagen Sie, Babette, warum zwingt man mich zu tanzen und Musik anzuhören. Weder das eine noch das andere gefällt mir. Worauf bereitet man mich vor?« »Man bereitet Euch auf Eure Verheiratung vor«, lautete die ehrliche Antwort. Dieselben Gedanken suggerierte dem Mädchen ihre Mutter, die sogar einmal andeutete, sie seien entfernte Verwandte der Zarenfamilie: »Der leibliche Bruder deines Großvaters Christian August, meines Vaters, war mit der schwedischen Prinzessin Hedwig, der Schwester von König Karl XII., verheiratet. Der Sohn aus dieser Ehe, Karl Friedrich, der mein Cousin ist, hat eine Tochter des russischen Kaisers Peter I. Romanow geheiratet. Auf diese Weise hat sich das Blut der Schwedendynastie und der Fürsten von Holstein-Gottorp mit dem der Romanows vermischt.« »Das heißt, Herzog Karl Peter Ulrich, der Sohn der russischen Zarentochter, ist mein Vetter zweiten Grades? Ich habe ihn doch in der holsteinischen Stadt Eutin kennengelernt, wo wir vor kurzem waren. Wie ist das nur interessant...«

Sophie lebte oft bei ihrer Großmutter, der Prinzessin von Holstein, in Hamburg, hielt sich bisweilen in Kiel und sogar in Berlin auf, wo sie das Leben des preußischen Hofes beobachten konnte. Mit vierzehn Jahren schien sie schon ein erwachsenes Mädchen zu sein und verblüffte alle durch ihre Reife und ihre gesunde Urteilsfähigkeit. Schon mehrere Jahre lang hegte sie den Gedanken, einmal eine Krone auf ihrem Köpfchen zu sehen. Als der Prinz von Holstein russischer Thronfolger wurde, kam das Mädchen in der Tiefe seiner Seele nicht selten zu dem Schluß, sie sei für ihn prädestiniert, worüber Katharina selbst in ihren Tagebüchern geschrieben hat. Doch sie war schon mit Georg von Holstein, dem jüngeren Bruder ihrer Mutter, verlobt, der in sie verliebt war und ihre Einwilligung erhalten hatte, seine Frau zu werden. Nachdem sie aber von der Einladung, umgehend nach Rußland zu kommen, erfahren hatte, überredete Sophie ihre Eltern, sich zugunsten dieser Reise zu entscheiden, ließ ihren Bräutigam zurück und dachte nur noch daran, daß sie ihrem ehrgeizigen Ziel ein Stückchen näher gerückt war.

Die russische Zarin Elisabeth, die für ihren Neffen eine Braut suchen wollte, hatte ein Porträt der Prinzessin von Anhalt-Zerbst erbeten. Der beste Maler von Berlin, Antoine Pesne, erhielt den Auftrag, Sophie zu malen. Als das Bild fertig war, wurde es wie eine Flagge auf eine Stange gewickelt und von einem Kurier seiner Majestät, des preußischen Königs, nach Petersburg gebracht. Die Arbeit des Malers wurde aus der preußischen Staatskasse bezahlt. Es verging kein Monat bis aus Elisabeths Kanzlei ein Brief mit der Einladung eintraf, das Mädchen möchte gemeinsam mit seiner Mutter in ihr Land kommen.

Auf dem Weg nach Rußland wurde die zukünftige Gemahlin des russischen

Thronfolgers ihrem Wohltäter vorgestellt. Zu ihren Ehren gab man im Berliner Königspalast ein Mittagessen, bei dem sich der Platz des Mädchens direkt neben König Friedrich II. befand, während ihre Mutter als Provinzdame niedrigen Ranges im Nachbarzimmer sitzen mußte. Am 10. Januar 1744 schließlich brachen die beiden Reisenden trotz der Winterkälte und eines Schneesturms unter dem Namen zweier Gräfinnen Reinbeck in Richtung russische Grenze auf. Dort erwartete sie ein feierlicher Empfang.

Nach Rußland reiste die junge deutsche Prinzessin nicht mit dem Gedanken an familiäres Glück, sondern mit dem Traum von der Krone. Um diesen Traum in Erfüllung gehen zu lassen, war sie bemüht, allen Leuten, vor allem aber ihrem zukünftigen Gemahl, seiner herrschenden Tante und natürlich dem Volke, zu gefallen. »Ich wollte Russin sein, damit mich die Russen liebten«, schrieb sie später. Nachdem sie bemerkt hatte, daß man bei Hofe, angefangen vom Lakaien bis hin zum Thronfolger, Geschenke schätzte, scheute Katharina keine Kosten, um jemandem aus ihrer Umgebung etwas Angenehmes widerfahren zu lassen.

Obwohl sie mit nur drei Kleidern, einem halben Dutzend Hemden und einigen Taschentüchern nach Rußland gekommen war, verschenkte sie Geld. Sie verstand es, sich jeder beliebigen Situation anzupassen, und sei sie ihrem Geschmack und ihren Prinzipien noch so zuwider. Obwohl sie bereit war, nach russischen Bräuchen zu leben, behielt sich die zukünftige Alleinherrscherin dennoch das Recht vor, auf ihre Art und Weise zu denken.

Die neue Umgebung, in welche die deutsche Prinzessin am russischen Hofe geraten war, blieb lange ungewöhnlich für sie. Die Hauptbeschäftigung dort bestand in Kartenspiel und Tratsch, in Gerüchten, Intrigen und Flirts. Gespräche über Wissenschaft, Kunst oder Literatur wurden so gut wie nicht geführt; einige Hofangehörige konnten kaum lesen oder schreiben. Ignoranten durch und durch – so beurteilte sie Elisabeths Hof. Und erst die Unordnung, die in den Räumen herrschte! Auch daran konnte sie sich nur schwer gewöhnen, zumal die Zimmer ungemütlich, feucht und schlecht gelüftet waren.

Das Verhältnis zu ihrer Mutter, die ihren Neid auf die hohe Stellung der Tochter nicht verbarg, kühlte sich ebenfalls ab, die Kluft zwischen Johanna und der Großfürstin vergrößerte sich mehr und mehr. Eines schönen Tages verließ die Herzogin Rußland schließlich für immer.

Als Kaiserin führte Katharina II. einige Neuerungen im Leben des Hofes ein. Im Palast hielt eine bestimmte Zeitordnung Einzug; tadellose Manieren und anständiges Benehmen wurden Pflicht. Ihren Palastdienern gegenüber verhielt sich Katharina überaus höflich, die Grobheit verschwand, sie bemühte sich sogar, ihre Zimmermädchen und Lakaien nicht unnötig zu behelligen. Bei Treffen und auf ihren

Spaziergängen konnte sich die Herrscherin mit Menschen jeglichen Ranges unterhalten, wobei sie sich neugierig über alles erkundigte, was sich im Lande tat.

Ihre besondere Sympathie gehörte allem, was französisch war. Wenn sie schrieb, dann meist in französischer Sprache, seltener deutsch oder russisch. Das Schreiben wie das Lesen aber waren Katharinas Lieblingsbeschäftigungen, ganz im Gegensatz zu ihrer Vorgängerin. Sie bekannte sogar, sie könne keinen einzigen Tag zubringen, »ohne zumindest ein Blatt Papier beschrieben zu haben«. Die Zarin führte einen regen Briefwechsel mit bekannten Persönlichkeiten, unter anderen mit Voltaire, Diderot und den Herausgeberinnen der bekannten »literarischen Seiten«... Auch war sie selbst Verfasserin einiger literarischer Werke. Der Beginn ihres schriftstellerischen Wirkens reicht ins Jahr 1769 zurück, als sie Mitarbeiterin und inspirierende Kraft der satirischen Zeitschrift »Allerlei« wurde. Sogar fünf Komödien verfaßte die Herrscherin, in denen sie russische Laster wie Frömmelei, Aberglauben, schlechte Erziehung, und die blinde Nachahmung der Franzosen zum Gegenstand ihres Spottes machte. Ferner schrieb sie einige satirische Artikel unter der allgemeinen Bezeichnung »Wahre und erfundene Begebenheiten«, in denen sie die Schwächen und die lächerlichen Seiten der russischen Gesellschaft darstellte, wobei sie Personen aus ihrem Umfeld karikierte.

In ihrer Sorge um die Bildung des, wie sie sagte, »wilden« russischen Volkes gab Katharina einen Erlaß über die allgemeine Grundschulpflicht für Kinder heraus, bestätigte die Anordnung des ehemaligen Kaisers, ihres Mannes also, über die Abschaffung der Wehrpflicht in der Armee für Angehörige des Adelsstandes, über die Möglichkeit einer Ausbildung im Ausland für Adlige, über die Gründung von Erziehungsanstalten und die Verbreitung von Büchern. Doch die Grundlagen der existierenden Ordnung rührte die Herrscherin nicht an, da sie bestrebt war, mehr Einfluß auf den Verstand auszuüben. »Was ich auch für Rußland tun mag«, schrieb sie, »es bleibt doch nur ein Tropfen auf den heißen Stein.«

Nicht wenige Maßnahmen hat sie ergriffen, um die Bevölkerung Rußlands gesund zu erhalten. Zu diesem Zweck wurden deutsche Ärzte ins Land geholt, Apotheken eröffnet, Krankenhäuser errichtet und die Pockenschutzimpfung eingeführt.

Letzteres war überaus schwierig, weil sogar Ärzte der Ansicht waren, die Pockenschutzimpfung sei Scharlatanerie. Die Pocken aber waren zu jener Zeit eine schreckliche Krankheit, die vielen Menschen das Leben kostete. Dennoch wurde sie in Rußland nicht bekämpft. Die russische Priesterschaft verurteilte jegliche Vorbeugung, da sie der Ansicht war, die Pocken seien eine von Gott gesandte Strafe, die es mit Demut zu ertragen gelte. Einige versicherten sogar, diese Krankheit sei keine Geißel der Menschheit, sondern eine Wohltat von oben, eine Art Fegefeuer, und wenn man ihr entrinne, würde das Blut gereinigt, und der Mensch müßte dann keine anderen Erkrankungen mehr fürchten. Trotzdem starb jeder vierte Säugling an Pocken – und das bei einer Gesamtbevölkerung von 17 Millionen Menschen. Daher entschied sich Katharina, die Impfung zunächst an sich selbst zu erproben, damit andere dann ihrem Beispiel folgten. Das grenzte schon an Selbstaufopferung... Zu diesem Zwecke ließ die russische Herrscherin den für seine Experimente im Bereich der Schutzimpfungen berühmten Doktor Dimedal aus England kommen. Er stach eine mit Pocken infizierte Nadel unter die Haut von Katharinas Hand. Bald darauf wurden im Lande sogenannte »Pockenhäuser« eröffnet, die Ärzte aber machten sich in große und kleine Städte auf, um die Kinder vor den Pocken zu retten, soweit dies im Rußland jener Tage möglich war. Die Herrscherin veröffentlichte ein Manifest, das die Bevölkerung aufrief, keine Angst vor einer Impfung zu haben, deren Wirkung sie an sich selbst erprobt hatte.

Katharina liebte Architektur, Malerei und Theater. Musik ließ sie gleichgültig; lediglich die komische Oper stellte eine Ausnahme dar. Wenn sie einer Aufführung beiwohnte, konnte sie lachen, bis ihr die Tränen kamen. Fröhlichkeit und Optimismus waren ihre ureigensten Charakterzüge. »Schreiten wir munter vorwärts!« Diese Devise wiederholte sie gern in schwierigen Augenblicken ihres Lebens.

Ein weiterer Charakterzug dieser Kaiserin war ihr großer Fleiß, sie wollte so viel wie möglich wissen. Alle Bücher aus ihrem Besitz weisen viele interessante Randbemerkungen auf. Von sechs Uhr morgens an war sie auf den Beinen, verbrachte mehrere Stunden am Schreibtisch, kümmerte sich um alles selbst und gab sich im häuslichen Leben einfach. Außer bei offiziellen Anlässen war ihre Kleidung bescheiden, das Essen eher bürgerlich. Zum Frühstück trank sie eine Tasse Kaffee, das Mittagessen bestand gewöhnlich aus fettarmen Speisen, und auf das Abendessen verzichtete sie gänzlich, da sie es für überflüssig hielt. Wein trank sie niemals.

»Es ist besser, etwas vorzumachen, als etwas zu befehlen«, lautete eines der Prinzipien der Zarin. Sie war bestrebt, sich das Vertrauen und das Wohlwollen des Volkes mit allen nur möglichen Mitteln zu erwerben. Davon zeugen ihre Reisen durchs Land, ihre Gespräche mit der einfachen Bevölkerung sowie ihre Anwesenheit bei Senatssitzungen; ihre Erlasse und Manifeste erarbeitete Katharina persönlich sehr sorgfältig. Solcher Dokumente gab es sehr viele, beispielsweise über Korruption, Verschwörung, Gouvernements usw., und alle waren in verständlicher »einnehmender und rührender Sprache« abgefaßt.

Recht merkwürdig war ihr Verhältnis zum Geld. In den ersten Tagen ihrer Herrschaft wurde ihr berichtet, daß die russische Armee schon seit acht Monaten keinen Sold mehr erhalten habe. Katharina erklärte daraufhin, sie betrachte all ihre persönliche Habe als Eigentum des Staates und befahl, von ihrem Gelde so viel herauszugeben, wie für die Entlohnung der Soldaten benötigt wurde. Diese Einstellung änderte sich jedoch im Laufe der Zeit. Später ging sie dazu über, das als ihr Eigentum zu betrachten, was dem Staate gehörte, und verteilte enorme Geldsummen aus der Staatskasse großzügig an ihre Favoriten, die somit gleichsam eine staatliche Institution darstellten.

Wie niemand anders vermochte es diese Herrscherin, Politik und Liebe zu verknüpfen. Zwar täuschte sie nach dem Tode ihres verhaßten Mannes Verzweiflung vor, hüllte sich in tiefe Trauer und ließ zahlreiche Trauergottesdienste abhalten, bei denen sie ihren »Schmerz« ganz offen zur Schau trug. An ihrer Seite weilte jedoch stets Grigori Orlow, der nichts dagegen gehabt hätte, den Platz eines legitimen Gemahls einzunehmen. Aus der Verbindung mit Orlow brachte Katharina im Frühjahr 1762 – das heißt, noch bevor sie Witwe wurde – einen Sohn zur Welt, der später unter dem Namen Graf Bobrinski bekannt werden sollte. Dies wurde natürlich streng geheim gehalten, zumal die Veränderungen an der Figur von Peters III. Gemahlin unbemerkt geblieben waren. Nach dem Tode von Kaiserin Elisabeth hatte sie etwa ein halbes Jahr lang weite schwarze Trauerkleidung getragen, wodurch sie ihre Schwangerschaft gut vertuschen konnte. Noch vor ihrer Thronbesteigung hatte sie ihrem Liebhaber versprochen, nach Peters Ableben seine Frau zu werden. Wahrscheinlich brachte sie Orlow und seine Brüder nur so dazu, den Tod des Zaren zu beschleunigen...

Nachdem er Favorit der Herrscherin geworden war, erhielt Grigori den Rang eines Generals und den Grafentitel. Auch war er berechtigt, Geld vom Konto des Zarenhauses abzuheben, wann immer und in welcher Höhe er es benötigte. In Petersburg wurde für ihn ein Marmorpalast errichtet, ferner erhielt er von der Kaiserin den prächtigen Landsitz Gatschina samt Palast und Park zum Geschenk. In den Besitz des Favoriten ging auch das Schloß in Ropscha über, in dem sein Bruder Alexej gemeinsam mit Freunden Peter III. ermordet hatte.

Katharina liebte Grigori, doch sie erklärte, sie könne ihn ohne Zustimmung des Staatsrates nicht ehelichen. Zweifel hatten sich ihrer bemächtigt... Orlow und seine Brüder begannen, zugunsten dieser Ehe zu agitieren, setzten Gerüchte über die schwache Gesundheit von Paul, dem Sohn der Herrscherin, in Umlauf und über die Notwendigkeit, dem russischen Thron einen Erben zu sichern, falls Paul plötzlich sterben sollte. Doch der Erzieher von Katharinas Sohn trat als Verteidiger seines Schützlings auf den Plan. Es handelte sich hierbei um einen bekannten Staatsmann der Epoche Katharinas II. und eine einflußreiche Persönlichkeit, Graf Panin, der während der Ratssitzung erklärte: »Die Kaiserin kann alles tun, was ihr beliebt. Doch eine Frau Orlowa wird niemals unsere Zarin sein.« Und so wurde Orlows Kandidatur verworfen.

Grigori Orlow beschäftigte sich nicht gern mit Politik. Acht Jahre brachte er in Katharinas Nähe zu, liebte es, Geschenke aus der freigiebigen Hand der Zarin entgegenzunehmen und schenkte ihr selbst einen berühmten Diamanten von etwa 190 Karat, einen Kristall von erstklassiger Reinheit mit grünlich-bläulicher Färbung, der in Form einer indischen Rose geschliffen war. Dieser Edelstein wurde zum Schmuckstück des Zarenzepters und erhielt die Bezeichnung »der Orlow-Diamant«. Auch heute noch ist er in der Schatzkammer des Moskauer Kreml zu bewundern, wo die Kostbarkeiten der Zarenfamilie Romanow aufbewahrt werden.

Mit diesem wunderbaren Geschenk der Natur sind viele Legenden verknüpft. Eine von ihnen besagt, dieser Diamant habe dereinst als Auge eines indischen Götzenbildes gedient und sei zu Beginn des XVIII. Jahrhunderts von einem französischen Soldaten geraubt worden. Dieser habe ihn wiederum für viel Geld an einen Perser verkauft, der die Kostbarkeit dem persischen Schah Nadir übergab. Nach dem Fall des Schahs sei der Stein in die Hände eines seiner Soldaten gelangt, der ihn an einen armenischen Händler verkaufte. Letzterer wollte den Diamanten um jeden Preis nach Rußland schaffen, da er seinen großen Wert erkannt hatte. Um die Grenze ungehindert überqueren zu können, schnitt er sich in die Wade und verbarg den Brillant in der Wunde, anschließend verband er sich sein Bein sorgfältig. So gelangte er bis Astrachan an der Wolga. Da er aber keinen Käufer in Rußland finden konnte, brachte der Kaufmann den Edelstein zu einer Amsterdamer Bank. Es verging eine gewisse Zeit und, siehe da, schließlich erwarb Graf Orlow über einen armenischen Juwelier, der bei Hofe diente, diesen Diamanten für 400 000 Rubel und schenkte ihn Katharina. Er hoffte, eine so wertvolle Gabe würde ihm das Wohlwollen der Herrscherin, seiner verhinderten Gemahlin, zurückbringen.

Dennoch war Orlow eines Tages gezwungen, seine Gemächer im Winterpalast dem neuen Verehrer von Katharinas Reizen, dem Generaloberstleutnant Potjomkin, zu überlassen. Man erzählte sich, daß Grigori nach einem üblichen Mittagessen mit der Zarin, bei dem er wie immer an ihrer rechten Seite gesessen hatte, in sein Favoritenzimmer zurückgekehrt sei und sich für eine Ruhepause auf einem türkischen Sofa niedergelassen habe. Potjomkin, der bei Hofe als Offizier für besondere Aufträge diente, habe das Zimmer betreten. »Was wollt Ihr? Warum stört Ihr mich, wenn ich gerade ruhe?« rief der »Bettkarrierist«, wie er in jener Zeit genannt wurde, hochmütig aus. »Ihre Majestät wünscht, daß Ihr Petersburg umgehend verlaßt und nach Moskau reist.« Orlow war wie vor den Kopf gestoßen, doch letztendlich gezwungen, dem Befehl der Herrscherin Folge zu leisten. So verließ er die Hauptstadt, seinen Platz aber nahm ein »neuer« Grigori ein, mit Nachnamen Potjomkin, ein hochgewachsener Mann, der dereinst davon geträumt hatte, Priester zu werden, dann aber beim Militär Karriere machte.

Nachdem ihn gemäß der eingespielten Tradition die Probierdame, Gräfin Bruce, begutachtet hatte und der Zarin versicherte, daß Potjomkin bis zum Rande des

Wahnsinns in seine Herrscherin verliebt sei, es aber nicht wage, sich etwas zu erhoffen, tauchte Potjomkin nach einer Untersuchung durch den Arzt Rogerstone, der für den Gesundheitszustand aller Anwärter auf die Rolle von Katharinas Favoriten verantwortlich war, im Schlafzimmer der Kaiserin auf. Die Tatsache, daß er nur ein Auge hatte – er wurde deswegen bei Hofe »der Zyklop« genannt – tat seinen leidenschaftlichen Gefühlen keinen Abbruch. Als Verliebter erfüllte er seine Rolle glänzend und erhielt schon nach der ersten Nacht den Rang eines Generalleutnants sowie eine Million Rubel obendrein. Die Herrscherin zahlte für ihre Liebeleien und zeigte sich hierbei keineswegs geizig.

Als Liebhaber der Kaiserin wurde Potjomkin zum Mitglied des Staatsrates ernannt und bekam schon bald die Regierung des Kaiserreiches in die Hand, da er faktisch zum Leiter der Innen- und Außenpolitik aufgestiegen war. Man nimmt an, daß er der einzige Mensch gewesen sei, den Katharina aufrichtig geliebt habe und dem sie über die Maßen vertraute. Sie fragte ihn um Rat, wenn sie eine Entscheidung zu treffen hatte, und ernannte keinen einzigen Minister und keinen einzigen General, ohne vorher die Meinung ihres Vertrauten gehört zu haben. Dieser war mittlerweile schon nahezu allmächtig. Einige behaupten allerdings, die zwölfte Vertreterin des Hauses Romanow habe nur eine einzige große Liebe gekannt, und das sei die Liebe zur Macht gewesen.

Grigori Potjomkin galt als gebildeter Mann – er hatte dereinst an der Moskauer Universität studiert, das Studium jedoch nicht abgeschlossen. Er sprach hervorragend französisch, interessierte sich für Kunst und war ein guter Menschenkenner. Ohne ein Hehl aus seinen ehrgeizigen Plänen zu machen, träumte Potjomkin ebenfalls davon, Katharina zu ehelichen. Doch der Herrscherin war es angenehmer, ihre Liebhaber zu wechseln, wenn sie sie über hatte, als sich durch eine Ehe in ihrer Freiheit einzuschränken. Sie scheute sich nicht, ihren Freunden, mit denen sie in Briefkontakt stand, von ihren Favoriten zu schreiben, und brüstete sich ihrer, wie andere mit Rassehunden oder edlen Pferden angaben.

Potjomkin wurde als kluger und kühner Mann, vor allem aber als genialer Feldherr zu einer bekannten Persönlichkeit der russischen Geschichte. Ihm hatte das Kaiserreich die Eroberung der Krim und des sogenannten Neurußlands – des Gebiets im Süden von Rußland – zu verdanken, wodurch das Land große Flächen an fruchtbarem Boden erhielt. In den neuen Landstrichen gründete er Dutzende von Städten, unter anderem auch Hafenstädte, schuf die Schwarzmeerflotte und leistete damit einen direkten Beitrag zu Katharinas »Größe«. »Grigori Alexandrowitsch Potjomkin, Durchlaucht und Fürst von Taurien, Generalfeldmarschall, Ordenskavallier, Generalgouverneur von Neurußland, erster Kommandierender der Schwarzmeerflotte« usw. hießen die Titel des engsten Mitstreiters und Freundes von Katharina der Großen.

Doch während Potjomkins Feldzügen, die manchmal Monate dauerten, blieb das »Favoritenzimmer« bei weitem nicht leer. Seine Geliebte hatte unterdessen neue Liebhaber, die einander in rascher Folge abwechselten und für ihre sexuellen Fähigkeiten ein großzügiges Honorar erhielten. Hierüber ist in der Literatur viel geschrieben worden...

Als er von einem ihrer Treuebrüche erfuhr, brach der Feldmarschall, der sich gerade im Süden des Landes befand, eiligst mit seinem riesigen Gefolge nach Petersburg auf, doch bei der ersten Rast schon fühlte er sich schlecht und starb schließlich an einem schweren Herzinfarkt. Am Ort seines Todes ließ die schluchzende Katharina ein großartiges Denkmal errichten, dem es jedoch nicht beschieden sein sollte, lange dort zu stehen. Katharinas Sohn Paul, der nach ihr an die Macht kam, befahl, das Denkmal zu vernichten und das Grabgewölbe des Favoriten mit Erde zuzuschütten, da er die Liebhaber seiner Mutter verabscheute.

Der letzte in der langen Reihe von Katharinas Favoriten war Platon Subow, der achtunddreißig Jahre jünger war als seine allmächtige Gönnerin. Bis zum Tode der Herrscherin war Subow, ein attraktiver junger Mann mit schwarzen Locken, der selbstverständlich von hohem Wuchs und natürlich russischer Abstammung war, wie all ihre übrigen Liebhaber auch, der erste Mann in Rußland. Er liebte nur das Geld und war sehr habsüchtig. Die Lieblingsbeschäftigung dieses Favoriten bestand darin, Edelsteine, die er in einer Emailletruhe aufbewahrte, von einer Hand in die andere gleiten zu lassen. Für Rußland hat dieser Mann nichts vollbracht, was von Nutzen gewesen wäre. Doch sogar betagte Hofbeamte verneigten sich vor ihm, küßten ihm die Hand und beugten demütig ihr graues Haupt vor ihm. Zum Kuß reichte ihnen Subow die Hand beinahe so, als sei er Zar. Hofangehörige pflegte er zu empfangen, während er vor seinem Spiegel saß, ihm ein Friseur die Perücke puderte und sein Kammerdiener ihm die mit Brillantschnallen verzierten Schuhe anzog. Indes drängten sich im benachbarten Empfangszimmer die Hofbeamten und die ganze angesehene Petersburger Gesellschaft, die es als eine Ehre erachteten, während der Toilette des Favoriten in sein Ankleidezimmer vorgelassen zu werden. Hierbei nahm Subow die Anwesenheit der Person, die eingetreten war, lange nicht wahr und tat so, als lese er staatliche Papiere.

Er zählte erst zweiundzwanzig Jahre. Die Herrscherin hatte ein Auge auf ihn geworfen, als sie einmal von ihrem Balkon aus den Wachwechsel in Zarskoje Selo beobachtete. Der junge Offizier hielt den Schritt, wobei er sein Bein graziös ausstreckte und seinen Kopf emporhob. Beschenkt hat sie ihren letzten Geliebten so, wie es einer Zarin gebührt. In den zwei Jahren, während derer er im »Favoritenzimmer« weilte, erhielt er unermeßliche Reichtümer und erbat sich auch nicht wenig für seine zahlreichen Verwandten.

Forscher haben geschätzt, was all die Favoriten von Katharina II. gekostet haben. In Bargeld erhielten sie von ihr über 100 Millionen Rubel, während das Jahresbudget des Landes zu jener Zeit 80 Millionen Rubel nicht überstieg. Das war wirklich eine gewaltige Summe!

Überaus negativ war die moralische Wirkung derartiger Beispiele. Bei Hofe war alles bekannt, und unter dem Hochadel, der seine Zarin nachahmte, herrschte Unzucht. Sogar die Enkel der Kaiserin wußten von den Liebhabern ihrer Großmutter. Katharina schämte sich vor niemandem. Unter der lockeren Lebensweise dieser liebesfreudigen Zarin litt vor allem die älteste Tochter ihres Sohnes Paul. Alexandra war mit dem schwedischen König Gustav IV. Adolf verlobt. Doch nachdem der König nach Petersburg gekommen war und einige Zeit am Hofe Katharinas gelebt hatte, flüchtete er nach Hause und sagte sich von seiner Braut los. Er erklärte, er wolle sich nicht mit einer jungen Frau vermählen, die an einem so zügellosen Hof aufgewachsen sei, obwohl die Großfürstin selbst sehr bescheiden und liebenswürdig war. Als offizieller Grund, aus dem diese Ehe nicht zustande kam, wurde angegeben, die Braut hätte nicht zum protestantischen Glauben übertreten wollen.

Vielen, sehr vielen schenkte die Herrscherin und Kaiserin ihre Liebe, nicht aber ihrem einzigen legitimen Sohn. Das Verhältnis zwischen Katharina II. und Paul war von äußerster Kälte geprägt. Seine machtliebende Mutter sah unentwegt einen Nebenbuhler in ihm, zumal nach dem Tode seines Vaters, Peter III., die Krone rechtmäßig ihm, dem Urenkel von Peter dem Großen, zugestanden hätte. Dieser Ansicht waren übrigens auch einige der Höflinge, die sich an der Verschwörung gegen Katharinas Gemahl beteiligt hatten. Doch die Mutter klammerte sich an den Thron und dachte nicht daran, diesen an ihren Sohn abzutreten.

Paul, der in früher Kindheit an die Liebe gewöhnt war, die ihm Zarin Elisabeth, die er Großmutter nannte, entgegengebracht hatte, wurde nach ihrem Tode praktisch zur Waise. Seine Mutter zeigte keine zärtlichen Gefühle für ihn, er war ihr beinahe fremd. Sie wies ihn ständig in seine Schranken, so daß der Knabe als eingeschüchtertes Kind heranwuchs. Auch von den Favoriten der Herrscherin bekam er ständig Grobheiten zu hören und wurde sogar verspottet. Mit seinem Erzieher hatte Paul jedoch Glück: Graf Panin war ein kluger und erfahrener Mann. Er war an der Verschwörung beteiligt gewesen, hatte danach aber vorgeschlagen, Paul zum Zaren auszurufen und seine Mutter bis zu dessen Volljährigkeit als Regentin zu ernennen. Später war er von der Herrscherin beauftragt worden, Verhandlungen mit den holsteinischen Verwandten des ehemaligen Kaisers zu führen und deren Rückführung nach Deutschland zu organisieren. Zuvor sollte er all ihre Ansprüche regeln.

Der Onkel der Kaiserin, Prinz Friedrich August, der nach Petersburg gekommen war, sobald seine Nichte den russischen Thron bestiegen hatte, hoffte darauf, Regent von Holstein werden zu können. Doch die Holstein-Frage wurde erst im fünften Regierungsjahr von Katharina II. entschieden, und dies nicht ohne Zutun von Graf Panin, der sich im Bereich der Außenpolitik als erfahrener Diplomat erwies.

In Kopenhagen verhandelten die russischen Gesandten Generalmajor Filosofow und Geheimrat Caspar Saldern, der Vertreter Holsteins. Sie waren mit einem zahlreichen Gefolge angereist und ließen sich in einem großartigen Palast nieder, der den Reichtum und die Macht des Staates, der sie entsandt hatte, demonstrierte.

In Dänemark befand sich zu jener Zeit Christian VII., der Sohn des kurz vorher verstorbenen Friedrich V., auf dem Thron. Im Gegensatz zu seinem Vater zeichnete er sich durch keinerlei besondere Fähigkeiten aus und war ein äußerst leichtsinniger junger Mann, sein Hof schien indessen vor allem mit Intrigen und Vergnügungen beschäftigt.

Saldern, der speziell die Interessen Holsteins vertrat, war ein außergewöhnlich kluger Mann. Schon unter Peter III. war er nach Rußland gekommen, in den Dienst des Kollegiums für auswärtige Angelegenheiten aufgenommen worden und hatte es vermocht, sich rasch die Gewogenheit Panins, der das Amt leitete, zu erwerben. In Kopenhagen agierte Saldern mit Fingerspitzengefühl, so daß schon bald ein Abkommen unterschrieben werden konnte. Gemäß der Vereinbarung trat Katharina II. dem dänischen König im Namen ihres Sohnes Paul, des amtierenden Herzogs von Holstein-Gottorp, einen Teil des Herzogtums im Tausch gegen Gebiete ab, die nicht an Dänemark angrenzten. Das waren das Herzogtum Oldenburg und die Grafschaft Delmenhorst. Diese Ländereien sollten später an die Verwandten von Großfürst Paul übergeben werden. Ferner sollte Dänemark russischen Schiffen in seinen Häfen Vergünstigungen gewähren. Diese Vereinbarung erwies sich als sehr vorteilhaft für Rußland, die Zarin war also mit dem Erzieher ihres Sohnes zufrieden. Graf Panin war nicht ehrgeizig, träumte von keinerlei Reichtümern, galt vielmehr als liberaler und weicher Mann. Sämtliche wichtige Fragen, die die Außenpolitik betrafen, vertraute sie ihm an, sie selbst befaßte sich nicht damit.

Dieser Panin wurde auch mit der Suche nach einer Braut für seinen Zögling betraut.

Die Zarin hatte sich schon relativ früh Gedanken über die Verheiratung ihres Sohnes gemacht, zumal sie ihn traditionsgemäß mit einer deutschen Prinzessin zusammenbringen wollte. Erneut wurde eine langwierige Suche veranstaltet, wurden Vorschläge gesichtet – deren es übrigens nicht wenige gab. Auch der preußische König, der einen Überblick über sämtliche potentiellen deutschen Bräute hatte, »schaltete« sich wieder ein. Seine Wahl fiel auf die Tochter der Landgräfin von Hessen-Darmstadt, einer sehr würdigen und gebildeten Frau, in deren Haus die Schriftsteller Goethe und Herder sowie andere Berühmtheiten jener Tage verkehrten. Der Name ihrer Tochter lautete Wilhelmine Luise. Sie war gut erzogen, zeichnete sich durch einen außergewöhnlichen Verstand und durch Temperament aus. Mit ihrer Mutter und zwei Schwestern reiste die auserwählte Braut schließlich nach Petersburg. Dort begannen die Vorbereitungen für ihren Übertritt zum orthodoxen Glauben und das Studium der russischen Sprache. Nachdem das Mädchen den Glaubenswechsel vollzogen hatte, erhielt sie den Namen Natalja Alexejewna. Durch diese Hochzeit wurde der neunzehnjährige Urenkel von Peter dem Großen mit einer deutschen Prinzessin vereint.

Nach Pauls Eheschließung waren Panins Pflichten als Erzieher erledigt, er behielt sich jedoch das Recht vor, den Großfürsten jederzeit aufzusuchen und machte von diesem Recht häufig Gebrauch, da er für seinen Zögling aufrichtige väterliche Gefühle empfand; außerdem hatte er niemals eine eigene Familie gehabt. Seine erste und einzige Liebe war Anna gewesen, die Tochter des Grafen Scheremetjew, ein sehr schönes und zielstrebiges Mädchen, das jedoch kurz vor der geplanten Hochzeit an Pocken erkrankte und einige Tage später starb. Nikita Panin heiratete daraufhin niemals und blieb Junggeselle. Sein Zuhause fand er am Hofe des Großfürsten.

Nun ereilte ein solches Unglück auch seinen Zögling. Im vierten Jahr ihrer Ehe verstarb Pauls junge Gemahlin, die Großfürstin Natalja, nach der Geburt eines toten Kindes im Wochenbett. Der Großfürst blieb ohne Kind und ohne Gattin allein zurück...

Es wurde gemunkelt, »gute« Freunde hätten der Zarin dabei geholfen, die ungeliebte Schwiegertochter ums Leben zu bringen. Diese hatte in Europa eine Erziehung im Geiste der Moderne erhalten und deshalb oft liberale Ideen geäußert, war sogar für die Befreiung der Bauern eingetreten. Vor allem aber hatte sie, wie man Katharina berichtete, den Großfürsten dazu zu bewegen versucht, seine Mutter ins Kloster zu verbannen und den Thron selbst einzunehmen, der ihm rechtmäßig zustehen würde.

Katharina soll, als die Niederkunft ihrer Schwiegertochter unmittelbar bevorstand, die mit der Geburtshilfe beauftragte Hebamme gerufen haben. »Meine Schwiegertochter ist sehr schwach. Ich fürchte, sie wird die Qualen der Geburt nicht überstehen«, habe sie gemurmelt. »Gut, verstanden«, habe diese ebenso flüsternd geantwortet und am Vorabend der Niederkunft der Großfürstin ein langsam wirkendes Gift ins Getränk getan, welches sowohl die Mutter als auch das Kind in ihrem Leib vergiftete. Das Kind kam tot zur Welt, und auch aus der jungen Frau schwand das Leben. Eine Stunde vor ihrem Tod betrat die Kaiserin das Zimmer der Sterbenden und sagte böse: »Seht Ihr, was es heißt, sich mit mir anlegen zu wollen. Ihr wolltet mich ins Kloster sperren, ich aber sperre Euch ins Grab. Ihr seid vergiftet worden.« Solch eine Legende wird über Katharinas Grausamkeit erzählt, manche halten sie für wahr.

Der Sohn der Zarin aber war verzweifelt. Ganz offensichtlich hegte er ebenfalls einen gewissen Verdacht, da er eine Obduktion des Leichnams seiner Frau forderte. Doch man hörte nicht auf ihn. Darüber hinaus gelang es seiner Mutter, Paul einzureden, Natalja habe ihn betrogen, und verunglimpfte damit noch im Nachhinein die Ehre der ihr verhaßten Frau. Bei Hofe wurde das Gerücht verbreitet, die Verstorbene habe ein Liebesabenteuer mit Andrej Rasumowski gehabt. Als »Zeuge« trat der Beichtvater der Großfürstin auf, der ganz offensichtlich von der Herrscherin bestochen worden war. Er behauptete, Pauls Gemahlin habe ihm während der Beichte selbst ihre Untreue gestanden.

Drei Monate nach dem Tode ihrer Schwiegertochter schlug Katharina vor, Paul solle sich wieder verheiraten. Diesmal wählte sie ihm selbst eine Braut aus. Traditionsgemäß suchte man ihm seine Gemahlin erneut unter den deutschen Prinzessinnen, die in ihren Fürstentümern so erzogen wurden, daß man sie für europäische Höfe empfehlen konnte. Diesmal fiel die Wahl auf Prinzessin Sophie Dorothea von Württemberg, die – wie Katharina selbst – in Stettin zur Welt gekommen war, wo ihr Vater als Truppenkommandeur diente. Sophie Dorothea war eine Nichte von Friedrich II., was der russischen Herrscherin sehr imponierte. Sie zahlte sogar einen gewissen Geldbetrag als Ablöse für ihre neue Schwiegertochter, da diese bereits mit dem Bruder von Pauls verstorbener erster Frau, Prinz Ludwig von Hessen-Darmstadt, verlobt war. Die deutsche Prinzessin, zu absoluter Gehorsamkeit erzogen, hatte nichts dagegen, Kaiserin eines Riesenreiches zu werden, statt an der Seite eines Landgrafen ein kleines Land zu regieren. Man heiratete schließlich nicht aus Liebe, sondern aus dynastischen Rücksichten.

Im August des Jahres 1776 traf Sophie Dorothea in Berlin ein, wo ein Treffen mit ihrem neuen Bräutigam und die Verlobungsfeier stattfanden. Das junge Paar begab sich dann nach Rußland, dort wurde die Ehe geschlossen. Pauls neue Gemahlin erhielt nach ihrem Übertritt zum orthodoxen Glauben den Namen Maria Fjodorowna.

Diesmal war Katharina mit der von ihr erwählten Schwiegertochter vollauf zufrieden. Es gefiel ihr, daß die neue Großfürstin der Politik gegenüber eine gänzlich gleichgültige Einstellung hatte, ihren Mann zärtlich liebte, intensiv die russische Sprache lernte und mit ihrer Schwiegermutter in freundschaftlicher Beziehung stand.

Pauls zweite Frau war eine schlanke, hochgewachsene Blondine mit einem freundlichen Lächeln. Sie liebte Handarbeiten und die Lektüre von Büchern, sprach obendrein fließend französisch. Die Kaiserin betrachtete sie als würdige Gemahlin für ihren Sohn. Lediglich eine von Marias Schwächen war nicht nach ihrem Geschmack: Die junge Frau hegte freundschaftliche Gefühle für Nikita Panin und schrieb sogar mehrmals, er sei außer Paul der einzige Mensch, mit dem sie offen sprechen könne.

Binnen Jahresfrist wurde Katharinas II. erster Enkel Alexander geboren. Paul erwartete seinen Stammhalter voller Ungeduld und in der Vorfreude auf ein vollständiges Familienglück. Aber nicht bei den jungen Eltern sollte der kleine Alexander aufwachsen, sondern bei seiner Großmutter, der Kaiserin.

Gleich nach der Geburt ließ sie der Mutter das Kind wegnehmen, und erklärte, sie werde sich selbst um seine Erziehung kümmern. Dadurch wollte sie scheinbar das wiederholen, was Zarin Elisabeth einst mit ihr selbst getan hatte. Für den jungen Vater aber, der davon geträumt hatte, seinen väterlichen Pflichten nachkommen zu können, war dies ein schwerer Schlag. Paul betrachtete diesen Schritt der Kaiserin als große Ungerechtigkeit an seiner Familie; und obwohl er äußerlich weiterhin den Anschein erweckte, er bringe ihr den Respekt eines gehorsamen Sohnes entgegen, hegte er für seine Mutter von nun an keinerlei liebevolle Gefühle mehr. Von einem Einverständnis oder gar gegenseitigem Verstehen zwischen Katharina und ihrem Sohn konnte keine Rede sein.

Wie viele Historiker behaupten, muß man bei den Gefühlen, die Katharina für ihren Sohn hegte, gleichsam zwei Epochen unterscheiden. Nach dem Tode ihres Mannes ließ sie dem kleinen Paul durchaus eine gewisse Aufmerksamkeit zukommen: Er lebte bei ihr, begleitete sie zu großen und kleineren Empfängen bei Hofe, zur Jagd und zu Militärmanövern. Sie war bei seinen Prüfungen anwesend, freute sich über seine Erfolge und schenkte ihm eine großartige, von Baron Korff erworbene Bibliothek, die etwa 35 000 Bände umfaßte. Als ihr Sohn dann aber herangewachsen, Anwärter auf den Thron geworden war und sich selbst bereits als Reformator sah, veränderte sich die Haltung der Zarin gravierend. Sie hielt Paul vollkommen von der Regierung des Landes fern, indem sie dieses Recht ihren Favoriten einräumte. Gleichsam als Entschädigung für eine derartige Geringschätzung ihres eigenen Erben machte sie ihm und seiner sich von Jahr zu Jahr vergrößernden Familie – die ehemalige deutsche Prinzessin brachte ein Kind nach dem anderen zur Welt – das Leben äußerst angenehm. Der Großfürst verfügte über wunderbare Räumlichkeiten im Winterpalast und in Zarskoje Selo. Zusätzlich ordnete die Herrscherin gleich nach Pauls zweiter Hochzeit an, für die Jungvermählten eine eigene Sommerresidenz zu bauen. Inmitten der Waldgebiete in der Umgebung von Zarskoje Selo begann man an den hügeligen Ufern eines kleinen Flüßchens mit dem Bau. Das Landhaus des russischen Thronfolgers bestand aus zwei Gebäuden, die nach deutschem Brauch die Bezeichnung »Pauls Lust« und »Mariental« erhielten. Das durch ein Wehr gestaute Flüßchen bildete einen See, in dessen Wasser sich der Palast spiegelte. In dem kleinen Garten wurden Brücken und eine chinesische Laube errichtet. Allerdings konnten die bescheidenen Ausmaße des Landhauses den Ansprüchen seiner Besitzer nicht allzu lange genügen, so daß Katharina dem Architekten Cameron befahl, einen neuen Palast zu errichten und an der Stelle eines wilden Walddickichts einen Park anzulegen. Die Arbeiten nahmen mehrere Jahre in Anspruch. Anstelle des abgerissenen Gebäudes errichtete man einen weißgoldenen Palast im italienischen Stil, sogar mit einer Kolonnade aus Marmor, den man aus Italien hatte bringen lassen.

Doch die »Fürsorge« der Zarin für die Familie ihres Sohnes war hiermit noch nicht zu Ende. Paul erhielt von seiner Mutter große Geldbeträge, und auch in die Erziehung seiner anderen Kinder mischte sich Katharina nicht ein. Sie schuf alle erforderlichen Bedingungen dafür, daß sein Leben in Isolation verlaufen konnte. Das beruhigte sie etwas. Die zwölfte Vertreterin des Hauses Romanow konnte niemals die Angst loswerden, es käme ihrem Sohn plötzlich in den Kopf, seine Mutter der rechtswidrigen Machtergreifung zu bezichtigen, vielleicht sogar, sie zu stürzen.

Am kaiserlichen Hof zeigte sich der Großfürst äußerst selten. Doch die Beleidigungen, die ihm seine Mutter durch ihr Verhalten zugefügt hatte, trug er stets in seinem Herzen. Eines Tages, als er mit dem Hoffräulein Nelidowa viel Zeit verbracht hatte, ließ ihn Katharina zu sich rufen und sagte verärgert: »Wie kannst du nur einen Engel wie deine Frau betrügen?« Paul brach in Gelächter aus und antwortete: »Was höre ich? Ihr haltet mir eine Moralpredigt? Gerade Ihr, die Ihr die Flügeladjutanten wechselt wie andere Leute ihre Handschuhe...«

»Raus! Verschwindet, oder ich lasse Euch verhaften!« schrie die Kaiserin in schrecklichem Zorn. »Du vergißt, daß du mein Sohn bist!« »Ich habe das niemals auch nur zu spüren bekommen«, antwortete Paul traurig.

Diese Szene wird in vielen Beschreibungen von Pauls Leben wiederholt und spiegelt sein Verhältnis zu seiner Mutter präzise wider. Nach diesem Gespräch änderte die Zarin angeblich ihr Testament und ernannte ihren ältesten Enkel Alexander zu ihrem Nachfolger, was aber vor allen streng geheimgehalten wurde.

Katharina II. stand über drei Jahrzehnte im russischen Reich am Ruder der Macht. In dieser Zeitspanne machte das Land beträchtliche Veränderungen durch, obwohl der Zarin selbst – wie einige Historiker meinen – hierbei nicht die größte Bedeutung zukam.

Die russische Industrie kam in Schwung, und auch das Handwerk entwickelte sich. Mit der Entwicklung der Bergbauindustrie im Ural wuchs das Interesse an russischen Nutz- und Edelsteinen. In großer Menge flossen Halbedelsteine von bemerkenswerter Schönheit in die herrschaftlichen Schatzkammern. Sie wurden zur Verzierung von Paradegewändern, von Tabakdosen, Waffen, Orden und anderen Gegenständen, die am Zarenhof in ständigem Gebrauch waren, verwendet. Eine beträchtliche Erweiterung erfuhr der Handel. Rußlands außenpolitische Autorität nahm zu. Eine besondere Blüte erlebte Petersburg, das sich zu einem großen und wichtigen Hafen entwickelt hatte. Die Stadt wurde von Jahr zu Jahr schöner, ihre Bevölkerung wuchs, und bald schon sollte sie sich in eine Weltstadt verwandeln.

Von den 100 000 Einwohnern Petersburgs waren etwa ein Siebtel Ausländer. Die russische Hauptstadt existierte gerade einmal siebzig Jahre, doch schon zog sie die Menschen an wie ein Magnet, verblüffte durch ihre Gastfreundschaft und ihren Lebensrhythmus. Petersburg unterschied sich gewaltig vom übrigen Rußland, wo es viel zu viele Kirchen, dafür aber noch wenig Steinhäuser gab, und auch die Sitten waren dort im Gegensatz zu den geschliffenen Umgangsformen in der Hauptstadt recht roh.

Unter den gebildeten Leuten galt es zu Katharinas Zeiten als Kennzeichen des guten Tons, französisch zu sprechen – ob gut oder schlecht, das war egal. Viele Ausländer erlernten die Landessprache nicht einmal, da sie das für ein nutzloses Unterfangen hielten, zumal das Russische hauptsächlich für Unterhaltungen mit der Dienerschaft genutzt wurde.

Manche Ausländer ließen sich für immer, manche auf bestimmte Zeit in Petersburg nieder. Hauptsächlich handelte es sich hierbei um Deutsche, die in ihrem Lande schon eine gewisse Berühmtheit erlangt hatten. Viele kamen auf persönliche Einladung der Zarin, vor allem Wissenschaftler, die an der Akademie der Wissenschaften lehren sollten. Sie spielten bei der Entwicklung des Bildungswesens in Rußland eine besonders große Rolle. So kam Peter Pallas nach Petersburg, ein reisender Arzt und Naturforscher aus Berlin, der die Landstriche vom Ural bis hin zur chinesischen Grenze erforschte. Für seine erfolgreiche Tätigkeit schenkte ihm die Kaiserin ein großartiges Haus in Simferopol und zwei Dörfer samt Einwohnern auf der Krim.

Die Zarin verstand es, medizinische Fachkräfte aus dem Ausland für die Entwicklung der ärztlichen Wissenschaft und Praxis in Rußland zu gewinnen. Einer der ersten deutschen Ärzte, der ihrer Berufung folgte, war Dr. Weickard; er wurde etwas später Katharinas Leibarzt. Aus Berlin reiste der Anatom und Physiologe Kaspar Wolff in die russische Hauptstadt, der zum Mitglied der Petersburger Akademie der Wissenschaften ernannt wurde. Zu verzeichnen war ebenfalls ein großer Zustrom an deutschen Fachkräften aus den Bereichen der Literatur und Kunst. Sie haben viel für die Entwicklung des Bildungswesens und der Kultur im russischen Staat getan.

Professor Philipp Meckel aus Berlin, ein namhafter deutscher Gynäkologe, erhielt von Katharina eine Einladung nach Petersburg und blieb lange Zeit am dortigen Hofe. Alle zehn Kinder von Paul und Maria erblickten mit seiner Hilfe das Licht der Welt. Zum Erzieher ihrer Enkel bestimmte Katharina den Vizepräsidenten der Akademie der Wissenschaften, Friedrich Storch.

Eine herausragende Persönlichkeit jener Zeit war Oberst Friedrich Maximilian von Klinger aus Frankfurt am Main. Obwohl er ein Berufsoffizier war, fand er Gefallen an schriftstellerischer Tätigkeit und verfaßte das Drama »Sturm und Drang«, wobei er mit diesem Titel einer ganzen Epoche ihren Namen gab. Das Leben dieses Deutschen nahm übrigens einen interessanten Verlauf. In jungen Jahren bereiste Klinger halb Europa, im reifen Alter schrieb er Romane, Dramen und historische Werke. Einige Zeit fungierte er sogar als Erzieher für Katharinas Sohn, später wurde er Direktor des Kadettenkorps und des Instituts der edlen Jungfrauen.

Auch den Bildhauer Karl Leberecht aus Meißen lud die Herrscherin nach Rußland ein, wo sie ihn zum Direktor der Akademie der Künste ernannte.

Auf der Bühne des Deutschen Theaters in Petersburg glänzte der Schauspieler Vincent Weyrauch aus Weimar. Direktor des Theaters war ein gewisser von Bauer, ein Freund des deutschen Dramatikers und Dichters Kotzebue, der nach Rußland übergesiedelt war und um den sich in Petersburg ein großer Kreis gebildet hatte, in dem Russen und Deutsche, Politiker und Militärs, Kaufleute und Bankiers, Dichter und Schauspieler regen Kontakt pflegten. Kotzebue stand darüber hinaus mit dem russischen Schriftsteller Alexander Radischtschew in enger Verbindung.

Radischtschew hatte in Deutschland, an der Universität Leipzig, zusammen mit Goethe studiert, sprach deutsch genauso fließend wie russisch und war ein sehr gebildeter Mann seiner Zeit. Doch im Jahre 1790 wurde er auf Katharinas Befehl hin verhaftet, zum Tode verurteilt, dann jedoch begnadigt und nach Sibirien verbannt. Die Zarin wollte ihm nicht verzeihen, daß er in seinem Buch »Eine Reise von Petersburg nach Moskau« die Wahrheit über das Leben auf dem russischen Dorfe zur Sprache gebracht hatte. Dieses Buch erschien in Radischtschews Selbstverlag – es wurde nämlich im Keller seines Hauses von Leibeigenen gedruckt, die eine Ausbildung im Setzen, Drucken und Buchbinden erhalten hatten. Doch für seine wahrheitsgemäßen Äußerungen über Rußland wurde er grausam bestraft.

So sah das wahre Gesicht der gebildeten Herrscherin aus! Sobald etwas direkten Bezug auf das »Allerheiligste« der absoluten Monarchin, die Leibeigenschaft, die sie ihr ganzes Leben lang eifrig verteidigte, nahm, handelte Katharina nicht wie eine Anhängerin der Aufklärung, sondern als Verfechterin der Sklaverei und »fletschte« im Kampf gegen das wahre Wort buchstäblich »die Zähne«. In der Person Radischtschews richtete sie einen großen russischen Geist zugrunde, der im deutschen Umfeld gediehen war und in seinem eigenen Land keine Nahrung erhalten hatte. Schließlich fand er ein tragisches Ende.

Traurig verlief auch Kotzebues Leben, das seine beklagenswerte Fortsetzung allerdings erst dann fand, als schon der Sohn der aufgeklärten Zarin in Rußland herrschte. Nach dem Tode Katharinas II. verließ Kotzebue Petersburg, da er eine Einladung angenommen hatte, seine Stücke im Hoftheater zu Wien, anschließend dann in Weimar aufzuführen. Doch drei Jahre später entschloß er sich, erneut nach Rußland zurückzukehren, das seine Einstellung zu Ausländern mittlerweile etwas geändert hatte. Nachdem er seinen Paß erhalten hatte, machte sich Kotzebue mit seiner Familie auf die Reise, ohne die Warnungen seitens seiner Freunde in bezug auf einen so riskanten Schritt ernst zu nehmen. Nach seiner Ankunft in Rußland wurde der deutsche Schriftsteller sofort verhaftet und ohne Gerichtsverhandlung oder Ermittlungsverfahren in das weit entlegene Tobolsk verbannt. Zum Glück war diese Verbannung jedoch nicht von langer Dauer. Er durfte zurückkehren und konnte seine »Reisenotizen« zu Papier bringen.

Deutsche Wissenschaftler waren es übrigens, die sich als erste mit der russischen Geschichte beschäftigten. Dies betrifft insbesondere Gottlieb Siegfried Bayer, der schon von Peter I. in die Akademie der Wissenschaften berufen worden war, ferner Friedrich Müller, der auf Einladung von Zarin Elisabeth nach Rußland gekommen war, und schließlich August Schlötzer aus Kirchberg, einem kleinen deutschen Städtchen, der die »Chronik Peters« fand und sie von den Verfälschungen bereinigte, die sie im Laufe vieler Jahre erhalten hatte. Diese »Chronik« nahm er in das Studienprogramm für Studenten auf. Schlötzer war somit der erste Experte für russische Geschichte.

Um die Entwicklung des Bildungswesens im russischen Reich erwarb sich ebenfalls ein Deutscher namens Hartknoch große Verdienste. Er nahm die russische Staatsangehörigkeit an und widmete sich der Aufgabe, den Russen die deutsche, den Deutschen hingegen die russische Literatur zugänglich zu machen. Katharina unterstützte und förderte den Buchdruck in Rußland, der sich von nun an auch erfolgreich entwickelte. Während in den zwanzig Regierungsjahren von Zarin Elisabeth im ganzen Lande lediglich achtunddreißig Bücher veröffentlicht wurden, waren es in den ersten zwanzig Jahren der Herrschaft von Katharina II. 397 Bücher, das heißt, zehnmal so viel. Dies ist in nicht geringem Maße ein Verdienst von Hartknoch, der mehrere Buchhandlungen in verschiedenen russischen Städten eröffnete.

Auch Friedrich Melchior Grimm aus Regensburg, ein Baron, Literat und Diplomat, der lange Zeit im Briefwechsel mit der russischen Zarin gestanden hatte, kam nach Petersburg. Er war eigentlich der wichtigste unter ihren westeuropäischen Korrespondenzpartnern und Beratern. In Rußland trat der Baron in den diplomatischen Dienst.

Natürlich können hier nicht alle aufgezählt werden. Doch viele progressive Elemente brachten Ausländer in die russische Kultur und Wissenschaft ein. Katharina selbst hat einmal geschrieben, Rußland könne Fremden als Prüfstand für deren Fähigkeiten dienen. »Wer es in Rußland schafft, der kann bestimmt in ganz Europa auf Erfolg hoffen.«

Die Herrscherin sprach oft von ihrer Liebe zu Rußland und zum russischen Volk, doch gleichzeitig war sie der Ansicht, die Impulse für die Entwicklung ihres Landes könnten in erster Linie vom Westen ausgehen. Ihre Vertrauten versuchten, sie davon zu überzeugen, daß es erforderlich sei, die Bevölkerung des Landes zu vermehren. »Wunderbar«, erklärte sich Katharina einverstanden, »laßt uns Untertanen aus dem Ausland ins Land holen.«. Und schon im allerersten Jahr ihrer Regierung verfaßte sie eigenhändig ein Manifest über die Umsiedlung ausländischer Kolonisten.

Zu jener Zeit lebten in vielen russischen Städten bereits mehrere Generationen von Deutschen. In Odessa gab es über 10 000 Einwohner deutscher Abstammung, in Moskau 20 000, in Petersburg noch weitaus mehr. Sogar im Ural arbeiteten Bergleute aus dem Harz und aus Sachsen. Am Hofe dienten deutsche Ärzte, Apotheker, Dolmetscher, Uhrmachermeister und Goldschmiede. Lediglich unter den Bauern waren die Ausländer schwach vertreten. Daher beschloß Katharina, die die Arbeitsliebe und den Fleiß ihrer Landsleute nur zu gut kannte, deutsche Bauern nach Rußland einzuladen, wobei sie ihnen weitaus bessere Lebens- und Arbeitsbedingungen als in der Heimat in Aussicht stellte. Denjenigen, die sich zu einer solchen Übersiedlung entschließen konnten, garantierte sie völlige Religionsfreiheit, Befreiung von jeglichen Steuern sowie von der Arbeits- und Wehrpflicht. Den deutschen Bauern drohte also nicht die Abhängigkeit der Leibeigenschaft, die für die russische Bauernschaft zu einer solch großen Bürde geworden war.

Viele folgten dem Ruf der russischen Herrscherin, und schon einige Jahre später entstanden in Rußland ganze deutsche Siedlungen mit ihren eigenen Kirchen und Schulen für die Kinder. Den lokalen Behörden war es verboten, sich in die inneren Angelegenheiten dieser Siedlungen einzumischen. Besonders viele deutsche Dörfer entstanden an den Ufern der Wolga, weshalb die dortige Bevölkerung als »Wolgadeutsche« bezeichnet wurde. Sie spielte eine überaus wichtige Rolle bei der Entwicklung der Landwirtschaft in russischen Gebieten. Viele brachten ihren eisernen Pflug und andere landwirtschaftliche Gerätschaften mit, die den russischen Bauern bislang unbekannt gewesen waren. Viele Deutsche wurden Verwalter großer Landgüter, die in Adelsbesitz waren, und organisierten die Arbeit auf dem Lande mit großer Sachkunde und Geschicklichkeit.

Nicht wenige hielten diesen Schritt Katharinas als sehr nützlich für die wirtschaftliche Entwicklung Rußlands. Sie selbst bemerkte in einem ihrer Briefe an Voltaire: »Ich muß meinem Volk Gerechtigkeit widerfahren lassen es ist ein erstklassiger Boden, auf dem gutes Saatgut rasch gedeiht. Die Russen sind der ‚Boden', der mit Reformen gepflügt werden muß, mit ausländischen Siedlern gut gedüngt werden will und auf dem schließlich die Ideen der westeuropäischen Aufklärung gesät werden müssen.«

Seitens der Russen wurde den Deutschen hierfür jedoch nur schnöder Undank zuteil. Kaum 200 Jahre später sollte die deutschen Siedler ein schreckliches Schicksal ereilen – die Vertreibung aus den Gebieten, die sie in fruchtbares Land verwandelt hatten. Und bis zum heutigen Tage haben sie ihre Häuser nicht zurückerhalten, sind sogar gezwungen, Rußland zu verlassen – das Land, dem sie über mehrere Generationen hinweg viel Arbeit gewidmet haben.

Unter Zarin Katharina wurden zahlreiche Stipendien für die Ausbildung begabter junger Russen im Ausland, hauptsächlich an deutschen Universitäten, eingeführt. Den Grundstein hierfür hatte noch ihre Vorgängerin auf dem Thron gelegt; einem Erlasse Elisabeths nämlich ist es zu verdanken, daß das russische Genie Michail Lomonossow zum Studium nach Deutschland entsandt worden war. Viele, die einen Ausbildungsgang in Deutschland absolviert hatten, eigneten sich nicht nur Fachkenntnisse an, sondern knüpften freundschaftliche Kontakte mit der einheimischen Bevölkerung und fanden Zugang zur deutschen Kultur.

Ein weiteres Verdienst von Katharina II. bestand in der Gründung eines Museums, das die Bezeichnung »Eremitage« – Ort der Zurückgezogenheit – erhielt. Sie scheute weder Kosten noch Mühen, um durch ihre Agenten Kunstwerke der europäischen Malerei erwerben zu lassen. Und wie die heutige Sammlung belegt, waren die sehr erfolgreich.

Als Gründungsjahr der Eremitage betrachtet man allgemein das Jahr 1764, als eine aus über 200 Bildern bestehende Sammlung, die man auf Geheiß der Herrscherin bei dem Berliner Kaufmann Gotzkowsky erworben hatte, im Winterpalast eintraf. Sie umfaßte vorwiegend Malereien niederländischer und flämischer Meister. Eine große Bildersammlung wurde vom sächsischen Minister Brühl und von den Erben eines englischen Lords erworben; einige wertvolle Gemälde ließ man aus Paris kommen. Zehn Jahre nach Gründung der Gemäldegalerie des Winterpalastes umfaßte diese Sammlung bereits etwa 3 000 Bilder. Man kaufte auch Zeichnungen, Plastiken und in Stein gemeißelte Skulpturen. Um all diesen Reichtum unterzubringen, wurde der Palast durch Neubauten erweitert, so daß die Eremitage lediglich ein Teil davon war. Es versteht sich von selbst, daß der Zugang zum Palast äußerst eingeschränkt war. Katharina selbst sagte nicht wenige Male, nur Mäuse und sie selbst dürften die Meisterwerke ihrer Eremitage bewundern. Erst unter ihrem Enkel Alexander erhielt der Palast dann die Züge einer musealen Einrichtung mit einem speziellen Mitarbeiterstab an Kuratoren, wobei das Recht, Besuchern den Zugang zu gestatten, allerdings bei der Verwaltung des Winterpalastes verblieb.

Etwa zur gleichen Zeit, als in Rußland die erste Sammlung westeuropäischer Malerei eintraf, gab Katharina beim berühmten französischen Bildhauer Falconet ein Denkmal für Peter den Großen in Auftrag, welches seine Schöpfung – die Stadt Petersburg – schmücken sollte. Falconet reiste extra aus diesem Anlaß in die russische Hauptstadt, wo er zwölf Jahre verweilte, während derer er am »Ehernen Reiter« arbeitete, wie man die bildhauerische Darstellung des großen Vertreters der Romanow-Dynastie nannte. Das Denkmal wurde mehrere Jahre lang nicht enthüllt, die Öffentlichkeit war schon nahe daran, es zu vergessen, auch an den Bildhauer selbst erinnerte man sich nicht mehr. Und dann geschah es, ein Tag wurde bestimmt, an dem Falconets Meisterwerk enthüllt werden sollte. Einige Tage zuvor wurde die russische Herrscherin gefragt, welche Inschrift sie auf dem Denkmal sehen wollte, in der Annahme, sie wünsche etwas langatmiges oder pathetisches. Doch die Zarin entschied sich für eine äußerst kurze Variante mit dem Wortlaut: »Für Peter den Ersten von Katharina der Zweiten.«

Obwohl die deutschstämmige Zarin viel Nützliches für Rußland vollbrachte, gibt es häßliche Flecken auf ihrer glänzender Krone. Das Blut ihres Gemahls Peters III. war nur der erste Fleck. Zwei Jahre später folgte noch ein Mord, ebenfalls an einem Kaiser, wenn freilich an einem ehemaligen. Die Rede ist vom unglücklichen Ioann, der im Säuglingsalter zum russischen Zaren ernannt worden war und zum Opfer politischer Intrigen wurde.

Und dann noch ein Todesfall, wiederum der Tod einer Gefangenen, diesmal aber nicht in der Festung Schlüsselburg, sondern in der Peter-und-Pauls-Festung. Gemeint ist eine junge, bezaubernde Frau, die ihre Verwandtschaft mit der Zarenfamilie Romanow bekanntgegeben hatte. Der Name dieser Frau lautete Fürstin Tarakanowa. Sie war eine Schönheit, klug und vermögend, reiste von einem Land ins andere und gab sich als Elisabeths Tochter aus deren heimlicher Ehe mit Alexej Rasumowski zu erkennen. Das bedeutete, sie war eine Anwärterin auf den russischen Thron!

Kaum jemand nahm sie ernst, doch für Katharina stellte sie nicht nur eine sehr ernsthafte, sondern auch gefährliche Bedrohung dar, daher befahl sie ihrem bewährten Freund Alexej Orlow, der ihr Vertrauen so sehr gerechtfertigt hatte, als er ihr auf den Thron verhalf, die »Usurpatorin«, wie sie sie nannte, mit allen nur möglichen Mitteln zu fassen zu bekommen und nach Petersburg zu bringen. Auch diese Mission erfüllte Alexej glänzend.

Er reiste nach Italien, wo sich die Fürstin Tarakanowa zu jener Zeit aufhielt, schloß mit ihr Bekanntschaft, gab sich verliebt und bot ihr sogar seine Hand und sein Herz. Dann wählte Orlow einen günstigen Moment und äußerte ihr gegenüber den Wunsch, ihr ein russisches Kriegsschiff zu zeigen, das wie zufällig im italienischen Hafen aufgetaucht war. Die Fürstin erklärte sich einverstanden und ging in die Falle. An Bord des Schiffes wurde sie verhaftet, direkt in die Petersburger Festung gebracht, und sieben Monate später, nach endlosen Verhören, weilte die Schönheit bereits nicht mehr unter den Lebenden. Man setzte das Gerücht in Umlauf, die junge Frau sei angeblich der Schwindsucht zum Opfer gefallen. So also hatte man erneut das übliche Szenario in Gang gesetzt.

Noch einen weiteren »Usurpator« konnte Katharina aus dem Weg räumen. Dabei handelte es sich nicht mehr um einen einzelnen Widersacher, sondern um einen Anwärter, hinter dem eine ganze Armee stand. In diesem Fall genügte kein Netz von Intrigen, das von Hand der klugen und berechnenden Zarin so gerngesponnen wurde. Es war vielmehr ein richtiggehender Krieg, ein Krieg gegen eine Armee von Aufständischen unter der Führung von Jemeljan Pugatschow. Dieser gab sich als Peter, der Gemahl der herrschenden Kaiserin, aus, dem es angeblich gelungen war, seinen Mördern zu entrinnen. Doch auch mit ihm wurde Katharina fertig, und dies auf überaus grausame Art und Weise. Pugatschow wurde auf dem Roten Platz hingerichtet. In einem großen Eisenkäfig hatte man ihn dorthin gebracht. Katharina befahl, ihm zuerst den Kopf abzuschlagen, erst anschließend wurde er gevierteilt. Dies betrachtete sie als große Barmherzigkeit.

Ohne weiteren, ernst zu nehmenden Hindernisse auf ihrem Weg zu begegnen, regierte Katharina bis an ihr Lebensende. In ihren letzten Jahren verlor sie ihr attraktives Äußeres – Haare und Zähne fielen aus, ihre Figur nahm runde Formen an und die Kraft verließ sie dermaßen, daß sie sich nur noch in einem speziellen Sessel auf Rollen durch den Palast bewegen konnte.

Im November 1796 starb die Zarin 67jährig an einem Schlaganfall.

Bald danach schon wurde über sie geschrieben, daß sie in dem Lande, das sie so lange mit eiserner Hand beherrscht hatte, zu Lebzeiten weitaus mehr geachtet worden war, als das nach ihrem Tode. Auch Katharina selbst hatte die Aufmerksamkeit ihrer Zeitgenossen mehr geschätzt als die Meinung der Nachfahren. Einziges Motiv ihrer Aktivitäten war stets die Macht und der Ruhm. Sie selbst hat schon frühzeitig das Epitaph für ihr Grabmahl verfaßt: »Hier ruht Katharina... Sie hat nichts unversucht gelassen, um Erfolg zu haben. Sie war nachsichtig, liebte das gute Leben, war eine fröhliche Natur, eine Republikanerin in der Seele und mit einem gütigen Herzen ausgestattet, auch hatte sie nicht wenig Freunde; die Arbeit fiel ihr immer leicht, an der Gesellschaft und an der Kunst fand sie stets Gefallen.«

Bereits lange vor ihrem Tod erklärte sie: »Ich sehe, in welche Hände mein Reich fällt, wenn ich einmal nicht mehr bin... Es wird schwer für mich werden, wenn mein Tod zu einer Veränderung des ganzen politischen Systems in Rußland führt.« Und in dem Maße, wie ihr Lieblingsenkel Alexander heranwuchs, beherrschte sie der Gedanke, den Sohn Paul zu übergehen. Es kursierte sogar das Gerücht, dem zufolge es ein letztes Testament der Zarin gebe, das die Thronfolge Alexander zuerkenne.

Einige Tage nach Katharinas Tod fand Großfürst Alexander bei der Durchsicht der versiegelten Papiere der Verblichenen tatsächlich ihren letzten Willen, doch er warf dieses Dokument ins Feuer, und dies sogar in Gegenwart anderer Hofbeamter, denen befohlen wurde, Stillschweigen über diesen Fund zu wahren. Diesem Testament zufolge hätte der Thron an ihn übergehen sollen, wobei seine Mutter Maria Fjodorowna zur Regentin bestellt wurde.

Als alles vorüber war, fragte Paul seinen Sohn: »Habt Ihr nichts gefunden, was mich betrifft?« »Nichts.« »Gott sei Dank!«

Der zweiundvierzigjährige Paul empfand keine große Trauer über den Tod seiner Mutter. Mehr noch, sein Gesichtsausdruck konnte kaum seine Selbstzufriedenheit und sein Glück über den Augenblick verbergen. Katharinas Ableben brachte alles wieder ins Lot. Sämtliche Angelegenheiten zwischen Mutter und Sohn waren ein für allemal und unwiderruflich geklärt. Paul bestieg den Zarenthron...

Paul I.
geb. 1754, Kaiser seit 6. November 1796, gest. 11./12. März 1801

Natalja Alexejewna
(Wilhelmine Luise)
Prinzessin
von Hessen-Darmstadt
* 1755 † 1776

⚭ 1773

PAUL I. ROMANOW
* 1754 † 1801

⚭ 1776

Maria Fjodorowna
(Sophie Dorothea)
Prinzessin von Württemberg
* 1759 † 1828

ALEXANDER
* 1777 † 1825

Konstantin
* 1779 † 1831

Alexandra
* 1783 † 1801

Jelena
* 1784 † 1803

Maria
* 1786 † 1859

Katharina
* 1788 † 1818

Olga
* 1792 † 1795

Anna
* 1795 † 1865

NIKOLAUS
* 1796 † 1855

Michail
* 1798 † 1849

So saß nun der Urenkel von Peter dem Großen auf dem Thron, in dessen Adern allerdings nur noch ganz wenig russisches Blut floß. Seine Gemahlin war eine reine Deutsche, die ihm zu jener Zeit bereits neun Kinder geboren hatte, von denen acht am Leben waren. Keiner der späteren Monarchen aus dem Hause Romanow sollte mit einem solchen »Reichtum« den Thron besteigen.

Seine Regierungszeit begann Paul Romanow mit dem Befehl, auf den Straßen der Stadt Wachhäuschen aufstellen zu lassen, die in den preußischen Farben weiß und schwarz gestrichen waren, und in diesen Buden Wachposten zu stationieren. Von nun an liefen Polizisten in der Stadt umher, die vorbeigehenden Männern ihre runden Hüte vom Kopf rissen und ihnen die Schöße am Frack, Gehrock und Mantel zurechtstutzten, damit ihre Kleidung fortan ebenfalls dem preußischen Vorbild entsprach. Zwar waren die Städter über so heftige Veränderungen etwas erschrokken, scheuten sich jedoch nicht, ihre Freude und Genugtuung im Zusammenhang damit zum Ausdruck zu bringen, daß ein neuer Alleinherrscher an der Macht war.

Einige Tage nach Pauls Thronbesteigung wurde im untersten Stockwerk des Winterpalastes ein spezielles Fenster eingerichtet, in das jedermann eine an den Kaiser gerichtete Bittschrift hineinwerfen durfte. Den Schlüssel zu dem Zimmer bewahrte der Herrscher selbst auf. Jeden Morgen öffnete Paul die Tür zu diesem Raum, sammelte alle Blätter ein, die dort eingetroffen waren, las sie sorgfältig durch und machte sich Vermerke. Die Antworten auf diese Eingaben schrieb er höchstpersönlich und setzte seine Unterschrift darunter. Anschließend wurden sie in den Zeitungen veröffentlicht, um so dem Bittsteller mitgeteilt zu werden. Es gab Fälle, in denen dem Bittsteller vorgeschlagen wurde, sich an ein Gericht oder eine andere Behörde zu wenden und dann den Kaiser über das Ergebnis dieser Eingabe zu informieren. Dank dieser »Korrespondenz« gelang es, himmelschreiende Ungerechtigkeiten aufzudecken. In solchen Fällen bestrafte der Zar die Schuldigen dann sehr streng.

Obwohl er seine Herrschaft mit Strafverordnungen begonnen hatte, bestätigte der neue Kaiser jedoch die Mehrzahl der höchsten Hofbeamten und Offiziere, die schon am Hofe seiner Mutter gedient hatten, in ihren Ämtern. Sogar den greisen Ostermann – ein Sohn desjenigen Ostermann, der seinen Dienst noch zu Zeiten Peters I. angetreten hatte und von dessen Tochter so streng bestraft worden war – beließ er in der Verwaltung für ausländische Angelegenheiten, welche ihm von Katharina II. übertragen worden war, und ernannte ihn darüber hinaus zum Kanzler.

Die Dienerschaft der ehemaligen Kaiserin wurde jedoch entlassen. Einige schickte er ins Gefängnis, andere erhielten hingegen eine großzügige Abfindung. Er ließ Gnade gegenüber denen walten, die unter seiner Mutter verurteilt worden waren, indem er eine allgemeine Amnestie verkündete. Diese wurde jedoch nicht auf Personen angewendet, die eine Strafe wegen eines Schwerverbrechens verbüßten. So durfte zum

Beispiel Alexander Radischtschew aus der Verbannung zurückkehren. Wieder nach Petersburg zurückbeordert wurden die in Ungnade gefallenen Gefährten seines Vaters Kaiser Peter III. und die Offiziere, die im verhängnisvollen Jahr 1762 auf der Seite des Herrschers gestanden hatten. Diese Greise, immerhin waren seit jenen Zeiten fast fünfunddreißig Jahre ins Land gezogen, wurden nun mit Ehrerbietungen und der Aufmerksamkeit des Zaren geradezu überschüttet.

Barmherzigkeit legte Paul auch gegenüber seinem Halbbruder Alexej Bobrinski, dem Sohn seiner Mutter aus der Verbindung mit Grigori Orlow, an den Tag. Im Jahre 1764 war sie nahe daran gewesen, Paul um seinen Thronanspruch zu bringen, da sie vorhatte, ihren Geliebten zu heiraten und dessen Sohn zum Erben des Zarenthrones zu bestimmen. Doch dazu war es dann doch nicht gekommen.

Aufgrund seiner Abstammungs verbot er Bobrinski zunächst, in der Hauptstadt zu leben, so daß er sich fortan in Livland aufhalten mußte. Paul ließ ihn jedoch später nach Petersburg zurückkehren, empfing ihn sehr freundlich, verlieh ihm den Titel eines Grafen und schenkte ihm ein Landgut. Allerdings verlor ihn der Kaiser dann bald aus den Augen. Sein außerehelich geborener Halbbruder siedelte schließlich nach seiner Heirat mit der Deutschen Anna Ungern-Sternberg, der Tochter des Kommandanten von Reval, nach Estland um, wo er – von allen vergessen – sein Leben beendete.

Wahrhaft ritterlich kann man das Verhältnis des neuen Kaisers zu Fürst Platon Subow nennen. Natürlich mußte der ehemalige Favorit den Winterpalast verlassen, doch er konnte ein Haus beziehen, das auf Kosten des Kabinetts seiner Majestät extra für ihn gekauft worden war. Nach seinem Umzug in die neuen Räume erhielt der Fürst Besuch von Paul, der in Begleitung seiner Gemahlin erschien und die Schwelle von Subows neuem Haus mit folgenden Worten überschritt: »Wer des Alten gedenkt, der möge die Augen abwenden.« Und als Sekt gereicht wurde, sagte der Herrscher: »Ich wünsche dir so viel Gutes, wie Tropfen in diesem Glase sind.« Nachdem er alles bis auf den letzten Schluck ausgetrunken hatte, warf er sein Glas auf den Boden, so daß es zerbrach. Subow warf sich dem Kaiser zu Füßen, doch dieser hob ihn mit folgenden Worten wieder in die Höhe: »Ich habe dir gesagt, wer sich des Alten erinnert, der möge die Augen abwenden.« Beim Tee sagte der Herrscher zur Kaiserin: »Schenkt Tee ein, er hat doch keine Hausfrau.«

Doch Pauls Gnade währte nicht lange – in den Bilanzen der Bereiche, für die Subow zuständig gewesen war, wurden große Ungereimtheiten entdeckt. Man leitete ein Ermittlungsverfahren ein, und der Fürst wurde schließlich in den Ruhestand geschickt. Darüber war Katharinas II. letzter Favorit sehr erbittert und träumte davon, sich an ihrem Sohn zu rächen.

Paul, der sich daran erinnerte, daß sein Vater dem Ratschlag des Preußenkönigs Friedrich nicht gefolgt war, sich so schnell als möglich die Krone auf sein Haupt setzen zu lassen, so daß ihm hierfür schließlich keine Zeit mehr geblieben war, eilte sich seinerseits, den Tag seiner Krönung festzusetzen. Der Kaiser erließ jedoch eine Verordnung, daß die Vorbereitungen für die Zeremonie mit möglichst großer Sparsamkeit getroffen werden sollten. Die Zarenkrönung fand im April 1797 statt, das heißt, vier Monate nach Kaiserin Katharinas Tod.

Am Palmsonntag hielt Paul feierlichen Einzug in die alte Hauptstadt. Das Wetter war ausgezeichnet, die Sonne schien und brachte frühlingshafte Wärme. Der Kaiser ritt zu Pferde, die Kaiserin fuhr in einer Kutsche. Den ganzen Weg entlang standen die Truppen Spalier, für Zuschauer hatte man überdachte Galerien aufgebaut. Zum ersten Male in der Geschichte Rußlands wurden an ein und demselben Tag zwei Menschen gekrönt – der Kaiser und die Kaiserin, seine Gemahlin, der Paul eigenhändig eine kleine Krone aufs Haupt setzte. Nach Abschluß der kirchlichen Feierlichkeiten verlas der Herrscher direkt in der Kirche die von ihm verfaßte »Familienurkunde über das Verfahren der Thronfolge« und befahl, daß dieses Dokument für ewige Zeiten im Altar der Mariä-Himmelfahrts-Kathedrale – dem Ort, an dem die russischen Zaren gekrönt wurden, – in einem extra für diesen Zweck angefertigten silbernen Schrein aufbewahrt werden solle. Von nun an sollte der Thron auf den jeweils ältesten männlichen Vertreter des Geschlechts übergehen.

Auf diese Weise wurde ein für allemal jene Rechtswidrigkeit in Rußland abgeschafft, der er selbst, der natürliche Erbe seines Vaters Peters III., zum Opfer gefallen war. Nach diesem Erlaß sollte das Zarenhaus Romanow fortan nur noch durch männliche Vertreter repräsentiert werden, die den Thron in absteigender Linie aneinander weitergaben. Die Zarenherrschaft von Frauen wurde eine Sache der Vergangenheit, obwohl die Gemahlinnen der russischen Zaren einige staatliche und gesellschaftliche Funktionen wahrnahmen. Zarin Maria beispielsweise erhielt von Paul den Auftrag, sich mit der allgemeinen Leitung der Bildungseinrichtungen in Moskau und Petersburg zu befassen.

Viel ist über die Persönlichkeit Paul Romanows als eine der rätselhaftesten und umstrittensten Figuren der Geschichte geschrieben worden. Die einen halten ihn für psychisch krank, die anderen für einen großen Mann.

Als sein Vater zu Tode kam, war er acht Jahre alt. Mit der Feinfühligkeit, die Kindern eigen ist, wurde ihm bewußt, daß etwas Schlimmes geschehen war. Doch verstanden hat er die Tragweite der Ereignisse erst später. Er erhielt Lehrer, die seine Leidenschaft für Militärstudien förderten und sich für ihren Schüler sogar ein Alphabet ausdachten, in dem die Buchstaben als Soldaten dargestellt waren. Allerdings gab es am Hofe mit seinen prächtigen Feiern und Vergnügungen keinen genauen Unterrichtsplan. Die Lehrstunden fanden statt, wann und wie es gerade paßte, wurden zwischen Spaziergängen, Festmählern, Maskenbällen und Theatervorstellungen eingeschoben. Schon sehr früh hatte man begonnen, den jungen Großfürsten wahllos in jede neue Theateraufführung zu schicken. Überhaupt betrachtete man Paul schon in seiner Kinderzeit als Erwachsenen, als zukünftigen Zaren.

Als zehnjähriger Knabe konnte er bereits seine entschlossene Meinung kundtun; manch einen lobte er voller Überzeugung, manch anderen verachtete er und machte kein Hehl daraus. Mit seinen Dienern ging er streng um, ließ sie manchmal die Rüstungen von Rittern der Kreuzzüge anlegen und veranstaltete Turniere mit ihnen. Überhaupt wuchs Paul zu einem Jungen mit Phantasie heran, es mangelte ihm allerdings an ausreichender Willensstärke und Konsequenz. Von Natur aus war er ein gutherziges, fröhliches und ausgelassenes Kind, doch leider erfuhr er viel zu früh, welches Schicksal seinen Vater getroffen hatte, und dies rief bei ihm einen Mißtrauens- und Angstkomplex hervor. Düstere und beängstigende Visionen, die mit dem Tode seines Vaters in Zusammenhang standen, begleiteten Paul sein ganzes Leben lang.

Positiven Einfluß auf die Erziehung des Großfürsten übten das Können und die umfassende Bildung von Nikita Panin aus. Schon im Jünglingsalter verblüffte Paul durch sein umfassendes Wissen, seinen angeborenen Verstand und seine Auffassungsgabe sowie durch seine Neigung für das Schöne und Gute.

Von seinen Lehrern war zu hören, es sei eine reine Freude, den Thronfolger zu unterrichten, er sei so klug und begreife rasch: »Wenn er als Bürgerlicher geboren worden wäre und sich ganz den mathematischen Studien hätte widmen können, hätte er ein russischer Pascal werden können.«

Nach seiner Heirat wandelte er sich zum tadellosen Ehemann, obwohl er dramatische Ereignisse – nämlich den Tod und, wie man ihn schließlich überzeugen konnte, die Treulosigkeit seiner ersten Gemahlin Natalja – erleben mußte. Die Ehe mit ihr hatte etwas mehr als drei Jahre gedauert. In seiner zweiten Ehe wurde Paul aber wirkliches familiäres Glück zuteil.

Maria, die Prinzessin von Württemberg, erwies sich als wunderbare, in ihren Gatten verliebte Gemahlin sowie als tadellose Mutter. Natürlich hatte sie kleine Fehler. So war sie beispielsweise dermaßen sparsam, daß sie ohne zu zögern von allen Kleidern, die Pauls erste Gemahlin zurückgelassen hatte, Besitz ergriff, um sich keine eigenen kaufen zu müssen. Wozu unnötige Ausgaben?

Üppige und luxuriöse Kleider lagen ihr nicht, sie bevorzugte eher einen manierlichen und äußerlich korrekten Stil. Da sie sich aber ihrer hohen gesellschaftlichen Rolle sehr wohl bewußt war, trat Maria stets in Festtagsgewändern und schön frisiert auf. Sogar während der Schwangerschaften trug sie ein akkurates Kleid und keinen Morgenmantel, wie das andere Frauen in ihrem Zustand gern taten. Stets war sie in ein Korsett gezwängt. Sie beschäftigte sich vor allem mit Sticken, Nähen, der Lektüre von deutscher oder französischer Literatur sowie mit dem Abschreiben verschiedener Papiere. Pauls Gemahlin liebte es, all ihre tagtäglichen Eindrücke in einem Tagebuch festzuhalten, auch schrieb sie ihren Verwandten und Freunden regelmäßig Briefe. Viel Zeit widmete sie Wohlfahrts- und Erziehungseinrichtungen. Obwohl sie sich zu Lebzeiten ihrer Schwiegermutter niemals in Staatsangelegenheiten eingemischt hatte, spielte Maria später, nachdem sie Kaiserin geworden war, eine bedeutende politische Rolle. Im Gegensatz zu Katharina II. blieb sie eine richtige Deutsche, sogar russisch sprach sie mit einem starken deutschen Akzent. Sie versuchte jedoch zu keiner Zeit, ihre Landsleute in die Umgebung des Hofes zu bringen, und unterhielt keine engen Kontakte zu Deutschen. Die einzige Ausnahme waren Frau Benckendorff, eine Freundin aus Kindheitstagen, die sie aus ihrer Heimat mitgebracht hatte, und die Erzieherin ihrer Töchter, Charlotte Lieven, geborene von Gangreben – eine Frau, die laut Aussagen ihrer Zeitgenossen mit seltenen geistigen Fähigkeiten und Herzensgüte gesegnet war. Sie brachte sogar den Kaiser dazu, ihre Meinung zu respektieren, und wurde von ihm in den Grafenstand erhoben.

Obwohl Maria eine liebende und ergebene Mutter war, erzog sie ihre Kinder mit strenger Hand. Das war eine typisch deutsche Methode! Sogar ihre bereits verheirateten Töchter betrachteten den Kontakt mit der Mutter als schwere Prüfung für sich selbst, da sie ihre Bemerkungen fürchteten. Einen ziemlich starken Einfluß hatte Maria auf ihren Ehemann. Sie galten als ideales Paar, äußerlich waren sie jedoch das genaue Gegenteil voneinander:

Paul war kleinwüchsig, sein Haar war schon früh licht geworden. Er hatte einen großen Mund und dicke Lippen, eine Stupsnase und einen angstvoll unsteten Blick in seinen blaugrauen Augen. Er ging stets mit hoch erhobenem Haupte, wohl mit dem Ziel, etwas größer zu erscheinen. Seine Gemahlin war eine hochgewachsene, stattliche Blondine mit kurzsichtigen Augen und einem sehr gütigen Lächeln. Mit ihrem ganzen Aussehen strahlte sie Ruhe und Gutherzigkeit aus. Paul war in seinem Familienleben überaus glücklich.

Seine Tochter Anna erinnerte sich später, wie gern es ihr Vater mochte, wenn er sich von seinen Kindern umringt sah; wie er häufig die jüngeren rief, damit sie in seinem Schlafzimmer spielten, während er gekämmt wurde. Dies war die einzige freie Zeit, die er hatte, und er war bemüht, diese mit seinen Kindern zu verbringen, zu denen er immer zärtlich und gütig war. Wenn es seine Zeit erlaubte, spielte er mit ihnen Blindekuh. Die Kinder ihrerseits kamen sehr gern zu ihrem Vater.

Im Jahre 1781 begaben sich die Eheleute unter dem Namen Graf und Gräfin Nord auf eine lange Auslandsreise, zunächst nach Polen, anschließend dann nach Wien, Rom, Paris und Berlin, auch besuchten sie viele ausländische Höfe. Diese Reise hatte entscheidenden Einfluß auf Pauls geistigen Horizont. Er selbst hinterließ im Westen einen durchaus angenehmen Eindruck, da er durch seine Wißbegierde, seine Bildung und seinen einfachen Geschmack viele verblüfft hatte. Dem

Tanzen konnte er nichts abgewinnen, er bevorzugte ernste Musik und gute Aufführungen. Er liebte die einfache Küche. Würstchen waren seine Leibspeise.

An den europäischen Höfen lernte man den Großfürsten als strengen und enthaltsamen Mann kennen, doch bereits damals machte sich eine gewisse Zwiespältigkeit in seinem Charakter bemerkbar, als ob in ihm zwei Menschen wohnten. Der eine war scharfsinnig und fröhlich und nahm die Aufgabe des Erbprinzen würdevoll wahr; der andere hingegen war trübsinnig, zu heftigen Ausfällen und bitteren Bemerkungen fähig. Er glaubte nicht daran, daß ihm ein langes Leben vergönnt sei, und erklärte sogar bei einem Empfang ganz beiläufig, er würde wahrscheinlich sein fünfundvierzigstes Lebensjahr nicht erreichen. Stets vermutete er Verschwörungen und Anschläge auf sein Leben; aß sogar nur das, was ihm sein vertrauter deutscher Koch in seiner Privatküche zubereitete.

Das Mißtrauen begleitete Paul ein ganzes Leben lang. Als er eines Tages während des Abendessens in Zarskoje Selo kleine Glassplitter in den Würstchen fand, begann er zu schreien, man wolle ihn ermorden, trug den Teller zur Kaiserin und forderte den Tod der Schuldigen. Und während der Europareise kam ihm bei einem der Hofbankette der Geschmack des Weines verdächtig vor, weshalb er einen neuen Becher verlangte und dabei erklärte, jemand hege die Absicht, ihn zu vergiften. Dieselbe Geschichte wiederholte sich einige Monate später nochmals. Nachdem er ein eisgekühltes Bier getrunken hatte, fühlte er sich schlecht und warf dem Hausherrn – einem französischen Prinzen – vor, dieser trachte ihm nach dem Leben. Um ein Haar wäre es zu einem großen politischen Skandal gekommen.

Als Kaiser veranlaßte Paul vor allem eine Reorganisation der Armee, da er der Ansicht war, sie sei wichtig für die Entwicklung von Disziplin und Ordnung, an denen es in Rußland so sehr mangelte. In der Armee dienten Adlige, und diese könnten, wenn sie sich an Organisiertheit, strenge Disziplin und Rechtsordnung gewöhnt hätten, auch den Massen eine gewisse Ordnung nahebringen. Von nun an mußten die Offiziere tagtäglich zum Dienst erscheinen, Soldaten durften nicht mehr zu anderen Arbeiten eingesetzt werden. »Feldmarschälle und Soldaten sollen in gleicher Weise einer strengen Disziplin unterworfen sein«, stand es in seinem Manifest geschrieben. Der neue Kaiser kümmerte sich also um die militärische Ausbildung und richtete ein militärisches Waisenhaus ein, das später zum Kadettenkorps des Zaren wurde.

Strenge Ordnung und Disziplin verwirklichte er zunächst in seiner Sommerresidenz Gatschina, die ihm seine Mutter 1783 nach dem Tode von Grigori Orlow überlassen hatte. Wie dereinst sein Vater in Oranienbaum, schuf er sich hier eine kleine Armee in der Annahme, die Truppen von Gatschina könnten – wie die Spielregimenter seines Urgroßvaters Peter – zum Grundpfeiler der zukünftigen Macht

Rußlands werden. Neben dem Schloß entstanden riesige Kasernen und Exerzierplätze. Paul wachte dort über einen strengen Drill. Bei der Ausbildung der Soldaten halfen ihm der deutsche Offizier Steinwehr, der früher in der preußischen Armee gedient hatte, und Graf Araktschejew, der sich durch Ordnungsliebe, Systematik und Genauigkeit bei der Befehlsausführung sowie große Leistungsfähigkeit auszeichnete. Und dennoch wäre es nicht korrekt gewesen, Paul allein deshalb, weil er seine Armee nach preußischem Vorbild umgestalten wollte, einen »Preußophilen« zu nennen. In jenen Tagen war ganz Europa bestrebt, Preußen nachzuahmen und die Organisationsform seiner staatlichen Einrichtungen und der Armee zu übernehmen. Für Paul ging Ordnung einfach über alles, und er bemühte sich, dieses Prinzip im russischen Staate durchzusetzen.

Einen großen Teil seiner Zeit brachte der Zar in Begleitung seiner älteren Söhne und Adjutanten auf dem Exerzierplatz zu. Er gab Befehle, nahm Dienstrapporte entgegen, gab Auszeichnungen und Bestrafungen bekannt. Während der Truppeninspektion richtete er seine Aufmerksamkeit auf das äußerliche Erscheinungsbild der Soldaten, auf ihre Frisur: Er ließ sogar von Zeit zu Zeit die Länge der Zöpfe messen. Ein schief angenähter Knopf konnte eine strenge Bestrafung zur Folge haben. Der ungestüme und launenhafte Charakter des Zaren war allgemein bekannt.

Bei jeder Witterung konnte Paul, der in Wärme und Wohlleben großgezogen worden war, ohne Pelzmantel und unbedeckten Hauptes dastehen und der Exerzierausbildung zusehen. Dazu hatte er ein erstaunliches Gedächtnis. Er erkannte die Offiziere und konnte sie mit Vor- und Vatersnamen anreden – auch die, die er bisher nur ein Mal im Leben gesehen hatte, und das vielleicht schon vor längerer Zeit.

In seinen letzten Lebensjahren blieb Paul immer häufiger in Gatschina, dort fühlte er sich sicher. Den luxuriösen Palast, den ein italienischer Architekt dereinst für Potjomkin errichtet hatte, ließ er mit einer Mauer aus Soldaten umgeben, und häufig beobachtete er die Umgebung von einem hohen Wachturm aus selbst. Ständig hatte er Angst. Eines Tages, so erzählt man sich, war er während eines Manövers überaus unzufrieden mit einem Regiment. Auch das Benehmen des Kommandeurs hatte ihm nicht gefallen, so daß er verärgert mit seinem Spazierstock zum Schlag auf ihn ausholte. Plötzlich vernahm der Herrscher das Kommando: »Gewehre laden!« Sein Gesichtsausdruck veränderte sich und, den Arm sinken lassend, fragte er den Offizier in ganz liebenswürdigem Tonfall: »Sie haben die Gewehre laden lassen. Warum denn? Hier ist doch kein Feind.« Der Oberst entschuldigte sich, sagte, er habe sich versprochen, und die Übung ging weiter.

Paul zeichnete sich durch angeborenes Mißtrauen allen Menschen gegenüber aus und konnte keinen Widerspruch ertragen. Vor allem schätzte er Verläßlichkeit und Genauigkeit. Einmal ließ er seinen Kutscher dafür verprügeln, weil dieser sich geweigert hatte, in eine Straße einzubiegen, die keine Durchfahrtsmöglichkeit bot.

Er verlangte widerspruchslose Unterordnung unter seine Befehle, die zu erfüllen manchmal fast unmöglich war. So wünschte er beispielsweise, daß die Temperatur in seinem Schlafzimmer stets vierzehn Grad zu betragen habe, aber der Ofen kalt sein solle. Bevor er sich abends ins Bett legte, überprüfte er das Thermometer und legte eine Hand an den Ofen. Um diese Schwierigkeit zu meistern, mußten seine Bediensteten unbemerkt den Fayence-Ofen mit Eis abreiben.

Und Gott mochte verhüten, sich den Zorn des Zaren zuzuziehen... Die Wutausbrüche, die den Herrscher manchmal befielen, waren allen Menschen in seiner näheren Umgebung sehr gut bekannt. Sie stellten sich urplötzlich ein, und niemand – nicht einmal seine engsten Vertrauten – konnte einen solchen Ausbruch vorausahnen. Es hieß, dieser furchterregende Gemütszustand befalle den Kaiser vor allem bei Südwind, und der Thronerbe Alexander sei angeblich oft morgens um fünf Uhr hinaus gegangen, um auf die Wetterfahne zu sehen und festzustellen, aus welcher Richtung der Wind wehe. Überhaupt wird Paul als der kapriziöseste Zar aus dem Hause Romanow angesehen. Er galt als geizig, was er mit seiner deutschen Herkunft erklärte. Schon in seiner Jugend zählte er die Kerzen, die in seinem Zimmer brannten. Durch seine Sparsamkeit erfreute er nicht zuletzt seine Gemahlin Maria, die ihr ganzes Leben lang ihre kleingeistige Knausrigkeit beibehielt, ungeachtet des Luxus', der sie in Rußland umgab.

Paul Romanow war ein kluger Herrscher. Er hatte eine gute Ausbildung erhalten, kannte sich in Geographie, Geschichte und Mathematik aus, sprach mehrere Fremdsprachen, beherrschte das Russische und sogar das Altkirchenslawische perfekt. Seine Zeitgenossen betonten seine kolossale Schaffenskraft. Man sagte, er arbeite für Vier und kenne keine Müdigkeit. Er stand frühmorgens, etwa um fünf Uhr, auf und arbeitete bis neun in seinem Arbeitszimmer, nahm Dienstberichte entgegen und gab Audienzen. Anschließend ritt er auf seinem Lieblingspferd Pompon aus, um eine der Institutionen zu besichtigen oder sich verschiedene Arbeiten anzusehen. Wirklich: Er ritt stets und fuhr nicht etwa in der Kutsche, wie es seine Mutter und seine Großtante getan hatten. Meist wurde der Kaiser von seinem Sohn Alexander begleitet, den Paul bereitwillig in sämtliche Staatsangelegenheiten einführte.

Manchmal verbrachte der Zar die Morgenstunden auch auf dem Exerzierplatz. Um ein Uhr speiste er zu Mittag, und nach einer kurzen Ruhepause begab er sich erneut auf einen Ausritt. Von vier bis sieben Uhr arbeitete er am Schreibtisch, dann versammelte er den Hofstaat um sich. Einige der Anwesenden ließ er zum Abendessen bleiben, das in der Regel um neun Uhr abends begann. Eine Stunde später zog sich der Herrscher in seine Gemächer zurück.

Sein Alltagsleben blieb äußerst bescheiden. Das Hofpersonal, das unter Katharina II. so zahlreich gewesen war, hatte er bedeutend verringert. Sogar an den großen Sonntagsempfängen beteiligten sich immer weniger Gäste. In den Wohnräumen des Zaren sowie in seiner Kleidung fehlten jeglicher Luxus; Verschwendung war ihm ein Greuel. Sommers wie winters trug er einunddenselben Mantel, bei dem je nach Saison lediglich das Futter gewechselt wurde. Im Gegensatz zu seinen Vorfahren haßte Paul die Jagd, da er sie als leere Zeitvergeudung betrachtete, lehnte jeglichen Sport ab und bevorzugte Spaziergänge mit seinem Lieblingshund, einem Spitz. In seiner Freizeit las er gern wissenschaftliche Bücher, interessierte sich für Literatur und Kunst. Auch liebte er es, Romanzen zu singen, obwohl seine Stimme bei den Zuhörern keine besondere Begeisterung hervorrief – wie das übrigens dereinst auch beim Geigenspiel seines Vaters der Fall gewesen war, das vielen Verdruß bereitete.

Seinen Lieblingsbeschäftigungen konnte er sich nur in Gatschina widmen. Unweit lag das Dorf Pawlowsk. Er hatte das Gut einst anläßlich der Geburt seines Sohnes Alexander von seiner Mutter Katharina geschenkt bekommen. Seine Frau Maria, die von der Schönheit der Landschaft hier begeistert war, wählte den Ort zu ihrem Lieblingsaufenthalt, ließ einen großartigen Park anlegen und versuchte sogar, ihre Heimatstadt zu imitieren.

Mit einem seiner Erlasse erhob Paul das Dorf Pawlowsk zur Stadt, den Palast sogar zur kaiserlichen Residenz. Aus diesem Anlaß wurde das Gebäude erweitert, gleich daneben wurde ein Platz für Militärparaden und die Wachparade angelegt. Auch in Gatschina selbst änderte sich etwas. Hier gründete der Kaiser eine Schule und ein Krankenhaus; neben der orthodoxen Kirche ließ er je ein katholisches und ein protestantisches Gotteshaus errichten. Ferner förderte er die Entwicklung verschiedener Gewerke, gab den Bauern Land und half ihnen mit Geld. Mit den Jahren weilte der Herrscher immer länger in Gatschina und zog sich damit allmählich aus Pawlowsk und von seiner ihn liebenden, aber ewig schwangeren Frau zurück.

Sofort trat wieder jene Nelidowa in Pauls Leben, die schon einmal Anlaß dafür geboten hatte, daß Katharina ihren erwachsenen Sohn heftig tadeln mußte. Die Nelidowa war deutscher Herkunft und hatte im Institut der edlen Jungfrauen eine französisch geprägte Erziehung genossen. Sie galt schon einmal als Pauls Geliebte, obwohl er selbst dieses Verhältnis als rein platonisch bezeichnete und es ihm gelang, sowohl seine Mutter als auch seine darunter leidende Gemahlin von seiner Unschuld zu überzeugen.

Die Nelidowa war jetzt schon jenseits der dreißig, unverheiratet und keine glänzende Schönheit, besaß aber strahlende, kluge Augen und eine zierliche kleine Figur. Sie war für Pauls erste, später für seine zweite Ehefrau als Hoffräulein angestellt worden und galt als graziöse Menuett-Tänzerin. Wie sie vermochte es niemand anders, die Zornausbrüche des Kaisers zu bändigen und seine Wut zu mildern. Bei Streitigkeiten zwischen den Ehegatten stellte sie sich in der Regel auf Marias Seite.

Bisweilen aber übernahm sie gleichsam an ihrer statt die Rolle der Trösterin und sogar der Schulmeisterin. Katharina Nelidowa lebte offiziell in Pawlowsk, besaß im Palast von Gatschina aber ebenfalls eigene Zimmer. Wenn seine Favoritin nicht zugegen war, schrieb Paul ihr gefühlvolle, sentimentale Briefe,. Sie antwortete ihm, wobei sie immer mit den Worten »Mein liebes Paulchen!« begann. In einem ihrer Briefe an ihn steht: »Ihr seid für mich kein Mann, sondern vielmehr meine Schwester.«

Kaiserin Maria konnte dank ihrem Geschick, sich jeder Gegebenheit anzupassen, auch diese Schmach bewältigen. Sie überwand sich sogar soweit, daß sie zur Favoritin ihres Mannes freundschaftliche Bande knüpfte und weder Verdächtigungen noch Tuscheleien über sie duldete. Ungeachtet seiner Verbindung mit der Nelidowa kam Paul seinen ehelichen Pflichten weiterhin tadellos nach. Im Juni 1796 brachte Maria ihren dritten Sohn Nikolaus zur Welt, eineinhalb Jahre später nochmals einen Sohn, der den Namen Michail erhielt. Nach dessen Geburt erklärte der Gynäkologe der Zarin, Josef Morenheim, ein weiteres Kind würde ihr Leben gefährden.

Paul, von zärtlicher Sorge um seine Gemahlin ergriffen, ließ in Pawlowsk einen großen Holzpavillon bauen, in dem ihre Mutter, die verwitwete Herzogin von Württemberg, untergebracht werden sollte. Man hatte sie eingeladen, damit sie ihrer Tochter beistehen und sie ablenken könne. Für die Zarin wäre das eine gewaltige Unterstützung gewesen. Doch völlig unerwartet traf aus Deutschland die Nachricht ein, ihre zärtlich geliebte Mutter sei verstorben. Diese Kunde fügte Marias Gesundheit schweren Schaden zu.

Auch die Verbindung des Kaisers mit der Nelidowa ging zu Ende, zumal sie dem Herrscher schon nicht mehr interessant war: Sie hatte ihre Frische verloren, war mittlerweile eine alternde Frau, vielleicht sogar eine alte Jungfer geblieben, mit Runzeln, die auf ihrem gebräunten Gesicht deutlich hervortraten. Die ehemalige Freundin des Zaren sollte noch vierzig Jahre zu leben haben, die sie im Smolni-Kloster verbrachte, das sie bis zu ihrem Tode nicht mehr verließ. Nachdem die Nelidowa gestorben war, wurden all ihre Unterlagen eingesammelt und an Pauls Sohn, Kaiser Nikolaus I., übergeben.

Für Zar Paul I. gab es bereits neue Amüsements, die möglicherweise nicht nur rein platonischen Charakters waren. Um ihren Gemahl zu halten, übersah Maria sein Verhältnis mit der jungen Fürstin Lopuchina, die bei sämtlichen offiziellen Empfängen schamlos mit dem Kaiser kokettierte und kein Auge von ihm ließ. Äußerlich war sie das krasse Gegenteil der ehemaligen Favoritin – ein kleines, rundliches zwanzigjähriges Mädchen mit schönen schwarzen Augen, in denen man nur schwerlich Anzeichen für besonderen Verstand ausfindig machen konnte. Doch hinter der jungen Schönheit standen deren ehrgeizige Verwandte, die sich erhofften, mit diesem »süßen« Köder am Zarenhof ein einträgliches Amt zu angeln. Die

Verbindung zu Anna Lopuchina riß auch dann nicht ab, als sie heiratete und Fürstin Gagarin wurde.

Vier Söhne und sechs Töchter schenkte die deutsche Prinzessin ihrem Gemahl in den fünfundzwanzig Jahren ihres gemeinsamen Lebens. Und alle sollten als Ehepartner ausländische Fürstensprosse wählen. Die Söhne Alexander, Konstantin, Nikolaus und Michail heirateten deutsche Prinzessinnen. Positiv hob sich unter ihnen die Ehefrau des jüngsten russischen Kaisersohnes hervor, eine gebürtige Prinzessin von Württemberg, in Rußland auf den Namen Jelena Pawlowna getauft. Sie war hochbegabt und gebildet, schätzte die Kunst und Literatur, pflegte Freundschaft mit Schriftstellern und Komponisten und galt als eine der bemerkenswertesten Frauen in Europa.

Jelena, eine von Pauls Töchtern, wurde Gemahlin von Friedrich Ludwig, Prinz von Mecklenburg; doch sie starb im Alter von noch nicht einmal zwanzig Jahren in Schwerin, ohne einen Nachkommen hinterlassen zu haben. Die Tochter Maria heiratete den Großherzog von Sachsen-Weimar, Karl Friedrich, und ließ in Deutschland ein gutes Andenken an sich zurück. In der deutschen Literatur wurde viel über diese erstaunliche Frau geschrieben. Der Aufenthalt in Thüringen ermöglichte es der Tochter des russischen Zaren, ihre Bildung, die sie in der Heimat erhalten hatte, beträchtlich zu erweitern. Ihr gelang es, die »Blüte« der deutschen Aufklärung um sich zu versammeln; sie trat als Schirmherrin für Wissenschaft und Kunst auf, veranstaltete bei Hofe die beliebten Lesungen, Konzerte und sogar Ausstellungen und unterstützte angehende Dichter und Maler. Sogar Goethe persönlich zählte zum Kreise ihrer Freunde und betrachtete sie als eine der herausragendsten Frauen seiner Zeit. Auf ihre Initiative hin lud man den berühmten Liszt nach Weimar ein; ferner wurde ein Museum gegründet, das Schiller und Goethe, die diese Stadt durch ihr Wirken bekannt gemacht hatten, gewidmet war. Nicht ohne ihr Zutun wurde die kleine Residenzstadt so zu einem Zentrum des kulturellen Lebens in Deutschland.

Pauls vierte Tochter, Katharina, die als seine Lieblingstochter galt, sollte Peter Friedrich Georg, Prinz von Oldenburg, heiraten, der ihr Cousin mütterlicherseits war. Er war der Sohn der leiblichen Schwester der russischen Zarin. Doch Großfürstin Katharinas Familienglück währte nicht lange. Im Jahre 1812 fiel Peter Friedrich im Kampf für die Interessen Rußlands im Krieg gegen die Franzosen und hinterließ zwei Söhne. Das Schicksal eines dieser Söhne sollte später eng mit dem russischen Zarenhaus verknüpft sein. Pauls Tochter heiratete in zweiter Ehe den König Wilhelm I. von Württemberg und lebte gewisse Zeit in Stuttgart. Im Alter von dreißig Jahren ereilte sie 1818 der Tod. Da hatte bereits ihr älterer Bruder Alexander den Zarenthron inne.

Die jüngste Tochter des Herrscherpaares, Anna, sollte Königin der Niederlande werden und ein langes Leben vor sich haben.

Von Kaiser Paul ausgehend verzweigte sich der Stammbaum der Romanow-Dynastie so sehr, daß er mit den Kronen fast aller regierenden Dynastien in Europa verflochten war. Der dreizehnte Romanow legte damit den Grundstein für ein gemeinsames europäisches Haus – die Herrscher von England, Dänemark, Norwegen, Schweden, der Niederlande und einiger anderer Länder hatten fortan immer einen Tropfen russischen Blutes in sich.

Seine Pflichten als Herrscher des russischen Kaiserreiches nahm Paul sehr ernst. Er arbeitete viel, zwang auch seine Untergebenen zum Arbeiten, durchdachte Reformen, die in diesem großen Staate durchzuführen waren, und machte sich mit den Gouvernements Rußlands vertraut. Bei seinen Reisen durch das Land verbot der Zar, die Straßen auf seinem Wege auszubessern, um die Möglichkeit zu haben, sich ein Urteil über ihren herkömmlichen Zustand bilden zu können. Gern machte er an Bauernhütten halt und untersagte unter Androhung strengster Strafe jegliche Vorbereitungen für seinen Empfang.

Seinen staatlichen Aufgaben widmete er sich mit der ganzen Leidenschaft eines Menschen, der von seiner Sache begeistert ist. Er wollte Rußland besser und wohlgeordneter machen, wollte seinen Untergebenen ein Vater sein, der seiner Pflicht auch nachkommt.

Zar Paul regierte nur vier Jahre. In dieser Zeit hat er nicht wenig vollbracht: Straßen wurden gebaut und repariert; neue Schulen eröffnet; unter diesem Romanow wurde das Los der Bauern leichter – sie mußten nur noch drei Tage in der Woche für ihren Herrn arbeiten, die übrige Zeit hatten sie für ihre Familienwirtschaft. Die Glaubensfreiheit wurde eingeführt, so daß es den Altgläubigen fortan wieder erlaubt war, ihre Kirchen zu errichten.

Die französische Revolution hatte alle europäischen Monarchen zutiefst erschreckt, auch den russischen. Anfangs war es allen Franzosen verboten, ohne Sondergenehmigung seiner Majestät, des Kaisers, ins russische Reich einzureisen. Eine Ausnahme galt lediglich für Ludwig XVIII., der vom russischen Zaren eine persönliche Einladung nach Rußland erhalten hatte. Der »König ohne Königreich« zögerte nicht, die russische Gastfreundschaft anzunehmen, und ließ sich im Jahre 1799 im Schloß der Herzöge von Kurland zu Mitau nieder, wo dereinst Kaiserin Anna zu Hause gewesen war. Auch die jährlichen Zuwendungen, die ihm Paul I. angeboten hatte, lehnte er nicht ab. Ausländer aus anderen Staaten durften zwar nach Rußland einreisen, doch nur nach besonderer Erlaubnis durch die russischen Behörden, die übrigens völlig willkürlich erteilt wurde.

Den russischen Bürgern hatte man die Möglichkeit zu Reisen ins Ausland gelassen, doch von nun an war dies mit größten Schwierigkeiten verbunden. Pässe wurden nur in den seltensten Fällen ausgestellt, wobei man viele bürokratische Hürden und Formalitäten zu überwinden hatte. Dessen ungeachtet nahm die Emigration ins Ausland ein nie dagewesenes Ausmaß an. Eine entsprechende Volkszählung brachte einen beträchtlichen Bevölkerungsverlust in der Hauptstadt zu Tage, viele Häuser standen einfach leer. Ein Gardeoffizier wurde an der Grenze aufgehalten, den Grund seiner Flucht erklärte er folgendermaßen: »Ich wüßte nicht, daß ich mir irgend etwas hätte zuschulden kommen lassen, doch es schien mir, daß bei einem solchen Regime schon das freie Denken als Verbrechen angesehen wird.«

Im Jahre 1800 erging ein namentlicher Erlaß des Zaren Paul, der es generell untersagte, aus dem Ausland Druckerzeugnisse, sogar musikalischen Charakters, mitzubringen. In Rußland wurde eine überaus strenge Zensur eingeführt, private Druckereien wurden geschlossen.

Neben all dem gab der Herrscher einen Erlaß heraus, demgemäß eine kleine Zahl junger russischer Männer in ausländische Schulen entsandt wurde, und er erließ eine Verordnung über die Gründung einer protestantischen Universität in Derpt, die für jene Adligen bestimmt war, die in den westlichen Gebieten des Reiches lebten. Diese Bildungseinrichtung wurde eher deutsch als protestantisch, und schon bald überholte sie in wissenschaftlicher Hinsicht die Universitäten von Petersburg und Moskau. Die Universität Derpt wurde schließlich zur Quelle westlicher Kultur und spielte bei der Entwicklung des Bildungswesens in Rußland eine große Rolle.

Von den 36 Millionen Menschen, die damals in Rußland lebten, hatte vor allem die Oberschicht keinen Grund, den Zaren zu preisen, dessen Wunsch es von den ersten Tagen seiner Herrschaft an gewesen war, die Schwachen vor den Starken zu schützen. Katharinas Sohn war bestrebt, gerecht zu sein: Er wollte das Leben der arbeitenden Bevölkerung verbessern und die Müßiggänger aus dem Adelsstand zum Arbeiten zwingen. Er trat zornig gegen sämtliche Unterschlagungen auf, die in den Verwaltungen der Kaiserpaläste üblich waren. »Sie wollen mich an der Nase herumführen. Unglücklicherweise habe ich dafür keine geeignete«. Mit diesen Worten machte er gewöhnlich auf seine Stupsnase aufmerksam. Hatte jemand seinen Mißmut auf sich gezogen, so enthob ihn der Herrscher seines Postens und entfernte ihn aus der Staatsführung. Unter den »Gekränkten und Gedemütigten« kam Unzufriedenheit auf. Der Hof verbarg nur mit Mühe seinen Haß, der durch den sogenannten Pawlowsker Terror hervorgerufen wurde, der im schlimmsten Falle in der Verbannung aufs Land bestand. Der Zar selbst hingegen erklärte seinen Vertrauten: »Ich werde lieber dafür gehaßt, daß ich Gutes tue, als dafür geliebt, daß ich Böses tue«.

Auf Porträts wird Paul häufig mit allen Attributen der Freimaurerei dargestellt. Die Entwicklung des russischen Freimaurertums erhielt vom Bruder des schwedischen Königs, dem Herzog von Södermanland, der gemeinsam mit Gustav III. nach Petersburg gekommen war, einen kräftigen Impuls. Er stand an der Spitze der schwedischen Logen und übte entsprechenden Einfluß auf Paul aus. Die russischen Logen, in denen er Mitglied war, wurden als achte Abteilung der Brüuderschaft geführt und nahmen engen Kontakt mit ihren preußischen Pendants auf, deren Vorsitzender Prinz Ferdinand von Preußen, der Onkel seiner Gemahlin Maria, war. Paul stand den Freimaurern bereits wohlgeneigt gegenüber, als er noch Thronfolger war. Während seiner Herrschaftsjahre als Kaiser entwickelten sich die Freimaurerlogen in Rußland zu voller Blüte. Dies wurde vom mystischen Hang des Herrschers und durch seinen Umgang mit okkulten Gesellschaften gefördert. In den letzten Jahren war der russische Zar jedoch vom Freimaurertum enttäuscht und äußerte sich bereits mit gewisser Ironie über dessen Mitglieder. Das wiederum konnten ihm die Freimaurer nicht verzeihen.

Man sah schließlich im Herrscher nur noch einen Tyrannen. So reifte in Petersburg eine Verschwörung heran…

Als Ideologe des Staatsstreichs trat der Baltendeutsche und Gouverneur von Sankt Petersburg, Graf Peter von Pahlen, auf. Als er noch Baron gewesen war, hatte von Pahlen, der in Riga diente, von Kaiser Paul einen Tadel wegen eines Dienstversäumnisses erhalten. Nach gewisser Zeit wandelte sich der Zorn des Zaren in Gunst. Von Pahlen wurde Militärgouverneur der russischen Hauptstadt und erhielt den Grafentitel. Obwohl er einen so hohen Posten einnahm, tat er alles, um die Unzufriedenheit gegenüber dem Herrscher zu schüren und sammelte Verbündete um sich. All diejenigen, die Paul ergeben waren, entfernte er Schritt für Schritt. Er, der vom Kaiser zuvorkommend behandelt wurde und als Generalgouverneur über enorme Macht verfügte, nutzte seinen Einfluß zur Bildung einer Verschwörergruppe gegen den Zaren – obwohl er ihn eigentlich aufgrund seines Postens und seines Eides hätte schützen müssen. Der militärische Plan wurde von General von Bennigsen erstellt, der ebenfalls Deutscher war, aber aus Hannover stammte und schon viele Jahre lang in Rußland diente. Als zehnjähriger Knabe war er Page unter Kaiserin Elisabeth gewesen, mit vierzehn dann Gardefähnrich, später schließlich General. Er hatte mit dem Zaren einige private Rechnungen offen, da ihn letzterer aufgrund seiner Charaktereigenschaften – eine einmal getroffene Entscheidung oftmals zu ändern und von einer Ansicht kommentarlos zur genau entgegengesetzten zu wechseln – mehrfach entlassen und dann erneut in seinen Dienst genommen hatte.

Ein Blutvergießen war nicht eingeplant. Das Ziel der Revolte bestand allein darin, den Kaiser zur Abdankung zu zwingen. Die beiden Deutschen wurden von russischen Fürsten, Grafen, Baronen und höchsten Offiziersrängen unterstützt, die annahmen, Paul solle seine Unfähigkeit, Rußland zu regieren, zugeben und auf seinen Thronanspruch verzichten. An der Verschwörung gegen den Zaren war auch der Favorit seiner Mutter, Platon Subow, mit seinen beiden Brüdern beteiligt.

Der Augenblick, in dem die Verschwörung ausgeführt werden sollte, war sogar denjenigen bekannt, die überhaupt nicht daran beteiligt waren; der Herrscher hingegen wußte von nichts, sah sich demzufolge auch nicht genötigt, energische Gegenmaßnahmen zu ergreifen. Aufgrund seines Mißtrauens hatte er zwar stets gewisse Vermutungen und fragte sogar Graf Pahlen einmal ganz unerwartet: »Wart Ihr 1762 in Petersburg? »Ja, mein Herrscher. Doch was wollt Ihr damit sagen, Eure Majestät?«

»Ihr wart also an der Verschwörung beteiligt, die meinen Vater den Thron gekostet hat?«

»Ich war lediglich Zeuge des Umsturzes, nicht aber agierende Person. Warum fragt Ihr danach?«

»Weil... weil man das wiederholen möchte, was damals stattgefunden hat.«

Daraufhin entgegnete Pahlen, obwohl er in seinem Inneren Angst verspürte, ganz kaltblütig, als wolle er den Zaren beruhigen: »Sucht keine Ähnlichkeiten zwischen Eurer Lage und der Situation, in der sich Euer unglücklicher Vater befand. Er war Ausländer, Ihr aber seid Russe. Er hat die Russen gehaßt und von sich ferngehalten, Ihr aber liebt sie, ehrt sie und werdet von ihnen geliebt. Er hat die Garde verärgert und sogar gegen sich aufgebracht, Euch aber ist sie ergeben. Er hat den Adel verfolgt, Ihr indes achtet ihn. Damals gab es in Petersburg keinerlei Polizei, heute gibt es sie, und sie ist derart vollkommen, daß man kein Wort sagen kann, keinen Schritt tun kann, ohne daß ich es erfahre.«

»All das stimmt, aber dennoch muß man wachsam sein...«

Dieser Dialog fand kurz vor der Schreckensnacht des 11. März 1801statt, in der die Verschwörer, nachdem sie sich mit einer gehörigen Menge Sekt Mut angetrunken hatten, die Tür aufbrachen und in das Schlafzimmer des Zaren im St.-Michaels-Schloß eindrangen. Paul war erst acht Wochen zuvor aus dem alten Winterpalast hierher umgezogen, obwohl in allen Räumlichkeiten noch schreckliche Feuchtigkeit herrschte. Dieses Schloß war mit unglaublicher Schnelligkeit anstelle des Sommerpalastes von Zarin Anna errichtet worden. Hier lebte er wie in einer Festung und wähnte sich unerreichbar: Das Schloß war von einem tiefen Wassergraben mit fünf Zugbrücken umgeben, welche nachts hochgezogen wurden; sämtliche Eingänge wurden von Posten aus dem alten Gatschina-Kontingent bewacht.

Doch für den Generalgouverneur gab es keine Hindernisse, zumal er sich die

Unterstützung des Thronerben – des ältesten Sohnes des Zaren, der angeblich sein Einverständnis zum Sturz seines Vaters gegeben hatte – gesichert hatte.

Vielleicht wurde Alexander auch absichtlich hinters Licht geführt: Einen Monat zuvor hatte nämlich der Kaiser den Neffen seiner Gemahlin, den dreizehnjährigen Prinzen Eugen von Württemberg, aus Deutschland kommen lassen. Zur allgemeinen Verwunderung wurde dem Knaben seine besondere Gunst zuteil. Er äußerte sogar die Absicht, ihn zu adoptieren und später mit seiner Lieblingstochter Katharina zu verheiraten, was dahingehend gedeutet wurde, daß der Prinz möglicherweise an Alexanders Statt den Thron einnehmen könne. Dies flüsterten die Verschwörer dem ältesten Sohn des Zaren ein und versuchten, ihn damit auf ihre Seite zu bringen.

Später sollten die an der Verschwörung Beteiligten ihre Erinnerungen schriftlich festhalten, welche dann in dem Buch »Der Zarenmord vom 11. März 1801« zusammengefaßt wurden. Darin wird dieses tragische Ereignis in allen Einzelheiten beschrieben. Als die Verschwörer, unter ihnen Fürst Platon Subow, in das Schlafgemach des Kaisers eindrangen, war sein Bett zerwühlt, die Decke zur Seite geworfen, der Zar selbst indes nicht zu entdecken. Doch plötzlich stieß einer derjenigen, die in die Herrschergemächer eingedrungen waren, einen freudigen Schrei aus. Unter dem Kamintürchen lugten Pauls nackte Füße hervor. Man zog ihn gewaltsam hervor und befahl ihm, seine Abdankung zu unterschreiben. Nur mit Unterhosen und einem Unterhemd bekleidet und vor seinen Offizieren stehend, die betrunken und in grenzenloser Wut bei ihm erschienen waren, erklärte Paul mit fester Stimme, er werde nichts unterschreiben. Einer der Verschwörer nahm daraufhin eine goldene Tabakdose vom Schreibtisch und warf damit nach dem Herrscher, wobei er ihn direkt an der Schläfe traf. Paul stürzte zu Boden und die zornigen Offiziere warfen sich auf ihn und begannen, auf ihn einzuschlagen. Einer von ihnen erdrosselte Paul schließlich, wie dies vierzig Jahre zuvor auch seinem Vater widerfahren war. Diesmal aber nahm man nicht, wie damals, eine Leinenserviette zu Hilfe, sondern den Offiziersschal des Zaren, der über seinem bescheidenen Feldbett hing.

Die kurze, aber rastlose Herrschaft des Zaren Paul ging somit tragisch zu Ende. Sein unerwarteter Tod rief zahllose Gerüchte und Deutungen hervor. Dem Volk wurde verkündet, der Kaiser sei an einem Gehirnschlag gestorben. Erst sechzig Jahre später sollten die tatsächlichen Umstände seiner Ermordung an den Tag kommen.

Gemäß der Familienurkunde über die Thronfolge wurde Alexander, der älteste Sohn des »Verblichenen«, ein etwas eingeschüchterter junger Mann mit traurigen Augen, zum Kaiser proklamiert.

Alexander I.
geb. 1777, Kaiser seit 12. März 1801, gest. 19. November 1825

ALEXANDER I. ROMANOW ⚭ 1793 Jelisaweta (Elisabeth) Alexejewna (Luise Maria Auguste) Prinzessin von Baden

* 1777 † 1825 — *1779 † 1826

Maria
* 1799 † 1800

Jelisaweta
* 1806 † 1808

Jubel begleitete die Thronbesteigung von Katharinas II. Lieblingsenkel Alexander. Alle am Hofe atmeten frei auf, gratulierten einander zum glücklichen Umschwung. Doch in Rußland gab es auch einige, die weinen mußten, als sie vom Ableben des Zaren Paul erfuhren. Nur auf seiner Beerdigung, bei der die höchsten Vertreter des Adelsstandes und einige wichtige Beamte zugegen waren, wurden keine Tränen vergossen.

Mit tiefer Trauer nahm Großfürst Konstantin die Kunde von Tode seines Vaters auf. Als er sich anläßlich der Verlesung des Manifestes über die Thronbesteigung seines älteren Bruders Alexander im Winterpalast einfand und die Vertrauten des neuen Herrschers beobachtete, die Fröhlichkeit und Hochmut ausstrahlten, sagte er in einem Augenblick, als alle still waren, gleichsam zu sich selbst, doch so, daß es jeder hören konnte: »Ich würde sie alle aufhängen lassen.« Und einem seiner Freunde gegenüber äußerte Konstantin: »… nach all dem, was sich zugetragen hat, soll mein Bruder ruhig regieren, wenn es ihm beliebt, doch wenn der Thron dereinst auf mich übergehen sollte, werde ich selbstverständlich darauf verzichten.« Dies hat er dann vierundzwanzig Jahre später auch tatsächlich getan…

Konstantin war seinem Vater mehr als alle anderen Geschwister ähnlich: Er hatte eine Stupsnase, große graublaue Augen und helle, eng zusammenstehende Brauen. Allerdings schien es, als ob er bereits mit einer angeborenen Abneigung gegen den Thron zur Welt gekommen sei. »Man wird mich«, so sagte er, »auf jeden Fall genauso erdrosseln, wie man meinen Vater erdrosselt hat.«

Sein älterer Bruder war von anderem Schlag. Nach eigenen Worten zog es ihn ebenfalls nicht auf den Zarenthron, doch wußte er wahrscheinlich von der Verschwörung gegen seinen Vater und war indirekt an ihr beteiligt. Als er an der Macht war, bestrafte der junge Zar aus eigenem Antrieb keinen einzigen, der an der Ermordung seines Vaters teilgenommen hatte, nicht einmal Entrüstung äußerte er.

Benningsen durfte all seine Ämter beibehalten; von Pahlen jedoch wurde auf Verlangen der verwitweten Kaiserin Maria gezwungen, seinen Rücktritt einzureichen und Petersburg zu verlassen. Bis zu seinem Tode im Jahre 1826 lebte er auf seinem Gut in Kurland, das er Paulsgnade nannte und niemals mehr verließ. Augenzeugen berichteten, der ehemalige Generalgouverneur der russischen Hauptstadt betrinke sich an jedem Jahrestag von Kaiser Pauls Ermordung bis zum Umfallen.

Schwer am Verlust trug die Witwe des Zaren. Nach der Beerdigung zog sie sich nach Pawlowsk zurück und beschränkte den Kreis ihrer Kontakte aufs Mindeste. Ihr Sohn, der zum neuen Kaiser proklamiert worden war, hatte ganz offensichtlich Angst vor ihr und verhielt sich ihr gegenüber überaus respektvoll, was aller Wahrscheinlichkeit nach von Gewissensbissen herrührte.

Die Familientragödie wurde noch durch die Nachricht vom Tode Alexandras, Pauls ältester Tochter, verschärft. Dereinst hatte man sie mit dem schwedischen

König verheiraten wollen, doch diese Ehe war nicht zustande gekommen. Die unglückliche Alexandra wurde schließlich mit dem österreichischen Erzherzog Joseph verheiratet. Nach der Hochzeit reiste sie mit ihrem Gemahl nach Wien. Paul, sehr getroffen von dieser Trennung, war überaus betrübt, als er Nachrichten erhielt, daß sich Maria Theresia von Neapel, die zweite Gattin von Alexandras Schwiegervater Kaiser Franz, ihr gegenüber schlecht benehme. Sie machte der russischen Großfürstin vielerlei Vorhaltungen und warf ihr sogar vor, der Glanz ihres Brillantschmucks stelle ihre Juwelen, also die der Kaiserin, in den Schatten. Und die Liebe und Anerkennung, die ihr seitens der österreichischen und ungarischen Bevölkerung zuteil wurde, wollte man ihr erst recht nicht verzeihen und beschuldigte die junge Frau, separatistischen Bestrebungen Vorschub zu leisten.

Die Tochter des russischen Zaren wurde unter strenge Aufsicht gestellt. Einige Tage nach dem tragischen Tode ihres Vaters starb sie im März 1801 im Kindbett. Man munkelte, der Kranken sei nicht einmal die elementarste Pflege gewährt worden.

Der neue Zar bestieg den russischen Thron in seinem dreiundzwanzigsten Lebensjahr. Er, ein schlanker junger Mann mit hellen, rötlichen Haaren, blauen Augen und dem gütigen Lächeln seiner Mutter, sah seinem Vater überhaupt nicht ähnlich. Lediglich als Kind spielte er, wie dereinst sein Vater, voller Begeisterung Soldat und träumte natürlich davon, Kommandeur einer Armee zu werden. In dem Maße, wie Alexander heranwuchs, entfernten sich Vater und Sohn immer weiter voneinander. Die Sanftmut seines ältesten Sohnes beurteilte Paul als Charakterschwäche, seine Beherrschtheit als Heuchelei.

Alexander aber war seit jungen Jahren in einer ganz schwierigen Lage gewesen – er war gezwungen, zwischen seinem Vater und seiner Großmutter, die ihren ältesten Enkel vergötterte, zu manövrieren. Sie kümmerte sich aufmerksam um seine Erziehung, ersann für ihn Märchen und Lehrbücher und gab ihm selbst Geschichtsunterricht. Und in den letzten Jahren ihres Lebens trug sich Katharina II. mit dem Gedanken, Alexander den Thron zu überlassen und seinen Vater zu übergehen. Dies war Paul bekannt und prägte selbstverständlich sein Verhältnis zu seinem Erstgeborenen. Bei Alexander wiederum machten sich Verschlossenheit, Mißtrauen anderen gegenüber sowie Falschheit bemerkbar; Argwohn und krankhafte Eigenliebe entwickelten sich.

Als Lehrer für Alexander und seinen zwei Jahre jüngeren Bruder Konstantin wirkte der Schweizer César La Hàrpe, ein sehr angesehener Mann, der äußerst radikale Ansichten vertrat. Über lange Jahre hinweg hielten die Brüder mit ihrem Lehrer freundschaftlichen Kontakt. Die Saat der revolutionären Umgestaltungen, die er ausgestreut hatte, schob zwar ihre Wurzeln in ihre Herzen vor, doch reiche

Früchte trug sie nicht, da die hohe Stellung seiner ehemaligen Schüler dem im Wege stand.

Die Pflichten der Kinderfrau für Großfürst Alexander nahm Praskowja Gessler wahr, eine gebürtige Engländerin. Sie war es auch, die ihm Englischunterricht erteilte. Diese kluge und herzliche Frau war ihrem Zögling aufrichtig ergeben und bemühte sich, ihn zu Güte und Menschenliebe zu erziehen. Die Mitglieder der Kaiserfamilie behandelten Frau Gessler stets mit besonderem Respekt.

Als Sechzehnjähriger wurde Alexander mit der reizenden, vierzehnjährigen deutschen Prinzessin Luise Maria Auguste, Prinzessin von Baden verheiratet. Sie war die Tochter des Markgrafen Karl Ludwig von Baden und erhielt in Rußland den Namen Elisabeth Alexejewna. Ihre Mutter Amalie, eine Prinzessin von Hessen-Darmstadt, war schon einmal in Rußland gewesen, als sich ihre ältere Schwester mit Großfürst Paul verheiratete. So wurde also eine Nichte von Pauls erster Frau jetzt Alexanders Gemahlin.

Der junge Großfürst und seine Gattin führten ein zurückgezogenes Leben, er umgab sich nur mit Menschen, die dem Herrscher ergeben waren, und unterhielt sich nur in Gegenwart des Kaisers mit den höchsten Amtspersonen und mit ausländischen Ministern. Und obwohl Pauls Erbe die Zuneigung des Volkes genoß, zeigte er niemals den Wunsch, erster Mann in Rußland zu werden.

Bereits seit Ende 1794 lebte das Ehepaar in Gatschina. In jener Zeit wurde Alexander sowohl ein Spezialist für Militärkunst, wie er auch seine Eltern in einem anderen Licht zu sehen lernte. Dabei geriet er zusehends unter den Einfluß seiner Mutter – ein Einfluß, der sein ganzes Leben lang erhalten blieb.

Alexander verstand, daß ihm die Regierung eines Landes bevorstand, in dem bei der Auswahl der Beamten kaum deren individuelle Fähigkeiten berücksichtigt wurden, sondern alles von der Zuneigung oder Abneigung des obersten Vorgesetzten abhängig war.

Die Bauern wurden gedemütigt, der Handel war eingeschränkt, die Freiheit vernichtet, Ordnung herrschte nirgends, das Reich war lediglich von dem Bestreben erfüllt, seine Grenzen auszudehnen. Seinem unglücklichen Vater war es kaum gelungen, seine guten Absichten in die Tat umzusetzen. Diejenigen, die den Gipfel der Macht erreicht hatten und den Prozeß, der Ordnung in das russische Leben bringen und Rußland an den Westen annähern sollte, mit allen nur möglichen Mitteln bremsten, hatten ihn eiligst von der politischen Bühne und aus dem Leben entfernt. Das wichtigste für diese Menschen waren ihre persönlichen egoistischen Interessen, keinesfalls aber der Fortschritt in ihrem Heimatland. Auch bis zum heutigen Tage ist es nicht gelungen, diese Krankheit auszumerzen, sie ist unter russischen Bedingungen wohl unheilbar.

»Kann denn bei einem derartigen Stand der Dinge ein einziger Mensch den Staat regieren, geschweige denn die in ihm verwurzelten Mißbräuche beseitigen; das übersteigt nicht nur die Kräfte eines Menschen, der – wie ich – mit durchschnittlichen Fähigkeiten ausgestattet ist, sondern die eines Genies«, so schrieb Zar Pauls ältester Sohn noch vor dem Tode seines Vaters an einen seiner Freunde.

Am Tage seiner Thronbesteigung versprach Alexander, den russischen Staat getreu den Gesetzen und dem Herzen seiner Großmutter Katharina II. zu regieren und genauso hartnäckig wie sie das Lesen und Schreiben sowie das Bildungswesen in Rußland zu verbreiten. Er verkündete seine Absicht, viele verschiedene nützliche Bücher ins Russische übersetzen zu lassen, um dadurch Wissen zu verbreiten, und seinen Entschluß, eine Volksvertretung einzurichten, die eine freie Verfassung ausarbeiten sollte. Und diese beiden Verpflichtungen wollte Alexander als Zar auf jeden Fall erfüllen, um sich dann in einen kleinen Winkel in der Schweiz oder ans Ufer des Rheins zurückzuziehen und dort in Ruhe ein glückliches und zufriedenes Leben als einfacher Sterblicher zu führen. So lautete das Credo für die Politik und das Leben des neuen herrschenden Romanow.

Er hatte so viele gute Ideen und versprach so viele nützliche Reformen, daß er in der Geschichte als »der Gesegnete« bezeichnet wurde. Es zeigte sich allerdings, daß das Pläneschmieden leichter war als die Verwirklichung des Geplanten. Nur wenig von dem, was versprochen worden war, wurde in die Tat umgesetzt. Eigentlich fast nichts…

Lediglich in den ersten Monaten seiner Herrschaft gab der vierzehnte Romanow einige Verordnungen mit liberalem Charakter heraus, hob einige Beschränkungen und Verbote – unter anderem Beschränkungen bezüglich der Kleidung der Bürger und der gepuderten Zöpfe von Soldaten – auf. Die üppigen, seltsamen Perücken wurden ein Attribut der Vergangenheit und von glatt anliegenden Frisuren mit einem schweren Knoten im Nacken abgelöst. Die Kleider waren jetzt freier geschnitten und erinnerten mit ihren fließenden Falten an eine griechische Tunika. Adlige Frauen trugen von nun an ein Diadem auf dem Kopf, das meist mit Brillanten oder anderen Edelsteinen geschmückt war.

Alexander schenkte denjenigen, die sein Vater hatte einsperren und verbannen oder aus Petersburg entfernen lassen, Freiheit und Vergebung. Ferner verbot er jegliche Anwendung von Foltermethoden bei Verhören. Er agierte nach dem Prinzip seiner Großmutter, die häufig gesagt hatte, es sei besser, zehn Schuldigen zu vergeben als einen Unschuldigen zu bestrafen.

All dies, verbunden mit seinem persönlichen Charme und dem zuvorkommenden Verhalten verschaffte dem neuen Kaiser große Beliebtheit. Während seiner Herrschaftszeit kam es fast nicht zu politischen Verfolgungen.

Doch in der Tiefe des riesigen russischen Reiches verlief nicht alles glatt. In den weit vom Zentrum entfernten Gouvernements gab es eine eigene Zensur, eigene

Gefängnisse und sogar eigene Folterkammern. Auch direkt in der Hauptstadt hatten Gouverneure ihre sogenannten »Augen«. Eines Tages gelang es einem Kleinbürger aus Westsibirien, bis nach Petersburg vorzudringen und eine passende Gelegenheit zu nutzen, um beim Kaiser sein Gesuch einzureichen, wobei er ihn anflehte, es durchzulesen. Alexander war aufgrund der schrecklichen Dinge, über die er in der Bittschrift las, sehr betroffen. Er ließ den Bittsteller rufen, sprach lange mit ihm und überzeugte sich davon, daß seine traurigen Worte der Wahrheit entsprachen. Er geriet in große Bestürzung, als er erfuhr, was in Rußland vor sich ging. Und, so schreibt man, zwischen dem Zaren und dem Autor der Eingabe fand schließlich folgender Dialog statt: »Geh' Brüderchen, geh nach Hause, die Angelegenheit wird geklärt.« – »Eure Majestät, ich kann jetzt nicht nach Hause fahren. Laßt besser befehlen, mich ins Gefängnis zu sperren. Mein Gespräch mit Eurer Majestät wird nicht geheim bleiben, und man wird mich töten.« – Alexander zuckte bei diesen Worten zusammen und sagte zu Miloradowitsch, der damals gerade Generalgouverneur von Petersburg war: »Du bist mir hierfür verantwortlich.« – »In diesem Falle«, bemerkte dieser, »gestatten Sie mir, ihn zu mir nach Hause mitzunehmen. Einen anderen sicheren Ort kann ich mir nicht vorstellen.«

Und so lebte dieser Kleinbürger aus Westsibirien im Hause des Petersburger Generalgouverneurs, bis die Angelegenheit geklärt war.

Zu seinen Mitstreitern machte der neue Kaiser zwei völlig gegensätzliche Personen: Araktschejew und Speranski.

Die Freundschaft mit ersterem hatte schon vor seiner Thronbesteigung begonnen, als sich die beiden Männer durch Alexanders Vater näher gekommen waren. In den letzten Stunden von Katharina II., als schon klar war, daß ihr nicht mehr zu helfen sein würde, ließ Paul diesen General, der in Gatschina Dienst tat, eiligst in den Winterpalast rufen, um ihm Anweisungen bezüglich seiner neuen Pflichten zu geben. Er führte ihn zu seinem ältesten Sohn, legte ihre Hände ineinander und sagte dabei: »Tut Euch zusammen und helft mir.«

Diese Verbindung überdauerte beinahe drei Jahrzehnte.

Als Araktschejew vier Jahre später von Kaiser Pauls Tod erfuhr, brach er unverzüglich in aller Eile in die Hauptstadt auf. Zu Pferde aus Gatschina kommend, war er über und über mit Dreck bespritzt. Alexander führte ihn in seine Räume und gab ihm eines seiner Hemden zum Umziehen. Man sagt, Araktschejew habe dieses Hemd seither wie ein Heiligtum in einem Etui aus Saffianleder aufbewahrt und angeordnet, es solle dereinst mit ihm bestattet werden. Eine andere Legende erzählt, daß der erste Freund des Kaisers 100 000 Rubel als Lombardkredit angelegt habe, welcher dann 100 Jahre später mit Zins an denjenigen ausgezahlt werden sollte, der die beste Geschichte über Alexander I. verfasse.

Araktschejew war ein Mann mit festem Willen, geradlinig, machte vor nichts halt, um sein Ziel zu erreichen und betrachtete Gehorsam als die erste Tugend eines Beamten. Er war hochgewachsen, hager, trug eine dunkelgrüne Artillerieuniform, zwischen deren beiden oberen Knöpfen er stets ein kleines Porträt des verstorbenen Kaisers Paul als Amulett trug. Er war jedoch grob, es mangelte ihm an jeglichem Edelmut, und er hatte kein Soldaten-, sondern eher ein Beamtengesicht. »Ein Affe in Uniform«, so nannte man ihn in Rußland. Und es gab wohl in jener Zeit keinen Menschen, der so verhaßt war wie Araktschejew, der ererbte Diener des Zaren, der vom Vater auf den Sohn übergegangen war.

In den ganzen fünfundzwanzig Herrschaftsjahren von Alexander I. war Araktschejew stets an seiner Seite – als sein vertrauter Begleiter. Nicht einmal Araktschejews abstoßendes Äußeres war für einen solchen Ästheten wie Alexander ein Hindernis für diese Freundschaft. Der Kaiser wußte, daß er keinen ergebeneren Diener besaß, und sein Vertrauen zu ihm war grenzenlos. Es hieß sogar, daß Araktschejew einige vom Zaren blanco unterschriebene Bögen besitze, auf denen er anordnen könne, was er wolle – Verleihungen von Dienstgraden und Orden oder die Verbannung in eine Festung. »Ich bin ein Freund des Herrschers«, sagte er, »über mich beschweren kann man sich nur bei Gott.« In Alexanders letzten zehn Regierungsjahren war er faktisch der führende Mann im russischen Staat, obwohl er offiziell als Kriegsminister geführt wurde. In allen Truppenteilen erging Befehl, ihm die ansonsten nur dem Zaren zustehenden Ehren entgegenzubringen, auch wenn der Kaiser persönlich anwesend war. Dies war ein Privileg, das nicht einmal Großfürst Konstantin erhalten hatte.

Besondere Befugnisse hatte auch Araktschejews Adjutant, der Deutsche Kleinmichel. Und als Leiter der Geheimpolizei machte sich ebenfalls ein Deutscher namens von Fock nützlich, der den Kaiser mit Denunziationen buchstäblich überschüttete.

Ein weiterer politischer Funktionär aus der Epoche von Alexander I. war Speranski – ein bemerkenswerter Mensch, der ein Gefühl für große Würde hatte, ehrlich und ordentlich war. Die persönliche Bekanntschaft zwischen ihm und dem Kaiser begann erst im fünften Herrschaftsjahr. Er war erstaunt von Speranskis logischem Verstand, seiner Leistungsfähigkeit, Beharrlichkeit und eisernen Standhaftigkeit. In ihm fand der Herrscher einen Menschen, der keinem Adelsgeschlecht entstammte, sondern sich nur dank seines Talents hochgearbeitet hatte. Ihm übertrug Alexander auch seine verschiedenen Projekte für staatliche Reformen und verbrachte mit ihm nicht selten ganze Abende im Gespräch über die Umgestaltungen in Rußland. Der Mehrzahl seiner Ideen war es allerdings nicht beschieden, in Erfüllung zu gehen.

Das staatliche Bildungswesen Rußlands aber wurde gerade dank Speranski verändert. Neben den Universitäten schuf er ein ganzes System von Schulen der mittleren und unteren Ebene, sowie Gymnasien und Pfarrschulen. Dreißig Kilometer von Petersburg entfernt – in Zarskoje Selo – wurde ein kaiserliches Lyzeum für die Kinder der russischen Elite eröffnet. Zum Direktor des Lyzeums wurde der Baltendeutsche Engelhardt ernannt. Auch viele Lehrer dort waren Deutsche.

Überhaupt war in jener Zeit ein starker Zustrom von Lehrkräften aus deutschen Landen zu verzeichnen. Viele nahmen führende Positionen im Bildungsministerium ein, das der neue Kaiser neben einer Reihe anderer Ministerien gegründet hatte.

Der junge Zar hatte sich das Ziel gesetzt, Rußland vor der Gefahr einer Isolation in Europa zu bewahren. Er begann, die Politik seiner berühmten Großmutter fortzusetzen, die so viel als möglich nutzbringende »Köpfe« und »Hände« aus dem Ausland nach Rußland zu holen versucht hatte. Bereits ganz zu Anfang seiner Regierungszeit gab Alexander eine Reihe von Erlassen heraus, die breitgefächerte Möglichkeiten für einen Zustrom von ausländischen Arbeitskräften, vor allem aus Deutschland, vorsahen. Er persönlich schrieb Briefe an die entsprechenden deutschen Instanzen mit der Bitte, den ausreisenden deutschen Bürgern – Handwerkern, Bauern, Beamten, gelehrten Fachkräften – keine bürokratischen Hindernisse in den Weg zu legen. Im russischen Staate konnten sie große Privilegien erwarten. Und so begann es...

Schneider, Schuster, Zimmerer, Schmiede, Töpfer, Maurer, Weber strömten gemeinsam mit ihren Familien in russische Städte und Dörfer. Die meisten Ausländer ließen sich in den südlichen Gebieten Rußlands nieder, viele Übersiedler trafen aber auch in der Ukraine, dem sogenannten Kleinrußland, ein. Im Gouvernement Poltawa beispielsweise siedelten sich Weber und Tuchweber aus Sachsen und aus dem Elsaß an. Jede dieser Familien erhielt einen Webstuhl zur Verfügung gestellt, ferner wurde eine ausreichende Menge Wolle ausgegeben, die dann bei der endgültigen Verrechnung für das Endprodukt berücksichtigt wurde. Zunächst war es nicht einfach, doch ein paar Jahre später erhielten die Kolonisten entsprechend eines kaiserlichen Erlasses vom Staat geräumige Häuser mit einem Garten, der Webstuhl ging in ihr Eigentum über, und der Staat erließ ihnen alle Schulden.

In Petersburg erzählte man sich folgende Begebenheit: Zar Alexander fragte einen seiner überaus verdienstvollen russischen Generäle, welchen Wunsch er ihm erfüllen könne. »Macht mich zum Deutschen«, antwortete jener ohne Nachzudenken.

Es besteht keinerlei Zweifel, daß diese Politik des vierzehnten Romanows eine gute Grundlage für die Entwicklung der russischen Industrie und Landwirtschaft schuf.

Unter der Herrschaft dieses Romanows leistete Rußland auch einen Beitrag zu weltweiten Forschungen. Mit Unterstützung von Kaiser Alexander persönlich wurden zwei berühmte wissenschaftliche Expeditionen organisiert: die erste Weltreise mit Segelbooten unter der Leitung von Adam Johann von Krusenstern und die Entdeckung der Antarktis durch den Seefahrer Bellinghausen. Zwischen dem achtundsechzigsten und neunundsechzigsten Grad südlicher Breite entdeckte Bellinghausen eine Insel, die er »Peter der Große« nannte, der Antarktisküste verlieh er den Namen Alexanders I. Diesen beiden Baltendeutschen ist es zu verdanken, daß das Prestige der russischen Wissenschaft beträchtlich stieg.

Persönliche Initiative zeigte der neue Zar vor allem in der Außenpolitik. Mehr als alles andere beschäftigte ihn die Frage: »Was wird man in Europa sagen?«, während ihn die Gegenfrage »Was wird man in Rußland sagen?« am allerwenigsten beunruhigte.

Alexander mochte den russischen Adel, besonders seine höchsten Schichten, nicht. Er mißtraute ihm und verachtete ihn – wegen seiner Kriecherei, wegen der Ermordung seines Großvaters, wegen der Ermordung seines Vaters. Grobe Schmeicheleien schätzte er nicht und hörte sich mit Widerwillen die Lobhudeleien an, in denen die Angehörigen seines Hofes so geschickt waren. Er wußte, welchen Preis ihre Liebedienereien hatten.

Eine dritte Gesellschaftsschicht gab es zu jener Zeit so gut wie nicht. Für die Volksmasse aber empfand der Herrscher Mitgefühl, das mit Abscheu verbunden war. Er sah in ihnen vor allem Soldaten, für die er während seiner Zarenzeit ein reiches Betätigungsfeld fand. Er, der gekrönte Ästhet, fühlte sich Europa gegenüber sogar unterlegen, weil er eine Masse »halbwilder Sklaven« regieren mußte. Er änderte jedoch seine Meinung nach den heldenmütigen Kämpfen im Jahre 1812 und dem Sieg über Napoleon, mit dem ihn das Schicksal übrigens nicht nur einmal zusammengeführt hatte.

Die erste Begegnung der beiden Kaiser hatte einige Jahre vor dem verhängnisvollen Schritt des französischen Genies stattgefunden, und zwar in Tilsit, wo Napoleon in der Rolle des Siegers auftrat. Er, so schien es, war von der Person des russischen Zaren begeistert und kam sogar auf die Idee, um die Hand einer seiner Schwestern anzuhalten – entweder um die der klugen, aber ehrgeizigen Lieblingstochter von Zar Paul, Katharina, oder aber um ihre jüngere Schwester Anna, die zu jener Zeit beinahe noch ein Kind war. Alexander jedoch entschloß sich, diesem »schmeichelhaften Angebot« eine ablehnende Antwort zu erteilen, indem er sich darauf bezog, seine Mutter, Kaiserin Maria, die eine eindeutig negative Einstellung zu einer solchen Ehe hatte, habe das letzte Wort. Sie wiederum war ihrer geliebten deutschen Heimat viel zu sehr ergeben, um sich damit einverstanden erklären zu können, eine ihrer Töchter einem französischen Emporkömmling, wie sie Napoleon nannte, anzuvertrauen.

Während man in Petersburg noch verhandelte, wurde Katharina mit dem Prinzen von Oldenburg verlobt. Die Entscheidung in bezug auf Anna verzögerte sich, und Napoleon, der die Hoffnung aufgegeben hatte, bat um die Hand der Tochter des österreichischen Kaisers, der mit Freude diesen Antrag annahm, was er sich später für den Rest seines Lebens nicht mehr verzeihen konnte.

In der historischen Literatur wird die Meinung vertreten, Stein des Anstoßes in den Beziehungen zwischen Alexander I. und Napoleon sei die Besetzung der norddeutschen Küste durch die französische Armee Ende des Jahres 1810 sowie die Tatsache gewesen, daß man dem Herzog von Oldenburg – dem Schwager des Zaren – all seine Besitztümer und Rechte aberkannte. Dieser war daraufhin gezwungen, mit seiner Familie nach Rußland überzusiedeln, wo er bei seinen Verwandten Schutz und Hilfe suchte.

Die Mutter des Kaisers hatte wenig Einfluß auf Regierungsangelegenheiten. Aber über sie pflegte Alexander große Freundschaft mit Friedrich Wilhelm III., König von Preußen. Diese Freundschaft ging dann in eine tiefe Sympathie für die wunderschöne Königin Luise über. Ja, auch die preußische Herrscherin stand dem russischen Zaren keineswegs gleichgültig gegenüber. Dies bestätigen ihre Briefe an den jüngeren Bruder, in denen sie ihren Eindruck vom russischen Zaren beschrieb: »... er verbindet mit seinen echten Vorzügen alle Liebenswürdigkeit, die für einen Mann Liebe erweckt.« »Der Kaiser ist ein ganz seltener Mensch. Er hat die loyalsten, edelsten und gerechtesten Grundsätze und gleicht in allen wesentlichen Punkten dem König. Zwanglose Höflichkeit, große Liebenswürdigkeit, viel Geist (vor allem Rechtssinn) und Festigkeit, vereint mit seltener Volkstümlichkeit, die indessen niemals gewöhnlich wird, denn er bewahrt immer viel Würde – das ist eine leichte, unvollkommene Skizze seines Charakters und seiner Wesensart... Er ist wunderbar gut gebaut und von sehr stattlicher Erscheinung. Er sieht aus wie ein junger Herkules.«

Einige deutsche Autoren behaupten, Luise – jene großartige Frau, die nicht nur in ihrem Land, sondern in ganz Europa in hohen Ehren stand – sei in den russischen Zaren verliebt gewesen und diesem Gefühl bis ans Ende ihres nicht allzu langen Lebens treu geblieben.

Mit dem preußischen König, Luises Gemahl, stand Alexander in ständigem Briefwechsel. Er war bereit, besondere Verpflichtungen für Preußen auf sich zu nehmen, wobei er seine angeborene Sympathie für die Deutschen zum Ausdruck brachte. Wie sein Vater, Zar Paul, verneigte sich Alexander I. vor dem Genie Friedrich des Großen und vor der preußischen Disziplin. Während eines Berlinbesuchs wünschte er, die Gruft Friedrichs II. in Potsdam zu sehen, die sich in der Garnisonskirche befindet. Nachdem der Zar einige Zeit am Sarkophag verharrt hatte, küßte er die Ruhestätte des großen preußischen Königs und entfernte sich dann gemessenen

Schrittes. In Berlin stand er im Mittelpunkt der Aufmerksamkeit. Noch heute erinnert der Name eines ehemaligen Exerzierplatzes an seinen Besuch: Alexanderplatz.

Ende 1808 reiste Königin Luise mit ihrem Gemahl nach Petersburg. Bei starkem Frost hielten das Ehepaar und die sie begleitende Hofschar unter Kanonendonner und Glockengeläut Einzug in die russische Hauptstadt. Der Besuch, der anläßlich der Vermählung von Zar Alexanders Schwester Katharina mit dem Herzog von Oldenburg stattfand, dauerte etwa vier Wochen.

Nach dem militärischen Sieg von 1812 über Napoleons Truppen in Rußland war Alexander, der damit in Europa große Bewunderung errungen hatte, wie ausgewechselt. Er schien erschöpft, stellte seine Aktivitäten für eine Umgestaltung Rußlands ein, und auch in seinem Charakter vollzog sich ein großer Wandel. Der Zar wurde argwöhnisch, unzugänglich, streng, suchte fortan Trost in der Religion und litt unter der Regierungsbürde. Die Staatsangelegenheiten übertrug er beinahe vollständig an seine Bevollmächtigten, die in erster Linie Ausländer waren. Die Hauptrolle wurde den Deutschen zuteil, und die erste Geige unter ihnen spielte Graf Nesselrode. Er wurde im Jahre 1816 zum Außenminister ernannt.

Karl Robert Nesselrode war Sohn eines katholischen Deutschen, der im russischen diplomatischen Dienst stand, und einer konvertierten Jüdin. Als ganz junger Mann – er wurde im Jahre 1768 geboren – begann Nesselrode seine Militärkarriere noch zu Kaiser Pauls Zeiten, nach dessen Tod wurde er als russischer Gesandter zum Herzog von Württemberg delegiert. Zweiunddreißigjährig heiratete er die Tochter des einflußreichen Finanzministers Gurjew und trat dann seinen Dienst am Hofe von Alexander I. an. Zunächst bekleidete er nur zweitrangige Posten, nach seiner Teilnahme am Wiener Kongreß als Berater des russischen Kaisers errang er die Aufmerksamkeit seiner Majestät und erhielt das Angebot, den Posten des russischen Außenministers einzunehmen. Damit löste er Weidemeyer ab, der ebenfalls deutscher Abstammung war. Diesen verantwortungsvollen Posten behielt Nesselrode vierzig Jahre lang, also während der Herrschaftsjahre zweier Söhne von Paul. Er war ein tief überzeugter Konservativer, ferner ein Mann mit einem sehr unansehnlichen Äußeren, aber mit ausgezeichneten Fähigkeiten und Begabungen. Sowohl Alexander als auch sein jüngerer Bruder Nikolaus, der nach ihm den Thron besteigen sollte, brachten ihm uneingeschränktes Vertrauen entgegen. Am Ende der Regierungszeit des letztgenannten wurde er sogar Kanzler; die russische Sprache aber erlernte er bis ans Ende seines langen Lebens nicht und bevorzugte stets seine Muttersprache deutsch oder das Französische.

Kaiser Alexander, der die außen- und innenpolitischen Belange in zuverlässigen Händen wußte, nahm jetzt engen Kontakt zu der religiösen Predigerin Baronesse Krüdener auf, die einen beruhigenden Einfluß auf seine Seele hatte.

Juliane Krüdener, eine geborene Vietinghoff, stammte aus Livland, hatte dann einige Zeit in Riga gewohnt und zog schließlich nach Baden um, wo sie sich als Schriftstellerin betätigte. Die Baronesse lebte von ihrem Mann getrennt. Sie gab sich ganz und gar dem Mystizismus hin, sagte die baldige Erscheinung Christi voraus, die übrigens nicht irgendwo, sondern auf dem Berge Ararat stattfinden sollte, und rief die Pietisten von Württemberg und Baden – die Mitglieder einer Sekte der mystischen Bewegung im Protestantismus, der sich die Krüdener angeschlossen hatte – auf, all ihr Hab und Gut zu verkaufen und in den Kaukasus überzusiedeln, um Augenzeugen sein zu können, wenn der Herr auf die Erde zurückkehrte. Als Zar Alexander I. im Sommer des Jahres 1815 nach seiner Rückkehr vom Wiener Kongreß in Heilbronn Halt machte, verschaffte sich die Baronesse über eine Hofdame der Kaiserin Zugang zur Herrscherfamilie. Das ungewöhnliche rhetorische Talent dieser exaltierten Predigerin blieb nicht unbeachtet. Der russische Zar empfand Sympathie für ihre Ansichten und wahrscheinlich für ihre Person an sich. Sie indes spürte fruchtbaren Boden für ihre Ideen und folgte der Zarenfamilie nach Rußland, wo sie nach einer gewissen Zeit das Aufenthaltsrecht für Petersburg erhielt und dort nach dem Beispiel der Pietisten in Deutschland und der Schweiz einen Zirkel der russischen Mystiker einrichtete. Im Jahre 1824 starb diese erstaunliche Frau.

Indessen entstanden in Rußland viele und verschiedene religiöse und mystische Zirkel, denen sich die Blüte der Petersburger Gesellschaft anschloß. Schuld an dieser »Mode« war der Umstand, daß der Zar in seinen letzten Jahren ebenfalls in einen tiefen Mystizismus verfallen war.

Das Familienleben Alexanders war ganz offensichtlich unglücklich. Seine Gemahlin Elisabeth war ihm zwar ergeben, aber von ewiger Traurigkeit umhüllt, da ihre beiden Töchter noch im Kindesalter verstorben waren und Gott ihr, wie man sich auszudrücken pflegte, »keine weiteren Kinder sandte«. Die Ursache dafür war allen bekannt: Der ständig von Verehrerinnen umgebene Kaiser schenkte seiner Gemahlin nur noch die rein keusche Liebe eines Bruders. Seine männlichen Leidenschaften widmete Alexander seinen Geliebten, derer er viele hatte. Er war jemand, der sich rasch verliebte und mit Leichtigkeit Siege errang. Besonderen Erfolg bei den Frauen hatte er, nachdem er Napoleon bezwungen hatte – in Europa betrachtete man ihn fortan als einen Ritter. Während des Wiener Kongresses scherzte man: Der bayerische König trinkt für alle, der württembergische König ißt für alle, der russische Zar aber liebt für alle.

Übrigens zählten nicht nur Gräfinnen, Herzoginnen oder Fürstinnen zu seinen Geliebten, sondern Frauen von weitaus bescheidenerer Herkunft.

Nicht selten verfuhr er mit den Damen, die ihm gefielen, so, wie es in London während der Siegesfeiern im Jahre 1814 geschah. Alexander verliebte sich in Lady

Jersey und bat sie auf einem Ball, ihn kurz nach Mitternacht zu besuchen. Beeindruckt von der Begeisterung, mit der London den Zaren empfangen hatte, und angesichts seiner hohen Stellung konnte Lady Jersey, die so etwas wie eine Ballkönigin der englischen Hauptstadt war, seine Bitte nicht abschlagen. Gegen Mitternacht begab sie sich zum russischen Kaiser und blieb da etwa zwei Stunden. Am nächsten Tag gestand sie ihren Freundinnen, Alexander habe nur gebeten, ihren Arm oberhalb des Ellenbogens küssen zu dürfen.

Die einzige große Leidenschaft des Zaren war Fürstin Maria Naryschkina, eine geborene polnische Prinzessin, die so schön war, daß die meisten seiner Vertrauten nicht den Mut aufbringen konnten, den Herrscher für die Liebelei, die sich vor den Augen des ganzen Hofes abspielte, zu tadeln. Man widmete ihr sogar Gedichte und verneigte sich vor ihr. Es waren Gerüchte im Umlauf, Alexander habe diese Frau angeblich in einer Lotterie mit Platon Subow, dem ehemaligen Favoriten seiner Großmutter Katharina, gewonnen und sie anschließend zu seiner Geliebten gemacht.

Konstantin, der Bruder des Zaren, bemühte sich um die Schwester der Fürstin Naryschkina. Er ließ sich von seiner Frau scheiden und hätte nichts dagegen gehabt, erneut zu heiraten. Vielleicht wäre diese Ehe auch geschlossen worden, wenn sich nicht seine Mutter, die verwitwete Kaiserin, sowie der Zar selbst, dessen Beziehung mit der Fürstin bereits dauerhaft geworden war, entschieden dagegengestellt hätten. Bei Hofe wunderte man sich mittlerweile gar nicht mehr darüber, daß Dmitri Naryschkin, der Gemahl der Fürstin, im Grunde genommen zwei Pflichten wahrnahm – die des Oberhofmeisters sowie eine geheime, nämlich die des »nachsichtigen Gemahls«.

Das Verhältnis zwischen Alexander und der schönen Naryschkina quälte die Kaiserin, die ihren Gatten während der schwierigen Anfangsjahre seiner Herrschaft stets ermutigt hatte. Nach wie vor war sie in ihren kaiserlichen Gemahl verliebt, sie mußte aber mit Würde die Leiden ertragen, die ihr zuteil wurden. Bei einem Hofball erkundigte sich die Zarin eines Tages bei der Fürstin nach ihrer Gesundheit. »Nicht so besonders gut«, antwortete jene, »ich bin, so scheint mir, schwanger.« Beide Frauen wußten, von wem…

Maria Naryschkina gebar dem Zaren zwei Töchter. Die erste von ihnen starb bald nach der Geburt, die zweite aber, Sofia, wuchs zu einem kränklichen Kind heran und verlangte ihren Eltern viel Aufmerksamkeit ab. Ganz richtig, ihren Eltern, denn nicht nur ihre Mutter, sondern auch ihr Vater, Kaiser Alexander I., brachte dieser einzigen Tochter grenzenlose Liebe entgegen und besuchte das Mädchen bei jeder nur denkbaren Gelegenheit. Sogar den Bräutigam für die fünfzehnjährige Sofia wählte er später selbst aus, und zwar den Grafen Andrej Schuwalow, der im Kollegium für auswärtige Angelegenheiten diente. Das Schicksal wollte es jedoch, daß diese Hochzeit nicht stattfand…

Auch die Zarin hegte für Sofia zärtliche Liebe. Sie trafen sich von Zeit zu Zeit entweder in der Kirche oder während eines Spaziergangs im Petersburger Sommergarten. Das Mädchen fühlte sich stets von ihrem müden, beinahe alten, doch wunderschönem und jungfräulich unschuldigem Gesicht angezogen. In ihrem Herzen betrachtete sie Kaiserin Elisabeth als ihre Mutter, nannte sie auch so und teilte mit ihr häufig ihre kindlichen Gedanken. Ihren Vater, den Zaren, vergötterte sie und hatte Sehnsucht, wenn sie ihn länger nicht zu Gesicht bekam. Er versprach ihr mehrmals, daß er, wenn er zurückgetreten sei, eine weite Reise mit ihr unternehmen wolle und sie dann zusammen – für immer und ewig zusammen – sein würden.

Gestorben ist Sofia an der Schwindsucht; selbst die ausgezeichneten Ärzte Riemann und Miller aus Deutschland, die sie behandelten, konnten sie nicht retten. Der Tod des Mädchens stürzte das Kaiserpaar in tiefe Trauer und brachte viel Schmerz über sie. Elisabeth bemühte sich, so sehr sie es nur vermochte, das Leid des Kaisers zu lindern und stand in schweren Stunden stets an seiner Seite.

Einmal verletzte ein wildes Pferd bei den Kavalleriemanövern das linke Bein des Zaren, und dies so stark, daß er lange Zeit krank war. Die Zarin kümmerte sich persönlich um ihn und schenkte ihrem Gemahl ihre ganze Zärtlichkeit, obwohl sie aufgrund ihres unbezähmbaren Mannes sehr viele rein weibliche Leiden durchgemacht hatte. Hierüber schreibt Elisabeth in ihrem Tagebuch, das sie über die ganzen dreißig Jahre ihres gemeinsamen Lebens hinweg führte und in einer besonderen Schatulle aufbewahrte. »Wenn er nur jemanden so richtig lieben würde«, schrieb sie, »dann wäre mir leichter. Aber er hat nicht nur eine Liebe, sondern deren viele. Frauen von Kaufleuten, von Adjutanten oder von Stationswächtern, Schauspielerinnen, flachsblonde Deutsche… Und dazu noch die endlosen Bälle, Kostümfeste, Konzerte, Festessen, Besuche von allerlei Verwandten, 40.000 Verwandte – die Württemberger, Oranier, Weimarer und die russischen – sie alle bedrängen mich. Ich muß zu allen liebenswürdig sein, doch sobald sie weg sind, falle ich um wie ein abgehetztes Pferd.« »Und dennoch«, so schreibt sie weiter in ihrem Tagebuch, »könnte ich nirgendwo anders leben als in Rußland… Und auch sterben möchte ich in Rußland.«

Geträumt hat die Kaiserin von einem beschaulichen Familienleben und der Möglichkeit, den Menschen nützlich zu sein. Sie widmete sich wohltätigen Aktivitäten, schuf viele verschiedene Sozialeinrichtungen, predigte die Nächstenliebe, unterstützte die Bedürftigen und half den Armen. Sie selbst indes war ein außergewöhnlich bescheidener Mensch und gab den größten Teil des Geldes, das sie für ihren Unterhalt erhielt, für wohltätige Zwecke aus. In Rußland war sie hochgeehrt.

Aufgrund seiner Liebesabenteuer empfand Alexander ein ewiges Schuldgefühl gegenüber seinem Lieschen, wie er sie zärtlich nannte. Er bemühte sich, aufmerksam zu seiner Frau zu sein, veranstaltete mit ihr oft Teekränzchen, die Elisabeth sehr schätzte, da dies wohl die einzige Zeit war, die sie gemeinsam verbrachten. Die Kaiserin las viel und freute sich, wenn sie ihrem Mann Informationen mitteilen konnte, die für ihn von Interesse waren. Da sie es nicht wagte, zu ihrem Mann zu gehen, um ihm Gute Nacht zu wünschen, kam sie nachts oft heimlich zu ihm und küßte den Schlafenden. Er hingegen schrieb ihr vor dem Einschlafen häufig ein Zettelchen und führte so einen Schriftwechsel von Zimmer zu Zimmer mit ihr. Diese Briefchen waren in französisch abgefaßt. Auch die Unterhaltung mit seiner Gemahlin führte er gewöhnlich in dieser Sprache. Vor dem Schlafengehen trank Alexander in der Regel ein Glas Stutenmilch und las ein Kapitel aus dem Alten Testament oder aus dem Evangelium. Zu schlafen pflegte der Kaiser mit einer Schlummerrolle unter dem Kopf auf einem engen, harten, für eine Person ausgelegten Feldbett, dessen Wildledermatratze mit Stroh gestopft war.

Überhaupt legte der Herrscher viele seltsame Eigenschaften an den Tag; so hielt er beispielsweise in seinem Arbeitszimmer selbst Ordnung, die ihm über alles ging, und erlaubte nicht einmal, daß auf seinem Tisch Staub gewischt wurde – wahrscheinlich, damit niemand in seinen Papieren kramen konnte. Auf seinem Schreibtisch lagen stets ganze Packen von Gänsefedern. Eine Feder, die er nur ein einziges Mal benutzt hatte, wurde sofort durch eine neue ersetzt, auch wenn er damit nur etwas unterschrieben hatte. Eine benutzte Feder pflegte er nicht mehr zu verwenden. Im Aufschlag seines Ärmels bewahrte er immer eine alte, einfache Schildpatt-Lorgnette auf. Er war kurzsichtig, konnte aber Brillen nicht ertragen. In seiner Gegenwart war überhaupt das Tragen von Brillen nicht gestattet. Ja, und der Herrscher mochte es nicht, wenn laut gesprochen wurde, obwohl er auf einem Ohr schwerhörig war, da er seit frühester Kindheit an den Donner von Kanonen gewöhnt worden war. Grün – das wußte man bei Hofe – war die Lieblingsfarbe des Zaren, daher kleideten sich seine Vertrauten bevorzugt in grüne Gewänder.

Trotz des schlechten Verhältnisses zwischen der verwitweten Kaiserin Maria und ihrer kaiserlichen Schwiegertochter genoß Elisabeth den Respekt des Hofadels. Viele – selbst der Herrscher – waren bemüht, seine stille Gemahlin vor den Zornesausbrüchen seiner Mutter zu schützen.

Mit ihren sechzig Jahren war Paul Romanows Witwe, wie ihre Zeitgenossen schrieben, »frisch, kräftig, glatt, rosig und teigig wie ein gut durchgebackenes deutsches Brötchen«. Ihre Fülle kaschierte sie durch ein gut geschnürtes Korsett, und in all ihren Bewegungen spürte man Energie, Eilfertigkeit und Hast. Auf ihre alten Tage umgab sich Maria mit jungen Hoffräuleins und Offizieren, veranstaltete Bälle, Kostümfeste, Picknicks und Feuerwerke. Mit einem Wort, sie lebte und genoß das Leben. Ihr Lieblingsaufenthaltsort war nach wie vor Pawlowsk, das nicht ohne ihre persönliche Initiative nach einem Brand im Jahre 1803, bei dem die gesamte Ausstattung der Paradesäle und Wohnräume zerstört worden waren, völlig wiederaufgebaut wurde.

Schon einige Jahre vor Zar Alexanders Tod wurde das Manifest über Großfürst Konstantins Thronverzicht und über die Ernennung seines jüngeren Bruders Nikolaus zum Erbprinzen unterzeichnet. Auf dem versiegelten Umschlag brachte der Herrscher folgende Aufschrift an: »Bis zu meiner Anforderung mit den staatlichen Unterlagen in der Mariä-Himmelfahrts-Kathedrale aufzubewahren, im Falle meines Ablebens aber zu öffnen, bevor jegliche anderen Aktivitäten entfaltet werden.« Die Thronübergabe an Nikolaus hing aller Wahrscheinlichkeit nach mit dem Umstand zusammen, daß er Erben – seine Söhne nämlich – hatte, was die Kontinuität der Macht im herrschenden Hause der Romanows gewährleistete. Konstantin hingegen hatte keine Kinder. Konstantin unterschrieb die Verzichtsurkunde, die allerdings im Geheimen angefertigt worden war. Neben Pauls beiden ältesten Söhnen wußten nur noch drei Menschen in Rußland von ihrer Existenz: Fürst Golizyn, der sie verfaßt hatte, Araktschejew, der engste Freund des Kaisers, und Filaret, der Erzbischof von Moskau.

Damals sprach Alexander von seiner möglichen Abdankung. »Es ist Zeit für mich. Ich muß auch an meine Seele denken. Aber lebendig läßt man mich nicht gehen. Muß ich mich etwa tot stellen? Oder als armer Wallfahrer gehen…«

Er liebte es, sich nach Zarskoje Selo zurückzuziehen, wo er in drei kleinen, sehr einfachen, fast ärmlichen Zimmern – je eins zum Arbeiten, Schlafen und Essen – des Kirchenflügels lebte. Es schien ihm, als habe er schon abgedankt und lebe im Ruhestand. Er spazierte sogar nachts alleine im Park. Feigheit war Alexander fremd, und Angst vor dem Tod hatte er nicht. Sogar in der schrecklichen Völkerschlacht bei Leipzig sagte er, als einmal eine Kugel direkt über seinem Kopfe vorüberflog, unerschrocken: »Schaut, gleich kommt noch eine.«

Jedes Jahr am 11. März begab sich Alexander gemeinsam mit seiner Gemahlin in die Peter-und-Pauls-Festung, um voller Reue an der Totenmesse für Kaiser Paul teilzunehmen. Das Andenken an seinen Vater bewahrte er sein ganzes Leben lang.

Im Herbst 1825 reiste Alexander nach Taganrog, einer Kreisstadt am Ufer des Asowschen Meeres, drei Tage später folgte ihm seine Gemahlin nach. Das Kaiserpaar hatte vor, den Winter dort zu verbringen, da die Ärzte der kranken Zarin einen Aufenthalt im Süden verschrieben hatten. Sie ließen sich in einem sehr bescheiden eingerichteten Palast ohne jeglichen Komfort nieder. Seine Zeit verbrachte das Kaiserpaar zurückgezogen, mit Lektüre und Gesprächen, manchmal unternahmen sie einen gemeinsamen Ausflug. Überhaupt liebte es Alexander, nur mit einem Armeerock, Stiefeln und einer Feldmütze bekleidet, allein durch die Stadt zu laufen. Meist endeten solche Spaziergänge damit, daß er einer armen Familie Hilfe leistete, die er sich selbst ausgesucht hatte oder eine andere gute Tat vollbrachte. Dabei suchte der Herrscher oft den Kontakt zu einfachen Menschen, zu Soldaten, Matrosen, Bauern und sogar Bettlern. Einmal unterhielt er sich längere Zeit mit einem obdachlosen Landstreicher ohne Paß, der den Namen Fjodor Kusmitsch trug. Er war auf den großen Straßen Rußlands unterwegs, um Geld für den Bau einer Kirche zu sammeln. An diesen Wandersmann erinnerte sich der Zar danach sehr lange.

Während seines Aufenthalts in Taganrog begab sich der Kaiser eines Tages in irgendeiner Angelegenheit auf die Krim und kaufte dort auf den Namen Alexander Romanow, General in Ruhestand, ein Haus, wobei er erklärte, er beabsichtige, in Pension zu gehen, sich am Ufer des Meeres niederzulassen und zu lesen, »ganze Bibliotheken durchzulesen«. Nach seiner Rückkehr erkrankte er plötzlich in Taganrog, änderte jedoch seinen üblichen Tagesablauf nicht und weigerte sich hartnäckig, Medikamente zu sich zu nehmen, auch auf die Hilfe seiner beiden deutschen Ärzte sowie des russischen Mediziners Tarassow verzichtete er. So ging es etwas mehr als eine Woche lang, bevor er am Donnerstag, dem 19. November, starb.

Eilig schickte man eine entsprechende Nachricht in die Hauptstadt, die Ärzte Dobbert und Reinhold aber machten sich daran, Alexanders Körper einzubalsamieren, damit er nach Petersburg gebracht werden konnte. Allerdings gestanden sie, die Einbalsamierung des kaiserlichen Leichnams sei nicht besonders gut gelungen. Und tatsächlich dunkelte das Gesicht des Verblichenen nach und wurde schließlich unkenntlich, so daß in dem zum Abschied aufgebahrten Zinksarg nicht ein Mann lag, sondern eine schwärzliche Puppe im Zarenornat und mit einer goldenen Krone. Jedermann dachte ganz unwillkürlich: »Wer ist das nur?« Vater Alexej aber, der Geistliche, der dem Sterbenden angeblich die heiligen Sakramente gespendet hatte, verkündete, es sei im Volke die Rede davon, im Sarg liege kein Körper, sondern eine Puppe, die entweder aus mit Wachs getränktem Zellstoffgewebe sei oder ein flüchtiger Soldat aus einem Gefängnishospital; der Zar selbst aber sei angeblich noch am Leben. »Die Scheusale wollten ihn zugrunde richten, er aber ist geflüchtet, und keiner weiß, wo er sich versteckt...« Derartige Gerüchte breiteten sich in Taganrog aus.

Im geschlossenen Sarg wurde der verstorbene Kaiser schließlich nach Petersburg überführt und in der Kasaner Kathedrale aufgebahrt. Sieben Tage stand der Sarg dort und wurde nur ein einziges Mal, und zwar nachts, für die Mitglieder der Kaiserfamilie geöffnet. Alle waren verblüfft, wie sich sein Gesicht verändert hatte. Nach dem Abschied vom Leichnam wurde der Sarg in die Peter-und-Pauls-Kirche gebracht.

Unsicheren Angaben zufolge ist die dortige Familiengruft einige Jahre nach der

Revolution in Rußland geöffnet worden, und dabei stellte man fest, daß der Sarkophag von Alexander I. im Gegensatz zu den anderen Zarengräbern leer war. Allerdings gibt es für diese Angaben keinen dokumentarischen Beweis.

Die Legende darüber, daß Alexander im Jahre 1825 nicht gestorben sei, sondern sich – in die Gestalt des demütigen Alten Fjodor Kusmitsch schlüpfend – von den Staatsgeschäften zurückgezogen und den Rest seines Lebens in Armut und Reue zugebracht habe, existiert bis in unsere Tage hinein. Als Erklärung hierfür gilt: Alexander, der leicht zu beeindrucken und gütig war, habe sein ganzes Leben lang an der Ermordung seines Vaters gelitten. Beinahe alle inneren Angelegenheiten hatte er Araktschejew übertragen und beschäftigte sich selbst hauptsächlich mit der Außenpolitik. Allmählich wurde ihm klar, daß er Rußland nicht zu dem Aufschwung verhelfen konnte, von dem er in seiner Jugend geträumt hatte, und beschloß, diese Schuld sein restliches Leben lang zu büßen.

Er habe seinem Bruder den Thron überlassen und sei nach Taganrog gefahren, um Rußland auf dem Seewege zu verlassen – dies hatte Araktschejew angeblich erfahren. Da er seinem Herrscher in allen Belangen treu ergeben war, inszenierte er einige Tage vor der plötzlichen Erkrankung des Kaisers in Taganrog die Flucht und Festnahme eines Unteroffiziers und gab Anweisung, ihn Spießruten laufen zu lassen. Noch eine andere Möglichkeit war denkbar – daß nämlich der Feldjäger Maskow ermordet worden oder – wie man verkündete – infolge eines »Unfalls« zu Tode gekommen sei. Beide Männer sahen dem Zaren äußerlich ähnlich, und daher wird vermutet, daß in dem für den Kaiser vorgesehenen Grab einer von ihnen lag. Am selben Tag zur selben Stunde habe zudem ein etwa fünfzigjähriger Mann mit einem Quersack über der Schulter, einem Stecken in der Hand und einem Bild von Christus dem Erlöser um den Hals, der blond, kahl, etwas gebückt und von der Größe sowie vom Gesicht her dem Herrscher ähnlich gewesen sei, die Stadt durch das Taganroger Stadttor auf dem großen Postweg verlassen. Der Name jenes Mannes sei Fjodor Kusmitsch gewesen.

Was sein weiteres Leben angeht, so gibt es eine ganze Reihe diesbezüglicher Annahmen. Angeblich habe der ehemalige Kaiser lange Zeit im Osten des Altaigebiets gelebt, wo er die geheimen Wissenschaften dieses Kreises kennenlernte und sogar Geldüberweisungen aus Petersburg, möglicherweise von seinem Bruder Nikolaus, erhielt. Im Jahre 1836 tauchte er unter dem Namen Kusmitsch im Kreis Tobolsk in Sibirien auf und wurde als Prophet und Heiler bekannt. Man behandelte ihn wie einen Heiligen. Von sich selbst erzählte er, er sei ein »Landstreicher, der sich an seine Herkunft nicht erinnert«. Äußerlich betrachtet war dieser Mann etwa sechzig Jahre alt, bäuerlich gekleidet, doch hob er sich von den anderen durch seine weichen und eleganten Manieren ab. In seinem Streben nach Einsamkeit bemühte sich Kusmitsch, an entlegenen Orten und in aller Stille zu leben, doch da überall Besucher in Scharen zu ihm strömten, mußte er nicht nur einmal seinen Aufenthaltsort wechseln.

Es sind viele indirekte Nachweise erhalten geblieben, die davon zeugen, daß diese Legende Wahrheit sein könnte. Hierzu zählen sowohl Kusmitschs Charakterzüge als auch seine Verhaltensweise, die den Eigenschaften und dem Benehmen des Kaisers sehr ähnlich waren. So hielt der Einsiedler in seiner Zelle beispielsweise musterhafte Ordnung – ebenso, wie es Zar Alexander in seinem Arbeitszimmer getan hatte, – und war ungewöhnlich reinlich. Der eine wie der andere liebte die Arbeit, las viel und war wissensdurstig. Der Zar und dieser Alte hatten auch einige gemeinsame Gewohnheiten: Sie gingen im Zimmer auf und ab, beide wiederholten oft den Satz »So ist es Gott genehm.« Gesprächspartner sprachen sie mit dem Wort »mein Lieber« an. Alexander kannte sich in der Geographie und Geschichte sehr gut aus und beherrschte einige Fremdsprachen. Für einen Herrscher war dies nur natürlich. Doch auch der Alte verfügte über genau dieselben Kenntnisse. Vor seinem »Tode« hatte der Zar in seinen Unterlagen musterhafte Ordnung geschaffen. Der Alte verbrannte vor seinem Tode sein Archiv. Gestorben ist er im Jahre 1864 in der Stadt Tomsk, wo er die letzten sechs Jahre im Hause eines dort ansässigen Kaufmanns gelebt hatte. Es breitete sich das Gerücht aus, daß man nach Fjodor Kusmitschs Tode inmitten der bescheidenen Ausstattung eines Einsiedlers ein kleines Kruzifix gefunden habe, das aus Elfenbein geschnitzt war und eine große Kostbarkeit darstellte. Ferner sei eine Kette vom Orden des heiligen Andreas gefunden worden, an der ein Monogramm in Form des Buchstaben »A« hing.

Es gibt jedoch keine direkten Beweise dafür, daß der Alte und Kaiser Alexander I. ein und dieselbe Person waren. Ein solches Zusammentreffen hätte wohl der Zarenfamilie Romanow auf keinen Fall gefallen.

Später schrieb ein Mitglied der Kaiserfamilie in seinen Erinnerungen folgende Episode auf, die sich im Jahre 1821 zugetragen haben soll. Alexander habe einmal während des Mittagessens im Familienkreise gesagt: »Ich habe beschlossen, mich von den mir auferlegten Verpflichtungen loszusagen und mich von der Welt zurückzuziehen. Europa braucht heutzutage mehr als zuvor junge Herrscher, die in vollem Maße über Tatkraft und Stärke verfügen. Ich bin schon nicht mehr derjenige, der ich früher war, und betrachte es als meine Pflicht, mich rechtzeitig zurückzuziehen.« Als er die Verwunderung auf den Gesichtern der Anwesenden sah, habe der Zar eiligst hinzugefügt: »Das wird nicht sofort geschehen, und es werden wohl noch einige Jahre vergehen, bevor dieser Plan zur Ausführung gelangen wird.«

Der offiziellen Version zufolge war der Zar aber in Taganrog gestorben.

Nikolaus I.
geb. 1796, Kaiser seit 14. Dezember 1825, gest. 18. Februar 1855

Nikolaus I. Romanow ⚭ Alexandra Fjodorowna
* 1796 † 1855 1817 (Charlotte) Prinzessin von Preußen
* 1798 † 1860

Alexander
* 1818 † 1881

Maria
* 1819 † 1876

Olga
* 1822 † 1892

Alexandra
* 1825 † 1844

Konstantin
* 1827 † 1892

Nikolaus
* 1831 † 1891

Michail
* 1832 † 1909

Als der Tod des Kaisers verkündet wurde, hielt sich Pauls Sohn Nikolaus in Petersburg auf. Über den Erlaß des Herrschers, der die Mitteilung über den Thronverzicht des Großfürsten Konstantin enthielt, war er nicht informiert. Deshalb leisteten Nikolaus und seine Vertrauten sofort nach der Totenmesse seinem nun ältesten Bruder feierlich den Treueeid, da es gemäß dem Gesetz über die Thronfolge ihm vorbehalten war, Zar zu werden; Alexander I. hatte ja keine Kinder hinterlassen. Auch jener schon erwähnte Brief, auf den der Kaiser eigenhändig geschrieben hatte »nach meinem Tode zu öffnen«, konnte Nikolaus keineswegs davon überzeugen, daß er der legitime Nachfolger des Verschiedenen sei. In diesem Brief stand, daß der Thron auf Großfürst Nikolaus, Sohn des verstorbenen Kaisers Paul, übergehen solle.

Weil Nikolaus keinerlei Mitteilung von Konstantin selbst erhalten hatte, der sich zu jener Zeit in Polen aufhielt, lehnte er es ab, den Thron zu besteigen. Schließlich erhielt er einen Brief aus Warschau, in dem sein Bruder seinen Verzicht auf die Zarenkrone bestätigte. Eine öffentliche Verzichterklärung wollte Konstantin nicht. Er weigerte sich auch, an dem Tage, da man dem neuen Zaren die Treue schwor, nach Petersburg zu kommen, weil er der Ansicht war, seine schriftliche Erklärung sei völlig ausreichend.

All dies verursachte eine Verzögerung, eine Art »Zwischenherrschaft«. Erst nach drei Wochen wurde Nikolaus zum russischen Kaiser proklamiert. Doch sein Herrschaftsantritt stand unter keinem guten Stern: Schon die erste Stufe zum Thron, die Nikolaus erklomm, wurde auf seinen Befehl mit Blut besudelt. Diesmal waren die Schüsse auf die Gardisten gerichtet, die seinen Vorfahren so oft zur Hilfe gekommen waren.

Am Morgen des 14. Dezember 1825, als das Manifest über Nikolaus' Thronbesteigung veröffentlicht wurde, leistete die Mehrheit der Garde dem neuen Kaiser den Treueeid, ein Teil der Garderegimenter aber weigerte sich und versammelte sich auf dem Senatsplatz.

Sie forderten eine generelle Aufhebung der Zarenmacht und die Einführung einer demokratischen Regierungsform. Einige Soldaten äußerten ihren Protest gegen die Person des neuen Kaisers und erklärten, Konstantin habe ganz und gar nicht auf den Thron verzichten wollen, er sei vielmehr hierzu gezwungen worden, und daher müsse man ihm den Anspruch auf die Herrschaft zurückgeben. In der Armee war Konstantin beliebt, Nikolaus hingegen verfügte über keinerlei Autorität, zumal er nur wenigen überhaupt bekannt war. Man versuchte, die Aufständischen zu überzeugen: Sowohl der Metropolit als auch Michail, der jüngere Bruder des proklamierten Zaren, wandten sich an sie, aber alles war vergebens.

In den Reihen der Aufrührer befand sich aller Wahrscheinlichkeit nach ein Provokateur, der als erster schoß und den Generalgouverneur von Petersburg,

Miloradowitsch, traf. Dieser hatte sich auf Geheiß des Zaren auf dem Platz eingefunden und eine flammende Rede an die Gardisten gehalten. Daraufhin befahl der Kaiser, mit Kanonen auf die Aufständischen zu schießen. Viele blieben an Ort und Stelle auf dem Senatsplatz liegen, die übrigen flüchteten.

Gegen Abend waren die wichtigsten Verschwörer verhaftet. Es handelte sich hierbei um die Vertreter der höchsten Adelsschichten, die davon geträumt hatten, Rußland von der Alleinherrschaft der Zaren zu befreien, die Bauern von der Leibeigenschaft zu erlösen, Gerichtsverhandlungen öffentlich zu machen und generell eine Republik nach dem Beispiel der Vereinigten Staaten von Amerika zu schaffen. Zu diesem Zwecke schufen sie in Rußland geheime Gesellschaften, auf deren Versammlungen ein konkreter Plan für den Aufstand aufgestellt worden war. Man beschloß, dem neuen Zaren den Treueeid zu verweigern und mit den Forderungen an die Öffentlichkeit zu treten.

Die freiheitsliebenden Ideen, die der russische Adel zum Ausdruck gebracht hatte, waren aus Europa ins Land geströmt. Unter den Mitgliedern der geheimen Gesellschaften, die später als Dekabristen – nach dem Monat Dezember, auf russisch »dekabr« – bezeichnet wurden, waren viele Leute ausländischer Herkunft, vor allem solche, die aus Deutschland stammten.

Anton von Delwig zum Beispiel war Sohn eines deutschen Vaters und einer russischen Mutter. Er hatte einen Ausbildungsgang im Zarenlyzeum durchlaufen, in der Bildungseinrichtung für Söhne aus ausgewählten Adelsfamilien. Wilhelm Küchelbecker war Dichter, Sproß einer bürgerlichen deutschen Familie, die im Baltikum lebte. Kurz vor dem Aufstand besuchte er in Weimar Goethe höchstpersönlich und führte mit ihm lange Gespräche. Rylejew – ebenfalls Dichter – war Sohn einer deutschen Mutter, einer geborenen von Essen. Auch Paul von Pestel war ein reinblütiger Deutscher. Sein Großvater hatte sich zu Zeiten Kaiserin Elisabeths in Rußland angesiedelt. Der junge Pestel brachte seine progressiven Ideen aus Hamburg mit, wo er studiert hatte. In Rußland strebte er später eine militärische Karriere an. Im Jahre 1812 nahm er als Oberst am Krieg gegen Napoleon teil und erhielt für seine Tapferkeit von Alexander I. persönlich die höchsten russischen Orden. Nun hatte Pestel nicht nur eine der geheimen Gesellschaften geleitet, sondern auch den Entwurf für die Verfassung eines zukünftigen demokratischen Rußlands ausgearbeitet.

Geistiger Vater der Dekabristen war Johann Schwarz, Philosophieprofessor und aus Siebenbürgen stammend, der seine aufreibende Tätigkeit in Rußland noch zu Zeiten Katharinas II. begonnen hatte. Er gründete Volksschulen und weitere Bildungseinrichtungen, eröffnete sogar ein Krankenhaus für die Armen. Seine philosophischen Postulate über die Entwicklung der Demokratie in Rußland wurden von den Mitgliedern der geheimen Gesellschaften aufgegriffen.

Den Ideen des Fortschritts, die aus dem Westen herübergeweht kamen, war es jedoch nicht beschieden, in Rußland Realität zu werden, die Autokratie der Zaren stand ihnen entgegen und übte Vergeltung...

Am Tag nach der Niederwerfung des Aufstandes schrieb Nikolaus an seinen Bruder in Warschau: »Lieber Konstantin, Euer Wunsch ist vollzogen worden: Ich bin Kaiser. Aber um welchen Preis! Mein Gott! Um den Preis des Blutes meiner Untergebenen.«

Zur Untersuchung der Angelegenheit wurde eine sogenannte Oberste Ermittlungskommission eingesetzt. Nach deren Untersuchungen wurden 120 Personen festgenommen, die der Zar schließlich in eine Festung sperren und im Rahmen einer nichtöffentlichen Gerichtsverhandlung aburteilen ließ. Der Herrscher nahm persönlich an den Verhören der Verhafteten teil. Fünf von ihnen ließ er aufhängen. Extra für diese Exekution wurde ein Mann aus Schweden geholt, da es damals in Rußland noch keinen Henker gab. Den Verwandten der Gehängten verbot man, Trauer zu tragen. Unter den Hingerichteten waren auch Paul Pestel und der Dichter Rylejew. Kurz vor seiner Hinrichtung hatte Rylejew ein satirisches Lied über Nikolaus I. und die Kaiserfamilie geschrieben. »Unser Zar ist ein Rußlanddeutscher«, so hieß dieses Werk. Nachdem sein Verfasser am Galgen den Tod gefunden hatte, pfiff die Petersburger Bevölkerung dieses Lied auf den Straßen der Stadt.

Über einhundert Aufständische wurden zur Zwangsarbeit nach Sibirien oder in den Hohen Norden verbannt und dort unter strengsten Bedingungen gehalten. Der Schriftwechsel mit den Verbannten mußte über eine Abteilung der Gendarmerie erfolgen, der Inhalt der Briefe war dem Zaren persönlich mitzuteilen. Die Ehefrauen einiger »Verbrecher« beschlossen, ihre luxuriösen Paläste und Landgüter aufzugeben und ihren Männern ins Zwangsarbeitslager zu folgen. Hierfür mußten sie sich allerdings die persönliche Genehmigung des Zaren erbitten. Nicht alle erhielten sie. Über das heroische Auftreten dieser russischen Frauen, die als Gemahlinnen der Dekabristen meist den höchsten Familien des Landes entstammten, sind viele Bücher geschrieben worden, und bis zum heutigen Tage ist Rußland stolz auf sie.

Unter den Verurteilten befand sich Matwej Murawjow-Apostol, der Sohn des Erziehers der Großfürsten Alexander und Konstantin, der später in Hamburg wohnte und dort Minister war. Seine Kinder- und Jugendjahre hatte er im Ausland verbracht, eine großartige Erziehung in seinem Elternhaus erhalten und in Paris studiert; er sprach ausgezeichnet französisch und deutsch. Er hatte die Ideen des Westens verinnerlicht und konnte deshalb keinerlei Autokratie erdulden; was er auch nicht verheimlichte. Bei einem Festessen weigerte er sich einmal ganz demonstrativ, einen Trinkspruch auf die Gesundheit des Herrschers Alexander I. auszubringen und goß seinen Wein auf den Boden. Am Tage des Aufstands wurde dieser Gegner der Monarchie zusammen mit seinem am Kopf verwundeten Bruder Sergej festgenommen. Sein jüngerer neunzehnjähriger Bruder Hyppolit erschoß sich vor seinen eigenen Augen, als ihn die zaristischen Soldaten umzingelt hatten. Matwej Murawjow-Apostol wurde in den hohen Norden verbannt. Erst dreißig Jahre später kehrte er aus der Verbannung zurück. An seinem Lebensabend geschah etwas Kurioses. Als in Moskau der neue Zar – der Enkel von Nikolaus I. – gekrönt wurde, begrüßte ihn der ganze Moskauer Adel. Der frühere Häftling war auch dabei. Als der Kaiser auf der Brust des gelähmten alten Mannes das Georgskreuz sah, blieb er stehen und erkundigte sich, wer er sei und wofür er diese hohe Auszeichnung erhalten habe. Der ehemalige Dekabrist war gerührt von der Aufmerksamkeit des Zaren und begann zu weinen, fiel auf die Knie und küßte dem Herrscher die Hand. Diese tragische Begebenheit war später Gegenstand vieler Gespräche.

Die bedrückenden Ereignisse der ersten Regierungstage von Nikolaus I. Romanow hatten auf alle einen deprimierenden Eindruck gemacht. Durch seine grausame Abrechnung mit den Dekabristen wollte der neue Kaiser gleichsam die Stärke und Unnachgiebigkeit der Zarenmacht unterstreichen, obwohl er zweifelsohne für die Betroffenen Mitgefühl empfand und sogar versuchte, manches Schicksal etwas zu mildern. Manche empfanden das als Hohn.

Der dreijährigen Tochter des hingerichteten Rylejew zum Beispiel bewilligte er eine lebenslange Rente. Außerdem schickte er Shukowski, den Hofdichter und Erzieher seines Sohnes, mit dem Auftrag nach Sibirien, den Verbannten jegliche nur mögliche Erleichterung zu gewähren, dies aber nicht im Namen des Kaisers zu tun, sondern in seinem eigenen.

Für den Zaren war die Einhaltung der Gesetze das Allerwichtigste, schon der bloße Gedanke an eine Zerstörung dieser Ordnung löste bei ihm panische Angst aus. Nikolaus I. Romanow war der Ansicht, ein Zar müsse gefürchtet werden, deshalb tat er alles, um nach außen hin sein furchterregendes Image zu bewahren.

Vergeltung hielt Kaiser Nikolaus für seine Pflicht, und in einer Revolution sah er die größte Gefahr für Rußland.

Der 14. Dezember drückte den gesamten Herrschaftsjahren des Zaren einen unauslöschlichen Stempel auf. »Niemand vermag es, den brennenden Schmerz zu verstehen, den ich bei der Erinnerung an diesen Tag empfinde und mein ganzes Leben lang empfinden werde«, sagte er schon kurz nach seiner Thronbesteigung zum Gesandten eines europäischen Hofes.

Damals war er neunundzwanzig Jahre alt. Der große, schlanke Mann mit stolz erhobenem Haupt und kaltem Blick aus stahlgrauen Augen stellte durch sein gesamtes äußerliches Erscheinungsbild *die Verkörperung der Macht* dar. Seinem energischen Gesicht fehlte das bezaubernde Lächeln Alexanders, deshalb machte er stets einen grimmigen und unzufriedenen Eindruck.

Nach Abschluß des Prozesses gegen die Dekabristen wurde Nikolaus I. Romanow im Sommer 1826 offiziell zum Zaren gekrönt. Ort des Geschehens war traditionsgemäß Moskau. Der Zar kam gemeinsam mit seiner Familie nach Moskau. Seinen feierlicher Einzug in den Kreml hatte man mit aller nur möglichen Pracht organisiert. Der Herrscher selbst ritt auf einem Schimmel, an seiner Seite waren Großfürst Michail, der preußische Prinz Karl und Herzog Alexander von Württemberg. Dahinter dann das Gefolge in glänzenden Uniformen. Die Gemahlin des Kaisers und die verwitwete Kaiserin-Mutter fuhren mit ihren Hoffräuleins und Staatsdamen in prächtigen Kutschen. Den Abschluß des Zuges bildete ein Kavallerietrupp.

Vor der Mariä-Himmelfahrts-Kathedrale wurde der Herrscher vom Senat und den angesehenen Hofbeamten begrüßt. Mit den beiden Kaiserinnen betrat er die Kathedrale, wo ihn die hohe Geistlichkeit mit einem Kruzifix und Weihwasser empfing. Nachdem er die Ikonen geküßt hatte, begab sich der Kaiser wieder in seinen Palast. Die eigentliche Krönungszeremonie, auf die man sich sorgfältig vorbereitet hatte, sollte erst einige Tage später stattfinden.

Dabei setzte man dem Kaiser, der auf dem Diamantsessel von Zar Alexej thronte, und der Kaiserin, die neben ihrem Gatten im Goldsessel von Zar Michail Platz genommen hatte, die Kronen aufs Haupt. Der Moskauer Metropolit vollzog das heilige Ritual. Schließlich verkündeten Kanonendonner und Glockengeläut das Ende der Zeremonie.

Anläßlich der Krönung wurde im Facetten-Gemach des Kreml ein Festessen gegeben. Der Kaiser nahm an dem für ihn vorbereiteten Tische Platz, zwischen den beiden Kaiserinnen – seiner Mutter Maria zur rechten, seiner Gemahlin Alexandra zur linken. Hinter den Sesseln der Majestäten standen die höchsten Ränge des Hofes. Der Zarentisch war mit altem Gold- und Silbergeschirr festlich gedeckt; die übrigen Tische, an denen die Gäste saßen, hatte man vor ihm im Halbkreis angeordnet.

Bevor der Metropolit die Tafel segnete, überreichte der Finanzminister den beiden Kaiserinnen auf einem goldenen Tablett einige Goldmünzen, die anläßlich der Krönung Seiner Majestät gegossen worden waren. Auf einer Seite der Münzen war eine Profildarstellung des Kaisers Nikolaus, auf der anderen Seite das Emblem eines Gesetzes zu sehen: »Das Unterpfand für die Seligkeit aller und jeder.« An den übrigen Tischen stellte man die Münzen auf Silbertellern an die rechte Seite jedes Gastes. Während des Essens erklangen Trinksprüche, die draußen von Kanonenschüssen begleitet wurden. Die Tischgesellschaft dauerte dreieinhalb Stunden. Anschließend zog sich die Kaiserfamilie zurück.

Zur Kaiserkrönung war auch Konstantin, der ältere Bruder des Zaren, aus Warschau angereist. Dieser Besuch war der öffentliche Beweis dafür, daß er dem neuen Herrscher ergeben war. Das Publikum freute sich über seine Anwesenheit; die Hofbeamten umgaben ihn mit Zeichen der respektvollsten Ehrfurcht, einige verbargen allerdings ihre Verwunderung nicht.

Drei Jahre später, als Zar Nikolaus in Warschau auch zum Herrscher über Polen gekrönt wurde, empfing Konstantin die kaiserlichen Hoheiten persönlich mit allen Truppen, die seinem Kommando unterstanden. Die Krönungszeremonie fand im Sitzungssaal des Senates statt. Dort, wo gewöhnlich der Thron stand, war gegenüber ein blutroter Samtbaldachin aufgestellt worden, geschmückt mit Fransen, goldenen Quasten, Straußenfedern und dem Monogramm seiner Majestät, des Kaisers von Rußland und Zaren von Polen. Die Krone, das Zepter, die Machtinsignien und die übrigen Symbole hatte man aus Petersburg geholt.

Konstantin blieb bis zu seinem Tode in Warschau. Siebzehn Jahre lang war er faktisch Rußlands Statthalter im polnischen Reich.

Er war ein überaus nervöser und völlig unberechenbarer Mann. Viele bei Hofe waren durch seine heftigen Ausbrüche immer wieder schockiert. 1820 hatte sich Konstantin von seiner Gemahlin Anna, einer Prinzessin von Sachsen-Coburg, scheiden lassen und seine polnische Mätresse, Gräfin Jeanette Grudzinskaja, geheiratet. Sie war sechzehn Jahre jünger als er und eine wahre Schönheit. Alexander I. war mit dieser Ehe zunächst nicht einverstanden, fand sich später aber damit ab und erhob die Gattin seines Bruders in den Fürstenstand. Benannt nach dem Gut, das er Konstantin einmal geschenkt hatte, ging diese Frau als Fürstin Lowicz in die russische Geschichte ein. Großfürst Konstantin war kein langes Leben beschieden. Fünf Jahre nach der Krönung seines jüngeren Bruders zum Zaren starb er während einer Revolte in Polen an der Cholera – in einer Bauernhütte, von allen, außer seiner Frau, verlassen. Seine schöne Gemahlin folgte ihm bald nach; sie war gerade einmal sechsunddreißig Jahre alt geworden.

Eheliche Kinder hatte Konstantin nicht. Aber aus einem kurzen Verhältnis mit der Französin Josephine Friedrichs stammte sein 1808 geborener Sohn Paul. Als Pate des Jungen stand Alexander I. am Taufbecken, der seinem Neffen später den Adelstitel verlieh. Über das Schicksal dieses Sohnes ist leider nichts bekannt.

Innerhalb von 30 Jahren hatte nun der zweite Sohn Pauls, des dreizehnten Romanows, den russischen Thron eingenommen. Nikolaus' gesamte stattliche Erscheinung verkörperte Machtbewußtsein und Gewaltbereitschaft; dahinter verbarg sich allerdings panische Furcht vor möglichen, dem Geist der Zeit geschuldeten Veränderungen.

Bereits in früher Kindheit unterschied sich Nix, wie er im Familienkreise genannt wurde, von seinen Brüdern durch besondere Feigheit. Das Geräusch von Schüssen konnte er nicht ertragen und wollte sich auch niemals Kanonen anschauen. Vor einem Gewitter versteckte sich der Junge in einem möglichst entlegenen

Winkel und wartete mit geschlossenen Augen ab, bis der Donner verhallte. Einmal sollte ihm ein Zahn gezogen werden, woraufhin er tagelang weinte, nicht schlief und sogar auf das Essen verzichtete, da er schon im voraus die ihm bevorstehende Extraktion durchlitt. Wenn Nix ernsthaft zornig wurde, ließ er seiner Erregung freien Lauf, zerbrach Spielsachen, schlug seinen jüngeren Bruder Mischa und forderte Vergeltung.

Die kleingeistige Rachsucht des neuen Zaren war schon längst zum öffentlichen Gesprächsthema geworden. Man erzählte sich, als Großfürst habe er einmal einen Offizier, dem bei einer Übung ein Fehler unterlaufen war, körperlich gezüchtigt und am Kragen gepackt. Dem gelang es noch zu sagen: »Eure Majestät, ich habe einen Degen in der Hand.« Nikolaus hieß ihn, den sinken zu lassen, verstummte, vergaß diese Worte aber ganz offensichtlich nicht. Nach dem 14. Dezember holte er sofort Erkundigungen ein, ob der Gardekapitän Samojlow – so lautete der Name jenes Offiziers – am Aufstand beteiligt gewesen sei. Zum Glück für den Gardisten erhielt der Zar eine negative Antwort.

Nikolaus war im Juni 1796, einige Monate vor dem Tode seiner mächtigen Großmutter, geboren worden. Über seine Geburt hatte sich Kaiserin Katharina II. so gefreut, daß sie ihren Enkel eigenhändig auf den Balkon hinaustrug und ihn dem Volke präsentierte. Mit seinem jüngeren Bruder Michail gehörte er zur zweiten Generation von Pauls Söhnen und erhielt daher eine andere Erziehung als seine älteren Brüder Alexander und Konstantin.

Bereits ab seinem dritten Lebensjahr kleidete man den kleinen Nix in Militäruniformen. Wie die Einnahme- und Ausgabenbücher des Hofstaates aus jener Zeit belegen, ließ man sie in großer Menge nähen. Uniformen, Ordenssterne, Biesen, Bänder – für all dies wurden enorme Geldsummen bereitgestellt. Es ist interessant, daß in den offiziellen Aufzeichnungen auch Kosten für Insektenvertilgungsmittel auftauchen. Wanzen müssen in den Schlafzimmern der Kinder gar zahlreich vorgekommen sein.

Es gab auch viele Kinderfrauen und -wärter sowie ausländische Erzieher. Auch die Kinder von Majestäten wurden mit Prügel erzogen. Der Deutsche Graf Lambsdorff, Erzieher von Nikolaus und seinem jüngeren Bruder Michail, war ein leidenschaftlicher Militarist und schlug die beiden für den kleinsten Ungehorsam mit dem Lineal oder dem Ladestock.

Im Gegensatz zu Alexander las Nikolaus nicht gern. Soldaten und Gewehre – damit beschäftigte er sich am liebsten. Als drittgeborener Sohn bereitete er sich auf eine bescheidene Militärkarriere vor. Seine Mutter wünschte, daß die Lehrer ihn für die Wissenschaften begeistern sollten. Doch das gelang ihnen nicht. Sein ganzes Leben lang galt sein Hauptinteresse der Armee, er blieb ein »Haudegen«. Sich mit der Theorie zu beschäftigen lehnte er prinzipiell ab und empfand Mißtrauen gegenüber allen, die wissenschaftliche Kenntnisse besaßen.

Er erhielt nur Grundkenntnisse in der Staatsführung, da er nicht auf den Thron vorbereitet wurde. Seine Ausbildung war auf das Militärbauwesen ausgerichtet, und unter Alexander I. bekleidete er den Posten eines Generalinspekteurs für die Pioniertruppen. In die Fragen der höheren Politik war er nicht eingeweiht worden, auch gewährte man ihm kaum die Möglichkeit, sich an ernsthaften Gesprächen über staatliche Belange zu beteiligen. Lediglich im Vorzimmer seines neunzehn Jahre älteren Bruders, des Kaisers Alexander I., wo er den Großteil seiner Zeit verbrachte, eignete er sich einige Kenntnisse über die Regierung des Staates an.
Mit einundzwanzig Jahren heiratete Nikolaus Romanow eine Tochter des Preußenkönigs Friedrich Wilhelm III. und der legendären Königin Luise. Die Verlobung hatte einige Monate vorher, während seines Besuches bei der preußischen Königsfamilie, in Potsdam stattgefunden. Nikolaus befand sich zu jener Zeit auf seiner ersten Auslandsreise, die seine Bildung fördern sollte. Neben anderen deutschen Fürstentümern bereiste er auch Preußen. Dort lernte er Charlotte kennen, die von der Schönheit des russischen Gastes dermaßen bezaubert war, daß sie sich heftig in ihn verliebte. »Der schönste Prinz in ganz Europa«, so sagten die Deutschen über ihn; einige Autoren indes halten ihn sogar für den schönsten Vertreter der Romanows überhaupt. Die Hochzeit fand an Alexandra Fjodorownas 19. Geburtstag in Petersburg statt. Den neuen Namen hatte die preußische Prinzessin nach ihrem Übertritt zum orthodoxen Glauben erhalten. Ihr anmutiges Gesicht wies große Ähnlichkeit mit den wunderschönen Zügen von Königin Luise, ihrer Mutter, auf. Sie war hochgewachsen, schlank und majestätisch. Doch fehlte ihr jeglicher persönliche Ehrgeiz, auch der Wunsch zu herrschen lag ihr fern. Ihr Vater vergötterte und verzärtelte seine Tochter, die ihn an seine unvergessene Gemahlin erinnerte. Mit Charlottes Wahl war er sehr zufrieden.

Alexandra schenkte ihrem Gemahl sieben Kinder. Als Vater einer Großfamilie war der russische Kaiser zärtlich zu ihr, unterhielt warmherzige Beziehungen zu seinen deutschen Verwandten, reiste häufig nach Berlin, wo der preußische König seinen regierenden Schwiegersohn, dem er große Liebe entgegenbrachte, freudig empfing. Nach Nikolaus' Thronbesteigung verliehen ihm die Berliner den Rang eines Ehrenbürgers ihrer Stadt, und ein malerisches Waldgebiet am Westrand der deutschen Hauptstadt trägt auch heute noch zu Ehren des russischen Zaren den Namen Nikolskoje.

Als Erstgeborener der Großfürstenfamilie erblickte ein Sohn das Licht der Welt, der damals nach dem regierenden Onkel des Kaisers Alexander genannt wurde. Als der Knabe sein siebtes Lebensjahr vollendet hatte, wurde er zum Erben des russischen Thrones ausgerufen.

Nach ihrem ersten Sohn brachte die deutsche Prinzessin eine Tochter zur Welt, dann folgten in Abständen von jeweils drei Jahren nochmals zwei Töchter.

Maria, der erste weibliche Nachkomme des russischen Zaren Nikolaus I., heiratete später Herzog Maximilian Leuchtenberg, dessen Vater Napoleons Stiefsohn Eugen Beauharnais war. Das Mädchen, das blonde Haare, blaue Augen und eine zarte Gesichtsfarbe hatte, war seinem Gemahl – einem überaus interessanten und hochgebildeten Mann – von ganzem Herzen ergeben. Das Großfürstenpaar lebte in Petersburg im extra vom deutschen Architekten Stakenschneider fertiggestellten Marienpalast. Ihr glückliches Eheleben dauerte jedoch nur dreizehn Jahre. Nachdem sie sieben Kinder zur Welt gebracht hatte, verwitwete die Kaisertochter im dreiunddreißigsten Lebensjahr und widmete sich dann ausschließlich ihrer gesellschaftlichen Tätigkeit im Bereich der Kunst. Nach dem Tode ihres Gatten übernahm sie die Präsidentschaft der Kaiserlichen Kunstakademie und wurde Vorsitzende der »Gesellschaft zur Förderung der Künste«. Ohne Wissen ihres Vaters heiratete sie später noch einmal, diesmal einen gewissen Grafen Stroganow.

Nikolaus' zweite Tochter, Olga, war eine wahrhafte Schönheit. Sie wurde die Gemahlin des Königs Karl von Württemberg und lebte ein langes, glückliches Leben.

Tragisch verlief das Schicksal der dritten Kaisertochter Alexandra, die in dem Jahr zur Welt kam, als ihr Vater den russischen Thron bestieg. Achtzehnjährig wurde sie mit dem Prinzen von Hessen-Darmstadt verheiratet, ein Jahr später starb sie an einer Frühgeburt gemeinsam mit dem gerade zur Welt gekommenen Sohn. Als Nikolaus von dieser Tragödie erfuhr, weinte er und schämte sich seiner Tränen nicht. Zu ihrem Gedenken wurde in Petersburg die Alexandra-Frauenklinik eröffnet, und in Zarskoje Selo errichtete man ein Denkmal in Form einer Kapelle mit einer Statue der Großfürstin, die ein Kind im Arm hält. Im russischen Alexandria aber wurde zwei Jahre später zur Erinnerung an die Tochter des Zaren eine ionische Säule aus weißem Marmor errichtet, deren Spitze ein bronzenes Kreuz schmückt. Den Tod seiner Tochter betrachtete Nikolaus als himmlische Bestrafung für das Blut, das er in ihrem Geburtsjahr 1825 vergossen hatte. Sein ganzes Leben lang litt er unter diesem Verlust.

Die Kaiserin schenkte ihrem Gatten zuletzt noch drei Söhne: Konstantin, der unter Anleitung von Admiral Litke erzogen wurde, liebte die Kriegsflotte. Mit einundzwanzig Jahren heiratete er eine Prinzessin von Sachsen-Altenburg, die nach ihrem Übertritt zum orthodoxen Glauben den Namen Alexandra Iosifowna erhielt. Sie hatten sechs Kinder, von denen zwei nach der Revolution in Rußland von den Bolschewiki erschossen wurden. Die übrigen starben eines natürlichen Todes.

Interessant ist auch der Stammbaum von Konstantins ältester Tochter Olga, der Enkelin des Kaisers. Sie heiratete den griechischen König Georg I. Ihr ältester Sohn erbte den griechischen Thron, ihr jüngster heiratete Prinzessin Alice Mountbatten.

Philip, der 1921 geborene Sohn aus dieser Verbindung, heiratete 1947 die englische Thronfolgerin Elizabeth und wurde aus diesem Anlaß zum Herzog von Edinburgh ernannt. So sind die Kinder des englischen Königspaares – Charles, Anne, Andrew und Edward – gleichzeitig Ur-Ur-Urenkel des russischen Kaisers Nikolaus I.

NIKOLAUS I. ROMANOW
* 1796 † 1855

Alexandra Fjodorowna
Prinzessin von Preußen
* 1798 † 1860

Konstantin
* 1827 † 1892

Alexandra Iosifowna
(Elisabeth Maria)
Prinzessin von Sachsen-Altenburg
* 1830 † 1911

Georg I.
König von Griechenland
* 1845 † 1913

Olga
* 1851 † 1926

Andrej
Prinz von Griechenland
* 1881 † 1944

Alice
Prinzessin Moutbatten
* 1885 † 1969

Elizabeth Prinzessin von Wales, seit
1952 Königin von Großbritannien
* 1926

⚭ 1947

Philip Prinz von Griechenland
seit 1947 Herzog von Edinburgh
*1921

Charles
* 1948

Anne
* 1950

Andrew
* 1960

Edward
* 1964

Einer der Söhne des Großfürsten Konstantin und der Großfürstin Alexandra Iosifowna, der zu Ehren seines Vaters den Namen Konstantin erhalten hatte, war ein ausnehmend begabter Mann. Er verfügte über große musikalische Fähigkeiten und war ein talentierter Dichter. Seine Gedichte dienten als Vorlage für viele bemerkenswerte Lieder, die bis zum heutigen Tage konzertant aufgeführt werden. Geschrieben hat der Enkel des Zaren unter dem Pseudonym »KR« – wahrscheinlich die Abkürzung für Konstantin Romanow – und mehrere Sammlungen seiner Werke herausgegeben. Bekannt war der Dichter auch als bemerkenswerter Shakespeare-Übersetzer sowie als Dramatiker. Sein Stück »Der Judenkönig« wurde in mehrere europäische Sprachen übersetzt und in vielen Theatern der Welt mit großem Erfolg aufgeführt. Dieser bekannte Enkel von Nikolaus I. war mit Prinzessin Elisabeth von Sachsen-Altenburg verheiratet und hatte neun Kinder aus dieser Ehe. Er starb zwei Jahre vor der Revolution in Rußland, so daß es ihm zum Glück erspart blieb, den Untergang seiner Familie zu erleben.

Der dritte Sohn des Kaisers, wie sein Vater auf den Namen Nikolaus getauft, durchlief eine Militärkarriere bis zum Oberkommandierenden der Armee. Der Zar war der Überzeugung, daß sich alle Großfürsten dem Dienst an der Heimat widmen sollten, wobei sie meist dem Militär den Vorzug gaben.

Nikolaus tat sich durch keine besonderen Fähigkeiten hervor. Er heiratete Friederike Wilhelmine, eine Prinzessin von Oldenburg und hatte zwei Söhne – Nikolaus und Peter –, die Berufsoffiziere wurden, sich aber entgegen der in ihrer Familie verwurzelten Tradition nicht mit deutschen Prinzessinnen, sondern mit den Fürstinnen Tschernogorskij vermählten. Nikolaus' Gattin, Großfürstin Alexandra Petrowna, wurde im Alter von achtundvierzig Jahren unter dem Namen Anastassia Nonne.

Michail, der jüngste Sohn des Kaisers, kam 1832 zur Welt, wurde Berufsoffizier und heiratete Cäcilie Auguste, eine badische Prinzessin. Damit knüpfte er verwandtschaftliche Beziehungen zum schwedischen Königshaus, weil die Mutter seiner Auserwählten eine Tochter von König Gustav IV. war. In Rußland erhielt Cäcilie Auguste den Namen Olga Fjodorowna. In Petersburg wurde am Palastufer der Newa ein Domizil für das Großfürstenpaar errichtet. Sie hatten sieben Kinder – eine Tochter und sechs Söhne – die aber allesamt erst nach dem Tode Nikolaus' I. zur Welt kamen.

Der älteste dieser Söhne, ebenfalls Nikolaus mit Namen, wurde ein bekannter Historiker und stand abseits des Hoflebens. Er war ein äußerst begabter und vielseitig interessierter Mann. In den letzten Regierungsjahren der Romanows nahm er gegenüber dem Kaiser eine extreme Position ein und trat sogar mit der Idee auf, die Autokratie zu beschränken. Wie viele andere Enkel und Urenkel von Kaiser Nikolaus I. fand auch er ein tragisches Ende.

Der zweite männliche Nachkomme des jüngeren Zarensohnes, Michail, erfuhr ein für das russische Kaiserhaus ungewöhnliches Schicksal. Er heiratete Gräfin Sophie Merenberg, eine Enkelin des berühmten russischen Dichters Alexander Puschkin, dessen Tochter mit Prinz Nikolaus Wilhelm Nassau verheiratet worden war. Die Familie Romanow betrachtete diese Ehe als ungültig, da sie ohne Zustimmung des Kaisers geschlossen worden war. Die Gatten reisten nach England und blieben für immer dort. Die britische Königin Viktoria verlieh ihnen und ihren Kindern den Titel der Grafen von Torby.

Das Schicksal aller Kinder und Enkel von Nikolaus I. – insgesamt waren es zweiundzwanzig – blieb eng mit dem Herrscherhaus verbunden.

Seinem Charakter und Äußeren nach war der Vater dieser Großfamilie eher ein Deutscher als ein Russe. Seine schönen Gesichtszüge, sein regelmäßiges Profil, seine militärische Haltung und Pedanterie in Kleinigkeiten sowie seine Ordnungsliebe erinnerten mehr an Deutschland, als daß sie charakteristisch für Rußland gewesen wären.

Im Umfeld des Zaren entwickelte sich eine Atmosphäre der Liebedienerei und Heuchelei. Rein äußerlich gesehen war der Herrscher von Personen umgeben, die ihm schmeichelten. Das erfreute ihn über die Maßen. Viele Höflinge empfanden jedoch insgeheim für ihren Monarchen wegen dessen Überheblichkeit, Schroffheit und Kälte nur Abneigung, hätten dies aber unter keinen Umständen offen kundgetan. Nur im Kreise seiner Familie konnte der Kaiser auch Herzlichkeit und Großmut ausstrahlen. Seine Ehe schien nach außen hin vorbildlich zu sein.

Dieser Zar war wirklich ein schöner Mann. Doch seine Schönheit strahlte Kälte aus, seine Augen zeigten keine Güte, seinem Blick fehlte jegliche Weichheit, und sein Herz war kaum fähig, eine Frau zu lieben. Er konnte ihr lediglich Wohlwollen entgegenbringen, nicht mehr. In seiner Umgebung aber hielten sich nicht wenige attraktive Frauen auf, und es zog ihn einfach zu ihnen hin.

Seine Besuche in Mädchenpensionaten und in der kaiserlichen Ballettschule konnten zwar als Nährboden für Vermutungen dienen, doch dieser Romanow gewährte niemandem Einblick in seine Abenteuer. Immer wieder kamen bei Hofe Gerüchte über angebliche Affären des Kaisers auf, die aber ebenso schnell wieder verstummten. Möglicherweise war es bloßes Gerede.

In den letzten Jahren spielte Warwara Nelidowa, die Nichte der ehemaligen Freundin seines Vaters Paul, eine wichtige Rolle im Leben des Herrschers. Hierüber wurde nur leise geflüstert, niemand konnte sich dazu entschließen, laut darüber zu sprechen. Zur gealterten Katherina Nelidowa selbst hatte Nikolaus übrigens ebenfalls ein gutes Verhältnis. Dabei erhielt er auch Unterstützung durch seine Gemahlin.

Kaiserin Alexandra widmete sich ganz und gar ihrer Familie und war ihren Kindern eine gute Mutter. Sie war, so schien es, immer noch in ihren Mann verliebt. Schwangerschaften und Geburten hatten ihre Gesundheit beeinträchtigt. Der Kaiser brachte ihr deshalb Aufmerksamkeit und Fürsorge entgegen. Wenn sie krank war – und dies kam ziemlich oft vor–, kümmerte er sich persönlich um sie, verbrachte manchmal die Nächte an ihrem Bett und versorgte sie wie ein Krankenpfleger. Mehrere Auslandsreisen und längere Aufenthalte in einem besseren Klima brachten ihr lediglich vorübergehende Besserung.

Trotz ihrer angegriffenen Gesundheit war die Kaiserin sehr fleißig. Ihr Arbeitstag begann schon am frühen Morgen: Wohltätigkeitsveranstaltungen, Besichtigungen, Paraden, Empfänge und allerlei Pflichten im Bereich des Hofes füllten ihn aus. Alexandra wollte stets an der Seite ihres dynamischen Gemahls sein. Nikolaus I. war häufig unterwegs, und sie folgte ihm, soweit es ihre Kräfte zuließen. Aber in Staatsangelegenheiten mischte sich die Kaiserin nie ein. Sie war nur das getreue Echo ihres Gatten und glaubte ihm bedingungslos. Wenn Nikolaus ihr gesagt hätte, zwei mal zwei mache fünf, hätte es Alexandra nicht bezweifelt. Ihrem allmächtigen Gatten widersprach sie niemals.

Nach seiner Thronbesteigung kam Nikolaus zu dem Schluß, daß er sich nicht ausschließlich auf den Adel stützen könne und entschied, sich in der Bürokratie einen Rückhalt zu suchen und die Privilegien des Adels zu beschneiden. Zu sehr hatte ihn das Auftreten der Adligen gegen die Alleinherrschaft im Dezember 1825 erschreckt.

Als er Kaiser geworden war, trennte sich Nikolaus von nahezu allen Staatsmännern, die unter seinem großen Bruder eine wichtige Rolle gespielt hatten. Auch Araktschejew – der Mensch, der Alexander I. am nächsten gestanden hatte und ihm grenzenlos ergeben war – wurde in den Ruhestand versetzt. Zar Nikolaus begann mit einer Militarisierung des Staatsapparates, was zur Folge hatte, daß während seiner Herrschaftszeit die absolute Monarchie in ihrer militärisch-bürokratischen Form die höchste Blüte erreichte. Die grundlegenden Gesetze des russischen Reiches gewährten dem Zar unbegrenzte Möglichkeiten. Der erste Artikel dieser Gesetze lautete: »Der Gesamtrussische Kaiser ist ein absoluter und uneingeschränkter Monarch. Gott selbst gebietet, sich seiner höchsten Macht nicht nur aus Angst, sondern auch mit ganzem Gewissen zu beugen.«

Nikolaus I. wollte niemandem auch nur einen Teil seiner Macht abtreten.

Die wichtigste Eigenschaft, die der Zar von den Staatsbeamten forderte, war Gehorsam. »Ich kann niemandem gestatten, sich meinen Wünschen, wenn sie einmal bekanntgegeben sind, zu widersetzen«, hatte er bei einer der ersten Sitzungen des Staatsrates erklärt. »Da ich Autokrat bin, ist mein Wille Gesetz.« So verstand dieser Romanow den Sinn des Absolutismus. Nikolaus wollte jegliches Streben nach Unabhängigkeit, Persönlichkeit, Initiative und freiem Willen unterdrücken. In allen Institutionen herrschte Kasernenordnung. Schon wegen des geringsten Ungehorsams wurden die Beamten hart bestraft.

Der Kaiser führte neue Regeln für alle Beamten, Professoren und Studenten ein – sie mußten fortan »von der Obrigkeit entworfene Uniformen« tragen. Die Staatsdiener waren ferner verpflichtet, ausschließlich glattrasiert zum Dienst zu erscheinen. Auch die Militärs durften keine Bärte mehr tragen; nur ein Schnurrbart, der unbedingt schwarz sein mußte – nötigenfalls gefärbt – war erlaubt. Natürlich waren nicht alle in der Lage, sich eine vorschriftsmäßige Uniform zu kaufen. So entstanden Bestechung und Korruption. Unterschlagungen verbreiteten sich schneller als Unkraut in einem verwahrlosten Garten.

Trotzdem gab es in Rußland niemals eine so abgrundtiefe Gaunermentalität wie zu Nikolaus' Zeiten. Rußland wurde buchstäblich ausgeplündert, und der Kaiser wußte davon. Doch er sah keine Möglichkeit, diesem Prozeß Einhalt zu gebieten. Manchmal nahm er sogar selbst die Funktion des Revisors in einer Institution der Hauptstadt wahr. Es kam vor, daß er buchstäblich über eine staatliche Einrichtung herfiel, deren Beamte in Schrecken versetzte und wieder davonfuhr, nachdem er alle hatte spüren lassen, daß er nicht nur über ihre Arbeit, sondern auch über ihre Gaunereien informiert sei. In die Gouvernements ließ er bevollmächtigte Beamte reisen, die dort Revisionen durchführen sollten. Ganz schreckliche Einzelheiten kamen dabei an den Tag: Niemals war auch nur eine Kasse überprüft worden; sämtliche Finanzbelege waren vorsätzlich gefälscht; einige Angestellte waren mit einer großen Geldsumme spurlos verschwunden. Zur Untersuchung wurden zahlreiche Kommissionen eingesetzt und Entwürfe ausgearbeitet, wie die staatlichen Aktivitäten verbessert und das Land umgestaltet werden könnte. Doch obwohl der Herrscher alle guten Vorschläge auch genehmigte, konnte er sich nur selten dazu entschließen, sie auch in die Tat umzusetzen.

Unter Nikolaus I. erlebte der russische Bürokratismus eine vorher nie dagewesene Entwicklung. Die Beamten spannen ein das ganze Land umfassendes Papiernetz, die Bestechlichkeit wurde zur allgemeinen Krankheit. Eines Tages berichtete man dem Zaren, ein Oberpolizeimeister nehme verstärkt Schmiergelder entgegen. »Ja«, entgegnete hierauf der Herrscher, »dafür kann ich aber ruhig schlafen, da ich weiß, daß eben er (die Rede war von Kokoschkin) Polizeimeister in Petersburg ist.«

Nikolaus I., der dem Beamtenapparat nicht vertraute, erweiterte die Funktionen der eigenen Kanzlei beträchtlich. Sie erhielt die berüchtigte Dritte Abteilung, einen Spitzeldienst. Dessen Leiter wurde der ehemalige Gendarmenchef Benckendorff, der dem russischen Herrscher über viele Jahre hinweg ergeben diente. Alexander

Benckendorff, ein deutscher Aristokrat mit überaus angenehmem Äußeren, wagte es niemals, auch nur ein Wort zum Schutz eines Verfolgten zu sagen, selbst wenn sich herausstellte, daß der unschuldig war. Allein sein Name versetzte die Menschen bald in Furcht und Schrecken.

Und noch ein Deutscher bestimmte das Schicksal der Zarenuntertanen: General Dubelt. Zwanzig Jahre lang war er Leiter der Geheimpolizei, die schon unter dem vorhergehenden Kaiser gegründet worden war. Unter diesen beiden »Zerberussen« des Zaren wurde in Rußland ein breitgefächertes Informationsnetz angelegt. Es war nicht möglich, etwas zu sagen, ohne daß dies bei der Polizei bekannt wurde. Überall saßen Spitzel…

Unter Nikolaus I. waren die führenden Posten in der Regierung Rußlands mit Deutschen besetzt. Als Finanzminister fungierte ein gewisser Kankrin, Sohn eines Fachmanns für technische Wissenschaften, der noch unter Katharina II. zur Arbeit nach Petersburg berufen worden war. Jegor Franzewitsch Kankrin, wie man ihn in Rußland nannte, wurde in Deutschland geboren und ausgebildet. Später reiste er seinem Vater in die russische Hauptstadt nach, wo er zunächst als dessen Helfer arbeitete. Zar Alexander I. ernannte den begabten jungen Mann zum Inspektor für die deutschen Kolonien im Gouvernement Petersburg. Während des Krieges gegen die Franzosen war ihm die Versorgung der gesamten russischen Armee anvertraut. Für seine gewissenhafte Arbeit erhielt Kankrin den Grafentitel, ab 1823 verwaltete er zwanzig Jahre lang die russischen Finanzen.

Den Posten des Bildungsministers bekleidete einige Jahre lang Karl Lieven, der älteste Sohn der Erzieherin von Kaiser Pauls jüngeren Kindern, Charlotte Lieven.

Und noch ein Mann deutscher Abstammung genoß das besondere Vertrauen von Kaiser Nikolaus. Die Rede ist in diesem Falle von Graf Kleinmichel, der zu Beginn seines Dienstes Generaladjutant des Zaren gewesen war. Nach dem Brand des Winterpalasts im Jahre 1838 wurde ihm die Überwachung des Wiederaufbaus übertragen.

Seine Arbeit fand Anerkennung, und so wurde er zum Kriegsminister berufen, später zum Minister für Hoch- und Tiefbau. Ihm war auch die Bauaufsicht über die neue Eremitage übertragen worden, die von Klenze, einem Architekten aus München, errichtet wurde.

Interessant ist folgende Statistik aus jenen Tagen: Unter den Amtspersonen, die in Rußland einen hohen Posten innehatten, arbeiteten im diplomatischen Dienst 57 Prozent Deutsche, im Kriegsministerium waren es 46 Prozent, und im Ministerium für Transport und Verkehr 62 Prozent. Und dabei muß man berücksichtigen, daß die Deutschstämmigen in ganz Rußland nur ein Prozent der Bevölkerung ausmachten, und zwar zählten dazu nicht nur die russischen Bürger deutscher Abstammung, sondern auch Personen, die die deutsche Staatsbürgerschaft besaßen.

Viele Deutsche hielten sich in der unmittelbaren Umgebung der Großfamilie Romanow auf, deren meiste Mitglieder in Rußland lebten. Hierzu gehörte sowohl das Gesinde, das sich die deutschen Prinzessinnen aus Deutschland mitgebracht hatten, als auch Verwandte und Freunde, die bei Hofe eine bestimmte Rolle spielten.

Direktor der persönlichen Kanzlei von Zarin Alexandra war beispielsweise ein gewisser Hofmann, ein reinblütiger Deutscher, der die Meinung vertrat, die deutsche Sprache sollte in Rußland zur zweiten Staatssprache erhoben werden. Außerdem waren für die gesamte medizinische Betreuung bei Hofe deutsche Ärzte zuständig, und im ganzen Lande stammte beinahe ein Drittel der insgesamt rund siebentausend Mediziner aus deutschen Gebieten.

Einer ihrer bekanntesten Vertreter wurde Friedrich Josef Haas, den man in Rußland Fjodor Petrowitsch nannte. Er war ein katholischer Apothekersohn und kam auf Einladung der russischen Fürstenfamilie aus Münstereifel nach Rußland. Zunächst war er lediglich Hausarzt dieser Familie, einige Zeit später wurde er Chefarzt eines großen Moskauer Krankenhauses. Für seine Arbeit unter Verbrechern und Verbannten wurde er »Heiliger« genannt. Er war ein großartiger Arzt. Die russische Medizin hat ihm nicht wenig zu verdanken, und sein Name wird bis zum heutigen Tage in Ehren gehalten.

Und noch ein Deutscher aus der Epoche des Zaren Nikolaus ist bis heute in Rußland bekannt. Die Rede ist von dem Schriftsteller, Ethnographen und Lexikographen Waldemar Dahl. Sein Vater, Arzt von Beruf, war am Ende der Herrschaftszeit von Katharina II. aus Holstein nach Rußland emigriert. Seine Mutter, ebenfalls Deutsche, war Tochter einer Schriftstellerin und Übersetzerin mit Namen Freitag. Er hatte die Begabungen beider Eltern geerbt. Dahl, der ganz Rußland bereiste, nahm in Petersburg Wohnung und arbeitete zunächst als Arzt, wie sein Vater. Aufgrund seines Kontaktes mit der Elite der russischen Intelligenz griff er später zur Feder. Sein »Definitionswörterbuch der lebendigen großrussischen Sprache« gilt jedem gebildeten Menschen auch heute noch als das wichtigste Nachschlagewerk.

Über solche Leute wie Haas oder Dahl sprach man schon nicht mehr wie von Deutschen. Sie galten als Russen.

Der deutsche Einfluß auf den Zarenthron aber, der unter Nikolaus I. so deutlich spürbar war, rief die Unzufriedenheit der russischen Aristokratie hervor. »Wir haben keinen russischen Zaren, sondern einen deutschen Kaiser. Ein russischer Zar ist ein Vater fürs Volk, ein deutscher aber sein Feind. Jetzt sind es schon zwei Jahrhunderte, daß uns die Deutschen am Halse hängen.« Solche Töne waren innerhalb der höchsten Adelsschichten zu vernehmen. Das russische Volk indes bekam die nach Rußland übergesiedelten Ausländer kaum zu Gesicht. Es sah den Kaiser, der seine Sklaven hatte, und die Hofbeamten, die über Leibeigene verfügten. Die mittlere Bevölkerungsschicht aber, die relativ schmal war, bestand beinahe ausschließlich aus Ausländern. Sie vergrößerte sich lediglich durch reiche Bauern, die sich ihre Freiheit erkauften, sowie durch kleine Beamte, die die Dienstleiter emporkletterten.

In kriegsfreien Zeiten befaßte sich der Kaiser mit dem inneren Aufbau Rußlands. In erster Linie widmete er sich der Aufgabe, die Gesetzgebung in Ordnung zu bringen. Unter seiner Herrschaft wurde eine »Gesetzessammlung des russischen Reiches« veröffentlicht, die etwa 30 000 Gesetze enthielt, angefangen von dem allerersten, der »Sobornoe uloshenie« von Zar Alexej.

Der aus seiner dreizehnjährigen Verbannung zurückberufene Speranski leitete sämtliche Arbeiten für die Veröffentlichung dieser Sammlung und erhielt hierfür den Grafentitel. Nikolaus ließ die Todesstrafe in die Strafgesetzgebung einführen. Er verbot auch alle religiösen Sekten, während er gleichzeitig den Wiederaufbau der russischen Kirchen förderte.

In seinen Herrschaftsjahren entstanden in Rußland die ersten Eisenbahnen. Zunächst wurde eine Eisenbahn nach Zarskoje Selo gebaut, am Ende seiner Regierung verkehrten schon Züge zwischen Moskau und Petersburg. Die Industrie entwickelte sich mit größerer Aktivität, und erneut geschah dies nicht ohne das Zutun von Ausländern. Es wurden Industriemessen organisiert und einige höhere technische Lehreinrichtungen eröffnet. Die Demokratie an den Universitäten jedoch wurde beschnitten. Nikolaus beschränkte die Aufnahme von Studenten und erhöhte das Studiengeld, von dem nur arme Adlige befreit wurden.

Eine beträchtliche Entwicklung erfuhren unter Nikolaus I. die russische Literatur und Kunst.In jener Zeit erschienen Werke von russischen Schriftstellern und Dichtern, die zur Klassik gehören und noch immer gern gelesen werden. Auch die Komponisten Glinka und Mussorgski haben in dieser Zeit gewirkt Der Kaiser war aber vor allem ein großer Liebhaber der Malerei; er malte selbst und sammelte Gemälde von russischen und ausländischen Malern. Um seine Kunstwerke unterbringen zu können, ließ er die neue Eremitage erbauen. Sie wurde rund hundert Jahre nach dem ersten Kauf ausländischer Gemälde eröffnet. Von jetzt an waren die kaiserliche Eremitage und ihre Galerien für alle Interessierten offen, die Eintrittskarten wurden im Büro des Hofes ausgegeben. Alle Besucher wurden in ein spezielles Buch eingetragen. Hierbei wies Zar Nikolaus streng darauf hin, daß Besuchern nur in Festtagskleidung Zutritt zu diesem »öffentlichen Museum«, wie es genannt wurde, gewährt werden solle.

In jenen Jahren wurde in Petersburg auch die Isaak-Kathedrale errichtet, die für ihre enormen Ausmaße, ihre strengen und klaren Linien sowie für ihre Schönheit und ihren Reichtum berühmt ist.

Im Jahre 1845 unternahm der Zar eine Italienreise, bei der er sich sowohl für

Architektur und Malerei interessierte wie für das Leben jener russischen Maler, die nach ihrem Studium an der Akademie der Künste in Petersburg auf Staatskosten ins Ausland geschickt worden waren, damit sie ihr Können dort vervollkommnen konnten.

Bei manchen Gelegenheiten sprach Kaiser Nikolaus I. gern von der Befreiung der Bauern wie von einem sehnlichen Traum. Schon 1837 hatte er bei einer abendlichen Zusammenkunft der hohen weltlichen Gesellschaft zu einer Gesprächspartnerin gesagt: »Ich möchte die Bauern befreien, um meinem Sohn ein ruhiges Reich zu hinterlassen.« In Petersburg waren sogar schon Gerüchte im Umlauf, daß die Frage der Bauernbefreiung bald auf die Tagesordnung gesetzt würde. Doch die Angelegenheit kam über das Stadium der Gespräche nicht hinaus.

Im Rußland jener Zeit lebten etwa 50 Millionen Einwohner, davon 30 Millionen Leibeigene, die man wie einen Gegenstand kaufen und verkaufen, für fünfundzwanzig Jahre zu den Soldaten stecken und nach dem Wunsche ihres Eigentümers bestrafen oder begnadigen konnte.

Nikolaus I. wollte die Leibeigenschaft beseitigen, aber ohne daß den Gutsbesitzern Schaden entstünde oder eine Kränkung widerfahre. Natürlich fiel ihm in den dreißig Jahren seiner Herrschaft nichts in diesem Sinne ein außer einem Gewaltakt, der der Vergeltung für die Ideen der Bauernbefreiung diente. Diesmal war er gegen die Petersburger Jugend gerichtet, die sich an Freitagen bei dem Juristen Michail Petraschewski versammelt hatte – einem Mann von umfassender Bildung und hohem Intellekt, der die Demokratisierung des politischen Systems in Rußland und eine Befreiung der Bauern vom Joch der Leibeigenschaft predigte. Im Jahre 1849 waren viele, die diesen Zirkel aufsuchten, verhaftet; einundzwanzig von ihnen zur Todesstrafe verurteilt, aber letztlich zur Verbannung nach Sibirien begnadigt worden.

Unter den so Bestraften befand sich der 28jährige Schriftsteller Fjodor Dostojewski, der in der Folgezeit große Anerkennung in Europa erfuhr. Er durchlebte eine schreckliche Hinrichtungsszene und erfuhr erst in allerletzter Minute, als er schon mit dem Sterbegewand bekleidet auf dem Schafott stand, daß er am Leben bleiben durfte. Zeitgenossen habe das folgendermaßen geschildert: »Das Urteil wird verlesen. Der Priester reicht das Kreuz zum letzten Kuß. Das Hinrichtungskommando bezieht Stellung, der Schießbefehl ›Legt an!‹ wird erteilt... Nur das letzte Kommando ›Gebt Feuer!‹ läßt auf sich warten. Da sprengt der Flügeladjudant des Zaren mit einem versiegelten Brief heran. Die Gewehre werden abgesetzt, die Begnadigung aller zur Zwangsarbeit verkündet, die Gefangenen in die Peter-und-Pauls-Festung zurückgeführt.« War das Grausamkeit oder Milde?

Nikolaus halbierte später Dostojewskis Strafe.

Nicht wenige Leiden hat auch der Schriftsteller und Sozialist Alexander Herzen erlebt. In seinen Werken trat er heftig gegen die Leibeigenschaft auf und erarbeitete politische Programme für ein künftiges Rußland. Er war ein außergewöhnlich gebildeter Mann und zweifelsohne eine sehr interessante Persönlichkeit.

Sein Vater, Fürst Jakowlew, war von adliger Abstammung, seine Mutter aber, Luise Haag, Tochter eines Bäckers. Mit sechzehn verliebte sie sich in den stattlichen jungen Aristokraten, der in Stuttgart studierte. Sie verließ die Eltern und folgte ihrem Auserwählten nach Rußland. Und um keine überflüssigen Gerüchte zu verursachen, verkleidete sie sich als Mann. Drei Monate nach ihrer Ankunft in Moskau brachte Luise Haag im Hause der Großfamilie Jakowlew den kleinen Alexander zur Welt, der den Namen »Herzen« erhielt, weil Jakowlew Luise stets mit »mein Herz« anredete. Die Mutter seines Sohnes heiratete Jakowlew nicht, sie blieb bis ans Ende ihrer Tage Frau Haag. Der Junge aber wurde gut erzogen. Seiner Mutter verdankte er die Freude am Lesen und die Kenntnis der deutschen Sprache.

Als die Dekabristen bestraft wurden, zählte Alexander Herzen gerade einmal dreizehn Jahre, doch er hatte diese Ereignisse mit dem Gefühl eines Menschen aufgenommen, dem die Wahrheit bewußt geworden ist. Während Schulzeit und Studium führte er Diskussionen über die Umgestaltung der russischen Gesellschaft und über die Freiheit des Wortes. Polizeispitzel der Dritten Abteilung der Zarenkanzlei verfaßten eine Reihe von Anzeigen gegen den jungen Mann, so daß er schließlich nach Sibirien verbannt wurde.

Nach dem Tode seines Vaters erhielt Alexander Herzen ein kleines Erbe und verließ Rußland. Es war ihm unmöglich geworden, in einem Polizeistaat, wo alle frei denkenden Menschen Repressionen und Verfolgungen ausgesetzt waren, zu leben und schöpferisch tätig zu sein. Viele Russen verspürten damals diese Enttäuschung und verließen ihr Land. Für jedes freie Wort konnte man in Sibirien landen – das Polizeisystem war so perfekt wie kaum irgendwo anders.

Nikolaus selbst sagte mehrfach: »Mit meinen Russen werde ich immer fertig, wenn ich ihnen ins Gesicht sehen kann. Aber ich möchte nicht, daß sie in meinem Rücken stehen…«

Für alles, was russische Dichter und Schriftsteller verfaßten, führte Nikolaus eine strenge Zensur ein. Die Werke Alexander Puschkins durchliefen seine eigene Kontrolle. »Ich brauche Sie«, sagte Nikolaus zu ihm, »ein Dichter ist der beste Gesandte des Reiches, und ich bitte Sie, sich über die Zensur keine Sorgen zu machen. Ich, Ihr Zar, werde Ihr Zensor sein.« Nikolaus hatte mit dem berühmten Dichter, in dessen Adern auch etwas deutsches Blut floß, noch einiges vor.

Puschkins Vater stammte aus einem alten russischen Geschlecht, seine Mutter indes hatte eine überaus interessante Herkunftsgeschichte. Sie war Enkelin jenes schwarzhäutigen Schiffsjungen namens Abraham Hannibal, den Peter I. aus Holland nach Rußland mitgebracht hatte. Mauren waren zu jener Zeit in Mode. Doch jener stammte von einer abessinischen Fürstenfamilie ab und zeichnete sich durch besonderen Intellekt aus. Er heiratete Christina Scheberg, die Tochter eines deutschen Kapitäns, die ihm neun Kinder schenkte. Abraham Hannibal erhielt in Rußland den Titel eines Grafen und ein großes Gut. Er starb im Alter von vierundachtzig Jahren. Einer seiner Söhne, Ossip Hannibal, hatte eine Tochter namens Nadjeschda, die später den jungen Gardeoffizier Sergej Puschkin heiratete. Ihr erstes Kind war eben jener Alexander, der von seinem Urgroßvater nicht nur die dunkle Hautfarbe und das Kraushaar, sondern auch seine außergewöhnliche Begabung geerbt hatte.

Zar Nikolaus I. wurde nicht nur zum Zensor des Dichters Puschkin, sondern wollte dessen junge schöne Frau Natalja Gontscharowa auch zu seiner Geliebten machen – zumindest waren derartige Gerüchte bei Hofe hartnäckig im Umlauf, obwohl es diesbezüglich auch abweichende Meinungen gibt. Puschkin selbst wurde dem Zaren hinderlich, und so nötigte man ihn mit Hilfe von Intrigen zu einem Duell, bei dem er von der Hand des jungen französischen Schönlings Dantes starb, der angeblich Puschkins Nebenbuhler sein sollte. Die organisierte Ermordung des Dichters ging mit einem großherzigen Schritt des Kaisers einher – er bezahlte sämtliche Schulden des getöteten Poeten. Puschkins Witwe fungierte weiterhin als Zierde für die höhere Petersburger Gesellschaft und glänzte auf Bällen, die ohnehin durch ihre Pracht, die malerische Vielfalt der Militäruniformen, die Schönheit der Damentoiletten und den märchenhaften Glanz der Edelsteine verblüfften.

Noch über ein weiteres Schicksal bestimmte Zar Nikolaus, über das Schicksal des bemerkenswerten Dichters und Komponisten Alexander Gribojedow. Das von ihm verfaßte Stück »Verstand schafft Leiden«, das die Auswüchse der russischen »Gesellschaft« bloßstellte, traf nicht den Geschmack des Herrschers. Auf seinen höchsten Befehl entsandte man den Autor als Botschafter nach Persien – in ein Land, das Rußland damals nicht gerade freundschaftlich gegenüberstand. Dort wurde er von Rebellen, die in das Gebäude der russischen Botschaft eindrangen, bestialisch ermordet. Als Wiedergutmachung für »die Ermordung Gribojedows in Teheran« bekam Nikolaus I. 1829 einen Diamanten mit der Bezeichnung »Schah« geschenkt. Ein persischer Prinz brachte ihn nach Petersburg. Dieser in der ganzen Welt bekannte Edelstein ist flach, absolut durchsichtig und ideal geschliffen; heute schmückt er die Rüstkammer im Kreml.

Zar Nikolaus Romanow wird meist ausschließlich als Despot charakterisiert, nur selten erwähnt man sein Bemühen, sich das entsprechende Können für die Regierung des Staates anzueignen.

Der Herrscher stand stets sehr früh am Morgen auf, nahm eine kalte Dusche und setzte sich sofort an seinen Schreibtisch – noch lange, bevor sich im Hause irgendeine Regung zeigte. Die Unterlagen, die auf seinem Tisch ausgebreitet waren, las der Zar aufmerksam, hielt dann seinen Entschluß fest oder machte entsprechende Anmerkungen. Nach einem bescheidenen Frühstück – in bezug auf Speise und Trank war Nikolaus außergewöhnlich bescheiden und verlor nicht gern viel Zeit am Tisch – stattete er einigen Ämtern Besuche ab.

Nicht fremd waren diesem Zaren – Komißhengst wurde er häufig genannt – auch Momente von Warmherzigkeit. Als er beispielsweise von der Notlage der Witwe eines ehemaligen Beamten seiner Kanzlei erfuhr, ließ er ihr aus seinen eigenen Mitteln eine beträchtliche Summe zukommen, wodurch er ihre betrübliche Situation erträglicher machte. Den Töchtern eines Geistlichen aus einer kleinen Gemeinde, der ihm als außergewöhnlich aufrichtiger Kirchendiener empfohlen worden war, ließ er auf eigene Kosten eine Mitgift kaufen. Und einem kleinen Staatsbediensteten bot er die Möglichkeit, sich in einem deutschen Kurort behandeln zu lassen. Der junge Mann litt nämlich an einer chronischen Lungenentzündung und hatte durch seinen heiseren Husten die Aufmerksamkeit des Herrschers bei einem zufälligen Besuch dieses Amtes erregt.

Es wurde auch die folgende Begebenheit erzählt: Eines Tages sah der Zar bei strengem Frost einen Beamten, der, lediglich mit einem Hemd bekleidet, unterwegs war und sich vor Kälte krümmte. Als er erfuhr, daß sich der einzige Mantel dieses Mannes beim Schneider zur Reparatur befand, befahl der Herrscher, ihm noch am selben Tag einen neuen Mantel zu schicken und ihm auch seine Bezüge zu erhöhen, da der Arme seinen Dienst ordentlich versah.

Diese Legenden von »Väterchen Zar« kursierten im einfachen Volk. Auch seine schöne Erscheinung, seine Stimme, sein Auftreten machten ihn bei den Massen beliebt.

Viele aufgeklärte Köpfe jener Zeit bezeichneten den russischen Kaiser als Gendarm Europas. Er war wohl der einzige Vertreter des Hauses Romanow, der sich aktiv in die europäische Politik eingemischt hat, wodurch er bei vielen auch Haß gegen Rußland hervorrief. Seine riesige Armee aus gedrillten russischen Sklaven war bereit, auf Befehl des Zaren alles zu vernichten, wo es auch immer sein mochte. Rußland selbst hatte hiervon allerdings nichts außer unermeßlichen Ausgaben und Blutvergießen. Sein letzter Krieg um die Krim wurde für Nikolaus I. zum Verhängnis. Er hatte ihn begonnen wie ein Henker und beendete ihn wie ein Bankrotteur.

Ende Januar 1855 erkrankte der Zar an Grippe, die damals in Petersburg umging. Trotz seiner Krankheit und seines Hustens stand er den gesamten Gottesdienst in der Palastkirche durch und begab sich dann bei 23 Grad Frost in die Manege, um die Reservebatallione zu inspizieren, die auf die Krim ziehen sollten. Nach dieser Ausfahrt fühlte sich der Zar unwohl. Auch die schlechten Nachrichten von der Krim, die über Niederlagen und den Tod vieler tausend Soldaten berichteten, verschlimmerten seine Stimmung beträchtlich. Er verfiel so sehr in Trübsinn, daß er weinte wie ein Kind. Fünf Tage vor seinem Tode hörte er auf, sich mit seinen Amtsgeschäften zu befassen. Im Vollbesitz seiner geistigen Kräfte legte er die Beichte ab und sagte, seinen Sohn Alexander als Nachfolger segnend: »Ich wollte Dir ein friedliches, geordnetes und glückliches Zarenreich hinterlassen... Die Vorsehung hat es anders gewollt...«.

Nachdem er sich von allen verabschiedet hatte, traf Nikolaus selbst sämtliche Anordnungen, bat darum, seine Beerdigung bescheiden und ohne jegliche überflüssige Feiern zu gestalten, die Trauerzeit sollte so kurz wie möglich gehalten werden.

Auf Wunsch des Kaisers wurden keine Bulletins über seine Krankheit veröffentlicht, daher kam sein Tod für alle unerwartet. Es wurde verkündet, der Zar sei im achtundfünfzigsten Lebensjahr an einer Erkältung gestorben. Es wurde aber auch gemunkelt, er habe sich vergiftet. Einige bei Hofe behaupteten, er selbst habe seinen Arzt, den Deutschen Mandt, gezwungen, ihm Gift zu geben. Infolge dieser Gerüchte wurde Mandt fortan nicht mehr in Petersburg empfangen, so daß er gezwungen war, Rußland still und heimlich zu verlassen.

Über den Selbstmord von Zar Nikolaus I. wurde später auch in den Lebenserinnerungen vieler Zeitgenossen geschrieben. Hauptsächlich bezogen sie sich auf die Schilderung seines Leibarztes von den letzten Minuten des Herrschers: Nachdem er eine Depesche über die Niederlage seiner Truppen ... erhalten hatte, habe ihn Nikolaus I. angeblich zu sich rufen lassen und erklärt: »Gib mir ein Gift, das es mir erlaubt, ohne überflüssige Leiden und relativ schnell aus dem Leben zu scheiden, aber nicht zu plötzlich, damit es zu keinem Geschwätz kommt.« Mandt erklärte weiter: »Ich war gezwungen, einzuwilligen, da der Kaiser sagte, im Falle meiner Weigerung würde er andere finden, die seinem Willen nachkämen. Ich stellte jedoch die Bedingung, daß sein Erbe darüber informiert werde, um mich vor einer Anklage wegen Vergiftung zu schützen. ›Es wird alles gemacht‹, sagte der Kaiser, ›aber zunächst gib mir das Gift.‹

Als der Thronfolger von all dem erfuhr, brach er in Tränen aus, eilte zu seinem Vater und fiel ihm zu Füßen. Ich ließ die beiden allein.«

Der letzte Wille des Herrschers bestand darin, daß er eine Obduktion und Einbalsamierung seines Leichnams verbot, damit das Geheimnis seines Todes nicht entdeckt würde...

Ob aus eigenem Willen oder nicht, Nikolaus Romanow ließ seinen Thron in einem Augenblick zurück, in dem das gesamte staatliche System Rußlands bankrott ging. Den Ausgang des Krimkrieges hat er nicht mehr erlebt. Trotz der Siege russischer Truppen über die türkische Armee endete er mit einer Niederlage: Die übrigen europäischen Mächte sahen Rußlands imperiale Bestrebungen mit Sorge und schalteten sich ein.

Im Februar 1854 hatten England und Frankreich dem russischen Kaiserreich den Krieg erklärt. Fünf Monate später mußte die russische Armee auf Drängen des Wiener Hofes die Donaufürstentümer verlassen. Im September begann die Belagerung von Sewastopol. Nach einer Belagerungszeit von 349 Tagen gelang es den französischen und englischen Truppen die Festung zur Kapitulation zu zwingen. Ihre Kanonen wurden zu einer riesengroßen Muttergottesfigur geschmolzen, die heute den französischen Wallfahrtsort Le Puys ziert.

Die Siegermächte diktierten im Pariser Frieden Rußland ihre Bedingungen auf. Von nun an waren die Meerengen zwischen dem Mittelmeer und dem Schwarzen Meer für alle Kriegsschiffe verboten, das Schwarze Meer und die Donau wurden zum neutralen Schiffahrtsgebiet und standen allen Nationen unbeschränkt offen. Damit waren die Träume Nikolaus Romanows von einer Vorherrschaft im strategisch wichtigen Krimgebiet wie Seifenblasen zerplatzt.

Nikolaus I. war überhaupt der letzte russische Alleinherrscher und schied als jemand aus dem Leben, der gerade von jenen Menschen gehaßt wurde, die die Ideen des Fortschritts und der Demokratie sowohl in Rußland als auch in Europa verteidigten. Viele atmeten frei auf, als sie von seinem Tode hörten.

In seinem Testament schrieb der Kaiser: »Ich sterbe mit flammender Liebe für unser ruhmreiches Rußland, dem ich zumindest meiner Ansicht nach treu und aufrichtig gedient habe. Ich bedaure es, daß ich nicht all das Gute habe vollbringen können, das ich so aufrichtig wollte. Mein Sohn wird mich ablösen. Ich werde zu Gott beten, damit er ihn für diese schwere Aufgabe, die er übernimmt, segnet.«

Der bekannte russische Dichter Tjutschew, ein treu ergebener Monarchist, der dem russischen Hochadel angehörte, verfaßte ein vernichtendes Epigramm über Nikolaus I.:

»Nicht Gott hast Du gedient und nicht Rußland,
gedient hast Du nur Deiner Eitelkeit.
Und all Deine Unterfangen, gute wie schlechte,
alles in Dir war Lüge, alles nur leere Truggestalt:
Kein Zar warst Du, sondern Heuchler.«

Am 24. Februar wurde die sterbliche Hülle von Zar Niklaus I. aus dem Palast in die Peter-und-Pauls-Kirche überführt. Die Kaiserin begleitete den Sarg tapfer bis zur

Tür. Als aber ihr liebster Mann, ihr Gönner und Freund über die Schwelle getragen wurde, konnte sie ihren Schmerz nicht mehr beherrschen und brach in lautes Schluchzen aus.

An den Straßen, die der Trauerzug entlangkam, standen Soldaten Ehrenwache. Die Glocken läuteten. Militärkapellen spielten Trauermusik.

In der Kathedrale wurde der Sarg auf einem mit rotem Samt überzogenen Postament aufgestellt. Das Begräbnis fand erst zehn Tage später statt.

Kaiserin Alexandra, die ihren Mann vergöttert hatte, litt schwer an seinem Tod. Ihr Gesundheitszustand verschlechterte sich beträchtlich, äußerlich war sie kaum mehr wiederzuerkennen.

Den Großteil der fünf nachfolgenden Jahre, die ihr vom Schicksal noch vergönnt waren, verbrachte die Witwe im Ausland. Zum Andenken an den Aufenthalt der russischen Kaiserin in Nizza wurde dort eine russisch-orthodoxe Kirche mit einer glänzenden weißen Kuppel errichtet. Die Ikonenwand für dieses Gotteshaus stiftete das Kaiserhaus Romanow.

Alexander II.
geb. 1818, Kaiser seit 18. Februar 1855, gest. 1. März 1881

ALEXANDER II.
ROMANOW
* 1818 † 1881

⚭ 1841

Maria Alexandrowna
(Maximiliane Maria)
Prinzessin von Hessen
* 1824 † 1880

Alexandra
* 1842 † 1849

Nikolaus
* 1843 † 1865

ALEXANDER
* 1845 † 1894

Wladimir
* 1847 † 1909

Alexej
* 1850 † 1908

Maria
* 1853 † 1920

Sergej
* 1857 † 1905

Paul
* 1860 † 1919

Kaiser Nikolaus I. hinterließ seinem Nachfolger ein Zarenreich, das »weder friedlich noch glücklich, noch geordnet...« war. Alexander, sechsfacher Familienvater, stand schon in seinem achtunddreißigsten Lebensjahr. Er war ein hochgebildeter Mann, der mehrere Fremdsprachen beherrschte, und hatte eine Erziehung im Geiste der Wahrheit, Gerechtigkeit und Liebe erhalten.

Seit seiner Volljährigkeit war der Thronfolger bereits mit Regierungsangelegenheiten beschäftigt gewesen. Er galt als erster Stellvertreter des Herrschers, vertrat ihn in seiner Abwesenheit, hatte verantwortliche militärische Posten inne und war bei allen Sitzungen des Staatsrates anwesend. Zu seinem Vater hatte Alexander ein gutes Verhältnis. Auch äußerlich war er ihm ähnlich, doch im Gegensatz zu seinem Vater strahlten seine blauen Augen Wärme aus, und sein brünettes Gesicht schmückte oft jenes gütige Lächeln, das seinen Onkel, Kaiser Alexander I., so liebenswert gemacht hatte. Hochgewachsen und schlank, mit militärischer Körperhaltung, machte der Sohn des verstorbenen Herrschers einen wahrhaft majestätischen Eindruck. Er galt als eine der attraktivsten Persönlichkeiten, die jemals den russischen Thron bestiegen hatten. Seine Gesichtszüge waren außergewöhnlich ebenmäßig, seine Stirn hoch, seine Haare kurz geschnitten, der Ausdruck seiner Augen ruhig und weich. Von Natur aus zeichnete sich Alexander durch eine ungewöhnliche Lebensfreude und Großherzigkeit, durch ruhigen Mut, einen geschliffenen Verstand und edle Manieren aus. Von seinen Überzeugungen her war er Demokrat und Optimist.

So übernahm Alexander Romanow nach dem Tode seines Vaters die Regierungsgeschäfte in Rußland. Eine solch unblutige und ruhige Thronbesteigung war eine Seltenheit für das Haus Romanow.

In seinem Manifest versprach der neue Zar, in die Fußstapfen seiner Vorfahren – Peters des Großen, Katharinas, Alexanders des Gesegneten und seines unvergessenen Vaters – zu treten. Den Thron des russischen Reiches hatte jetzt ein aufgeklärter Monarch inne.

Erst Ende August des nachfolgenden Jahres ließ er sich zum Zaren krönen. Von seinen Zeitgenossen wurde dieses Ereignis wie folgt beschrieben: »Die Feierlichkeit war in jeglicher Hinsicht majestätisch und beeindruckend; der Reichtum des riesigen Reiches war mit östlichem Luxus zur Schau gestellt, und letzterer vereinte sich diesmal mit dem Geschmack des gebildeten Westens – statt Flittergold und Glimmer glänzten pures Gold, Silber und Edelsteine... Die Pracht der Kutschen und Uniformen, der Livreen und des Zaumzeugs war der römischen Cäsaren oder der berühmtesten Herrscher des Orients würdig. Man sagt, die Krönung habe Rußland sechs Millionen Rubel in Silber oder eine Million Pfund Sterling gekostet. Der Kaiser war in eine Generalsuniform gekleidet und trug die Kette des Heiligen Andreas über der Schulter, die Kaiserin erschien in einem Kleid aus weißem Brokat, das mit

Hermelin gesäumt war. Die Gewänder der Großfürstinnen und ihrer Majestäten stehen über jeglicher Beschreibung. Ihre Kopfbedeckungen glichen einem Gewebe aus Perlen und Brillanten.«

In den ersten drei Tagen nach dem Krönungsritual nahmen Alexander II. und seine Gemahlin Glückwünsche entgegen. Am Abend des vierten Tages fand eine feierliche Theateraufführung mit Bewirtung statt, für die alle Eintrittskarten kostenlos ausgegeben worden waren. Man gab die italienische Oper »Der Liebestrank« und das Ballett »Die Marketenderin«. Doch die Augen der Zuschauer waren kaum auf die Bühne gerichtet, da der Zuschauerraum diesmal interessanter war.

Auch an den folgenden Tagen wurden Bälle, Abendgesellschaften und Jagden veranstaltet. Die Feierlichkeiten in Moskau endeten zwei Wochen später mit einem Feuerwerk. Die kaiserliche Flagge verschwand vom Kremlpalast, die Mitglieder der Familie Romanow und ihre Gäste verließen die alte russische Hauptstadt.

Alexander war in der Osterwoche des Jahres 1818 in Moskau geboren worden. Ein Kanonenschuß hatte den Bürgern der alten Hauptstadt verkündet, daß Großfürstin Alexandra Fjodorowna erfolgreich entbunden hatte. Anläßlich der Geburt des Stammhalters wurde im Kreml nach altem Moskowiter Brauch ein Volksfest veranstaltet. Taufpate des zukünftigen Monarchen war sein Onkel, Kaiser Alexander I.

Seine ersten Lebensjahre verbrachte der sechzehnte Romanow im Anitschkow-Palast in Petersburg, wo sein Vater, Großfürst Nikolaus, wohnte. Im Palast war man bemüht, ohne überflüssigen Luxus auszukommen: Die Umgebung, in der die Kinder des zukünftigen Zaren heranwuchsen, war relativ einfach, und auch die preußische Erziehung der Mutter machte sich bemerkbar. Der kleine Sascha hielt sich häufig bei seiner Großmutter in Pawlowsk auf, die ihren ältesten Enkel vergötterte und gern die Zeit mit ihm verbrachte. Er war ein Kind, das sich Erwachsenen gegenüber gehorsam und respektvoll verhielt. Mit seiner Großmutter sprach er übrigens deutsch.

Als der Knabe in seinem siebten Lebensjahr stand, begann seine militärische Ausbildung. Als Lehrmeister und Erzieher für den Neffen des Zaren bestimmte man den talentierten russischen Dichter Wassili Shukowski, Sohn eines russischen Gutsherrn und einer türkischen Sklavin, der überaus edel und klug war und über weitgefächerte Kenntnisse verfügte. Er beherrschte die deutsche Sprache hervorragend, hatte Goethe und Schiller ins Russische übersetzt und war auch sonst umfassend gebildet. Bevor er seine Lehrtätigkeit antrat, verbrachte Shukowski ein ganzes Jahr im Ausland und bereitete sich auf diese Aufgabe vor.

Die Ausbildung verlief nach einem Plan, der vom Herrscher höchstpersönlich verabschiedet worden war. Der Erzieher des Thronfolgers war hauptverantwortlich für den Ausbildungsprozeß, und für die wissenschaftliche Unterweisung lud man die besten Lehrer jener Zeit ein. Die militärische Erziehung war Kapitän Merder, einem Gefechtsoffizier und überaus seelenvollen Menschen, der aus Sachsen stammte, anvertraut. Er war ein enger Freund Shukowskis.

Zweimal im Jahr hatte der Schüler Prüfungen zu bestehen, bei denen nicht selten der Herrscher persönlich zugegen war. Er bekundete stets Interesse an der Ausbildung und war überaus zufrieden mit seinen Lernerfolgen. Der Knabe indes erstaunte alle durch seine Wißbegierde und seine schnelle Auffassungsfähigkeit, auch durch seinen lebendigen Charakter und seine bemerkenswerte Güte. Die Wissenschaften erlernte er gern, war sehr akkurat, äußerst gewissenhaft und wohlgesittet.

Nach Abschluß seiner Allgemeinbildung widmete sich der Zarewitsch zwei Jahre lang dem Studium von Fragen der Gesetzgebung und der Staatsregierung, der Volkswirtschaft und der Außenpolitik Rußlands. Er wurde als legitimer Thronfolger zielgerichtet auf den russischen Thron vorbereitet. Zum Abschluß seiner theoretischen Ausbildung begab sich der neunzehnjährige Alexander auf eine Reise durch Rußland. Er kam durch viele Städte, besuchte die Bergbaubetriebe im Ural und hielt sich als erstes Mitglied des Zarenhauses auch in Sibirien auf, nachdem er zu Pferde bis nach Tobolsk geritten war. Er machte unterwegs oft Halt, besuchte Dorfkirchen und Bauernhütten, machte sich mit dem Leben des einfachen Volkes vertraut. Das Ergebnis seines Sibirienbesuchs bestand darin, daß das Los der verbannten Dekabristen etwas gemildert wurde.

Seine Herrschaft begann Alexander Nikolajewitsch Romanow damit, daß er die noch am Leben befindlichen Teilnehmer des Dezemberaufstandes von 1825 auf freien Fuß setzen ließ. Zweiundvierzig Personen waren es. Doch es war den Dekabristen verboten, in einer der Hauptstädte – also in Petersburg oder Moskau – zu leben. Sie, die bereits Greise waren, befanden sich weiter unter polizeilicher Aufsicht.

Der neue Zar ersetzte beinahe den gesamten Personalbestand der russischen Regierung. Die Minister wurden stets aus einem engen Personenkreis, der bei Hofe bekannt war, ernannt. Alexander hatte es sich zur Aufgabe gemacht, das halbasiatische Rußland umzugestalten und ihm Züge eines europäischen Staates zu verleihen. Sein Volk liebte er und empfand unendliches Mitleid für die Erniedrigten und Gedemütigten. Der Nachfolger des Despoten Nikolaus I. unternahm sogar den Versuch, die Willkür der Beamten und die soziale Ungerechtigkeit zu beseitigen.

Er begann mit einer Gerichtsreform. In extrem kurzer Zeit wurden neue Gerichtsverfassungen erstellt, es wurde festgelegt, daß der Friedensrichter gewählt werden sollte, das Schwurgericht wurde eingeführt, die Gleichheit aller vor dem Gesetz festgelegt und körperliche Bestrafungen untersagt.

Alexander II. löste die Dritte Abteilung der Kanzlei des Zaren, den Spitzeldienst, eigenhändig auf. Von nun an verfügte – wie in allen übrigen zivilisierten Staaten – der Innenminister über die gesamte Polizeigewalt. Es kam ein neues Gesetz über die Presse heraus, in dem Alexander den strengen Rahmen der Zensur, den sein Vater so scharf umrissen hatte, aufhob. Er vollzog noch eine ganze Reihe weiterer Reformen, die für Rußland nützlich waren, erneuerte das gesamte Bildungssystem, öffnete die Türen der Universitäten für eine Vielzahl von Studenten, die früher aus einem nichtigen Anlaß oder aufgrund unsinniger Verdachtsmomente ausgeschlossen worden waren. Auch führte er den Semstwo ein, das Selbstverwaltungsorgan in ländlichen Gebieten.

Seine vorrangigste Pflicht sah der neue Kaiser in der Befreiung der Bauern. Der Urenkel von Katharina II. hatte sich das Ziel gesetzt, das Land auf den Pfad der Zivilisation zu führen. Er wollte nicht, daß Rußland der einzige christliche Staat bliebe, in dem noch Sklaverei existierte. In diesem Bestreben fand er Unterstützung durch die Kaiserin, seine Gemahlin, und durch seinen Bruder Konstantin, der einen Zirkel des liberalen Bürgertums gegründet hatte und für die Abschaffung der Leibeigenschaft in Rußland und die Durchführung von bürgerlichen Reformen eintrat.

Die überzeugtesten Gegner der Leibeigenschaft versammelten sich um Großfürstin Jelena Pawlowna, die Witwe von Michail Pawlowitsch, eines Onkels des Zaren, der im Jahre 1849 verstorben war. Als Tochter eines württembergischen Prinzen war Friederike Charlotte Maria 1823 als Braut des Großfürsten nach Rußland gekommen. In den ersten Tagen schon verblüffte sie alle durch ihre beinahe enzyklopädische Bildung und ihr Feingefühl für Eleganz. Sie vermochte es, Wissenschaftler, Maler und Musiker um sich zu versammeln. In ihrem Salon, wo politische Themen diskutiert wurden, trafen sich auch Anhänger liberaler Programme. Kaiser Alexander II. brachte ihr besonderen Respekt entgegen und hörte auf die Ratschläge dieser erstaunlich interessanten Frau, die ein Mensch von großem Verstand und mit gütigem Herzen war.

Am 18. Februar 1861, am sechsten Todestag seines Vaters, verharrte der Zar lange im Gebet an dessen Grabmahl in der Peter-und-Pauls-Kirche, als ob er den Rat seines Vorfahren einholen wollte. Am nächsten Tage legte der Innenminister dem Herrscher das Gesetz über die Befreiung und Organisation des Alltags der Bauern sowie ein entsprechendes Manifest zur Unterschrift vor, das am Vortag vom Staatsrat gebilligt worden war. Dieser fungierte als beratendes Organ und bestand aus Mitgliedern, die der Zar ernannt hatte. Der Kaiser befahl allen, sein Arbeitszimmer zu verlassen. Bevor er seine Unterschrift unter dieses Papier setzte, wollte er, wie er sich ausdrückte, mit seinem Gewissen allein bleiben…

Und so fand durch das herrschaftliche Wort des sechzehnten Romanow die Leibeigenschaft in Rußland ein Ende, dreißig Millionen Menschen verdankten ihm ihre Befreiung. Hierfür wird Alexander II. in der Geschichte auch als der Befreierzar bezeichnet.

Die leibeigenen Bauern erhielten fortan ihre persönliche Freiheit und wurden Eigentümer ihrer Hütte und ihres Gutes. Allerdings mußten sie Grund und Boden ihren ehemaligen Herren abkaufen.

Im Manifest wurden die Bauern dazu aufgerufen, die ihnen eingeräumten Rechte vernünftig zu nutzen. »Das fruchtbarste Gesetz«, so hieß es in jenem Dokument, »vermag es nicht, den Menschen Wohlergehen zu verschaffen, wenn sie sich nicht selbst bemühen, ihr Wohlergehen zu gestalten.«

Jedoch verstanden nicht alle einen so weisen Plan. Viele in Rußland haben die Wahrheit dieser Worte bis zum heutigen Tage nicht erfaßt.

Während das Volk aufjubelte, fürchtete die russische Aristokratie die Folgen der liberalen Maßnahmen des Befreierzaren. Einige traten mit der Losung »Rußland den Russen – weg mit den Westlern!« auf. Seit Beginn der sechziger Jahre hatte sich der Zustrom deutscher Bürger nach Rußland wieder verstärkt, und so kamen Unternehmer, Handelsagenten, Vertreter verschiedener Bereiche der Wissenschaften und insbesondere Ingenieure sowie Naturwissenschaftler und Naturforscher. Die Deutschen waren sowohl auf hohen Posten im Staatsapparat als auch in Kommandopositionen der Armee vertreten; viele Ausländer bauten Bergwerke, Eisenbahnen, erschlossen neue Gebiete, entwickelten den Handel, hatten leitende Positionen in der Wissenschaft und im Bildungswesen inne. Für den russischen Staat haben sie viel Nützliches getan. Bis heute aber wird die progressive Rolle der Ausländer häufig verschwiegen.

Auch im Umfeld des Zarenthrones erwarben sich Ausländer große Verdienste.

An erster Stelle zu nennen ist Peter Georg, Prinz von Oldenburg. Im Jahre 1830 hatte Nikolaus I. seinen Neffen nach Rußland geholt. Der Prinz war der Sohn seiner Schwester Katharina, die vor zwölf Jahren verstorben war.

Bereits als Thronfolger hatte Alexander Freundschaft mit seinem Cousin geschlossen, und diese Freundschaft hielt ein ganzes Leben lang an. Nachdem er Zar geworden war, übertrug Alexander Peter von Oldenburg die Leitung aller Ämter der Kaiserin. Er wurde zum Vorsitzenden des Hauptrates für die Bildungseinrichtungen für Frauen ernannt und hat in diesem Bereich viel Nützliches bewirkt: Auf seine persönliche Initiative hin wurden Pädagogikkurse zur Vorbereitung der Lehrkräfte an Frauengymnasien initiiert, ferner ließ er auf eigene Kosten Gebäude für Bildungseinrichtungen bauen und kaufte Ausstattungsgegenstände für sie. Nach seinem Tode errichtete man für Peter von Oldenburg aus Dankbarkeit ein Denkmal in Petersburg, in das folgende Worte eingraviert wurden: »Dem aufgeklärten Wohltäter.«

Ausländer fanden sich auch unter den Ministern sowie unter den Leitern der größten Behörden. Baron Ferdinand Wrangel, ein Admiral, leitete das Ministerium für die Seeflotte. Gemeinsam mit dem Bruder des Zaren, Großfürst Konstantin, der zum Generaladmiral ernannt worden war, beteiligte sich dieser überaus kluge Mann aktiv an der Vorbereitung der Reformen.

Der Minister des kaiserlichen Hofes, Graf Adlerberg, war ein überaus mächtiger und einflußreicher Mann. Im Scherz wurde er sogar Alexander III. genannt, was das offene Mißfallen des Thronerben hervorrief. Und dann waren da schließlich noch die Finanzminister Brock und Korff, die unmittelbar an der Ausarbeitung der Bauernreform beteiligt waren. Viele Gouverneure, die der Zar ernannt hatte, waren ebenfalls nicht russischer Abstammung – in Jekaterinoslawl, Kiew, Astrachan, Odessa, Tambow und einigen anderen Gouvernements nahmen Deutsche den Sessel des Gouverneurs ein.

In Petersburg war ein gewisser General von Trepow Stadthauptmann. Auf Drängen der Kaiserfamilie verbarg er seine deutsche Abstammung dadurch, daß er seinen Nachnamen Trephof russifiziert hatte. Im Januar 1878 wurde ein Attentat auf ihn verübt, bei dem er durch zwei Pistolenschüsse in seinem Arbeitszimmer schwer verletzt wurde. Abgegeben hatte die Schüsse Vera Sasulitsch, ein Mädchen aus einer reichen Aristokratenfamilie. Sie hatte es als ihre Pflicht betrachtet, einen revolutionär gesinnten Gefährten zu rächen, der gefangengehalten und körperlicher Bestrafung ausgesetzt worden war. Der Anschlag geschah am hellichten Tage. Die Sasulitsch wurde festgenommen und drei Monate später vor ein Gericht gestellt. Gemäß der neuen Gerichtsreform fand die Verhandlung im Beisein von Schöffen statt. Das Urteil verblüffte alle: Die Angeklagte wurde freigesprochen. Auf die Meinung der Richter hatte wohl auch der berüchtigte Ruhm von General Trepow selbst Einfluß gehabt, der sich vor seinen hochgestellten Vorgesetzten duckte und seinen Untergebenen gegenüber keine Gnade walten ließ.

Zu den Beamten in der Rechtspflege gehörten auch die Deutschen Graf von der Pahlen – seit 1867 Justizminister – und General von Drenteln. Der letztere war unter Nikolaus I. zum Vorgesetzten der Gendarmen und zum Leiter der berüchtigten Dritten Abteilung aufgestiegen. Er war von mittelmäßiger Begabung und besaß keinen Weitblick. Deshalb war er sehr unbeliebt.

Auch in die wirtschaftlichen Strukturen des russischen Staates drangen immer mehr Menschen vor, die aus dem Westen kamen oder ausländischer Abstammung waren. Manchmal investierten sie eigenes Geld in die Entwicklung von Wirtschaftszweigen, bisweilen gründeten sie auch Industrie- oder Handelsunternehmen. Sie unterstützten so die Reformen des neuen Kaisers und trugen dazu bei, daß sie Wirklichkeit werden konnten.

Viel Zeit brachte ein deutscher Geschäftsmann namens Heinrich Schliemann in

Petersburg zu – ein Mann mit einem ganz außergewöhnlichen Schicksal. Er kam mit vierundzwanzig Jahren, aus Mecklenburg stammend, nach Rußland. Schliemann sprach tadellos und ohne jeglichen Akzent Russisch und beherrschte auch viele andere Sprachen. Beim Handel war er sehr erfolgreich, wurde ein reicher Mann, fand viele Freunde unter den Russen. Als Kind hatte er Homers »Ilias« gelesen und sich zum Ziel gesetzt, Troja zu entdecken. Nach einem fünfzehnjährigen Aufenthalt in Rußland gab er seinen Betrieb auf und widmete sich in Kleinasien seinen Ausgrabungen. Er legte dort tatsächlich mehrere Zivilisationsschichten einer alten Stadt frei, promovierte später zum Doktor der Archäologie. Ob er tatsächlich, wie behauptet, Troja gefunden hat, ist bis heute umstritten.

Augenzeuge der Umgestaltungen in Rußland, die Alexander II. Romanow vornahm, war der neue preußische Gesandte in Petersburg, Otto von Bismarck. Er war ein Mann, mit dem die Politiker und Staatsfunktionäre von Petersburg schon bald rechneten und dessen Bekanntschaft viele suchten. Er war als interessanter Gesprächspartner bekannt und wurde in die Häuser der vornehmen Petersburger Hofbeamten eingeladen, obwohl er aus einer verarmten Adelsfamilie stammte und dem Range nach lediglich Leutnant der Reserve war.

Nach seiner Ankunft in Rußland erlernte Bismarck rasch die russische Sprache, obwohl er sich am Petersburger Hofe auch erfolgreich in seiner Muttersprache deutsch sowie in englisch oder französisch – Sprachen, die er hervorragend beherrschte – hätte verständigen können. Von der russischen Hauptstadt war er begeistert – im Vergleich dazu war alles, was er in seiner Heimat gesehen hatte, ärmlich und grau. Die Pracht der Paläste, der Reichtum der Hofbeamten, die tagtäglichen Bälle mit Sekt und Kaviar; die Gelage bei den Zigeunern, die Bärenjagd – das war schon etwas, was Begeisterung hervorrufen konnte! Auch die russischen Gaststätten, in denen man gut essen und trinken konnte, sowie die russische Gastfreundschaft gefielen ihm. Er fand viele Freunde und beteiligte sich lebhaft am gesellschaftlichen wie kulturellen Leben Petersburgs. In jenen Tagen gab es dort 16 Theater und das großartige russische Ballett, das den späteren »Eisernen Kanzler« in Entzücken versetzte.

Mit Begeisterung wohnte Otto von Bismarck auch Vorführungen in der Oper bei, zu deren Repertoire in dieser Zeit bereits russische Werke zählten. Komponist der ersten Nationaloper war Michail Glinka, und genannt hat er sein Werk »Ein Leben für den Zaren«. Das Libretto zu dieser Oper schrieb Georg von Rosen, ein Freund des Komponisten, der Baltendeutscher und persönlicher Sekretär von Alexander – damals noch Thronfolger – war. Später wurde dieses herausragende Werk auch auf den Bühnen deutscher Theater, sogar in der bekannten Berliner Oper aufgeführt. Diese Stadt lag Glinka sehr am Herzen, weil er dort eine Zeit seines Lebens zugebracht hatte. Er starb im Jahre 1857, umgeben von Freunden, in Berlin; beigesetzt wurde er auf dem russischen Friedhof in Tegel. Später wurden seine sterblichen Überreste nach Petersburg überführt. Schließlich trägt auch heute noch eine der Straßen seiner Lieblingsstadt den Namen Glinka-Straße.

Bismarck erinnerte sich später mit Stolz daran, daß er in einem Petersburger Salon dem Begründer der russischen Nationaloper vorgestellt worden war. Er brachte drei Jahre als Gesandter des preußischen Staates in Rußland zu. Er bemühte sich, so viel wie möglich über dieses Land zu erfahren, reiste durch die verschiedenen Gouvernements, schloß Bekanntschaft mit der Bevölkerung, studierte das Alltagsleben und die Sitten der Russen. Eines Tages hörte er in einem der Salons eine interessante Geschichte, über die später viel erzählt wurde:

Auf einer großen Lichtung im Park unweit des Palasts stand stets ein Soldat auf Posten. Während eines Spaziergangs wurde der Zar auf ihn aufmerksam und fragte ihn, warum er dort stehe. Als Antwort bekam er zu hören: »Es ist so befohlen.« Der Kaiser beschloß herauszufinden, wieso ein Soldat hier postiert worden war. Er fragte den diensthabenden Offizier, den Kompaniekommandeur, den Kommandanten – alle antworteten ihm: »Das muß so sein.« Schließlich erfuhr er von einem alten General im Ruhestand folgendes: Dereinst hatte Katharina II. zu Frühlingsbeginn an jener Stelle ein Schneeglöckchen entdeckt und befohlen, dort einen Posten zu stationieren, damit niemand auf die erste Frühlingsblume trete. Seit jenem Tag hielten die Soldaten bereits seit mehr als 100 Jahren an derselben Stelle Wache, da dieser Befehl niemals aufgehoben worden war.

In Rußland war tatsächlich die Fähigkeit zu gehorchen größer als die zu denken!

Nachdem Otto von Bismarck Reichskanzler des einigen Deutschlands geworden war, erklärte er, die Deutschen würden niemals die Notwendigkeit verspüren, gegen Rußland Krieg zu führen. Leider hat sich diese Prophezeiung nicht erfüllt… Aber der von ihm zum Ausdruck gebrachte Gedanke, daß ein Krieg mit Rußland für Deutschland äußerst gefährlich sein könnte, wurde zum Bedauern beider Völker in der Geschichte bestätigt.

Kaiser Alexander II. zeigte besonderes Interesse für alles, was mit Deutschland zusammenhing; häufig besuchte er dieses Land, manchmal auch inoffiziell unter dem Namen General Romanow. Seinen Onkel aber, den König von Preußen, der als Wilhelm I. ab 1871 deutscher Kaiser war, verehrte er schlichtweg. In der Regierungspresse bezeichnete man den Zaren als besten Freund Deutschlands und pries die ewige und historische Freundschaft zwischen dem russischen und deutschen Volk.

Bereits der alte König Friedrich Wilhelm III. hatte den jungen Zarensohn, seinen Enkel, zum Offizier der preußischen Armee ernannt und sein Glas auf die Gesundheit von Oberst Romanow erhoben. Alexander II. erinnerte sich mehrmals daran, doch er war es auch gewohnt, die deutschen Monarchen von Kindesbeinen an als arme

Verwandte zu betrachten, die ständig demütig bittend und diensteifrig bei seinem Vater Nikolaus I., bei seinem Onkel Alexander I. und bei seinem Großvater Paul vorstellig wurden. Obwohl er gut deutsch sprach, unterhielt er sich gewöhnlich französisch mit ihnen.

Jedes Jahr verbrachte der Zar seinen Urlaub im Kurort Bad Ems, wo er einige Wochen ohne Sorgen und Kümmernisse erlebte, wie er es selbst gern formulierte. Wegen dieser regelmäßigen Besuche wurde diese deutsche Kleinstadt zu einem europäischen Modebad. Auch seine zahlreichen Verwandten, die den russischen Herrscher wie einen absoluten Monarchen verehrten, kamen oft hierher.

Seine erste Auslandsreise hatte Alexander unternommen, als er zwanzig Jahre alt geworden war. Nikolaus I. hatte seinen Sohn durch Europa geschickt, damit er sich bilden konnte. Der junge Mann wurde von einem großen Gefolge sowie von seinem Erzieher, dem Dichter Shukowski, begleitet. Überall, wo er hinkam, war man über die angenehmen Manieren des Großfürsten, seinen edlen Gang ohne militärischen Drill, seine eigenartig zierliche Figur, aber auch über die Unordnung seines Gepäcks und die Schlampigkeit seiner Dienerschaft erstaunt. Der Thronfolger bereiste die europäischen Höfe, verbrachte den Winter in Italien, eine fröhliche Zeit in Wien, besuchte die Schweiz und begab sich schließlich über Deutschland nach London, der letzten Etappe seiner Auslandsreise. In Deutschland besuchte Alexander seine zahlreichen deutschen Verwandten und kam auf Drängen von Großherzog Ludwig II. von Hessen auch an dessen Hof in Darmstadt. Dort lernte der Zarensohn seine zukünftige Frau kennen, die Tochter des Großherzogs, ein schönes und gut erzogenes Mädchen, das noch nicht einmal sein fünfzehntes Lebensjahr erreicht hatte. Der junge Mann verliebte sich unsterblich in sie und erklärte seinem Adjutanten noch am selben Abend, er wolle sie heiraten. Sogleich schrieb er seinen Eltern einen Brief, in dem er sie anflehte, ihm diese Ehe zu gestatten. Er war sogar bereit, auf den Thron zu verzichten, wenn er nur Prinzessin Maximiliane Maria, so hieß dieses Mädchen, heiraten könnte.

Der Zar indes befahl seinem Sohn, nach Rußland zurückzukehren, und berief sich darauf, daß alles sorgfältig durchgesprochen werden müsse, bevor er seine Zustimmung erteile. Unter den unverheirateten Prinzessinnen in Europa machte sich Bedauern breit, galt doch der russische Thronfolger als »bester Bräutigam der Welt«.

Nach seiner Rückkehr bekräftigte Alexander, daß sein Entschluß unumstößlich sei, doch seine Eltern hatten es nicht allzu eilig, ihr Einverständnis zu erteilen. Grund dafür waren die familiären Beziehungen innerhalb der Herzogsfamilie, die von allen möglichen Gerüchten überschattet waren. Großherzog Ludwig II. hatte im Jahre 1804 Prinzessin Wilhelmine von Baden, ein junges Mädchen mit störrischem Charakter, geheiratet. Nach der Geburt zweier Söhne zeichnete sich bei den Eheleuten eine gewisse Entfremdung ab, und in Darmstadt begann man bereits, von den zahlreichen amourösen Abenteuern der Großherzogin zu sprechen. 1823 brachte Wilhelmine erneut einen Sohn zur Welt, und ein Jahr später dann ihre Tochter. Ihr Gemahl erkannte beide als seine Kinder an, um die Ehre seiner Familie und seine Krone zu retten. Doch allen war der Name des eigentlichen Vaters bekannt, obwohl er nicht offen genannt wurde.

Dies war der wesentliche Grund für das Zögern der russischen Kaiserfamilie. Doch letztendlich gab Zar Nikolaus nach und erlaubte Alexanders Ehe mit Prinzessin Maria.

Das stille, bescheidene deutsche Mädchen kam nach Petersburg, und im April 1841 fand im Winterpalast die Hochzeit zwischen Zarewitsch Alexander und Prinzessin Maria von Hessen statt. Die junge Gemahlin des Zarensohnes wurde von ihrer neuen Familie herzlich aufgenommen. Bei Hofe schätzte man sie wegen ihrer ruhigen Natur, ihrer Aufrichtigkeit und ihres ernsthaften Charakters. Lediglich Strenge, Verschlossenheit und unbedingte Einhaltung der Hofetikette konnte man ihr zum Vorwurf machen. Alexander überschüttete seine junge Gemahlin mit Zeichen der Aufmerksamkeit und Zärtlichkeit. Maria Alexandrowna, wie sie in Rußland hieß, brachte acht Kinder zur Welt, war eine gute Mutter, zeichnete sich durch Strengläubigkeit aus, widmete viel Zeit der Wohltätigkeit und half mit, das Bildungswesen für Frauen zu verbessern. Die von ihr gegründeten Frauengymnasien verfügten über ein breitgefächertes Ausbildungsprogramm im demokratischen Geiste. Die Reformen ihres kaiserlichen Gemahls unterstützte sie aktiv. Ihre Zeitgenossen waren der Ansicht, die Kaiserin sei das sympathischste Mitglied der Zarenfamilie.

Doch vom Schicksal wurde dieser bemerkenswerten Frau, die aus Liebe und nicht aus Berechnung ins ferne Rußland gekommen war, viel Unglück und Leid auferlegt. Ihre erste Tochter Alexandra starb mit sieben Jahren. Dieses bedauerliche Los traf bald auch den ältesten Sohn, der ein Jahr nach seiner Schwester zur Welt gekommen war und zu Ehren seines Großvaters Nikolaus hieß. Er war zum Thronfolger bestimmt worden, und Kaiserin Maria widmete seiner Ausbildung persönlich viel Aufmerksamkeit. Der Junge schien begabt zu sein, jedoch legte er keinen besonderen Eifer an den Tag. Bei der Abschlußprüfung, die in Gegenwart seines Vaters stattfand, fiel der Thronfolger durch, so daß alle Bemühungen seiner Mutter vergebens gewesen waren. Der Gesundheitszustand des Zarensohnes bereitete allen Sorge. Die Eltern schickten ihn an die französische Riviera, damit er sich dort einer Behandlung unterziehen konnte. Doch auch dies half dem jungen Mann nicht. Seine Krankheit, die Tuberkulose, spitzte sich immer mehr zu, so daß die Zarenfamilie eiligst nach Frankreich abreiste, um in der Nähe des Thronfolgers sein zu können. Auch seine Braut, die dänische Prinzessin Dagmar, begab sich dorthin. Am 12. April 1865 versammelten sich alle am Bett des sterbenden Zarensohnes. Auch der zweite Sohn des Kaisers, der zwanzigjährige Alexander, war zugegen. Unmittelbar vor seinem Tode nahm der von einem quälenden Husten entkräftete Nikolaus die Hand seiner Braut und sagte, nachdem er sie in die Hand seines jüngeren Bruders gelegt hatte, leise: »Ich hinterlasse dir die schweren Pflichten, den ruhmreichen Thron… und meine Braut, die dir diese Bürde erleichtern wird.« Einige Minuten später schied der Zarewitsch aus dem Leben, mit gerade einmal zweiundzwanzig Jahren. Zum Erben des russischen Thrones wurde nun Großfürst Alexander ernannt. Ein Jahr später schloß er die Ehe mit der dänischen Prinzessin Dagmar, der ehemaligen Braut seines verstorbenen Bruders.

Die Gemahlin von Kaiser Alexander II. hatte sechs Söhne und zwei Töchter zur Welt gebracht. Welches Schicksal erwartete ihre übrigen Kinder?

Ihr dritter Sohn Wladimir sollte 62 Jahre alt werden. Aus seiner Ehe mit Maria Pawlowna, einer Tochter des Großherzogs von Mecklenburg-Schwerin, hatte er vier Söhne und eine Tochter. Einer seiner Söhne, Kyrill, wurde nach dem Sturz der Monarchie in Rußland als nun Ältester zum Oberhaupt der Dynastie und zum Anwärter auf den russischen Thron. Maria Pawlowna selbst spielte später eine überaus negative Rolle beim Zerfall des Hauses Romanow, da sie an der Spitze der fürstlichen Opposition stand, die sich gegen den letzten Zaren aus dieser Dynastie gebildet hatte.

Alexej, der vierte Sohn der Kaiserfamilie, wurde von einem Hauslehrer unterrichtet, gehörte seit seiner Jugend der Flotte an und wurde am Ende der Herrschaftszeit seines Vaters zum Leiter der Seebehörde ernannt. Er war ein Mann von mittelmäßigen Fähigkeiten und sehr unentschlossen, begehrte viele Frauen, blieb aber kinderlos.

Die zweite Tochter der Kaiserin heiratete Prinz Alfred Ernst, einen Sohn von Königin Viktoria. Zum ersten Male knüpften damit die Romanows eheliche Bande zum englischen Königshaus. Dieser Ehe wurde eine große politische Bedeutung zugeschrieben. Anläßlich der Hochzeit, die im Jahre 1874 in Petersburg stattfand, reisten hochrangige Persönlichkeiten aus verschiedenen Ländern mit großem Gefolge in die russische Hauptstadt. Die Tochter aus dieser Ehe – die Enkelin von Kaiser Alexander II. und Königin Viktoria also – sollte später ihren Cousin Großfürst Kyrill heiraten.

Einen tragischen Verlauf nahm auch das Schicksal eines weiteren Sohnes des sechzehnten Romanows, und dies in dessen achtundvierzigsten Lebensjahr. Gemeint ist Großfürst Sergej, über den später zu berichten sein wird.

Paul, des Kaisers jüngster, 1860 geborener Sohn, widmete sich der Pferdezucht, war sozusagen Schirmherr für ihre Entwicklung in Rußland. Er heiratete seine Großnichte, die griechische Prinzessin Alexandra, mit der er zwei Kinder hatte. Nach dem Tode seiner Gattin heiratete er in zweiter Ehe eine Frau von einfacher Abstammung, eine Witwe mit Kindern, Fürstin Paley mit Namen. Da diese Verbindung als morganatisch betrachtet wurde, konnte Kaiser Alexanders II. jüngster Sohn auf der Karriereleiter nicht mehr höher klettern. Sein Schicksal soll am Schluß erzählt werden.

Maria Alexandrowna widmete der Erziehung ihrer Kinder viel Aufmerksamkeit, sie kümmerte sich um sie, doch die häufigen Schwangerschaften und das im Vergleich zu ihrer Heimat rauhe Petersburger Klima wirkten sich negativ auf ihre Gesundheit aus. Auf Anraten ihrer Ärzte zog sie sich vom gesellschaftlichen Leben zurück. In Petersburg aber tauchten Gerüchte über Unstimmigkeiten im Eheleben der Monarchen auf...

In Alexanders II. Leben spielten Frauen stets eine große Rolle. Er war verwöhnt von schnellen und leichten Erfolgen, auf einen Roman folgte der nächste, ein Abenteuer löste das andere ab. Die stolze Kaiserin litt schweigend. Trotz der Prüfungen, die sie durchlitt, empfand sie weiterhin ein Gefühl der Dankbarkeit für den Mann, der ihr seine erste Liebe geschenkt und sie, die Prinzessin eines kleinen deutschen Fürstentums, zur Herrscherin Rußlands gemacht hatte. Doch das Schicksal wollte es, daß Alexander Nikolajewitsch Romanow noch eine letzte Liebe erlebte, die stürmisch und aufrichtig war. Mit 47 Jahren verliebte er sich in die 17jährige Katharina Dolgorukaja, einen Zögling des Smolny-Instituts. Eine ihrer weiblichen Vorfahren war jene Maria Dolgorukaja gewesen, die als erste Ehefrau des Begründers der Romanow-Dynastie, Zar Michails, in die Geschichte einging.

Eines Tages machte Alexander II. zu Frühlingsbeginn einen Spaziergang im Letni Sad (Sommergarten) und traf dort auf Katharina, die mit einem Zimmermädchen auf der Allee promenierte. Ohne den Vorübergehenden Aufmerksamkeit zu schenken, begann er ein Gespräch mit ihr. Diese Begegnungen wurden dann häufiger...

Er gestand dem Mädchen seine große, quälende Liebe, sie hörte verstört zu und konnte sich nicht dazu entschließen, den Zaren zu unterbrechen. Einige Monate später wurde Katharina Dolgorukaja seine Geliebte. Der Zar schwor feierlich, sie zu heiraten, sobald er frei sei. »Eine späte Liebe lodert oft wie heißes Feuer«, so sprachen die alten Philosophen. Drei- bis viermal in der Woche kam das Mädchen heimlich in den Winterpalast, öffnete mit ihrem eigenen Schlüssel die Tür zu einem kleinen, etwas abgelegenen Zimmer im Erdgeschoß, welches über eine Geheimtreppe mit den Gemächern des Zaren verbunden war. Sie brauchte nur der Stimme ihres Herzens zu folgen, da sie Alexander zärtlich liebte und seine seltenen Eigenschaften schätzte: seinen Edelmut, seine Großherzigkeit, Eleganz, Geistesschärfe und seinen erlesenen Geschmack. Er war bis ins Mark seiner Knochen Gentleman, zudem ein wunderbarer Gesprächspartner und Erzähler, voller Humor und Fröhlichkeit. Katharina vergötterte ihre erste Liebe. Er indes konnte nicht ohne sie sein.

Andere Frauen existierten fortan für ihn nicht mehr. Der Zar war bestrebt, all seine freie Zeit, die ihm neben den Staatsangelegenheiten und offiziellen Empfängen noch blieb, an der Seite seiner Geliebten zu verbringen. Während seiner Aufenthalte in Zarskoje Selo, in Petershof oder in Liwadia auf der Krim lebte Katharina stets in seiner Nähe. Sie war bescheiden, nahm niemals an Festessen mit geladenen Gästen teil und fuhr niemals ins Theater.

Alexander II. ernannte sie zum Hoffräulein der Kaiserin, damit sie sich auch bei Hofe aufhalten konnte. Die Zarin dachte, es handle sich lediglich um ein neues Abenteuer ihres leichtsinnigen Gemahls und verhielt sich ihrem neuen Hoffräulein gegenüber hochmütig und trocken. 1871 brachte Katharina einen Sohn zur Welt, ein gesundes und schönes Kind, das den Namen Georg erhielt. Das Neugeborene wurde der Fürsorge einer russischen Amme und einer französischen Gouvernante unterstellt.

Die Kaiserfamilie und natürlich auch der Hof waren, als sie von der Geburt des Kindes erfuhren, erschüttert. Die Kaiserin blieb auch in dieser Situation schweigsam und verschlossen, doch ihre Gesundheit verschlechterte sich zusehends. Und sogar ihre Hofdamen hielten sie für zu streng und übermäßig empfindlich. Sie konnten nicht verstehen, warum Maria Alexandrowna sich die »Streiche« ihres Mannes so sehr zu Herzen gehen ließ.

Zwei Jahre später gebar die Geliebte des Zaren eine Tochter namens Olga, weitere fünf Jahre später ihre Tochter Katharina. So hatte der Kaiser also drei weitere Kinder, an denen er sehr hing. Er beschloß, die Mutter seiner Kinder im Winterpalast unterzubringen. Sie sollte drei große Zimmer bewohnen, die sich direkt über den Zarengemächern befanden und mit ihnen über eine Geheimtreppe verbunden waren. Er nahm an, dies alles könne geheimgehalten werden. Doch schon eine Stunde nach ihrem Umzug war das allen bei Hofe bekannt. Es hieß, die Fürstin Dolgorukaja habe nicht in den Palast umziehen wollen, der Herrscher, der ohne sie keinen einzigen Tag leben könne, aber darauf bestanden.

Auch die Kaiserin erfuhr es. Von Trauer und Schmerz gequält sagte sie zur ehemaligen Erzieherin ihrer Tochter Maria: »Ich verzeihe die Demütigungen, die man mir als Kaiserin zugefügt hat. Aber ich habe nicht die Kraft, die Qualen zu vergeben, die man mir als Frau angetan hat.«

Bei Hofe wurde Murren laut, das Verhältnis zum Kaiser kühlte etwas ab. Einige Hofangehörige scheuten sich bereits nicht mehr, offen davon zu sprechen, daß der Umzug der Fürstin ein unerhörter Skandal sei, der die gesamte Dynastie der Romanows kompromittiere. Mit der kranken Zarin, deren Räumlichkeiten direkt neben denen des Kaisers lagen, hatte man Mitleid. Für die Dolgorukaja empfanden viele Haß; in den Wandelgängen nannte man sie in aller Stille eine Intrigantin, schrieb ihr die bösesten Absichten zu und äußerte Mitgefühl für die Zarin.

Um die war es einsam geworden. Mit Ausnahme zweier, ihr ergebener Hoffräuleins, hatte sie ihr Hofstaat verlassen. Alle Blicke richteten sich fortan auf die Fürstin Dolgorukaja, nicht aber auf diejenige, die noch immer die russische Krone trug. Alexander II. stattete seiner kranken Gemahlin täglich nur noch einen kurzen offiziellen Besuch ab. Kaiserin Maria schwacher Körper war nicht in der Lage, der Last all diesen Leids standzuhalten. Mit sechsundfünfzig Jahren schied sie still und unbemerkt aus dem Leben. Die Zeit reichte nicht einmal dazu, nach ihren Kindern zu schicken.

Bei der Beerdigung, die voller Pracht und mit allen Ehren stattfand, fehlte ihr Hoffräulein, die Fürstin Dolgorukaja. Doch eineinhalb Monate später beging man im großen Zarenpalast die heimliche Hochzeit zwischen Alexander II. und Katharina. Es wurde eine Eheurkunde verfaßt. Die Dolgurukaja erhielt den Titel einer Fürstin Jurjewskaja mit dem Zusatz »Eure Durchlaucht«. Diesen Nachnamen erhielten auch die drei Kinder des Kaisers. »Wir verleihen ihnen sämtliche Rechte, die legitimen Kindern zukommen«, stand in der Urkunde, die die Unterschrift von Alexander II. trug.

Sich auf die Liebe verlassend, die ihm der Thronfolger, sein Sohn Alexander, entgegenbrachte, übertrug ihm Kaiser Alexander, als ob er seinen baldigen Tod vorausahnen würde, die Sorge für seine Frau und die Kinder im Falle seines Todes. Der Erbe des russischen Thrones schwor, daß er sie immer schützen werde, obwohl seine eindeutig negative Einstellung zur Verbindung des Vaters für niemanden ein Geheimnis war.

Doch sein Versprechen würde der zukünftige Zar halten. Die Fürstin Jurjewskaja unterschrieb nach Alexanders II. Tod sofort einen vollständigen Verzicht auf jegliche politische Rolle. Die untröstliche Witwe siedelte nach Frankreich über und beweinte ihren majestätischen Gemahl für den Rest ihres Lebens. Jenseits der russischen Grenzen sollte die Fürstin das normale Leben einer reichen Ausländerin führen. Sie hatte keinerlei Affären und heiratete niemals wieder, widmete alle Zärtlichkeit ihren Kindern, deren Vater der russische Kaiser war. Gestorben ist Katharina Jurjewskaja mit dreiundsiebzig Jahren.

Den russischen Thron hatte der Befreierzar etwas kürzer inne als sein Vater. Ausländer betrachteten Alexander II. Romanow als einen »großen Herrn«. Er war weich im Umgang und heikel in jeder Beziehung, charmant und gepflegt, sah Sinn in einem Glas Sekt, bestach durch Scharfsinn, war ein Hundefreund und guter Jäger, liebte auch die schönen Dinge. Speziell für ihn wurden Notizbücher in ungewöhnlichem Einband mit dem Doppeladler und der Krone, mit wunderbaren Gravuren und in teuren Etuis gedruckt. Der Kaiser las nicht gern gedruckte Texte. Die Bücher, die er lesen wollte, wurden für ihn meist abgeschrieben. Sein Lieblingsschriftsteller war

Iwan Turgenjew, doch für die Lektüre blieb ihm wenig Zeit. Zu seinen Lieblingsbeschäftigungen gehörten auch Zirkusbesuche. Während einer Vorstellung konnte sich der Kaiser freuen wie ein Kind.

Und wie er sprach! Wie ein echter Redner, er sprach lediglich mit einem leichten deutschen oder französischen Akzent.

Was die Belange des Staates anbetrifft, so kannte Alexander keine körperliche Müdigkeit. Er hatte allerdings von seinem Vater auch einige despotische Züge geerbt und konnte grausam sein. Auch Anfälle von Zorn kamen bei Alexander II. vor – dann verlor er die Selbstbeherrschung und wütete schrecklich. Es war bei ihm wohl sogar noch schlimmer als bei seinem Vater, in etwa so, wie bei seinem Großvater Paul, aber es kam viel seltener vor.

Man schätzte den Herrscher auch für seinen ruhigen Mut. Eines Tages überwältigte ein angeschossener Bär einen Jäger, der mit dem Jagdspieß nach vorn gestürzt war. Der Zar trat tapfer heran und tötete das Tier mit einem Schuß aus unmittelbarer Nähe.

Das erste Jahrzehnt seiner Herrschaft verlief völlig friedlich, doch dann folgte ein Mordanschlag auf den anderen.

Zum Frühlingsanfang des Jahres 1866 fiel der erste auf Alexander II. gerichtete Schuß. Der Kaiser war wie gewöhnlich im Sommergarten spazieren gegangen, diesmal mit seiner Nichte aus Baden. Dem Mädchen gefiel es in Petersburg sehr gut, und sie bat den Zaren um die Erlaubnis, noch in der russischen Hauptstadt bleiben zu dürfen, wobei sie darüber klagte, daß ihr das Leben im stillen und kleinbürgerischen Baden verhaßt sei. Es war Nachmittag, die Gymnasiasten eilten, den Ranzen auf dem Rücken, nach Hause. Beim Newa-Tor, wo der Zar von der Kutsche erwartet wurde, hatten sich wie immer viele Menschen versammelt. In diesem Moment richtete ein junger Mann mit kränklichem Aussehen eine doppelläufige Pistole direkt auf die Brust des Zaren und drückte ab. Einem Bauern aus Kostroma, der in der Nähe stand, gelang es, die Hand des Schützen abzulenken, und die Kugel flog am Herrscher vorbei.

Der junge Mann, der den Anschlag auf den Zaren verübt hatte, wurde festgenommen, zu Boden gedrückt, geschlagen. Schnellen Schrittes trat der Kaiser auf ihn zu und fragte: »Warum hast du auf mich geschossen? Bist du Pole?« »Ich bin Russe. Und Ihr habt das Volk viel zu lange betrogen…«, war die Antwort. Dmitri Karakosow, so hieß dieser junge Mann, wurde abgeführt. Das Ermittlungsverfahren dauerte ein ganzes Jahr, dann erhielt er ein strenges Urteil – die Todesstrafe. Komissarow, so hieß der Bauer, wurde für die Rettung des Kaisers mit dem Rang eines Erb-Adligen ausgezeichnet. In einer deutschen Zeitung wurde folgender Dialog zweier Gesprächspartner veröffentlicht: »Haben Sie gehört, daß man in Petersburg auf den russischen Zaren geschossen hat?« – »Ja, ich habe es gehört. Und wissen Sie, wer geschossen hat?« – »Ein Adliger.« – »Und wer hat ihn gerettet?« – »Ein Bauer.« – »Und womit hat man ihn dafür belohnt?« – »Man hat ihn zum Adligen gemacht.«

Auf das erste Attentat folgten weitere. Ein Jahr später besuchte Alexander, den hartnäckigen Einladungen Napoleons III. nachgebend, die Weltausstellung in Paris. Er traf in Begleitung seiner ältesten Söhne Alexander und Wladimir ein und nahm im Elyseepalast Quartier. Während seines Aufenthalts wohnte der russische Kaiser einer Militärparade bei, zu der auch der preußische König, sein großer Freund und Verwandter, angereist war. Als Alexander von der Parade zurückkehrte und der Wagen ganz langsam durch die dichtbevölkerte Straße fuhr, lief plötzlich ein Mann, der polnische Emigrant Berezowski auf die Kutsche zu und schoß zweimal. Doch der Schütze verfehlte sein Ziel. Beide Monarchen nahmen das Attentat völlig ruhig auf. Mit seiner üblichen Liebenswürdigkeit hielt Alexander nicht inne, seinem Gesprächspartner seine aufrichtige Zufriedenheit mit dem Empfang und der Aufmerksamkeit, die man ihm in Paris ringsum entgegenbrachte, mitzuteilen.

In seinen beiden letzten Herrschaftsjahren wurden auf Alexander II. noch weitere vier Attentatsversuche unternommen. Bei einer Eisenbahn-Explosion in der Nähe von Moskau rettete den Zaren seine Umsicht vor dem sicheren Tode: Er hatte zwei Züge, die sich äußerlich vollkommen ähnlich waren. Sie fuhren in geringem Abstand nacheinander, und in den Bahnhöfen wechselten sie von Zeit zu Zeit ihre Reihenfolge, so daß schließlich der falsche Zug gesprengt wurde.

Der nächste Anschlag wurde dann schon nicht mehr direkt auf das Leben des Zaren verübt, sondern auf den Palast, in dem der Monarch lebte. Diese neue Vorgehensweise der Terroristen rief Schrecken und Verwirrung unter allen Bevölkerungsschichten hervor. Durch das Dynamit, das der Terrorist Chalturin gelegt hatte, wurde das Speisezimmer des Winterpalastes in die Luft gesprengt. An jenem Abend gab der Kaiser ein Essen zu Ehren des Neffens seiner Gemahlin, Prinz Alexanders von Battenberg, der vor kurzem zum König von Bulgarien gewählt worden war. Die Veranstaltung verzögerte sich, man wartete auf Prinz Alexander von Hessen-Darmstadt, den Vater des jungen Königs und Bruder der Kaiserin, dessen Zug Verspätung hatte. Der Zar und seine Gäste unterhielten sich im Arbeitszimmer. Und diese zufällige Verzögerung rettete Alexander wiederum das Leben. Die Explosion forderte jedoch zahlreiche Opfer. Die Ladung sprengte auch den Wachraum, der unmittelbar unter dem Speisesaal gelegen war, wobei 19 Personen getötet und 48 verletzt wurden.

Drei Tage später erachtete es der Kaiser als seine Pflicht, der Beerdigung der Getöteten beizuwohnen, er besuchte die verwundeten Soldaten im Lazarett und ließ ihnen viel Aufmerksamkeit zuteil werden.

Sämtliche sechs Attentate blieben ohne Folgen für das Leben des Herrschers, doch er, der müde war und seinen Glauben an das russische Volk verloren hatte, dem er vom Gipfel seiner Macht aus hatte helfen wollen, fühlte sich zunehmend einsam auf dem russischen Thron. Die Feierlichkeiten, die in Petersburg und Moskau anläßlich seines 25jährigen Herrscherjubiläums am 19. Februar 1880 stattfanden, nahmen ihm sein Mißtrauen nicht. Er wußte und fühlte, daß es in Rußland trotz all des Ruhms seiner Reformen eine Handvoll Unzufriedener gab, deren blutige Vorhaben gegen seine Person gerichtet waren.

Auch unter den Adligen, die sich in seiner Umgebung aufhielten, gab es viele, die ihm nicht wohlgesonnen waren. Ihnen blieben seine Bestrebungen unverständlich, obwohl es in seinem Umkreis Menschen gab, die ihm vollkommen ergeben waren. Unter ihnen befand sich Graf Loris-Melikow, ein entschlossener und prinzipientreuer Mann armenischer Abstammung. Ihm war das Portefeuille des Innenministers übertragen, ferner wurde er durch einen kaiserlichen Erlaß auch zum Vorsitzenden der neu gegründeten Obersten Organisationskommission zur Wahrung der öffentlichen Ordnung ernannt. Die Befugnisse des Vorsitzenden waren so umfangreich, daß er sogar berechtigt war, jedem beliebigen Vertreter der Staatsmacht im Namen des Kaisers Befehle zu erteilen. Es hieß, der Zar wolle es mit den Armeniern versuchen, da ihm mit den Russen nichts glücke und man keine weiteren Deutschen wolle. Dieser Politiker war also Armenier und dazu noch ein sehr kluger Mann. Er arbeitete den Entwurf für eine Verfassung und die Umgestaltung des russischen Staates aus. Er stellte auch einen Plan auf, nach dem Rußland schnell und entschlossen an das Niveau der westeuropäischen Staaten hätte angenähert werden können. Es gelang ihm sogar, sich Unterstützung von Seiten des Thronfolgers Alexander zu sichern. Erstmals war eine Beteiligung des russischen Volkes an der Legislative, also der gesetzgebenden Gewalt, vorgesehen.

In Palastkreisen brach leise Panik aus. Viele sagten empört: »Rußland ist tot. Es steht am Rande des Abgrunds.« Nichtsdestotrotz wurde ein Manifest erstellt, unter dem drei Unterschriften standen – die von Kaiser Alexander, die von Thronfolger Alexander und die von Generaladmiral Konstantin, dem jüngeren Bruder des Zaren. Loris-Melikow sollte den Entwurf in die Druckerei bringen, damit er am nächsten Tag veröffentlicht werden konnte. Doch dazu sollte es nicht kommen…

Während seiner gesamten Regierungszeit widmete Alexander II. einen beträchtlichen Teil seiner Zeit, Sorge und Arbeit der Armee und der Flotte, obwohl er von Natur her ein friedliebender Mensch war. Er haßte den Krieg, zu Soldaten hatte er eine väterliche Einstellung. Militärunterricht und Übungen aber waren für ihn eine Art Zeitvertreib und Entspannung. Im Winter wohnte er gern dem sonntäglichen Wachwechsel in der Manege bei, der noch unter seinem Großvater, Kaiser Paul, eingeführt worden war; im Sommer nahm er an den Lagerzusammenkünften in der Nähe von Petersburg teil. Die sogenannten Wachwechsel waren ein feierliches

Ereignis, bei dem die Gesandten anderer Länder und hochgestellte Gäste teilnahmen. Unter den jungen Offizieren der Kavallerie wurden Ordinarien gewählt, die dem Monarchen Bericht zu erstatten hatten. Sie ließen sich extra für diesen Anlaß neue Paradeuniformen anfertigen, einige ließen gar ihre Pferde mit silbernen Hufeisen beschlagen. Ganz Petersburg war an diesem Tag gewöhnlich auf den Beinen, um sich an der Pracht und dem Glanz der hochgestellten Persönlichkeiten zu erfreuen und, was das wichtigste war, einen Blick auf den Zaren persönlich zu erhaschen. Nur in Ausnahmefällen versäumte Alexander II. den Wachwechsel. Nun war der Zar bereits mehrere Sonntage hintereinander nicht erschienen.

Am 1. März 1881 ließ sich Alexander II. dieses Fest nicht entgehen. Traditionsgemäß brach er auf, um sich den Wachwechsel anzusehen. Der Zar wurde von den Großfürsten und den Generaladjudanten begleitet. Während der Zeremonie wirkte er so ruhig wie selten zuvor. Nach dem Wachwechsel befahl er, rasch in den Winterpalast zu fahren. Die kaiserliche Equipage war von seinem persönlichen Konvoj umgeben. Es schien, als sei das Leben des Zaren überhaupt nicht in Gefahr, doch... beim Katharina-Kanal nahe des Palasts von Kaiser Paul, wo vor 80 Jahren, ebenfalls im März, adlige Hofangehörige Alexanders II. unglücklichen Großvater erdrosselt hatten, ertönte plötzlich eine schreckliche Explosion. Ein junger Mann mit langen blonden Haaren warf ein Paket in Richtung der kaiserlichen Traber. Eine dichte Rauchwolke stieg empor, es ertönten Schreie und Gestöhn. Zwei Männer und ein Junge aus der benachbarten Bäckerei, die sich zu jenem Zeitpunkt nahe der Equipage aufgehalten hatten, lagen neben den toten Pferden in einer Blutlache auf der Erde. Der Zar, der unversehrt geblieben war, kletterte aus der Kutsche und stürzte zu den Opfern. Von allen Seiten lief das Volk zusammen. Der Verbrecher wurde ergriffen, die Masse schickte sich an, ihn zu lynchen. Alexander ging mit den Worten »Was hast du getan, du Irrer?« auf ihn zu. »Und Eure kaiserliche Majestät sind nicht verletzt?« fragte einer aus seinem nahen Gefolge. »Gott sei Dank nicht«, antwortete der Monarch, neigte sich über den sterbenden Jungen, schlug das Kreuzzeichen über ihn und begab sich zu seiner Equipage.

Plötzlich sahen alle, wie irgendein junger Mann rasch auf den Zaren zuging und einen weißen Gegenstand direkt unter seine Beine warf. Erneut eine Explosion, und als sich der Rauch verzog, tat sich ein schrecklicher Anblick auf. Der Kaiser lag auf der Erde, sein Gesicht war blutig, seine Mütze und sein Mantel von der Explosion versengt, er war zur Hälfte nackt. Seine Beine waren bis zum Knie zersplittert und standen unnatürlich vom Rumpf ab. Er verblutete. Neben dem Zaren lag, beinahe in derselben Stellung, der Zarenmörder auf dem Boden. Alexanders Lieblingsbruder Michail Nikolajewitsch stürzte auf ihn zu. »Sascha!« »Helft mir«, flüsterten ihm die farblosen Lippen zu. »Ist der Thronfolger am Leben?... Tragt mich in den Palast... Dort will ich sterben...« Der verwundete Zar wurde in einen Schlitten gelegt und in den Winterpalast gebracht. Dort erhielt er Erste Hilfe, jedoch war alles schon zu spät...

Die Mitglieder der Zarenfamilie und die höchsten Hofbeamten waren erschüttert über die verübte Grausamkeit. Das Volk, das sich am Palast drängte, ließ sich, als es sah, daß sich die Flagge senkte, schluchzend auf die Knie nieder und bekreuzigte sich. Der Befreierzar war nicht mehr am Leben.

Noch in derselben Stunde wurde aus dem Thronfolger und Zarensohn kraft des Gesetzes des russischen Reiches Kaiser Alexander III. Einige Tage später fand die feierliche Beisetzung des ermordeten Zaren statt.

Der Tag war nicht frühlingshaft kühl, doch die helle Sonne, die sich am wolkenlosen Himmel zeigte, erleuchtete die Erde. Unter Kanonensalven bewegte sich der Trauerzug zur Peter-und-Pauls-Festung. Voran schritt die Kavalleriegarde langsamen Schrittes auf Pferden, die eine schwarze Satteldecke trugen, dahinter gingen die Hofangehörigen mit den Insignien des verstorbenen Zaren in einer Reihe. Die Kaiserkrone, die mit ihren Brillanten und Edelsteinen funkelte, wurde auf einem goldenen Kissen getragen. Anschließend folgte die Trauerkutsche, die von acht Rappen gezogen wurde. Im Inneren der Kutsche standen vier Generaladjudanten an den Enden des Sarges. Der Sarg selbst war mit einer Hermelindecke bedeckt. Hinter dem Sarg ging Kaiser Alexander III. mit bloßem Haupt, einen halben Schritt dahinter die Großfürsten. Die neue Kaiserin, Alexander III. Gemahlin, folgte mit den Kindern und ihren Hofdamen in Trauerkutschen. Den Abschluß bildete ein Garderegiment.

In der Peter-und-Pauls-Kirche fand ein feierlicher Gottesdienst statt. Der vom flackernden Licht der Kerzen beleuchtete Sarg war nach orthodoxem Brauch geöffnet. Die Wunden auf dem Gesicht des verstorbenen Zaren waren von einem roten Schleier bedeckt, der untere Körperbereich, der durch die Explosion verstümmelt war, wurde durch einen prächtigen Umhang verborgen. Als der Kirchenchor das »Ewige Gedenken« gesungen hatte, verlas der Geistliche das Gebet für den Sündenerlaß und legte ein Stück Pergament, auf dem das Gebet geschrieben stand, auf die Stirn des Verstorbenen.

Dann kam der Augenblick des letzten Abschieds. Als erster stieg Alexander III. die Stufen des Leichenwagens empor. Mit tränenvollen Augen neigte er sich über den Sarg und küßte die Hand seines Vaters. Die Kaiserin, die Großfürsten und Großfürstinnen folgten seinem Beispiel. Als nach ihnen auch das diplomatische Corps sich anschickte, dem verstorbenen Kaiser Alexander II. die letzte Ehre zu erweisen, wurde ihr Weg plötzlich unterbrochen. Aus der Tür, die in die Sakristei führte, trat der Hofminister Graf Adlerberg, der die zierliche Gestalt einer weinenden Frau, die einen langen schwarzen Schleier trug, stützte. Nachdem sie vor dem Sarg auf den

Boden gesunken war, vertiefte sie sich in ein Gebet, wobei sie den Kopf an den Körper des Toten legte. Dieser Abschied dauerte einige Minuten. Dann verschwand die Fürstin Jurjewskaja – sie war es nämlich, auf den Arm des Grafen Adlerberg gestützt, langsam und mit unsicheren Schritten in der Tiefe der Kirche.

Seine letzte Ruhe fand der Befreierzar neben seiner Gemahlin, seiner ersten Liebe, die so viel gelitten hatte.

Vier Wochen nach der Beerdigung wurden die Rädelsführer der Verschwörung, die die Polizei verhaftet hatte, hingerichtet. Sie wurden mit einer Tafel »Zarenmörder« um den Hals öffentlich gehängt. Unter ihnen waren bekannte Terroristen und Fanatiker: Sheljabow, der Sohn eines Bauern, der eine Hochschulausbildung genossen hatte, und Perowskaja, die den höchsten Schichten der Petersburger Gesellschaft angehörte und eine Nichte des Gouverneurs der Stadt war. Ja, und das Volk kaufte dem Henker für geringes Entgelt abergläubisch Teile der Stricke ab, die als Hilfsmittel für die Hinrichtung gedient hatten.

Am Ort des Attentats auf den Zaren Alexander II. wurde die Kirche zur Auferstehung Christi errichtet.

Alexander III.
geb. 1845, Kaiser seit 1. März 1881, gest. 20. Oktober 1894

ALEXANDER III. ROMANOW ⚭ 1866 Maria Fjodorowna (Dagmar) Prinzessin von Dänemark

* 1845 † 1894 — * 1847 † 1928

NIKOLAUS
* 1868 † 1918

Alexander
* 1869 † 1870

Georg
* 1871 † 1898

Xenia
* 1875 † 1960

Michail
* 1878 † 1918

Olga
* 1882 † 1960

Nachdem Kaiser Alexander II. seinen Verletzungen erlegen war, mußte sein Nachfolger gleichzeitig Anordnungen für die prächtige Bestattungszeremonie treffen wie die Glückwünsche der Hofangehörigen, Minister und Gesandten anläßlich seiner Thronbesteigung entgegennehmen; dazu kamen die täglichen Regierungsgeschäfte.

Alexander III. hatte eine despotische Natur. Er dürstete einerseits nach Macht, andererseits war er erschüttert über den Gewaltakt gegen seinen armen Vater und schwor sich, an dessen Mördern grausame Rache zu nehmen. Als erstes ordnete er an, daß ganz Petersburg aufs gründlichste abgesucht werden solle und alle verdächtigen Personen unverzüglich festzunehmen seien. Dabei war der neue Romanow nicht so sehr von Trauer über den Tod seines Vaters erfaßt, als vielmehr von Zorn und Wut.

Kaum war er zum Kaiser proklamiert worden, hatte er auch schon Drohungen erhalten. Falls er die Zarenmörder hinrichten lasse, sei auch sein Leben in Gefahr... Alexander fand diese Briefe überall: auf seinem Schreibtisch, im Ankleideraum, auch in den Taschen und hinter den Gürteln seiner Kinder. Wahrscheinlich hatten die Verschwörer sogar in den höchsten Kreisen der Petersburger Aristokratie ihre Verbündeten.

Dennoch fand die Hinrichtung der Mörder statt. Um seine Familie zu schützen, gründete Zar Alexander III. eine neue Institution, die er als das Kaiserliche Hauptquartier bezeichnete. Zu dessen Personal gehörten der Kommandeur, seine Gehilfen, das »große Gefolge«, auch die Ärzte und sogar die Hofgeistlichen; Bestandteil war auch die Kanzlei mit ihren vielen Bediensteten. Der Kaiser selbst wurde von einer undurchdringlichen Mauer aus Sicherheitsbeamten umgeben.

Die Verfolgung verdächtiger Subjekte nahm mit jedem Tag zu. Neue Gefängnisse und Festungen schossen buchstäblich wie Pilze aus dem Boden. Nach seiner Thronbesteigung beschloß der Sohn des bestialisch ermordeten Zaren, nun seinerseits mit Blut und Eisen alles auszurotten, was in Rußland einen freien Geist, Tapferkeit und Denkvermögen in sich vereinte. Er betrachtete es als seine Aufgabe, alleiniger Herrscher über Körper und Seele seines Volkes zu sein, das hundert Millionen Angehörige zählte.

Eine seiner ersten Anordnungen war die Beseitigung der Selbständigkeit des Ministeriums für Post- und Telegraphenwesen und seine Angliederung an das Innenministerium. Fortan wurden sämtliche Briefe geöffnet und von extra ernannten Zensoren gelesen.

Was war dies für ein Mensch, der seine Herrschaft nicht, wie die Mehrzahl der Romanows, mit Gnade, sondern mit strenger Knute begann, wie dereinst auch sein Großvater Nikolaus?

Alexander III. kam mit sechsunddreißig Jahren auf den Thron und hatte bereits vier Kinder. Rein äußerlich betrachtet war er ein Hüne, seine riesige Gestalt strahlte Stärke und Macht aus. Nach Peter dem Großen war er – im wahrsten Sinne des Wortes – der größte Mann auf dem russischen Throne. Hochgewachsen, mit muskulösem Körperbau und großer körperlicher Kraft, konnte er aus Spaß Silberteller verbiegen. Erst zwanzig Jahre nach dem Tode seines älteren Bruders, der in Nizza an einer tuberkulösen Meningitis gestorben war, wurde er zum Thronfolger erklärt. Daher hatte er auch nicht die Ausbildung erhalten, die im allgemeinen für einen Kronprinzen als erforderlich galt. Die wesentliche Aufmerksamkeit seiner Eltern war auf seinen ältesten Bruder gerichtet gewesen. Alexander II. hatte auch seinen bereits erwachsenen Sohn in gewisser Distanz von der Regierung des Staates und überhaupt von staatlichen Belangen gehalten. Als sich der junge Mann nach dem Tode des Erstgeborenen plötzlich nochmals hinter die Bücher setzen sollte, sagte er seinen Lehrern: »Wozu brauche ich das? Ich werde verantwortungsvolle Minister haben. Sollen die doch all die komplizierten Fragen klären.«

Als Kind war dieser Romanow von russischen Lehrern erzogen worden. Diese äußerten, der Knabe zeichne sich durch ein ruhiges Gemüt, Bescheidenheit, Offenherzigkeit und außerordentliche Gewissenhaftigkeit aus. Dann geriet er bei seinen Studien ins Offiziersmilieu, deshalb machten sich auch in seinem Charakter gewisse soldatenhafte Züge bemerkbar: Widerspruchsloser Gehorsam wurde für ihn zum obersten Kriterium bei der Beurteilung seiner Untergebenen. In dieser Hinsicht und auch, weil er Ordnung und Willensstärke liebte, war er seinem strengen Großvater Nikolaus ähnlich. Lediglich äußerlich schien er so gar nicht nach seinen Vorfahren zu geraten; er glich einem russischen Muschik mit rotem Vollbart und dichten Brauen. Sein spärlicher Haarwuchs und die hohe Stirn verliehen seinem Gesicht einen überaus ernsten und entschlossenen Ausdruck. Die Augen aber waren voller Güte.

Nachdem er an die Macht gekommen war, zögerte Alexander III. beim Manifest über seine Thronbesteigung. Dieses wurde erst acht Wochen nach dem Tode seines Vaters veröffentlicht, wobei es auch noch ausgearbeitet worden war, ohne vorher den Rat und das Einverständnis der Minister des ermordeten Kaisers einzuholen. In dem Dokument wurde die Unantastbarkeit der alleinigen Herrschaft des Zaren proklamiert. Der neue Zar verkündete, er werde »im Glauben an die Stärke und die Gerechtigkeit der Autokratie« regieren. Und dies tat er ungeachtet der Unterschrift, die er als Thronfolger unter das Manifest zur Einführung einer russischen Verfassung gesetzt hatte.

Graf Loris-Melikow trat, gedemütigt und erzürnt, fünf Tage später zurück. Ihm folgten auch andere Anhänger der Verfassung; auch der Onkel des neuen Kaisers, Großfürst Konstantin, zog sich vom Hofe zurück.

Als Erzieher für Alexander III. hatte der Absolutismustheoretiker und Oberprokurator der Heiligsten Synode, Pobedonoszew, gedient, jener Mann, der an der Spitze der russisch-orthodoxen Kirche stand und gelegentlich auch Minister für Religion genannt wurde. Er faßte auch das Manifest ab, und wurde nach der Thronbesteigung seines Zöglings zur einflußreichsten Person in der Regierung. Trotz seiner rein russischen Erziehung schätzte der Zar den Fleiß deutscher Beamter. Sein Liebling war der Deutsche Bunge, der den Posten des Finanzministers und später auch den Vorsitz im Ministerkabinett erhielt. Bunge entstammte einer geadelten Familie von Ärzten und Gelehrten aus Kiew, hatte ein Universitätsstudium absolviert und war Autor einer Reihe viel beachteter Arbeiten auf dem Gebiet des Handelsrechtes und Kreditwesens. Er war ein arbeitsamer und in jeglicher Hinsicht positiver Mensch, der sich das Vertrauen des Kaisers in einem solchen Ausmaß erwarb, daß ihn dieser für seinen Sohn Nikolaus zum Lehrer für politische Ökonomie und Finanzwirtschaft machte.

Und noch ein weiterer Deutscher erhielt einen Ministerposten – ein gewisser Giers, dem das Außenministerium unterstellt war. Er entstammte einer deutschen Familie, die sich Anfang des Jahrhunderts in einem der Westgebiete Rußlands niedergelassen hatte. Nach seinen Studien im berühmten Lyzeum von Zarskoje Selo war er in den diplomatischen Dienst getreten und hatte eine blendende Karriere im russischen Auswärtigen Dienst gemacht. Er war Lutheraner und tat alles, was in seinen Kräften stand, um die zwischen Deutschland und Rußland entstehenden Spannungen zu beseitigen. Als Außenminister genoß Giers das uneingeschränkte Vertrauen von Zar Alexander III.

Unter Giers Leitung wurde ein weiterer deutscher Diplomat auf seine zukünftige Mission vorbereitet: Lambsdorff, der Enkel des 1817 in den Grafenstand erhobenen Erziehers des damaligen Großfürsten und späteren Zaren Nikolaus I., sollte dann auch im Jahre 1900 russischer Außenminister werden.

Den Posten des Ministers für Verkehrswege erhielt Gubbenet, ebenfalls ein Ausländer, dem der Zar vertraute. Jedoch gab es während Alexanders III. gesamter Regierungszeit unter den Ministern nicht wenige Umbesetzungen und Wechsel. Er besetzte sämtliche verantwortliche Posten mit neuen Leuten und ersetzte sie, sobald er nur ein klein wenig unzufrieden war. »Man muß die obersten Hofbeamten und Fürsten, die daran gewöhnt sind, daß die Gesetze nicht für sie gemacht sind, in ständiger Furcht halten«, so war sein Führungsstil. Einige der Staatsmänner, die nicht berücksichtigt wurden oder die aufgrund ihres Alters oder ihrer fachlichen Qualitäten für einen aktiven Posten nicht mehr geeignet schienen, wurden vom Zaren in den Staatsrat berufen, damit ihnen die ehrenvolle Ernennung und die hohen Bezüge den Rücktritt versüßen mochten.

Unersetzlicher Helfer für Alexanders III. wurde Pobedonoszew, ein Mann von glänzendem Verstand, der jedoch überaus reaktionäre Ansichten hegte. Er hatte sich folgendes Credo erwählt: Lieber etwas schlechtes Altes als etwas unbekanntes Neues. Obwohl er selbst Russe war, hegte Pobedonoszew großes Mißtrauen gegenüber seinen Landsleuten, die er einfach für unfähig hielt, ihrem Land ohne fremde Hilfe von außen zur Blüte zu verhelfen... Von der Höhe seines wichtigen Postens aus konnte Pobedonoszew jegliche Speichelleckerei, Käuflichkeit und Niedertracht um das Machtidol herum beobachten. So hatte er den Glauben daran, daß es Menschen gebe, die ihrem Lande aufrichtig dienen wollten, längst verloren. Seinen Worten nach war Rußland »eine Eiswüste und ein Zufluchtsort für Unglückliche, das Parlament aber eine Institution, die zur Befriedigung persönlicher Ambitionen, Ehrsucht und eigener Interessen dient«. Einige nannten ihn einen Zyniker, doch für Kaiser Alexander III. war er schlichtweg unersetzbar und sein engster Vertrauter.

Ein besonders begabter und fähiger Minister in der Regierungszeit der beiden letzten Romanows war Sergej Witte. Diesem Staatsmann hat Rußland sehr viel zu verdanken. Es gelang ihm, Finanzierungsquellen für das Land aufzutun, wobei er sich an die Regel hielt, daß in jedem Hause Geld verfügbar ist, man muß nur wissen, wie man herankommt. Zu seiner Zeit wurde das Wodka-Monopol des Staates eingeführt, so daß jedes Volksbesäufnis fortan zur Einnahmequelle für den russischen Staatshaushalt wurde. Witte war weder vornehmer Herkunft noch reich, auch hatte er keine einflußreiche Verwandschaft. Seine Mutter war russischer, sein Vater deutscher Abstammung; er selbst hatte die Universität Derpt besucht und danach in Deutschland Landwirtschaft und Bergbau studiert. Mit den Jahren hatte er all sein Vermögen in den Bergwerken Georgiens verloren. Sergej Witte, von Natur aus sehr begabt, war gezwungen, selbst für seine Karriere zu kämpfen. Er begann sie als Kassierer der Eisenbahnstation in Odessa, war aber so klug, energisch und tapfer, daß er schließlich zum Regierungsoberhaupt Rußlands aufsteigen konnte – ein Präzedenzfall für ein Land, in dem die Posten gemeinhin nicht nach den Fähigkeiten der Menschen vergeben wurden. Sein Vertrauen in die eigenen Kräfte, seine Sachlichkeit sowie sein Fleiß wurden zum Symbol für die Industrialisierung des russischen Staates. Witte galt als der talentierteste Kopf in der russischen Administration. Er war der erste und einzige russische Finanzminister, dem es in den elf Jahren seiner Amtszeit gelang, die Wirtschaft Rußlands aus ihrem defizitären Zustand zu befreien. Zu den Grundpfeilern seiner Finanzpolitik gehörten auch die aktive Aquisition von ausländischen Investitionen für Rußland, die Gründung neuer Fabriken und Unternehmen durch Ausländer, sowie eine tatkräftige Förderung aller im russischen Reich angesiedelten ausländischen Wirtschaftskräfte. Seit Gründung des Deutschen Reiches 1871 waren wieder mehr deutsche Unternehmer und Fachkräfte nach Rußland eingewandert. Diesmal behielten sie aber meist ihre deutsche Staatsangehörigkeit.

Witte verstand, auch dies gut auszunutzen. Und der Zar stärkte seinem Minister den Rücken. Witte empfand große Wertschätzung für seinen Herrscher und diente ihm aufrichtig. Ihm, und nur ihm persönlich ist es zu verdanken, daß die sibirische Eisenbahn gebaut wurde, die bei der Industrialisierung Rußlands eine so wichtige Rolle spielte. Er schlug dem Zaren sogar vor, den Thronfolger Nikolaus zum Vorsitzenden des Baukomitees für diese Magistrale zu ernennen. In seinen Erinnerungen sollte er später festhalten, daß Alexander III. über seinen Vorschlag äußerst verwundert war:

»Wie? Ja, kennt Ihr denn den Zarewitsch?«

»Nein, Eure Majestät, ich hatte niemals das Glück, mit dem Kronprinzen ein Gespräch zu führen.«

»Er ist doch noch ein richtiger Junge, er urteilt ganz und gar kindisch. Wie soll er also Vorsitzender eines Komitees sein können?«

»Ja, Eure Majestät, er ist ein junger Mann... Doch wenn Ihr, Eure Majestät, nicht damit beginnt, ihn an die Staatsbelange heranzuführen, dann wird er niemals hineinfinden.«

Obwohl das Prinzip der Alleinherrschaft des Kaisers verkündet worden war, versuchte Alexander III. schon, einige Reformen seines Vaters zu vollenden. Seine Hauptaufgabe aber sah er darin, im Lande Ordnung zu schaffen. Die absolute Macht sollte gefestigt werden und vor jeglichen, gegen sie gerichteten Anschlägen sicher sein. Er sah sich dabei in der Nachfolge solcher Vertreter des Hauses Romanow wie Peter I., Katharina II. oder Alexander I., die ein mächtiges Rußland erichtet hatten.

Er nahm eine Reorganisation der russischen Armee in Angriff und widerstand sämtlichen Verlockungen und Provokationen, die ihn in einen Krieg hätten verwikkeln können. Unter ihm wurde die Wehrpflicht auf fünf Jahre effektiven Dienst verkürzt, und das Alltagsleben der Soldaten besserte sich beträchtlich. Der Zar selbst hegte keinerlei militärische Gesinnung, konnte Paraden nicht ertragen und war sogar ein schlechter Reiter.

Dann wandte er sich wirtschaftlichen und sozialen Fragen zu. Er schloß ein Bündnis mit Frankreich, um Kredite zu erhalten, die für den Bau von Eisenbahnen in Rußland erforderlich waren. Obwohl er die Deutschen nicht mochte, unterstützte er alle Industriellen, um ihr Kapital für die Entwicklung der Wirtschaft in seinem Lande heranzuziehen. Und tatsächlich wandelte sich während seiner Regierungszeit in Rußland manches zum besseren. Auch das Leben der Bauern wurde erträglicher, einige siedelten sogar mit der ganzen Familie nach Sibirien über, wo es viele freie Ländereien und nur wenige arbeitende Hände gab. Dort ließen sie sich nieder und führten eine einträgliche Wirtschaft. Um den Wohlstand der befreiten Bauern noch zu heben, wurde eine sogenannte Bauernbank gegründet, mit deren Hilfe sie

Land hinzukaufen und dadurch die Parzellen, die sie erhalten hatten, erweitern konnten. In seiner Sorge um die Bauern kümmerte sich Alexander III. gleichzeitig auch um die Adligen, deren Wohlstand durch die Bauernreform etwas geschmälert worden war. Er gründete eine Adelsbank, die gegen die Sicherheit von Landbesitz Darlehen vergab, damit auch die Gutsherren die Möglichkeit hatten, ihre Wirtschaft zu verbessern.

Unter jenem Zaren war ein heftiger Aufschwung in der Entwicklung des ganzen Landes zu verzeichnen. Erleichtert wurde auch die Situation der Arbeiter. Er ließ eine technische Ausbildung einführen, die Universitätssatzungen änderten sich, viele neue Schulen wurden eröffnet, was für Rußland, wo nur 2,5 Prozent der Gesamtbevölkerung lesen und schreiben konnte, besonders wichtig war. Man verlegte neue Eisenbahnen, deren Bau noch zu Zeiten von Alexanders Großvater, Nikolaus I. Romanow, begonnen worden war. Auch die Handelsbeziehungen weiteten sich aus.

Um die unterschiedlichen Gebiete Rußlands kennenzulernen, unternahm der Kaiser von Zeit zu Zeit Reisen in die Städte und Dörfer, wo er sich mit eigenen Augen davon überzeugen konnte, daß das russische Volk kein leichtes Leben führte. Dieser Zar zeichnete sich durch seine Verbundenheit mit allem, was russisch war, aus, und unterschied sich darin grundsätzlich von den früheren Romanows. Er wurde übrigens nicht nur aufgrund seines Aussehens, sondern auch aufgrund seiner geistigen Haltung als durch und durch russischer Zar bezeichnet, wobei allerdings vergessen wird, daß er von seiner Abstammung her eigentlich eher Deutscher war. Zu seiner Zeit konnte man in ganz Rußland erstmals folgende Worte vernehmen: »Rußland den Russen!« Die Zeitungen begannen, die Abhängigkeit der russischen Industrie von den Deutschen zu beklagen. Der Nationalismus wuchs. Die ersten Judenpogrome fanden statt, die ersten »Übergangsbestimmungen« für die Juden wurden veröffentlicht und deren Rechte stark beschnitten. Juden wurden nicht mehr in Gymnasien, Universitäten und andere Bildungseinrichtungen aufgenommen. In einigen Gouvernements war es ihnen schlichtweg untersagt, Wohnung zu nehmen oder in den Staatsdienst zu treten. Im Rußland jener Zeit lebten fünf Millionen Juden. Die Repressionen und Verfolgungen führten schließlich dazu, daß die russischen Juden in großer Zahl in die Reihen der Revolutionäre traten, die es sich zum Ziel gesetzt hatten, den Zarismus zu stürzen. Obwohl der Zar die Juden nicht mochte, lehnte er die Pogrome ab und forderte den Innenminister auf, in all diesen Fällen eine Untersuchung einzuleiten und die Ordnung wiederherzustellen. »Wenn es möglich wäre, die Haupträdelsführer anständig zu verprügeln, ohne sie dem Gericht zu überstellen, wäre das weitaus nutzbringender und einfacher«, meinte der Kaiser.

Alexander liebte alles Russische, hegte Abneigung gegenüber den Deutschen und empfand keinerlei verwandtschaftliche Gefühle für deutsche Fürstenhäuser. Auch seine Frau war, im Gegensatz zu den Gemahlinnen seiner Ahnen, keine deutsche Prinzessin, sondern gehörte dem dänischen Königshause an, das mit Deutschland nicht gerade freundschaftliche Beziehungen unterhielt.

Luise Wilhelmine von Dänemark, die kluge und intelligente Gemahlin des Dänenkönigs Christian IX, wurde als »Mutter von ganz Europa« bezeichnet, da es ihr gelungen war, ihre vier Kinder ganz hervorragend unterzubringen: Dagmar wurde zur Freude ihrer Mutter russische Zarin; ihre älteste Tochter Alexandra ehelichte den Prinzen von Wales, der schon zu Lebzeiten von Königin Viktoria eine aktive Rolle im Staat spielte und schließlich König von Großbritannien wurde; ihr Sohn Friedrich bestieg nach dem Tode seines Vaters den dänischen Thron, und ihr Jüngster, Georg, wurde König von Griechenland. Ihre Enkel knüpften schließlich verwandtschaftliche Beziehungen zu beinahe allen europäischen Königshäusern.

Prinzessin Dagmars Schicksal war sehr ungewöhnlich. Zunächst war sie mit dem älteren Bruder ihres späteren Gemahls verlobt gewesen, dann – als dieser plötzlich verstorben war – wurde sie Braut des neuen Thronfolgers. Ein Jahr nach dem Tod ihres ersten Bräutigams fand die Hochzeit statt. Noch vor der Vermählung nahm sie einen russischen Namen an, und zwar den Namen Maria Fjodorowna.

Am russischen Hofe gewann man diese kleine fröhliche Frau mit den dunklen Haaren und den schwarzen Augen, die einen lebenslustigen Glanz hatten, sofort lieb. Sie veranstaltete mit großem Vergnügen Empfänge, tanzte auf Bällen, sprach gern mit den zahlreichen Vertretern der Familie Romanow und mit russischen Adligen. Auch vermochte sie es, zu allen sachliche und freundschaftliche Beziehungen aufzubauen, ohne dabei Anflüge von Familiarität oder Intimität zu zeigen. Sogar einen Menschen, der ihr unsympathisch war, konnte sie mit liebenswürdigen und gutherzigen Augen ansehen. Bei Tisch war Maria Fjodorowna eine ausgezeichnete Gesprächspartnerin, der es auch an Scharfsinn nicht fehlte.

Während sie sich über menschliche Mängel lustig machte, war sie duldsam gegenüber Schwächen. Einmal schrieb sie in einem Brief an ihre Mutter: »Eine arme Dame verlor während der Mazurka, die eine halbe Stunde dauerte, ihren Unterrock, der unter unseren Füßen liegen blieb, bis ihn ein General schließlich aufhob und hinter einem Blumentopf versteckte. Die Unglückliche konnte sich gleich nach dem Tanze in der Menge verstecken, bevor irgend jemand mitbekommen hatte, wessen Rock das war. Und mir tat es so leid um die Arme...«

Bis zu ihrem fünfunddreißigsten Lebensjahr brachte die dänische Prinzessin sechs Kinder zur Welt; lediglich ihre jüngste Tochter Olga wurde erst geboren, als sie selbst schon russische Kaiserin geworden war. Maria kümmerte sich wie eine Glukke um ihren Nachwuchs, verfolgte die Ausbildung ihrer Kinder, las ihnen die Leviten und hörte sich ihre Geheimnisse an. Oft schlichtete sie Konflikte, die von Zeit zu

Zeit zwischen den Kindern und ihrem Vater entbrannten, der einen überaus heftigen Charakter hatte.

Nikolaus, ihr Erstgeborener, der seinen Namen zu Ehren seines Großvaters väterlicherseits erhalten hatte, wurde zum Thronfolger erklärt. Der zweite Nachkomme Alexander lebte kaum mehr als ein Jahr, der dritte Sohn, Georg, starb im Alter von achtzehn Jahren, als die Tuberkulose, an der er erkrankt war, seiner kräftigen Natur keine Schonung gönnte. Man nahm freilich an, direkte Ursache für seinen Tod im Jahre 1899 sei Übermüdung gewesen, weil der junge Mann an Radrennen teilgenommen hatte.

Marias erster Tochter Xenia ließ das Schicksal ein langes Leben zuteil werden. Sie sollte ihren Cousin Alexander Michailowitsch, einen Enkel von Nikolaus I., heiraten und fünfundachtzig Jahre alt werden.

Der vierte Sohn Michail wurde unter der Bolschewikenherrschaft getötet; überhaupt verlief sein ganzes Leben überaus ungewöhnlich. Er ging eine morganatische Ehe mit einer zweimal geschiedenen Frau ein, die nicht fürstlicher Abstammung war. Diese Ehe wurde heimlich in Wien geschlossen, in einer kleinen serbischen Kirche. Als sein regierender Bruder von dieser Heirat erfuhr, verbot er Michail die Einreise nach Rußland und unterzeichnete einen Erlaß, durch den sein Vermögen unter treuhänderische Verwaltung gestellt wurde. Nur der Einmischung der Mutter war es zu danken, daß sich die Brüder schließlich aussöhnten und die Treuhänderschaft aufgehoben wurde. Das Ehepaar durfte nach Rußland zurückkehren. Michails Gemahlin sollte schließlich die Grafenwürde des russischen Kaiserreichs erhalten.

Olga, die jüngste Tochter des Kaiserpaares, wurde Gemahlin eines Prinzen von Oldenburg, doch diese Ehe erwies sich als unglücklich, eine Scheidung war unvermeidbar.

Der russische Kaiser war glücklich in seiner Ehe mit der dänischen Königstochter. Alexander III. Romanow war ein guter Familienvater. Seine oberste Devise war Beständigkeit. Im Gegensatz zu seinem Vater hielt er an einer strengen Familienmoral fest und ließ sich von den hübschen Gesichtern der Hofdamen nicht in Versuchung führen. Maria, die nur zwei Jahre jünger war als ihr Gemahl, war ihm eine ergebene und gehorsame Ehefrau. Sie widersprach ihrem Mann in nichts und brachte ihm großen Respekt entgegen. Sie konnte einfach nicht anders: Der Zar hielt seine Familie in unbedingtem Gehorsam. Der Erzieherin seiner ältesten Söhne, Madame Ollengren, gab Alexander folgende Anweisung: »Weder ich noch die Großfürstin möchten aus ihnen (Nikolaus und seinem Bruder Georg) Orangeriegewächse machen. Sie sollen anständig zu Gott beten, die Wissenschaften studieren, den gewöhnlichen Kinderspielen nachgehen und in Maßen Unfug treiben. Unterrichtet sie gut, seid nicht nachsichtig mit ihnen, fragt sie mit aller Strenge und Schärfe und, was das wichtigste ist, fördert in ihnen nicht die Faulheit. Wenn etwas sein sollte, so wenden Sie sich direkt an mich, denn ich weiß, was zu tun ist. Ich wiederhole, ich brauche kein Porzellan. Ich brauche normale russische Kinder. Wenn sie sich prügeln – bitte. Doch die erste Knute soll dann demjenigen zuteil werden, der petzt. Das ist meine vorrangige Forderung.«

Gehorsam verlangte Alexander, nachdem er Zar geworden war, generell auch von allen Großfürsten und Großfürstinnen, obwohl einige von ihnen beträchtlich älter waren als er. Er arbeitete einen besonderen Familienstatus für das russische Herrscherhaus aus. Diesem Status entsprechend hatten fortan nur direkte Nachkommen der russischen Zaren in der männlichen Linie sowie die Geschwister des Zaren Anspruch auf den Titel eines Großfürsten mit dem Zusatz »Kaiserliche Hoheit«. Die übrigen hatten lediglich Anspruch auf den Fürstentitel mit dem Zusatz «Hoheit«.

Unter den Großfürsten rief der neue Familienstatus großen Tumult hervor. Die einen fühlten sich gedemütigt und übergangen, die anderen vermuteten, sie seien ungerechterweise in den Hintergrund gedrängt. Unter den Mitgliedern der großen Familie Romanow kam es zu Intrigen. Die Brüder des Zaren und seine Onkel gingen in Opposition zum Herrscher. Einige ließen sich nur durch hochgestellte Posten im Staat beruhigen. So wurde Großfürst Wladimir, ein Bruder des Zaren, Kommandeur des Militärkreises Petersburg; sein zweiter Bruder Sergej wurde Generalgouverneur von Moskau. Ein Onkel des Zaren, Großfürst Michail, wurde zum Vorsitzenden des Staatsrates ernannt, ein anderer Onkel zum Präsidenten der Akademie der Wissenschaften. Ränge, Titel und Auszeichnungen wurden nicht für Verdienste verliehen, sondern aufgrund der Tatsache, daß man als Mitglied der Zarenfamilie geboren worden war. Die Großfürsten dienten als Gouverneure in den Provinzen oder als hochrangige Offiziere in der Armee und Flotte, doch sie dienten nur deshalb, weil der Zar es so wollte. Wenn er es befahl, mußten sie allerdings auch umgehend den von ihnen eingenommenen Posten räumen.

Alexander III. brachte vor allem Großfürst Michail, seinen Cousin, gegen sich auf, der gegen den Willen des Oberhauptes der Kaiserfamilie Gräfin Sophie Merenberg geehelicht hatte. Der Zar war so erzürnt, daß er ihm sämtliche Titel entzog und ihm untersagte, in Rußland zu wohnen. Michail lebte daher mit seiner Frau in England. Erst nach Zar Alexanders III. Tod erhielt Michail seine Hoheitswürden zurück.

Von vielen Romanows, die den Thron innegehabt hatten, unterschied sich Alexander III. auch dadurch, daß er übermäßigen Luxus nicht liebte und der Etikette vollständig gleichgültig gegenüberstand. Beinahe die gesamten Jahre seiner Regierung über lebte er in Gatschina, im Lieblingspalast seines Großvaters, Kaiser Paul. Doch die Paradesäle des Palasts waren leer, und obwohl es in Gatschina 900 Zimmer gab, quartierte sich die Zarenfamilie in den Zwischengeschossen der ehemaligen Bedienstetengemächer ein. Er lebte mit seiner Gemahlin, seinen Söhnen und den beiden Töchtern in kleinen, engen Räumen, deren Fenster zum idyllischen Park blickten.

Diese große und schöne Anlage stand ihnen ganz alleine zur Verfügung, was konnte es Besseres für die Kinder geben. Spiele an der frischen Luft, Besuche zahlreicher Altersgenossen, Cousins und Cousinen, Verwandter aus der großen Familie Romanow. Doch Kaiserin Maria liebte das Stadtleben und bestürmte den Zaren jeden Winter mit der Bitte, in die Hauptstadt überzusiedeln. Obwohl er bisweilen – und auch dies jeweils nur für kurze Zeit – auf die Bitten seiner Frau einging, verzichtete Alexander III. dennoch darauf, im Winterpalast zu wohnen, da er ihn als unfreundlich und zu luxuriös empfand. So machte das Kaiserpaar den Anitschkow-Palast am Newski Prospekt zu seiner Residenz.

Petersburg, diese Stadt mit jetzt 130 000 Einwohnern aber, war zu jener Zeit das Zentrum allen Fortschritts im russischen Leben. Im Opernhaus und Ballett wurden Werke russischer Komponisten aufgeführt, die Orchester brachten Musik von Glinka und Tschaikowski zu Gehör. In den Zirkeln der Intelligenz las man Werke von Dostojewski und Tolstoi. Jedoch unterhielt sich die Gesellschaft nach wie vor in französischer Sprache, und die besten Toiletten und Einrichtungsgegenstände bestellte man in Paris. Zur Erholung fuhr die russische Aristokratie nach Italien und Frankreich.

In der Wintersaison gaben die Kaiserlichen Majestäten traditionsgemäß Bälle im Winterpalast. In seinen großartigen, geräumigen Galerien und Sälen, die mit Säulen aus Marmor, Jaspis und Malachit, mit Golddecken und großen Lüstern aus Kristall geschmückt waren, versammelten sich bis zu dreitausend Menschen: Höflinge in schwarzen Uniformen mit Goldstickerei, Generäle mit ordensbehängter Brust, Husarenoffiziere in Paradeuniform und Wildlederhosen, die so eng anlagen, daß zwei Soldaten benötigt wurden, die beim Anlegen des Beinkleids behilflich waren und natürlich die russischen Damen, buchstäblich behängt mit Kostbarkeiten – Diademen und Kolliers, Ohrringen, Armbändern und Ringen.

Wenn das Zarenpaar erschien, begann das Orchester eine Polonaise. Ein Tanz folgte dem anderen, bis das traditionelle Festmahl begann. Und schon war es nach Mitternacht. Sobald sich der Kaiser und die Kaiserin in ihren Anitschkow-Palast zurückgezogen hatten, traten auch die Gäste widerwillig ihren Heimweg an.

Der Herrscher hatte jedoch schon bald genug vom lauten Hofleben und der weltlichen Hektik, so daß die Familie mit den ersten Frühlingstagen wieder nach Gatschina übersiedelte. Diejenigen, die dem Zaren nicht wohlgesonnen waren, versuchten zu behaupten, der Herrscher verbarrikadiere sich, von dem Gewaltakt gegen seinen Vater aufgeschreckt, in Gatschina wie in einer Festung und sei eigentlich deren Gefangener geworden. Petersburg mochte er nicht, er fürchtete es sogar; der Schatten seines ermordeten Vaters verfolgte Alexander das ganze Leben lang.

Das gesellschaftliche Leben bei Hofe erlosch. Nur die Gemahlin des Großfürsten Wladimir – eines Bruders des Zaren –, eine geborene Herzogin von Mecklenburg-Schwerin, füllte diese Lücke durch Empfänge und Bälle in ihrem prächtigen Petersburger Palast, bei denen sich Regierungsmitglieder, Hofadel und diplomatisches Corps gern ein Stelldichein gaben. Dadurch erwarben sich die beiden den Ruf des eigentlich residierenden Teils der Zarenfamilie.

Da der Zar mit seiner Frau und den Kindern in familiärer Abgeschiedenheit lebte, konnten sogar die Minister nur schwer und oftmals nach mehreren Versuchen zu ihm vordringen. Die ausländischen Botschafter bekamen den Zaren bisweilen monatelang nicht zu Gesicht.

Solch einen Rückzug ins Privatleben erklärte man in der Hofgesellschaft nur durch die Angst vor Attentaten. Und Gatschina war tatsächlich sicher: Im Umkreis von einigen Kilometern hatte man Tag und Nacht Soldaten stationiert; sie standen auch an sämtlichen Ein- und Ausgängen von Palast und Park. Sogar an der Tür zu Alexanders Schlafgemach standen Wächter. Maßnahmen wurden auch gegen einen möglichen Giftanschlag getroffen. Lebensmittel ließ man stets von verschiedenen Lieferanten kommen, die übrigens nicht wissen durften, daß die Ware für den Tisch des Zaren bestimmt war. Auch seinen Köchen vertraute der Zar nicht. Er ordnete an, der diensthabende Koch und seine Gehilfen sollten täglich im allerletzten Augenblick erst bestimmt werden, und in der Küche mußte stets ein Mitglied der Zarenfamilie wachen. Am Eingang zu diesem Raum wurden der Koch und seine Gehilfen sorgfältig von den diensthabenden Offizieren durchsucht.

Alexander nahm Frühstück, Mittag- und Abendessen gewöhnlich im Kreise seiner Familie ein, wobei er als letzter mit dem Essen begann. Übrigens speiste er gern üppig und gut: Krabbensalat, Hühner- oder Gänsepastete, Gemüse und zum Dessert schließlich meist Gebäck mit Schlagsahne. Süßes mochte der Zar besonders gern. Damit läßt sich wohl auch erklären, warum er so wohlbeleibt und füllig war. In der Fastenzeit jedoch gab er sich mit Kohlsuppe, Brei und Kwas zufrieden. Dieser Zar führte den Brauch ein, Krimweine zu trinken, und ließ ausländische Weine, die seine Vorfahren bevorzugt hatten, lediglich dann servieren, wenn Monarchen oder Diplomaten aus anderen Ländern zum Mittagstisch geladen waren.

Jeden Morgen stand der Kaiser um sieben Uhr auf, wusch sich mit kaltem Wasser, legte einfache ländliche Kleidung an und machte sich eigenhändig eine Tasse Kaffee, zu der er Schwarzbrot und hartgekochte Eier aß. Nach diesem bescheidenen Frühstück begab er sich an seinen Schreibtisch. Zum zweiten Frühstück dann versammelte sich die ganze Familie.

Zu den Lieblingsbeschäftigungen des Zaren zählten die Jagd und das Fischen.

Manchmal stand er noch vor Tagesanbruch auf, nahm sein Gewehr und war den ganzen Tag lang in den Sümpfen oder im Wald unterwegs. Stundenlang konnte er in hohen Stiefeln, die ihm bis ans Knie reichten, im Wasser stehen und im Teich von Gatschina angeln. Bisweilen drängte diese Beschäftigung sogar Staatsangelegenheiten in den Hintergrund. Alexanders Aphorismus »Europa kann warten, bis der russische Zar einen Fisch gefangen hat«, ging durch die Zeitungen vieler Länder. Manchmal lud der Herrscher nach Gatschina eine kleine Gesellschaft zum Kammermusikabend ein. Er selbst spielte hingebungsvoll Fagott.

Gatschina verließ er selten. Bei seinen nicht allzu häufigen Ausfahrten untersagte es Alexander III., seine Equipage zu begleiten, da er das als unsicher und überflüssig betrachtete. Jedoch standen entlang seines Wegs die Soldaten in ununterbrochener Kette – zur Verwunderung der ausländischen Besucher. Seine Fahrten mit der Eisenbahn, nach Petersburg zum Beispiel – die Regierungsmetropole wurde nur noch selten und dann aus einem sehr wichtigen Anlaß besucht – oder auf die Krim zur Erholung, waren ebenfalls von allen möglichen Vorsichtsmaßnahmen begleitet. Lange vor der Fahrt des Zaren wurden entlang des gesamten Wegs Soldaten mit Gewehren postiert, die mit Gefechtspatronen geladen waren. Die Eisenbahnweichen wurden dichtgemacht, Passagierzüge rechtzeitig auf Ausweichstrecken umgeleitet. Niemand wußte, in welchem Zug der Zar fuhr. Überhaupt gab es mehrere Zarenzüge, und niemand wußte, in welchem Zug sich der Zar und seine Familie gerade aufhielten. Dies war ein Geheimnis. Und jedem dieser Züge erwiesen die in Reih und Glied stehenden Soldaten ihre Ehrbezeugungen.

All dies konnte jedoch einen Anschlag auf einen Zug nicht verhindern, den Terroristen im Jahre 1888 auf dem Bahnhof Borki in der Nähe von Charkow verübten: Der Zug entgleiste, sämtliche Waggons zerbarsten. Allgemeines Jammern und Stöhnen war zu hören. Der Zar und seine Familie hatten zur fraglichen Zeit im Speisewagen Pudding gegessen. Das Dach stürzte ein, doch Alexander stützte es in einem unglaublichen Kraftakt mit seinen Schultern und hielt es so lange, bis seine Frau und die Kinder den Zug verlassen hatten. Der Herrscher selbst erlitt einige Verletzungen, die aller Wahrscheinlichkeit nach auch zu der für ihn letztlich verhängnisvollen Nierenkrankheit führten. Dennoch befahl er, nachdem er aus den Trümmern gekrochen war und seine Kaltblütigkeit und Erhabenheit noch immer nicht verloren hatte, sofort allen Verwundeten Hilfe zu leisten, die sich teilweise noch unter den Trümmern befanden.

Die Kaiserin trug lediglich ein paar blaue Flecken und Prellungen davon, die älteste Tochter Xenia jedoch verletzte sich am Rückgrat und bekam dadurch später einen kleinen Buckel – vielleicht war dies auch der Grund, warum sie mit einem Verwandten verheiratet wurde. Die anderen Familienmitglieder wurden nur leicht verletzt.

In den offiziellen Mitteilungen über dieses Ereignis war von einer Entgleisung des Zuges aus einem unbekannten Grund die Rede. Trotz aller Bemühungen und Fahndungen der Polizei gelang es nicht, dieses Verbrechen aufzuklären. Über die Rettung des Zaren und seiner Familie aber sprach man wie von einem Wunder.

Ein Jahr zuvor war bereits ein Anschlag auf den Zaren vorbereitet worden, der zum Glück nicht zur Durchführung kam. Auf dem Newski Prospekt – der Straße, die der Zar entlangfahren sollte, um sich zu einem Trauergottesdienst zu begeben, der anläßlich des sechsten Todestages seines Vaters in der Peter-und-Pauls-Kathedrale stattfinden sollte, wurden einige junge Leute verhaftet, die Bomben in den Händen hielten, die wie gewöhnliche Bücher aussahen. Sie hatten beabsichtigt, diese Bomben vor den Schlitten des Zaren zu werfen. Davon berichtete man dem Herrscher. Er befahl, ohne jegliches Aufsehen über die Beteiligten des Anschlags zu richten. Unter den Verhafteten, die schließlich zum Tode verurteilt wurden, befand sich auch Alexander Uljanow, der ältere Bruder jenes Wladimir Uljanow-Lenin, der im Oktober 1917 zum Bolschewikenumsturz aufrufen würde. Bereits damals hatte er sich zum Ziel gesetzt, gegen den Absolutismus zu kämpfen, aber nicht mit terroristischen Methoden, wie sein Bruder.

Die Familie Uljanow lebte zu jener Zeit in einer Kleinstadt an der Wolga. Alexanders und Wladimirs Vater, Ilja Uljanow, war Sohn eines begüterten russischen Schneiders, der eine leibeigene Kalmückin freigekauft und geheiratet hatte. Ilja Uljanow, der über eine abgeschlossene Ausbildung verfügte, wurde Lehrer und war seinem Zaren treu ergeben. Er machte Karriere, erhielt den Titel eines Adelsmannes und heiratete im Alter von zweiunddreißig Jahren ein Mädchen aus einer deutschstämmigen Familie, die sich in Rußland niedergelassen hatte. Sie hieß Maria Blank. Ihr Vater war Arzt in einem Petersburger Krankenhaus, verließ aber später, nachdem er ein kleines Gut in der Nähe von Kasan erworben hatte, die lärmende Hauptstadt und siedelte mit seiner Familie nach Kukuschkino – so hieß dieses Gut – über. Dort lebte er fortan mit seiner Frau Anna, einer geborenen Großschopf, die in der deutschen Stadt Lübeck geboren war, und erfreute sich an seinem Familienglück.

Hier verbrachte auch Maria Blank die Jahre vor ihrer Eheschließung. Sie erhielt eine glänzende Ausbildung, beschäftigte sich mit französischer und englischer Literatur, begeisterte sich für das Klavierspiel. All diese Kenntnisse gab sie später dann mit Liebe an ihre acht Kinder weiter. Der älteste Sohn hatte jenen Anschlag auf den Zaren geplant und wurde hingerichtet…

Wladimir aber, das vierte Kind, schwor, seinen Bruder zu rächen. Dem Absolutismus, den Kaiser Alexander III. über alles stellte, blieben nun nur noch dreißig Jahre. Wladimir Uljanow sollte eines Tages sein Wort halten…

Der Zar ging während seiner dreizehn Jahre dauernden Herrschaft gnadenlos mit den Gegnern des Absolutismus um. Hunderte seiner politischen Feinde wurden verbannt. Die erbarmungslose Zensur hemmte die Presse. Seine mächtige Polizei aber konnte den Eifer der Terroristen nur mindern und versuchen, Revolutionäre unter Kontrolle zu halten.

Alexander III. war ein Mann von starkem Willen und außergewöhnlicher Zielstrebigkeit. Er zeichnete sich durch einen erstaunlichen Arbeitseifer aus, war in der Lage, jede Frage ruhig zu durchdenken und konnte keinerlei Betrug ertragen. Da er selbst ein geradliniger Mensch war, haßte er Lügner. »Bei ihm waren Wort und Tat stets im Einklang, und er war wegen seines edlen und reinen Herzens ein außergewöhnlicher Mensch«, so charakterisierten ihn diejenigen, die in seinen Diensten standen.

Im Umgang mit Menschen war Alexander III. ausnehmend einfach. Über ihn erzählt man sich die folgende Geschichte: Während einer seiner Reisen durch Rußland blieb der Zug des Zaren einmal auf einem kleinen Ausweichgleis stehen. Dieser Halt war nicht eingeplant. Aus den umliegenden Dörfern liefen die Menschen zusammen, um sich diesen ungewöhnlichen Zug zu betrachten. Einem der Männer gelang es, in die direkte Nähe der Waggons zu gelangen. Und plötzlich erblickte er in einem der Fenster eine majestätische Figur mit Vollbart – den Zaren nämlich. Ganz genau wie auf einem Porträt von ihm, das er gesehen hatte. Der Mann war vor Verwunderung ganz benommen, zog seine Mütze und flüsterte bewegt: »Das ist er – der Zar!« Und wegen seiner tiefen Verwunderung konnte er sich nicht mehr zurückhalten und fügte sofort eine saftige, typisch russische Redensart hinzu, die sozusagen »dreistöckig« war, wodurch er die gesamte Fülle seiner Gefühle zum Ausdruck brachte. Als ein Gendarm diesen Monolog vernommen hatte, wollte er ihn schon beinahe verhaften. Doch der Zar, der diese Szene beobachtet hatte und anhand des Gesichtsausdrucks die aufrichtige Begeisterung jenes Mannes erkannt hatte, hielt den Gendarmen zurück, rief dann den zu Tode erschrockenen Urheber des Begeisterungsausdrucks zu sich und überreichte ihm eine Zwanzig-Rubel-Geldnote mit seiner Abbildung. »Hier hast du mein Porträt zur Erinnerung«, sagte er fröhlich.

Alexander III. konnte keinerlei Geziertheit ertragen und war der Auffassung, der wahrhaft russische Mensch solle einfach in seinen Manieren, in seiner Nahrung, in seinen Gesprächen und in seiner Kleidung sein. Meistens trug er ein langes Hemd, weite Hosen und Stiefel. Seine Kleidung wechselte er erst, wenn sie vollkommen zerschlissen war, und bisweilen konnte man auf ihr sogar Flicken entdecken. In einigen europäischen Königshäusern wurde gesagt, man halte ihn ganz und gar nicht für einen Gentleman. Der russische Zar indes äußerte mehrmals, daß er die Nachahmung der westlichen Kultur als etwas betrachte, das der Russen unwürdig sei, die doch immer und in allem russisch sein und die russischen Eigentümlichkeiten auch bewahren sollten.

Offizielle Besuche in Europa liebte der russische Kaiser nicht, doch er reiste ziemlich häufig mit seiner Gemahlin und seinen Kindern nach Dänemark. Dort baute er sich in Fredesborg einen Palast, in dem er das Leben eines friedlichen Bourgeois führte: Er trug Zivilkleidung, ging ohne jegliche Bewachung im Park spazieren. »Nur hier, in Dänemark, kann ich auch frei atmen«, sagte er.

Man erzählte sich, daß der Zar einmal bei einem Spaziergang von einem heftigen Regenschauer überrascht wurde und beschloß, unter einem großen, verzweigten Baum Zuflucht zu suchen und das Ende des Gusses abzuwarten. Da fuhr eine einfache Bauernkutsche vorbei und hielt an. Der Zar bat darum, daß man ihn mitnehme, und setzte sich, da man sich liebenswürdigerweise einverstanden erklärte, auf den Kutschersitz. Um in den Palast zu gelangen, mußte man durch den Park fahren, in den aber nur die Equipagen der Zarenfamilie eingelassen wurden. Als man den Park erreicht hatte, hielt der Bauer selbstverständlich an und erklärte, er dürfe nicht mehr weiter fahren. »Doch, denn ich bin der Kaiser«, sagte Alexander. Der Bauer, der die Worte seines Weggefährten für einen Scherz hielt, entgegnete lachend: »Lügen kann ich auch; wenn du der Kaiser bist, dann bin ich Christian, der König von Dänemark.« Und er fuhr nicht durch den Park. Am nächsten Tag suchte man nach ihm und überreichte ihm Geld – eine große Summe vom russischen Zaren, für den Dienst, den er ihm erwiesen hatte. Nach Erhalt des Geldes erstarrte der Mann vor Schreck, da er so keck mit Seiner Majestät gesprochen hatte, und erzählte noch lange Zeit danach von seinem denkwürdigen Abenteuer.

Alexander III. war ein tief religiöser Mensch. Er strebte immer nach der Einhaltung des Gebotes »Töte nicht!« und haßte jede Art von Gewalt; obwohl er sich natürlich während seiner Herrscherjahre nicht scheute, die immer zahlreicher werdenden Feinde des Absolutismus brutal zu verfolgen. Er wollte eigentlich als Friedenszar in die Geschichte eingehen. Für die Wahrung des Friedens in ganz Europa wurde er auch als »Friedensstifter« bezeichnet. »Er hat nicht nur sein Schwert kein einziges Mal gezückt, er hat auch kein einziges Mal damit gedroht«, schrieben die Historiker über ihn. Dieser Zar war gegen jeden Krieg, auch wenn Rußlands Stärke in seinen Streitkräften lag. Denn das Zarenreich genoß im übrigen Europa weder Ansehen wegen seiner Gesetzgebung noch wegen seiner Handels- und Wirtschaftskraft; seitdem Zar Alexander I. mit seinen Truppen die Napoleonische Armee so vernichtend geschlagen hatte, wurde allein Rußlands militärische Macht respektiert. Noch zu Zeiten Nikolaus I. stand im Geographielehrbuch für das Kadettenkorps: »Rußland ist kein

Handels- und Landwirtschaftsstaat, sondern ein Militärstaat, und es ist dazu berufen, eine Bedrohung für die Welt zu sein.«

Viel Zeit verbrachte der Zar vor Ikonen, er betete und bewegte seine ganze Familie dazu, seinem Beispiel zu folgen. Popen und Mönche gingen bei ihm ein und aus. Auch die Atmosphäre bei Hof änderte sich während seiner Herrschaft entscheidend: Jegliche Ausschweifungen wurden buchstäblich in die Ecke gedrängt, und zur Schau stellte man ausschließlich den »tiefen« Glauben an Gott. Dazu gehörten Kirchen- und Klosterbesuche, die Verehrung der heiligen Reliquien, die Sammlung von Spenden für den Bau von Kirchen. Alexander III. nahm an, es werde auf diese Art und Weise gelingen, die westliche Kultur, die sich trotz zahlreicher Hindernisse Zugang in die russische Gesellschaft verschafft hatte, zurückzudrängen.

Er wollte seinen Untergebenen Religiosität vermitteln. Die Zahl der Männer- und Frauenklöster stieg beträchtlich an, auch die der Kirchen und geistlichen Seminare. Die von den Gebietsverwaltungen gegründeten weltlichen Schulen wurden in den Dörfern immer öfter durch Kirchenschulen ersetzt, in denen Religion das Hauptfach war. Für alle Beamten, Lehrer, Studenten und Gymnasiasten wurden der Kirchenbesuch an hohen Feiertagen sowie Beichte und Kommunion Pflicht.

Mit Gewalt zwang man bisweilen auch die Katholiken und Protestanten zur orthodoxen Kirche. Und wenn irgendwo ein römisch-katholischer Geistlicher starb, dann wurde kein Nachfolger für ihn ernannt, die Portale der Kirche blieben verschlossen.

Interessant ist die Geschichte des estnischen Klosters Kürimjae. In dem gleichnamigen Dörfchen – ins Deutsche übersetzt heißt dies »Kranichberg« – hatten die Lutheraner eine Kirche gegründet, um der Verbreitung des russisch-orthodoxen Glaubens entgegenzuwirken. Im Jahre 1885 wurde Fürst Schachowskoi, ein treuergebener Untertan von Zar Alexander III., als Gouverneur von Estland ernannt. Er diente seinem Herrscher ehrlich und aufrichtig, wobei er sich bemühte, in seinem Gouvernement den orthodoxen Glauben voll und ganz zu verwurzeln. Auf seinen Befehl wurde die noch nicht fertiggebaute lutheranische Kirche eingerissen, dann begann man an ihrer Stelle mit dem Bau eines orthodoxen Frauenklosters. Mit Geld wurde nicht gespart. Die Zellen wie auch die Kirche zeichneten sich durch besondere Pracht aus. Die Kacheln für die Kirche wurden in Finnland bestellt, die Baumeister kamen aus Petersburg. Bereits einige Monate nach Abschluß der Bauarbeiten zählte das Kloster 60 Nonnen und 30 Novizinnen, die aus allen Teilen Rußlands angereist waren.

Anfang des Jahres 1894 wurde Fürst Schachowskoi von Gegnern der orthodoxen Kirche in Estland auf einem Ball in Tallinn vergiftet. Beigesetzt wurde er auf dem Gelände des Klosters. Der Zar drückte Schachowskois Familie persönlich sein tiefes Beileid aus. Das Kloster aber stand fortan unter der Obhut der Gattin des Fürsten, einer Tochter von Miljutin, dem Kriegsminister der russischen Regierung. Und bis zum heutigen Tage erhebt sich auf dem sogenannten Kranichberg inmitten Estlands ein orthodoxes Frauenkloster, das durch sein ungewöhnliches Schicksal viele Touristen anzieht.

Die Fälle, in denen Baltendeutsche, Polen und sogar Juden ihren Glauben wechselten, um entweder auf der Karriereleiter vorwärtszukommen oder einfach nur ihren Posten behalten zu können, wurden immer häufiger. Die berühmte deutsche Universität in Derpt wurde in eine russische umgewandelt, die Stadt selbst in Jurjew umbenannt.

Es schien, als ob dieser Zar und Friedensstifter lange regieren würde, und noch einen Monat vor seinem Tode vermutete niemand, daß sein Organismus schon ganz und gar auf Verschleiß lebte. Alexander verstarb für alle unerwartet, ein Jahr vor seinem fünfzigsten Geburtstag. Ursache dafür war eine Nierenkrankheit, die sich aufgrund der feuchten Räume in Gatschina verschlimmert hatte. Der Zar begab sich nicht gern in Behandlung und sagte überhaupt kaum jemandem etwas von seinem Leiden. Im Sommer des Jahres 1894 schwächte eine Jagd in den Sümpfen seine Gesundheit noch mehr. Er bekam Kopfschmerzen, litt an Schlaflosigkeit und einem Schwächegefühl in den Beinen. So war er schließlich gezwungen, sich an seine Ärzte zu wenden. Man empfahl ihm Erholung, vorzugsweise im warmen Klima der Krim. Doch der Herrscher gehörte nicht zu jenen Menschen, die ihre Pläne ändern, nur weil sie sich nicht gut fühlen. Schon zu Jahresbeginn war festgelegt worden, daß er im September mit seiner Familie gemeinsam nach Polen fahren sollte, um ein paar Wochen in seinem Jagdhaus in Spala zuzubringen.

Die gesundheitliche Verfassung des Zaren besserte sich nicht. Aus Wien ließ man Professor Leyden, den besten Spezialisten für Nierenkrankheiten, holen. Nachdem er den Kranken sorgfältig untersucht hatte, diagnostizierte er eine akute Nephritis. Auf sein Drängen hin begab sich die Familie umgehend auf die Krim, in ihren Sommerpalast in Liwadia. Der trockene warme Wind hatte eine günstige Wirkung auf den Kaiser. Sein Appetit besserte sich, seine Beine kräftigten sich so sehr, daß er an den Strand gehen, sich an den Wellen erfreuen und sonnenbaden konnte. Von der Fürsorge der besten russischen und ausländischen Ärzte sowie seiner Vertrauten umgeben, fühlte sich der Kaiser bedeutend besser. Doch es sollte sich zeigen, daß die Besserung lediglich zeitweilig war. Die Verschlechterung trat ganz plötzlich ein, seine Kräfte schwanden immer schneller...

Eine Woche vor dem Tod des Herrschers reiste die Braut des Thronfolgers, Prinzessin Alice von Hessen, als einfacher Passagier in einem gewöhnlichen Zug auf die Krim, um das Einverständnis zu ihrer Eheschließung mit dem ältesten Sohn des sterbenden Zaren zu erhalten. Alexander, der sein nahes Ende voraussah, entschloß sich, der Heirat seines Sohnes mit der deutschen Prinzessin zuzustimmen, obwohl er früher der Ansicht gewesen war, sie sei für den zukünftigen Kaiser Rußlands keine gute Partie. Ihm persönlich hätten die französische Prinzessin Helena, die Tochter des Grafen von Paris oder Prinzessin Margareta von Preußen besser gefallen. Doch beide waren nicht gewillt, zum orthodoxen Glauben überzutreten. Alix hingegen hatte schon im voraus telegraphiert, sie wolle so schnell wie möglich ihren Übertritt zur russisch-orthodoxen Religion vollziehen.

In voller Paradeuniform, in einem Sessel in seinem Schlafgemach sitzend, empfing der Zar seinen Sohn und dessen Braut. Nachdem sie vor dem blassen und schwachen Hünen auf die Knie gefallen war, erhielt die deutsche Prinzessin den Segen vom Vater ihres zukünftigen Gemahls, wenige Tage vor seinem Tod.

Am Morgen des 1. November bestand der Zar darauf, sein Bett zu verlassen und sich in einen Sessel, der am Fenster stand, zu setzten. Zu seiner Frau sagte er: »Ich glaube, es ist soweit. Mach dir keine Sorgen um mich. Ich bin ganz ruhig.« Etwas später wurden seine Kinder und die Braut des Thronfolgers gerufen. Der Kaiser wollte nicht, daß man ihn ins Bett zurücktrug. Er lächelte seine Frau an, die an seinem Sessel kniete, und flüsterte: »Ich bin noch nicht tot, aber ich habe schon einen Engel getroffen...« Am frühen Nachmittag starb er, den Kopf an die Schulter seiner Frau gelehnt.

Das war seit 100 Jahren der friedlichste Tod im Herrscherhause Romanow: Zar Paul war bestialisch ermordet worden, sein Sohn Alexander schied aus dem Leben und ließ ein bis zum heutigen Tage ungelöstes Geheimnis zurück. Nikolaus I., der in Verzweiflung und Enttäuschung verfallen war, beendete sein irdisches Dasein auf eigenen Wunsch, der Vater des friedlich entschlafenen Hünen indes war Opfer von Terroristen geworden, die sich selbst als Gegner des Absolutismus bezeichneten.

Alexander III. starb, nachdem er nur dreizehn Jahre lang regiert hatte. Seine Gegner versuchten, das Gerücht zu verbreiten, Todesursache sei die Trunksucht gewesen, an der der Zar angeblich gelitten habe, und daß er ohnehin nur selten nüchtern gewesen sei. Gerücht hin, Gerücht her – Tatsache war, daß der mächtige Monarch tot war...

Graf Witte schreibt in seinen Erinnerungen über dieses Ereignis: »Kaiser Alexander III.... starb ganz ruhig, und in seinen letzten Minuten beunruhigte ihn weitaus mehr, daß sein Tod seine Vertrauten und seine geliebte Familie in Trauer stürzen würde, als daß er an sich selbst gedacht hätte.«

Zwei Tage vor seinem Ableben hatte Alexander III. Romanow seinem ältesten Sohn, dem Thronfolger, gesagt: »Dir steht es bevor, mir die schwere Last der Staatsmacht von den Schultern zu nehmen und sie genauso bis an Dein Lebensende zu tragen, wie dies auch ich und unsere Vorfahren getan haben. Die Alleinherrschaft hat Rußland eine historische Individualität verliehen. Wenn sie untergeht – was Gott verhüten möge, dann steht mit ihr auch unser Land vor dem Untergang. Der Sturz der von alters her geprägten russischen Macht wird zu einer endlosen Zeit der Wirren und blutigen Auseinandersetzungen führen... Sei hart und mutig, laß niemals irgendeine Schwäche erkennen...«

Der Tod des so machtvollen Zaren erschütterte ganz Rußland. Aus Petersburg und Moskau schickte man die für eine feierliche Beisetzung des Zaren erforderlichen Gegenstände nach Liwadia. Auch einige Beamte trafen ein, die die sterbliche Hülle des Monarchen in die russische Hauptstadt überführen sollten. Sein Sarg wurde in Begleitung seiner weinenden Verwandten aus Liwadia nach Jalta und von dort aus auf einem Kreuzer nach Sewastopol gebracht. Um fünf Uhr nachmittags trat der Trauerzug seinen langen Weg an. Entlang der Fahrtstrecke des Zuges versammelten sich große Menschenmengen, die ihrem Väterchen und Zaren die letzte Ehre erweisen wollten. In den großen Städten machte der Zug mit dem Leichnam des Zaren halt, und die örtliche Geistlichkeit feierte eine Totenmesse, welcher der gesamte Adel der Stadt beiwohnte. In Moskau wurde der Sarg einen ganzen Tag lang im Kreml aufgebahrt, und ungeachtet des kalten, rauhen Novemberwetters begab sich das Volk in einem nicht aufhören wollenden Strom zu seinem Monarchen, um von ihm Abschied zu nehmen.

Das Begräbnis des Kaisers sollte in Petersburg, in der Peter-und-Pauls-Festung stattfinden, wo viele Zaren aus der Romanow-Familie ihre letzte Ruhestätte gefunden hatten. Der Trauerzeremonie schlossen sich zahlreiche Gesandte aus Europa sowie Königsfamilien an, ferner über vierhundert Delegierte aus ganz Rußland, die Provinzgouverneure, Minister, Kommandeure von Armee und Flotte. Siebzehn Tage lang war Alexanders Leichnam zum letzten Abschied aufgebahrt. Tausende von Menschen defilierten am offenen Sarg vorbei, Geistliche lasen Gebete, Trauergesänge eines Chors erklangen. Zweimal pro Tag – morgens und abends – fanden Trauergottesdienste statt, und zweimal pro Tag fuhren ausländische und russische Gäste durch die feuchten, herbstlich-ungemütlichen Straßen der russischen Hauptstadt, um an ihnen teilzunehmen.

Prinz Georg, als Georg V., der spätere König von England, schrieb seiner daheimgebliebenen Gattin folgendes über jene Tage: »Jeden Tag nach dem Frühstück mußten wir an einem Gottesdienst in der Kirche teilnehmen. Nach der Trauerfeier traten wir alle an den geöffneten Sarg heran und küßten die heilige Ikone, die man dem Verstorbenen in die Hände gelegt hatte. Für mich war es ein großer Schlag, sein liebes Gesicht so nah vor mir zu sehen, als ich mich über den Sarg beugte. Er sieht so wunderschön und ruhig aus, aber natürlich hat er sich stark verändert. Heute ist es schon zwei Wochen her.«

Die Witwe des Kaisers war bemüht, sich tapfer zu halten, doch als der Metropolit seine Grabrede hielt, spielten ihre Nerven nicht mehr mit, sie bekam einen hysterischen Anfall, so daß sogar ärztliche Hilfe benötigt wurde.

Im Lande wurde eine einjährige Trauer verkündet, Bälle und jegliche Vergnügungen waren verboten.

Kaiserin Maria überlebte ihren Mann um vierunddreißig Jahre, wobei sie die letzten zehn in ihrem Geburtsland Dänemark verbrachte.

Doch viel Schmerz hielt das Schicksal noch für sie bereit!

Sie mußte nicht nur den Tod all ihrer Söhne und Enkel erleben, sondern auch den Untergang des Reiches selbst. Wie durch ein Wunder gelang es ihr, dem bitteren Los ihrer Kinder zu entrinnen.

Nikolaus II.
geb. 1868, Kaiser seit 21. Oktober 1894, demissioniert am 2. März 1917,
gest. 16./17. Juli 1918

NIKOLAUS II. ROMANOW ⚭ 1894 Alexandra Fjodorowna (Alix) Prinzessin von Hessen

* 1868 † 1918 — * 1872 † 1918

Olga
* 1895 † 1918

Tatjana
* 1897 † 1918

Maria
* 1899 † 1918

Anastassia
* 1901 † 1918

Alexej
* 1904 † 1918

Fortan saß der letzte Romanow auf dem russischen Thron, Nikolaus Alexandrowitsch, in dessen Adern deutsches, dänisches und nur ganz wenig russisches Blut floß. Er war ein schlanker junger Mann, der das offene Gesicht seines Vaters und die ausdrucksvollen,Augen seiner Mutter geerbt hatte, in denen ein besonderes Feuer loderte. Der Thronfolger war das genaue Gegenteil seines willensstarken, zielstrebigen, hünenhaften Vaters – nicht allzu groß, schüchtern, unentschlossen, nicht machtliebend, schlichtweg ohne jeglichen Wunsch zu herrschen. Vor seinen Augen stand noch ganz lebendig das Bild seines Großvaters, Kaiser Alexanders II., der von der Bombe eines Terroristen zerrissen worden war und verblutete.

Seinem Vater brachte Nikolaus die Liebe eines Sohnes entgegen, er verehrte ihn seit seinen Kindertagen. Auch als Monarchen achtete er ihn sehr. Bei seiner Thronbesteigung sagte Nikolaus II. Romanow: »Mögen ruhig alle wissen, daß ich, während ich all meine Kräfte dem Wohle des Volkes widme, die Grundlage des Absolutismus genauso fest und unbeugsam bewahren werde, wie dies auch mein unvergessener Vater getan hat.« Seinen Vertrauten aber erklärte er mit Tränen in den Augen: »Ich bin noch nicht dazu bereit, Zar zu werden, ich verstehe es nicht zu regieren.«

Als er von der tödlichen Krankheit seines Vaters erfahren hatte, überfiel ihn Panik. Er flehte seinen Vater an, ihm einen Thronverzicht zu erlauben. Doch der sterbende Kaiser war unbeugsam, gegen das Gesetz über die Thronfolge durfte nicht verstoßen werden. Nikolaus *mußte* nach dem Tode des Herrschers den Thron besteigen – Alexander III. wollte es so. Der Erbe hatte sich dem zu fügen; für diese Fügsamkeit wurde ihm allerdings gestattet, die hessische Prinzessin Alix zur Frau zu nehmen. Die Hochzeitsfeierlichkeiten fanden eine Woche nach dem Begräbnis Alexanders III. statt. Der festgelegte Tag war gleichzeitig der Geburtstag der verwitweten Kaiserin Maria, und aus diesem Anlaß sah das Protokoll eine kurze Unterbrechung der Trauer vor.

Augenzeugen beschrieben diesen Tag so: Die Braut und die Mutter des Bräutigams fuhren, in weiße Gewänder gekleidet, über den Newski Prospekt zum Winterpalast. Im Malachitsaal, genauer gesagt vor dem goldenen Spiegel, der dafür berühmt war, daß ihn jede Großfürstin am Tage ihrer Eheschließung benutzte, sollte die junge Braut offiziell von Damen aus der kaiserlichen Familie angekleidet werden. Alexandra Fjodorowna – diesen Namen erhielt die deutsche Prinzessin bei ihrem Übertritt zum orthodoxen Glauben – wurde ein altertümliches Paradekleid aus Silberbrokat und eine Schleppe, die aus Goldgewebe angefertigt und mit Hermelin verbrämt war, angelegt. Alexanders III. Witwe legte ihre vor Diamanten schillernde Hochzeitskrone ab und reichte sie ihrer Schwiegertochter auf einem roten Samtkissen. Dann schritten beide durch die Hofgalerien zur Kirche, wo bereits Nikolaus wartete, der eine Husarenuniform trug. Alexandra und Nikolaus traten mit einer brennenden Kerze in der Hand auf den Metropoliten zu. Einige Minuten später wurden sie zu Mann und Frau erklärt.

Im Volke sagte man, die junge Zarin sei hinter dem Sarg nach Rußland gekommen. Dies wäre ein schlechtes Omen…

Wegen der Staatstrauer fand nach der Eheschließung kein festlicher Empfang statt. Auch die Hochzeitsreise fiel aus. Alexandra schrieb in diesem Zusammenhang an ihre Schwester: »Unsere Hochzeit erschien mir schlichtweg wie eine Verlängerung des Trauergottesdienstes, mit der Ausnahme, daß ich statt eines schwarzen ein weißes Kleid trug.« Und Nikolaus bemerkte in einem Brief an seinen Bruder Georg, der sich zu einer medizinischen Behandlung im Ausland aufhielt: »Der Hochzeitstag war für mich eine schreckliche Qual. Der Gedanke daran, daß unser teurer, rückhaltlos geliebter Papa nicht unter uns weilte, und daß Du so weit von Deiner Familie entfernt und ganz alleine bist, war mir während der gesamten Trauung über immer gegenwärtig. Ich mußte all meine Kraft zusammennehmen, um nicht dort in der Kirche vor allen in Tränen auszubrechen.«

Die Jungvermählten ließen sich anfangs im Anitschkow-Palast in Petersburg nieder, in jenen Räumen, die Nikolaus früher mit seinem Bruder Georg geteilt hatte. Hausherrin im Palast blieb weiterhin die verwitwete Kaiserin. Lediglich im Frühjahr siedelte die Familie nach Zarskoje Selo um, das zu ihrem Lieblingsaufenthaltsort werden sollte.

Seine erste Auslandsreise unternahm das junge Paar dann schon zu dritt, mit der erstgeborenen, zehn Monate alten Tochter nämlich. Sie verbrachten einige ruhige Tage in Dänemark bei König Christian IX. und Königin Luise Wilhelmine, den Großeltern des Zaren, anschließend besuchten sie die englische Königin Viktoria. Die alte Dame war ganz entzückt von ihrer Urenkelin und nahm den Zaren überaus herzlich auf. In England bemerkten alle die unglaubliche Ähnlichkeit zwischen dem russischen Kaiser und seinem Cousin, Prinz Georg, dem späteren König von Großbritannien. Sie glichen einander so sehr, daß sogar Leute, die sie gut kannten, den einen mit dem anderen verwechselten. Sie waren beide von kleinem Wuchs, hatten die gleichen ausdrucksstarken Augen, trugen beide einen Mittelscheitel und einen Spitzbart. Wenn sie nebeneinander standen, sahen sie wie Zwillinge aus.

Auf dem Rückwege stattete das junge Zarenpaar Frankreich einen offiziellen Besuch ab. Sie wurden mit noch nie dagewesenen Ehrerbietungen empfangen. Da es bereits Ende September war, wurde in der französischen Hauptstadt befohlen, künstliche, aus Draht gebogene Blüten an die Zweige der Kastanienbäume zu binden, um der Stadt das bestmögliche Aussehen zu verleihen, ist doch Paris besonders schön, wenn die Kastanien blühen.

Als der letzte Romanow den Thron bestieg, hatte er sich erneut zum Absolutismus bekannt, weil er von Kindheit an dahingehend erzogen worden war, eine konstitutionelle Monarchie abzulehnen. Er wünschte Rußland von ganzem Herzen Glück und ein friedliches Dasein, dafür wollte er sich auch einsetzen. Doch unterlag er dem starken Einfluß seiner Mutter sowie seiner Onkel, der vier Brüder von Alexander III., die allesamt älter waren als er und sich als kompetenter betrachteten, was Entscheidungen über staatliche Angelegenheiten betraf. All das führte dazu, daß man ihn schließlich als einen Mann bezeichnen durfte, der keinerlei eigenen Willen hatte.

Anfangs entschied der neue Zar praktisch keine einzige Frage, ohne sich vorher mit seiner Mutter beraten zu haben. Da er sich bemühte, sie nach dem Tode seines Vaters in jeglicher Hinsicht zu unterstützen, verbrachte er viel Zeit mit ihr, erörterte dabei alle Probleme, mit denen er als Herrscher konfrontiert war, und hörte ihre Meinung aufmerksam an. Seine junge Gemahlin nahm meist nicht an diesen Gesprächen teil. Ihre Schwiegermutter war der Ansicht, die deutsche Prinzessin sei noch viel zu unerfahren, um sich an den Regierungsgeschäften zu beteiligen.

Sobald das Trauerjahr vorüber war, kehrte die verwitwete Kaiserin ins gesellschaftliche Leben zurück. Im Protokoll des russischen Hofes räumte Nikolaus ihr den Vorrang ein – vor seiner Frau, der amtierenden Kaiserin. Bei öffentlichen Zeremonien schritt Maria, ganz in weiß gekleidet und im Glanze ihrer Juwelen, am Arm ihres Sohnes, während ihnen die Zarin gewöhnlich gemeinsam mit einem der Großfürsten nachfolgte.

Es war ganz offensichtlich, daß das Verhältnis zwischen Schwiegermutter und Schwiegertochter nicht zum allerbesten stand. Ein Vorfall empörte die junge Zarin besonders: Dem Brauche der Familie Romanow entsprechend gingen die Familienjuwelen traditionsgemäß von einer Kaiserin auf die andere über. Das Protokoll forderte, daß Nikolaus' II. Gemahlin diese zu besonders wichtigen offiziellen Anlässen trug. Doch die verwitwete Kaiserin weigerte sich und wollte sich nicht von ihrem Schmuck trennen, dessen Glanz sie so sehr liebte. Nikolaus mußte schließlich ein Machtwort sprechen; doch zwischen Mutter und Sohn war seitdem die Harmonie verloren, und die Abneigung der Kaiserinmutter gegenüber ihrer Schwiegertochter wurde noch größer…

Nikolaus gewöhnte sich langsam daran, Entscheidungen zu treffen, ohne dabei dem Rat seiner Mutter zu folgen. Einmal wandte sie sich mit der Bitte an ihn, ihr für eine notleidende Prinzessin ein Darlehen der Staatsbank über eine Million Rubel zur Verfügung zu stellen. Ihr Sohn erteilte ihr eine barsche Abfuhr und berief sich dabei auf die Politik ihres verstorbenen Gatten, der nicht nur den Rubel, sondern auch die Kopeke ehrte: »… Was eine der glänzendsten Seiten in der Regierungsgeschichte meines Papas ist, das ist die stabile Lage unserer Finanzen, so aber könnte man sie in nur wenigen Jahren zerstören«, begründete er seine Ablehnung.

Mit Alexanders III. Brüdern, seinen Onkeln, hatte es der junge Zar jedoch bedeutend schwerer. Sie alle besetzten verantwortungsvolle Ämter, waren nach wie vor energisch und anmaßend gegenüber dem unerfahrenen Zaren. Der älteste von ihnen, Wladimir, war Kommandeur der Leibbrigade und Präsident der Akademie der Künste. Alexej, Generaladmiral der russischen Flotte, wurde für seine Verschwendungssucht bekannt. Besonders während seiner Westeuropareisen geizte er nicht mit Geld für Vergnügungen. Zwei Meter groß und über 100 Kilo schwer, erlaubte er es sich sogar, mit seiner »eisernen« Faust auf den Tisch des Zaren zu schlagen und auf seinem Standpunkt zu beharren. Sergej, der die Schwester von Nikolaus' Gemahlin geheiratet hatte, bekleidete den Posten des Generalgouverneurs von Moskau und hielt sich auf Distanz zu seinem herrschenden Neffen. Allerdings ließ er Despotismus und Grobheit zu. Lediglich Paul, der gerade einmal acht Jahre älter war als der Zar, berücksichtigte Nikolaus' hohe Stellung im Staate und gab sich Mühe, ihn zu unterstützen.

Eben die Onkel waren es, die seinerzeit beschlossen hatten, daß Nikolaus' Hochzeit öffentlich stattfinden sollte und nicht im engsten Familienkreise auf der Krim, wie dies die Vermählten gewünscht hatten. Und auch bei den furchtbaren Ereignissen nach der Krönung waren sie schlechte Ratgeber...

Im Frühjahr 1896 sollte Nikolaus II. in Moskau zum Zaren gekrönt werden. Diese Zeremonie war durch die jahrhundertealte Tradition genau festgelegt. Sie fand mit aller Pracht und Festlichkeit in der Mariä-Himmelfahrts-Kathedrale im Kreml statt. Auf dem Diamantenthron von Zar Alexej, der mit Edelsteinen und Perlen geschmückt war, nahm der letzte Zar der Dynastie Romanow-Holstein Platz, seine Gemahlin saß auf dem berühmten Elfenbeinthron neben ihm. Nach der Zeremonie traten die Kaiserinmutter und nach ihr jedes Mitglied der großen Kaiserfamilie der Reihe nach an die beiden Throne heran und leisteten dem neuen Herrscher von ganz Rußland ihren Treueeid. Anschließend trat das Monarchenpaar, jeder in einen Brokatumhang gekleidet, auf den der Doppeladler gestickt war, aus der Kathedrale auf die sogenannte Rote Freitreppe des Kremls und verneigte sich dreimal vor dem auf dem Platz versammelten Volke. Die Begrüßungsrufe waren so laut, daß sie den Klang der Glocken aller Kremlkirchen übertönten.

Noch an demselben Abend fand ein offizielles Bankett statt, zu dem siebentausend Gäste geladen waren. Die Speisefolge des Festessens bestand aus Borschtsch und Soljanka, typisch russischen Suppen, aus Pasteten, gedünstetem Fisch, ganzen jungen Lämmern, Fasan in Rahmsoße, Salat, Spargel, Früchten in Wein und Eis. Der Zar und die Zarin saßen an einem separaten Tisch, der etwas erhöht unter einem Baldachin stand, damit er von allen Seiten zu sehen war. Die höchsten Hofbeamten reichten ihnen die Speisen persönlich auf goldenen Tellern. Das Mahl dauerte einige Stunden. Einer nach dem anderen erhoben die ausländischen Gesandten ihr Glas, um einen Trinkspruch auf das Wohl von Kaiserin und Kaiser auszubringen.

In jener Nacht war Moskau mit Festbeleuchtung geschmückt. Die Häuser und Straßen wurden von Millionen Kerzen erhellt. Am nächsten Tag fand traditionsgemäß ein großes Volksfest auf dem Feld von Chodyn statt, das etwa fünf Kilometer vom Kreml entfernt liegt. Das war ein riesengroßer Übungsplatz, den ansonsten die Armee für militärische Manöver nutzte. Dort hatte man einen Pavillon errichtet, von dem aus das Zarenpaar das versammelte Volk begrüßen sollte. Buden mit Bierfässern und Souvenierkrügen umsäumten das Gelände.

Zu diesem Fest kam fast eine halbe Million Menschen, die Zar und Zarin sehen und, was noch wichtiger war, Freibier trinken wollten, denn bei dieser Feier wurde das Volk stets kostenlos bewirtet. Plötzlich kam das Gerücht auf, es sei nicht genügend Bier für alle da. Schon der Gedanke daran war schrecklich... Das Volk lief zu den mit Krügen und Fässern beladenen Wagen. Das Kosakengeschwader, das für Ordnung sorgen sollte, konnte den Massenansturm nicht aufhalten. Um das Feld zu ebnen, hatten leichtsinnige Beamte die für Soldatenübungen notwendigen Schützengräben nur mit Brettern überdecken lassen. Die waren dem furchtbaren Gedränge nicht gewachsen. Die Menschen stürzten in die Gräben, die ahnungslose Menge aber schob von hinter nach. 1 400 kamen zu Tode, und über 1 000 wurden verletzt.

Moskau weinte.

Das Zarenpaar aber tanzte auf dem Ball des französischen Botschafters. Man hatte ihm das wahre Ausmaß der Katastrophe verschwiegen.

Die Onkel des Zaren waren der Meinung, es schicke sich nicht, das Fest abzusagen, da der Gastgeber extra für diesen Anlaß Tausende von Rosen aus Paris hatte kommen lassen. Sie bestanden auch darauf, daß das Unglück nicht Anlaß sein dürfe, die Beziehungen zu Frankreich, Rußlands wichtigem Verbündeten, zu verderben. Der junge Zar gab schließlich nach. »An allem ist nur meine dumme Gutmütigkeit schuld. Lediglich um des lieben Friedens willen, und um die familiären Beziehungen nicht zu beeinträchtigen, bin ich ständig nachgiebig und bleibe am Ende der Dumme, ohne eigenen Willen und ohne Charakter«, bekannte Nikolaus II. in einem seiner Briefe.

Und während man in ganz Moskau das Stöhnen der Verwundeten hören konnte und die Körper der Toten abtransportiert wurden, eröffneten Zar und Zarin im Hause des französischen Botschafters einen Ball zu ihren Ehren. War dies grausam? Ja! Und es war ein weiterer Fehler, den der achtzehnte Zar aus dem Hause Romanow beging. Seine Verhaltensweise wurde als unmenschlich betrachtet.

Gemildert konnte dies auch nicht dadurch werden, daß der Kaiser am nächsten Tage gemeinsam mit seiner Gattin ein Krankenhaus nach dem anderen besuchte, um sein Mitgefühl zum Ausdruck zu bringen. Nikolaus befahl, die Todesopfer auf seine Kosten in einzelnen Särgen beisetzen zu lassen, nicht in einem Gemeinschaftsgrab. Von seinen persönlichen Mitteln stellte er den Familien jedes Getöteten Geld zur Verfügung.

Weder Spenden noch aufrichtige Worte des Mitgefühls konnten dieses schreckliche Ereignis vergessen machen. Die Moskauer sahen in dieser Katastrophe ein schlechtes Vorzeichen für die gesamten Herrschaftsjahre des jungen Zaren.

Acht Jahre später folgte der nächste, nicht richtig durchdachte Schritt des Herrschers: Er begann Krieg mit Japan. Wiederum war Nikolaus dem Rat eines Onkels, des Großfürsten Alexej Romanow, gefolgt, der Generaladmiral der russischen Flotte war. Die Niederlage in diesem Krieg untergrub Nikolaus' II. Autorität als Monarch und hatte viele negative Auswirkungen. Gleich nach dem Krieg, der ein Jahr dauerte, folgte 1905 der erste Aufstand des Volkes, das bei Väterchen Zar Schutz vor der Willkür der Behörden suchte und sich deshalb an einem Sonntag mit Ikonen in den Händen in Richtung Winterpalast aufmachte, um dem Zaren eine Bittschrift zu übergeben. Ein riesiger Demonstrationszug formierte sich. Auf den Straßen waren Soldaten aufmarschiert. Nur durch Schüsse konnte die Demonstration, an der nach offiziellen Angaben etwa 300 000 Menschen teilnahmen, aufgelöst werden.

130 Demonstranten wurden getötet, einige Hunderte verletzt, darunter Frauen und Kinder. In der radikalen Presse stand geschrieben, daß an diesem »blutigen Sonntag« der Glaube des Volkes an den guten Zaren endgültig starb, aber es wurde nicht mitgeteilt, daß an diesem schrecklichen Tag der Kaiser gar nicht in Petersburg geweilt hatte. Er war bei seiner Familie in Zarskoje Selo gewesen. Die Verantwortung aber wurde selbstverständlich dem Herrscher aufgelegt. Man nannte ihn nun den »blutigen Nikolai«.

In Moskau und Petersburg flammte Terror auf. Großfürst Sergej Romanow, ein Onkel des Zaren, Vorsteher des Moskauer Militärbezirks und Generalgouverneur von Moskau, der im Rufe bedenkenloser Härte und aufbrausender Gewalttätigkeit stand, wurde ermordet. Der vierte Sohn Alexanders II. war ein mächtiger, hochgewachsener Gigant, litt aber an etlichen Lastern, unter anderem auch unter der Liebe zum Alkohol. Am 4. Februar 1905 trat er seinen letzten Weg durch die Straßen Moskaus an. Irgendein Mann, der auf die Kutsche des Großfürsten zulief, warf den Pferden eine Bombe unter die Beine. Der Generalgouverneur wurde in Stücke gerissen. Der Mörder stand eine zeitlang wie starr vor Schreck, seine Kleidung, die in Fetzen hing, rauchte. Die Polizei erschien. Wie auf Bestellung tauchte am Ort des Attentats ein Photograph auf. »Achtung! Aufnahme...«, rief er aus Gewohnheit. Es stellte sich heraus, daß ein gewisser Iwan Kaljajew, Student und Sozialrevolutionär, der Mörder war.

Nach dem Tode des Großfürsten löste dessen Gemahlin Elisabeth, Prinzessin von Hessen-Darmstadt und Schwester der Zarin, ihren Hofstaat auf und zog sich aus dem gesellschaflichen Leben zurück. Ihr riesiges Vermögen teilte sie in drei Teile: einen für die Staatskasse, einen für die Erben, einen für wohltätige Zwecke. Dann gründete sie in Petersburg einen Büßerinnen-Orden, dem sie selbst als Oberin vorstand. Ihren Lebensweg beendete diese bewundernswerte Frau mit den weichen Gesichtszügen und den naiven, gütigen Augen jedoch nicht unter dem Kreuze des Herrn, sondern auf dem Grunde eines schmutzigen Schachtes in der Nähe des Uralstädtchens Alapajewsk. Zwölf Jahre später sollte dies geschehen.

Am 17. Oktober 1905, einem für Rußland schicksalhaften Tag, faßte Zar Nikolaus II. den Entschluß, das Prinzip der Autokratie zu beschränken, obwohl er zu Beginn seiner Regierung für die absolute Herrschaft eingetreten war. Er unterzeichnete ein Manifest über die erste russische Verfassung, wodurch er in die konstitutionelle Monarchie einwilligte. Dieser Tag galt als das Ende des Absolutismus, aber er kam zu spät, um die Dynastie der Romanows noch zu retten.

In einem Brief an seine Mutter schrieb Nikolaus: »Ich kann Dir nicht all die Umstände darlegen, die mich zu dieser schrecklichen Entscheidung getrieben haben, welche ich trotz allem ganz bewußt getroffen habe. Aus ganz Rußland hat man danach geschrieben, davon geschrieen, es gefordert… Es blieb kein anderer Ausweg, als sich zu bekreuzigen und das zu tun, was alle verlangen. Mein einziger Trost ist die Hoffnung, daß all dies Gottes Willen ist und daß diese schwere Entscheidung Rußland aus dieser unerträglichen Situation bringt, in der es sich schon seit beinahe einem Jahr befindet.«

Ein halbes Jahr nach Veröffentlichung des Manifestes fand die erste Sitzung der Staatsduma – des russischen Parlaments – statt. Einige Tage vor Eröffnung der Sitzung wurde Minister Witte, dieser selten kluge und begabte Mann, welcher dereinst dem Vater des Kaisers treu und ergeben gedient hatte, entlassen.

Das erste verfassungsmäßige Ministerkabinett in Rußland wurde von Pjotr Stolypin geführt. Er war eine schillernde Persönlichkeit, Vertreter eines alten Adelsgeschlechts und glühender Monarchist. Er meinte, die Monarchie könne nur dann erhalten bleiben, wenn die Regierung und die Gesellschaftsstruktur selbst sich an die Zeit anzupassen verstünden. Wenn er an Sitzungen der Duma teilnahm, trat er mit solcher Beredsamkeit und Klugheit auf, daß nicht einmal seine Gegner umhinkamen, ihm Achtung zu zollen. Mit seinen vierundvierzig Jahren zeichnete sich dieser Staatsmann durch erstaunliche Arbeitsamkeit aus, er war energiegeladen und verfügte über große Willenskraft.

Seine Ernennung zum Vorsitzenden des Ministerrates hatte er unmittelbar vom Zaren erhalten. Der Herrscher billigte auch das Agrarprogramm des neuen Regierungschefs, dessen Ziel hauptsächlich darin bestand, Rußland in ein Land des privaten Grundbesitzes umzuwandeln, damit ein hohes Entwicklungstempo in der Wirtschaft und eine Verbesserung des Lebensstandards der Bevölkerung erreicht werden konnten. Die Laufzeit seines Programmes wurde auf etwa zwanzig Jahre festgelegt.

Nikolaus II. bot der Regierung an, über 1,5 Millionen Hektar landwirtschaftliche Nutzfläche aus dem Grundbesitz der Zarenfamilie zu erträglichen Bedingungen an die Bauern zu verkaufen. Obwohl der Zar für einen solchen Schritt die Zustimmung der Familie hätte einholen müssen, handelte er trotz der Einwände seines ältesten Onkels, des Großfürsten Wladimir, und seiner eigenen Mutter nach eigenem Gutdünken, was für alle unerwartet kam. Die Ländereien wurden verkauft, seine Hoffnung aber, daß die reichen Adligen und Gutsherren seinem Beispiel folgen und auf Teile ihres unermeßlichen Grundbesitzes verzichten würden, erfüllte sich nicht. Niemand wollte auch nur einen Zipfel Land zu Gunsten eines russischen Bauern verlieren. Stolypins Reformen stießen bald auf weitere Hindernisse, und er selbst wurde das Ziel von Attentaten.

Fünf Jahre vergingen. Der Urheber des Programms für landwirtschaftliche Umgestaltungen in Rußland bat mehrfach um seinen Rücktritt, da er die gegen ihn gerichtete Tendenz bei Hofe wahrnahm. Es schien, als habe er jegliche Hoffnung verloren, seine Pläne in die Tat umsetzen zu können. Der Herrscher, der die Unterstützung dieses bemerkenswerten Mannes nicht verlieren wollte, nahm den Rücktritt seines Premiers nicht an. Diese strittige Frage wurde schließlich durch eine Kugel entschieden, die den großen Reformer vor den Augen des Kaisers traf.

Im September 1911 begleitete Pjotr Stolypin Nikolaus zur feierlichen Enthüllung eines Denkmals für Alexander III. nach Kiew. Am Abend wohnte das gesamte Gefolge des Zaren einer Aufführung in der Kiewer Oper bei. Das ganze Theater war voller Generäle, Beamter und Adliger sowie deren Damen in prächtigen Toiletten. Der Zar befand sich mit zweien seiner Töchter in der Loge, Stolypin aber und andere Offizielle saßen in der ersten Reihe des Parketts. In einer Pause erhob sich der Premierminister von seinem Platz, um ins Foyer zu gehen. Ein junger Mann im Abendanzug kam ihm entgegen. Stolypin hatte nicht einmal mehr Gelegenheit zu einer Frage. Zwei Pistolenschüsse trafen ihn direkt in die Brust. Einige Sekunden lang konnte sich der Premierminister noch auf den Beinen halten und seinen Blick auf den Schützen richten, als wolle er erfahren, warum der das getan habe. Doch seine Lippen gehorchten ihm schon nicht mehr. Auf seiner Uniformjacke und am rechten Arm zeichneten sich hellrote Blutflecken ab. Sich bekreuzigend, setzte sich Stolypin still auf einen Theatersessel und begann, sich die Jacke aufzuknöpfen. Von seiner Loge aus hatte der Kaiser alles gesehen.

Während man Stolypin aus dem Theater brachte, hatte das Publikum den Mörder umzingelt und war bereit, ihn in Stücke zu reißen. Doch die Polizei griff ein.

Offiziellen Mitteilungen zufolge, die am nächsten Tage veröffentlicht wurden, hatte ein jüdischer Fanatiker angeblich die Schüsse abgegeben, obwohl allen klar war, daß es sich um eine gemeine Verschwörung handelte.

Der Zar war über den Gewaltakt erschüttert. Er verschob seine Abreise und besuchte seinen Premier tagtäglich im Krankenhaus. Für den gab es aber keine Hilfe mehr. Stolypin starb sechs Tage nach dem Attentat. Seine letzten Worte lauteten: »Übermittelt dem Herrscher, daß ich mich glücklich schätze, für ihn und für meine Heimat zu sterben.« Nikolaus II. hatte niemals mehr einen so selbstlosen und zuverlässigen Minister in seinem Umfeld. Der Machtverfall des Hauses Romanow schritt immer weiter fort...

Nikolaus war in einer patriarchalischen Familie aufgewachsen; deren Oberhaupt wurde verehrt, ihm gehorchte man bedingungslos. Er war gut erzogen worden und unterschied sich von den anderen Kindern durch seinen ausgeglichenen und ruhigen Charakter. Keiner derjenigen, die ihm nahestanden, hat ihn jemals zornig gesehen. Da er Thronfolger war, erhielt Nikolaus eine ausgezeichnete Ausbildung durch Privatlehrer. Er sprach akzentfrei französisch, deutsch und englisch, las gern und zeigte besonderes Interesse an der Geschichte. Ein eigener Bibliothekar versorgte den Zaren mit den besten Büchern aus aller Welt. Beim Lesen machte sich Nikolaus häufig Notizen, bisweilen widmete er sich einer historischen Frage besonders intensiv. Der Zarewitsch spielte nicht schlecht Klavier und lernte Geige. Am Zeichnen fand er ebenso Gefallen. Beharrlichkeit und Akkuratesse zeichneten den Knaben von frühester Kindheit an aus. Seine Eltern waren stolz auf den Eifer ihres Sohnes.

Bei gutem Wetter erlaubte man Nikolaus, seinen Vater auf die Jagd zu begleiten und mit ihm viele Stunden im Wald zu verbringen. Im Winter lief der Thronfolger gern Schlittschuh, wenn es geschneit hatte, baute er – wie alle kleinen Jungen – mit seinen Brüdern und Schwestern einen Schneemann oder veranstaltete eine Schneeballschlacht. Mit einem Wort, die Kindheit des letzten russischen Kaisers verlief friedlich und fröhlich.

Mit vierzehn Jahren begann Nikolaus, Tagebuch zu führen, in das er täglich Eintragungen machte, was er übrigens sein ganzes Leben lang beibehielt. Fünfzig Hefte wurden schließlich von der ersten bis zur letzen Seite mit seiner akkuraten Handschrift vollgeschrieben, das letzte Heft aber, das einundfünfzigste, blieb unvollendet – das Tagebuch endet mit dem Tod des Autors, der zu jenem Zeitpunkt bereits nicht mehr russischer Zar, sondern Gefangener in Jekaterinenburg war. In den Aufzeichnungen spiegelt sich sein ganzes Leben, sein Charakter, seine Gefühle wider. Während er im Umgang mit Menschen verschlossen war, öffnete er sich in seinen Tagebuchnotizen ganz und gar.

Bevor er den Thron bestieg, hatte Nikolaus seinen Dienst in der Garde absolviert und dabei trotz seiner Schüchternheit das dort übliche ausgelassene Leben kennengelernt, so zum Beispiel Gelage mit seinen Regimentskameraden. Zwei Jahre lang lebte der Kronprinz in der Kaserne seines Regiments, durchlief auch einige Quartieraufenthalte an seinem Truppenstandort in der Nähe von Petersburg und wurde im Range eines Obersts zum Batallionskommandeur ernannt. In diesem Rang blieb er sein ganzes Leben lang, da nach der Thronbesteigung laut Gesetz ein weiterer Aufstieg im Rang nicht üblich war.

Damit der Zarewitsch seinen Horizont erweitern konnte, sandte ihn sein Vater mit dem Bruder Georg zusammen auf eine Reise durch die Länder des Ostens, für die er ihnen einen Hochseekreuzer zur Verfügung stellte. Diese Kreuzfahrt dauerte neun Monate. Georg war, da er sich schlecht fühlte, gezwungen, nach Hause zurückzukehren; der Thronfolger aber kam nach Besuchen in Indien, Singapur, Hongkong und anderen Städten nach Japan. In einer japanischen Stadt wurde seine Reise unvermittelt unterbrochen – Kaiser Alexanders III. Sohn wäre um ein Haar tragisch ums Leben gekommen. Alles ging blitzartig schnell: Auf der Straße stürzte sich plötzlich ein Japaner auf den russischen Gast und versuchte, ihn mit seinem Schwert auf den Kopf zu schlagen. Zum Glück traf der Schlag den Thronfolger lediglich an der Stirn, und die Wunde war nicht allzu tief. Einen weiteren Schlag parierte Nikolaus' Begleiter geschickt mit seinem Stock. Die Motive des Anschlags blieben ungeklärt. Der Besuch des Zarensohnes im Land der aufgehenden Sonne war hiermit beendet, er kehrte auf Geheiß seines Vaters unverzüglich nach Petersburg zurück. Den Japanern begegnete er von dieser Zeit an stets mit Mißtrauen.

Sein Trost wurde die Ballerina Kschessinskaja, eine achtzehnjährige Schönheit aus Polen, die schon damals die Petersburger Gesellschaft durch ihre Tanzkunst in Erstaunen setzte. Diese Bekanntschaft war bereits zustandegekommen, bevor Nikolaus seine Seereise angetreten hatte, und dies nicht ohne Zutun seines Vaters, des Kaisers. Die Zarenfamilie hatte gemeinsam einer Vorstellung der Abschlußklasse der Kaiserlichen Ballettschule beigewohnt. Die beste Ballerina der Klasse war ein kleines, sehr lebhaftes, schlankes Mädchen mit einer vollen Brust und einem schönen Schwanenhals. Der Zar setzte sich später neben Mathilda, so hieß diese Tänzerin, und trat dann seinen Platz an seinen Sohn ab...

Von da an besuchte der Thronfolger die junge Ballerina häufig hinter den Kulissen und entwickelte für sie eine rein platonische Liebe. Doch nachdem er von der Tour durch die Länder des Ostens nach Petersburg zurückgekehrt war, frischte er diese Bekanntschaft auf, und die platonische Liebe verwandelte sich in eine innige Freundschaft, von der es Nikolaus, wie er selbst in seinem Tagebuch schrieb, schwindlig wurde. Zunächst trafen sie sich heimlich in einer Kutsche, dann begann der Zarensohn, das Mädchen in ihrem Elternhause zu besuchen, ihr teure Geschenke zu machen... Schließlich mietete er für sie eine zweistöckige Villa, wo die beiden ihre

Zeit ohne fremde Blicke verbringen konnten. Manchmal brachte Nikolaus seine Cousins – die Großfürsten Sergej, Georg und Alexander – mit. Die jungen Leute tranken Sekt, sangen Lieder und amüsierten sich.

Als Nikolaus' Vater, der Kaiser, von dieser Beziehung erfuhr, erlaubte er sie nur unter der Bedingung, daß eine spätere Eheschließung des Thronfolgers ihr sofort ein Ende setzen sollte. Indessen aber war die Bekanntheit der kleinen Kschessinskaja in der Theaterwelt immer mehr gewachsen, das Verhältnis zwischen den Verliebten aber kühlte sich allmählich ab.

Nikolaus kehrte in seinen Gedanken und in seinem Herzen immer wieder zum Bild der liebenswürdigen deutschen Prinzessin Alix zurück, die er kennengelernt hatte, als sie erst zwölf Jahre alt war. Das Mädchen war anläßlich der Hochzeit ihrer älteren Schwester Elisabeth mit Großfürst Sergej, einem leiblichen Bruder des russischen Kaisers, nach Rußland gekommen. Damals waren sich Nikolaus, ein sechzehnjähriger Jüngling, und die bescheidene, schüchterne Prinzessin begegnet, und das Mädchen hatte das Herz des jungen Mannes erobert.

Fünf Jahre später kam die junge Prinzessin erneut nach Petersburg, um ihre Schwester, die nunmehrige Großfürstin Elisabeth Fjodorowna, zu besuchen. Die hatte übrigens den russisch-orthodoxen Glauben freiwillig angenommen, obwohl sie ganz und gar nicht dazu verpflichtet gewesen wäre, da Großfürst Sergej nicht in der direkten Thronfolge stand. Das Haus Hessen hatte die jüngste Tochter des Herzogs in der Hoffnung auf eine spätere Ehe mit dem russischen Thronfolger nach Rußland gesandt. Doch Nikolaus erhielt nicht die Erlaubnis, sie zu sehen.

Prinzessin Alix von Hessen verbrachte ihre Zeit auf dem Gut von Großfürst Sergej in der Nähe von Moskau. Ihre Schwester war sehr unglücklich, da es ihr aufgrund der homosexuellen Neigungen ihres Gatten nicht beschieden war, Kinder zu bekommen. Der Fürst selbst lebte völlig ungezwungen und quälte sie zusätzlich mit seiner Eifersucht. All dies hinderte Elisabeth jedoch nicht daran, ihren Mann ergeben zu lieben, da die Ehe vor Gott geschlossen war und sie streng den Geboten Christi folgte.

Nach sechswöchigem Aufenthalt verließ Alix Rußland. Es wurde verkündet, die Prinzessin habe der Kaiserin nicht gefallen. »Sie ist uncharmant, hölzern, als ob sie ein Lineal verschluckt hätte«, so lautete das Urteil des Hofes. Kaiser Alexander III. unterstützte den Willen seiner Gemahlin. Und niemand – weder im Lande noch in der Familie – hätte es gewagt, dem mächtigen Kaiser zu widersprechen, schon gar nicht der weiche Niki, wie er von seinen Eltern genannt wurde. Zudem haßte es der älteste Sohn des Zaren ganz fürchterlich, in einen Konflikt zu geraten, daher beschloß er, schweigend und widerspruchslos abzuwarten. Ungeachtet seiner Affäre mit der schönen Ballerina gab er aber seinen Traum nicht auf, einmal das Mädchen zu heiraten, das ihm ans Herz gewachsen war.

In den ersten Apriltagen des Jahres 1894 trafen sich sämtliche Verwandten der Herrscherfamilien von Deutschland, Rußland und England zur Hochzeit von Alix' älterem Bruder Ernst Ludwig mit Prinzessin Viktoria Melita von Sachsen-Coburg in der Stadt Coburg. Ein prächtiger Empfang fand statt, auf dem Nikolaus auch die hessische Prinzessin wiedersah.

Erst als Alexander III. schwer krank war, gab er seinem Sohn schließlich die Zustimmung zu dieser Ehe.

Alix erklärte sich nicht sofort einverstanden, da sie ein tief religiöses Mädchen war und es ihr schwerfiel, sich zum Übertritt zu einem anderen Glauben zu entschließen.

Die Verlobung fand noch in Deutschland statt, einige Monate später schlossen die jungen Leute bereits den Bund der Ehe. Dies war die glücklichste Ehe in der Dynastie der Romanows, eine Liebesheirat. Alix lehnte sogar einen Antrag von Prinz Albert Viktor ab, dem ältesten Sohn des Prinzen von Wales und dessen Nachfolger in der Anwartschaft auf den britischen Thron. Noch während der Brautwerbung schrieb Alix für Nikolaus in sein Tagebuch: »Wir gehören einander für immer und ewig... Den Schlüssel zu meinem Herzen, in dem Du eingeschlossen bist, habe ich verloren, und deshalb wirst Du niemals mehr daraus entfliehen können.« Dieses Gefühl bewahrte sich Sunshine, wie sie der Zar nannte, bis ans Ende ihres Lebens. Einen größeren Schmerz als die Trennung von ihrem Gemahl konnte sie sich einfach nicht vorstellen.

Das Hochzeitsgeschenk von Alix' Bruder Ernst Ludwig bestand in einem Stück hessischen Landes auf dem sogenannten Mathildenhügel in Darmstadt. Später entschloß sich Nikolaus II. dazu, dort zum Gedenken an seine Großmutter Maria Alexandrowna, Kaiser Alexanders II. Gemahlin, eine Kirche zu errichten. 1899 wurde die Maria-Magdalena-Kirche in Anwesenheit der königlichen Familien und des gesamten Zarenhofes geweiht.

Was wurde aus Mathilda Kschessinskaja?

Ihr langes und abwechslungsreiches Leben ging erst im Jahre 1971 in Paris zu Ende. Nur ein Lebensjahr fehlte, und sie wäre ein Jahrhundert alt geworden. Sie hatte viel Zeit, um ihre Memoiren zu schreiben – die Liebesgeschichte zwischen einer jungen Ballettänzerin und dem Thronfolger. Nachdem sie der Zarewitsch verlassen hatte, begann sie, ihre Liebe Großfürst Sergej zu schenken, einem Cousin von Nikolaus. Er wurde zu ihrem ersten Förderer. Um Hauptrollen am Bolschoi-Theater zu bekommen, ging sie später eine Liebesbeziehung mit dem Onkel des Thronfolgers, mit Großfürst Wladimir, ein. Der alternde Don Juan verweigerte ihr seine Unterstützung auch dann nicht, als sie ein Verhältnis mit seinem Sohn Andrej begann. Er erklärte sich sogar damit einverstanden, Taufpate des Jungen zu werden,

den sie geboren hatte und der zu seinen Ehren Wladimir getauft wurde, obwohl nicht ganz klar war, um wessen Kind es sich eigentlich handelte. Auch sie selbst wußte das nicht genau. Eines nur war ganz sicher: Es handelte sich um einen männlichen Nachfolger der Familie Romanow.

Mathilda, die es so glänzend verstand, gute Beziehungen zu den Mitgliedern der Kaiserfamilie aufzubauen, tanzte bis ins Jahr 1917 auf der Bühne. Im Februar jenes Jahres rettete sie sich vor den Revolutionsbehörden, indem sie ihren luxuriösen Palast aufgab, den sie von den Romanows geschenkt bekommen hatte, und Petrograd – so hieß die russische Hauptstadt in jener Zeit – in einem alten Mantel, mit ihrem kleinen Sohn, ihrem Hund und einer Tasche, in der sie ihren ganzen Schmuck versteckt hatte, verließ. Großfürst Sergej, der ihr auch hier seine Unterstützung gewährte, setzte sie in einen Zug, der nach dem Süden Rußlands, in die Stadt Kislowodsk fahren sollte. In seinem langen Mantel und mit dem über die Augen gezogenen Hut war er schwer zu erkennen. Am Zielbahnhof aber wurde Mathilda von Andrej erwartet, mit dem ihr dann auch die Flucht aus Rußland gelang.

In Paris heiratete Großfürst Andrej diese Frau. Sein Bruder, Großfürst Kyrill, wurde zum Oberhaupt des Hauses Romanow in der Emigration, gleichsam ein Monarch im Exil; die Ballerina Kschessinskaja aber, die dem gestürzten Kaiser Rußlands ihre ersten Zärtlichkeiten geschenkt hatte, wurde seine rechtmäßige Verwandte. Sie erhielt den Titel einer Fürstin Krasinskaja-Romanowskaja.

Das Geschlecht Hessen spielt in der Geschichte des Hauses Romanow eine besondere Rolle: Kaiser Pauls erste Frau, die bei der Geburt ihres Kindes gestorben war, stammte aus dieser Familie. Und auch die Gemahlin von Alexander II., die ihren späteren Mann, vom ersten Augenblick an in ihren Bann gezogen hatte, war eine Prinzessin von Hessen-Darmstadt. Nun Alix von Hessen, die den Namen Alexandra Fjodorowna annahm, um Gemahlin des letzten russischen Kaisers zu werden.

Die Tochter von Großherzog Ludwig IV. von Hessen und der Prinzessin Alice von England war am 6. Juni 1872 in Darmstadt geboren worden. Den Namen Alix erhielt sie zu Ehren ihrer Mutter, die das dritte von insgesamt neun Kindern der englischen Königin Viktoria war. Prinzessin Alice starb bereits fünfunddreißigjährig, als ihre Tochter erst sechs Jahre alt war. Die Großmutter nahm das Kind zu sich; seither lebte Alix in England. Dort wurde sie mit der englischen Sprache und der puritanischen Lebensweise des englischen Hofes vertraut. Das Mädchen war eine sehr fleißige Schülerin, kannte sich bereits mit fünfzehn gut in Geschichte sowie in der englischen und deutschen Literatur aus, spielte ausgezeichnet Klavier und Banjo. Mit zweiundzwanzig hatte die spätere russische Zarin schon ein Diplom in den philosophischen Wissenschaften, nachdem sie Philosophiekurse an den Universitäten Oxford und Heidelberg besucht hatte.

Nach ihrer Ankunft in Rußland sollte der Geistliche der Zarenfamilie Alix die Grundlagen der orthodoxen Lehre beibringen. Jekaterina Schneider wurde ihre Russischlehrerin; sie hatte auch schon ihrer Schwester Unterricht gegeben.

Die Ehe stand auf einem Fundament starker gegenseitiger Liebe. Der Zar vergötterte seine Frau, sie war ihm grenzenlos ergeben. Sein Hochzeitsgeschenk – ein Ring mit einem Rubin – trug sie stets zusammen mit einem Kreuz an einer Kette um den Hals. Die Harmonie in ihrer Verbindung ergab sich aus seiner Weichheit und ihrer Härte; und nicht nur dem Charakter nach, sondern auch äußerlich war Alexandra das krasse Gegenteil des Kaisers. Sie war hochgewachsen und schlank, von majestätischer Haltung und besaß große traurige Augen – kurzum, sie sah aus wie eine richtige Zarin, war die Verkörperung von Macht und Erhabenheit. Fünf Nachkommen brachte die Kaiserin zur Welt, die ersten vier waren Mädchen. Bei Hofe gab es eine Redensart: Die Geburt der ersten Tochter enttäuschte die Zarenfamilie, die der zweiten betrübte sie, die nachfolgenden beiden aber nahm man in der Familie Romanow mit Verärgerung auf. In der Umgebung der Kaiserfamilie nannte man Nikolaus' Töchter zusammenfassend »OTMA« – nach den Anfangsbuchstaben ihrer Vornamen.

Olga, die älteste Tochter, hatte die gütigen Augen ihres Vaters sowie die schlanke Figur und die hellen Haare ihrer Mutter geerbt. Von ihrem Gemüt her kam sie eher nach Nikolaus: Sie liebte es, sich mit einem guten Buch zurückzuziehen, mochte Musik, war kaum praktisch veranlagt und weit entfernt vom alltäglichen Leben.

Tatjana, eineinhalb Jahre jünger als ihre Schwester, war ihr genaues Gegenteil. Sie galt als verschlossen, beherrscht, liebte die Hauswirtschaft sowie Handarbeiten und hatte eine sehr enge Beziehung zu ihrer Mutter, die ihr Berater in sämtlichen Fragen wurde. Sie selbst aber war außergewöhnlich energisch, zielstrebig und zu eigenen Urteilen fähig.

Maria war eine wahrhafte Enkelin von Alexander III., ihrem Großvater. Sie verfügte über große körperliche Kraft, war sehr einfach im Umgang, ein zärtliches und freundliches Mädchen. Sie zeichnete gern, doch war sie einfach zu faul, um sich mit etwas ernsthaft zu beschäftigen. Diese Zarentochter konnte leicht Kontakte zu einfachen Leuten knüpfen, verstand es, mit den Soldaten zu plaudern, sie über ihre Familien und ihr Privatleben auszufragen. Sie hatte sehr schöne dunkelblaue Augen, einer schlanken Figur hingegen konnte sie sich nicht gerade rühmen.

Die jüngste Tochter Anastassia war kleinwüchsig und rundlich, sie schämte sich ihrer Körperfülle. Wegen ihrer Lebhaftigkeit und ihres Scharfsinns wurde sie als »Schelm« der Familie bezeichnet. Gutes Gehör und sprachliches Talent verhalfen ihr zu einer guten Nachahmungsfähigkeit. Das war eine richtige Begabung.

Die Zarin hatte ihrem Gemahl also alle zwei Jahre eine Tochter geschenkt. Sie kümmerte sich selbst um die Kinder, badete sie, sang ihnen Wiegenlieder vor, saß an ihren Bettchen, strickte ihnen Jäckchen und Mützchen. Es bereitete ihr Vergnügen, die Töchter zu bemuttern.

Viele schlaflose Nächte verbrachte Alexandra mit Gebeten, Gott möge ihr doch einen Sohn schenken. Seitdem Paul I. das Gesetz über die Thronfolge geändert hatte, kamen ja nur Männer als Nachfolger des Kaisers in Frage. Nach dem Tode von Großfürst Georg im Jahre 1898 galt jetzt Michail, der jüngste Bruder des Zaren, als offizieller Thronerbe. Er war zehn Jahre jünger als Nikolaus und für seinen besonderen Leichtsinn bekannt. Fröhliche Gesellschaften, schöne Frauen, Autos – das waren seine Hobbys. In der Familie wurde er nur »der Taugenichts« genannt; die Regierung hingegen meinte, Michail tauge sehr wohl für den Thron, da er vom Vater das für die Leitung eines Staates erforderliche Wissen erworben und von seiner Mutter Verstand sowie diplomatisches Geschick geerbt habe.

Am 30. Juli 1904 wurde der Kaiserfamilie der langersehnte Sohn geboren, der zu Ehren des zweiten Romanows den Namen Alexej erhielt. Die Freude kannte keine Grenzen! In ganz Rußland erschallten Kanonenschüsse und Glockenklang, Flaggen wurden gehißt.

Alexej war seit längerer Zeit der erste Erbe männlichen Geschlechts, der einem regierenden Vater geboren wurde. In Anwesenheit der meisten Mitglieder der großen Familie Romanow wurde der Zarewitsch getauft. Sogar der Urgroßvater des Kindes, der Dänenkönig Christian IX., der damals bereits siebenundachtzig Jahre zählte, kam nach Petersburg, um der Taufe des Kindes beizuwohnen.

Zehn Wochen später jedoch schlug die Freude in Verzweiflung um: Der Thronfolger hatte die schreckliche Bluterkrankheit geerbt. Frauen werden gewöhnlich nicht von diesem Leiden betroffen, doch sie übertragen es, so daß die Krankheit von der Mutter auf den Sohn übergehen kann. Ein Bruder der Herrscherin sowie ihr Onkel, Herzog Leopold, ein Sohn von Königin Viktoria, waren an der Hämophilie, die von einer unzureichenden Gerinnungsfähigkeit des Blutes herrührt, gestorben. Auch die Neffen der russischen Zarin, die Kinder ihrer Schwester Irene, die Prinz Heinrich von Preußen, einen Bruder des deutschen Kaisers Wilhelm geheiratet hatte, litten von Kindheit an unter dieser Krankheit. Es wird angenommen, daß das Leiden von der »Großmutter« der meisten Königshöfe, von Königin Viktoria selbst, herrührt. In Rußland war diese Krankheit bis dato unbekannt gewesen.

Das Leben des Zarewitschs, eines hübschen, zärtlichen Kindes mit blonden Lokken und klaren blauen Augen, war eine einzige Qual. Noch mehr aber litten seine Eltern, insbesondere Zarin Alexandra, die sich eingestand, daß sie unwillentlich die Schuld an der Krankheit ihres Sohnes trug. Der Junge war zwar lebendig und ausgelassen, doch seine Eltern wußten, daß ihn schon eine kleine, unbedeutende Prellung, eine läppische Verletzung das Leben kosten konnte. Die Medizin war machtlos, Medikamente gegen diese schreckliche Krankheit gab es keine.

Pierre Gilliard, der Französischlehrer der Zarentöchter, war unfreiwillig Zeuge, als die schreckliche Krankheit einmal ausbrach. Der intelligente Mann war mit 25 Jahren aus der Schweiz nach Rußland gekommen. Zu diesem Zeitpunkt war der Knabe gerade einmal zwei Jahre alt. Sechs Jahre lang kam er jeden Tag in den Palast, um Unterricht zu geben. Den kleinen Alexej sah er nur manchmal auf dem Arm seiner Mutter, von der Krankheit des Jungen wußte er nichts. Er lernte den Bruder seiner Schülerinnen erst kennen, als dieser bereits acht Jahre alt war – auf Bitten der Kaiserin unterrichtete er auch ihn fortan in der französischen Sprache. Der Knabe hatte ein ausgezeichnetes Gehör und lernte Sprachen mit Leichtigkeit.

Im Gegensatz zu seinen Schwestern, die gern Klavier spielten, bevorzugte Alexej die Balalaika und lernte es, dieses typisch russische Instrument zu beherrschen. Er war ein lebensfroher Junge, klug und aufmerksam. Er liebte die Natur, vor allem Tiere. Dressierte Tiere ersetzten ihm die Gesellschaft von gleichaltrigen Spielgefährten. Aufgrund seiner Bluterkrankheit erlaubte es die Kaiserin ihrem Sohn nicht, mit Kindern zu spielen, daher hatte er mehr Umgang mit Erwachsenen – mit Gilliard sowie mit dem Matrosen Derewenko, der jeden seiner Schritte bewachte, konnte doch jede Unachtsamkeit zu einem Unglück führen. Die Ärzte und Vertrauten des Knaben wurden gebeten, nichts von der unglückseligen Krankheit zu erzählen. Der Gesundheitszustand des Thronfolgers blieb streng geheim; das russische Volk sollte nichts davon erfahren, daß der zukünftige Zar faktisch Invalide war.

Trotz der Kinderfrauen, die sich um die Sprößlinge des Zarenpaares kümmerten, widmete die Herrscherin dem Kinderzimmer so viel Aufmerksamkeit, daß man bei Hofe munkelte, sie sei keine Zarin, sondern nur Mutter. Für andere blieb sie ohnehin kühl, stolz und unfreundlich – so nämlich wurde sie in der Petersburger Gesellschaft charakterisiert.

Sie hingegen stand weit über all diesen »Menschen der Gesellschaft und Hoheiten«, war gut ausgebildet und fleißig, liebte aber fröhliche Bälle und das inhaltlose weltliche Leben nicht. Regeln für ihr persönliches Verhalten fand sie in den religiösen Normen und hielt sich streng an die Gebote der Bibel. Der in England und Deutschland nach patriarchalischen Regeln erzogenen Kaiserin gefiel die leere Atmosphäre der Petersburger Gesellschaft nicht. »Ich kann nicht in der Gesellschaft glänzen, ich verfüge weder über die Leichtigkeit noch über den Scharfsinn, die hierfür so notwendig sind. Ich liebe geistliche Inhalte, und diese ziehen mich mit mächtiger Kraft an. Soweit ich weiß, bin ich der Typ des Predigers: Ich möchte anderen im Leben helfen, ihnen helfen zu kämpfen und ihr Kreuz zu tragen«, so schrieb die erste Dame des Staates in einem ihrer Briefe. Sie griff sogar die Idee auf, die Freude an der Arbeit weiterzuvermitteln und gründete zu diesem Zweck die sogenannte »Vereinigung für Handarbeiten«, deren Mitglieder – Damen der Gesellschaft und junge Mädchen – verpflichtet waren, mindestens drei Arbeiten pro Jahr fertigzustellen, die an die Armen übergeben werden sollten. Diese Idee konnte leider nicht Fuß fassen. Daraufhin begann die Herrscherin, in ganz Rußland sogenannte »Häuser der Arbeitsliebe« für Arbeitslose und Fürsorgeheime für gefallene Mädchen zu eröffnen. Doch ihre Hauptsorge galt natürlich ihrem einzigen Sohn Alexej, dem Erben des russischen Thrones.

Die größte Unterstützung erhielt diese Frau, die in Angst und Unsicherheit lebte, durch die Liebe und das Verständnis ihres Gemahls. Der war gütig, teilnahmsvoll und hatte Mitgefühl mit seiner Frau, auch liebte er seine Kinder über alles. Die Familie war in Nikolaus' II. Leben das Allerheiligste. Was die gegenseitige Liebe und die seelische Verbundenheit betrifft, so ging es in dieser Familie selten harmonisch zu; im Kreise seiner Lieben konnte der Zar seine Seele entspannen und neue Kräfte für seine schweren Verpflichtungen schöpfen.

Zweiundzwanzig Jahre lang blieb der Alexandrow-Palast in Zarskoje Selo, wohin Nikolaus seine junge Gemahlin einige Monate nach der Hochzeit gebracht hatte, ihr Wohnsitz. Das zweigeschossige Gebäude im klassischen Stil hatte einen zentralen Teil, in dem sich Paradezimmer und offizielle Räumlichkeiten befanden, und zwei Flügel. In einem waren die Bediensteten, die Hofdamen und Kammerherren, untergebracht, im anderen hatte die Zarenfamilie ihre privaten Gemächer und führte dort ihren Haushalt. Diese Zimmer waren, dem Geschmack der Hausherrin entsprechend, im englischen Stil eingerichtet: Vorhänge und Möbelbezüge bestanden aus hellem englischen Kattun und waren wie die Teppiche in rosa und lila Tönen gehalten, ihren Lieblingsfarben. Die Zimmer der Kinder im ersten Stock enthielten einfache Betten, kleine Frisierkommoden und Schreibtische. Alles war ohne jeglichen Luxus.

Im Unterschied zu vielen königlichen Paaren hatten der Kaiser und die Kaiserin ein gemeinsames Schlafzimmer mit einem breiten Doppelbett aus hellem Holz. Die Tür rechts neben dem Bett führte in eine kleine Kapelle, in der die Kaiserin gewöhnlich betete. Sie war spartanisch eingerichtet: An der Wand hing eine einzige Ikone, die Bibel lag auf einem kleinen Tisch.

Nikolaus II. erhob sich meist schon früh am Morgen, spätestens um sieben Uhr, frühstückte mit seinen Töchtern und begab sich dann in sein Arbeitszimmer. Alexandra verließ das Schlafgemach nicht vor neun Uhr. Sie hatte einen kleinen Liebling, ein Hündchen namens Ayr, einen Skotchterrier, der seinem Frauchen auf Schritt und Tritt folgte.

Der Tag war ganz präzise eingeteilt. Während der kleinen Arbeitspausen kam Nikolaus gern ins Boudoir seiner Frau, das berühmte rosafarbene Zimmer, um dort ein Glas Tee zu trinken, die Zeitungen zu lesen, sich mit ihr über die Kinder und die Situation im Lande auszutauschen. Alle sprachen englisch. Nur mit den Kindern sprach der Kaiser stets in russischer Sprache. Bei gutem Wetter machte die Kaiserin eine Spazierfahrt in ihrer Equipage. Nikolaus hingegen bevorzugte das Reiten oder unternahm Spaziergänge, und das bei jedem Wetter. Er hatte eine robuste Gesundheit und erkrankte nur einmal, im Jahre 1904, an Typhus.

Was seine Bedürfnisse anbetraf, so war der Herrscher ein überaus bescheidener Mann: Er hatte keine besonderen Ansprüche in bezug auf Kleidung und Essen. Luxus und Komfort waren ihm gleichgültig. Stattdessen begeisterte er sich für die Jagd, arbeitete voller Freude im Garten, schob im Winter selbst den Schnee von den Wegen – liebte also körperliche Arbeit im Freien. Sein Sinn für die Schönheiten der Natur hatte ihn auch zu einem begeisterten Photographen werden lassen. Diese Vorliebe gab er an seine Töchter weiter.

Malerei und Bildhauerei faszinierten ihn ebenso. Ein Jahr nach seiner Thronbesteigung wurde ein Erlaß herausgegeben, der die Gründung eines »Russischen Museums des Kaisers Alexanders III.« im Gebäude des Michailow-Palastes vorsah, welcher noch zu Zeiten Alexanders I. erbaut worden und für dessen jüngeren Bruder Michail bestimmt gewesen war. Dieser Palast wurde schließlich mit allen anliegenden Gebäuden und Gärten an die Staatskasse verkauft und zum Museum gemacht.

Zur Erholung reiste die Zarenfamilie nach England oder Deutschland, häufig machte man auch auf der Krim Urlaub. Seereisen liebten Nikolaus und Alexandra sehr und unternahmen mehrere, meist auf der kaiserlichen Jacht »Standard«, die in Dänemark gebaut worden war und jeglichen Komfort bot.

Für Reisen durch sein eigenes Land standen dem Zaren zwei Züge zur Verfügung, wobei jeder aus acht blauen Waggons bestand. In einem der beiden Züge reiste der Herrscher, der zweite wurde vor oder hinter dem Zarenzug auf den Weg geschickt, der übrigens stets von Wachmannschaften gesäumt war. Diese Praxis war noch unter Nikolaus' II. Vater eingeführt worden. Automobile benutzte der Zar erst seit Beginn des 20. Jahrhunderts; dennoch war der Fuhrpark des russischen Monarchen schon bald der umfangreichste in ganz Europa.

Da er keineswegs hochmütig war, verhielt sich Nikolaus gegenüber dem einfachen russischen Volk nicht von oben herab. Ganz im Gegenteil, er gab sich schlicht, konnte mit jedermann einfach so ein Gespräch beginnen und die Leute über ihr Alltagsleben ausfragen. Ein gutes Verhältnis hatte der Zar auch zu seinen Soldaten; es kam sogar vor, daß er mit ihnen Dame spielte und seinen Kindern erlaubte, sich bei ihnen aufzuhalten. Im Umgang mit Kaiser Nikolaus II. vergaßen die Menschen, daß eine Majestätsperson vor ihnen stand, da er so viel Güte und Einfachheit an den Tag legte.

Die Mehrzahl seiner Besucher empfing Nikolaus informell, eher freundschaftlich. Am Tische stehend, forderte er sie mit einer Geste auf, in einem Sessel Platz zu nehmen, bot ihnen etwas zu rauchen an und genehmigte sich selbst auf jedem Fall eine Zigarette. Er konnte seinen Gesprächspartnern aufmerksam zuhören, wobei er sich bemühte, sie nicht zu unterbrechen und nur sehr selten widersprach. Die ihm von Kindheit an anerzogene Ausdauer und sein Mangel an Bösartigkeit betrachteten viele, die mit ihm zu tun hatten, eher als Charakter- oder Willenlosigkeit, statt diese Eigenschaften seinem Feingefühl zuzuschreiben. Beinahe jeden Tag erhielt er Besuch von Ministern, Heerführern, Verwandten, die verschiedene Positionen im Staatsapparat innehatten, leitenden Mitarbeitern des Außenamtes sowie von Botschaftern verschiedener Länder. Die bevorzugte Ausdrucksweise des Kaisers lautete: »Ich würde empfehlen…«, und nur ganz selten sagte er: »Sie sind verpflichtet, ich befehle…«. Selbst ein akkurater Mensch, erfüllte er seine Pflichten mit aller Sorgfalt und sogar mit einer gewissen Pedanterie, obwohl er sie gleichzeitig als eine ermüdende Beschäftigung betrachtete – hier fühlte er sich nicht in seinem Element. Er war bemüht, seinen Tagesablauf als Staatsoberhaupt nicht zu verändern, und nur ein höchst außergewöhnlicher Umstand konnte ihn dazu veranlassen, einen Ministerempfang abzusagen oder jemandem eine vereinbarte Audienz nicht zu gewähren.

Pünktlich um acht Uhr abends gingen die offiziellen Begegnungen zu Ende, und der Zar begab sich zum Abendessen. Dabei war die ganze Familie versammelt. Abends saß man dann gemeinsam im Wohnzimmer, das Familienoberhaupt las gern laut vor, während sich seine Gemahlin und die Töchter mit einer Handarbeit beschäftigten.

Als Verantwortlicher für alle Palastzeremonien und Vertrauter der Zarenfamilie fungierte der finnische Adlige Baron Wladimir Frederiks, der im Jahre 1897, im Alter von sechzig Jahren, den Posten eines Ministers des kaiserlichen Hofes erhielt. Zwanzig Jahre lang diente er seinem Herrscher treu und ergeben und galt als Freund, der alle Geheimnisse der Zarenfamilie kannte.

Doch der einzige Mensch, dem die Kaiserin ihre Seele ganz und gar öffnen konnte, war Anna Wyrubowa, die mit der Familie des Zaren untrennbar verbunden war. Sie ließ sich in einem kleinen Häuschen nieder, das nur zweihundert Meter vom Alexandrow-Palast entfernt war. Der Zar und die Zarin besuchten sie häufig, brachten ihr dabei Obst, Konfekt und bisweilen auch eine Flasche Sherry Brandy mit. Sie nahm ihrerseits an beinahe allen familiären Anlässen teil und galt als wahre Freundin der Zarenfamilie.

Doch dann sollte der berüchtigte Grigori Rasputin in das Leben der Kaiserfamilie eindringen. Er war weder Mönch noch Priester, sondern ein einfacher »Wallfahrer«, derer es in Rußland zu jener Zeit so viele gab. Nikolaus II. hatte, ebenso wie auch sein Urgroßvater Alexander I., einen gewissen Hang zum Mystizismus. Die Zarin war ebenfalls etwas mystisch veranlagt. Beide lasen mit Interesse religiöse Bücher, interessierten sich für die Religionen der Welt, hörten auf Voraussagungen und Prophezeiungen. Im Hause einer Großfürstin lernte die Herrscherin diesen ungewöhnlichen Menschen mit dem blassen, ausgemergelten Gesicht und den erstaunlich durchdringenden Augen kennen. Er ging bald schon im Palast ein und aus, denn nur er allein war in der Lage, dem kleinen Alexej mittels der Kraft seiner Hypnose zu helfen, nur er gab dem Zarenpaar Hoffnung... So wurde dieser Mann aus Sibirien für sie unersetzlich, und die ganze Zarenfamilie gewann ihn lieb.

Gar viele Bücher, Artikel und Broschüren hat man über Rasputin geschrieben. Einige Autoren haben ihren Haß über ihn ergossen, einige versuchten, das große Rätsel zu lösen, und einige wuschen einfach »schmutzige Wäsche«. Soll ruhig jeder bei seiner Version bleiben...

Jeder Mutter aber sind die Gefühle der Zarin verständlich, die von ständiger Angst um ihren einzigen Sohn erfaßt war. Rasputin konnte mit der Kraft seiner inneren Energie, die für einen einfachen Sterblichen ungewöhnlich war, helfen. Damit suggierierte er dem Kaiserpaar, der Thronfolger werde nur dank seiner Bemühungen am Leben bleiben.

Während einer der gefährlichen Krisen in der Krankheitsgeschichte des kleinen Alexejs, als das Leben des Knaben buchstäblich am seidenen Faden hing, wurde Rasputin ans Bett des Kindes gerufen, damit er ein langes Gebet für seine Rettung spreche.

Grigori betete. Der Zustand des Erben besserte sich, er genas.

Wie hätte seine Mutter nach diesem Vorfall auf Rasputin verzichten können? Bald war sie selbst bereit, ihn anzubeten, da das Antlitz dieses nur halb gebildeten Menschen sie beruhigte. Er wurde für sie schließlich unentbehrlich, bekam Gewalt über Geist und Seele dieser hochgebildeten Frau. Die Zarin sah in ihm nicht »Grischka, den Sektierer« nicht »Grischka, den Wüstling«, der Frauen und Madeira liebte und über den man in den Gesellschaftszimmern so viel klatschte, sondern ein Licht der Wahrheit – einen Menschen mit gewaltiger Hypnosekraft, der seine Wunder bewirkenden Fähigkeiten mehrfach vor ihr bewiesen hatte.

Wenn man in diesem Zusammenhang über die negativen Aspekte der Regierungszeit des letzten Romanows sprechen will, so gehören Rasputin und seine Rolle bei Hofe ganz klar dazu. Das Ansehen des Zaren ging fast völlig verloren, obwohl, wie zeitgenössische Forscher behaupten, die Dynastie der Romanows damals ohnehin schon dem Untergang geweiht war – ob mit oder ohne Rasputin.

Im Februar 1913 bereiteten sich Kaiser Nikolaus und seine Gemahlin auf die 300-Jahr-Feier des Hauses Romanow vor. Aus diesem Anlaß siedelte die gesamte Familie aus Zarskoje Selo in den Winterpalast über. Die Jubiläumsfeierlichkeiten begannen mit einer Liturgie in der Kasaner Kathedrale, anschließend fand ein Empfang im

Winterpalast statt. Alle Damen – auch die Herrscherin – trugen russische Nationalkleidung. Einige Stunden lang nahm die Zarenfamilie Glückwünsche entgegen, am Abend wurde im Marientheater Michail Glinkas Oper »Ein Leben für den Zaren« gegeben. All diese Festlichkeiten jedoch, die letzten in den Annalen der Romanows, verliefen ohne den gewöhnlichen Enthusiasmus. Eine schwarze Wolke lag über Petersburg, richtige Ausgelassenheit wollte nicht aufkommen.

In den ersten Frühlingstagen begab sich die Zarenfamilie auf eine Wallfahrt zu den Gedenkstätten der Dynastie. Am Oberlauf der Wolga bestieg man ein Schiff und fuhr nach Kostroma, in das altertümliche Ipatjew-Männerkloster. Auf dessen Gelände befand sich das Haus, von dem aus Michail Romanow im Jahre 1613 nach Moskau aufgebrochen war, um den russischen Thron zu besteigen. Entlang des Weges fanden sich am Ufer Bauern ein, um den Zaren zu begrüßen. Großfürstin Olga, Nikolaus' Schwester, schrieb über diese Reise: »Wo wir auch vorbeifuhren, überall trafen wir auf untertänige Kundgebungen, die – so schien es – schon an Raserei grenzten. Als unser Schiff die Wolga entlangfuhr, sahen wir Massen von Bauern, die bis zur Brust im Wasser standen, um wenigstens einen Blick auf den Zaren zu erhaschen. In einigen Städten sah ich Handwerker und Arbeiter, die sich zu Boden fallen ließen, um seinen Schatten zu küssen, wenn er vorbeiging. Die Begrüßungsrufe waren ohrenbetäubend.«

Die Feierlichkeiten zum Jubiläum des Hauses Romanow gingen schließlich in Moskau zu Ende. Dort verlief alles mit Begeisterung und recht feierlich. Es war ein sonniger Junitag, Nikolaus II., der zu Pferd in die alte russische Hauptstadt eingeritten war, schwang sich auf dem Roten Platz aus dem Sattel und ging zu Fuß in den Kreml. Vor ihm schritt die Geistlichkeit mit Weihrauchfässern einher, so wie dies zu Zeiten des ersten Romanows, Zar Michail, üblich gewesen war. Die Herrscherin und der Thronfolger fuhren in einer offenen Equipage und wurden vom Volk begrüßt. Alle Glocken Moskaus läuteten.

Die 300-Jahr-Feier der Dynastie Romanow sei ein geeignetes Mittel, um im Volke Gefühle der Ergebenheit für die Monarchie im allgemeinen und für Väterchen Zar im besonderen zu erwecken. So hoffte man in der Umgebung des Kaisers. Der Familie Romanow indes war das Ansehen ihres Familienoberhauptes völlig gleichgültig. Man glaubte, Nikolaus sei für das Amt des Zaren ungeeignet; gerade diese Ansicht aber schwächte den Absolutismus.

Nikolaus II. hatte als Familienoberhaupt über das gewaltige Geschlecht der Romanows zu gebieten – über eine Vielzahl von Onkeln und Tanten, Brüdern und Schwestern, Neffen und Nichten, unter denen ein ständiger Wettstreit um Namen und offizielle Ränge im Gange war. Die Rangfolge im russischen Kaiserhaus war durch entsprechende Gesetzesvorschriften streng reglementiert, die gleichzeitig die Rechte und Pflichten aller Familienmitglieder festlegten. Noch unter Paul I.

wurde eine Verfügung über die Kaiserliche Familie veröffentlicht, deren Zusammensetzung ursprünglich lediglich auf die Kinder des dreizehnten Romanows selbst beschränkt war. Doch die Zarenfamilie wuchs im Laufe der Zeit beständig und beträchtlich an, so daß sie im Jahre 1914 aus über sechzig Angehörigen bestand.

Unter Alexander III. wurde ein neues »Gesetz der Kaiserfamilie« ausgearbeitet, in dem sowohl die Rechte des Thronfolgers sowie die Pflichten aller in bezug auf den Herrscher als Majestätsperson und Oberhaupt des kaiserlichen Hauses genau vorgeschrieben waren. Das Hauptaugenmerk galt dabei allen dynastischen Problemen, die mit der Verheiratung von Mitgliedern der Zarenfamilie verbunden waren. Damit eine Ehe als legitim anerkannt wurde, mußte die Einwilligung des Zaren vorliegen und der erwählte Partner eine hochwohlgeborene Herkunft nachweisen können. »Sämtliche Personen kaiserlichen Geblüts, die aus einer gesetzlichen, vom regierenden Kaiser gestatteten Ehe mit einer hinsichtlich ihrer Herkunft entsprechend würdigen Person hervorgehen, werden als Mitglieder des Kaiserhauses anerkannt.« Einige Jahre später wurde durch einen namentlichen kaiserlichen Erlaß zusätzlich verfügt, daß kein Mitglied der Zarenfamilie mit einer Person die Ehe eingehen durfte, die nicht einem regierenden oder herrschenden Hause angehörte.

Aber gerade dieser Erlaß wurde von der letzten Generation der Familie Romanow nicht eingehalten. Sobald Nikolaus II. den Thron bestiegen hatte, wurde gegen den strengen Ehekodex verstoßen. Als erster durchbrach Großfürst Michail, ein Onkel des Zaren, diese Bestimmung. Er ehelichte eine Frau von niedrigem Rang, keinerlei Verbote und Sanktionen konnten ihn bremsen. Der Großfürst büßte alles Geld ein, das er alljährlich von seinem Landbesitz in Rußland erhielt, und wurde aus dem Verzeichnis der russischen Offiziere gestrichen. Er verließ sein Heimatland für immer und ging nach London. Die englische Regierung wies ihm ein schönes Haus im malerischen Kennwood-Park zu, das sich auf dem Highgate befand. Heute ist dort eine kleine Gemäldegalerie mit Bildern des 18. und 19. Jahrhunderts untergebracht. Seine Gemahlin, die übrigens eine Enkelin des Dichters Alexander Puschkin war, erhielt von Königin Viktoria den Titel einer Gräfin Torby.

Bald darauf heiratete Großfürst Paul, der verwitwete jüngste Onkel des Zaren, eine Frau aus dem Volke und ließ sich nach kurzer Zeit wieder scheiden. Drei Jahre später vermählte sich Nikolaus' Cousin, Großfürst Kyrill, mit einer geschiedenen Frau. Darüber hinaus war Kyrills Frau vorher mit Kaiserin Alexandras Bruder, Großherzog Ernst Ludwig von Hessen, verheiratet gewesen; und ausgerechnet auf ihrer Hochzeit in Darmstadt hatte Nikolaus dereinst Alix seinen Antrag gemacht.

Nikolaus' größte Empörung rief die Heirat seines jüngeren Bruders Michail mit Natalja Scheremetjewskaja hervor, die vorher schon zweimal verheiratet gewesen war. Ohne dem Zorn des Zaren Gehör zu schenken, verließ Michail gemeinsam mit dieser Frau Rußland und ehelichte sie, nachdem sie ihm einen Sohn geboren hatte.

»Ich fürchte«, schrieb Nikolaus seiner Mutter, »daß im Ausland eine ganze Kolonie von Mitgliedern der russischen Kaiserfamilie entsteht durch all diese legitimen und illegitimen Ehefrauen... Unverhohlener Egoismus unterdrückt jegliche Gewissensregungen, sämtliches Gefühl für Pflicht oder sogar einfach Anstand.«

Es war unvermeidlich, daß diese Kette von internen Skandalen in der kaiserlichen Familie Rußland schockierte, zumal jedes Mitglied der riesigen Zarensippe vom Zaren Unterhalt erhielt, auch wenn in dessen Kasse häufig Ebbe herrschte. Auch die Paläste – der Winter- und Anitschkow-Palast in Petersburg, die in Zarskoje Selo, Peterhof und Gatschina, die kaiserlichen Appartements im Kreml und der Liwadia-Palast auf der Krim – mußten unterhalten sowie die Arbeit der Bediensteten entlohnt werden. Ferner wurden bestimmte Summen für die kaiserlichen Züge und Jachten, die Theater in Petersburg und Moskau, die Kaiserliche Akademie der Künste und das Kaiserliche Ballett bereitgestellt. All dies ging auf Kosten der persönlichen Mittel des Zaren. Von der Wohltätigkeit des Herrschers waren zahlreiche Krankenhäuser, Kinderheime und Blindenschulen abhängig. Am Jahresende hatte der Zar bisweilen keine einzige Kopeke mehr übrig. Und seine Verwandten?

Sie lebten unbekümmert und sorgten sich nicht darum, welchen Eindruck sie hinterließen. Hinsichtlich ihrer Bildung und ihres Geschmacks waren sie Bestandteil der kosmopolitischen Aristokratie in Europa: Sie beherrschten das Französische besser als das Russische, erholten sich in den vorzüglichsten europäischen Kurorten, reisten in Privatwagen. Die meisten Romanows betrachteten Nikolaus und Alexandra als religiöse Fanatiker und altmodische Leute, die nicht in der Lage waren, das riesige und oftmals stürmische Rußland zu regieren.

Einige Monate, nachdem man das dreihundertjährige Bestehen der Romanow-Dynastie so feierlich begangen hatte, fand das äußerlich so friedliche Leben in Rußland sein Ende. Ein Krieg begann, der unsinnig war und niemandem etwas nützte... Die letzte Etappe in der Geschichte des Hauses Romanow wurde eingeläutet...

Nikolaus wollte keinen Krieg und stellte sich nicht sofort an die Spitze der russischen Armee. Anfangs war sein Großonkel Anführer der Streitkräfte, Großfürst Nikolaus, ein richtiggehender Haudegen, der sein ganzes Leben der Armee gewidmet hatte. Doch dann begab sich der Herrscher persönlich ins Große Hauptquartier – Stawka genannt, ein altes russisches Wort für Armeelager. Er war mit den Frontaktivitäten des Großfürsten unzufrieden, die russische Armee erlitt eine Niederlage nach der anderen.

Angeblich auf Empfehlung von Rasputin nahm der Kaiser das Kommando in die eigene Hand, wobei er sich den Rang eines Oberkommandierenden aller Infanterie- und Seestreitkräfte gab und die Regelung der inneren Belange des Landes praktisch der Kaiserin übertrug. Dieser Entschluß des Herrschers rief bei vielen seiner russischen Verwandten Unzufriedenheit hervor. Man hatte kein Vertrauen zum Zaren, vor allem seiner Gemahlin traute man nicht. Und das, obwohl Kaiserin Alexandra fortan aktive Hilfe leistete. Sie beschloß, persönlich einen Kurs für Krankenschwestern zu besuchen und arbeitete tagtäglich gemeinsam mit ihren älteren Töchtern im Lazarett von Zarskoje Selo, wo sie Wunden auswusch, Verbände anlegte und bei Operationen assistierte. Verwundete indes gab es viele...

Dessen ungeachtet tauchten Gerüchte auf, die Herrscherin sei angeblich eine deutsche Spionin und hielte über eine geheime Funkstation Kontakt mit dem Feind. Alle nur möglichen üblen Geschichten wurden über sie verbreitet. Verdächtigungen, Zwietracht und Haß auf alles, was deutsch war, erstickten Moskau und Petrograd. Geschäfte, Fabriken und Privathäuser mit deutschen Namen wurden geplündert und in Brand gesteckt, Flügel und Klaviere der Firma Bechstein und Blüthner, die in den Musiksalons standen, wurden aus den Fenstern auf die Straße geworfen. Es ging sogar so weit, daß Bach und Beethoven aus den Orchesterprogrammen gestrichen wurden. Die Heilige Synode verbot zu Weihnachten Tannenbäume, da sie angeblich deutsches Brauchtum waren. »Ich beabsichtige zu protestieren«, schrieb die Kaiserin dem Zaren ins Armeelager, als ihr davon berichtet wurde. »Warum will man die Verwundeten und Kinder um eine Freude bringen? Nur deshalb, weil dieser Brauch aus Deutschland zu uns gekommen ist? Das ist kolossale Beschränktheit!«

Jeder, der einen deutschen Nachnamen trug, wurde der Spionage verdächtigt. Daran litten vor allem die Baltendeutschen, die in großer Zahl nach Sibirien verbannt und ihres Habs und Guts beraubt wurden. Und auch das allgemeine Mißtrauen gegenüber der kaiserlichen Familie wuchs – sie war ja deutscher Abstammung und mit dem deutschen Kaiser verwandt.

Tatsächlich war Zar Nikolaus II. selbst vor dem Kriege mit seinem »Onkel« Wilhelm II. befreundet gewesen, hatte mit ihm in engem Briefwechsel gestanden, man machte sich gegenseitige Besuche. Die Gemahlin des Herrschers aber war ein erbitterter Gegner deutscher Sympathien in der Zarenfamilie. Sie verbot sogar ihren Kindern, die Geschenke des deutschen Kaisers anzunehmen und befahl, sie dem Gesinde zu geben. Sie hegte eine Antipathie gegen diesen Mann und machte kein Hehl daraus. Man unterließ es ganz bewußt, dem russischen Thronfolger Deutschunterricht geben zu lassen. Auch die Töchter von Nikolaus II. sprachen nur schlecht deutsch. Mit ihrem Vater unterhielten sich die Kinder in russischer, mit ihrer Mutter hingegen in englischer oder französischer Sprache. Alexandra selbst war mehr Engländerin als Deutsche, da sie ihre Erziehung in England erhalten hatte. Während des Krieges brachte sie in Briefen an ihren Mann stets ihre antideutsche Einstellung zum Ausdruck. Und gerade sie war es, die in der Zarenfamilie unbestritten die führende Rolle innehatte.

Ihr Wille war stärker als der des Kaisers. Hierüber ist viel geschrieben worden, und das entspricht wohl auch der Wahrheit. Man behauptete damals, der Herrscher habe erst auf ihren nachdrücklichen Wunsch hin Großfürst Nikolaus vom Posten des Oberkommandierenden der Armee abgelöst, da die Zarin ihn nicht ausstehen konnte. Der Großfürst war ein arroganter Militär, der nichts dagegen gehabt hätte, Nikolaus III. zu werden – derartige Gerüchte waren in der Hauptstadt zumindest in Umlauf.

Dann kam der Augenblick, in dem Zar und Zarin plötzlich in einen schwerwiegenden Verdacht gerieten. Jeder Schritt der kaiserlichen Familie wurde aufgezeichnet, ihre Telefongespräche abgehört, die bösen Gerüchte verdichteten sich. Zunächst maß der Herrscher all dem keinerlei Bedeutung bei und bemerkte die drohende Gefahr nicht. Schließlich änderte sich auch das Verhältnis der Großfürsten zu ihm; es schien so, als würden sie die Verdächtigungen teilen, denen die Zarenfamilie ausgesetzt war. In diese angespannte Situation platzte die Nachricht über Rasputins Ermordung, dessen Leiche man im eisigen Wasser der Newa gefunden hatte.

Als die Hauptstadt von diesem Mord erfuhr, kannte die Freude der Petersburger keine Grenzen, man gratulierte sich sogar gegenseitig: »Die Bestie ist bezwungen!« »Der böse Geist ist tot!« Grenzenlos erfreut über dieses Ereignis war auch der ehemalige Oberkommandierende, der von unversöhnlichem Haß auf Rasputin erfüllt war. Er hatte ihn einst selbst in den Kreis der Zarenfamilie eingeführt, als bemerkenswerten Heiler und Wunderdoktor vorgestellt und bereute das bitter. In der Ermordung des »Staretz« sah die Familie Romanow die einzige Möglichkeit, die Dynastie zu retten. Aber das Schicksal ist unerbittlich. Bis zum Sturz des Reiches blieben nur noch wenige Monate. Den Mord an Rasputin halten viele Historiker für den Beginn des Aufruhrs.

Bei den Ermittlungen wurde offenkundig, daß Fürst Jussupow, der Ehemann einer Nichte des Kaisers, und Großfürst Dmitri, sein Cousin, an dem Mord beteiligt gewesen waren. Beinahe alle Romanows sprachen, einer nach dem anderen, mit einem Gesuch zugunsten ihrer Verwandten beim Zaren vor. Schließlich wurde auch Großfürst Alexander – der mit Xenia, einer Schwester des Zaren verheiratet und dessen bester Freund war – in Zarskoje Selo vorstellig. Er unterstützte die Forderung der Familie (Jussupow war sein Schwiegersohn), die Ermittlungen in der Mordsache Rasputin einzustellen; andernfalls wäre seiner Meinung nach der Untergang des Throns nicht zu vermeiden.

Den Herrscher ärgerte das Verhalten seiner nahen Verwandten, und am nächsten Tage befahl er, Großfürst Dmitri und Fürst Jussupow, die diesen bösartigen, sinnlosen Mord begangen hatten, aus Petrograd – so nannte man die Stadt mittlerweile – auszuweisen. Trotz der milden Strafe erhob sich in der Romanow-Sippe ein richtiggehender Sturm der Entrüstung. Der Zar erhielt einen Brief mit der Unterschrift sämtlicher Mitglieder des kaiserlichen Hauses, in dem man darum bat, die Strafe aufzuheben und Dmitri angesichts seiner angegriffenen Gesundheit in der Hauptstadt bleiben zu lassen. Der Herrscher schrieb auf diesen Bittbrief: »Niemand hat das Recht zu töten.« Der bitterste Schlag für ihn bestand in der Tatsache, daß der Mord von Angehörigen der Zarenfamilie verübt worden war. Nun waren der Kaiser und die Kaiserin innerhalb der großen Familie Romanow endgültig isoliert und standen allein.

Die vornehme Gesellschaft und die Mitglieder des kaiserlichen Hauses begannen, sich im großen Palast der Witwe von Nikolaus' II. Onkel, Großfürst Wladimir, zu versammeln. Maria Pawlowna, so hieß diese Frau, war ebenfalls eine deutsche Prinzessin, stellte aber genau das Gegenteil der Kaiserin dar. Sie hatte keinerlei Abscheu vor Gerüchten und Intrigen. In ihrem Salon waren Spötteleien und Spitzfindigkeiten, die sich gegen das Zarenpaar richteten, zu hören; es kam sogar die Idee zur Sprache, eine Palastrevolte durchzuführen und den Zaren zu stürzen. Schließlich war ihr ältester Sohn Kyrill der nächste Thronanwärter; denn der schwerkranke Zarewitsch Alexej und der illegitim verheiratete, jüngere Bruder des Zaren schieden gewissermaßen aus. Das Spiel war also der Mühe wert…

Im Palast von Zarskoje Selo ging währenddessen alles seinen gewohnten Gang. Nikolaus las weiterhin an den Abenden vor, beschäftigte sich mit seinem Sohn, unternahm Spaziergänge im Park. Anläßlich der Weihnachtsfeiertage schmückten der Kaiser und die Kaiserin trotz des Verbots der Synode im Palast und in den Lazaretten Weihnachtsbäume und machten ihren Vertrauten Geschenke. Die Großfürsten jedoch erhielten in jenem letzten Jahr des russischen Kaiserreichs keine Geschenke.

Das Zarenpaar war von seinen engsten Verwandten, denen es früher in jeglicher Hinsicht vertraut hatte, zutiefst enttäuscht… so waren sie allein, verleumdet und verurteilt…

Lediglich ihre enge Freundin, Anna Wyrubowa, ließ die Familie nicht im Stich, sie blieb ihnen bis zum Ende ergeben. Auch sie litt schwer an Rasputins gewaltsamen Tod, da sie ihm sehr nahegestanden hatte. Diese Frau hatte noch viele Leiden vor sich. Nach dem Oktoberumsturz wurde Anna Wyrubowa ins Gefängnis geworfen, doch nachdem sie im Jahre 1920 einem Begleitsoldaten entkommen war, gelang es ihr, des Nachts barfuß und in zerlumpter Kleidung die finnische Grenze zu überschreiten. Es heißt, sie sei Nonne geworden und habe noch lange zurückgezogen gelebt, zu Gott gebetet und an ihren Memoiren gearbeitet.

Einige Personen, die dem Zaren nahestanden, schlugen ihm vor, von allen Mitgliedern der kaiserlichen Familie zu verlangen, daß sie ihm einen zweiten Eid leisteten.

Darauf entgegnete der Kaiser mit dem ihm eigenen Feingefühl traurig: »Ich kann meine Familie nicht demütigen, indem ich von ihr einen Treueschwur fordere!«

Am 19. Februar 1917 teilte man Nikolaus II. mit, es sei dringend erforderlich, daß er sich nach Mogiljow, wo sich das Oberkommando der Front befand, begebe, da in der Armee die Unzufriedenheit darüber zunehme, daß sich der Zar in Zarskoje Selo aufhalte und schon lange dem Lager ferngeblieben sei. Der Herrscher machte sich eiligst auf den Weg, einige Tage später aber überbrachte der dem Kaiser ergebene Großfürst Paul, sein Onkel, die offizielle Nachricht über die Revolte; in einem Lande, das sich gerade im Kriegszustand befand, hatte ein Umsturz stattgefunden.

Ein Konvoi umzingelte den Palast in Zarskoje Selo, überall liefen plötzlich Soldaten hin und her. Die Herrscherin, die sich um das Geschick ihres Gatten sorgte, zu dem die Verbindung abgerissen war, saß am Bett ihrer ältesten Töchter, die an Masern erkrankt waren. Einige Tage später traf die Kunde ein, der Herrscher habe für sich und seinen Sohn Alexej zugunsten von Großfürst Michail, seinem jüngeren Bruder, auf den Thron verzichtet.

Einige Stunden darauf übersandte er seinem Bruder das folgende Telegramm: »Petrograd. Seiner kaiserlichen Majestät Michail II. Die Ereignisse der vergangenen Tage haben mich dazu gezwungen, mich unwiderruflich zu diesem äußersten Schritt zu entschließen. Verzeih mir, wenn ich Dich betrübt habe und keine Gelegenheit hatte, Dich vorzuwarnen. Ich werde Dir immer ein treuer und ergebener Bruder bleiben. Ich werde innigst zu Gott beten, daß er Dir und Deiner Heimat helfen möge. Niki.« Am nächsten Morgen unterzeichnete Michail nach einigem Zögern ebenfalls eine Abdankungsurkunde. Er verzichtete auf die Zarenkrone, indem er der sogenannten Konstituierenden Versammlung das Recht übertrug, eine Form der Regierung auszuwählen. So ging die dreihundertjährige Herrschaft der Dynastie Romanow/Holstein-Gottorp zu Ende...

In Rußland gab es keinen Zaren mehr. An der Spitze des russischen Staates stand jetzt eine Provisorische Regierung. Nikolaus Romanow wurde, nun ein »ehemaliger Kaiser«, der von allen verlassen und von allen Seiten mit Verrat umgeben war, wieder mit seiner Familie vereint. Frau und Kinder waren alles, was ihm noch geblieben war. Und dann war da noch seine liebe Mutter, Maria Fjodorowna, die aus Kiew, wo sie mit ihrer Tochter Olga lebte, nach Mogiljow kam, um ihren Sohn ein letztes Mal zu sehen.

Auf Beschluß der Provisorischen Regierung waren er und Alexandra verhaftet worden und brachten die ersten fünf Monate unter strenger Bewachung in ihrem geliebten Alexandrow-Palast in Zarskoje Selo zu. Sämtliche Mitglieder der Familie von »Oberst Romanow«, wie er von nun an hieß, fanden sich mit dem Befehl der neuen Mächte ab und verstanden die neue Situation als Prüfung, die ihnen Gott auferlegt hatte. Niemand geriet in Verzweiflung, keiner beklagte sich über sein Schicksal und suchte Hilfe bei anderen.

Und der letzte Zar selbst? Das einzige, was er wollte, war, daß man ihn nicht aus Rußland ausweisen möge. »Laßt mich hier als ganz einfachen Bauern, der sich sein Brot selbst verdient, mit meiner Familie leben«, sagte er, »schickt uns in den entlegensten Winkel unserer Heimat, aber laßt uns in Rußland bleiben.« So lautete die einzige Bitte von Nikolaus Romanow, bevor er sein Golgatha erklomm.

Sein Kreuzweg dauerte sechzehn Monate. Man zwang die Zarenfamilie, Zarskoje Selo, das seit 1895 als ihr Hauptwohnsitz gedient hatte, zu verlassen. Das Kaiserpaar sowie die Kinder wurden in die Stadt Tobolsk nach Westsibirien gebracht. Hier war Nikolaus bereits einmal gewesen, als er noch Thronfolger war. Damals hatte er die originellen Bohlenstraßen der Stadt bewundert und die Geschichte über die Glocke gehört, die man aus Uglitsch – einer altrussischen Stadt an der Wolga – sozusagen hierher «verbannt« hatte, weil sie am Tag der Ermordung des zehnjährigen Zarewitschs Dmitri, des Sohnes von Iwan dem Schrecklichen, Sturm geläutet hatte. Nun wurde er, der ehemalige russische Kaiser, in diese sibirische Stadt verbannt und in den bescheidenen Räumlichkeiten des Gouverneurshauses, das mit Wachposten umgeben war, untergebracht.

Nachdem die Bolschewiken die Macht ergriffen hatten, wurde der Zar gewaltsam in den Ural, in die Stadt Jekaterinenburg, gebracht. Dort hielt er sich im sogenannten Ipatjew-Haus auf – den Namen hatte es nach seinem Besitzer, dem Ingenieur Ipatjew, erhalten. Und dort ging dann auch das Leben des letzten Zaren zu Ende.

Im Ipatjew-Haus wurde die Dynastie der Romanows ausgelöscht, dreihundert Jahre zuvor hatte man aus dem gleichnamigen Kloster den ersten Romanow geholt und zum Zaren gemacht. Welch komplizierte historische Mystik…

Die Ermordung selbst war eine schreckliche, unmenschliche Grausamkeit. Elf Menschen wurden erschossen – alle Mitglieder der Zarenfamilie, ein Arzt, ein Lakai, ein Zimmermädchen und ein Koch. Zeugen berichteten darüber: Um Mitternacht wurde die Familie geweckt und aufgefordert, sich anzukleiden und nach unten zu begeben. Nikolaus nahm seinen Sohn auf den Arm. Alle wurden in einen Kellerraum geführt und vor zwei aneinandergrenzende Wände gestellt. Ihnen gegenüber postierten sich elf Mann, die den Befehl hatten, den Mord auszuführen. Jurowski, der Anführer der Mörder, verlas irgendein Papier. Der Familienvater, der etwas nicht hatte hören können, fragte: »Wie bitte« Zur Antwort erhob Jurowski den Revolver und gab mit den Worten »Das hier!« zwei oder drei Schüsse auf den ehemaligen Zaren ab. Zugleich zerriß eine ganze Salve von Schüssen die Stille des Kellers. Mit unglaublicher Grausamkeit versuchte man den Jungen zu treffen, der auf dem Boden kroch und sich mit dem Arm vor den Kugeln schützte. Das Zimmermädchen versuchte, aus dem Raum zu fliehen und wurde schließlich mit einem Bajonett umgebracht. Nach diesem bestialischen mehrfachen Mord wurden die Leichen auf Bahren hinausgetragen. Schon im voraus hatte man die Deichselgabeln der im Hofe stehenden Schlitten mit Leintüchern bespannt.

»Im Wald wurden die Ermordeten in eine Grube gelegt, dann übergoß man die Gesichter und Körper mit Schwefelsäure, damit sie einerseits nicht mehr identifizierbar waren und andererseits kein Verwesungsgeruch entstand... Nachdem man die Leichen mit Erde und Reisig zugedeckt hatte, legte man obenauf Schwellen und fuhr einige Male darüber: Von der Grube war keine Spur mehr zu entdecken.« Dies berichtete Jurowski nach Erfüllung seiner Aufgabe. Nach den offiziellen Berichten der russischen Regierung war nur der Zar erschossen worden.

Hätten die Romanows vorhersehen können, welch schreckliches Ende sie erwartete? Wahrscheinlich nicht, stirbt doch die Hoffnung immer zuallerletzt. Aus einem Gedicht aber, das man, auf einem Blatt Papier geschrieben, im Buch einer der Zarentöchter fand, geht hervor, daß dies nicht ganz ausgeschlossen ist. Der Text lautet:

Das Gebet

Gib uns, o Herr, die Demut
in einer Zeit unruhiger trüber Tage
zu ertragen des Volkes Unmut
und die Folter unserer Henker.
Gib uns die Stärke, o gerechter Gott,
die Untaten unserer Nächsten zu vergeben
und dem schweren und blutigen Kreuz
mit deiner Sanftmut entgegenzusehen.
Und an den Tagen aufrührerischer Unruhen,
wenn uns unsere Feinde bestehlen,
die Schande und Demütigung zu ertragen,
dabei, Christus der Erlöser, steh uns bei.
Herrscher der Welt, Gott des Universums,
segne uns mit einem Gebet
und gib unserer duldsamen Seele Ruhe
in der unerträglichen schrecklichen Stunde.
Und an der Schwelle des Grabes
verleihe den Lippen Deiner Sklaven
übermenschliche Kräfte
um ein kurzes Gebet für ihre Feinde zu sprechen.

Epilog

Dreiundsiebzig Jahre nach dem abscheulichen Mord wurden die Gebeine der Zarenfamilie angeblich in der Nähe von Jekaterinenburg von einer Gruppe von Wissenschaftlern, Geologen und Juristen entdeckt. Dies rief großes Interesse hervor, insbesondere im Westen, wo bezüglich des Schicksals der letzten Romanows verschiedene Gerüchte im Umlauf und unterschiedliche Versionen der Historiker in Arbeit waren. Manche nehmen an, daß im Ipatjew-Haus die ganze Familie von Nikolaus II. erschossen worden ist, andere wiederum glauben an den Mythos, daß nur der Zar und der Thronfolger erschossen worden seien, die Zarin und ihre Töchter hingegen habe man nach Perm gebracht und zum Gegenstand geheimer Verhandlungen mit Deutschland gemacht. Von Zeit zu Zeit tauchte in Europa, in Amerika und sogar in der sibirischen Stadt Omsk eine »Anastassia« auf, um die herum jedesmal ein richtiggehender Rummel in den Medien entstand.

1996 hat eine Kommission der russischen Regierung ihre Ermittlungen bezüglich der Ermordung der Zarenfamilie zum Abschluß gebracht. Dabei wurde festgestellt, daß die aufgefundenen sterblichen Überreste tatsächlich dem Zaren, der Zarin, drei Großfürstinnen, dem Arzt der Familie sowie den Bediensteten zuzuordnen sind. Was fehlte, das waren die Gebeine der Tochter Maria – nicht also von Anastassia, und des Jungen. Die Nachforschungen dauern noch an.

Die Dynastie der Romanows hatte mit dem sechzehnjährigen Zaren Michail ihren Anfang genommen und endete mit einem neununddreißigjährigen Michail, dem es jedoch nicht beschieden war, die Zarenkrone zu tragen. Die neuen Machthaber befahlen ihm, sich nach Perm, einer Stadt im Ural, zu begeben. Dort brachte er im Hotel eines Kaufmanns einige Zeit als gewöhnlicher Bürger zu. Man gewährte ihm das »Recht«, unter Aufsicht der lokalen Sowjetmacht in Freiheit zu leben.

Noch Anfang März 1918 sollten sich alle Romanows beim Vorsitzenden des Petrograder Außerordentlichen Komitees, Uritzki, anmelden. Und so reihten sich vor diesem kleinwüchsigen Mann die hochgewachsenen, stattlichen Romanows auf, die ihm demütig ihren Paß entgegenhielten. Nachdem sie eine Photographie von sich vorgelegt und ihren Aufenthaltsort angegeben hatten, durften die Großfürsten wieder nach Hause gehen. Doch offensichtlich hatte man zu diesem Zeitpunkt bereits die Entscheidung gefällt, sich an den Mitgliedern des Kaiserhauses zu rächen.

Kurz vor der Erschießung der Zarenfamilie breitete sich das Gerücht aus, Michail Romanow sei geflüchtet, und sogar in der Presse erschien eine offizielle Mitteilung hierüber.

In Wirklichkeit war aber folgendes geschehen: Der Großfürst wurde eines nachts gemeinsam mit seinem Sekretär Johnson im Hotel verhaftet. Die Festnahme wurde von einer Arbeitergruppe aus Perm, die von einem Obertschekisten namens Mjasnikow angeführt wurde, vorgenommen. Letzterer war für seine besondere Grausamkeit bekannt. Der jüngere Bruder des Zaren und sein englischer Bediensteter wurden gewaltsam auf die Straße gezerrt und in einen Wagen gesetzt. Beide wurden im Wald erschossen. Eine Version besagt, sie seien anschließend im Fabrikofen von Motowilicha unweit von Perm verbrannt worden, eine andere meint sogar, sie seien noch lebendigen Leibes in den Fabrikofen geworfen worden. In der Stadt aber setzte man falsche Informationen über ihre angebliche Flucht in Umlauf.

Zwei Wochen danach übte man grausame Vergeltung an Großfürstin Elisabeth, der älteren Schwester der Kaiserin, und anderen Mitgliedern der Familie Romanow. Dazu zählten Sergej, Nikolaus' I. Enkel von seinem jüngsten Sohn Michail; die Brüder Konstantin, Igor und Ioann, Nachkommen eines engen Verwandten des gestürzten Zaren, eines bekannten Dichters vom Anfang des 20. Jahrhunderts, der schon 1915 – Gott war ihm gnädig – verstorben war, sowie der achtzehnjährige Fürst Wladimir Paley, der Sohn von Nikolaus' II. Onkel, Großfürst Paul, aus zweiter Ehe, Oberleutnant eines Husarenregiments und Dichter. Sie wurden nach Jekaterinenburg gebracht und unter Bewachung sechzehn Kilometer vor der Stadt in der Schule von Alapajewsk untergebracht. Nachts kam eine berittene Arbeitergruppe zur Schule, setzte alle in Equipagen, fuhr sie in ein Waldgebiet und begann, mit Gewehrkolben bestialisch auf sie einzuschlagen. Dem Bericht eines Augenzeugen zufolge bekreuzigte sich Großfürstin Elisabeth im Augenblick der Gewalt und betete laut: »Herr, verzeih ihnen, denn sie wissen nicht, was sie tun.«

Von diesen Unglücklichen wurde lediglich Großfürst Sergej, der Widerstand leistete, erschossen, die übrigen warf man, noch lebend, in den Schacht eines stillgelegten Bergwerks. Als Truppen der Weißgardisten Alapajewsk einnahmen und die Leichen bargen, zeigte sich, daß die Romanows noch zwei bis drei Tage unter der Erde gelebt hatten, und daß Großfürstin Elisabeth, die mit ihnen sterben mußte, versucht hatte, ihnen jegliche nur mögliche Hilfe zu leisten. Später wurden deren Überreste als »Reliquien« nach Jerusalem in die orthodoxe Kirche der Maria Magdalena gebracht, wo sie ihre ewige Ruhe fand. Die ausländische orthodoxe Kirche erhob sie in den Rang der »Heiligen Elisabeth, der großen Märtyrerin«. Die sterblichen Überreste der übrigen Ermordeten wurden auf Befehl des Kommandos der Weißen Armee nach Peking gebracht und dort in der russisch-orthodoxen Kirche beigesetzt. Die Opfer von Alapajewsk waren nicht so sorgfältig versteckt worden, wie man dies mit der Zarenfamilie getan hatte; Anwohner erzählten sogar, sie hätten gehört, wie Stöhnen aus dem Schacht gedrungen sei.

Ein halbes Jahr nach diesen schrecklichen Ereignissen wurden in Petrograd, im Hof der Peter-und-Pauls-Festung, die Peter der Große hatte errichten lassen, ohne Untersuchung und ohne Gerichtsverfahren vier Großfürsten der Familie Romanow erschossen, darunter auch der Onkel und Freund der Zarenfamilie, Großfürst Paul. Sie wurden zur Vergeltung für die Erschießung von Karl Liebknecht und Rosa Luxemburg in Berlin hingerichtet. Die Exekution fand neben den Gräbern ihrer Vorfahren statt. Am selben Tag wurde in Taschkent ein weiterer Großfürst der Familie Romanow von Bolschewiken erschossen. Insgesamt wurden 18 Vertreter dieses Geschlechts zwischen 1918 und 1919 ermordet.

Nur wenigen Romanows ist es gelungen, der grausamen Vergeltung zu entkommen. Von der großen Familie Alexanders III. blieben die verwitwete Kaiserin Maria sowie ihre Töchter Olga und Xenia am Leben, denen es gelungen war, Rußland an Bord eines Militärschiffes zu verlassen. Dies geschah auf nachhaltiges Drängen von Königin Alexandra von England, Marias Schwester. Sie alle schenkten den Gerüchten über den Mord in Jekaterinenburg keinen Glauben.

Die Mutter des gestürzten russischen Zaren fand schließlich im Palast ihres Neffen, König Christian X., in Kopenhagen ihre Zuflucht. Der englische König Georg V. gewährte ihr eine Rente von 10 000 Pfund jährlich, um ihre letzten Lebensjahre nicht mit materiellen Schwierigkeiten zu belasten. Die einstmals fröhliche, scharfsinnige und glanzvolle Witwe von Alexander III. Romanow verlor ihre majestätische Haltung völlig und sah aus wie eine bemitleidenswerte und vom Schicksal hart getroffene alte Frau. Gestorben ist sie im Alter von einundachtzig Jahren im Arm ihrer Tochter Olga. Olga, die jüngere, lebte noch zwanzig Jahre nach dem Tode ihrer Mutter in Dänemark und siedelte dann nach Kanada über, wo sie eine Farm erwarb und ihre Wirtschaft ganz einsam und allein führte. Dort starb sie 1960.

Nach dem Tode der Mutter siedelte ihre älteste Tochter Xenia mit ihrer Familie zunächst nach Frankreich über, dann nach England, wo ihr die englische Königsfamilie ein kleines Haus in einem Vorort von London zur Verfügung stellte. Dort verbrachte sie ihre letzten fünfundzwanzig Lebensjahre und starb ebenfalls 1960 .

Ein langes Leben war Fürst Jussupow, Xenias Schwiegersohn, der an Rasputins Ermordung beteiligt gewesen war, beschieden. Er war kurz vor dem Sturz des Kaisers ins Ausland gereist, später kam seine Frau nach. Als alles Geld ausgegeben war, das beide aus dem Verkauf des mitgenommenen Schmucks erlöst hatten, eröffneten die Jussupows in Paris eine Hutmacherwerkstatt und lebten bis ins hohe Alter.

Die Ermordung von Zar Nikolaus II., seinem Sohn, dem Thronfolger Alexej, und von Großfürst Michail unterbrach den Zweig des Stammbaums, der bei Alexander III. seinen Ausgang genommen hatte. Der Vater des letzten Kaisers hatte jedoch noch einen Bruder namens Wladimir, und gemäß des Hausgesetzes der Romanows hatten seine Nachkommen jetzt Anspruch auf die Thronfolge. So wurde Kyrill, der älteste Sohn von Großfürst Wladimir, Thronerbe. 1917 reiste er gemeinsam mit seiner Gemahlin und seinen beiden Töchtern nach Finnland aus – ein Land, das damals noch zu Rußland gehörte. Einige Monate später siedelte er nach Paris über. 1924 ernannte er sich selbst zum Oberhaupt des Hauses Romanow in der Emigration. Er versammelte sämtliche Angehörigen dieser großen Familie um sich und gab ein Manifest heraus, in dem er erklärte, er nehme den Titel »Kaiser von ganz Rußland« und den Namen Kyrill I. an.

Das Haus Romanow (im Mannesstamm)

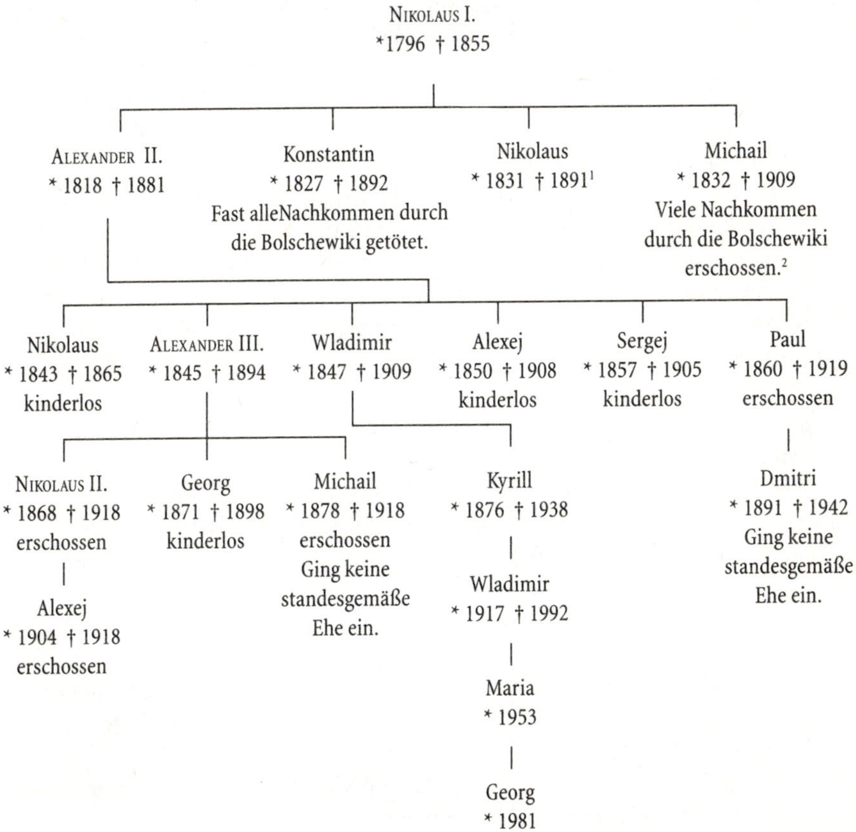

1 Es gelang den Nachkommen, sich vor dem »roten Terror« zu retten. Sie gingen aber keine standesgemäßen Ehen ein und verloren deshalb ihre Thronansprüche.

2 Nur aus der Familie seines Sohnes Alexander existieren bis heute Nachkommen.

Da fast alle sich in der Emigration aufhaltenden Mitglieder der ehemaligen Kaiserfamilie diese Tatsache anerkannt hatten, konnten sie es nicht zulassen, daß noch jemand auftauchte oder sogar von den Toten auferstand und auf den Platz der wichtigsten Person im Hause Romanow Anspruch erhob. Zu Kyrills Ärger erkannte die verwitwete Kaiserin Maria seinen Titel niemals an.

14 Jahre später, nach dem Tode des neu ernannten Kaisers, wurde sein einziger Sohn Wladimir, der aus seiner Ehe mit Viktoria Melita, Prinzessin von Sachsen-Coburg, 1917 in Finnland zur Welt gekommen war, sein Erbe. Die Eltern hatten ihn nach seiner Geburt nach Paris gebracht, wo er auch aufwuchs. Er ernannte sich später selbst zum Großfürsten. Denn nach dem 1886 von Alexander III. verabschiedeten Hausgesetz der Romanows dürfen sich nur offiziell anerkannte Kinder und Enkelkinder eines regierenden Zaren mit dem Titel »Großfürst« schmücken. Wladimir Kyrillowitsch war aber der Urenkel von Alexander II., also weder Sohn noch Enkelsohn eines Zaren. Dennoch galt er als Oberhaupt des Kaiserhauses Romanow. Den Kaisertitel eignete er sich nicht an.

Mit dreißig Jahren heiratete Wladimir Fürstin Leonide Bagration-Muchranskaja, die dem ältesten Zweig einer alten georgischen Zarendynastie entstammte. Ihr Vater, später dann ihr ältester Bruder, waren Oberhaupt des Georgischen Zarenhauses. Daher entsprach die Ehe des Großfürsten ganz und gar dem Gesetz des russischen Kaiserhauses. Im Zusammenhang damit wurde der Anspruch auf den russischen Thron an die Kinder, die dieser Ehe entstammten weitergegeben. Doch die Familie war nicht kinderreich – sie hatte nur eine einzige Tochter namens Maria. Als sie ihr dreiundzwanzigstes Lebensjahr vollendete, wurde sie mit Prinz Franz Wilhelm von Preußen verheiratet – wieder also deutsches Blut!

Seit dem Tode ihres Vaters, des »Großfürsten« Wladimirs, im Jahre 1992 – er wurde übrigens in der Großfürstengruft der Peter-und-Pauls-Festung, in russischer Erde also, beigesetzt – gilt Fürstin Maria Wladimirowna als einzige legitime Erbin des russischen Thrones. Nach ihrem Ableben soll das Erbe an ihren Sohn, den im Jahre 1981 geborenen Fürsten Georg, übergehen. Beide waren übrigens schon mehrfach in Rußland. Nicht alle Nachfahren der Romanows, die heute in vier Linien vom Zaren Nikolaus I. abstammen, sind jedoch mit diesem Postulat einverstanden:

1. Seit der Zeit Pauls I. dürfen lediglich männliche Nachkommen Thronfolger werden. Maria habe also keinerlei Anspruch.

2. Der junge Prinz Georg sei eher ein Hohenzoller als ein Romanow. Denn durch seinen Vater, Prinz Franz Wilhelm von Preußen, ist er gleichzeitig ein Urenkel des letzten deutschen Kaisers Wilhelm II.

Ganz unwillkürlich stellen sich viele die Frage: Wird die Romanow-Dynastie auf russischem Boden ihre Fortsetzung finden? Sie vergessen dabei aber etwas ganz Wichtiges: Das Rad der Geschichte läßt sich nicht zurückdrehen ...

Nachwort

So traurig ging die Regierung der Dynastie Romanow-Holstein zu Ende. Ich habe Ihnen, liebe Leser, alle 18 Herrscher, 18 ganz unterschiedliche Menschen, die allesamt einer großen Familie angehörten, vorgestellt. Auch auf den russischen Thron waren sie auf verschiedene Art und Weise gelangt: die einen auf Gottes Willen hin, aufgrund ihrer Herkunft, die anderen durch Intrigen oder sogar mit Gewalt, nur von ihrem ehrgeizigen Wunsche getrieben, an der Spitze eines riesigen Reiches zu stehen. Ein Romanow wurde Zar, als er noch in den Windeln lag, ein anderer, als er bereits graue Haare hatte. Jedem war sein Weg zur Zarenmacht vorbestimmt.

Ich habe mir alle Mühe gegeben, mich nicht im Durcheinander der historischen Ereignisse zu verlieren, und versucht, die Romanows unter einem menschlichen Gesichtspunkt darzustellen, sie nicht nur als Herrscher zu betrachten, sondern als Menschen mit Leidenschaften und Leiden, mit Interessen und Neigungen, mit Freuden und Kümmernissen, mit ihren starken und ihren schwachen Seiten. Unterschiedlich verliefen ihre Schicksale: Dem einen wurde ein glückliches Familienleben zuteil, einem anderen war dies Glück nicht vergönnt; der eine starb eines natürlichen Todes, ein anderer wurde bestialisch ermordet.

Sie alle – ausgenommen vielleicht die beiden Zaren im Kindesalter – vereinte der subjektiv aufrichtige Wunsch, ein Maximum an Gutem für das von ihnen regierte Land zu tun, und das oftmals im Widerspruch zu der sie umgebenden Beamtenschar und des an seine eigenen Vorteile denkenden Adels. Einer von ihnen fand in sich Mut und Kraft und vollzog wahrhaft revolutionäre Umgestaltungen, die Rußland um Jahrhunderte vorantrieben; andere brachten das Land nur in ganz kleinen Schritten voran, da sie einfach nicht in der Lage waren, Hindernisse zu überwinden. Und Hindernisse gab es stets zur Genüge – entweder verursachten sie die Traditionalisten, die Verteidiger des sogenannten slawischen Geistes oder alle nur möglichen sogenannten Demokraten. In Rußland gab es stets genügend Leute, die sich selbst zu Kämpfern für die Sache des Volkes ernannten, gleichzeitig aber versuchten, dem Land bei seiner Entwicklung Steine in den Weg zu legen. Mit ihren schreienden Losungen gelang es ihnen, den Blick der vertrauensseligen und duldsamen russischen Kleinbürger zu trüben. Das einzige, was sie wirklich bewirkten, war, den Reformen, die für das Land sowohl früher als auch heute so wichtig gewesen wären, den Weg zu verbauen.

Es war nicht leicht, eine so große Macht zu regieren. Nicht allen Romanows gelang es, hierfür geeignete Helfer zu finden; wenn dies der Fall war, dann handelte es sich in erster Linie um Menschen, die aus dem Westen stammten oder in sich den Geist der westeuropäischen Kultur trugen.

Ich wünsche mir, das Buch möge dazu beitragen, daß allen klar wird: Rußland wäre ohne die Hilfe von Ausländern, ohne deren Kenntnisse und Tatkraft, ohne deren Erfahrungen bei der Entwicklung einer westeuropäischen Zivilisation nicht zu einem moderen Staat geworden. Und heutzutage, in dieser neuerlichen Zeit der Wirren, ist das Land wiederum gezwungen, Hilfe in Anspruch zu nehmen.

Wer weiß, vielleicht werden künftig Erforscher der russischen Geschichte viele Bände mit diesem Wissen füllen, so daß sich wenigstens nachfolgende Generationen eine Meinung über diejenigen bilden können, die während ihrer Regierungszeit Jahr für Jahr das Land aus Zwist und Armut zu einem mächtigen Staat erhoben haben. Dies vermochten sie, indem sie das Bildungswesen und die Kultur des russischen Volkes entwickelten und den Kräften trotzten, die versuchten, das Land aus dem Inneren heraus zu zerstören oder ihm von Außen einen Schlag zu versetzen.

Wie viele Jahre klangen die Worte der alten russischen Hymne:

»Das urmächtige
orthodoxe Rußland,
und den Zaren, unseren Herrscher,
oh Gott – behüte sie!«

Man hat die Herrscher nicht behütet... man hat sie getötet..., man hat alles zerstören und neu aufbauen müssen: eine neue Welt, in der diejenigen, die nichts waren, auch weiterhin ohne das Geringste blieben.

Friede für die sterblichen Überreste derjenigen Menschen, denen die nachfolgenden Generationen keine Beachtung mehr geschenkt und deren Andenken sie mit Füßen getreten haben!

Moskau, 1997 — V. G.

Valentina Grigorian

wurde 1932 in Sibirien geboren, kam aber schon als Kind nach Moskau, wo sie seitdem lebt. Sie studierte am Institut für Internationale Beziehungen, der sowjetischen Diplomatenschule, Jura und Geschichte. In ihrer Diplomarbeit beschäftigte sie sich mit dem Staatsrecht der BRD und seiner Entwicklung. Eine Dissertation zu historischen Aspekten der deutsch-russischen Beziehungen konnte sie aus familiären Gründen nicht abschließen.

Von 1958 bis 1962 arbeitete Valentina Grigorian im Verlag für Fremdsprachige Literatur als Lektorin historischer Werke, die dort in deutscher Sprache erschienen. In dieser Zeit studierte sie in Moskauer Bibliotheken die dazu vorhandenen Originaldokumente. Außerdem übersetzte sie selbst viele Texte – unter anderem Biographien von Albrecht Dürer und Lucas Cranach d.Ä. – ins Russische. Lange Zeit lebte und arbeitete sie in Berlin.

Seit 20 Jahren beschäftigt sich Valentina Grigorian systematisch mit der Zarendynastie Romanow und deren Bedeutung für die russische Entwicklung. Sie erforschte dabei insbesondere die verwandtschaftlichen Verbindungen der Romanows zu deutschen Fürstenhäusern. Bei ihren Recherchen in Archiven und Bibliotheken deckte sie Vergessenes und Verschwiegenes auf. Der vorliegende Band stützt sich auf Originaldokumente, die Valentina Grigorian in Rußland, Deutschland und England einsehen konnte und die hier erstmals der Öffentlichkeit erschlossen werden.

Valentina Grigorian ist verheiratet, hat drei Kinder und sieben Enkel.

Literaturverzeichnis

Alexander von Rußland, Einst war ich ein Großfürst. Leipzig, Paul List Verlag, 1932.

Alexandr I. Jewo litschnost, prawlenije i intimnaja shisn. Moskwa, Galaktika, 1991.

Alexandr I. Wo-spominanija. Dnewniki. Puschkinski fond, 1995.

Alexejewa, Adel, Kolzo grafini Scheremetjewoi. Moskwa, firma »Isdatel«, 1995.

Am russischen Hof in den Jahren der russischen Reichsgründung. Tagebuch eines Hoffräuleins. Hrsg. von Helene von Taube o O., o.J

Basewitsch, Obrutschenije Anny Petrowny. »Russki archiw«, 1865, tom 5–6.

Bludow, D. H., Die letzten Lebensstunden Kaiser Nikolaus I.. o.O., 1855.

Bochanow, A. N., Sumerki monarchii. Moskwa, »Woskresenje«, 1993.

Bumagi Jekateriny II. is Gosudarstwennowo Archiwa (1771–1774), »Russkoje istoritscheskoje obschtschestwo«, tom 13.

Bumagi is Archiwa Dworza w g. Pawlowske. 1782 god. »Russkoje istoritscheskoje obschtschestwo«, tom 9.

Bumagi is dela o samoswanke Tarakanowoi. »Russkoije istoritscheskoje obschtschestwo. Sbornik. (1867–1916), tom 1.

Dnewniki imperatora Nikolaja II. Moskwa, »Orbita«, 1992.

Dom Romanowych. Biografitscheskije swedenija o tschlenach zarstwennowo doma, ich predkach i rodstwennikach. S. Peterburg, 1992.

Dom Romanowych. Poslednije dni poslednewo zarja. Moskwa. ZEK »Shiwaja woda", 1991.

Donner, Erich, Das russische Zarenreich. Aufstieg und Untergang einer Weltmacht. München, Leipzig, Paul List-Verlag, 1992.

Dorogami tysjatscheleti. Sbornik istoritscheskich statej i otscherkow. Moskwa, »Molodaja gwardija«. 1991.

Fleischhauer, Ingeborg. Die Deutschen im Zarenreich. Stuttgart, DVA. 1986

Fülöp-Miller, René, Der heilige Teufel. Die Wahrheit über Rasputin. Leipzig, LKG-Verlag, 1994.

Fussenegger, Gertrud, Herrscherinnen. Neun Frauenleben, die Geschichte machten. München, Goldmann Verlag, 1994.

Geinze, N. E., Araktschejew. Istoritscheski roman XIX stoletija. Moskwa, »Sowremennik«, 1994.

Grimberg, Faina, Dinastija Romanowych. Sagedki, wersii, problemy. Moskwa, Isd-wo »Moskowski lizei«, 1996.

Grjannik, A. N., Saweschtschanije Nikolaja II. MF »Kondus«, 1993.

Heresch, Elisabeth, Alexandra. Tragik und Ende der letzten Zarin. Berlin, Ullstein Verlag, 1995.

Herm, Gerhard, Deutschland-Rußland. Tausend Jahre einer seltsamen Freundschaft. Hamburg, Rasch und Röhring, 1990.

Hesekiel, George, Nicolaus Pawlowitsch, Kaiser von Rußland. Berlin, o. V., 1855.

Is tschastnoi shisni imperatrizy Anny Ioannowny. »Russki archiw«, 1873, tom 9.

Ikonnikowa, A., Zarizy i zarewny is Doma Romanowych. Istoritscheski otscherk. Moskwa, Narodnaja kniga, 1990. (Reprintnoje wosproiswedenije 1914 g.)

Illjustrirowannaja chronologija istorii Rossiskowo gosudarstwa w portretach. Moskwa, 1990. (Reprintnoje wosproiswedenije isdanija 1909 goda)

Imperator Alexandr I. i ewo dwor. »Russkaja starina«, 1880, tom 29.

Istoritscheskaja sapiska M. Grimma ob imperatrize Jekaterine II. »Russkoje istoritscheskoje obschtschestwo«, tom 2.

Istorija dinastii Romanowych. Sbornik. Moskwa, Firma »T-Oko«, 1991.

Jakowlew, A. I., Alexandr II. i ewo epocha. Moskwa. «Snanije«, 1992.

Jakowlew, S.P., Imperatriza Alexandra Fedorowna. Jekaterina Nelidowa. Biografitscheski otscherk. »Russki archiw«, 1873, tom 11.
Jena, Detlef, Die russischen Zaren in Lebensbildern. Wien, Verlag Styria, 1996.
Jepantschin, N. A., Na slushbe trjoch imperatorow. Wospominanija. Moskwa, Gos. firma »Poligrafresursy«, 1996.

Karamsin, N. M., Sapiska o drewnei i nowoi Rossii. Moskwa, »Nauka«, 1991. (Reprintnoje wosproiswedenije isdanija 1914 g.)
Kljutschewski, W. O., Istoritscheski portrety. Moskwa, Isd-wo »Prawda«, 1990.
Koslow, Ju. F., Ot knjasja Rjurika do imperatora Nikolaja II. Saransk, Mordowskoje knishnoje isd-wo. 1992.
Kostomarow, N. I., Russkja istorija w shisnespisanijach jejo glawneischtschich dejatelej. Moskwa, »Swarog«, 1995.
Kostomarow, N. I., Zarewitsch Alexej Petrowitsch. Samodershawny otrok. Moskwa, »Kniga«, 1989.

Lew Tolstoi i russkije zari. Moskwa, TOO Kulturnoproswetitelskaja firma»KSTATI«, 1995.
Ljubosch, S., Poslednije Romanowy. Knigoisdatelstwo »Petrograd«, 1924.
Ljeschtschenko, L. M., Alexandr II. Zar-oswoboditel. Shisn i dejatelnost. Moskwa, WLADOS, 1994.

Mereshkowski, D. S., Alexandr I. Moskwa, SP »Intergraf Serwig«, 1990.
Die merkwürdige Lebensgeschichte des unglücklichen russischen Kaisers Peter des Dritten samt vielen Anekdoten des russischen Hofes. Leipzig, o. V., 1776.
Monarchi Jewropy: Sudby dinasti. Moskwa, Respublika, 1996.
Mylnikow, A.S., Legenda o russkom prinze. (Pjotr III.)
Messi, Robert, Nikolai i Alexandra. Moskwa, Interprax, 1990.

Nikolai II. i welikije knjasja. L.-Moskwa, 1925.
Nikolski, N. M., Istorija russkoi zerkwi. 1985.
Notowitsch, Nicolas, Alexander III. und seine Umgebung. o. O., o.J.

Ohff, Heinz, Ein Stern in Wetterwolken. Königin Luise von Preußen. Eine Biografie. München, Piper Verlag, 1996.
O Jekaterine II. i Potjomkine (Is sapisok Korberona). »Russki archiw«, 1911, tom 5–6.
Otretschenije Nikolaja II. Wospominanija otschewidzew, dokumenty.

Pawlenko, N. I., Ptenzy gnesda Petrowa. Moskwa, »Mysl«, 1994.
Paganuzzi, P., Prawda ob ubistwe zarskoi semi. Moskwa, TRCH, 1992.
Paleolog, Moris, Roman imperatora. Alexandr II. i knjaginja Jurjewskaja. »Skif-Profisdat, Moskwa, 1990.
Perepiska imperatora Alexandra II. s Welikim knjasem Konstantinom Nikolajewitschem. 1857–1861. Moskwa, isdatelskij zentr »Terra«, 1994.
Pjotr Weliki w ewo isretschenijach. Moskwa, Chudoshestwennaja literatura, 1991.
Pjotr I. Predanija, legendy, skaski i anekdoty. Moskwa, Isd-wo imeni Sabaschnikowych, 1993.
Pjotr I. w Parishe. »Russki archiw« 1865, tom 5–6.
Pisma Minicha is Sibiri. »Russki archiw«, 1865, tom 12.
Prawda o kontschine Alexandra II. Is sapisok otschewidza. Leningrad, »Ingrija«, 1990. (Reprintnoje Isd. Schtutgardt 1912 g.)
Protasow, A. Ja, O junosti Alexandra I. Leipzig, W. Gerad, 1863.
Purischkewitsch, W. M., Is dnewnika W. M. Purischkewitscha. Ubistwo Rasputina. Moskwa, »Interprint«, 1990.
Pyljajewa, M. I., Sametschatelnye tschudaki i originaly. S. Peterburg, isdanije A. S. Suworina, 1898.

Rasskasi i tscherty is shisni russkich imperatorow i imperatriz i Welikich knjasei. S. Peterburg, tipografija P. P. Soikina, 1901.
Rossiskije gosudari. Ich proischoshdenije, intimnaja shisn i politika. Moskwa, 1993.
Rossiski imperatorski Dom. Dnewniki. Pisma. Fotografii. Moskwa, »Perspektiwa«, 1992.
Rossiskije samodershzy. 1801–1917. Moskwa, Meshdunarodnye otnoschenija, 1994.
Rossija pod skipetrom Romanowych. Otscherki is russkoi istorii sa wremja s 1613 po 1913 god. S. Peterburg, Gosudarstwennaja tipografija, 1912.

Die russischen Zaren. 1547–1917. Hrsg. von Hans-Joachim Torke, Müchen, Verlag C. H. Beck, 1995.
Russki literaturny anekdot konza XVIII – natschala XIX weka. Moskwa, »Chudoshestwennaja literatura«, 1990.

Schilder, N. K., Alexandr I. Ewo shisn i zarstwowanije. SPB., 1904.
Schiljar, P., Imperator Nikolai II. i ewo semja. Wena, Knigoisdatelstwo »Rus« 1921.
Schischko, L., Rasskasy is russkoi istorii. Moskwa, MP »Firma ART «, 1991.
Schuasel-Guffie, S., Istoritscheskije memuary ob imperatore ALexandre I. i ewo dwor. Moskwa, 1912.
Sapiski Basewitscha o Pjotre I. »Russki archiw«, 1865, tom 1.
Sapiski imperatrizy Jekateriny II., Moskwa, »Nauka«, 1990.
Sapiski knjagini E. R. Daschkowoi. Moskwa, »Nauka«, 1990.
Sapiski Lagarpa o wospitanti welikich knjasei Alexandra Konstantina. »Russkaja starina«. 1870, tom I.
Sapiski o Rossii markisa de Kjustina. Moskwa, SP Interprint, 1990.
Sekirinski, S., Fillipowa T., Rodoslownaja rossiskoi swobody. Moskwa, Wysschaja schkola, 1993.
Semewski, M I., Istoritscheskije portrety. Moskwa, 1996.
Semewski, M. I., Slowo i delo. 1700–1725. S. Peterburg, 1884.
Semewski, M. I., Zariza Jekaterina Alexejewna. Moskwa, Isdatelstwo »Pressa«, 1994. (Reprintnoje)
Sievers, Leo, Deutsche und Russen. Tausend Jahre gemeinsame Geschichte von Otto dem Großen bis Gorbatschow. München, Goldmann Verlag, 1991.
Simanowitsch, Aron, Rasputin. Wospominanija litschnowo sekretarja Grigorja Rasputina. Riga, Isdatelstwo »Istoritscheskaja biblioteka«, 1991.
Skasanije o wentschanli na zarstwo russkich zarei i imperatorow. Moskwa, Tipo-litografija O.l. Maschkewitsch i K., 1896.
Sokolow, A., Menschikow. Moskwa, »Armada«, 1995.
Sokolow, N., Ubistwo zarskoi semi, sapiski sledowatelija po osobo washnym delam. Moskwa, »Kniga«, 1990.
Solowjew, W., Juny imperator. Wolgograd, »Staniza«, 1994.
Solowjew, S. M., Imperator Alexandr I. Moskwa, »Mysl«, 1995.
Solowjew, S. M., Tschtenija i rasskasy po istorii Rossii. Moskwa, Isd-wo »Prawda«, 1989.
Staroobrjadtscheskoje skasanije o patriarche Nikone. »Russki archiw«, 1911, tom 1–4.

Tarasow, D. K., Imperator Alexandr I. Poslednije gody zarstwowanija. Po litschnym wospominanijam. »Russkaja starina«, 1871, tom 4,9,12 i 1872, tom 5,6.
Tatischtschew, S., Imperator Alexandr II. Ewo shisn i zarstwowanije. Moskwa, »Tscharli«, 1996.
Tatischtschew, S. S., Imperator Nikolai i inostrannye dwory. Istoritscheskije otscherki. Spb., 1889.
Tri weka. Istoritscheski sbornik w schesti tomach. Moskwa, »Patriot«, 1991. (Reprintnoje Isdanije).
Trista let zarstwowanija Doma Romanowych. Assoziazija »Infarmeko«.
Troyat, Henry, Peter der Große. Zar-Reformer-Despot. München, Wilhelm Heyne Verlag, 1990.
Tschistjakow, A. S., Istorija Pjotra Welikowo. Moskwa, Isd-wo »Buklet«, 1992. (Reprintnoje Isdanije)

Ukasy i rasporjashenija pri Pawle I. »Russkaja starina«, 1871, tom 3.

Walischewski, Kasimir, Dotsch Pjotra Welikowo Jeliseweta I. Imperatriza Wserossiskaja. Moskwa, SP »Kwadrat«, 1990.
Walischewski, Kasimir, Perwye Romanowy. Moskwa, SP »Kwadrat«, 1993.
Walischewski, Kasimir, Pjotr Weliki. Moskwa, SP »Kwadrat«, 1990.
Walischewski, Kasimir, Prejemniki Pjotra. Moskwa, Sowjetski pisatel, 1990.
Walischewski, Kasimir, Syn Welikoi Jekateriny. Imperator Pawel I. Ewo shisn, zarstwowanije i smert. Moskwa, SP »Kwadrat«, 1990.
Walloton, A., Alexandr I. Moskwa, Progress. 1991.
Weliki knjas Alexandr Michailowitsch. Kniga wospominani. Parish, 1933.
Witte, S .Ju., Wospominanija. Moskwa, 1960.
Wyrubowa, Anna, Frejlina Jejo Welitschestwa. Dnewnik i wospominanija Anny Wyrubowoi. Moskwa, 1990.

Zarstwowanije Pawla I. i Alexandra I. »Russki archiw«, 1873, tom 5.

Bildquellenverzeichnis

Archiv für Kunst und Geschichte: Ioann V., Kupferstich von Philipp J. Mattarnovi, S. 51; Peter II., zeitgenössischer Kupferstich, S. 111; Elisabeth I., Kupferstich von G. F. Schmidt nach einem Gemälde von Louis Tocqué, S. 165; Alexander I., Kupferstich von Friedrich Roßmäßler nach einem zeitgenössischen Bildnis, S. 247; Nikolaus I., Stahlstich von D. J. Pound, S. 267.

Bildarchiv Preußischer Kulturbesitz: Michail I., Kupferstich nach einem zeitgenössischen Gemälde, S. 7; Alexej I., Kupferstich um 1700, S. 21; Feodor III., Stich von C. Johannes nach einem Gemälde von H. Benner, S. 41; Peter I., Anonymes Porträtgemälde, S. 63; Katharina I., Lithographie von Fr. Krätzschmer, S. 97; Anna I., Punktierstich von J. Mécou, S. 127; Peter III., Kupferstich von Rokotow, S. 189; Katharina II., Porträtkupferstich um 1825, S. 203; Paul I., Kupferstich von Klauber, S. 229; Alexander II., Anonymes Porträtgemälde, S. 293; Alexander III., Chromlithographie von A. Sokolow, S. 315; Nikolaus II., Lithographie, S. 337.

Verlagsarchiv: Ioann VI. mit seiner Mutter, zeitgenössische Abbildung

Personenregister

Roman Jurjewitsch Sacharin-Koschkin

IWAN IV. DER SCHRECKLICHE (1547–1584) ⚭ Anastassia Romanowa

Nikita Rom

Fjodor Nikititsch Romanow (Filaret)

1 Maria Dolgorukaja ⚭ MICHAIL I. ROMANOW (1613–1645) ⚭ 2 Je Stre

1 Maria Miloslawskaja ⚭ ALEXEJ I. ROMANOW (1645–1676) ⚭ 2 N Nar

SOFIA (1682–1689) Regentin

1 Agafja Gruschezkaja ⚭ FJODOR III. ROMANOW (1676–1682) ⚭ 2 Marfa Apraxina

IOANN V. ROMANOW (1682–1696) regierte de facto nicht ⚭ Praskowja Saltykowa

Katharina ⚭ Karl Leopold Herzog von Mecklenburg-Schwerin

ANNA I. ROMANOWA (1730–1740) ⚭ Friedrich Wilhelm Herzog von Kurland

ANNA LEOPOLDOWNA Elisabeth Katharina Christina von Mecklenburg-Schwerin (1740–1741) Regentin ⚭ Anton Ulrich von Braunschweig-Wolfenbüttel

IOANN VI. (1740–1741)

ALEXANDER I. ROMANOW (1801–1825) ⚭ Luise M Auguste vo (Jelisaweta [Alexeje

Maximili (Mari

ALEXANDER III. ROMAN (1881– 1894)

NIKO (

Olga